CURSO DE IRPF

CIP-BRASIL. CATALOGAÇÃO NA PUBLICAÇÃO
SINDICATO NACIONAL DOS EDITORES DE LIVROS, RJ

M429c
2. ed.

McNaughton, Charles William
Curso de IRPF / Charles William McNaughton. - 2. ed., rev., atual. e ampl. - São Paulo: Noeses, 2022.

894 p. ; 23 cm.
ISBN 978-65-89888-44-4

1. Imposto de renda - Brasil. 2. Direito tributário - Brasil. I. Título.

22-76217

CDU: 34:351.713(81)

Meri Gleice Rodrigues de Souza - Bibliotecária - CRB-7/6439

Charles William McNaughton

Mestre e Doutor em Direito Tributário pela PUC/SP. Possui Pós-Doutorado pela USP. Professor dos Cursos de Especialização em Direito Tributário da PUC-SP/COGEAE e do IBET Instituto Brasileiro de Estudos Tributários, dentre outras prestigiosas instituições de ensino superior. Professor de Mestrado do IBET, na matéria Imposto Sobre a Renda. Advogado. Autor de "Elisão e Normativa Antielisiva – Completabilidade e Sistema Tributário", publicado pela Editora Noeses.

CURSO DE IRPF

2ª EDIÇÃO REVISTA, ATUALIZADA E AMPLIADA

2022

editora e livraria
NOESES

Copyright © Editora Noeses 2022
Fundador e Editor-chefe: Paulo de Barros Carvalho
Gerente de Produção Editorial: Rosangela Santos
Arte e Diagramação: Renato Castro
Revisão: Georgia Evelyn Franco
Designer de Capa: Aliá3 - Marcos Duarte

Nota: as ementas contendo referência a normas já revogadas foram mantidas pela sua importância histórica e doutrinária.

2022

editora e livraria
NOESES

Editora Noeses Ltda.
Tel/fax: 55 11 3666 6055
www.editoranoeses.com.br

Na dinâmica do tempo, essa forma pura da intuição sensível que habita nossa consciência, surgem pessoas inesperadas, que com sua poesia, com seu sorriso e simplicidade ganham o coração da gente. Dedico esse livro à Cristiane Pires, tão inesperada, tão indispensável. Obrigado por existir!

AGRADECIMENTOS

Agradeço ao Professor Paulo de Barros Carvalho, pela generosidade e estímulo aos estudiosos do Direito Tributário. Muita gratidão por tudo!

Agradeço ainda a Matheus Erustes, Georgia, Arthur Felipe, pela revisão do livro, bem como à Noeses.

Agradeço aos amigos e colegas do time da JBS e da Seara, por todo o companheirismo e apoio assim como aos queridos amigos da McNaughton Pires e Erustes Advogados e aos estimados Professores da "Família IBET".

Agradeço à Cristiane Pires McNaughton e a meus pais, por todo amor, à minha irmã, Ana Luiza, a seu marido, Rodrigo, e aos sobrinhos, Stella, Helena e Rodriguinho.

PREFÁCIO

Charles William McNaughton oferece à comunidade jurídica brasileira um texto sobremaneira relevante, que praticamente a todos interessa e, ao mesmo tempo, cheio de pequenas dificuldades que se avultam quando delas nos aproximamos, especialmente à medida que vem chegando o termo final do prazo limite para a entrega oficial das correspondentes declarações de rendimentos e de bens.

O imposto que grava os rendimentos das pessoas físicas é o que existe de mais elaborado, de mais sofisticado, no quadro geral das imposições tributárias conhecidas no plano das relações ocidentais. Para surpreender a capacidade de contribuir do cidadão contribuinte, os legisladores dos países tributantes atingiram padrões inusitados de boa técnica, desenvolvendo ferramentas cada vez mais afinadas ao propósito de atingir, com rigor, as estimativas e os valores postos como objetivos primordiais a serem atingidos. Tudo, em última análise, para concretizar os ideais de igualdade e de justiça na distribuição da carga tributária. Além disso, por ser um imposto antigo, tão antigo quanto possa ser a prática da tributação no mundo civilizado, foi assimilando os modos e meios de ajustar as pretensões do Estado-administração, às necessidades e carências do sujeito passivo. Esse o lado bom, civilizado, subproduto admirável do avanço social, da prosperidade axiológica inerente aos anseios da pós-modernidade.

Há, todavia, como não poderia deixar de ser, os desvios, os transtornos, as incompatibilidades que o tecido social inexoravelmente impõe, à adaptação e implantação dos mais legítimos anseios das pessoas tributadas com a percussão desse imposto. Desde casos flagrantes de injustiça distributiva, em análises individuais de tributação, como a destemperos, abusos e excessos, cuja explicação torna-se até difícil justificar. É uma pena, contudo, que no Brasil seja assim! Os mecanismos de ajuste são tímidos; as providências que geram equilíbrio funcionam em níveis insuficientes; os limites são precários. O imposto sobre a renda da pessoa física segue, porém, cumprindo sua trajetória e é precisamente nessas condições que devemos estudá-lo. O direito positivo brasileiro assim determina e, portanto, desse modo há de ser.

É o que faz Charles McNaughton neste livro instigante. Como jurista experimentado, escritor reconhecido e profundo conhecedor da espécie tributária IRPF, olha para sua linguagem-objeto e a descreve com o olhar crítico que lhe é peculiar. Deixa de lado as aspirações de cunho político e econômico que projetam um gravame que deveria ser de um jeito, mas, lamentavelmente, não é. E passa a analisar a estrutura de sua instituição, precisamente como prescreve o direito positivo brasileiro atual. Agora, chamam a atenção suas palavras introdutórias ao texto: "Meu objetivo, portanto, foi de estabelecer um diálogo reflexivo sobre diversos campos do IRPF, a partir dos textos do direito positivo, temperados pela lente científica e filosófica que o constructivismo lógico-semântico proporciona."

Tais palavras já dizem das pretensões do Autor e, ao mesmo tempo, da riqueza de observações que o livro oferece. Os escritos de Charles, sempre postos com muita sutileza e arguta forma de argumentação, têm sua qualidade reconhecida. Trata-se de algo tecido com muita serenidade e sóbria maneira de apresentar-se. Ainda mais quando o tema é de tão elevada atualidade e importância.

Meus efusivos cumprimentos ao brilhante Autor, seja pelo estilo, seja pela enorme atualidade do assunto que apresenta ao meio jurídico nacional. Eis um trabalho de fôlego, com assento em proposições de Teoria Geral e de Filosofia do Direito, posto à inteira disposição dos leitores brasileiros.

São Paulo, 15 de abril de 2019.

Paulo de Barros Carvalho

Professor Emérito e Titular de Direito Tributário da PUC/SP e da USP. Membro titular da Academia Brasileira de Filosofia.

SUMÁRIO

PARTE I
SOBRE O REGIME JURÍDICO DO IRPF NA CONSTITUIÇÃO

PARTE II
SOBRE O REGIME JURÍDICO DO IRPF NO CÓDIGO TRIBUTÁRIO NACIONAL

PARTE III
SOBRE A REGRA-MATRIZ DO IRPF-AJUSTE ANUAL NA LEGISLAÇÃO FEDERAL

PARTE IV
DA TRIBUTAÇÃO DEFINITIVA, DA RETENÇÃO EXCLUSIVA NA FONTE E DA EQUIPARAÇÃO À PESSOA JURÍDICA

PARTE V
EQUIPARAÇÃO DA PESSOA FÍSICA À PESSOA JURÍDICA

INTRODUÇÃO

O Imposto Sobre a Renda e Proventos de Qualquer Natureza da Pessoa Física é um tributo que todos guardamos familiaridade: tamanho contato prático que travamos com a exação que se trata de um imposto íntimo, a ponto de receber até mesmo um sugestivo apelido: o conhecido "leão".

Efetivamente, trata-se de um dos poucos impostos que é muitas vezes apurado sem a ajuda de contabilistas e é objeto de inúmeras reportagens em jornais e revistas – acessíveis ao grande público – que fornecem informações sobre a apuração do tributo.

O meu ponto, portanto, é que se torna relativamente fácil encontrar informações sobre o tributo, seja na autoexplicativa declaração fornecida pela Secretaria Especial da Receita Federal do Brasil, sejam nas "Perguntas e Respostas", veiculadas na internet, seja por outros veículos abundantemente à disposição de todos.

Outra forma, contudo, de lidar com a exação é pelo ângulo científico. E a Ciência exige não apenas rigor das palavras, mas construções coerentes que sistematizem os textos do direito positivo. E, nesse aspecto, não há dúvidas que o Imposto Sobre a Renda foi abundantemente estudado por tributaristas do mais alto nível.

No entanto, tenho a impressão – e acredito que outros operadores do direito compartilhem comigo esse sentimento – que discursos científicos, especialmente os puramente especulativos, sem aquele viés de "híbrido canhestro de estudo tributário e de arrazoado forense", a que se refere Rubens Gomes de Sousa aludindo aos pareceres,[1] muitas vezes, direcionam-se aos princípios mais significativos do sistema tributário, tratam de certas incompatibilidades majestosas – normalmente as mais relevantes – mas não tomam, ao menos sistematicamente, em uma obra unitária, como objeto, os aspectos mais próximos à vida. Não pretendo assinalar que se trate de um defeito de tais obras, mas antes de uma característica, certamente decorrente da máxima de que todo estudo pressupõe um corte metodológico.

Animado por essa premissa de que uma visão sistemática, puramente especulativa e científica da legislação de um imposto, observando diversos de seus escalões normativos, possa agregar algo no diálogo científico, é que me inspirei em escrever este livro.

Meu método foi de coletar um número relativamente grande de informações sobre o imposto – considerando o Texto Constitucional, o Código Tributário Nacional, as leis federais, os atos infralegais, as decisões judiciais e as administrativas – e concatená-las de um modo ordenado, pelo expediente da regra-matriz de incidência tributária, conforme explicaremos no próximo capítulo de modo mais exato.

Fiz questão também de compartilhar experiências que tive no trato do tributo e inclusive dificuldades na interpretação da legislação: a ideia é manter a postura de alguém que medita em voz alta e não de quem pontifica uma lição acabada.

Agora, invariavelmente, por todo o livro, o método do constructivismo lógico-semântico estará presente. Tanto no

---

1. Prefácio da obra de: CANTO, Gilberto Ulhôa de. Temas de direito tributário (Pareceres e Estudos). Rio de Janeiro: Edições Financeiras S.A. p. 3.

uso do expediente da regra-matriz de incidência, para organizar racionalmente o texto legislativo, como na busca irresistível de conceitos de teóricos da linguagem para refletir sobre problemas jurídicos, o constructivismo é um dado que acompanha por todo o texto.

E, de fato, em matéria de Ciência Dogmática do Direito, o constructivismo oferece relevante perspectiva utilíssima a toda a comunidade jurídica.

Daí a ideia de aplicar conceitos do constructivismo como estratégia de aproximação do IRPF, aproveitando-nos de todo o rendimento que esse método fornece para o estudioso do direito.

Meu objetivo, portanto, foi de estabelecer um diálogo reflexivo sobre diversos campos do IRPF, a partir dos textos do direito positivo, temperados pela lente científica e filosófica que o constructivismo lógico-semântico proporciona.

Não recomendo, é preciso sublinhar, que este livro seja visto como um "manual" de como apurar o tributo, mas, antes, como um diálogo que complemente outras fontes de pesquisa, iniciado por alguém que teve algum contato com a exação e se animou a invéstigá-la da melhor forma que estava a seu alcance.

Por fim, pontuo que, nesta segunda edição, busquei incrementar o livro com novas discussões, incluindo decisões administrativas, aspectos relacionados à Declaração de Ajuste Anual e outros temas vinculados ao imposto, sempre naquela toada de se tentar combinar uma visão científica com uma multiplicidade que aspira à completude, embora estejamos cientes de que a linguagem nunca esgota seu objeto.

É com muita alegria que noto que a 2ª edição deste Curso vem no ano do centenário da Lei 4.625 de 31 de dezembro de 1922 que instituiu, de modo mais claro, o IR no país. Espero que possamos, neste ano significativo, contribuir, de algum modo, para o estudo do imposto.

PARTE I

SOBRE O REGIME JURÍDICO DO IRPF NA CONSTITUIÇÃO

1. PROBLEMAS E PREMISSAS

O objetivo deste capítulo é exprimir que a Constituição da República Federativa do Brasil prescreve elementos significativos do regime jurídico do Imposto Sobre a Renda Pessoa Física, vinculados aos seguintes elementos da regra-matriz de incidência desse imposto, ao indicar contornos, mais ou menos minuciosos, a depender do caso, relacionados ao:

(I) critério material da hipótese de incidência tributária, ao exprimir a competência da União de instituir o "imposto sobre renda e proventos de qualquer natureza" no art. 153, inciso III, da Constituição da República;

(II) critério espacial e temporal, conforme certas inferências decorrentes do Texto Constitucional;

(III) base de cálculo, ao exprimir que o imposto é informado pelo princípio da universalidade e ao servir como elemento que mensura a hipótese de incidência;

(IV) alíquota, ao determinar que o imposto deve ser progressivo, devendo ser informado pela generalidade e pelo não confisco;

(V) contribuinte, ou seja, quem suporta a carga tributária do imposto.

Vamos desenvolver um pouco essas ideias.

Quando parto da assunção descrita nos cinco itens acima, busco fornecer uma resposta aos que dizem que o texto constitucional é vazio na delimitação do regime jurídico do imposto, conferindo ao legislador infraconstitucional ampla liberdade de regramento do tributo.

Para que o âmbito da discussão seja devidamente esclarecido, inicio indicando algumas premissas, para que em seguida sejam formuladas dúvidas que poderiam abalar os alicerces de muitas dessas premissas e indico fundamentos que me permitem prosseguir, de modo menos inocente, com a aceitação dessas premissas.

A premissa inaugural, em termos sintáticos, é que os tributos podem ser analisados a partir de um expediente metódico determinado de regra-matriz de incidência tributária.[2] Trata-se de uma estrutura lógica de significação em que os elementos do tributo são organizados em uma unidade hipotético-condicional, dotada de uma hipótese, que descreve uma classe de acontecimentos, e uma consequência, implicada deonticamente (juridicamente) pela hipótese.

A hipótese prevê situações pressupostas que uma vez configuradas concretamente, e devidamente postas em linguagem, implicam o nascimento de uma relação jurídico-tributária.

Nesse modelo, a hipótese é dotada de um critério material, que descreve uma classe de comportamentos, um critério temporal[3] e espacial[4] que fornecem, respectivamente, coordenadas de tempo e espaço que cada comportamento deve ocorrer para se enquadrar na classe criada pela hipótese.

---

2. CARVALHO, Paulo de Barros. Direito tributário, linguagem e método. 6ª ed. São Paulo: Noeses, 2015, p. 153 e seguintes.

3. Sobre o critério temporal: PIRES, Cristiane. O tempo e o tributo: estudo semiótico do critério temporal, da regra-matriz de incidência tributária. São Paulo: Noeses, p. 2018.

4. Sobre o critério espacial, vide: BRITTO, Lucas Galvão de. O lugar e o tributo. Ensaio sobre a competência e definição do critério espacial da regra-matriz de incidência tributária. São Paulo: Noeses, 2014.

Já o consequente, que prescreve os elementos da relação jurídico-tributária, é dotado de um critério pessoal, que indica o sujeito ativo e passivo do vínculo obrigacional e quantitativo, que determinam a base de cálculo e alíquota para determinar o *quantum* da prestação tributária.

Esclareço que não vejo os critérios da regra-matriz de incidência tributária, como, exclusivamente, descritores de certos acontecimentos reais: não é o critério que espelha a realidade, mas é o fato concreto que deve ser relacionar com o critério, de algum modo, para que se torne relevante juridicamente. A hipótese não se dirige aos fatos para orientá-los, lembra Lourival Vilanova.[5] Mas, penso eu, não deixa de ser uma orientação ao aplicador do direito de como classificar fatos para fins de imputação de certos efeitos jurídicos.

Nesse sentido, o esforço neste livro será expor como eu, observando o texto do direito positivo, preencho cada critério da regra-matriz de incidência do IRPF, a partir de elementos do texto constitucional, norma geral de direito tributário e legislação federal.

Uma segunda premissa sintática é que nosso direito positivo é estruturado de forma hierárquica, tal que a Constituição é a norma positiva inaugural e dá fundamento de validade para todas as normas do sistema jurídico; em um segundo escalão, na esfera tributária, há as normas gerais de direito tributário; e em seguida, as normas de cunho legislativo; por fim, as normas infralegais. Essas normas estabelecem diálogos – que formam uma teia, ou um sistema – que devem ser considerados pelo aplicador do direito.

Tratei, de forma intensiva, do tema da hierarquia, em meu livro *Hierarquia e Sistema Tributário*[6] e o recomendo para aquele leitor curioso de como vejo essa característica do

5. VILANOVA, Lourival. Analítica do dever-ser. Escritos jurídicos e filosóficos. São Paulo: IBET/Axis Mundi, 2003, vol. 2, 68.

6. McNAUGHTON, Charles William. Hierarquia e sistema tributário. São Paulo: Quartier Latin, 2011.

sistema jurídico. Para o leitor mais exigente há sempre a obra de Hans Kelsen.[7] Para o presente livro, a mera explicação do parágrafo acima já é o bastante.

Dadas as premissas acima, de ordem mais sintática, a premissa semântica inicial é que em nossa federação a competência tributária é minuciosamente repartida entre União, Estados, Distrito Federal e Municípios (art. 145, *caput*, da Constituição da República).

Tal assertiva é empiricamente verificável, bastando examinar artigos como: 145, 148, 149, 149-A, 150 a 156 da Constituição da República, a seguir citados:

> Art. 145. A União, os Estados, o Distrito Federal e os Municípios poderão instituir os seguintes tributos:
>
> I – impostos;
>
> II – taxas, em razão do exercício do poder de polícia ou pela utilização, efetiva ou potencial, de serviços públicos específicos e divisíveis, prestados ao contribuinte ou postos a sua disposição;
>
> III – contribuição de melhoria, decorrente de obras públicas.
>
> [...]
>
> Art. 148. A União, mediante lei complementar, poderá instituir empréstimos compulsórios:
>
> I – para atender a despesas extraordinárias, decorrentes de calamidade pública, de guerra externa ou sua iminência;
>
> II – no caso de investimento público de caráter urgente e de relevante interesse nacional, observado o disposto no art. 150, III, "b".
>
> Parágrafo único. A aplicação dos recursos provenientes de empréstimo compulsório será vinculada à despesa que fundamentou sua instituição.
>
> Art. 149. Compete exclusivamente à União instituir contribuições sociais, de intervenção no domínio econômico e de interesse das categorias profissionais ou econômicas, como instrumento de sua atuação nas respectivas áreas, observado o disposto nos

7. KELSEN, Hans. Teoria pura do direito. 6ª edição, São Paulo: Martins Fontes, 1999, 3ª tiragem.

arts. 146, III, e 150, I e III, e sem prejuízo do previsto no art. 195, § 6º, relativamente às contribuições a que alude o dispositivo.

§ 1º Os Estados, o Distrito Federal e os Municípios instituirão contribuição, cobrada de seus servidores, para o custeio, em benefício destes, do regime previdenciário de que trata o art. 40, cuja alíquota não será inferior à da contribuição dos servidores titulares de cargos efetivos da União. (Redação dada pela EC 42/2003)

§ 2º As contribuições sociais e de intervenção no domínio econômico de que trata o *caput* deste artigo: (Incluído pela EC 33/2001)

I – não incidirão sobre as receitas decorrentes de exportação; (Incluído pela EC 33/2001)

II – incidirão também sobre a importação de produtos estrangeiros ou serviços; (Redação dada pela EC 42/2003)

III – poderão ter alíquotas: (Incluído pela EC 33/2001)

a) *ad valorem*, tendo por base o faturamento, a receita bruta ou o valor da operação e, no caso de importação, o valor aduaneiro; (Incluída pela EC 33/2001)

b) específica, tendo por base a unidade de medida adotada. (Incluída pela EC 33/2001)

§ 3º A pessoa natural destinatária das operações de importação poderá ser equiparada a pessoa jurídica, na forma da lei. (Incluído pela EC 33/2001)

§ 4º A lei definirá as hipóteses em que as contribuições incidirão uma única vez. (Incluído pela EC 33/2001)

Art. 149-A. Os Municípios e o Distrito Federal poderão instituir contribuição, na forma das respectivas leis, para o custeio do serviço de iluminação pública, observado o disposto no art. 150, I e III. (Incluído pela EC 39/2002)

Parágrafo único. É facultada a cobrança da contribuição a que se refere o *caput*, na fatura de consumo de energia elétrica. (Incluído pela EC 39/2002)

Art. 153. Compete à União instituir impostos sobre:

I – importação de produtos estrangeiros;

II – exportação, para o exterior, de produtos nacionais ou nacionalizados;

III – renda e proventos de qualquer natureza;

IV – produtos industrializados;

V – operações de crédito, câmbio e seguro, ou relativas a títulos ou valores mobiliários;

VI – propriedade territorial rural;

VII – grandes fortunas, nos termos de lei complementar.

§ 1º É facultado ao Poder Executivo, atendidas as condições e os limites estabelecidos em lei, alterar as alíquotas dos impostos enumerados nos incisos I, II, IV e V.

§ 2º O imposto previsto no inciso III:

I – será informado pelos critérios da generalidade, da universalidade e da progressividade, na forma da lei;

§ 3º O imposto previsto no inciso IV:

I – será seletivo, em função da essencialidade do produto;

II – será não cumulativo, compensando-se o que for devido em cada operação com o montante cobrado nas anteriores;

III – não incidirá sobre produtos industrializados destinados ao exterior.

IV – terá reduzido seu impacto sobre a aquisição de bens de capital pelo contribuinte do imposto, na forma da lei. (Incluído pela EC 42/2003)

§ 4º O imposto previsto no inciso VI do *caput*: (Redação dada pela EC 42/2003)

I – será progressivo e terá suas alíquotas fixadas de forma a desestimular a manutenção de propriedades improdutivas; (Incluído pela EC 42/2003)

II – não incidirá sobre pequenas glebas rurais, definidas em lei, quando as explore o proprietário que não possua outro imóvel; (Incluído pela EC 42/2003)

III – será fiscalizado e cobrado pelos Municípios que assim optarem, na forma da lei, desde que não implique redução do imposto ou qualquer outra forma de renúncia fiscal. (Incluído pela EC 42/2003)

§ 5º O ouro, quando definido em lei como ativo financeiro ou instrumento cambial, sujeita-se exclusivamente à incidência do imposto de que trata o inciso V do *caput* deste artigo, devido na operação de origem; a alíquota mínima será de um por cento, assegurada a transferência do montante da arrecadação nos seguintes termos:

I – trinta por cento para o Estado, o Distrito Federal ou o Território, conforme a origem;

II – setenta por cento para o Município de origem.

Art. 154. A União poderá instituir:

I – mediante lei complementar, impostos não previstos no art. Anterior, desde que sejam não cumulativos e não tenham fato gerador ou base de cálculo próprios dos discriminados nesta Constituição;

II – na iminência ou no caso de guerra externa, impostos extraordinários, compreendidos ou não em sua competência tributária, os quais serão suprimidos, gradativamente, cessadas as causas de sua criação.

Art. 155. Compete aos Estados e ao Distrito Federal instituir impostos sobre: (Redação dada pela EC 3/93)

I – transmissão *causa mortis* e doação, de quaisquer bens ou direitos; (Redação dada pela EC 3/93)

II – operações relativas à circulação de mercadorias e sobre prestações de serviços de transporte interestadual e intermunicipal e de comunicação, ainda que as operações e as prestações se iniciem no exterior; (Redação dada pela EC 3/93)

III – propriedade de veículos automotores. (Redação dada pela EC 3/93)

§ 1º O imposto previsto no inciso I: (Redação dada pela EC 3/93)
I – relativamente a bens imóveis e respectivos direitos, compete ao Estado da situação do bem, ou ao Distrito Federal

II – relativamente a bens móveis, títulos e créditos, compete ao Estado onde se processar o inventário ou arrolamento, ou tiver domicílio o doador, ou ao Distrito Federal;

III – terá competência para sua instituição regulada por lei complementar:

a) se o doador tiver domicilio ou residência no exterior;

b) se o de cujus possuía bens, era residente ou domiciliado ou teve o seu inventário processado no exterior;

IV – terá suas alíquotas máximas fixadas pelo Senado Federal;

§ 2º O imposto previsto no inciso II atenderá ao seguinte: (Redação dada pela EC 3/93)

I – será não cumulativo, compensando-se o que for devido em cada operação relativa à circulação de mercadorias ou prestação de serviços com o montante cobrado nas anteriores pelo mesmo ou outro Estado ou pelo Distrito Federal;

II – a isenção ou não incidência, salvo determinação em contrário da legislação:

a) não implicará crédito para compensação com o montante devido nas operações ou prestações seguintes;

b) acarretará a anulação do crédito relativo às operações anteriores;

III – poderá ser seletivo, em função da essencialidade das mercadorias e dos serviços;

IV – resolução do Senado Federal, de iniciativa do Presidente da República ou de um terço dos Senadores, aprovada pela maioria absoluta de seus membros, estabelecerá as alíquotas aplicáveis às operações e prestações, interestaduais e de exportação;

V – é facultado ao Senado Federal:

a) estabelecer alíquotas mínimas nas operações internas, mediante resolução de iniciativa de um terço e aprovada pela maioria absoluta de seus membros;

b) fixar alíquotas máximas nas mesmas operações para resolver conflito específico que envolva interesse de Estados, mediante resolução de iniciativa da maioria absoluta e aprovada por dois terços de seus membros;

VI – salvo deliberação em contrário dos Estados e do Distrito Federal, nos termos do disposto no inciso XII, "g", as alíquotas internas, nas operações relativas à circulação de mercadorias e nas prestações de serviços, não poderão ser inferiores às previstas para as operações interestaduais;

VII – nas operações e prestações que destinem bens e serviços a consumidor final, contribuinte ou não do imposto, localizado em outro Estado, adotar-se-á a alíquota interestadual e caberá ao Estado de localização do destinatário o imposto correspondente à diferença entre a alíquota interna do Estado destinatário e a alíquota interestadual; (Redação dada pela EC 87/2015)

a) (Revogada)

b) (Revogada)

VIII – a responsabilidade pelo recolhimento do imposto correspondente à diferença entre a alíquota interna e a interestadual de que trata o inciso VII será atribuída: (Redação dada pela EC 87/2015)

a) ao destinatário, quando este for contribuinte do imposto; (Redação dada pela EC 87/2015)

b) ao remetente, quando o destinatário não for contribuinte do imposto; (Redação dada pela EC 87/2015)

IX – incidirá também:

a) sobre a entrada de bem ou mercadoria importados do exterior por pessoa física ou jurídica, ainda que não seja contribuinte habitual do imposto, qualquer que seja a sua finalidade, assim como sobre o serviço prestado no exterior, cabendo o imposto ao Estado onde estiver situado o domicílio ou o estabelecimento do destinatário da mercadoria, bem ou serviço; (Redação dada pela EC 33/2001)

b) sobre o valor total da operação, quando mercadorias forem fornecidas com serviços não compreendidos na competência tributária dos Municípios;

X – não incidirá:

a) sobre operações que destinem mercadorias para o exterior, nem sobre serviços prestados a destinatários no exterior, assegurada a manutenção e o aproveitamento do montante do imposto cobrado nas operações e prestações anteriores; (Redação dada pela EC 42/2003)

b) sobre operações que destinem a outros Estados petróleo, inclusive lubrificantes, combustíveis líquidos e gasosos dele derivados, e energia elétrica;

c) sobre o ouro, nas hipóteses definidas no art. 153, § 5º;

d) nas prestações de serviço de comunicação nas modalidades de radiodifusão sonora e de sons e imagens de recepção livre e gratuita; (Redação dada pela EC 42/2003)

XI – não compreenderá, em sua base de cálculo, o montante do imposto sobre produtos industrializados, quando a operação, realizada entre contribuintes e relativa a produto destinado à industrialização ou à comercialização, configure fato gerador dos dois impostos;

XII – cabe à lei complementar:

a) definir seus contribuintes;

b) dispor sobre substituição tributária;

c) disciplinar o regime de compensação do imposto;

d) fixar, para efeito de sua cobrança e definição do estabelecimento responsável, o local das operações relativas à circulação de mercadorias e das prestações de serviços;

e) excluir da incidência do imposto, nas exportações para o exterior, serviços e outros produtos além dos mencionados no inciso X, "a";

f) prever casos de manutenção de crédito, relativamente à remessa para outro Estado e exportação para o exterior, de serviços e de mercadorias;

g) regular a forma como, mediante deliberação dos Estados e do Distrito Federal, isenções, incentivos e benefícios fiscais serão concedidos e revogados.

h) definir os combustíveis e lubrificantes sobre os quais o imposto incidirá uma única vez, qualquer que seja a sua finalidade, hipótese em que não se aplicará o disposto no inciso X, "b"; (Redação dada pela EC 33/2001)

i) fixar a base de cálculo, de modo que o montante do imposto a integre, também na importação do exterior de bem, mercadoria ou serviço. (Redação dada pela EC 33/2001)

§ 3º À exceção dos impostos de que tratam o inciso II do *caput* deste artigo e o art. 153, I e II, nenhum outro imposto poderá incidir sobre operações relativas a energia elétrica, serviços de telecomunicações, derivados de petróleo, combustíveis e minerais do País. (Redação dada pela EC 33/2001)

§ 4º Na hipótese do inciso XII, h, observar-se-á o seguinte: (Incluído pela EC 33/2001)

I – nas operações com os lubrificantes e combustíveis derivados de petróleo, o imposto caberá ao Estado onde ocorrer o consumo; (Incluído pela EC 33/2001)

II – nas operações interestaduais, entre contribuintes, com gás natural e seus derivados, e lubrificantes e combustíveis não incluídos no inciso I deste parágrafo, o imposto será repartido entre os Estados de origem e de destino, mantendo-se a mesma proporcionalidade que ocorre nas operações com as demais mercadorias; (Incluído pela EC 33/2001)

III – nas operações interestaduais com gás natural e seus derivados, e lubrificantes e combustíveis não incluídos no inciso I deste parágrafo, destinadas a não contribuinte, o imposto caberá ao Estado de origem; (Incluído pela EC 33/2001)

IV – as alíquotas do imposto serão definidas mediante deliberação dos Estados e Distrito Federal, nos termos do § 2º, XII, g, observando-se o seguinte: (Incluído pela EC 33/2001)

a) serão uniformes em todo o território nacional, podendo ser diferenciadas por produto; (Incluído pela EC 33/2001)

b) poderão ser específicas, por unidade de medida adotada, ou ad valorem, incidindo sobre o valor da operação ou sobre o preço que o produto ou seu similar alcançaria em uma venda em condições de livre-concorrência; (Incluído pela EC 33/2001)

c) poderão ser reduzidas e restabelecidas, não se lhes aplicando o disposto no art. 150, III, "b". (Incluído pela EC 33/2001)

§ 5º As regras necessárias à aplicação do disposto no § 4º, inclusive as relativas à apuração e à destinação do imposto, serão estabelecidas mediante deliberação dos Estados e do Distrito Federal, nos termos do § 2º, XII, g.

§ 6º O imposto previsto no inciso III: (Incluído pela EC 33/2001) I – terá alíquotas mínimas fixadas pelo Senado Federal; (Incluído pela EC 42/2003)

II – poderá ter alíquotas diferenciadas em função do tipo e utilização. (Incluído pela EC 42/2003)

Art. 156. Compete aos Municípios instituir impostos sobre:

I – propriedade predial e territorial urbana;

II – transmissão *inter vivos*, a qualquer título, por ato oneroso, de bens imóveis, por natureza ou acessão física, e de direitos reais sobre imóveis, exceto os de garantia, bem como cessão de direitos a sua aquisição;

III – serviços de qualquer natureza, não compreendidos no art. 155, II, definidos em lei complementar. (Redação dada pela EC 3/93)

IV- (Revogado)

§ 1º Sem prejuízo da progressividade no tempo a que se refere o art. 182, § 4º, inciso II, o imposto previsto no inciso I poderá: (Redação dada pela EC 29/2000)

I – ser progressivo em razão do valor do imóvel; e (Incluído pela EC 29/2000)

II – ter alíquotas diferentes de acordo com a localização e o uso do imóvel. (Incluído pela EC 29/2000)

§ 2º O imposto previsto no inciso II:

I – não incide sobre a transmissão de bens ou direitos incorporados ao patrimônio de pessoa jurídica em realização de capital, nem sobre a transmissão de bens ou direitos decorrente de fusão, incorporação, cisão ou extinção de pessoa jurídica, salvo se, nesses casos, a atividade preponderante do adquirente for a compra e venda desses bens ou direitos, locação de bens imóveis ou arrendamento mercantil;

II – compete ao Município da situação do bem.

§ 3º Em relação ao imposto previsto no inciso III do *caput* deste artigo, cabe à lei complementar: (Redação dada pela EC 37/2002)

I – fixar as suas alíquotas máximas e mínimas; (Redação dada pela EC 37/2002)

II – excluir da sua incidência exportações de serviços para o exterior. (Incluído pela EC 3/93)

III – regular a forma e as condições como isenções, incentivos e benefícios fiscais serão concedidos e revogados. (Incluído pela EC 3/93)

IV – (Revogado)

Se o Texto Constitucional reparte, materialmente, a competência dos impostos entre União, Estados, Distrito Federal e Municípios, como os artigos acima indicam, a materialidade no Texto Constitucional existe.

Se não houvesse materialidade constitucional de impostos, a noção de repartição material exposta nos arts. 153 a 156 perderia qualquer sentido, pois não se reparte o que não é passível de ser definido.

Logo, a noção de inexistência de campo material pressuposto na Lei Maior esvaziaria o Texto Maior, o que não se pode admitir. Daí a ideia de materialidades constitucionais já indicadas no seio constitucional.

Essa mesma noção é defendida por tributaristas de expressão na história do direito tributário como Geraldo Ataliba quando explica

> Ora, nenhum sistema jurídico dos influentes sobre a nossa literatura há uma Constituição tão ampla, minuciosa e rígida como as nossas, que, desde 1946 trazem um sistema tributário inteiro plasmado e acabada explicitamente em seu texto. (v. Roque Carrazza, *Curso de Direito Constitucional Tributário,* 13, ed. Malheiros Editores, 1999). Nenhuma outra Constituição classifica os tributos de modo tão estrito. (...)[8]

Mas, contra a ideia de rigidez de repartição do Texto Constitucional, dois argumentos devem ser objeto de meditação.

O primeiro deles, do próprio Texto Constitucional, é a dicção do art. 146, inciso III, que trata das normas gerais de direito tributário. O dispositivo prevê o seguinte:

> Art. 146. Cabe à lei complementar:
>
> [...]
>
> III – estabelecer normas gerais em matéria de legislação tributária, especialmente sobre:

8. ATALIBA, Geraldo. *Hipótese de incidência tributária.* 6ª edição. São Paulo: Malheiros Editores, 5ª tiragem, 2004, p. 163.

> a) definição de tributos e de suas espécies, bem como, em relação aos impostos discriminados nesta Constituição, a dos respectivos fatos geradores, bases de cálculo e contribuintes;
>
> [...]

O texto constitucional atribui à função da norma geral de direito tributário definir tributos e suas espécies, bem como, em relação aos impostos discriminados na Constituição, as hipóteses de incidência, bases de cálculo e contribuintes.

Nesse sentido, a objeção que normalmente se faz à ideia de materialidade rígida inserta na Constituição da República Federativa do Brasil é que a própria Lei Maior prevê certa fluidez nas materialidades constitucionais, tanto que prevê a possibilidade de conflitos de competência a ser dirimido por lei complementar.[9]

A esse argumento são combinados dois tipos distintos. O primeiro, mais cético, parte da premissa, que compactuamos, de que o suporte físico linguagem não carrega, em si mesmo, sem a interpretação humana, qualquer significação.[10] Mas, chega à conclusão, que não concordamos, de que o termo "renda e proventos de qualquer natureza", empregado pela Carta Magna, pouca serventia teria.

O segundo, de que a Constituição traria apenas "tipos" e não "conceitos" no seu bojo, elencando, portanto, materialidades fluídas, determinadas em normas gerais de direito tributário.[11]

Sustentando que a competência tributária não se perfaz com tipos e sim com conceitos, Misabel de Alves Machado Derzi sustenta:

> À moda da conclusão, realcemos que onde quer que a segurança o exija, há áreas jurídicas tendencialmente mais rígidas, como

9. SCHOUERI, Luís Eduardo. Direito tributário. São Paulo: Saraiva, 3ª edição, 2013, p. 262 e 263.

10. CARVALHO, Aurora Tomazini de. Curso de teoria geral do direito. O Constructivismo Lógico-Semântico. São Paulo: Noeses, 4ª edição, 2014, p. 236.

11. SCHOUERI, Luís Eduardo. Idem, p. 262.

> no direito penal, no direito tributário (no direito civil apenas na parte dos direitos reais). Embora os princípios abstratos, os conceitos obscuros e indeterminados existam em qualquer área do direito, esses ramos (direito penal e tributário) não conhecem os tipos (a não ser resíduos), nem tampouco as cláusulas gerais, que atuem em prejuízo do cidadão, exatamente, em razão da segurança jurídica. Realcemos tais diferenciações.[12]

Por outro lado, sustentando a presença de "tipos" e não "conceitos" no bojo do texto constitucional, Luís Eduardo Schoueri assim explica:

> O constituinte de 1988 não tinha a ilusão de que aquele elenco apresentasse limites rígidos. Ao contrário, sabia ele que se tratava de expressões fluídas, que por vezes implicariam uma interpenetração, possibilitando, até mesmo, o nascimento de conflitos de competências.[13]

Gostaria de expor, aqui, como dialogarei com essas ideias ao longo do presente capítulo.

No campo do regime jurídico do tributo, a regra-matriz de incidência tributária tem seus critérios paulatinamente determinados em cada escalão normativo, iniciando-se pela Constituição da República, passando pela norma geral de direito tributário, pela lei ordinária e, em alguns casos em que o Poder Judiciário é mais permissivo, até por normas infralegais.

A priori, é possível enunciar que quanto mais minuciosa a norma de hierarquia superior N, no que se refere ao preenchimento dos critérios da regra-matriz incidência tributária, menos liberdade resta à autoridade que institui a norma de hierarquia inferior N'.

Diante de tal premissa, postulo a existência de três níveis de preenchimento de cada critério da regra-matriz de

---

12. DERZI, Misabel de Abreu Machado. Direito tributário, direito penal e tipo. São Paulo: Editora Revista dos Tribunais, 2ª edição, 2007, p. 371.

13. SCHOUERI, Curso de direito tributário. 3ª edição, São Paulo: Saraiva, 2013, p. 262.

incidência tributária em determinado campo de escalonamento do sistema tributário:

(1) Nível primeiro: são estabelecidos os nortes genéricos e opacos, mediante diretrizes positivas vagas e proibições;

(2) Nível segundo: são estabelecidos limites semânticos ao critério, que embora não permitam, ainda, a apuração do tributo, já indiquem feixes conceituais minuciosos a ele concernentes.

(3) Terceiro nível: o critério da regra-matriz está completo, não sendo óbice à determinação do campo de incidência da norma e dos elementos da obrigação tributária.

Cada um desses níveis de preenchimento da regra-matriz de incidência tributária não deve ser tomado como um ponto específico em uma reta, senão como intervalos de pontos em que a determinação semântica é crescente, simbolizada pelo gráfico abaixo:

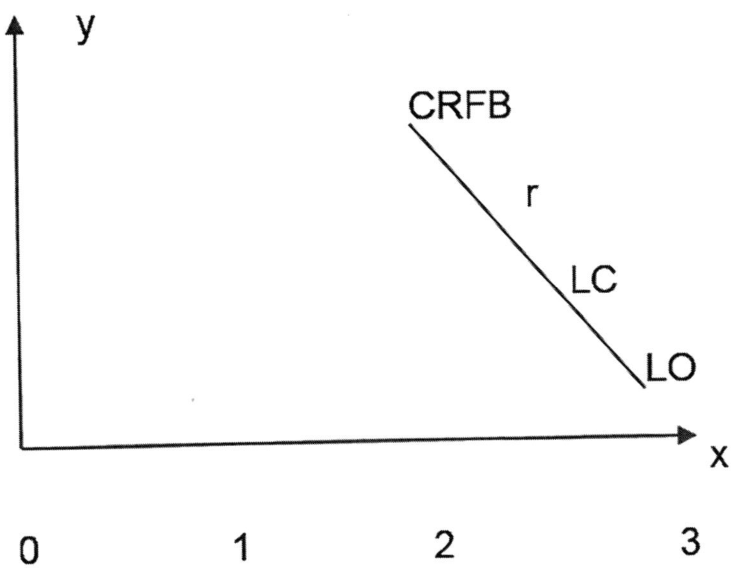

No exemplo hipotético da linha acima, o eixo X representa o grau de densidade semântica e o eixo Y representa o escalão normativo no processo de positivação. A reta r indica uma situação em que a Constituição da República Federativa do Brasil (CRFB) já conta com um nível 2 de densidade semântica, que vai crescendo paulatinamente até chegar ao ponto 3 com a Lei Ordinária (LO).

Assim, o gráfico acima representa situação hipotética em que, apesar de a Lei Complementar (LC) ainda não ter atingido o ponto 3 de densidade semântica, já há uma evolução perante a Constituição da República Federativa do Brasil (CRFB).

Em outras palavras, é possível que a Constituição da República Federativa do Brasil estabeleça os limites semânticos do critério da regra-matriz em referência e que esses limites sejam reforçados pela norma geral de direito tributário, sem que ainda se atinja a possibilidade semântica de o contribuinte apurar os elementos da relação jurídico-tributária.

Colocada tal premissa, a ideia básica é que em nossa federação a competência tributária é minuciosamente repartida entre União, Estados, Distrito Federal e Municípios (art. 145, *caput*), de tal sorte que a Constituição delimita a materialidade de impostos[14] para esses diversos Entes, regendo, portanto, de forma relevante, o conteúdo de leis complementares e leis ordinárias que tratem da materialidade do Imposto Sobre a Renda e Proventos de Qualquer Natureza.

Em outras palavras, no que tange aos impostos, com exceção dos chamados impostos residuais, estão delimitados na Constituição da República da seguinte forma:

(1) Critério material: encontra-se preenchido no nível 2;

(2) Critério Espacial: encontra-se preenchido no nível 1;

14. O mesmo se dá para taxas e contribuições de melhoria. No entanto, para empréstimos compulsórios e contribuições, há outros fatores envolvidos, como pressupostos de instituição, possibilidade de restituição e destinação de recursos arrecadados que não se restringem à materialidade dos tributos.

(3) Critério Temporal: encontra-se preenchido no nível 1;

(4) Sujeito ativo: encontra-se preenchido no nível 1;

(5) Sujeito passivo: encontra-se preenchido no nível 1;

(6) Base de cálculo: encontra-se preenchida no nível 2;

(7) Alíquota: encontra-se preenchida no nível 1.

Pretendo elaborar, ao longo do capítulo, em que medida vejo os critérios acima preenchidos no texto constitucional e em que medida a reta r avança em termos de determinação, em relação a cada um dos critérios, no campo da norma geral de direito tributário e da legislação federal. Ao mesmo tempo, os casos de antinomia também ficarão evidenciados graficamente, quando desvios da reta forem identificados. Vejamos adiante.

2. ALGO SOBRE A MATERIALIDADE DO IRPF NA CONSTITUIÇÃO

2.1 Palavras iniciais

No presente item tratarei do que designei por materialidade do IRPF na Constituição.

Quando utilizo o termo "materialidade" me refiro ao critério material da hipótese de incidência e à base de cálculo do gravame, na exata noção de que a base de cálculo afirma, infirma ou confirma a hipótese de incidência do tributo.[15]

O conceito de "matéria" é examinado de modo imemorial no campo da metafísica. Como nosso objeto de estudos não é a filosofia, não passaremos por toda a evolução da noção de "matéria", ao longo do pensamento da civilização ocidental. Gostaria, no entanto, de compartilhar algumas ideias de Immanuel Kant que me influenciaram para a organização deste diálogo sobre o Imposto Sobre a Renda.

Kant indica que podemos conhecer por dois grandes influxos: a sensibilidade, que é a capacidade de obter representações mediante o modo que somos afetados por objetos,

---

15. CARVALHO, Paulo de Barros. Direito tributário, linguagem e método. São Paulo: 2015, p. 421.

fornecendo-nos intuição;[16] e o entendimento, que é oriundo da razão.

Aquilo que no fenômeno – objeto da intuição – corresponde à sensação, trata-se da matéria e o que pode ser ordenado em relações designa-se forma.[17] A matéria é fruto da experiência (*a posteriori*) e a forma está à disposição na mente independentemente de qualquer sensação (*a priori*).

Espaço e tempo, por outro lado, são formas puras de intuição sensível.[18] Isso significa que podemos perceber o espaço e tempo, independentemente, de qualquer objeto ou experiência concreta. A geometria, por exemplo, lida com o espaço de modo *a priori*, de tal sorte que podemos intuir um triângulo, medir seus lados etc., independentemente da experiência concreta de notar esta figura em algum objeto externo.

Na verdade, espaço e tempo, para Kant, são elementos subjetivos – estão no sujeito e não fora dele – e justamente porque possuímos a noção de espaço e tempo é que temos acesso aos fenômenos.

Portanto, enquanto a matéria é um elemento que se dá com a experiência, fruto de uma sensação, espaço e tempo são formas puras da intuição.

Adotando esses conceitos seria impossível não tratar da matéria sem, implicitamente, indicar elementos concernentes ao espaço e tempo do objeto de nossos estudos, eis que não seria possível conhecer qualquer objeto concreto, sem situá-lo no espaço e tempo. E assim procederemos.

No entanto, o discurso requer uma evolução e, sendo dotado de uma cronologia própria, é imposta a necessidade de cortes e abstrações: se há um tempo no discurso e o tempo

---

16. KANT, Immanuel. Crítica da razão pura. São Paulo: Nova Cultural. Trad. De Valério Rohden e Udo Baldur Moosberberger, 1996, p. 71.

17. Ibidem, p. 72.

18. Ibidem, p. 73.

exige a sucessividade, as ideias no texto hão de se suceder, não podem ser postas concomitantemente. Assim, daremos mais ênfase, neste momento, ao aspecto material da regra-matriz de incidência tributária – com o critério material e a base de cálculo – do que a outros elementos da norma tributária, incluindo tempo e espaço.

Mas, como se verá quando tratarmos dos princípios constitucionais da exação, ingressaremos, oportunamente, em aspectos relacionados ao espaço e no tempo do imposto – e de outros elementos de sua regra-matriz de incidência – e, fatalmente, a própria percepção da matéria ficará mais clara.

2.2 Sobre as diferentes espécies de signos

Se nosso objeto de discussão, neste momento, é refletir se o Texto da Constituição da República exprime algo sobre a matéria de Imposto Sobre a Renda e até que ponto a exprime, um modo eficiente de iniciar a reflexão seria cogitar como funciona a linguagem e, em especial, os signos.

Tenhamos signo como a relação entre um primeiro, que será designado de representamen, um segundo que designaremos de objeto e um terceiro designado de interpretante, tal que o primeiro representa o segundo, criando, na mente de alguém, um signo mais desenvolvido designado de interpretante.[19]

A ideia de signo como tríade, de Charles Sanders Peirce, parte de uma concepção que divide o mundo em três categorias: uma primeiridade, secundidade e terceiridade.[20]

A noção de primeiridade está relacionada ao frescor, à possibilidade, à potencialidade.

Já o conceito de secundidade está vinculada à realidade, à reação, ao ruído, ao concreto.

19. PEIRCE, Charles Sanders. Semiótica. Trad. José Teixeira Coelho Neto. 4ª edição. São Paulo: Perspectiva, 2008, p. 46.

20. SILVEIRA, Lauro Barbosa. Curso geral de semiótica geral. São Paulo: Quartier Latin, 2007, p. 41.

A terceiridade, por sua vez, é vinculada à razão, à lei, à estabilidade.[21]

Por essa linha, o representamen, permeado pela primeiridade, representa o objeto, próprio da secundidade, gerando, no plano da terceiridade, um signo mais desenvolvido a alguém.

Nesse sentido, entre as diversas classificações de signos operadas por Charles Sanders Peirce, há aquela que se relaciona à relação do representamem (o primeiro) e seu objeto (o segundo), que se estabelece em três patamares:

(1) o ícone, vinculado à primeiridade, o representamen e seu objeto são relacionados por uma qualidade ou semelhança.

(2) o índice, vinculado à secundidade, o representamen e seu objeto são relacionados por uma relação de contiguidade.

(3) o símbolo, vinculado à terceiridade, o representamem e seu objeto são relacionados por uma regra.[22]

Os símbolos guardam relação de "lei" entre representamem e seu objeto. A designação "lei" tem a ver com a estabilidade, com aquilo que irá se repetir, com a constância.

Tratando sobre o símbolo, Charles Sanders Peirce esclarece: "Um símbolo é uma lei ou regularidade do futuro indefinido. Seu interpretante deve obedecer à mesma descrição e o mesmo deve ocorrer com seu objeto imediato completo, ou significado. (...)"[23]

Imediatamente é possível aferir que a noção de que a Constituição é composta por palavras – e por isso mesmo disposta de símbolos – implica a ideia de que o texto constitucional

---

21. PEIRCE, Charles Sanders. Semiótica e filosofia, textos escolhidos de Charles S. Peirce. Sel. e Trad. Octanny Silveira da Mota e Leonidas Hegenberg. São Paulo: Cultrix, 1993, p. 136.

22. PEIRCE, Charles Sanders. Semiótica. Trad. José Teixeira Coelho Neto. 4ª edição. São Paulo: Perspectiva, 2008, p. 71.

23. Idem, p. 71.

é carregado por símbolos que designam seu objeto conforme uma lei de associação.

Nessa seara, a evolução da hermenêutica indica que o intérprete "constrói" e não "descobre" o sentido do texto – que revela a atuação de homem sobre o texto – mas talvez uma pergunta bem profícua seria investigar que espécies de efeitos o texto é capaz de gerar no intérprete.

Para Charles S. Peirce, um signo "conduz alguma outra coisa",[24] ele é ativo em produzir algo em nossa mente. No caso do signo linguístico, essa "condução" é mediada por um contexto cultural que guarda elementos comuns entre membros de uma comunidade.

Ao voltarmos o esforço de investigação acerca da ação do signo perante o intérprete e não do intérprete sobre o signo, obtemos a vantagem de tornar o debate intersubjetivo e, portanto, palpável. Saímos do campo do casuísmo, inerente ao indivíduo, para ingressarmos na esfera da ciência da linguagem, da semiótica, da linguística e da semântica. Em vez de perguntarmos "o que o indivíduo faz do signo?", questionamos: qual o efeito sobre o jurista, teórico ou prático, que termos como "renda" e "proventos de qualquer natureza" estão aptos a gerar?

Para enfrentarmos tal aspecto, uma noção útil é a de que Umberto Eco denomina de "unidade semântica" ou "unidade cultural". Unidade semântica é um interpretante de um signo que se constitui em uma determinada cultura a partir de um sistema de oposições, de tal sorte que cada unidade cultural captura um segmento do universo perceptível e pensado.[25]

Quando estudiosos como José Arthur Lima Gonçalves[26] comparam o signo "renda" com "faturamento", "lucro", "receita" e outras unidades culturais jurídicas do sistema tributário,

---

24. PEIRCE, Charles Sanders. Semiótica. Trad. José Teixeira Coelho Neto. 4ª edição. São Paulo: Perspectiva, 2008, p. 74.

25. Eco, Umberto. O Signo. Editorial Presença. 6ª edição. São Paulo: Cultrix, 2004, p. 159.

26. GONÇALVES, José Arthur. Imposto sobre a renda. Pressupostos constitucionais. São Paulo: Malheiros Editores, 1ª edição, 2ª tiragem, 2002 p. 177.

justamente escancaram o caráter de oposição semântica, criado pelo sistema constitucional tributário ao "repartir materialidades" entre diversos Entes Tributantes. Aliás, a própria noção de "repartição material" está para o Sistema Semântico (código ou língua) assim como o feixe total de competência tributária está para cada faixa de competência.

Tomemos, por exemplo, na língua portuguesa, a palavra "receio". Podemos refletir o quanto a significação desse termo é moldada por existirem termos da mesma família como "pavor", "temor", "medo" que se colocam em oposição umas com as outras de modo que o sentido de um vai influenciando o sentido da outra, cada qual ocupando seu espaço semântico na língua portuguesa.

Se a unidade semântica de signos como "receio", "temor", "pavor" e "medo" são marcadas conforme a oposição que travam entre si, o sistema constitucional tributário demarca limites de materialidades à medida que distingue entidades como "doação", "serviço", "renda e proventos" etc. atribuindo-os, cada qual, a uma esfera distinta de tributação.

Nesse contexto, a identificação da "unidade semântica" do signo "renda e proventos de qualquer natureza", utilizado pela Constituição da República pode efetivar-se de duas formas.

Uma delas é pelo jogo de oposição entre as diversas materialidades tributárias empregadas pela Constituição, tal como esses juristas que trataram do Imposto Sobre a Renda e Proventos de Qualquer Natureza já o fizeram.

A segunda é perquirir se a Constituição, ao empregar o signo "renda e proventos de qualquer natureza", se referiu a uma expressão cuja "unidade semântica" já era – e ainda é – pertencente ao sistema semântico jurídico-tributário.

Para esse segundo exame, cabe acrescentar um importante conceito da teoria da linguagem que foi construído por Mikhail Bakhtin. Trata-se da noção de "interdiscursividade" ou "dialogismo".

O dialogismo exprime a noção de que os textos estão em constantes diálogos, entre si, ora de concordância, ora de refutação. Esses diálogos, por vezes, são explícitos – intertextualidade – e, por vezes, implícitos – interdiscursividade. Como diz José Luiz Fiorin:

> todo enunciado constitui-se a partir de outro enunciado, é uma réplica a outro enunciado. Mesmos que elas nãos e manifestem no fio do discurso, elas estão aí presentes.[27]

Nesse sentido, a ideia de dialogismo fundamentará a noção de que o texto constitucional, ao empregar a expressão "renda e proventos de qualquer natureza" dialogou com os diversos outros textos, insertos em seu próprio veículo introdutor – outros artigos da Constituição da República –ou diversos eixos legislativos que historicamente compunham o sistema jurídico brasileiro. Esse diálogo permite que o intérprete, ao se deparar com o texto constitucional, infira uma noção constitucional de "renda e proventos de qualquer natureza", ainda que não explícita no texto constitucional.

Note-se, portanto, que o dialogismo fundamenta, em termos de teoria da linguagem, o próprio primado da interpretação sistemática do direito positivo, aquela que predica examinar o texto jurídico, observando o contexto que abarca o direito.

Por isso mesmo, veremos que após esse esforço de índole mais semântica, que traça importantes parâmetros da hipótese de incidência e base de cálculo do Imposto Sobre a Renda, haveremos de meditar sobre certos princípios do sistema constitucional tributário que esclarecem, ainda mais, o contorno dos dois critérios da regra-matriz do gravame, acima indicados, bem como de outros critérios da norma padrão de incidência tributária.

Dialogando com a ideia de dicotomia entre "tipo e conceito", se se concebe que a Constituição lida com "tipos" – elementos indeterminados – mas outros campos do direito estabelecem "conceitos" – elementos mais determinados – a ideia de dialogia poderia sugerir que ao empregar um termo que já era, de antemão, transformado em "conceito", pela legislação infraconstitucional

27. FIORIN, José Luiz. Introdução ao pensamento de Bakhtin. São Paulo: Contexto, 2016, p. 27.

que historicamente antecede o Texto Constitucional, é possível inferir que a própria Constituição o utiliza em uma relação dialógica com o texto anterior de concordância, de recepção.

Se signo depende de um interpretante para funcionar – e daí o caráter do aplicador do direito para "construir" a interpretação – o homem, em sua função hermenêutica, não pode prescindir da pragmática, isto é, do contexto linguístico que lhe condiciona enquanto observador que lida com um objeto cultural.

Portanto, nos próximos itens, haveremos de indicar um sentido para o signo "renda e proventos de qualquer natureza", já compartilhado por uma comunidade jurídica quando do advento do Texto Constitucional. Eis os esforços dos próximos itens.

2.3 Parâmetros iniciais sobre o critério material e a base de cálculo: a noção de renda e proventos de qualquer natureza

Neste item, o objetivo será demonstrar que embora a expressão "renda e proventos de qualquer natureza", empregada pelo art. 153, inciso III, da Constituição da República, não esteja definida expressamente na Lei Maior, o caráter simbólico dos termos utilizados revela um "tesouro", uma tradição a ser levada em consideração pelo intérprete ao examinar o regime jurídico do IRPF. Buscar-se-á identificar o significado desse signo.

Para comprovar a assertiva acima, passa-se a examinar definições legislativas, doutrinárias e jurisprudenciais que escancaram o sentido dos termos "renda" e "proventos" de qualquer natureza.

No item anterior, buscamos fundamentar a legitimidade teórica de tal empreitada, a partir de elementos da teoria da linguagem, seja no caráter convencional dos símbolos, seja na existência de uma unidade semântica própria de todo código – que demonstraríamos por atos de fala que empregam tal unidade semântica – seja na própria ideia de dialogismo, no sentido de que o texto constitucional conversa com outros textos do direito positivo.

Em uma visão mais interna do direito, podemos assinalar que a busca dos sentidos jurídicos para a compreensão de termos técnicos é um método de interpretação constitucional aceito pela Suprema Corte. Tratando sobre o tema, Victor Borges Polizelli[28] faz referência a diversos julgados que partiram de tal premissa como RE 166.772-9,[29] o RE 203.0759[30] e o RE 116.121.[31]

---

28. POLIZELLI, Victor Borges. Princípio da realização da renda. Reconhecimento de Receitas e Despesas para fins de IRPJ. São Paulo: IBDT – Instituto Brasileiro de Estudos Tributários e Quartier Latin, série Doutrina Tributária, Vol. VII. São Paulo: 2012, p. 132.

29. INTERPRETAÇÃO - CARGA CONSTRUTIVA - EXTENSÃO. Se é certo que toda interpretação traz em si carga construtiva, não menos correta exsurge a vinculação à ordem jurídico-constitucional. O fenômeno ocorre a partir das normas em vigor, variando de acordo com a formação profissional e humanística do intérprete. No exercício gratificante da arte de interpretar, descabe "inserir na regra de direito o próprio juízo – por mais sensato que seja – sobre a finalidade que "conviria" fosse por ela perseguida" – Celso Antônio Bandeira de Mello - em parecer inédito. Sendo o Direito uma ciência, o meio justifica o fim, mas não este àquele. CONSTITUIÇÃO - ALCANCE POLÍTICO - SENTIDO DOS VOCÁBULOS - INTERPRETAÇÃO. O conteúdo político de uma Constituição não é conducente ao desprezo do sentido vernacular das palavras, muito menos ao do técnico, considerados institutos consagrados pelo Direito. Toda ciência pressupõe a adoção de escorreita linguagem, possuindo os institutos, as expressões e os vocábulos que a revelam conceito estabelecido com a passagem do tempo, quer por força de estudos acadêmicos quer, no caso do Direito, pela atuação dos Pretórios. SEGURIDADE SOCIAL - DISCIPLINA - ESPÉCIES - CONSTITUIÇÕES FEDERAIS - DISTINÇÃO. Sob a égide das Constituições Federais de 1934, 1946 e 1967, bem como da Emenda Constitucional nº 1/69, teve-se a previsão geral do tríplice custeio, ficando aberto campo propício a que, por norma ordinária, ocorresse a regência das contribuições. A Carta da República de 1988 inovou. Em preceitos exaustivos - incisos I, II e III do art. 195 - impôs contribuições, dispondo que a lei poderia criar novas fontes destinadas a garantir a manutenção ou expansão da seguridade social, obedecida a regra do art. 154, inciso I, nela inserta (§ 4º do art. 195 em comento). CONTRIBUIÇÃO SOCIAL - TOMADOR DE SERVIÇOS - PAGAMENTOS A ADMINISTRADORES E AUTÔNOMOS - REGÊNCIA. A relação jurídica mantida com administradores e autônomos não resulta de contrato de trabalho e, portanto, de ajuste formalizado à luz da Consolidação das Leis do Trabalho. Daí a impossibilidade de se dizer que o tomador dos serviços qualifica-se como empregador e que a satisfação do que devido ocorra via folha de salários. Afastado o enquadramento no inciso I do art. 195 da Constituição Federal, exsurge a desvalia constitucional da norma ordinária disciplinadora da matéria. A referência contida no § 4º do art. 195 da Constituição Federal ao inciso I do art. 154 nela insculpido, impõe a observância de veículo próprio - a lei complementar. Inconstitucionalidade do inciso I do art. 3º da Lei nº 7.787/89, no que abrangido o que pago a administradores e autônomos. Declaração de inconstitucionalidade limitada pela controvérsia dos autos, no que não envolvidos pagamentos a avulsos. (RE 166772, Relator(a): Min. MARCO AURÉLIO, Tribunal Pleno, julgado em 12/05/1994, DJ 16-12-1994 PP-34896 EMENT VOL-01771-04 PP-00703 RTJ VOL-00156-02 PP-00666)

30. EMENTA: RECURSO EXTRAORDINÁRIO. CONSTITUCIONAL. TRIBUTÁRIO. PESSOA FÍSICA. IMPORTAÇÃO DE BEM. EXIGÊNCIA DE PAGAMENTO DO ICMS POR OCASIÃO DO DESEMBARAÇO ADUANEIRO. IMPOSSIBILIDADE. 1. A incidência do ICMS na importação de mercadoria tem como fato gerador operação de natureza mercantil ou assemelhada, sendo inexigível o imposto quando se tratar de bem importado por pessoa física. 2. Princípio da não cumulatividade do ICMS. Pessoa física. Importação de bem. Impossibilidade de se compensar o que devido em cada operação com o montante cobrado nas anteriores pelo mesmo ou outro Estado ou pelo Distrito Federal. Não sendo comerciante e como tal não estabelecida, a pessoa física não pratica atos que envolvam circulação de mercadoria. Recurso extraordinário não conhecido. (RE 203075, Relator(a): Min. ILMAR GALVÃO, Relator(a) p/ Acórdão: Min. MAURÍCIO CORRÊA, Primeira Turma, julgado em 05/08/1998, DJ 29-10-1999 PP-00018 EMENT VOL-01969-02 PP-00386)

31. TRIBUTO - FIGURINO CONSTITUCIONAL. A supremacia da Carta Federal é conducente a glosar-se a cobrança de tributo discrepante daqueles nela previstos. IMPOSTO SOBRE

Nesse sentido, se em direito "os institutos, as expressões os vocábulos têm sentido próprio", como no RE 116121 – julgado, este, que deu origem à Súmula Vinculante n. 31, portanto, não pode ser tido como uma orientação de menor alcance – cabe-nos refletir sobre o significado da expressão "renda e proventos de qualquer natureza", tal como posta em nosso direito positivo.

2.4 A utilização do signo "rendas e proventos" pela legislação

O signo "renda e proventos" não é uma *novidade* trazida no universo da conversação jurídica pela Constituição da República Federativa do Brasil de 1988. Trata-se de expressão que historicamente carrega uma carga semântica, que foi sendo sedimentada, inicialmente, pela economia e, em seguida pela legislação.

Autores clássicos da economia como Adam Smith, David Ricardo e outros mais recentes como Piketty tomam o conceito de renda em suas investigações.

Mas, como lembra Aliomar Baleeiro, inspirado em Rubens Gomes de Sousa,

> se a economia depende do Direito para impor praticamente suas conclusões, o Direito não depende da economia, nem de qualquer ciência para se tornar obrigatório: o conceito de renda é fixado livremente pelo legislador segundo considerações pragmáticas, em função da capacidade contributiva, da comodidade e da técnica de arrecadação. Serve-se, ora de um, ora de outro ou dois conceitos teóricos para fixar o fato gerador (*Evolution de La noticion de revenu*, A.F. 1951, v. II, p. 119).[32]

SERVIÇOS - CONTRATO DE LOCAÇÃO. A terminologia constitucional do Imposto sobre Serviços revela o objeto da tributação. Conflita com a Lei Maior dispositivo que imponha o tributo considerado contrato de locação de bem móvel. Em Direito, os institutos, as expressões e os vocábulos têm sentido próprio, descabendo confundir a locação de serviços com a de móveis, práticas diversas regidas pelo Código Civil, cujas definições são de observância inafastável - art. 110 do Código Tributário Nacional. (RE 116121, Relator(a): Min. OCTAVIO GALLOTTI, Relator(a) p/ Acórdão: Min. MARCO AURÉLIO, Tribunal Pleno, julgado em 11.10.2000, DJ 25.05.2001, PP-00012 EMENT VOL-02032-04 PP-00669).

32. BALEEIRO, Aliomar. Direito tributário brasileiro. Rio de Janeiro: Forense, 1981, p. 182.

Abrindo necessários parênteses, quando se diz que o conceito de renda "é fixado livremente pelo legislador", o contexto é a relação entre direito e economia, isto é, a economia não subordina semanticamente o direito. Não se trata, portanto, de uma afirmativa de que a lei pode livremente dispor o que é renda sob arrepio, por exemplo, da Constituição.

Retornando ao fio condutor de nosso raciocínio, em razão dessa independência do direito perante a economia, para definir seus próprios conceitos, tratemos de investigar o alcance semântico do signo "renda e proventos de qualquer natureza" conforme construído, historicamente, por nossa legislação.

Inicialmente, a definição da incidência do imposto era efetivada de modo denotativo, isto é, indicando rendimentos sobre os quais o "imposto de renda" incidia. A título de exemplo, a Lei 2.719 de 31 de dezembro de 1912 previa o seguinte:

IV			
	"IMPOSTO SOBRE A RENDA"		
27.	Imposto sobre subsidios e vencimentos á razão de 2 % sobre todos os subsidios, e sobre todos os vencimentos que excederem de 3:000$ annuaes ou 250$ mensaes, ficando isentos do referido imposto os vencimentos até 3:000$ annuaes, cobrando-se o imposto sobre os que excederem essa importancia apenas sobre o excesso..	25:000$000	1.000:000$000
28.	Dito sobre o consumo de agua..		3.100:000$000
29.	Dito de 2 ½ % sobre os dividendos dos titulos de companhias ou sociedades anonymas................................		2.000:000$000
30.	Dito sobre casas de sports de qualquer especie na Capital Federal		6:000$000

Interessante notar, da legislação acima, que ao "isentar" certos valores, o legislador já demonstra uma noção de que o valor tributável haveria de superar certos gastos incorridos pelo contribuinte.

Por sua vez, ato contínuo, foi editada a Lei 4.440 de 31 de dezembro de 1921, cujo art. 40 estampava a seguinte redação:

IMPOSTOS SOBRE A RENDA		
40. Dividendos e quaesquer outros productos de acções (inclusive as importancias retiradas do fundo de reserva ou de outro qualquer, para serem, á conta de qualquer verba do balanço, ou sob qualquer titulo, entregues aos accionistas, ou para pagamento de entrada de acções novas ou velhas), de companhias ou sociedades anonymas e commanditas por acções; e sobre juros de obrigações e de debentures de companhias ou sociedades anonymas e commanditas por acções e sobre o lucro liquido das sociedades por quotas de responsabilidade limitada, tenham taes companhias, sociedades e commanditas, sua séde no paiz ou no estrangeiro; sobre o lucro liquido das casas bancarias e das casas de penhores; sobre bonificações ou gratificações aos directores-presidentes de companhias, emprezas ou sociedades anonymas, - até 7 %, 5 %; de mais de 7 %, 6 % sobre o que accrescer; de mais de 12 %, 7 % sobre o que accrescer. – Lei n. 126 A, de 21 de novembro de 1892; L. N. 265, de 24 de dezembro de 1894; D. N. 2.559, de 22 de julho de 1897; L. N. 489, de 15 de dezembro de 1897; L. N. 2.841, de 31 de dezembro de 1913, e L. N. 2.919, de 31 de dezembro de 1914, L. N. 3.644, de 31 de dezembro de 1918; Leis ns. 3.979, de 31 de dezembro de 1919, e 4.230, de 31 de dezembro de 1920......	....	12.000:000$000
41. 5 % sobre os juros dos creditos ou emprestimos garantidos por hypothecas, excepto os que recahirem sobre quaesquer contractos celebrados com bancos de credito real, embora realizem operações bancarias de outra natureza. Leis ns. 3.213, de 30 de dezembro de de 1916, e 3.644, de 31 de dezembro de 1918..............	....	1.500:000$000

42. 2 % sobre premios de seguros maritimos, e terrestres e 5 %, sobre premios de seguros de vida, pensões, peculios, etc. – Leis ns. 2.919, de 31 de dezembro de 1914, e 3.070 A, de 31 de dezembro de 1915; 5 % sobre premios de seguros maritimos e terrestres, e 2 % sobre premios de seguros de vida, de pensões e de peculios	....	3.300:000$000
43. 10 % sobre lucros fortuitos, valores sorteados, valores distribuidos, em sorteio, por clubs de mercadorias, premios concedidos, em sorteio, mediante pagamento em prestações, por associações constructoras.- Leis ns. 2.919, de 31 de dezembro de 1914; 3.070 A, de 31 de zembro de 1915, e L. N. 3.213, de 30 de dezembro de 1916; L. N. 3.644, de 31 de dezembro de 1918, e Lei n. 3.979, de 31 de dezembro de 1919.................	....	300:000$000
44. Lucro liquido da industria fabril, não comprehendida em o numero 40 – até réis 100:000$, 3 % de mais de 100 até 300:000$, 4 % sobre o que accrescer; de mais de 300 até 500:000$, 5 % sobre o que accrescer; de mais de 500:000$, a taxa sobre o excedente será de 7 %. – Leis ns. 3.979, de 31 de dezembro de 1919, e 4.230, de 31 de dezembro de 1920..........	....	7.200:000$000
45. Lucro liquido do commercio, verificado em balanço, não comprehendido no n. 40 – até réis 100:000$, 3 %; de mais de 100 até réis 300:000$, 4 %, sobre o que accrescer; de mais de 300:000$ até 500:000$, 5 % sobre o que accrescer; de mais de 500:000$, a taxa sobre o excedente será de 7 %. L. N. 4.230, de 31 de dezembro de 1920................	....	38.000:000$000
46. Imposto sobre as operações a termo, sendo a metade paga pelo comprador e a outra metade pelo vendedor, a saber: 100 réis por sacca de café; um real por kilo de algodão; 50 réis por sacca de assucar. – L. Numero 4.230, de 31 de dezembro de 1920	....	6.000:000$000
47. Imposto sobre os lucros das profissões liberaes, na razão de, até 100:0000, por anno, 3 %; demais de 100:000$, até réis 300:000$, 4 %; sobre o que accrescer, 5 %..........................	....	1.000:000$000

A Lei 4.625 de 31 de dezembro de 1922 institui em seu art. 31, o Imposto Geral Sobre a Renda, que incide sobre o "conjunto líquido dos rendimentos de qualquer origem".

A legislação, que passou a vigorar a partir de 1924, já previa que "líquido" já seria o conjunto de "rendimentos auferidos de qualquer fonte, feitas as deducções seguintes", perfazendo a noção do imposto com a materialidade de ganhos reduzidos de certos elementos dedutíveis. A redação do artigo é a seguinte:

> Art. 31. Fica instituido o imposto geral sobre a renda, que será, devido, annualmente, por toda a pessoa physica ou juridica, residente no territorio do paiz, e incidirá, em cada caso, sobre o conjunto liquido dos rendimentos de qualquer origem.
>
> I. As pessoas não residentes no paiz e as sociedades com séde no estrangeiro pagarão o imposto sobre a renda liquida, que lhes fôr apurada dentro do territorio nacional.
>
> II. É isenta do imposto a renda annual inferior a 6:000$ (seis contos de réis), vigorando para a que exceder dessa quantia a tarifa que for annualmente fixada pelo Congresso Nacional.
>
> III. Será considerado liquido, para o fim do imposto, o conjunto dos rendimentos auferidos de qualquer fonte, feitas as deducções seguintes:
>
> a) imposto e taxas;
>
> b) juros de devidas, por que responda o contribuinte;
>
> c) perdas extraordinarias, provenientes de casos fortuitos ou força maior, como incendio, tempestade, naufragio o accidentes semelhantes a esses, desde que taes perda não sejam compensadas por seguros ou indenizações;
>
> d) as despezas ordinarias realizadas para conseguir e assegurar a renda
>
> IV. Os contribuites de renda entre 6:000$ (seis contos de réis) e 20:000$ (vinte contos de réis) terão deducção de 2 % (dous por cento) sobre o montante do imposto devido por pessoa que tenha a seu cargo, naõ podendo exceder, em caso algum, essa deducção a 50 % (cincoenta por cento) da importancia normal do imposto.
>
> V. O imposto será arrecadado por lançamento, servindo de base a declaração do contribuinte, revista eplo agente do fisco e com recurso para autoridade administrativa superior ou pára arbitramento. Na falta de declaração o lançamento se fará ex-officio. A

> impugnação por parte do agente do fisico ou o lançamento ex-officio terão de apoir-se em elementos comprobatorios do mantante da renda e da taxa devida.
>
> VI. A cobrança do imposto será feita cada anno sobre a base do lançamento realizado no anno immediatamente anterior.
>
> VII. O poder Executivo providenciará expedindo os precisos regulamentos e instrucções, e executando as medidas necessarias ao lançamentos e instrucções, e executando as medidas necessarias ao lançamento, por fórma que a arrecadação do imposto se torne effectiva em 1924.
>
> [...].

A Lei 4.783 de 31 de dezembro de 1923, em seu art. 3º, estipula as origens sobre as quais o imposto incidiria, estabelecendo o seguinte:

> Art. 3º O imposto sobre a renda, creado pelo art. 31 da lei n. 4.625, de 31 de dezembro de 1922, recahirá, sobre os rendimentos produzidos no paiz e derivados das origens seguintes:
>
> 1ª categoria – Commercio e qualquer exploração industrial, exclusive a agricola.
>
> 2ª categoria – Capitaes e valores mobiliarios.
>
> 3ª categoria – Ordenados publicos e particulares, subsidios, emolumentos, gratificações, bonificações, pensões e remunerações sob qualquer titulo e fórma contractual.
>
> 4ª categoria – Exercicio de profissões não commerciaes e não comprehendidas em categoria anterior.
>
> § 1º Os socios das firmas em nome collectivo respondem pelo pagamento do imposto, de accôrdo com a razão de lucro que lhes couber no rendimento liquido da sociedade e que fôr considerado tributavel nos termos dos ns. I e II do § 3º.
>
> § 2º Quem pagar rendimento a residentes fóra do paiz, responde pela arrecadação do imposto devido por estes.
>
> § 3º O lançamento do imposto far-se-á de accôrdo com a declaração dos contribuintes, exceptuados os casos previstos em regulamento e observado o seguinte:
>
> N. I – No commercio e industria, considera-se rendimento liquido tributavel:

a) dos commerciantes e industriaes exercendo taes profissões, quer em nome individual, quer em firmas collectivas, a renda constante das percentagens abaixo sobre a importancia das operações realizadas e comprovadas pelo valor total do sello sobre as vendas mercantis, a saber:

Até 500 contos, esse rendimento tributavel será á razão de 6%;

Entre 500 e 1.000 contos, 5%;

Entre 1.000 e 2.000 contos, 4%;

Entre 2.000 e 3.000 contos, 3%;

Acima de 3.000 contos, 2%;

dos contribuintes não sujeitos ao regulamento do imposto sobre as vendas mercantis, o lucro liquido correspondente a coefficientes applicados ao algarismo total de negocios no anno immediatamente anterior ao em que o imposto fôr devido.

N. II - A renda tributavel de que trata a alinea a) do n. I deste paragrapho, será a correspondente ás operações mercantis relativas a cada semestre anterior.

N. III - Os coefficientes de que trata a alinea b) do n. I deste paragrapho, serão determinados por uma commissão technica e validos por tres annos. Para o exercicio de 1924 a tabella será organizada pela administração publica.

N. IV - Os rendimentos liquidos tributaveis nas demais categorias terão para base os realmente percebidos no anno anterior do pagamento do imposto.

§ 4º O rendimento liquido tributavel das sociedades anonymas nacionaes e estrangeiras, funccionando no Brasil, será o lucro revelado em cada balanço correspondente ao periodo de seis mezes anterior á data do pagamento do imposto. As sociedades anonymas ficarão sujeitas á declaração obrigatoria comprovada com a apresentação do balanço.

§ 5º No cômputo da renda líquida das empresas, que exploram serviços de utilidade publica, mediante tarifas fixadas em contracto, serão levadas em conta, além das deducções a que se refere o n. III, letras *a*, *b*, *c* e *d*, do art. 31, da lei n. 4.265, de 31 de dezembro de 1922, também as quotas:

a) para depreciação do material;

b) para despesas em obras novas, durante o anno, inclusive para o material adquirido para tal fim;

c) para o fundo de amortização de valor dos bens reversiveis.

§ 6º As pessoas physicas e juridicas que pagarem rendimentos produzidos no paiz serão obrigadas a prestar os esclarecimentos solicitados pelos agentes fiscaes quanto ás pessoas que os receberem e as importancias pagas.

§ 7º As declarações dos contribuintes estarão sujeitas á revisão dos agentes fiscaes, que não poderão solicitar a exhibição de livros de contabilidade, documentos de natureza reservada ou esclarecimentos, devassando a vida privada.

§ 8º As taxas do imposto recahido sobre os rendimentos de cada uma das categorias referidas neste artigo, serão as constantes da seguinte tabella:

Até 10:000$, isentos;

Entre 10:000$ e 20:000$, 0,5% (meio por cento);

Entre 20:000$ e 30:000$, 1% (um por cento);

Entre 30:000$ e 60:000$, 2% (dous por cento);

Entre 60:000$ e 100:000$, 3% (tres por cento);

Entre 100:000$ e 200:000$, 4% (quatro por cento);

Entre 200:000$ e 300:000$, 5% (cinco por cento);

Entre 300:000$ e 400:000$, 6% (seis por cento);

Entre 400:000$ e 500:000$, 7% (sete por cento);

Acima de 500:000$, 8% (oito por cento).

§ 9º Serão abatidos do rendimento liquido os impostos directos ederaes.

§ 10. Das divergencias suscitadas entre contribuintes e agentes fiscaes haverá recurso para instancia administrativa superior.

§ 11. Ficam isentos deste imposto os rendimentos das instituições destinadas a fins philantropicos.

§ 12. Fica o Poder Executivo autorizado:

a) a expedir o regulamento para a execução do disposto neste artigo, adoptando, sempre que fôr possivel, a arrecadação nas fontes de rendimentos, especificando os casos de lançamento ex-officio e impondo multas até vinte contos de réis;

b) a organizar o serviço da arrecadação deste imposto, podendo despender até 500:000$, abrindo para este fim os creditos necessarios.

§ 13. Fica revigorado o art. 31 da lei n. 4.625, de 31 de dezembro de 1922, na parte em que não contrariar as disposições deste artigo.

Esclarece, Rubens Gomes de Sousa, que o imposto de renda instituído no Brasil em 1924 "tomou como modelo a lei francesa baseada no projeto CAILALAUX de 1913". Acrescenta o mestre que recolhendo

> [...] a influência de estudos compreendidos na França, principalmente por GASTON JÈZSE, EDGAR ALLIX e MARCELO LECERCLÉ, visando elaborar um conceito jurídico, especificamente fiscal, de renda, capaz de lhe emprestar a segurança necessária ao seu emprego como base de tributação, ante as divergências doutrinárias quanto ao seu conceito econômico, aliás não resolvidas ainda hoje.
>
> Esse conceito que veio a ser chamado "clássico", define a renda como a riqueza nova, ou seja, o acréscimo patrimonial, que reúna simultaneamente três requisitos: (a) provir de fonte já integrada no patrimônio do titular (capital) ou diretamente referível a ele (trabalho), ou ainda, da combinação de ambos; (b) ser suscetível de utilização pelo titular (consumo, poupança, reinvestimento) sem a destruição ou redução da fonte produtora: este requisito implica na periodicidade do rendimento, isto é, na sua capacidade, pelo menos potencial, de reproduzir-se a intervalores de tempo, pois do contrário sua utilização envolveria uma parcela do próprio capital; (c) resultar de uma exploração da fonte por seu titular: este requisito exclui, do conceito de renda, doações, heranças e legados, tidos como acréscimos patrimoniais com a natureza de "capital" e não de "rendimento".
>
> O conceito "clássico" de renda é tradicionalmente adotado pela lei brasileira: Dec. lei 58414/43, art. 10; RIR, art. 34. Esse dispositivo, todavia, ressalva os "demais proventos neste Regulamento (entenda-se: previstos em lei). A ressalva é válida ante a atribuição constitucional de competência (supra 2/2.2) mas não esclarece o conceito de proventos a não ser indiretamente e de duas maneiras. Assim, (1º), os "proventos" não devem enquadrar-se no conceito de renda, pois então, o dispositivo seria redundante. E (2º) os "proventos) tributáveis são somente os que a lei se refira de modo expresso. Continua faltando, porém, um conceito legal genérico de proventos.[33]

O que gostaríamos de reter da explicação, acima, é a nítida associação da renda e proventos com a de "acréscimo

---

33. SOUSA, Rubens Gomes de. Imposto de Renda. Tratamento tributário dos títulos de renda fixa. In Pareceres 3 – Imposto de Renda. São Paulo: Editora Resenha Tributária, 1976, p. 281.

patrimonial", deixando de lado, por ora, os três requisitos acima apontados nas letras "a", "b" e "c" do trecho acima transcrito.

Nesse sentido, quando a expressão "renda" surge na Constituição de 1934, já há de ostentar interdiscursividade com a legislação vigente. Tanto assim, aliás, que o texto constitucional não se limitou a tributar a "renda", mas acrescentou o termo "proventos", tornando mais elástico o campo de incidência. A redação é a seguinte:

> Art. 6.º Compete, também, privativamente à União:
>
> I - decretar impostos:
>
> a) sobre a importação de mercadorias de procedência estrangeira;
>
> b) de consumo de quaisquer mercadorias, exceto os combustíveis de motor de explosão;
>
> c) de renda e proventos de qualquer natureza, excetuada a renda cedular de imóveis;
>
> [...].

Por que o texto não determina a tributação apenas do signo "renda", tomando o cuidado de empregar a designação "proventos"? Porque se "renda" guardava a significação clássica, embutida na herança do direito brasileiro, o constituinte teve o cuidado de respeitar tal acepção acrescentando o signo "proventos", para alargar a materialidade do gravame para que se tornasse apto a incidir sobre outros ganhos que não decorrentes do trabalho e capital. Rubens Gomes de Sousa assim explica: "A intenção do legislador constituinte, portanto, não terá sido essa, mas a de designar inclusivamente outras modalidades de ganhos que não se enquadrem no conceito de renda."[34]

Já há, portanto, ao menos desde 1934, uma associação simbólica entre renda, proventos e "ganho", o que é confirmado pela legislação desde então.

---

34. SOUSA, Rubens Gomes de. Imposto de Renda. Tratamento tributário dos títulos de renda fixa. In Pareceres 3 – Imposto de Renda. São Paulo: Editora Resenha Tributária, 1976, p. 275.

Na evolução da legislação, o Decreto-lei 5.844/43, de 23 de setembro de 1943, emprega o signo "renda", separando-o em "renda bruta" e "renda líquida", na sistemática a seguir indicada.

A legislação previa diversas células, cada qual composta por rendimentos – acréscimos – e decréscimos. O resultado da subtração desses acréscimos e decréscimos chegava-se ao conceito de "renda bruta", nos termos do art. 19 do referido Decreto-lei.

Assim, o art. 10 previa que rendimento bruto, em cada célula, seriam os ganhos derivados do capital, do trabalho ou da combinação de ambos, sendo os proventos os demais ganhos.

Já o rendimento líquido, nos termos do art. 11, seriam os rendimentos brutos, deduzidas as inúmeras despesas previstas em tal artigo e "necessárias à percepção dos rendimentos".

A "renda bruta", por sua vez, seria composta pela soma dos rendimentos líquidos, de onde já se infere a noção de renda – mesmo bruta – implicando a ideia de valores que entram subtraídos dos valores excluídos – ainda que taxativamente previstos na legislação.

O art. 20 do mesmo Decreto-lei, ainda, previa a possibilidade de se abater diversos gastos da "renda bruta", perfazendo a noção de "renda líquida", empregada para fins de determinação de hipótese de incidência do gravame.

José Luiz Bulhões Pedreira explica a referida sistemática, esclarecendo o seguinte:

> Nas leis que disciplinam o imposto, a expressão "renda" aparece apenas na tributação das pessoas físicas residentes no país (renda bruta e renda líquida); renda bruta é a soma dos rendimentos líquidos incluídos na declaração anual da pessoa física (DL 5.844, art. 19; RIR, art. 79) e renda líquida, que é a base de cálculo do imposto progressivo, é conceituada como a renda bruta deduzida dos abatimentos autorizados pela lei (DL 5.844, art. 21; RIR, art. 94.).[35]

---

35. PEDREIRA, José Luiz Bulhões. Imposto de Renda. São Paulo: Apec, 1969, 2-1;

Portanto, os dispositivos acima mencionados por José Luiz Bulhões Pedreira, conquanto não tenham definido, em si, "renda", mencionaram duas espécies de "renda" a saber, a "renda bruta" e a "renda líquida": a primeira como a soma de rendimentos (ganhos) líquidos e a segunda como a renda bruta subtraída dos abatimentos autorizados pela lei. E sublinha-se que a legislação tomava a "renda líquida" como objeto da tributação e não a renda bruta.

Daí já se vê a associação da "renda" tributável com a ideia de acréscimo patrimonial, ou seja, as riquezas auferidas subtraídas dos gastos autorizados pela legislação, tal como confirma Gilberto de Ulhôa Canto:

> O sistema brasileiro do imposto sobre a renda, tal como mais, trata de atingir os proventos em função de um resultado final, ânuo, em que se computem as diversas receitas e se subtraiam algumas deduções permissíveis. Em regra, o tributo é de caráter pessoal. Cada sujeito imponível é tido como unidade tributária aferida ao fim de cada ano, quanto aos elementos de seu ativo e de seu passivo, sobre o valor resultante caindo o ônus fiscal.[36]

Rubens Gomes de Sousa, no mesmo esteio:

> Nos estudos teóricos no item 12, sustentei a conclusão de que "renda" (na acepção fiscal do termo) é a soma algébrica de todos os rendimentos e todas as despesas dedutíveis, respectivamente incorridas no espaço de tempo fixado pela lei para sua apuração periódica (o "ano-base"). Em outras palavras, "renda" é, para efeitos fiscais, o acréscimo patrimonial líquido verificado entre duas datas predeterminadas. Nesta última frase, a palavra-chave é acréscimo: com efeito, a característica fundamental da renda (termo genérico que, como vimos, inclui a espécie lucro) é a de configurar uma aquisição de riqueza nova que vem aumentar o patrimônio que a produziu e que pode ser consumida ou reinvestida sem o reduzir.[37]

---

36. CANTO, Gilberto de Ulhôa. Imposto sobre a renda: incidência no caso de prêmio de seguro e resseguro pagos a empresas estabelecidas fora do Brasil. Territorialidade do tributo. Produção e realização do rendimento, como fatores da fixação de competência impositiva. In Temas de Direito Tributário (Pareceres e Estudos). Rio de Janeiro: Edições Financeiras S.A., 07-16, 1955, p. 10.

37. SOUSA, Rubens Gomes. Parecer 1.2 Imposto de Renda; Despesas não dedutíveis

É nesse contexto que é delineado o art. 43 do CTN, que também dá guarida a essa associação. O dispositivo prevê o seguinte:

> Art. 43. O imposto, de competência da União, sobre a renda e proventos de qualquer natureza tem como fato gerador a aquisição da disponibilidade econômica ou jurídica:
>
> I – de renda, assim entendido o produto do capital, do trabalho ou da combinação de ambos;
>
> II – de proventos de qualquer natureza, assim entendidos os acréscimos patrimoniais não compreendidos no inciso anterior.
>
> § 1º. A incidência do imposto independe da denominação da receita ou do rendimento, da localização, condição jurídica ou nacionalidade da fonte, da origem e da forma de percepção. (Incluído pela LC 104/2001)
>
> § 2º. Na hipótese de receita ou de rendimento oriundos do exterior, a lei estabelecerá as condições e o momento em que se dará sua disponibilidade, para fins de incidência do imposto referido neste artigo. (Incluído pela LC 104/2001)

Da conjugação do inciso I e II, infere-se que se renda é o produto do capital, do trabalho ou da combinação de ambos e se proventos, outras espécies de acréscimos patrimoniais, a conclusão inafastável é que renda é uma espécie de acréscimo patrimonial.[38]

Tratando sobre a redação do artigo acima transcrita, Rubens Gomes de Sousa esclarece:

> Embora não tenham sido publicados os trabalhos da comissão no tocante ao CTN (o relatório citado no item 17 refere-se apenas à Emenda n. 18 de 1965), posso, como relator que fui da comissão dar testemunho deque o artigo 43 acima transcrito inspirou-se nos meus trabalhos citados no item 12, no sentido de que o elemento definidor da renda é sua disponibilidade pelo respectivo titular. Partindo dessa premissa, a comissão de 1964, sem por isso divergir da de 1954, considerou dispensável a menção expressa de

---

pelas pessoas jurídicas. Seu tratamento fiscal como "lucros distribuídos" no que se referee à própria sociedade e a seus sócios ou acionistas:" In Pareceres 1: Imposto de Renda. Editora Resenha Tributária: São Paulo, 1975, p. 67.

38. OLIVEIRA, Ricardo Mariz. Fundamentos do Imposto de Renda. São Paulo: Quartier Latin, 2008, p. 284.

> tratar-se de riqueza nova. Com efeito, entendendo-se por "disponibilidade" da renda a sua capacidade de ser consumida sem redução do capital produtor, o requisito de tratar-se de riqueza nova está implícito neste conceito, pois, a não ser assim, o consumo não seria da renda mas de uma parcela do próprio capital.[39]

Do exposto, nosso ponto de vista é que o signo "renda e proventos de qualquer natureza" demarca a riqueza nova obtida pelo contribuinte em determinado período de apuração, isto é, o acréscimo patrimonial identificado em determinado período de tempo.

A noção de acréscimo patrimonial situa relevante elemento na tônica deste tributo que é sua base de cálculo. Ora, a base de cálculo, conforme já discorrido, é o elemento que, idealmente, confirma a hipótese de incidência do gravame, dando-lhe maior densidade.

Em termos semióticos, diríamos que a hipótese de incidência é um signo de terceiridade mais próximo à primeiridade, à qualidade, ao passo que a base de cálculo aproxima-se mais à secundidade, na medida em que aponta para a concretude. A conjugação entre hipótese de incidência e base de cálculo confere a racionalidade própria da terceiridade, torna o conceito de "renda e proventos" mais claro.

A Constituição não determina explicitamente a base de cálculo do gravame – que se torna mais denso a partir do texto da lei complementar e principalmente da lei ordinária – mas já confere qualidades que podem ser inferidas a partir de seu texto, qualidades, estas, fundamentais para a verificação da constitucionalidade dos textos infraconstitucionais.

Se ficarmos firmes de que renda e proventos são "riqueza nova", a base de cálculo há de aferir acréscimos e decréscimos que configuram um acréscimo patrimonial configurado no período de apuração.

---

39. Parecer 1.2 Imposto de Renda; Despesas não dedutíveis pelas pessoas jurídicas. Seu tratamento fiscal como "lucros distribuídos" no que se refere à própria sociedade e a seus sócios ou acionistas:" In Pareceres 1: Imposto de Renda. Editora Resenha Tributária: São Paulo, 1975, p. 69/70.

A noção introduzida por um Rubens Gomes de Sousa de que a ideia de "riqueza nova" não permite "a redução do capital produtor" é nuclear para se identificar os tipos de gastos que são levados em consideração para fins de dispêndios essenciais para a configuração de renda e da base de cálculo do imposto: capital produtor é o patrimônio empregado para gerar o acréscimo patrimonial. Aliomar Baleeiro reforça essa linha interpretativa:

> A renda se destaca da fonte sem empobrecê-la. No caso de exploração racional de minas, pedreiras, flores, areais e bens e semelhantes, a venda dos produtos é feita a preço que cobre todas as despesas de extração, bem como a amortização proporcional do capital relativo ao valor da fonte, deixando ainda saldo, que será rendimento líquido.[40]

Nesse sentido, os gastos necessários para a formação da renda (capital produtor) hão de ser dedutíveis, de modo que apenas os elementos positivos – que ultrapassam esses gastos – (isto é, que ultrapassam o capital produtor) devam ser levados em consideração.

Em outras palavras, se o contribuinte, em determinado período de apuração, recebe os valores W, dispõe de um capital X, e se gasta parte α de X para (I) gerar renda e proventos designados conjuntamente de Y, disponíveis no respectivo período de apuração, ou para (II) manter a integridade de X, Y será o resultado da subtração de W menos α.

Se, por acaso, parcela de gastos incluídos em α fosse indedutível, o imposto incidiria sobre o capital produtor e não representaria a riqueza nova que perfaz a materialidade do tributo.

Essa noção vem desde a Lei 4.625/22, que previa como dedutível as despesas ordinárias necessárias para "conseguir e assegurar a renda", conforme previsto na alínea "d" do inciso III do art. 31 e foi mantida, embora de forma mais limitada pelo legislador, no Decreto-lei 5.844/43, ao dispor, no art. 11, que,

40. BALEEIRO, Aliomar. Idem, p. 18.

para fins do cálculo de cada rendimento líquido, poderiam ser deduzidas, em cada cédula, as despesas referidas no Capítulo IV de tal lei, necessárias à percepção dos rendimentos.

Por outro lado, a parcela de X que não for gasta para gerar W ou para manter X, isto é, que não é para, direta ou indiretamente, "gerar renda" ou manter "capital produtor", não deve ser relevante para a apuração do tributo, importando, na verdade, o consumo da renda obtida pelo contribuinte no período de apuração.

Portanto, entendemos que, em termos legislativos e doutrinários, há elementos suficientes, na legislação que antecedeu a Constituição da República, aptos a justificar a adoção de um conceito constitucional de renda. Aliás, como diz Gilberto de Ulhôa Canto "(...) já em seus primórdios, a legislação de imposto de renda cuidava de tributar tão somente o que constituísse acréscimo patrimonial".[41] Não seria factível pensar que, bem em 1988, o constituinte tenha optado por abandonar a tradição jurídica no que se refere ao uso do termo e utilizado um signo vazio, sem qualquer força simbólica.

Vejamos, agora, se esse conceito de "renda e proventos de qualquer natureza" perpassa pela análise da doutrina, da jurisprudência do Supremo Tribunal Federal e do jogo de oposições de competência tributária embutida pelo próprio texto constitucional.

2.5 Os signos "rendas" e "proventos" na doutrina nacional: renda produto e renda acréscimo

No âmbito doutrinário, duas acepções surgiram no que se refere à designação "renda": a corrente que a toma como "renda-acréscimo" e a que lhe define como "renda-produto".

Poderíamos, também, acrescentar a chamada teoria "legalista" que assevera que renda é aquilo que a legislação

41. CANTO, Gilberto de Ulhôa. Estudos e pareceres de direito tributário. São Paulo: Editora Revista dos Tribunais, 1975, p. 5.

determina. Mas, entendo que tal teoria, no fundo, pretende afastar as influências econômicas sobre o direito tributário, independente do âmbito material do que vem a ser "renda". Vou me deter, portanto, sobre as teorias da renda-produto e renda-acréscimo.

A ideia fundamental da corrente designada de "renda-produto" é que os valores recebidos e que configuram "renda" devem ser decorrentes de uma atividade do contribuinte. Normalmente, os adeptos dessa teoria exigem que a renda (I) seja provida de periodicidade, (II) passe pelo teste da manutenção da fonte de produção e (III) atenda ao critério da produtividade. Victor Polizelli,[42] tratando de referida linha teórica, esclarece os seguintes aspectos de tal teoria:

> Por periodicidade ou (reprodutividade) se entende a capacidade de repetir, recorrer, tornar a vir que a renda pode ter. Essa ideia de recorrência, repetição, está ligada, de certa forma, à etimologia da palavra renda, associada ao vocábulo "revenu" que representa algo que volta ("qui rievent"), algo que se repete e volta a dar-se.
>
> (...) Ao seu turno, o teste da manutenção da fonte identifica renda como a parcela de acréscimos que se revela disponível para o indivíduo (para o consumo ou outro proveito), sem prejuízo ou dano de seu patrimônio líquido."
>
> Já o critério da produtividade exigiria que a renda tributável se equipara a "todos os recebimentos que fluem da aplicação da força produtiva de um indivíduo".

Alcides Jorge Costa assim explica a teoria da fonte, contrapondo-a à visão que toma renda como "acréscimo-patrimonial":

> O ponto de vista mais importante é o da produção e é a ele que podem ligar-se as teorias chamadas da fonte, que, grosso modo, entendem como renda apenas o produto periódico de uma fonte permanente. Defenderem-na Schmoller, Hermann e Strutz na Alemanha e Allix na França, Pappi na Itália e Plehn nos Estados Unidos.

---

42. POLIZELLI, Victor. *O Princípio da Realização da Renda:* reconhecimento de receitas e despesas para fins do IRPJ. São Paulo: Quartier Latin, 2012, IBDT, Série Doutrina Tributária v. 7, p. 74.

> À teoria da fonte se opõe a do acréscimo patrimonial perfilhada por Georg Von Schanz, Pistorius, Moll e Neumark, na Alemanha, Haig e Simons nos Estados Unidos e Gobbi na Itália. Como esclarece Henry Laufenburger, segundo Pistorius e Moll, constitui renda, para todos os indivíduos e para as sociedades, o acréscimo dos ativos em determinado período e renda tributável, o crescimento líquido do patrimônio calculado, deduzindo-se do valor bruto as perdas de capital os gastos gerais e de manutenção os juros e em certos casos as obrigações passivas.[43]

O Professor Luís Eduardo Schoueri, fundamenta a aplicabilidade desta linha de raciocínio a partir da redação do inciso I do art. 43 do CTN. Veja-se:

> Em que pese a predominância desse modelo, seguindo os ensinamentos de Alcides Jorge Costa, entendo que o imposto poderá incidir mesmo que não se demonstre um incremento patrimonial. Segundo o CTN, a existência de "mera renda produto", admitida no seu inciso I do artigo 43 é suficiente para a tributação. Contempla-se, portanto, além da teoria do acréscimo patrimonial, a teoria da fonte. Basta pensar a tributação de rendimentos pagos a não residentes, na qual é impossível saber se, de fato, houve acréscimo. Aliás, sequer há preocupação acerca da situação patrimonial no exterior. É suficiente a mera existência da renda produto para a tributação instantânea, independentemente de qualquer acréscimo.[44]

Nesse sentido, o inciso I do art. 43 do CTN prescreve que renda é "o produto do capital, do trabalho ou da combinação de ambos". Daí a ideia de associar "renda" ao produto do capital ou do trabalho, inerente à teoria "renda produto".

---

43. COSTA, Alcides Jorge. Conceito de Renda Tributável. In: *Diálogos póstumos com Alcides Jorge Costa*. Coord. OLIVEIRA, Ricardo Mariz de. COSTA, Sérgio de Freitas. São Paulo: Instituto Brasileiro de Estudos Tributários, 2017, pp. 51 e 51.

44. SCHOUERI, Luís Eduardo. Direito Tributário. Considerações acerca da Disponibilidade da Renda: Renda Disponível é Renda Líquida. In Direito Tributário: Princípio da Realização do Imposto Sobre a Renda. Estudos em Homenagem a Ricardo Mariz de Oliveira. Coord. ZILVETI: Fernando Aurélio; FAJERSTAJEN, Bruno. SILVEIRA, Rodrigo Maito da. IBDT, 2019, p. 21

Feito esse esclarecimento, vale destacar que o Professor Luís Eduardo Schoueri, no trecho acima citado, menciona uma "predominância" do modelo que toma a renda como acréscimo patrimonial.[45] O destaque desse registro é importante por que nossa intenção no presente item não é emitir juízo de valor sobre as referidas teorias, mas de buscar comprovar a existência de certas convenções da comunidade jurídica sobre a extensão da noção de "renda".

E, de fato, a noção de "renda acréscimo" pode ser verificada em textos de grandes juristas que trataram do imposto sobre a renda.

Rubens Gomes de Sousa, um dos pais do Código Tributário Nacional, em obra cuja segunda edição foi publicada em 1955, indica:

> O conceito tributário de renda está baseado na distinção entre renda e patrimônio. Patrimônio (ou capital) é montante da riqueza possuída por um indivíduo em um determinando momento. *Renda* é o acréscimo do patrimônio, verificado entre dois momentos quaisquer de tempos: na prática, esses dois momentos são o início e o fim do exercício financeiro.[46]

Note-se que Rubens Gomes de Sousa, no trecho acima, adota a teoria acréscimo embora também entenda que, para fins de renda exige-se que "seja de uma fonte determinada e já pertencente ao próprio titular da renda", "periódica" e "decorrente da exploração do patrimônio pelo seu titular[47]. Todavia, esclarece que para os proventos tais características não seriam aplicáveis.[48]

---

45. "Em que pese a predominância desse modelo..." Ibidem, p. 21.

46. SOUSA, Rubens Gomes. Imposto de Renda. Suplemento à Segunda Edição ao Compêndio de Legislação Tributária para atualização do Decreto n. 36.773 de 13-1-55.

47. Ibidem, p. 2.

48. Idem. Pareceres 1 – Imposto de Renda. Parecer 1.1. Não incidência sobre a conferência de bens de uma pessoa jurídica a outra por valor superior àquele por que figuram no ativo da primeira, p. 19. São Paulo: Editora Resenha Tributária, 1975, p. 19.

Vimos, ainda, no item anterior, que também Gilberto Ulhôa Canto adota tal visão de renda como acréscimo patrimonial ao assinalar que:

> cada sujeito imponível é tido como unidade tributária aferida ao fim de cada ano, quanto aos elementos de seu ativo e de seu passivo, sobre o valor resultante caindo o ônus fiscal.[49]

O Professor Paulo de Barros Carvalho, por sua vez, mencionando, ainda, a chamada teoria legalista – que atesta que o conceito de renda é jurídico – leciona que prevaleceu no país a chamada teoria da renda como acréscimo patrimonial. São as palavras do emérito professor da Universidade de São Paulo e da Pontifícia Universidade Católica de São Paulo:

> Acerca do conceito de "renda", três são as correntes doutrinárias predominantes:
>
> *a*) "teoria da fonte", para a qual "renda" é o produto de uma fonte estável, susceptível de preservar sua reprodução periódica, exigindo que haja riqueza nova (produto) derivada de fonte produtiva durável, devendo esta subsistir ao ato de produção;
>
> *b*) "teoria legalista", que considera "renda" um conceito normativo, a ser estipulado pela lei: renda é aquilo que a lei estabelecer que é; e
>
> *c*) "teoria do acréscimo patrimonial", onde "renda" é todo ingresso líquido, em bens materiais, imateriais ou serviços avaliáveis em dinheiro, periódico, transitório ou acidental, de caráter oneroso ou gratuito, que importe um incremento líquido do patrimônio de determinado indivíduo, em certo período de tempo.
>
> Prevalece, no direito brasileiro, a terceira das teorias referidas, segundo a qual o que interessa é o aumento do patrimônio líquido, sendo considerado como lucro tributável exatamente o acréscimo líquido verificado no patrimônio da empresa, durante período determinado, independentemente da origem das

---

49. CANTO, Gilberto de Ulhôa. Imposto sobre a renda: incidência no caso de prêmio de seguro e resseguro pagos a empresas estabelecidas fora do Brasil. Territorialidade do tributo. Produção e realização do rendimento, como fatores da fixação de competência impositiva. In Temas de Direito Tributário (Pareceres e Estudos). Rio de Janeiro: Edições Financeiras S.A., 07-16, 1955, p. 10.

> diferentes parcelas. É o que se depreende do art. 43 do Código Tributário Nacional.[50]

Ricardo Mariz de Oliveira também adota o conceito de renda acréscimo. Tal jurista, embora reconheça que o art. 43 do CTN tenha adotado os conceitos de "renda acréscimo" e "renda produto", enuncia que "o fato gerador é sempre o acréscimo patrimonial, mas nem todo acréscimo patrimonial participa do fato gerador e da sua base de cálculo."[51]

Ademais, tratando da base de cálculo enuncia que a "renda líquida é uma imposição constitucional e não apenas da pureza do regime de cobrança do imposto de renda".[52]

Portanto, está claro que para Ricardo Mariz de Oliveira não há que se falar de renda sem a noção de "acréscimo patrimonial."

Já José Artur Lima Gonçalves indica que a hipótese de incidência do tributo é o "(I) saldo positivo resultante do confronto entre (II.a) certas entradas e (ii.b) certas saídas, ocorridas ao longo de um (iii) dado período".[53]

Roque Antonio Carrazza, por sua vez, também compartilha a visão da teoria de "renda-acréscimo", sustentando que "renda, pois, para fins de tributação específica deve estar necessariamente vinculada a acréscimo patrimonial no tempo".[54]

---

50. CARVALHO, Paulo de Barros. Direito tributário, linguagem e método. São Paulo: Editora Noeses, 6ª edição, 2015, p. 699.

51. OLIVEIRA, Ricardo Mariz. Fundamentos do Imposto de Renda. São Paulo: Editora Quartier Latin, 2008, p. 200

52. Ibidem, p. 430.

53. GONÇALVES, José Artur Lima. "Atos ilícitos e pagamentos sem causa no universo da realização da renda." In Direito Tributário Princípio da Realização no Imposto Sobre a Renda. In Direito Tributário: Princípio da Realização do Imposto Sobre a Renda. Estudos em Homenagem a Ricardo Mariz de Oliveira. Coord. ZILVETI: Fernando Aurélio; FAJERSTAJEN, Bruno. SILVEIRA, Rodrigo Maito da. IBDT, 2019, p. 145.

54. CARRAZZA, Roque Antônio. Imposto Sobre a Renda. Perfil Constitucional e Temas Específicos. 3ª edição. São Paulo: Malheiros Editores, 2013, p. 39.

Geraldo Ataliba, por sua vez, sustenta que renda é sinônimo de "resultado", ou seja, resultado de confronto de "entradas e saídas".[55]

Também Hugo de Brito enuncia que "tanto a renda como os proventos constituem acréscimos de patrimônio e a ocorrência de tais acréscimos é que enseja a cobrança do imposto. (...) lucro é uma forma de expressão de renda."[56]

Já Roberto Mosquera Quiroga exprime que "dentro de uma visão dinâmica do conceito de renda, ela consiste num diferencial entre a riqueza preexistente, as despesas efetivadas para a aquisição da riqueza nova e o ingresso que possa ser obtido, sempre tendo como referencial um espaço de tempo."[57]

Ao mesmo tempo, Gisele Lemke leciona que o conceito de renda "está vinculado ao fato "acréscimo patrimonial".[58]

Outro autor que também adota a teoria da renda-acréscimo é Brandão Machado. Veja-se:

> Quando o Código diz que renda é produto do capital ou do trabalho, ou da combinação de ambos, ainda não definiu bem, porque não indica em que se sentido se há de tomar a expressão *produto*, que também exigiria uma definição. Quando no mesmo inciso II do mesmo artigo 43, transcrito, define "proventos de qualquer natureza" como os acréscimos patrimoniais (ainda não compreendidos no inciso I), o Código permite concluir que renda é acréscimos patrimoniais.[59]

---

55. ATALIBA, Geraldo. Periodicidade do Imposto Sobre a Renda I. Revista de Direito Tributário, mesa debate, São Paulo: Malheiros, v. 63, p. 22.

56. MACHADO, Hugo de Brito. A Tributação do Lucro e Compensação dos Prejuízos. In Imposto de Renda – Questões Atuais e Emergentes. Coord. Valdir Oliveira Rocha. São Paulo: Dialética, 1995, p. 53.

57. MOSQUERA, Roberto Quiroga. Renda e proventos de qualquer natureza: o imposto e o conceito constitucional. São Paulo: Dialética, 1996, p. 195.

58. P. 60 LEMKE, Gisele. Imposto de Renda: os conceitos de renda e de disponibilidade econômica e jurídica. São Paulo: Dialética, 1998, p. 60.

59. MACHADO, Brandão. In Estudos Sobre a Renda (em Memória de Henri Tilbery). Coord. MARTINS, Ives Gandra da Silva. São Paulo: 1994, Ed. Resenha, p. 113

Não é meu objetivo esgotar a lista de todos os autores que trataram da renda. Mas, estou convencido de que a ideia de renda como acréscimo patrimonial, embora não seja unânime e embora conte com não aceitação de grandes juristas, é expressiva.

Esses fatores demonstram que o termo "renda e proventos de qualquer natureza" – entendidos os proventos como "outros acréscimos" que não decorrentes do trabalho e do capital – já possui significação devidamente compartilhada por nossa doutrina. Firmada a ideia de dialogia que tratei em item precedente, eis mais um fundamento para demonstrar que "renda e proventos de qualquer natureza" não é uma expressão vazia, livremente manipulável pelo legislador ordinário.

2.6 Os signos "rendas" e "proventos" nas decisões do Supremo Tribunal Federal

Outro campo importante de pesquisa sobre o signo "renda e proventos de qualquer natureza" é a jurisprudência sedimentada pelo Supremo Tribunal Federal.

Na qualidade de guardião da Constituição, a identificação do termo "renda e proventos de qualquer natureza" em decisões relevantes da história do referido tribunal é índice marcante do alcance da unidade semântica da expressão.

Tal identificação é o esforço que passamos nos próximos itens ao examinarmos algumas dessas decisões.

2.6.1 RE 117.887-6/SP

Do julgamento do RE 117.887-6/SP resultou acórdão publicado no DJ 31 de agosto de 1973, sintetizado na seguinte ementa:

> IMPOSTO DE RENDA. REMESSA DE JUROS PARA O EXTERIOR, APÓS O ADVENTO DO DECRETO-LEI N. 401 1968. INCIDÊNCIA. MOTIVAÇÃO. II. QUESTÃO DE ORDEM SUSCITADA NA ASSENTADA DO JULGAMENTO. USO DA PALAVRA DO PROCURADOR GERAL DA REPÚBLICA NAS CAUSAS EM QUE A UNIÃO FEDERAL NÃO É RECORRENTE. APLICAÇÃO

DO REGIMENTO INTERNO, ART.136, PARAGRAFO ÚNICO, C.C. O ART. 137 E SEUS PARÁGRAFOS. III. RECURSO EXTRAORDINÁRIO PROVIDO. VOTOS VENCIDOS.[60]

Em termos concretos, vale apontar que a Companhia de Cimento Portland Barroso ("Cimento Portland") havia firmado com a *Joy Manufacturing Company Limited* contrato material destinado à sua fábrica de cimento.

Pelas cláusulas do contrato, 80% (oitenta por cento) do preço seriam cobertos em notas promissórias, incidindo sobre cada parcela juros à taxa de 6,5% (seis inteiros e cinco décimos por cento).

Ocorre que o Banco do Brasil não permitia a remessa de juros sem o recolhimento de imposto de renda retido na fonte no valor de 25% (vinte e cinco por cento) sobre cada remessa.

Impetrado Mandado de Segurança por considerar ilegal tal exigência, a *Cimento Portland* obtém sentença favorável, parcialmente reformada pelo Tribunal Federal de Recursos, apenas para exclusão de honorários. Sobre tal decisão, o Banco do Brasil interpôs Recurso Extraordinário.

Convém apontar que o Tribunal Federal de Recursos negou vigência ao Decreto-lei 401/1968, que previa a incidência de imposto sobre os juros, em razão de o contrato ser anterior ao referido diploma legal e por ser de duvidosa constitucionalidade.

Vencidas questões de ordem, o Ministro Carlos Thomson Flores passou a examinar o mérito.

2.6.1.1 Do voto do Ministro Carlos Thomson Flores

O Ministro Carlos Thomson Flores afastou a alegação da retroatividade da tributação, sob argumento de que o fato

60. RE 71758, Relator(a): Min. THOMPSON FLORES, Tribunal Pleno, julgado em 14.06.1972, DJ 31.08.1973, PP-06310, EMENT VOL-00919-01, PP-00272 – RTJ VOL-00066-01 PP-00140.

jurídico tributário do imposto não seria o contrato, mas seus efeitos, com as remessas relativas aos pagamentos de juros. Cita, para dar fundamento a seu argumento, o art. 105 do CTN.

Passando a examinar a constitucionalidade da incidência, o Ministro Thomson Flores entendeu que, embora a o *nomen juris* dado à exação, trata-se de encargo que onerava a operação de crédito.[61]

Ademais, ainda que fosse imposto de renda, o Ministro não observou óbice na incidência extraterritorial. Assentou, ainda, que a pagadora seria mera responsável do imposto e não contribuinte.

Assim, votou pelo provimento de Recurso Extraordinário.

2.6.1.2 Votos dos Ministros Oswaldo Trigueiro e Djaci Falcão

O Ministro Oswaldo Trigueiro sustentou que a legislação brasileira não poderia onerar um fato fora de sua soberania e não teria como compelir o vendedor estrangeiro a responder pelo pagamento do imposto.[62]

Nesse sentido, o tributo recairia sobre o comprador brasileiro,[63] que é seu contribuinte nacional.

Partindo do art. 21, inciso IV, da Constituição então vigente e do art. 43 do CTN, enuncia:

> Quaisquer que sejam as nuances doutrinárias sobre o conceito de renda, parece-me acima de toda dúvida razoável que, legalmente, a renda pressupõe ganho, lucro, receita, crédito, acréscimo patrimonial, ou como diz o preceito transcrito, aquisição de disponibilidade econômica ou jurídica. Concordo que a lei pode, casuisticamente, dizer o que é ou o que não é renda tributável. Mas, não deve ir além dos limites semânticos, que são intransponíveis. Entendo, por isso, que ela não pode considerar renda, para efeito de taxação, o que é, de maneira incontestável, ônus,

61. Fls. 292.

62. Fls. 306 do acórdão.

63. Fls. 306.

> dispêndio, encargo ou diminuição patrimonial, resultante do pagamento de um débito.[64]
>
> [...] Dir-se-á que a lei pode alterar a definição de qualquer imposto, como pode, para fazê-lo, recorrer a expedientes de ficções jurídicas. No caso, porém, esse argumento não tem préstimo, porque estamos de um conceito da Constituição, explicitado pelo Código Tributário Nacional. Ora, este Código, como declarado em seu art. 1º, regula as normas gerais de direito tributáveis aplicáveis à União, aos Estados e aos Municípios, matéria sobre o qual o Poder Legislativo somente pode dispor através de lei complementar, *ex vi*, do preceituado art. 18, §1º, da Lei Maior. Assim não sendo, não pode ele ser revogado senão por lei que, em tramitação. Obviamente, pois, o Dl. 401 não pode alterar o Código Tributário Nacional.[65]

O Ministro Oswaldo Trigueiro votou por não conhecer o Recurso, tendo sido acompanhado pelo Ministro Djaci Falcão.

2.6.1.3 Voto do Ministro Antônio Neder

O Ministro Antônio Neder sustentou que os juros como frutos civis representam o rendimento de uma obrigação de capital.[66] Por isso são rendimentos para quem recebe, compatibilizando-se com a noção de renda.

Nesse sentido, a legislação haveria criado uma sistemática de responsabilidade tributária do remetente dos juros.[67]

Para o Ministro, o art. 41, inciso IV, da Constituição de 1967 não define o devedor do imposto.[68] Ademais, a legislação "sem alterar o conceito de renda, define o fato gerador do imposto e aponta o responsável pelo tributo".[69]

---

64. Fls. 307.

65. Fls. 308.

66. Fls. 321

67. Fls. 319.

68. Fls. 320.

69. Fls. 320.

O Ministro Neder votou por dar provimento ao Recurso Extraordinário.

2.6.1.4 *Voto do Ministro Bilac Pinto e Ministro Amaral Santo*

O Ministro Bilac Pinto firma em seu voto considerações de política econômica e fiscal que não reproduziremos por uma questão de corte metodológico, eis que nosso interesse é o modo que o conceito de "renda e proventos de qualquer natureza" era examinado pelas decisões da Suprema Corte.

Em seguida, o voto, analisando acordos para evitar a bitributação, especificamente entre Brasil e França, argumenta que foi permitida a tributação pelo Estado onde está a fonte produtora dos juros. E argumenta:

> O que dá ao Estado brasileiro a possibilidade de negociar acordos tendentes a evitar a bitributação é o prévio reconhecimento de que tem ele o direito de tributar os juros que devem ser remetidos ao estrangeiro, em razão do financiamento da aquisição de equipamentos industriais ou de outra natureza.[70]

Ademais, o voto sustenta que o remetente tem direta relação com a hipótese de incidência do gravame – remeter juros – sendo, portanto, o contribuinte do imposto.[71]

Nesses termos, emite voto favorável ao provimento do Recurso Extraordinário.

Os fundamentos do voto do Ministro Olavo Bilac foram acompanhados pelo Ministro Amaral Santos.

2.6.1.5 *Voto do Ministro Eloy de Rocha*

O Ministro Eloy de Rocha, por sua vez, em voto sintético, sustenta que o tributo em questão é compatível com o sistema do Código Tributário Nacional.

---

70. Fls. 334.

71. Fls. 348.

2.6.1.6 Voto do Ministro Luiz Gallotti

Já o Ministro Gallotii entende que como a legislação indica o remetente como contribuinte, não se pode ignorar seu texto e atribuí-lo como responsável.

Em seu voto, repete sua célebre frase sobre a impossibilidade de o legislador alterar o conceito das coisas:

> Como sustentei, muitas vezes, ainda no Rio, se a lei pudesse chamar de compra o que não é compra, de importação o que não é importação, de exportação o que não é exportação, de renda o que não é renda ruiria todo o sistema tributário inscrito na Constituição.[72]

E acrescenta:

> [...] É, no direito, o chamado "poder diabólico das ficções. Mas dizer que despesa é renda jamais ocorreu a ninguém, nem poderia ocorrer por contrariar a essência das coisas. [...]"[73]

Assim, o Ministro não conheceu do Recurso.

2.6.1.7 Análise crítica

No Recurso Extraordinário, em questão, restou por maioria consignado que a tributação de juros remetido ao exterior é constitucional no Brasil.

Os Ministros vencidos, Djaci Falcão, Oswaldo Trigueiro e Luiz Galloti, partindo do conceito constitucional de renda, em síntese, entenderam que despesa – o pagamento de juros – não poderia ser equiparada à "renda". A noção de "renda" como ganho, acréscimo patrimonial, é nítida, inclusive sendo expressamente indicada pelo Ministro Oswaldo Trigueiro.

O Ministro Thomson Flores sustentou que se tratava de imposto sobre o crédito – autorizado, portanto, pela

72. Fls. 357.

73. Fls. 358.

Constituição – mas mesmo examinando o tributo em questão como imposto de renda, entendeu pela constitucionalidade por se tratar de um caso de responsabilidade.

De minha ótica, como coloca o Ministro Olavo Bilac, os juros remuneratórios não deixam de ser um fruto, um ganho de seu beneficiário. Portanto, mesmo por essa perspectiva, a noção basilar de renda como um ganho, um acréscimo, não deixa de ser acatada.

Em um sistema jurídico, como o atual, em que a remessa de juros é tributada sem maiores contestações, o "estranhamento" de outrora, de Ministros como Oswaldo Trigueiro, é difícil de ser compartilhado: os juros são um ganho do beneficiário, mas por uma questão de política fiscal, tributa-se por intermédio da fonte pagadora.

Relevante, contudo, mais do que o caso concreto – e aqui deixamos de pontuar um outro aspecto que algumas decisões tratam, que seria a suposta falta de indicação de alíquota pelo referido Decreto-lei, mas que é irrelevante para os propósitos do nosso trabalho – é a demonstração de uma noção de "renda" em nossa jurisprudência que atravessa as décadas.

2.6.2 RE 172.058-1/SC

O julgamento do RE 172.058-1/SP, também julgado pelo Tribunal Pleno, culminou no acórdão publicado no DJ 13 de outubro de 1995, sintetizado na seguinte ementa:

> RECURSO EXTRAORDINÁRIO – ATO NORMATIVO DECLARADO INCONSTITUCIONAL – LIMITES. Alicerçado o extraordinário na alínea "b" do inciso III do art. 102 da Constituição Federal, a atuação do Supremo Tribunal Federal faz-se na extensão do provimento judicial atacado. Os limites da lide não a balizam, no que verificada declaração de inconstitucionalidade que os excederam. Alcance da atividade precípua do Supremo Tribunal Federal – de guarda maior da Carta Política da República. TRIBUTO – RELAÇÃO JURÍDICA ESTADO/CONTRIBUINTE – PEDRA DE TOQUE. No embate diário Estado/contribuinte, a Carta Política da República exsurge com insuplantável

valia, no que, em prol do segundo, impõe parâmetros a serem respeitados pelo primeiro. Dentre as garantias constitucionais explícitas, e a constatação não exclui o reconhecimento de outras decorrentes do próprio sistema adotado, exsurge a de que somente a lei complementar cabe "a definição de tributos e de suas espécies, bem como, em relação aos impostos discriminados nesta Constituição, a dos respectivos fatos geradores, bases de cálculo e contribuintes - alínea "a" do inciso III do art. 146 do Diploma Maior de 1988. IMPOSTO DE RENDA - RETENÇÃO NA FONTE - SÓCIO COTISTA. A norma insculpida no art. 35 da Lei nº 7.713/88 mostra-se harmônica com a Constituição Federal quando o contrato social prevê a disponibilidade econômica ou jurídica imediata, pelos sócios, do lucro líquido apurado, na data do encerramento do período-base. Nesse caso, o citado artigo exsurge como explicitação do fato gerador estabelecido no art. 43 do Código Tributário Nacional, não cabendo dizer da disciplina, de tal elemento do tributo, via legislação ordinária. Interpretação da norma conforme o Texto Maior. IMPOSTO DE RENDA - RETENÇÃO NA FONTE - ACIONISTA. O art. 35 da Lei nº 7.713/88 e inconstitucional, ao revelar como fato gerador do imposto de renda na modalidade "desconto na fonte", relativamente aos acionistas, a simples apuração, pela sociedade e na data do encerramento do período-base, do lucro líquido, já que o fenômeno não implica qualquer das espécies de disponibilidade versadas no art. 43 do Código Tributário Nacional, isto diante da Lei nº 6.404/76. IMPOSTO DE RENDA - RETENÇÃO NA FONTE - TITULAR DE EMPRESA INDIVIDUAL. O art. 35 da Lei nº 7.713/88 encerra explicitação do fato gerador, alusivo ao imposto de renda, fixado no art. 43 do Código Tributário Nacional, mostrando-se harmônico, no particular, com a Constituição Federal. Apurado o lucro líquido da empresa, a destinação fica ao sabor de manifestação de vontade única, ou seja, do titular, fato a demonstrar a disponibilidade jurídica. Situação fática a conduzir a pertinência do princípio da despersonalização. RECURSO EXTRAORDINÁRIO - CONHECIMENTO - JULGAMENTO DA CAUSA. A observância da jurisprudência sedimentada no sentido de que o Supremo Tribunal Federal, conhecendo do recurso extraordinário, julgara a causa aplicando o direito à espécie (verbete nº 456 da Súmula), pressupõe decisão formalizada, a respeito, na instância de origem. Declarada a inconstitucionalidade linear de um certo artigo, uma vez restringida a pecha a uma das normas nele insertas ou a um enfoque determinado, impõe-se a baixa dos autos para que, na origem, seja julgada a lide com apreciação das peculiaridades. Inteligência da ordem constitucional, no que homenageante do devido processo legal, avesso, a mais não poder, as soluções que, embora práticas, resultem no desprezo a organicidade do Direito.[74]

Em termos concretos, discutiu-se a legitimidade do art. 35 da Lei 7.713/88 que prevê o seguinte:

> Art. 35. O sócio quotista, o acionista ou titular da empresa individual ficará sujeito ao imposto de renda na fonte, à alíquota de oito por cento, calculado com base no lucro líquido apurado pelas pessoas jurídicas na data do encerramento do período-base.
>
> § 1º Para efeito da incidência de que trata este artigo, o lucro líquido do período-base apurado com observância da legislação comercial, será ajustado pela:
>
> a) adição do valor das provisões não dedutíveis na determinação do lucro real, exceto a provisão para o imposto de renda;
>
> b) adição do valor da reserva de reavaliação, baixado no curso do período-base, que não tenha sido computado no lucro líquido;
>
> c) exclusão do valor, corrigido monetariamente, das provisões adicionadas, na forma da alínea *a*, que tenham sido baixadas no curso do período-base, utilizando-se a variação do BTN Fiscal.
>
> d) compensação de prejuízos contábeis apurados em balanço de encerramento de período-base anterior, desde que tenham sido compensados contabilmente, ressalvado do disposto no § 2º deste artigo.
>
> e) exclusão do resultado positivo de avaliação de investimentos pelo valor de patrimônio líquido;
>
> f) exclusão dos lucros e dividendos derivados de investimentos avaliados pelo custo de aquisição, que tenham sido computados como receita;
>
> g) adição do resultado negativo da avaliação de investimentos pelo valor de patrimônio líquido.
>
> § 2º Não poderão ser compensados os prejuízos:
>
> a) que absorverem lucros ou reservas que não tenham sido tributados na forma deste artigo;

---

74. RE 172058, Relator(a): Min. MARCO AURÉLIO, Tribunal Pleno, julgado em 30.06.1995, DJ 13.10.1995, PP-34282, EMENT VOL-01804-08, PP-01530, RTJ VOL-00161-03, PP-01043.

b) absorvidos na redução de capital que tenha sido aumentado com os benefícios do art. 63 do Decreto-Lei nº 1.598, de 26 de dezembro de 1977.

§ 3º O disposto nas alíneas a e c do § 1º não se aplica em relação às provisões admitidas pela Comissão de Valores Mobiliários, Banco Central do Brasil e Superintendência de Seguros Privados, quando contribuídas por pessoas jurídicas submetidas à orientação normativa dessas entidades.

§ 4º O imposto de que trata este artigo:

a) será considerado devido exclusivamente na fonte, quando o beneficiário do lucro for pessoa física;

b) (Revogada)

c) poderá ser compensado com o imposto incidente na fonte sobre a parcela dos lucros apurados pelas pessoas jurídicas, que corresponder à participação de beneficiário, pessoa física ou jurídica, residente ou domiciliado no exterior.

§ 5º É dispensada a retenção na fonte do imposto a que se refere este artigo sobre a parcela do lucro líquido que corresponder à participação de pessoa jurídica imune ou isenta do imposto de renda. (Redação dada pela Lei 7.730/89)

§ 6º O disposto neste art. se aplica em relação ao lucro líquido apurado nos períodos-base encerrados a partir da data da vigência desta Lei.

A discussão, envolvendo o artigo acima citado, voltou-se à violação de tal dispositivo ao art. 146, inciso III, da Constituição da República Federativa do Brasil.

Como se nota, o art. 35 da Lei 7.713/88 criou retenção na fonte de Imposto Sobre a Renda incidente sobre o lucro líquido apurado pelas pessoas jurídicas na data do encerramento do período-base.

Assim questionou-se se tal disposição violaria o conceito de "disponibilidade jurídica e econômica de renda".

Embora no caso concreto envolvesse apenas a questão da distribuição de lucros efetivada por sociedade por quotas, discutiu-se nos votos a distribuição de dividendos por sociedades por ações e distribuição de lucros por sociedade individual.

2.6.2.1 Do voto do Ministro Marco Aurélio

O Relator do caso, em questão, foi o Ministro Marco Aurélio, que deu provimento em parte ao Recurso Extraordinário da União, determinando o seguinte para três situações possíveis:

1) Lucros apurados por sociedades anônimas, cuja tributação foi considerada inconstitucional;

2) Lucros apurados por sociedades de responsabilidade limitada, cuja tributação dependeria do caso concreto;

3) Lucros apurados em sociedade individual, cuja tributação foi considerada constitucional.

No que tange às sociedades anônimas, baseando-se na ideia de que caberia à assembleia geral das sociedades anônimas deliberar sobre a destinação do lucro líquido do exercício e a distribuição de dividendos, sustenta-se, no voto, que não haveria disponibilidade jurídica ou econômica no caso em tela.

A linha argumentativa busca definir o conceito de disponibilidade jurídica e econômica de renda a partir dos ensinamentos de diversos doutrinadores. Essencialmente, apontou-se que "disponibilidade econômica" seria configurada pelo aspecto do titular efetiva percepção em dinheiro ao passo que a disponibilidade jurídica pelo aspecto de se ser titular do direito a receber um valor.

Citando entre outros diversos doutrinadores, Washington de Barros Monteiro, a linha argumentativa do voto, ora examinado, assinala que a noção de "dispor" "[...] consiste no poder de consumir a coisa, de aliená-la, de gravá-la de ônus, de submetê-la a outrem".[75]

---

75. MONTEIRO, Washington de Barros. Curso de direito civil. 4ª edição. São Paulo: Saraiva, 1961, fls. 90. Apud Ministro Marco Aurélio, RE 172058, Relator(a): Min. MARCO AURÉLIO, Tribunal Pleno, julgado em 30.06.1995, DJ 13.10.1995 PP-34282, EMENT VOL-01804-08, PP-01530, RTJ VOL-00161-03, PP-01043, fls. 1542.

Ademais, baseando-se, ainda, em Gilberto Ulhôa Canto e Antonio Carlos Garcia de Souza, o Ministro Marco Aurélio toma "disponibilidade econômica" quando "alguém pode, efetivamente, tomar, usar e alienar bem ou direito" ao passo que a disponibilidade jurídica, quando

> o titular pode, embora não haja recebido fisicamente a coisa ou o direito, dele fazer uso ou tirar proveitos resultantes do domínio, porque a lei ou o contrato lhe permitem, mesmo sem que seja preciso ter a sua detenção material.[76]

Entre outros autores citados há ainda Rubens Gomes de Sousa, enunciando o seguinte:

> O elemento essencial do fato gerador é a aquisição da disponibilidade de riqueza nova, definida em termos de acréscimo patrimonial.
>
> [...] a disponibilidade adquirida pode, nos termos da definição, ser "econômica" ou "jurídica" (CTN art. 43 *caput*). A aquisição de "disponibilidade econômica corresponde ao que os economistas chamam de "separação" de renda: é a sua efetiva percepção em dinheiro ou outros valores (RIR, art. 498).
>
> A aquisição de "disponibilidade jurídica corresponde ao que os economistas chamam de "realização da renda: é o caso em que embora o rendimento ainda não esteja "economicamente disponível" (isto é, efetivamente percebida), entretanto o beneficiário já tenha título hábil para percebê-la (RIR, art. 95 §1º).[77]

Assim, o Ministro Marco Aurélio entende inconstitucional o art. 35 da Lei 7.713/88 no que tange ao termo "acionista", por entender que tal tributação,

76. CANTO, Gilberto Ulhôa. GARCIA DE SOUZA, Antônio Carlos. Caderno de Pesquisas Tributárias. Vol, XI. Apud Apud Ministro Marco Aurélio, RE 172058, Relator(a): Min. MARCO AURÉLIO, Tribunal Pleno, julgado em 30.06.1995, DJ 13.10.1995, PP-34282, EMENT VOL-01804-08, PP-01530, RTJ VOL-00161-03, PP-01043, fls. 1545.

77. SOUSA, Rubens Gomes. "Pareceres 3 – Imposto de Renda. Editora Resenha Tributária. São Paulo, fls. 277. Apud Min. Marco Aurélio Apud Ministro Marco Aurélio, RE 172058, Relator(a): Min. MARCO AURÉLIO, Tribunal Pleno, julgado em 30.06.1995, DJ 13.10.1995, PP-34282, EMENT VOL-01804-08, PP-01530, RTJ VOL-00161-03, PP-01043, fls. 1546.

> ao desprezar a aquisição de disponibilidade econômica ou jurídica de renda como fato gerador do imposto sobre a renda, acabou por trazer à baila fato gerador diverso, ou seja, o consubstanciado na simples apuração do lucro líquido na data do encerramento do período-base. Ao fazê-lo, mostrou-se distanciado da regra que impõe, como veículo próprio à constituição de fato gerador, quer da base de cálculo dos tributos previstos na Carta Federal, a lei complementar.[78]

Para as sociedades por quotas, o voto sustenta que cabe ao contrato social disciplinar o lucro líquido. Se prevista, pelo contrato, a imediata disponibilidade econômica ou jurídica seria possível a imediata tributação; ou, em caso de necessidade de manifestação de vontade pelos sócios, não.

No entanto, entende adequada a incidência do tributo para o titular da empresa individual, que teria a disponibilidade da renda, posto que a distribuição de lucros dependeria apenas da vontade dos sócios.

Interessante observar que a inconstitucionalidade, no caso em concreto, não chegou a ser material, mas sim formal.

Ou seja, o voto do Ministro Marco Aurélio não julga a inconstitucionalidade por haver a exação extravasado o conceito constitucional de renda, mas por ter extravasado o conceito previsto no Código Tributário Nacional, sem o ser por lei complementar.

O Ministro Relator foi acompanhado pelos Ministros Francisco Resek, Carlos Veloso, Octavio Gallotti, Sidney Sanches, Moreira Alves e Sepúlveda Pertence.

Porém, foi vencido o Ministro Ilmar Galvão, nos termos a seguir explicados.

2.6.2.2 Do Voto do Ministro Ilmar Galvão

O Ministro llmar Galvão diverge, entendendo pela constitucionalidade do gravame.

---

78. Ibidem, p. 1547.

Sustenta que, mesmo no caso da sociedade por ações, não se poderia "por deliberação dos interessados" protelar a distribuição de lucro e o recolhimento do tributo.

Além disso, por se tratar de retenção na fonte, paga pela fonte, assenta que não haveria problema o fato do sócio não ter recebido o recurso.[79]

2.6.2.3 Análise crítica

O julgado situa a parcial inconstitucionalidade do art. 35 da Lei 7.713/88 na tônica formal e não material do imposto.

Em outros termos, da antinomia entre o dispositivo legal em questão e o art. 43 do CTN, posto tributar-se elemento que não se configura como disponibilidade jurídica ou econômica de renda, que se conclui que o artigo da referida lei extravasa a competência própria da lei ordinária.

Nessa linha de raciocínio, o problema não foi uma violação ao conceito constitucional de renda, mas ao conceito de renda definido pela lei materialmente complementar, que é o art. 43 do CTN, de tal sorte que o artigo acabou por violar o art. 146, inciso III, da Constituição da República, que alberga, à matéria da lei complementar, a definição da hipótese de incidência e base de cálculo de impostos.

Desse modo, o julgado, no mínimo, abstrai a eventual existência de um conceito constitucional de renda.

Por outro lado, acaba implicitamente aceitando a noção de renda e proventos como "acréscimo patrimonial", ainda que definido por lei complementar.

No nosso ponto de vista, o julgado não infirma a noção de uma renda e proventos já pressuposta pela Lei Maior na exata medida em que acata tal noção introduzida por preceito legislativo historicamente anterior à Constituição.

---

79. Fls. 1553.

Se o art. 43 do CTN define, corretamente, a noção de "renda e proventos de qualquer natureza", a ponto da Suprema Corte acatá-lo, a noção dessa materialidade já existia no ordenamento jurídico quando da promulgação do Texto Constitucional. E é isso que buscamos reforçar no presente item, haja vista que a incorporação de tal preceito no Texto Constitucional é um efeito, próprio, do dialogismo, a que já nos reportamos.

2.6.3 RE 195.059

O Recurso Extraordinário RE 195.059, DJ 16.06.2000, que foi julgado pela Primeira Turma do Supremo Tribunal Federal, teve como relator o Ministro Moreira Alves e foi publicado com a seguinte ementa:

> Imposto de renda. Incidência na fonte sobre o pagamento de férias não gozadas por servidor estadual em virtude de necessidade do serviço – Falta de prequestionamento da questão relativa ao art. 153, § 2º, da Constituição – Ausência de indicação do dispositivo constitucional que daria margem à alegada competência da Justiça Federal no caso, e dispositivo esse que teria sido violado – Por fim, saber se indenização é, ou não, renda, para o efeito do art. 153, III, da Constituição é questão constitucional, como entendeu o acórdão recorrido, até porque não pode a Lei infraconstitucional definir como renda o que insitamente não o seja. No caso, porém, ainda que se entendesse, como entende o recorrente, que o critério para caracterizar determinado valor como renda é legal, e que, no caso, teria havido ofensa ao art. 6º da Lei 7.713/88, esse entendimento não lhe aproveitaria, porquanto o Superior Tribunal de Justiça não conheceu do recurso especial, nestes autos, no qual se alegava, entre outras violações, a concernente a esse dispositivo legal, e dele não conheceu por entender que "o imposto de renda não incide sobre o pagamento de férias não gozadas em razão de seu caráter indenizatório". Recurso extraordinário não conhecido.[80]

80. RE 195059, Relator(a): Min. MOREIRA ALVES, Primeira Turma, julgado em 02.05.2000, DJ 16.06-2000, PP-00038, EMENT VOL-01995-02, PP-00403.

Em termos concretos, o Promotor de Justiça impetrou mandado de segurança contra ato do Senhor Secretário da Fazenda Estadual, por entender ilegal o desconto na fonte de imposto de renda, bem como recolhimento ao IESP nas indenizações em pecúnia de férias não gozadas por absoluta necessidade de pecúnia.

Tendo a segurança sido concedida, houve recurso de ofício e voluntário interposto pela Fazenda que foram negados.

Ato contínuo, foram opostos embargos de declaração, que foram rejeitados e interpostos Recurso Especial e Recurso Extraordinário que foram admitidos.

2.6.3.1 Voto do Ministro Moreira Alves

O Ministro Moreira Alves não conheceu do Recurso Extraordinário. Mas, o ponto que nos interessa de seu voto é o seguinte:

> saber se indenização é, ou não, renda, para o efeito do artigo 153, III, da Constituição é questão constitucional, como entendeu o acórdão recorrido, até porque não pode a Lei Infraconstitucional definir como renda o que insitamente não o seja.

Como se mostra, o voto do relator, que foi acompanhado pelo Ministro Sidney Sanches, pelo Ministro Octavio Gallotti, pelo Ministro Sepúlveda Pertence e pelo Ministro Ilmar Galvão, ainda que não tenha definido o conceito de "renda", admitiu que tal materialidade é de índole constitucional.

2.6.3.2 ADI 2.588/DF

Tendo como relatora a Ministra Ellen Gracie, a ADI 2.588/DF, tendo o acórdão a seguinte ementa:

> TRIBUTÁRIO. INTERNACIONAL. IMPOSTO DE RENDA E PROVENTOS DE QUALQUER NATUREZA. PARTICIPAÇÃO DE EMPRESA CONTROLADORA OU COLIGADA NACIONAL NOS LUCROS AUFERIDOS POR PESSOA JURÍDICA CONTROLADA OU COLIGADA SEDIADA NO EXTERIOR. LEGISLAÇÃO

QUE CONSIDERA DISPONIBILIZADOS OS LUCROS NA DATA DO BALANÇO EM QUE TIVEREM SIDO APURADOS ("31 DE DEZEMBRO DE CADA ANO"). ALEGADA VIOLAÇÃO DO CONCEITO CONSTITUCIONAL DE RENDA (ART. 143, III DA CONSTITUIÇÃO). APLICAÇÃO DA NOVA METODOLOGIA DE APURAÇÃO DO TRIBUTO PARA A PARTICIPAÇÃO NOS LUCROS APURADA EM 2001. VIOLAÇÃO DAS REGRAS DA IRRETROATIVIDADE E DA ANTERIORIDADE. MP 2.158-35/2001, ART. 74. LEI 5.720/1966, ART. 43, § 2º (LC 104/2000). 1. Ao examinar a constitucionalidade do art. 43, § 2º do CTN e do art. 74 da MP 2.158/2001, o Plenário desta Suprema Corte se dividiu em quatro resultados: 1.1. Inconstitucionalidade incondicional, já que o dia 31 de dezembro de cada ano está dissociado de qualquer ato jurídico ou econômico necessário ao pagamento de participação nos lucros; 1.2. Constitucionalidade incondicional, seja em razão do caráter antielisivo (impedir "planejamento tributário") ou antievasivo (impedir sonegação) da normatização, ou devido à submissão obrigatória das empresas nacionais investidoras ao Método de Equivalência Patrimonial – MEP, previsto na Lei das Sociedades por Ações (Lei 6.404/1976, art. 248); 1.3. Inconstitucionalidade condicional, afastada a aplicabilidade dos textos impugnados apenas em relação às empresas coligadas, porquanto as empresas nacionais controladoras teriam plena disponibilidade jurídica e econômica dos lucros auferidos pela empresa estrangeira controlada; 1.4. Inconstitucionalidade condicional, afastada a aplicabilidade do texto impugnado para as empresas controladas ou coligadas sediadas em países de tributação normal, com o objetivo de preservar a função antievasiva da normatização. 2. Orientada pelos pontos comuns às opiniões majoritárias, a composição do resultado reconhece: 2.1. A inaplicabilidade do art. 74 da MP 2.158-35 às empresas nacionais coligadas a pessoas jurídicas sediadas em países sem tributação favorecida, ou que não sejam "paraísos fiscais"; 2.2. A aplicabilidade do art. 74 da MP 2.158-35 às empresas nacionais controladoras de pessoas jurídicas sediadas em países de tributação favorecida, ou desprovidos de controles societários e fiscais adequados ("paraísos fiscais", assim definidos em lei); 2.3. A inconstitucionalidade do art. 74 par. ún., da MP 2.158-35/2001, de modo que o texto impugnado não pode ser aplicado em relação aos lucros apurados até 31 de dezembro de 2001. Ação Direta de Inconstitucionalidade conhecida e julgada parcialmente procedente, para dar interpretação conforme ao art. 74 da MP 2.158-35/2001, bem como para declarar a inconstitucionalidade da cláusula de retroatividade prevista no art. 74, par. ún., da MP 2.158/2001.[81]

81. ADI 2.588, Relator(a): Min. ELLEN GRACIE, Relator(a) p/ Acórdão: Min. JOAQUIM BARBOSA, Tribunal Pleno, julgado em 10.04.2013, DJe-027, DIVULG 07.02.2014, PUBLIC 10.02.2014, EMENT VOL-02719-01, PP-00001.

Em termos concretos, a Ação Direta de Inconstitucionalidade 2.588/DF teve como objeto um tema relacionado às pessoas jurídicas, mas sua análise pode ser relevante para identificar a maneira em que o Supremo examinou o alcance do conceito de "renda e proventos de qualquer natureza".

A ação teve por objeto a inconstitucionalidade do §2º do art. 43 do CTN, bem como do art. 74 e seu parágrafo único, da Medida Provisória 2.158-35/2001.[82]

O primeiro dispositivo, que teve a redação dada pela Lei Complementar 104/2001, dispõe o seguinte:

> Art. 43. O imposto, de competência da União, sobre a renda e proventos de qualquer natureza tem como fato gerador a aquisição da disponibilidade econômica ou jurídica:
>
> I – de renda, assim entendido o produto do capital, do trabalho ou da combinação de ambos;
>
> II – de proventos de qualquer natureza, assim entendidos os acréscimos patrimoniais não compreendidos no inciso anterior.
>
> § 1º A incidência do imposto independe da denominação da receita ou do rendimento, da localização, condição jurídica ou nacionalidade da fonte, da origem e da forma de percepção."
>
> § 2º Na hipótese de receita ou de rendimento oriundos do exterior, a lei estabelecerá as condições e o momento em que se dará sua disponibilidade, para fins de incidência do imposto referido neste artigo." (grifos nossos)

Já o segundo, guarda a seguinte disposição:

> Art. 74. Para fim de determinação da base de cálculo do imposto de renda e da CSLL, nos termos do *art. 25 da Lei nº* 9.249, de 26 de dezembro de 1995, e do art. 21 desta Medida Provisória, os lucros auferidos por controlada ou coligada no exterior serão considerados disponibilizados para a controladora ou coligada no Brasil na data do balanço no qual tiverem sido apurados, na forma do regulamento.

82. A atual legislação de lucros no exterior das pessoas jurídicas encontra-se nos arts. 77 e seguintes da Lei 12.973/2014.

> Parágrafo único. Os lucros apurados por controlada ou coligada no exterior até 31 de dezembro de 2001 serão considerados disponibilizados em 31 de dezembro de 2002, salvo se ocorrida, antes desta data, qualquer das hipóteses de disponibilização previstas na legislação em vigor. (2001)

Para que se compreenda o alcance da discussão, em 1995, o art. 25 da Lei 9.249/95 dispôs o seguinte:

> Art. 25. Os lucros, rendimentos e ganhos de capital auferidos no exterior serão computados na determinação do lucro real das pessoas jurídicas correspondente ao balanço levantado em 31 de dezembro de cada ano.
>
> § 1º Os rendimentos e ganhos de capital auferidos no exterior serão computados na apuração do lucro líquido das pessoas jurídicas com observância do seguinte:
>
> I – os rendimentos e ganhos de capital serão convertidos em Reais de acordo com a taxa de câmbio, para venda, na data em que forem contabilizados no Brasil;
>
> II – caso a moeda em que for auferido o rendimento ou ganho de capital não tiver cotação no Brasil, será ela convertida em dólares norte-americanos e, em seguida, em Reais;
>
> § 2º Os lucros auferidos por filiais, sucursais ou controladas, no exterior, de pessoas jurídicas domiciliadas no Brasil serão computados na apuração do lucro real com observância do seguinte:
>
> I - as filiais, sucursais e controladas deverão demonstrar a apuração dos lucros que auferirem em cada um de seus exercícios fiscais, segundo as normas da legislação brasileira;
>
> II– os lucros a que se refere o inciso I serão adicionados ao lucro líquido da matriz ou controladora, na proporção de sua participação acionária, para apuração do lucro real;
>
> III– se a pessoa jurídica se extinguir no curso do exercício, deverá adicionar ao seu lucro líquido os lucros auferidos por filiais, sucursais ou controladas, até a data do balanço de encerramento;
>
> IV– as demonstrações financeiras das filiais, sucursais e controladas que embasarem as demonstrações em Reais deverão ser mantidas no Brasil pelo prazo previsto no art. 173 da Lei nº 5.172, de 25 de outubro de 1966.

§ 3º Os lucros auferidos no exterior por coligadas de pessoas jurídicas domiciliadas no Brasil serão computados na apuração do lucro real com observância do seguinte:

I- os lucros realizados pela coligada serão adicionados ao lucro líquido, na proporção da participação da pessoa jurídica no capital da coligada;

II- os lucros a serem computados na apuração do lucro real são os apurados no balanço ou balanços levantados pela coligada no curso do período-base da pessoa jurídica;

III- se a pessoa jurídica se extinguir no curso do exercício, deverá adicionar ao seu lucro líquido, para apuração do lucro real, sua participação nos lucros da coligada apurados por esta em balanços levantados até a data do balanço de encerramento da pessoa jurídica;

IV- a pessoa jurídica deverá conservar em seu poder cópia das demonstrações financeiras da coligada.

§ 4º Os lucros a que se referem os §§ 2º e 3º serão convertidos em Reais pela taxa de câmbio, para venda, do dia das demonstrações financeiras em que tenham sido apurados os lucros da filial, sucursal, controlada ou coligada.

§ 5º Os prejuízos e perdas decorrentes das operações referidas neste artigo não serão compensados com lucros auferidos no Brasil.

§ 6º Os resultados da avaliação dos investimentos no exterior, pelo método da equivalência patrimonial, continuarão a ter o tratamento previsto na legislação vigente, sem prejuízo do disposto nos §§ 1º, 2º e 3º.

[...].

Como se nota, o *caput* do art. 25 previa que os lucros, rendimentos e ganhos de capital auferidos no exterior seriam computados na determinação do lucro real das pessoas jurídicas correspondente ao balanço levantado em 31 de dezembro de cada ano.

Ato contínuo, o art. 1º da Lei 9.532/97 modificou tal situação, passando a prever o seguinte:[83]

83. Atualmente, a redação do artigo foi modificada pela Lei 12.973/2014. Aliás, os artigos 77 e seguintes da referida lei que tratam da tributação em bases universais do imposto.

Art. 1º Os lucros auferidos no exterior, por intermédio de filiais, sucursais, controladas ou coligadas serão adicionados ao lucro líquido, para determinação do lucro real correspondente ao balanço levantado no dia 31 de dezembro do ano-calendário em que tiverem sido disponibilizados para a pessoa jurídica domiciliada no Brasil.

§ 1º Para efeito do disposto neste artigo, os lucros serão considerados disponibilizados para a empresa no Brasil:

a) no caso de filial ou sucursal, na data do balanço no qual tiverem sido apurados;

b) no caso de controlada ou coligada, na data do pagamento ou do crédito em conta representativa de obrigação da empresa no exterior.

c) na hipótese de contratação de operações de mútuo, se a mutuante, coligada ou controlada, possuir lucros ou reservas de lucros; (Incluída pela Lei 9.959/2000)

d) na hipótese de adiantamento de recursos, efetuado pela coligada ou controlada, por conta de venda futura, cuja liquidação, pela remessa do bem ou serviço vendido, ocorra em prazo superior ao ciclo de produção do bem ou serviço. (Incluída pela Lei 9.959/2000)

§ 2º Para efeito do disposto na alínea «b» do parágrafo anterior, considera-se:

a) creditado o lucro, quando ocorrer a transferência do registro de seu valor para qualquer conta representativa de passivo exigível da controlada ou coligada domiciliada no exterior;

b) pago o lucro, quando ocorrer

1. o crédito do valor em conta bancária, em favor da controladora ou coligada no Brasil;

2. a entrega, a qualquer título, a representante da beneficiária;

3. a remessa, em favor da beneficiária, para o Brasil ou para qualquer outra praça;

4. o emprego do valor, em favor da beneficiária, em qualquer praça, inclusive no aumento de capital da controlada ou coligada, domiciliada no exterior.

§ 3º Não serão dedutíveis na determinação do lucro real, os juros, pagos ou creditados a empresas controladas ou coligadas, domiciliadas no exterior, relativos a empréstimos contraídos, quando, no balanço da coligada ou controlada, constar a existência de lucros não disponibilizados para a controladora ou coligada no Brasil.

§ 3º Não serão dedutíveis na determinação do lucro real e da base de cálculo da Contribuição Social sobre o Lucro Líquido os juros, pagos ou creditados, incidentes sobre o valor equivalente aos lucros não disponibilizados por empresas:

– coligadas ou controladas, domiciliadas no exterior, quando estas forem as beneficiárias do pagamento ou crédito;

I– controladas, domiciliadas no exterior, independente do beneficiário.

§ 4º Os créditos de imposto de renda de que trata o art. 26 da Lei nº 9.249, de 1995, relativos a lucros, rendimentos e ganhos de capital auferidos no exterior, somente serão compensados com o imposto de renda devido no Brasil se referidos lucros, rendimentos e ganhos de capital forem computados na base de cálculo do imposto, no Brasil, até o final do segundo ano-calendário subsequente ao de sua apuração. (Vide art 96, §3º e art 99 da Lei nº 12.973, de 2014) (Revogado pela Lei 12.973/2014)

§ 5º Relativamente aos lucros apurados nos anos de 1996 e 1997, considerar-se-á vencido o prazo a que se refere o parágrafo anterior no dia 31 de dezembro de 1999.

§ 6º Nas hipóteses das alíneas «c» e «d» do § 1º o valor considerado disponibilizado será o mutuado ou adiantado, limitado ao montante dos lucros e reservas de lucros passíveis de distribuição, proporcional à participação societária da empresa no País na data da disponibilização. (Incluído pela Lei 9.959/2000)

§ 7º Considerar-se-á disponibilizado o lucro: (Incluído pela Lei 9.959/2000)

a) na hipótese da alínea "c" do § 1º: (Incluído pela Lei 9.959/ 2000)

1. na data da contratação da operação, relativamente a lucros já apurados pela controlada ou coligada; (Incluído pela Lei 9.959/ de 2000)

2. na data da apuração do lucro, na coligada ou controlada, relativamente a operações de mútuo anteriormente contratadas; (Incluído pela Lei 9.959/2000)

b) na hipótese da alínea "d" do § 1º, em 31 de dezembro do ano-calendário em que tenha sido encerrado o ciclo de produção sem que haja ocorrido a liquidação. (Incluída pela Lei 9.959/2000)

Como se nota do dispositivo acima transcrito, para o caso de sociedades controladas ou coligadas no exterior, o lucro auferido seria considerando tributável no Brasil quando houvesse pagamento ou crédito de conta representativa no exterior.

Em seguida, o §2º do art. 43 do CTN, com a redação dada pela Lei Complementar 104/2001 passou a prever que "*na hipótese de receita ou de rendimento oriundos do exterior, a lei estabelecerá as condições e o momento em que se dará sua disponibilidade (...)*".

Na esteira de tal dispositivo, foi editada a Medida Provisória n. 2.158-35/2001, que determina que para fins de determinação da base de cálculo do imposto de renda e da CSLL, nos termos do art. 25 da Lei 9.249, de 26 de dezembro de 1995, e do art. 21 de tal Medida Provisória, os lucros auferidos por controlada ou coligada no exterior serão considerados disponibilizados para a controladora ou coligada no Brasil, na data do balanço no qual tiverem sido apurados, na forma do regulamento.

Note-se, portanto, que o momento da tributação dos lucros auferidos no exterior por controladas ou coligadas de pessoas jurídicas no Brasil deixou de ser o pagamento do crédito, passando a ser o momento em que fossem apurados no balanço.

Explicado tal panorama, foi ajuizada a Ação Direta de Inconstitucionalidade n. 2.588, argumentando-se violação ao art. 153, inciso III, e do art. 146, inciso III, ambos da Constituição da República Federativa do Brasil, baseado no extravasamento da materialidade constitucional do IR.

A relatora foi a Ministra Ellen Gracie, mas o relator para o acórdão foi o Ministro Joaquim Barbosa. Os votos serão examinados em ordem em que constam do acórdão.

2.6.3.3 Voto da Relatora Ministra Ellen Gracie

A Relatora Ministra Ellen Gracie analisou, inicialmente, a inconstitucionalidade da Medida Provisória 2.158-35/2001, entendendo, inexistir vício na instituição da nova sistemática por Medida Provisória, o que foi seguida por todos os Ministros, com exceção do Ministro Marco Aurélio.

Ato contínuo, passou a examinar a Lei Complementar 104/2001 no que tange à instituição do §2º do art. 43, especialmente, no que tange à prerrogativa da lei ordinária definir o que seja disponibilidade jurídica ou econômica de renda.

Sustentou que não viu inconstitucionalidade no dispositivo, pois:

> [...] Ao remeter à lei ordinária o estabelecimento das condições e do momento em que se dará a disponibilidade jurídica de receita ou de rendimento oriundo do exterior, para fins de incidência do imposto de renda, o parágrafo segundo do art. 43 não deu carta branca ao legislador ordinário para estabelecer um fato gerador diferente daquele estampado no *caput* do artigo. A lei ordinária, ao estabelecer as condições e o momento da disponibilidade da receita ou do rendimento oriundo do exterior, obviamente não pode fixar hipóteses em que não haja efetiva disponibilidade econômica ou jurídica, sob pena de ferir a regra geral disposta no *caput* do art. 43 do Código Tributário Nacional, que prevê como fato gerador do imposto de renda a aquisição dessa disponibilidade.[84]

Entendeu a Ministra que o art. 74 da Medida Provisória 2.158-35/2001[85] acabou por definir o momento da disponibilidade jurídica da renda ao determinar que é na data do balanço. Feita essa observação disse que seria necessário julgar entre duas categorias: coligadas e controladas.[86]

Ato contínuo, invocando o RE 172.058-1/SC (Min. Marco Aurélio, DJ 13.10.1995), aduziu que o pleno do Supremo se posicionou no sentido de que a disponibilidade econômica de renda consiste na percepção efetiva, pelo contribuinte, do rendimento em dinheiro (receita realizada), ao passo que a disponibilidade jurídica consiste no direito de o contribuinte

84. Fls. 11 do voto.

85. Dispositivo posteriormente revogado pela Lei 12.973/2014.

86. Fls. 12 do voto.

receber um crédito, mediante a existência de um título hábil para recebê-lo.[87]

Ainda, citando a monografia sobre o tema, da Dra. Gisele Lemke, esclarece que "a regra-matriz de incidência do IR não é a aquisição de renda ou proventos de qualquer natureza, mas a aquisição da disponibilidade econômica ou jurídica de renda ou de proventos de qualquer natureza" (p. 96).[88]

Para as empresas controladas, entendeu que não há inconstitucionalidade da norma, eis que a controladora possui o poder decisório sobre o destino do lucro. Portanto, haveria a disponibilidade jurídica dos lucros.

A disponibilidade dos lucros auferidos pela empresa controlada, assim, dependeria única e exclusivamente da empresa controladora, que detém o poder decisório sobre o destino desses lucros, ainda que não remetidos efetivamente, concretamente pela empresa controlada, situada no exterior, para a controladora localizada no Brasil.

Em consequência, a apuração de tais lucros caracterizaria aquisição de disponibilidade jurídica apta a dar nascimento ao fato gerador do imposto de renda, não havendo nenhum descompasso entre o disposto no art. 74, *caput,* da medida provisória em questão com o contido no *caput* e no §2º do art. 43 do CTN (acrescentado pela Lei Complementar 104/2001) e tampouco com os arts. 146, inciso III, alínea "a", e 153, inciso III, da Constituição Federal.

Já para as coligadas não haveria que se falar em disponibilidade de lucros, por não terem o poder decisório sobre a destinação dos lucros.

A Ministra Ellen Gracie também aponta que a alteração da mudança no critério temporal da regra-matriz de incidência do IR não estaria sujeita ao princípio da anterioridade.

---

87. Fls. 13 do voto.

88. Fls. 13 do voto.

Assim, o voto julgou parcialmente procedente a Ação Direta de Inconstitucionalidade para declarar a inconstitucionalidade do signo "coligada".

Note-se que, em seu voto, não houve definição clara do termo "renda e proventos de qualquer natureza".

2.6.3.4 Voto do Ministro Nelson Jobim

Em síntese, a ideia central de tal voto é que para as pessoas jurídicas com investimento em outra pessoa jurídica no exterior, que estivessem obrigadas a adotar o método contábil de método de equivalência patrimonial, o Imposto Sobre a Renda incidiria sobre os lucros apurados no exterior por se configurar a disponibilidade econômica da renda. Segue breve explicação dos argumentos adotados para se atingir tal conclusão.

Para o Ministro Nelson Jobim, não existe "conceito material de renda" na Constituição, de tal sorte que a definição se dá pelo Código Tributário Nacional. Invoca, para subsídio à sua premissa, o RE 201.465.[89]

De fato, coloca noções como:

> "Não é um conceito ontológico, como se existisse, nos fatos, uma entidade concreta denominada de "LUCRO REAL" ou "RENDA". Não tem nada de material ou essencialista. É um conceito legal."[90]

Aduz, ainda que:

> A CF, redação de 1988, se utiliza 17 vezes da expressão renda, em 06 diferentes sentidos (65): a) "receita pública auferida, arrecadada, de natureza tributária ou não" (arts 30, III, e 48, I); b) "renda regional" (arts. 43, § 2º, IV; e 192, VII) ; e) "poder aquisitivo de certa pessoa" (art. 201,11); 64 ALIOMAR BALLE IRO, Direito Tributário Brasileiro , p . 284, Forense , 11ª ed. , 2.000 . 55 ver QUEIROZ, Luís César de Souza de. IMPOSTO SOBRE A RENDA, p. 212, Ed. Forense, 2003. 103 ADI 2.588 / DF d)

89. Fls. 17.

90. Fls. 102.

> "remuneração de títulos públicos" (art. 151, II); e) "base tributável" (arts. 153, III; 157, I; 158, I; 159, I; 159, § 1º); f) "somatório de remuneração e ganhos de rendimentos" (arts. 150, VI, a, c, § 2º , § 3º , § 4º ; 153, § 2º , II). O que aqui nos interessa é o conceito de renda como base tributável.

Agora, se o Código Tributário Nacional, como se verificará no próximo capítulo, prescreve que a hipótese de incidência do Imposto Sobre a Renda é a "disponibilidade jurídica ou econômica de renda" interessa para o voto, em questão, o conceito de disponibilidade econômica de renda.

Para o Ministro Nelson Jobim, "disponibilidade econômica de renda" não se confunde com a disponibilidade financeira de renda. Enquanto a disponibilidade implicaria o recebimento efetivo de um valor, a disponibilidade econômica implicaria um aumento patrimonial, antes do recebimento da riqueza nova.[91]

Além disso, o Ministro entende que "renda" não é fluxo de renda, isto é, um valor novo que agrega ao patrimônio da pessoa jurídica, mas um acréscimo patrimonial. Vejamos:

> Basta, para o caso, constatar que a expressão "RENDA, ao fim e ao cabo, designa o ACRESCIMO PATRIMONIAL e não o FLUXO DE RENDA." (Nelson Jobim).[92]

Com base em tal premissa, o voto do Ministro sustenta que as pessoas jurídicas que adotam o método de equivalência patrimonial para registrar o investimento em outras pessoas jurídicas, ostentam disponibilidade econômica de renda quando a pessoa jurídica investida aufere lucro.[93] Compreendamos.

Como se sabe, no método de equivalência patrimonial, aplicável para pessoas jurídicas coligadas, controladas ou que façam parte do mesmo grupo econômico ou estejam sob controle comum, o registro contábil da participação societária é

91. Fls. 84.

92. Fls. 104.

93. Fls. 86.

efetivado, aplicando-se o percentual de tal participação sobre o patrimônio líquido.

Assim, se em determinado período, a investida apresenta aumento no patrimônio líquido, esse aumento é refletido no valor do investimento contabilizado pela pessoa jurídica investidora. Por isso, o lucro da investida reflete um aumento no valor do investimento da investidora.

Para o Ministro Nelson Jobim, tal fenômeno revela um acréscimo patrimonial para investidora, passível de acarretar a incidência do Imposto Sobre a Renda por se configurar disponibilidade econômica de renda. Vejamos:

> A variação no patrimônio da INVESTIDA importa em acréscimo patrimonial na COMPANHIA INVESTIDORA, em decorrência do MEP, posto que O REGIME é DE COMPETÊNCIA.[94]
>
> [...]
>
> Tal acréscimo, porque se constitui em DISPONIBILIDADE ECONÔMICA, motiva a sua consideração para efeitos da apuração do lucro líquido da INVESTIDORA – base de cálculo do IR. A DISPONIBILIDADE ECONÔMICA é óbvia, tanto que, esse valor, porque integra o patrimônio da empresa INVESTIDORA, é considerado em uma eventual avaliação na hipótese de sua venda para novo controle acionário.

Assim, entendendo que no lucro da controlada ou coligada há um consequente aumento de patrimônio da controladora ou coligada, não haveria inconstitucionalidade no art. 74 da Medida Provisória, n. 2.158-35/2001, com a ressalva de que só estariam sujeitas à tributação as pessoas jurídicas tributadas com base no método de equivalência patrimonial.

Com relação à questão da violação à anterioridade e irretroatividade, o Ministro Nelson Jobim entendeu que não houve violação, conforme será analisado em item próprio.

---

94. Fls. 89.

2.6.3.5 Voto do Ministro Marco Aurélio

O voto do Ministro Marco Aurélio, por sua vez, assentou visão totalmente distinta.

Inicialmente, como já antecipamos, o voto do Ministro Marco Aurélio considerou inconstitucional a Medida Provisória em questão, por se afastar dos pressupostos de urgência, que norteia uma Medida Provisória,[95] além do aspecto de um Medida Provisória ter a vigência prolongada no tempo.

Avançando para o mérito, o voto de Marco Aurélio sustenta que a "Constituição Federal contém regência inafastável quanto à tipicidade desses tributos".[96]

Enuncia que no caso do Imposto Sobre a Renda pressupõe-se que "haja a integração, de riqueza, na forma de rendas e proventos de qualquer natureza, ao patrimônio do contribuinte".[97] E enuncia que o fenômeno se dá "da pessoa individualizada do contribuinte". Assinala, assim, que descabe a despersonalização da pessoa jurídica, isto é, confundir a pessoa jurídica investidora com a pessoa jurídica investida.

Interessante notar, portanto, que se no RE 172.058-1/SC, o voto do Ministro Marco Aurélio deu ênfase ao Código Tributário Nacional, sua posição na ADIN, ora examinada, admitiu um conceito constitucional.

No que tange ao §2º do art. 43 do CTN, o voto do Ministro Marco Aurélio outorga interpretação conforme para que a legislação tributária não possa desvirtuar o conceito de "disponibilidade jurídica ou econômica" de renda.

Assinala, ainda, que descabe a despersonalização da pessoa jurídica, isto é, confundir a pessoa jurídica investidora com a pessoa jurídica investida, até mesmo por implicar uma

---

95. Fls. 128.

96. Fls. 129.

97. Fls. 129.

violação ao art. 110 do CTN que, ao determinar que conceitos de direito privado não podem ser alterados pela legislação tributária, quando implicitamente utilizados pela Constituição, acaba por impedir que haja desconsideração de personalidades jurídicas para fins tributários sem a observância dos ditames do direito privado.[98]

O voto do Ministro Marco Aurélio, dando foco no conceito de disponibilidade jurídica e econômica de renda, conclui que não há disponibilidade jurídica ou econômica de renda no lucro auferido pela investida antes da efetiva disponibilização, buscando invocar, para subsídio de seus argumentos os REs 117.887-6/SP e 172.058-1/SC que, conforme já tratamos anteriormente, haviam julgado a inconstitucionalidade do art. 35 da Lei 7.713/88.

Vale sublinhar, ainda, que na esteira do voto do Ministro Carlos Veloso, no RE 172.058-1/SC, o significado de "disponibilidade jurídica e econômica de renda" foi tomado em sentido diferente do exposto pelo Ministro Nelson Jobim, conforme segue trecho do Ministro Carlos Veloso citado pelo Ministro Marco Aurélio:

> A disponibilidade econômica significa a obtenção de renda, significa ingresso real no patrimônio da pessoa, de moeda ou seu equivalente, ou a possibilidade de a pessoa dispor da renda. Já a disponibilidade jurídica significa ou traduz a possibilidade, tendo em vista disposições jurídicas ou contratuais, de o sujeito dispor de uma renda posta a sua disposição.[99]

Como se nota, o significado de disponibilidade econômica de renda foi tomado como equivalente ao que o Ministro Nelson Jobim designou de "disponibilidade financeira".

O voto ainda encampa escólio de Gilberto Ulhôa Canto, que fora citado pelo Ministro Francisco Resek RE 172.058-1/SC, aduzindo que a disponibilidade jurídica da renda pressupõe não "apenas [...] o aperfeiçoamento do direito à percepção

98. Fls. 130.

99. Fls. 137.

do rendimento", mas também exige que o "o seu recebimento em moeda ou quase moeda dependa somente do contribuinte".

Assim, julgou inconstitucional o art. 74 da Medida Provisória 2.158-35/2001 por entender que foi criada uma nova hipótese de incidência do tributo. Ademais, deu intepretação conforme ao §2º do art. 43 do CTN ao afastar qualquer aplicação que se afaste do conceito de disponibilidade jurídica ou econômica de renda.[100]

2.6.3.6 *Voto do Ministro Sepúlveda Pertence*

Já o voto do Ministro Sepúlveda Pertence, salvo no tocante ao aspecto formal da Medida Provisória 2.158-35/20001, que considerou constitucional, acabou por acompanhar o voto do Ministro Marco Aurélio em pressupostos e conclusões. Segue trecho de voto relevante que indica tal aspecto:[101]

> É preciso, assim, usar dos meios hermenêuticos possíveis para manter-se fiel àquele círculo concêntrico maior na progressiva definição das hipóteses de incidência de cada tributo, que é o da incidência possível que a própria Constituição há de gizar – e cabe-nos extrair dela aquele sentido máximo do círculo de 147 ADI 2.588 / DF incidência –, sob pena, repito, de descaracterizar toda a distribuição de competências tributárias. Não posso ver, na referência a um imposto sobre a renda, a possibilidade de fazê-lo incidir sobre o que renda não é, ainda que seja a partir de uma ficção de desconsideração da personalidade jurídica, conforme assinalou bem o voto do Ministro Marco Aurélio, que pressupõe fraude e, assim, há de ser apurado em concreto. Por outro lado, não consigo fugir da convicção formada nos precedentes invocados – tanto no RE nº 117.866, Relator o eminente Ministro Carlos Velloso, relativo à Lei nº 4.506, quanto no RE nº 172.058, relatado pelo Ministro Marco Aurélio, a propósito do art. 35 da Lei nº 7.713. Creio que a equação jurídica é absolutamente idêntica; e a origem nacional ou estrangeira da expectativa de renda, que é a apuração de lucro em empresas controladas ou coligadas, não diferencia as hipóteses.

---

100. Fls. 145.

101. Fls. 148/149.

2.6.3.7 Voto do Ministro Ricardo Lewandowski

O Ministro Ricardo Lewandowski, por sua vez, entendeu pela constitucionalidade formal da Medida Provisória 2.158-35/2001, por entender que somente em caso excepcional o Poder Judiciário poderia declarar tal inconstitucionalidade, porquanto a definição de relevância e urgência seria de caráter eminentemente político.[102]

A síntese do voto Ministro é que a inconstitucionalidade do art. 74 da Medida Provisória 2.158-35/2001 se daria por invadir matéria afeita à lei complementar, eis que a definição do "fato gerador" do Imposto Sobre a Renda se dá por lei complementar.

O argumento ancora-se nos RE 172.058, de relatoria do Ministro Marco Aurélio, que assentara que no "momento de apuração do lucro na data do balanço não corresponde à sua disponibilidade jurídica ou econômica", pois "a destinação do lucro relativamente aos acionistas dependeria de deliberação tomada em Assembleia-Geral."[103]

Atesta o Ministro que "que as empresas controladas ou coligadas no exterior possuem personalidade jurídica que não se confunde com a daquela ostentada pela controladora ou coirmã sediada no Brasil."[104]

Aduz, ainda, que

> [...] aquelas empresas estão jungidas, quanto à distribuição dos lucros, ao disposto nos respectivos estatutos sociais e na legislação local, razão pela qual os resultados apurados no exercício nem sempre se encontram à disposição dos acionistas na data da elaboração do balanço anual.[105]

102. Fls. 155.

103. Fls. 159.

104. Fls. 161.

105. Fls. 161, 162.

Assim, entende que o parágrafo único do art. 74 da Medida Provisória 2.158-35/2001 violou o art. 153, inciso III, da Constituição, bem como o 146, inciso III, "c", da Constituição da República, por invadir matéria de lei complementar.[106]

Além disso, entende que violou o tributo em questão princípio da não retroatividade e o da anterioridade, cuja análise será melhor examinada adiante.

2.6.3.8 Voto do Ministro Carlos Ayres Brito

O Ministro Carlos Ayres Brito julgou constitucional a veiculação da tributação, em questão, por Medida Provisória.

Tratando do §2º do art. 43 do CTN assevera que o

> o sistema jurídico permanece na posse da sua virtualidade de impedir que a lei ordinária venha a cobiçosamente artificializar o momento da aquisição da disponibilidade de renda para o efeito de incidência do imposto e da contribuição em exame.[107]

Com relação ao art. 74 da MP 2.158-35/2001, o Ministro entende que se trata de uma regra CFC, isto é, que se volta à controlled foreing corporation (sociedade estrangeira controlada), que permite a tributação universal independente do território deste ou daquele Estado soberano. Em tal sistemática, onera-se:

> ou a totalidade dos rendimentos obtidos por seus nacionais, pouco importante o domicílio destes (critério da nacionalidade) ou a totalidade das rendas das pessoas residentes no país (critério da residência).[108]

O Ministro sustenta que a superação do primado da territorialidade, plasmado na ideia de eficácia, encontra fundamento

---

106. Fls. 164 do acórdão.

107. Fls. 176.

108. Fls. 177.

em diversos dispositivos constitucionais, como art. 37 da Constituição, que trata dos princípios da administração pública (inclusive o da eficiência), art. 145, §1º (que trata do princípio da capacidade contributiva e efetividade da tributação da capacidade econômica) e art. 150, §7º, que trata da possibilidade de antecipação dos efeitos do fato gerador. Vejamos sua citação dos artigos com os destaques empreendidos pelo próprio voto:

> Art. 37. A administração pública direta e indireta de qualquer dos Poderes da União, dos Estados, do Distrito Federal e dos Municípios obedecerá aos princípios de legalidade, impessoalidade, moralidade, publicidade e **eficiência** e, também, ao seguinte:
>
> [...] XXII- as administrações tributárias da União, dos Estados, do Distrito Federal e dos Municípios, atividades essenciais ao funcionamento do Estado, exercidas por servidores de carreiras específicas, terão recursos **prioritários** para a realização de suas atividades e atuarão de forma integrada, inclusive com o compartilhamento de cadastros e de informações fiscais, na forma da lei ou convênio.
>
> [...]
>
> Art. 145. [...] § 1º. Sempre que possível, os impostos terão caráter pessoal e serão graduados segundo a capacidade econômica do contribuinte, facultado à administração tributária, especialmente para conferir efetividade a esses objetivos, identificar, respeitados os direitos individuais e nos termos da lei, o patrimônio, os rendimentos e as atividades econômicas do contribuinte.
>
> Art. 150. [...]
>
> § 7.º A lei poderá atribuir a sujeito passivo de obrigação tributária a condição de responsável pelo pagamento de imposto ou contribuição, cujo fato gerador deva ocorrer posteriormente, assegurada a imediata e preferencial restituição da quantia paga, caso não se realize o fato gerador presumido. (Incluído pela EC 3/93)

Após revisitar o art. 43 do CTN[109] e passar pelo art. 243 da Lei 6.404/76 – que define as coligadas – e pelo art. 248 da mesma lei – que define o método de equivalência patrimonial[110]

109. Fls. 179 e 180.

110. Fls. 179 e 180.

– no voto, firma-se a posição de que seria possível a antecipação dos efeitos do fato gerador por conta do §7º do art. 150 da Constituição da República, por entender, em síntese, que o lucro das coligadas e controladas repercute positivamente na empresa brasileira.[111]

Sustenta o Ministro que tanto a controladora como a coligada têm disponibilidade da renda auferida pela investida.

A primeira, porque, na condição de "controladora", "tem o poder de dispor sobre os resultados obtidos no exterior". Assim, "a utilização dos lucros auferidos fora do país, por empresa controlada, sempre fica na exclusiva dependência da deliberação da empresa controladora."[112]

Aliás, mesmo na coligada, por "possuir influência significativa", entendeu, com base no §1º do art. 243 da Lei 6.404/76 que a pessoa jurídica "influencia por modo acentuado suas tomadas de decisão".[113]

Dessa feita, entendeu que "considerar esses lucros fora do País como "disponibilizados" para a coligada é "opção francamente razoável".[114]

Argumenta, ainda, adiante, que, no regime de competência, "a disponibilização da renda é caráter jurídico" e se dá com o acréscimo e ganho patrimonial", sem necessidade de valor monetário efetivamente transferido pelo sistema financeiro".[115]

O voto do Ministro ainda entende que o dispositivo não majorou nem instituiu tributo, razão pela qual não haveria violação ao art. 150, inciso III, "b", da Constituição.

---

111. Fls. 181.

112. Fls. 181 do acórdão.

113. Fls. 182.

114. Fls. 182 e 183.

115. Fls. 185.

2.6.3.9 Voto do Ministro Cezar Peluso

Passando, agora, para o voto do Ministro Cezar Peluso, a tônica é pela separação de personalidade jurídica das pessoas jurídicas, entendendo que apenas pode ser desconsiderada no caso de abuso de personalidade jurídica, previsto no art. 50 do Código Civil.[116]

Contudo, baseado no conceito de "método de equivalência patrimonial" sustenta que as variações dos investimentos sujeitos à equivalência patrimonial "repercutem resultado (lucro ou prejuízo) da controlada coligada já no exercício em que apuradas do exterior".[117] Haveria, portanto, acréscimo patrimonial.

Por outro lado, o Ministro entende pela violação ao art. 150, inciso III, "a" e "b" da Constituição, que examinaremos posteriormente.

2.6.3.10 Voto do Ministro Joaquim Barbosa

Por fim, o Ministro Joaquim Barbosa foi considerado o Ministro Redator do Acórdão.

Invocando o devido processo legal, sustenta que as autoridades fiscais "não podem utilizar presunções imoderadas desproporcionais ou cuja única justificativa seja a facilitação do trabalho do agente público".[118]

O voto do Ministro rejeitou a invocação do MEP (método de equivalência patrimonial) para resolver a questão, por asseverar que as variações positivas de tal método não refletem "alterações definitivas nos ingressos patrimoniais do contribuinte investidor".[119]

---

116. Fls. 198.

117. Fls. 208.

118. Fls. 231.

119. Fls. 231.

O método de equivalência patrimonial mensuraria a expectativa da renda, mas não a renda já auferida, pois o direito à participação nos lucros ou resultados "depende da deliberação da empresa".[120] E confere inúmeros exemplos no Brasil para ilustrar barreiras à distribuição de lucros como débitos tributários, entre outros, asseverando ser lícito assumir que os "demais países possuam seus próprios requisitos para legitimar a distribuição de lucro aos sócios".[121]

O voto do Ministro Joaquim Barbosa, considerado vencedor, claramente reconhece um conceito constitucional de renda pressuposto no Texto Constitucional. Efetivamente, em tal voto, parte-se da noção de que a materialidade constitucional de renda importaria efetivo "acréscimo patrimonial" e não "expectativa" ou "probabilidade de acréscimo patrimonial". Vejamos:

> Lembro que a Constituição permite a instituição de imposto sobre a renda e proventos de qualquer natureza (art. 153, III, da Constituição), não sobre a perspectiva de renda, nem sobre a probabilidade de acréscimo patrimonial. A propósito, normalmente, a variação de um investimento é neutra para fins de acréscimo patrimonial até que a condição para resgate ocorra. Tome-se o exemplo do mercado de ações. O investimento em um dado "papel" somente poderá ser apurado no momento em que a ação for negociada. Todas as flutuações de preço intermediárias são irrelevantes, pois em nada afetam o patrimônio do investidor. De nada adianta a ação adquirida por R$ 10 ter atingido preços de R$ 15, R$ 50 ao longo do tempo se, no momento em que vendida, o preço da negociação for de R$ 5. Somente com a realização é que se apuram lucros ou prejuízos. Em sentido semelhante, o argumento pautado pela possibilidade de o controlador brasileiro dispor sobre a distribuição dos lucros me parece equivocado, com a devida vênia. De acordo com a Constituição, o tributo somente pode incidir sobre a renda distribuída, ainda que essa distribuição se satisfaça com o atendimento dos requisitos do negócio jurídico subjacente, sem que seja imprescindível o efetivo pagamento. Evidentemente, a possibilidade de deliberar pela distribuição não equivale ao próprio ato de alocar os lucros aos seus pretendentes, isto é, a possibilidade de ordenar o

120. Fls. 233.

121. Fls. 12.

> pagamento não significa necessariamente que esse pagamento foi ou será ordenado. Por absurdo, se a simples potencialidade oriunda do poder de administrar fosse suficiente para caracterizar a distribuição dos lucros, também teríamos que admitir a sujeição passiva do locador de automóvel ao IPVA, em função da mera possibilidade de aquisição desse bem.[122]

No entanto, entende que a presunção em sentido evasivo é cabível se a "entidade privada estiver localizada em países com tributação favorecida". Caso contrário, caberia à autoridade administrativa comprovar a evasão.

Assim, o Ministro Joaquim Barbosa votou por julgar procedente para dar interpretação conforme ao art. 74 da MP 2.158-35/2001 de modo a limitar sua aplicação à tributação das pessoas jurídicas sediadas no Brasil cujas coligadas ou controladas estejam localizadas em países com tributação favorecida ou desprovidos de controles societários e fiscais adequados, normalmente, conhecidos por "paraísos fiscais".

Muito bem, o julgamento teve o seguinte resultado:

> Decisão: Prosseguindo no julgamento, o Tribunal, por maioria, julgou parcialmente procedente a ação para, com eficácia erga omnes e efeito vinculante, conferir interpretação conforme, no sentido de que o art. 74 da MP nº 2.158-35/2001 não se aplica às empresas "coligadas" localizadas em países sem tributação favorecida (não "paraísos fiscais"), e que o referido dispositivo se aplica às empresas "controladas" localizadas em países de tributação favorecida ou desprovidos de controles societários e fiscais adequados ("paraísos fiscais", assim definidos em lei), vencidos os Ministros Marco Aurélio, Sepúlveda Pertence, Ricardo Lewandowski e Celso de Mello. O Tribunal deliberou pela não aplicabilidade retroativa do parágrafo único do art. 74 da MP nº 2.158-35/2001. Votou o Presidente, Ministro Joaquim Barbosa, que lavrará o acórdão. Não participaram da votação os Ministros Teori Zavascki, Rosa Weber, Luiz Fux, Dias Toffoli e Cármen Lúcia, por sucederem a ministros que votaram em assentadas anteriores. Impedido o Ministro Gilmar Mendes. Plenário, 10.04.2013.

122. Fls. 235.

2.6.3.11 Análise crítica

Embora muito criticado por não esgotar todas as possibilidades do problema que era proposto, o julgado em questão, especialmente, no voto do Ministro Joaquim Barbosa, reforça a noção de um significado constitucional ao signo "renda e proventos de qualquer natureza".

Se o Ministro Joaquim Babosa dá uma interpretação conforme para "limitar sua aplicação à tributação das pessoas jurídicas sediadas no Brasil, cujas coligadas ou controladas estejam localizadas em países com tributação favorecida ou desprovidos de controles societários e fiscais adequados, normalmente, conhecidos por 'paraísos fiscais'", para nos atermos às palavras de seu voto, tal aceitação se deu para coibir evasão fiscal. Em outras palavras, a aceitação parcial da norma se dá em função de presunção, não em razão de materialidade cabível ao legislador infraconstitucional.

Outra discussão é se tal presunção é absoluta, conforme assim pensamos, de modo que a decisão da Suprema Corte teria permitido presunção *iuris tantum* em matéria tributária, o que é totalmente questionável.

Mas, o relevante, para fins de nosso estudo, é que prevaleceu o voto que considerou que a materialidade do gravame, objeto do presente estudo, é o acréscimo patrimonial efetivamente obtido pelo contribuinte, diferenciando-se, portanto, do acréscimo patrimonial provável ou que dele se espera.

O julgado é relevantíssimo, por se tratar de recente decisão, ainda que a composição da Corte Suprema tenha se alterado.

2.6.4 RE 855091/RS (Tema 808 – Repercussão Geral)

No RE 855091/RS, firmou-se a tese 808 de Repercussão Geral, nos seguintes moldes:

> "Não incide imposto de renda sobre os juros de mora devidos pelo atraso no pagamento de remuneração por exercício de empregado, cargo ou função."

Na decisão, discutiu-se a diferença entre indenização por dano emergente – em que há a recomposição patrimonial – da indenização por lucros cessantes que importariam acréscimo patrimonial. Como os juros de mora pelo atraso no pagamento foram enquadrados como pertencendo à primeira categoria indenizatória (danos emergentes), entendeu-se pela não incidência do IR sobre eles. Veja-se a ementa:

> RE 855091 / RS – RIO GRANDE DO SUL
>
> RECURSO EXTRAORDINÁRIO
>
> Relator(a): Min. DIAS TOFFOLI
>
> Julgamento: 15/03/2021
>
> Publicação: 08/04/2021
>
> Órgão julgador: Tribunal Pleno
>
> **Publicação**
>
> PROCESSO ELETRÔNICO REPERCUSSÃO GERAL – MÉRITO DJe-064 DIVULG 07-04-2021 PUBLIC 08-04-2021
>
> **Partes**
>
> RECTE.(S): UNIÃO PROC.(A/S)(ES): PROCURADOR-GERAL DA FAZENDA NACIONAL RECDO.(A/S): CARLOS MACHADO ADV.(A/S): SILVIO DE SALVO VENOSA ADV.(A/S): ROGER CAETANO E OUTRO(A/S) AM. CURIAE.: CONFEDERACAO NACIONAL DOS SERVIDORES PÚBLICOS *AM. CURIAE.*: ASSOCIAÇÃO NACIONAL DOS SERVIDORES DO PODER JUDICIÁRIO – ANSJ ADV.(A/S): JÚLIO BONAFONTE *AM. CURIAE.*: ORDEM DOS ADVOGADOS DO BRASIL ADV.(A/S): OSWALDO PINHEIRO RIBEIRO JÚNIOR AM. CURIAE.: ANAMATRA - ASSOCIAÇÃO NACIONAL DOS MAGISTRADOS DA JUSTIÇA DO TRABALHO *AM. CURIAE.*: ASSOCIACAO DOS MAGISTRADOS BRASILEIROS – AMB ADV.(A/S): PEDRO GORDILHO E OUTRO(A/S) *AM. CURIAE.*: ASSOCIAÇÃO NACIONAL DOS AGENTES DE SEGURANÇA DO PODER JUDICIÁRIO DA UNIÃO– AGEPOLJUS *AM. CURIAE.*: FEDERACAO NACIONAL DOS POLICIAIS RODOVIARIOS FEDERAIS AM. CURIAE. AJUFE – ASSOCIAÇÃO DOS JUÍZES FEDERAIS DO BRASIL ADV.(A/S): RUDI MEIRA CASSEL AM. CURIAE.: MUNICÍPIO DE SÃO PAULO PROC.(A/S)(ES): PROCURADOR-GERAL DO MUNICÍPIO DE SÃO PAULO *AM. CURIAE.*: CONFEDERACAO DOS TRABALHADORES NO

SERVICO PÚBLICO FEDERAL - CONDSEF ADV.(A/S): JOSE LUIS WAGNER AM. CURIAE.: CONFEDERAÇÃO NACIONAL DOS TRABALHADORES EM EDUCAÇÃO – CNTE *AM. CURIAE.*: FEDERAÇÃO NACIONAL DOS AUDITORES FISCAIS DAS ADMINISTRAÇÕES TRIBUTÁRIAS FEDERAL, ESTADUAIS E DISTRITAL. FENAT ADV.(A/S): EDUARDO DE CARVALHO BORGES *AM. CURIAE.*: MINISTÉRIO PÚBLICO DO ESTADO DE GOIÁS PROC.(A/S)(ES): PROCURADOR-GERAL DE JUSTIÇA DO ESTADO DE GOIÁS

Ementa

Recurso extraordinário. Repercussão Geral. Direito Tributário. Imposto de renda. Juros moratórios devidos em razão do atraso no pagamento de remuneração por exercício de emprego, cargo ou função. Caráter indenizatório. Danos emergentes. Não incidência. 1. A materialidade do imposto de renda está relacionada com a existência de acréscimo patrimonial. Precedentes. 2. A palavra indenização abrange os valores relativos a danos emergentes e os concernentes a lucros cessantes. Os primeiros, correspondendo ao que efetivamente se perdeu, não incrementam o patrimônio de quem os recebe e, assim, não se amoldam ao conteúdo mínimo da materialidade do imposto de renda prevista no art. 153, III, da Constituição Federal. Os segundos, desde que caracterizado o acréscimo patrimonial, podem, em tese, ser tributados pelo imposto de renda. 3. Os juros de mora devidos em razão do atraso no pagamento de remuneração por exercício de emprego, cargo ou função visam, precipuamente, a recompor efetivas perdas (danos emergentes). Esse atraso faz com que o credor busque meios alternativos ou mesmo heterodoxos, que atraem juros, multas e outros passivos ou outras despesas ou mesmo preços mais elevados, para atender a suas necessidades básicas e às de sua família. 4. Fixa-se a seguinte tese para o Tema nº 808 da Repercussão Geral: "Não incide imposto de renda sobre os juros de mora devidos pelo atraso no pagamento de remuneração por exercício de emprego, cargo ou função". 5. Recurso extraordinário não provido.

Decisão

O Tribunal, por maioria, apreciando o tema 808 da repercussão geral, negou provimento ao recurso extraordinário, considerando não recepcionada pela Constituição de 1988 a parte do parágrafo único do art. 16 da Lei 4.506/64 que determina a incidência do imposto de renda sobre juros de mora decorrentes de atraso no pagamento das remunerações previstas no artigo (advindas de exercício de empregos, cargos ou funções), concluindo que o conteúdo mínimo da materialidade do imposto de renda contido

> no art. 153, III, da Constituição Federal de 1988, não permite que ele incida sobre verbas que não acresçam o patrimônio do credor. Por fim, deu ao § 1º do art. 3º da Lei 7.713/88 e ao art. 43, inciso II e § 1º, do CTN interpretação conforme à Constituição Federal, de modo a excluir do âmbito de aplicação desses dispositivos a incidência do imposto de renda sobre os juros de mora em questão. Tudo nos termos do voto do Relator, vencido o Ministro Gilmar Mendes. Foi fixada a seguinte tese: "Não incide imposto de renda sobre os juros de mora devidos pelo atraso no pagamento de remuneração por exercício de emprego, cargo ou função". Falaram: pela recorrente, o Dr. Paulo Mendes, Procurador da Fazenda Nacional; pelo recorrido, o Dr. Sílvio de Salvo Venosa; pelo amicus curiae Confederação dos Trabalhadores no Serviço Público Federal – CONDSEF, o Dr. Bruno Conti Gomes da Silva; pelo *amicus curiae* Federação Nacional dos Auditores Fiscais das Administrações Tributárias Federal, Estaduais e Distrital - FENAT, o Dr. Fabio Brun Goldschmidt; e, pelo amicus curiae Ordem dos Advogados do Brasil, a Dra. Ana Paula Del Vieira Duque. Plenário, Sessão Virtual de 5.3.2021 a 12.3.2021.
>
> **Tese**
>
> Não incide imposto de renda sobre os juros de mora devidos pelo atraso no pagamento de remuneração por exercício de emprego, cargo ou função.
>
> **Tema –** 808 - Incidência de imposto de renda sobre juros de mora recebidos por pessoa física.
>
> **fim do documento"**

O julgamento, acima, é expressivo, haja vista exprimir recente posição da Suprema Corte sobre a materialidade do gravame. Analisemos os votos de cada Ministro, especialmente no que tange ao conceito da materialidade do gravame.

O acórdão contou com o voto dos Ministros Dias Toffoli e Gilmar Mendes, sendo vencedor o primeiro voto. A conclusão do julgado é a seguinte:

> Decisão: O Tribunal, por maioria, apreciando o tema 808 da repercussão geral, negou provimento ao recurso extraordinário, considerando não recepcionada pela Constituição de 1988 a parte do parágrafo único do art. 16 da Lei 4.506/64 que determina a incidência do imposto de renda sobre juros de mora decorrentes de atraso no pagamento das remunerações previstas no artigo

> (advindas de exercício de empregos, cargos ou funções), concluindo que o conteúdo mínimo da materialidade do imposto de renda contido art. 153, III, da Constituição Federal de 1988, não permite que ele incida sobre verbas que não acresçam o patrimônio do credor. Por fim, deu ao § 1º do art. 3º da Lei 7.713/88 e ao art. 43, inciso II e § 1º, do CTN interpretação conforme à Constituição Federal, de modo a excluir do âmbito de aplicação desses dispositivos a incidência do imposto de renda sobre os juros de mora em questão. Tudo nos termos do voto do Relator, vencido o Ministro Gilmar Mendes. Foi fixada a seguinte tese: "Não incide imposto de renda sobre os juros de mora devidos pelo atraso no pagamento de remuneração por exercício de emprego, cargo ou função". Falaram: pela recorrente, o Dr. Paulo Mendes, Procurador da Fazenda Nacional; pelo recorrido, o Dr. Sílvio de Salvo Venosa; pelo amicus curiae Confederação dos Trabalhadores no Serviço Público Federal – CONDSEF, o Dr. Bruno Conti Gomes da Silva; pelo amicus curiae Federação Nacional dos Auditores Fiscais das Administrações Tributárias Federal, Estaduais e Distrital – FENAT, o Dr. Fabio Brun Goldschmidt; e, pelo amicus curiae Ordem dos Advogados do Brasil, a Dra. Ana Paula Del Vieira Duque. Plenário, Sessão Virtual de 5.3.2021 a 12.3.2021. Composição: Ministros Luiz Fux (Presidente), Marco Aurélio, Gilmar Mendes, Ricardo Lewandowski, Cármen Lúcia, Dias Toffoli, Rosa Weber, Roberto Barroso, Edson Fachin, Alexandre de Moraes e Nunes Marques.

Vejamos, agora, o conteúdo dos votos proferidos.

2.6.4.1 Voto do Ministro Dias Tofolli

No voto do Minsitro Dias Tofolli, há incisiva demarcação da materialidade do imposto, associando-a a "acréscimo patrimonial", por meio de rico diálogo com jurisprudência e doutrina. Passo a citar trecho que ilustra tal aspecto e reforça nossa ideia de um sentido semântico consolidado acerca da materialidade do gravame. Veja-se:

> "Nos termos do art. 153, III, da Constituição compete à União instituir imposto sobre renda e proventos de qualquer natureza (IR). A doutrina especializada e a jurisprudência da Corte, no que tange à interpretação do dispositivo, têm firme orientação de que a materialidade do tributo está relacionada à existência de acréscimo patrimonial, aspecto ligado às ideias de renda e de proventos de qualquer natureza, bem como ao princípio da

capacidade contributiva. Por exemplo, Andrei Pitten Velloso leciona que 'tanto a renda quanto os proventos pressupõem, necessariamente, a existência de acréscimo patrimonial'. 2 . Para Roque Antonio Carrazza, 'de acordo com a Constituição, renda e proventos de qualquer natureza devem representar ganhos ou riquezas novas. Do contrário, não será atendido o princípio da capacidade contributiva'. 3 . Por sua vez, Leandro Paulsen ensina, à luz do texto constitucional, que 'a renda é acréscimo patrimonial produto do capital ou do trabalho. Proventos são os acréscimos patrimoniais decorrentes de uma atividade que já cessou'.

4. Em estudo sobre o conceito de renda, Hugo de Brito Machado assevera: 'Não há renda, nem provento, sem que haja acréscimo patrimonial, pois o CTN adotou expressamente o conceito de renda como acréscimo. (...) Referindo-se o CTN à aquisição da disponibilidade econômica ou jurídica, quer dizer que a renda, ou os proventos, podem ser os que foram pagos ou simplesmente creditados. A disponibilidade econômica decorre do recebimento do valor que se vem a acrescentar ao patrimônio do contribuinte. Já a disponibilidade jurídica decorre do simples crédito desse valor, do qual o contribuinte passa a juridicamente dispor, embora este não lhe esteja ainda nas mãos. Para uma adequada compreensão do sentido da expressão'". (MACHADO, Hugo de Brito. *Curso de direito tributário*. 30 ed. São Paulo: Malheiros, 2009. p. 317, grifos nossos). Em relação à jurisprudência do Supremo Tribunal Federal, cito o RE nº 117.887/SP, Tribunal Pleno, Rel. Min. Carlos Velloso, DJ de 23/4/93, o qual foi assim ementado: 'CONSTITUCIONAL. TRIBUTÁRIO. IMPOSTO DE RENDA. RE–NDA - CONCEITO. Lei 4.506, de 30.XI.64, art. 38, C.F./46, art. 15, IV; CF/67, art. 22, IV; EC 1/69, art. 21, IV. CTN, art. 43– I. - Rendas e proventos de qualquer natureza: o conceito implica reconhecer a existência de receita, lucro, proveito, ganho, acréscimo patrimonial que ocorrem mediante o ingresso ou o auferimento de algo, a título oneroso. C.F., 1946, art. 15, IV; CF/67, art. 22, IV; EC 1/69, art. 21, IV. CTN, art. 43.–II. - Inconstitucionalidade do art. 38 da Lei 4.506/64, que institui adicional de 7% de imposto de renda sobre lucros distribuídos. –II. - R.E. conhecido e provido" (RE nº 117.887/SP, Tribunal Pleno, Relator o Ministro Carlos Velloso, DJ de 23/4/93 – grifo nosso). Em consonância com o texto constitucional, o art. 43 do Código Tributário Nacional fixa a materialidade do imposto de renda como sendo a aquisição da disponibilidade econômica ou jurídica de renda (produto do capital e/ou trabalho) ou de proventos de qualquer natureza (acréscimos patrimoniais em geral).'"

Uma vez exposta tal premissa, o voto do Ministro Dias Toffoli passou a examinar a natureza dos juros. Para tanto esclarece que há duas modalidades de indenização: a de danos emergentes, configurando-se mera reposição patrimonial e lucros cessantes, em que há acréscimo patrimonial. O voto, em questão, buscou sustentar que os juros de mora devidos pelo atraso no pagamento de remuneração por exercício de empregado, cargo ou função, classificam-se como indenização de danos emergentes, razão pela qual não haveria incidência do tributo.

2.6.4.2 Voto do Ministro Gilmar Mendes

O Ministro Gilmar Mendes, em seu voto-vogal, sustenta que a matéria não se submete ao crivo de análise constitucional, citando decisões anteriores da Suprema Corte em que se havia recusado o exame de constitucionalidade do gravame (AI 705.941RG, Rel. Celso Peluso; RE 611.512, Rel. Ellen Gracie). Além disso, cita as seguintes súmulas do Superior Tribunal que haviam tratado do tema:

> "Tema 470 do STJ - Não incide Imposto de Renda sobre os juros moratórios legais vinculados a verbas trabalhistas reconhecidas em decisão judicial. (julgado em 28/09/2011).
>
> Tema 504 do STJ - Os juros incidentes na devolução dos depósitos judiciais possuem natureza remuneratória e não escapam à tributação pelo IRPJ e pela CSLL. (julgado em 22/05/2013)
>
> Tema 505 do STJ - Quanto aos juros incidentes na repetição do indébito tributário, inobstante a constatação de se tratarem de juros moratórios, se encontram dentro da base de cálculo do IRPJ e da CSLL, dada a sua natureza de lucros cessantes, compondo o lucro operacional da empresa. (julgado em 22/05/2013)"

Assim, sustenta a infraconstitucionalidade da matéria, aduzindo, ainda, que caso examinado o mérito, dever-se-ia adotar o entendimento do Superior Tribunal de Justiça.

2.6.4.3 Análise crítica

Uma divergência marcante entre os votos vencedores e vencidos refere-se à questão se a violação à materialidade do IR, no caso acima, comportaria uma análise pelo Supremo Tribunal Federal: a do Ministro Toffoli, de que a matéria autorizaria uma apreciação da Suprema Corte; e do Ministro Gilmar Mendes, de que seria temática de competência exclusiva do Egrégio Superior Tribunal de Justila. Nossa visão, sobre tal discussão, alinha-se à estampada pelo Ministro Dias Toffoli. A Constituição da República, como vimos sustentando, veicula uma materialidade do gravame. Assim, o questionamento "incide IR sobre determinado valor" é passível de ser apreciado sob o ponto de vista constitucional.

Não haveria sentido que a Suprema Corte examinasse questões relativas à materialidade do ISS[123], do IPVA[124] do ICMS[125] e se furtasse de assim proceder para o IR. Qual a particularidade desse tributo? Acaso a Constituição, ao estabelecer a possibilidade de sua cobrança pela União, não empregou a mesma técnica da utilizada para os demais impostos (que não os residuais)? Qual a particularidade do IR que o converteria como o imposto de materialidade infraconstitucional? Em nossa visão, a indicação a materialidade do IR é de caráter infraconstitucional não resiste a uma análise sistemática do ordenamento.

É preciso considerar, ainda, que a mesma posição foi acatada pelo Supremo Tribunal Federal ao julgar a inconstitucionalidade da incidência do IRPJ e CSLL sobre taxa Selic incidente sobre indébitos tributários no RE 1.063.187, conforme ementa a seguir indicada:

---

123. RE 116.121, rel. min. Octavio Gallotti, red. p/ o ac. min. Marco Aurélio, P, j. 11-10-2000, *DJ* de 25.05.2001.

124. Plenário, 13.09.2002, RE 134.509/AM.

125. ADC 49, Rel. Mistro Edson Fachin.

> EMENTA Recurso extraordinário. Repercussão geral. Direito Tributário. IRPJ e CSLL. Incidência sobre os valores atinentes à taxa Selic recebidos em razão de repetição de indébito tributário. Inconstitucionalidade. 1. A materialidade do imposto de renda e a da CSLL estão relacionadas com a existência de acréscimo patrimonial. Precedentes. 2. A palavra indenização abrange os valores relativos a danos emergentes e os concernentes a lucros cessantes. Os primeiros, que correspondem ao que efetivamente se perdeu, não incrementam o patrimônio de quem os recebe e, assim, não se amoldam ao conteúdo mínimo da materialidade do imposto de renda prevista no art. 153, III, da Constituição Federal. Os segundos, desde que caracterizado o acréscimo patrimonial, podem, em tese, ser tributados pelo imposto de renda. 3. Os valores atinentes à taxa Selic recebidos em razão de repetição de indébito tributário visam, precipuamente, a recompor efetivas perdas (danos emergentes). A demora na restituição do indébito tributário faz com que o credor busque meios alternativos ou mesmo heterodoxos para atender a suas necessidades, os quais atraem juros, multas, outros passivos, outras despesas ou mesmo preços mais elevados. 4. Foi fixada a seguinte tese para o Tema nº 962 de repercussão geral: "É inconstitucional a incidência do IRPJ e da CSLL sobre os valores atinentes à taxa Selic recebidos em razão de repetição de indébito tributário". 5. Recurso extraordinário não provido.
>
> (RE 1063187, Relator(a): DIAS TOFFOLI, Tribunal Pleno, julgado em 27/09/2021, PROCESSO ELETRÔNICO REPERCUSSÃO GE-RAL - MÉRiTO DJe-247 DIVULG 15.12.2021 PUBLIC 16.12.2021).

Fica claro, em minha perspectiva, que os precedentes reforçam a noção que a materialidade do gravame é o acréscimo patrimonial experimentado pelo contribuinte.

2.6.5 Considerações adicionais

Agora, o que gostaríamos de registrar, nesses julgados, é que o termo "renda e proventos", invariavelmente, é empregado para representar um "acréscimo patrimonial" verificado pelo contribuinte em determinado período, estando provido, portanto, de um alcance semântico suficientemente caracterizado.

Aliás, Ricardo Mariz de Oliveira, em apurado estudo sobre o alcance do termo "renda e proventos de qualquer natureza" na órbita judicial, indica ainda riquíssimos julgados da esfera do Supremo Tribunal Federal, do Superior Tribunal de Justiça, do então Conselho de Contribuintes – atual Conselho Administrativo de Recursos Fiscais –, incluindo, aí, a Câmara Superior de Recursos Fiscais. Dada a riqueza de tais referências e da utilidade que podem apresentar ao leitor, pedimos vênia para citar trechos que julgamos significativos, especialmente dos julgados que não nos detivemos anteriormente:

> (...) Assim, em decisão proferida em 31.10.1978 no recurso extraordinário 897791-RJ, que se transformou em referência tanto para a jurisprudência como para a doutrina, a 1ª Turma do Supremo Tribunal Federal proclamou nas palavras do Ministro Cunha Peixoto:
>
> "Na verdade, por mais variado que seja o conceito de renda, todos os economistas, financeiras e juristas se unem em um ponto: renda é sempre um ganho ou acréscimo de patrimônio."[126]
>
> (....)
>
> Alguns outros julgados, sempre fincados em que o fato gerador do imposto de renda é a ocorrência de acréscimo patrimonial, são os seguintes:
>
> - Superior Tribunal de Justiça, 1ª Seção, embargos de divergência no recurso especial n. 571.886-RS, em 23.8.2006, o núcleo da hipótese de incidência do imposto de renda é o acréscimo patrimonial;[127]
>
> - Superior Tribunal de Justiça, 1ª Seção, embargos de declaração no recurso especial 770078-SP, em 24.4.2006: o fato gerador do imposto de renda é acréscimo ao patrimônio material existente;[128]
>
> - Superior Tribunal de Justiça, 1ª Seção, embargos de declaração ao recurso especial n. 320.455-RJ, em 7.6.2001, citando o recurso especial n. 181.912-PR: o fato gerador do imposto de renda é o acréscimo patrimonial mais a respectiva disponibilidade econômica ou jurídica, ficando afastada a incidência sobre rendas ainda não definitivamente adquiridas;[129]

126. MARIZ DE OLIVEIRA, Ricardo. Idem, p. 42.

127. RTJ 188/1.

128. DJU de 11.09.2006.

129. SuplGIOB 18/01, p. 509.

- Câmara Superior de Recursos Fiscais, acórdão n. CSRF/01-04046, de 19.8.2002, renda é acréscimo patrimonial, segundo o CTN, resultado de todas as receitas e despesas;[130]

- 1º Conselho de Contribuintes, 6ª Câmara, acórdão n. 106-10462, de 13.12.1998: o fato gerador do imposto de renda é o acréscimo patrimonial que agrega riqueza em caráter duradouro e definitivo, não situação transitória;[131]

- 1º Conselho de Contribuintes, 3ª Câmara, acórdão n. 103.19793, de 9.12.1998: citando Antônio Roberto Sampaio Dória, só é renda o acréscimo patrimonial que possa ser consumido sem reduzir o patrimônio;[132]

- 1º Conselho de Contribuintes, 3ª Câmara, acórdão 103-19499, de 14.7.1998:[133] só é renda o acréscimo patrimonial que possa ser consumido sem reduzir ou desaparecer o patrimônio que o consumiu, citando neste sentido trecho de Sampaio Dória que se refere a Rubens Gomes de Sousa.[134]

Assim, quando o Texto Constitucional prescreve que cabe à União instituir Imposto Sobre a Renda e Proventos de Qualquer Natureza não está outorgando uma competência em aberto ao legislador federal. Ainda que não haja definição de renda e proventos em nossa Constituição, a significação inerente aos signos, convencionalmente sedimentada no seio de nossos horizontes culturais, delimitará a competência tributária da União, no tocante a esse imposto.[135]

Portanto, podemos concluir que, nos termos da Constituição da República, o IRPF incide sobre o acréscimo patrimonial, obtido pelo contribuinte em certo período de tempo. Isso

130. DOU-I 25.08.2003, p. 28; SuplGIOB 08/03.

131. DOU-I-E 19.03.1999, p. 4.

132. DOU-I-E 17.08.1999, p. 2

133. DOU-I-E 17.08.1999, p. 2.

134. Ibidem, pp. 43 e 44.

135. Segundo Ricardo Mariz de Oliveira: "Na verdade, salvo algumas reticências, ninguém mais duvida de que o fato gerador do imposto de renda seja acréscimo patrimonial". (Ibidem, p. 38).

significa que tanto a hipótese de incidência como a base de cálculo desse imposto deverão observar essa materialidade.

2.7 Renda e proventos no texto da Constituição

Buscamos identificar, nos itens anteriores, a utilização da expressão "renda e proventos de qualquer natureza" no uso da linguagem jurídica, quer em legislação e doutrina que lhe interpretou, quer por algumas decisões do Supremo Tribunal Federal.

Neste item, nossa investigação será pelo termo "renda e proventos" no bojo do Texto Constitucional, que pode ser pensado em duas maneiras:

(1) Diretamente, mediante a utilização das palavras pelo texto constitucional, indicando um sentido para o uso dos termos;

(2) Indiretamente, mediante o jogo de oposição entre "renda e proventos" e outras esferas de competência atribuídas pela Lei Maior.

Pensemos em cada uma delas.

2.7.1 Renda e proventos em artigos da Constituição

Vimos buscando demonstrar que a conversação jurídica sedimentou uma significação sobre o termo "renda e proventos de qualquer natureza" que remete à ideia de "acréscimo patrimonial".

Outra investigação possível é observar como o Texto Constitucional empregou a expressão "renda e proventos", a fim de identificar possíveis padrões ou variações.

Em meditações de tal calibre, deve-se sempre ter em mente que a significação convencional que a língua atribui a um signo não implica que tal acepção seja atributo essencial, ou universal, desse mesmo signo.

Por outra perspectiva: nada impede que o direito positivo, em seus variados segmentos, empregue determinado termo em diversos "jogos de linguagem", para utilizar a expressão sacramentada por Ludwig Wittgenstein, sem que isso implique um vazio significativo do símbolo.

Fernando Ferreira Castellani indica dezessete menções do termo "renda" na Constituição da República Federativa do Brasil nos seguintes artigos: 7º, XII; 30, III; 43, §2º, IV; 48, I; 150, VI, "a" e "c", §§ 2º, 3º e 4º; 151, II; 153, III; 157, I; 158, I; 159, I e §1º; 201, IV e §12. Identificou, ainda, cinco no ADCT, nos artigos: 72, I, II, V e §5º e 79 *caput*.[136]

Já o signo proventos é utilizado nos arts. 37, §10; 40, §§ 1º, 2º, 3º 7º, I, 18 e 21; 103-B, §4º, III; 130-A, §2º, III; 151, II; 153, III; 157, I; 158, I; 159, I e §1º; 201, §6º; 249. Na ADCT 17; 20; 53, V; 72, I, II, V e §5º.[137]

Em tais aparições, é compreensível que o signo apareça em diversas acepções, ora mais próximas, ora mais distintas àquela destinada ao campo tributário.

Tomemos, por exemplo, o art. 7º, inciso XII, da Constituição da República que preconiza o seguinte:

> Art. 7º São direitos dos trabalhadores urbanos e rurais, além de outros que visem à melhoria de sua condição social:
>
> [...]
>
> XII - salário-família pago em razão do dependente do trabalhador de baixa renda nos termos da lei; (Redação dada pela EC 20/98)
>
> [...].

Tal dispositivo, que visa a realizar o valor da justiça social e dignidade da pessoa humana, prevê o pagamento de

136. CASTELLANI, Fernando Ferreira. O Imposto Sobre a Renda e as deduções previstas de natureza constitucional. São Paulo: Noeses, 2015, pp. 29 e 30.

137. CASTELLANI, Fernando Ferreira. O Imposto Sobre a Renda e as deduções previstas de natureza constitucional. São Paulo: Noeses, 2015, p. 30.

salário-família em razão de dependente de trabalhador de baixa renda, nos termos da lei.

Em nosso ponto de vista, ao empregar o termo "renda", o legislador alude ao conjunto de elementos positivos percebidos pelo trabalhador – e não ao valor líquido – que, sendo abaixo de determinado patamar – justificam o pagamento do salário-família.[138]

Não poderíamos conceber que um trabalhador de alto poder aquisitivo, mas com gastos dedutíveis consideráveis e, portanto, de baixa renda, para fins tributários, seja constitucionalmente elegível ao recebimento do salário-família.

O mesmo sentido poderia ser considerado nos arts. 201, V[139] e §12,[140] da Constituição da República Federativa do Brasil.

Note-se, por outro lado, que "renda", nesses casos, transmite uma noção próxima a uma espécie de acréscimo patrimonial – ainda que dissociado de qualquer dedução – no que se refere ao aspecto positivo da renda, no sentido fiscal, isto é, aos acréscimos. Não se deveria conceber, por exemplo, que uma pessoa de baixa remuneração, que receba uma indenização alta em virtude de uma perda patrimonial deixe de fazer jus ao benefício.

Sentido semelhante, aliás, é do art. 43, §2º, IV, da Constituição da República Federativa do Brasil, ao prescrever que "os incentivos regionais compreenderão prioridade para o

---

138. E, de fato, o valor da remuneração é o critério empregado pelo art. 4º da Portaria MF 15, de 16 de janeiro de 2018.

139. Art. 201. A previdência social será organizada sob a forma de regime geral, de caráter contributivo e de filiação obrigatória, observados critérios que preservem o equilíbrio financeiro e atuarial, e atenderá, nos termos da lei, a:
[...]
IV - salário-família e auxílio-reclusão para os dependentes dos segurados de baixa renda; (Redação dada pela EC 20/98)

140. Art. 201. [...]
[...]
§ 12. Lei disporá sobre sistema especial de inclusão previdenciária para atender a trabalhadores de baixa renda e àqueles sem renda própria que se dediquem exclusivamente ao trabalho doméstico no âmbito de sua residência, desde que pertencentes a famílias de baixa renda, garantindo-lhes acesso a benefícios de valor igual a um salário-mínimo. (Redação dada pela EC 47/2005)

aproveitamento econômico e social dos rios e das massas de água represadas ou represáveis nas regiões de baixa renda, sujeitas a secas periódicas". Ora, "baixa renda", aqui, qualifica a remuneração média dos trabalhadores que habitam determinada região.

Outro sentido distinto é "renda" como produto de arrecadação de tributos atribuível a diversas pessoas políticas de direito público interno, assim como fazem o art. 30, inciso III,[141] 48, inciso I,[142] do Texto Constitucional.

Já em diversos outros dispositivos, os signos "renda e proventos" são mencionados para se designar o próprio Imposto Sobre a Renda e Proventos de Qualquer Natureza, como o próprio art. 153, inciso III;[143] 157, I;[144] 158, I;[145] 159, I e §1º[146] do

---

141. Art. 30. Compete aos Municípios:
[...]
III - instituir e arrecadar os tributos de sua competência, bem como aplicar suas rendas, sem prejuízo da obrigatoriedade de prestar contas e publicar balancetes nos prazos fixados em lei; [...].

142. Art. 48. Cabe ao Congresso Nacional, com a sanção do Presidente da República, não exigida esta para o especificado nos arts. 49, 51 e 52, dispor sobre todas as matérias de competência da União, especialmente sobre:
I - sistema tributário, arrecadação e distribuição de rendas; [...].

143. Art. 153. Compete à União instituir impostos sobre:
[...]
III - renda e proventos de qualquer natureza; [...].

144. Art. 157. Pertencem aos Estados e ao Distrito Federal:
I - o produto da arrecadação do imposto da União sobre renda e proventos de qualquer natureza, incidente na fonte, sobre rendimentos pagos, a qualquer título, por eles, suas autarquias e pelas fundações que instituírem e mantiverem;
[...].

145. Art. 158. Pertencem aos Municípios:
I - o produto da arrecadação do imposto da União sobre renda e proventos de qualquer natureza, incidente na fonte, sobre rendimentos pagos, a qualquer título, por eles, suas autarquias e pelas fundações que instituírem e mantiverem; [...].

146. Art. 159. A União entregará:
I - do produto da arrecadação dos impostos sobre renda e proventos de qualquer natureza e sobre produtos industrializados, 49% (quarenta e nove por cento), na seguinte forma: (Redação dada pela EC 84/2014)
[...]
§ 1º Para efeito de cálculo da entrega a ser efetuada de acordo com o previsto no

Texto Constitucional e 72, incisos I e II[147] do Ato das Disposições Constitucionais Transitórias - ADCT.

Por fim, há menção ainda à "renda" dos Entes Públicos nos dispositivos que tratam de imunidades de impostos, especificamente, a imunidade recíproca, de templos de qualquer culto e de partidos políticos inclusive suas fundações, das entidades sindicais dos trabalhadores, das instituições de educação e de assistência social, sem fins lucrativos, atendidos os

inciso I, excluir-se-á a parcela da arrecadação do imposto de renda e proventos de qualquer natureza pertencente aos Estados, ao Distrito Federal e aos Municípios, nos termos do disposto nos arts. 157, I, e 158, I.

147. Art. 72. Integram o Fundo Social de Emergência:
I - o produto da arrecadação do imposto sobre renda e proventos de qualquer natureza incidente na fonte sobre pagamentos efetuados, a qualquer título, pela União, inclusive suas autarquias e fundações; (Incluído pela EC de Revisão 1/94)
II - a parcela do produto da arrecadação do imposto sobre renda e proventos de qualquer natureza e do imposto sobre operações de crédito, câmbio e seguro, ou relativas a títulos e valores mobiliários, decorrente das alterações produzidas pela Lei nº 8.894, de 21 de junho de 1994, e pelas Leis nºs 8.849 e 8.848, ambas de 28 de janeiro de 1994, e modificações posteriores; (Redação dada pela EC 10/96)
III - a parcela do produto da arrecadação resultante da elevação da alíquota da contribuição social sobre o lucro dos contribuintes a que se refere o § 1º do Art. 22 da Lei nº 8.212, de 24 de julho de 1991, a qual, nos exercícios financeiros de 1994 e 1995, bem assim no período de 1º de janeiro de 1996 a 30 de junho de 1997, passa a ser de trinta por cento, sujeita a alteração por lei ordinária, mantidas as demais normas da Lei nº 7.689, de 15 de dezembro de 1988; (Redação dada pela EC 10/96)
IV - vinte por cento do produto da arrecadação de todos os impostos e contribuições da União, já instituídos ou a serem criados, excetuado o previsto nos incisos I, II e III, observado o disposto nos §§ 3º e 4º; (Redação dada pela EC 10/96)
V - a parcela do produto da arrecadação da contribuição de que trata a Lei Complementar nº 7, de 7 de setembro de 1970, devida pelas pessoas jurídicas a que se refere o inciso III deste artigo, a qual será calculada, nos exercícios financeiros de 1994 a 1995, bem assim nos períodos de 1ºde janeiro de 1996 a 30 de junho de 1997 e de 1º de julho de 1997 a 31 de dezembro de 1999, mediante a aplicação da alíquota de setenta e cinco centésimos por cento, sujeita a alteração por lei ordinária posterior, sobre a receita bruta operacional, como definida na legislação do imposto sobre renda e proventos de qualquer natureza. (Redação dada pela EC 17/97)
[...]
§ 5º A parcela dos recursos provenientes do imposto sobre renda e proventos de qualquer natureza, destinada ao Fundo Social de Emergência, nos termos do inciso II deste artigo, não poderá exceder a cinco inteiros e seis décimos por cento do total do produto da sua arrecadação. (Redação dada pela EC 10/96)

requisitos da lei, a saber, arts. 150, inciso VI, "a", "c", §§ 2º, 3º e 4º,[148] bem como 151, inciso II.[149]

Para esses últimos artigos, temos que o Texto Constitucional está, justamente, visando a evitar a incidência do Imposto Sobre a Renda sobre as situações por ele imunizadas. Razão pela qual, nessas hipóteses, "renda" coincide, justamente, com a noção de acréscimo patrimonial, mas o acréscimo que não se insere no campo de competência da União.

Portanto, a partir dos dispositivos acima, é possível assinalar que a renda tributável não alcança:

(I) renda das outras pessoas políticas de direito público interno, nem das autarquias e das fundações instituídas e mantidas pelo Poder Público, no que se refere à renda

---

148. Art. 150. Sem prejuízo de outras garantias asseguradas ao contribuinte, é vedado à União, aos Estados, ao Distrito Federal e aos Municípios:
[...]
VI - instituir impostos sobre:
a) patrimônio, renda ou serviços, uns dos outros;
[...]
c) patrimônio, renda ou serviços dos partidos políticos, inclusive suas fundações, das entidades sindicais dos trabalhadores, das instituições de educação e de assistência social, sem fins lucrativos, atendidos os requisitos da lei;
[...]
§ 2º - A vedação do inciso VI, "a", é extensiva às autarquias e às fundações instituídas e mantidas pelo Poder Público, no que se refere ao patrimônio, à renda e aos serviços, vinculados a suas finalidades essenciais ou às delas decorrentes.
§ 3º - As vedações do inciso VI, "a", e do parágrafo anterior não se aplicam ao patrimônio, à renda e aos serviços, relacionados com exploração de atividades econômicas regidas pelas normas aplicáveis a empreendimentos privados, ou em que haja contraprestação ou pagamento de preços ou tarifas pelo usuário, nem exonera o promitente comprador da obrigação de pagar imposto relativamente ao bem imóvel.
§ 4º - As vedações expressas no inciso VI, alíneas "b" e "c", compreendem somente o patrimônio, a renda e os serviços, relacionados com as finalidades essenciais das entidades nelas mencionadas.

149. Art. 151. É vedado à União:
[...]
II - tributar a renda das obrigações da dívida pública dos Estados, do Distrito Federal e dos Municípios, bem como a remuneração e os proventos dos respectivos agentes públicos, em níveis superiores aos que fixar para suas obrigações e para seus agentes; [...].

vinculada a suas finalidades essenciais ou às delas decorrentes, sendo certo que não é objeto de imunidade a renda relacionada com a exploração de atividades econômicas regidas pelas normas aplicáveis a empreendimentos privados, ou em que haja contraprestação ou pagamento de preços ou tarifas pelo usuário; e

(II) renda das atividades relacionadas com as finalidades essenciais dos templos de qualquer culto, dos partidos políticos, inclusive suas fundações, das entidades sindicais dos trabalhadores e das instituições de educação e de assistência social, sem fins lucrativos, atendidos os requisitos da lei.

Abrindo-se importantes parênteses, temos imunidades como enunciados, presentes na Constituição da República Federativa do Brasil, que auxiliam na conformação da competência tributária, ao indicar exceções que não se incluem no campo material tributável.

Em outras palavras, se a Constituição emprega, no art. 153, inciso III, "renda" e "proventos" com uma acepção semântica sedimentada pela língua do direito, ao assim o fazer cria-se uma classe de acontecimentos constituída pela união da classe de todos os acontecimentos que correspondem à renda com a classe de todos os acontecimentos que corresponde à classe "proventos".

Não incidência pura e simples

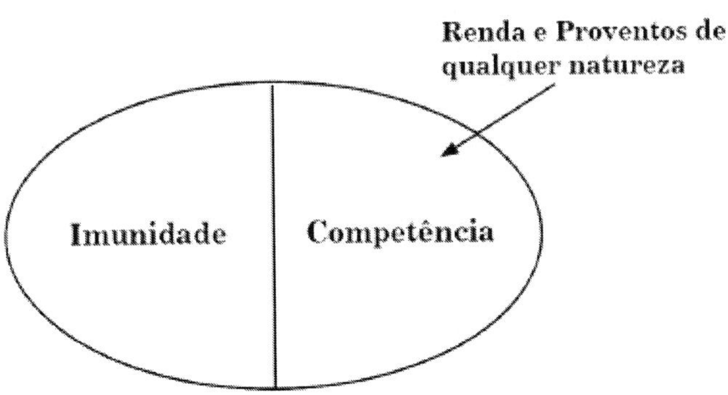

No gráfico acima, o campo "não incidência pura e simples" indica infinitos acontecimentos que sequer guardam subsunção com o conceito de renda e proventos de qualquer natureza, ao passo que a área em azul abrange aqueles acontecimentos que se enquadram no conceito; a linha que divide o círculo, por sua vez, indica diferenças específicas estabelecidas por enunciados imunizantes que dividem a classe "renda e proventos de qualquer natureza" em duas subclasses: a dos acontecimentos imunes e dos acontecimentos que se enquadram na competência tributária, ou materialidade do tributo.

Fechemos os parênteses. O termo "proventos" surge em diversos artigos como o §10 do art. 37; os incisos I e II do §1º bem como §2º e 3º do art. 40; inciso I do §7º do mesmo artigo; §18 e 21 do mesmo artigo; inciso III do §4º do art. 103-B; inciso III, do §2º do art. 130-A; 151, inciso II; §6º do art. 201 e 249, todos estes, tomando proventos como sinônimo de um acréscimo patrimonial decorrente de uma pensão inerente à aposentadoria.

O mesmo se dá para a referência de proventos nos arts. dos Atos de Disposições Constitucionais Transitórias, tal como previsto no 17 *caput*, e §1º e 2º; art. 20; inciso V do art. 53.

Dispensemos, assim, a menção de "proventos" na referência do imposto sobre renda e proventos de qualquer natureza, por não acrescentar muito ao estudo.

O que podemos inferir é que renda é sempre associado a "recebimento", ao passo que proventos normalmente estão associados à aposentadoria ou algo próximo a pensões.

2.7.2 Renda e proventos em oposição a outros artigos

O exame sobre renda e proventos como oposição a outros conceitos do Texto Constitucional já foi efetivado por inúmeros estudiosos de alto calibre, a exemplo de José Arthur Lima Gonçalves, já anteriormente citado.

Em nossa visão, tal investigação deveria se concentrar na contraposição da materialidade de outros impostos, abstraindo-se, um pouco, os termos que a Constituição utiliza para tratar de contribuições.

Isso porque o Supremo Tribunal Federal, quando julgou o Recurso Extraordinário 1771372-RS, que tratou da constitucionalidade do Adicional ao Frete para Renovação da Marinha Mercante – AFRMM, posicionou-se no sentido de que não haveria óbice na bitributação entre imposto e contribuição social geral. A ementa do julgado foi a seguinte:

> CONSTITUCIONAL. TRIBUTÁRIO. ADICIONAL AO FRETE PARA RENOVAÇÃO DA MARINHA MERCANTE - AFRMM: CONTRIBUIÇÃO PARAFISCAL OU ESPECIAL DE INTERVENÇÃO NO DOMÍNIO ECONÔMICO. C.F. ART. 149, ART. 155, § 2º, IX. ADCT, ART. 36 – I. - Adicional ao frete para renovação da marinha mercante - AFRMM - é uma contribuição parafiscal ou especial, contribuição de intervenção no domínio econômico, terceiro gênero tributário, distinta do imposto e da taxa. (C.F., art. 149). II. - O AFRMM não é incompatível com a norma do art. 155, § 2º, IX, DA Constituição. Irrelevância, sob o aspecto tributário, da alegação no sentido de que o Fundo da Marinha Mercante teria sido extinto, na forma do disposto no art. 36, ADCT. –II. - Recurso extraordinário não conhecido.[150]

De fato, no voto do relator, Ministro Carlos Veloso, a seguinte fundamentação foi traçada:

> (...) A contribuição, não obstante tributo, não está sujeita à limitação inscrita no §2º do art. 145 da Constituição. Também não se aplicam a ela as limitações a que estão sujeitos os impostos, em decorrência de competência privativa dos entes políticos, para instituí-los (C.F. art. 153, 155 e 156) a impedir a bitributação. A técnica de competência residual da União para instituir imposto (C.F. art. 154, I) aplicável às contribuições de seguridade social, no tocante às "outras fontes destinadas a garantir a manutenção da seguridade social" (C.F. art. 195, §4º) não é invocável, no caso (art. 149 art. 149).[151]

---

150. RE 177137, Relator(a): Min. CARLOS VELLOSO, Tribunal Pleno, julgado em 24.05.1995, DJ 18.04.1997, PP-13788, EMENT VOL-01865-05, PP-00925.

151. Fls. 12 do voto.

Por sua vez, julgando a constitucionalidade da contribuição à seguridade social prevista pela Lei Complementar 84/96, o Supremo Tribunal Federal decidiu que a vedação de bitributação entre impostos não seria estendida, sequer, às contribuições à seguridade social, em que pese a dicção do art. 195, §4º, c/c art. 154, inciso I.[152] Segue a ementa do caso:

> RE 228321 – RS - RIO GRANDE DO SUL
>
> RECURSO EXTRAORDINÁRIO
>
> Relator(a): Min. CARLOS VELLOSO
>
> Julgamento: 01/10/1998 Órgão Julgador: Tribunal Pleno
>
> Publicação
>
> DJ 30-05-2003 PP-00034 EMENT VOL-02112-02 PP-00388
>
> Parte(s)
>
> RECTES.: PARCERIA TREINAMENTO E CONSULTORIA EM
>
> QUALIDADE LTDA E OUTRO
>
> ADVDAS.: RAQUEL CADORE E OUTRAS
>
> RECDO.: INSTITUTO NACIONAL DO SEGURO SOC–IAL - INSS
>
> ADVDO.: LINO DALMOLIN
>
> EMENTA: CONSTITUCIONAL. TRIBUTÁRIO. PREVIDENCIÁRIO. CONTRIBUIÇÕES SOCIAIS: EMPRESÁRIOS. AUTÔNOMOS e AVULSOS. Lei Complementar nº 84, de 18.01.96: CONSTITUCIONALIDADE. – I. - Contribuição social instituída pela Lei Complementar nº 84, de 1996: constitucionalidade. –II. - R.E. Não conhecido.

Vejamos o trecho do voto do Ministro Carlos Velloso:

> [...] quando o §4º do art. 195 da C.F. manda obedecer a regra da competência residual da União – art. 154, I – não estabelece que

---

152. Art. 195, § 4º. A lei poderá instituir outras fontes destinadas a garantir a manutenção ou expansão da seguridade social, obedecido o disposto no art. 154, I.
Art. 154. A União poderá instituir:
I - mediante lei complementar, impostos não previstos no artigo anterior, desde que sejam não cumulativos e não tenham fato gerador ou base de cálculo próprios dos discriminados nesta Constituição;

> as contribuições não devem ter fato gerador ou base de cálculo de impostos. As contribuições criadas na forma do §4º do art. 195 da CF, não devem ter, isto sim, fato gerador e base de cálculo próprios das contribuições já existentes.[153]

Portanto, a priori, não haveria problema que o Imposto Sobre a Renda apresentasse a mesma base de cálculo ou hipótese de incidência de contribuição, de modo que comparar o termo "renda e proventos de qualquer natureza" com materialidades destinadas às contribuições (ex. faturamento, lucro etc.) não traria muitos frutos, salvo se abandonássemos a interpretação consolidada pela Suprema Corte.

No entanto, o mesmo raciocínio não se aplica para os impostos. Isso porque o art. 154 Constituição da República Federativa do Brasil pressupõe a materialidade distinta entre ambos, ao dispor o seguinte:

> Art. 154. A União poderá instituir:
>
> I - mediante lei complementar, impostos não previstos no Art. anterior, desde que sejam não cumulativos e não tenham fato gerador ou base de cálculo próprios dos discriminados nesta Constituição;
>
> [...].

Do artigo supracitado, pode-se concluir que os impostos da Constituição possuem base de cálculo ou alíquota, ao menos determinável, sob pena de se tornar inócua a proibição de vedação de bitributação decorrente da leitura do artigo.

Ademais, nota-se a preocupação de se evitar uma bitributação entre impostos, do que se conclui que cada materialidade, salvo nos casos expressamente previstos pela Constituição, incide sobre uma espécie de riqueza distinta da anterior.

Essa preocupação de se evitar a bitributação também é observável quando a Constituição trata do Imposto Sobre Serviços de Qualquer Natureza (ISS) e Imposto Sobre Circulação

153. Fls. 11 do acórdão.

de Mercadorias e Serviços de Comunicação e de Transporte Intermunicipal e Interestadual (ICMS). Primeiro, ao expressamente enunciar que o ISS não deveria incidir sobre serviços destinados ao Estado, tal como se infere da própria redação do art. 156 da Lei Maior;[154] segundo, ao determinar que na hipótese de mercadorias fornecidas com serviços não compreendidos na competência tributária dos Municípios há incidência integral do imposto sobre o valor da operação, de onde se infere, *contrario sensu*, que a incidência não é total quando as mercadorias forem fornecidas com serviços compreendidos na competência dos municípios;[155] terceiro, na proibição de incidência de ICMS nas operações com ouro submetidos ao Imposto Sobre Operações Financeiras.[156]

---

154. Art. 156. Compete aos Municípios instituir impostos sobre:
[...]
III - serviços de qualquer natureza, não compreendidos no art. 155, II, definidos em lei complementar. (Redação dada pela EC 3/93)

155. Art. 155. Compete aos Estados e ao Distrito Federal instituir impostos sobre:
[...]
II - operações relativas à circulação de mercadorias e sobre prestações de serviços de transporte interestadual e intermunicipal e de comunicação, ainda que as operações e as prestações se iniciem no exterior; (Redação dada pela EC 3/93)
§ 2º O imposto previsto no inciso II atenderá ao seguinte: (Redação dada pela EC 3/93)
[...]
IX – incidirá também:
[...]
b) sobre o valor total da operação, quando mercadorias forem fornecidas com serviços não compreendidos na competência tributária dos Municípios;
[...].

156. Art. 155. Compete aos Estados e ao Distrito Federal instituir impostos sobre:
[...]
II - operações relativas à circulação de mercadorias e sobre prestações de serviços de transporte interestadual e intermunicipal e de comunicação, ainda que as operações e as prestações se iniciem no exterior; (Redação dada pela EC 3/93)
[...]
§ 2º O imposto previsto no inciso II atenderá ao seguinte: (Redação dada pela EC 3/93)
[...]
X - não incidirá:
[...]
c) sobre o ouro, nas hipóteses definidas no art. 153, § 5º;
[...].

Outra ideia clara de evitar bitributação é a própria previsão do art. 146, inciso I, da Constituição da República, que determina à lei complementar, a função de dispor sobre conflitos de competência, entre União, Estados, Distrito Federal e Municípios. Ora, se a Constituição autorizasse a pluritributação não haveria razão de ser para se empregar um conceito como "conflito de competência", haja vista que inexistiria qualquer patologia se União, Estados, Municípios e Distrito Federal tributassem os mesmos fatos.

Assim, embora admitamos que exista bitributação de impostos no caso do ICMS e Imposto Sobre Produtos Industrializados (IPI), por expressa dicção constitucional, tal caso há de ser tido como excepcional, sob pena de se tornar um sem-sentido a dicção de artigos como o 146, inciso I, da Constituição.

Mas, o que estamos assinalando quando assumimos a proibição constitucional de pluritributação? Estamos afirmando que as bases de cálculo de impostos hão de ser diferenciadas.

Assim, ainda que incidam diversos tributos sobre um mesmo contexto, a parcela de riqueza tributada é tomada sob diferente objeto imediato, para utilizarmos a designação de Charles S. Peirce, isto é, sob um ângulo diferente. Em outras palavras: não há identidade jurídica entre o binômio hipótese de incidência e base de cálculo para diferentes impostos, o que poderíamos designar, com o Professor Paulo de Barros Carvalho, como princípio da tipologia tributária.[157]

Se assim é, o campo do Imposto Sobre a Renda e Proventos de Qualquer Natureza deve guardar alguma diferença entre os impostos destinados para União, Estados, Distrito Federal e Municípios. Inicio a análise, a partir dos impostos federais e aproveito, quando pertinente, as considerações cabíveis para os impostos estaduais e municipais. Vejamos os impostos federais previstos no rol do art. 153 da Constituição:

---

157. CARVALHO, Paulo de Barros. Direito tributário, linguagem e método. São Paulo: Noeses, 6ª edição, 2015 p. 312.

> Art. 153. Compete à União instituir impostos sobre:
>
> I - importação de produtos estrangeiros;
>
> II - exportação, para o exterior, de produtos nacionais ou nacionalizados;
>
> III - renda e proventos de qualquer natureza;
>
> IV - produtos industrializados;
>
> V - operações de crédito, câmbio e seguro, ou relativas a títulos ou valores mobiliários;
>
> VI - propriedade territorial rural;
>
> VII - grandes fortunas, nos termos de lei complementar.
>
> [...].

O imposto do inciso I do art. 153 não apresentaria significativa complexidade para fins de diferenciação perante o Imposto Sobre a Renda. Se a Renda e Proventos são signos utilizados pela Constituição exprimir espécie de ganho, o ato de importar pouco se pode confundir com renda.

Por outro lado, com relação à operação de exportar para o exterior produtos nacionais ou nacionalizados ou com relação à atividade de realizar operações com produtos industrializados, materialidades previstas nos incisos II e IV, do mesmo artigo, é possível vislumbrar um recebimento ao contribuinte decorrente de tais transações.

Contudo, e daí a dialogia com a legislação infraconstitucional deve ajudar, à renda não basta apenas o recebimento, a receita, mas a parcela da riqueza que supera o gasto relacionado àquele recebimento. Portanto, a parcela de riqueza captada pelo Imposto Sobre a Renda e Proventos de Qualquer Natureza sobre operações de exportação ou operações com produtos industrializados – que é o "lucro" decorrente de tais operações - não é idêntica à tributada pelo IE ou pelo IPI.

E daí já se compreende a diferença do Imposto Sobre a Renda e Proventos de Qualquer Natureza com o IPI, mas também com o estadual ICMS e os municipais ISS e ITBI, que são impostos que incidem sobre operações, mas não sobre um lucro, isto é, uma diferença positiva entre um recebimento e um gasto.

Todos os artigos anteriores mostram que, embora, à primeira vista, a Constituição não empregue, em outros contextos, renda ou proventos como algo que signifique receitas que superam certos gastos – e sim como ganho – não é qualquer recebimento que implica a renda, mas apenas aquele do qual resulte um acréscimo patrimonial, isto é, em que o ganho supera o gasto. Avancemos.

Quando se observam os incisos VI e VII do artigo acima citado, logo se vê a tributação incide sobre a propriedade – Imposto Territorial Rural (ITR) e Imposto Sobre Grandes Fortunas (–IGF) - tal como se dá com o imposto previsto no inciso III do art. 155 – Imposto Sobre Veículo Automotor – e inciso I do art. 156 – Imposto Predial e Territorial Urbano (IPTU) – tornando-se claro que o Imposto Sobre Renda e Proventos de Qualquer Natureza não incide sobre a propriedade, alvo dos impostos mencionados no presente parágrafo, mas sobre o acréscimo patrimonial.

Ademais, há dois impostos que incidem sobre a transmutação patrimonial, isto é, sobre a transferência de patrimônio. Trata-se do imposto previsto no art. 155, inciso I – Imposto Sobre *Causa Mortis* e Doação (ITCMD) – e o imposto previsto no art. 156, inciso II - transmissão "inter vivos", a qualquer título, por ato oneroso, de bens imóveis, por natureza ou acessão física, e de direitos reais sobre imóveis, exceto os de garantia, bem como cessão de direitos à sua aquisição (ITBI). Se levarmos a sério o que já dito, o Imposto Sobre a Renda não deve incidir sobre a transferência do patrimônio, sob pena de identidade de base de cálculo e hipótese de incidência entre ambos gravames.

A questão é especialmente relevante, porque embora o ITBI não implique um "lucro", – é possível que haja operação imobiliária sem um ganho para o alienante – no caso do ITCMD, há claro caso de acréscimo patrimonial: o herdeiro, ou quem recebe a doação, terá patrimônio superior, quando do recebimento da herança ou da doação, do que anteriormente.[158]

---

158. Não estamos afastando, aqui, a possibilidade de tributação de ganho de capital de alienação de imóveis: neste caso a base de cálculo não guarda identidade absoluta, pois incide sobre o lucro imobiliário da venda e não sobre a venda mesma. O

Note-se, portanto, que se o Imposto Sobre a Renda e Proventos de Qualquer Natureza pudesse incidir sobre o acréscimo patrimonial decorrente doações e heranças recebidas pelo contribuinte, a parcela da riqueza captada pelo tributo incidiria, exatamente, sobre o mesmo valor submetido à incidência do Imposto Sobre Causa Mortis e Doação. Haveria, por excelência, a bitributação.

Agora, a proibição da identidade de base de cálculo, exclui, necessariamente, por aquela oposição semântica que perfaz a significação das palavras, a renda ou proventos como o acréscimo patrimonial decorrente de doação ou herança.

Por isso, concordamos com José Luiz Bulhões Pedreira, quando afirma que "o conceito constitucional de renda não permite à lei ordinária sujeitar o imposto sobre a renda às doações ou quaisquer outras modalidades de transferência de capital".[159]

Alcides Jorge Costa, por sua vez, tratando da Constituição da República Federativa do Brasil 1988 ensina:

> No que diz respeito a doações e heranças, creio não ser possível submetê-las ao imposto de renda por serem objeto de imposto específico, de competência dos Estados. É verdade que nada impede que o legislador constitucional crie dois impostos diferentes incidindo sobre a mesma matéria, contudo, parece-me que a Constituição retirou do campo do imposto de renda os acréscimos patrimoniais resultantes das heranças e doações.[160]

Feita a análise acima, já ficam analisadas as materialidades previstas na Constituição para Estados, Municípios e Distrito Federal. Se a Constituição emprega o termo "renda e proventos", em outros contextos, para designar um ganho – o que já afasta do conceito de renda pagamentos que sejam

---

ganho de capital sobre doação e herança, por outro lado, parece-nos um absurdo do sistema jurídico, como teremos a oportunidade de indicar.

159. PEDREIRA, José Luiz Bulhões. Idem, p. 2-24.

160. COSTA, Alcides Jorge. Conceito de renda tributável. In Imposto de Renda: conceitos, princípios, comentários. São Paulo: Atlas, 1996, p. 32

mera reposição patrimonial – em matéria tributária, a análise sistemática decorrente da contraposição do conceito de renda com as materialidades de outros impostos já indica que não se trata de qualquer ganho, senão os acréscimos patrimoniais que não se confundam com doações ou heranças.

É claro que essa análise constitucional não seria possível sem a dialogia, o historicismo que envolve o conceito de renda, como esmiuçado anteriormente. Aliás, não fosse a dialogia, e se a análise da "renda e proventos" fosse construída apenas a partir do texto constitucional, pela oposição de outros termos, incorrer-se-ia em possível circularidade: se defino renda pela diferença entre "renda" e "doação" por exemplo, como definir o conceito de doação? Seria pela sua diferenciação ao conceito de "renda"? É evidente que a circularidade só é quebrada por existir um conceito dialógico de "doação" que entendo admitido pela Constituição, no jogo próprio da interdiscursividade.

De qualquer sorte, no presente item, já podemos assinalar algo sobre a hipótese de incidência do Imposto Sobre a Renda e Proventos de Qualquer Natureza: acréscimo patrimonial que não se confunde com doação ou herança. Julgo ter demonstrado tal aspecto por uma análise combinada entre (i) modo que doutrina e legislação trataram da tributação de renda e proventos ao longo dos anos; (ii) modo em que a jurisprudência trata do conceito; (iii) uma análise sistemática da Constituição.

Não ignoro que ao analisar individualmente os itens (i) ou (ii) ou (iii) acima, é possível encontrar situações que isoladamente poderiam infirmar a noção acima estampada. Mas, fico convencido, pela conjugação dos três níveis, que se não é possível apurar – isto é quantificar – a base de cálculo do IR, a partir do texto constitucional, ao menos é possível delinear uma razoável noção sobre a materialidade do imposto, o que nos remete àquele ponto 2, da reta "r", anteriormente mencionada.

3. SOBRE OS PRINCÍPIOS QUE COLOREM O IRPF NA CONSTITUIÇÃO

Adotamos, no item anterior, um alcance para o conceito de "renda e proventos" como o acréscimo patrimonial não decorrente da doação ou recebimento de herança.

Mas, vimos que a Constituição estabelece princípios que auxiliam a conformação dos critérios da regra-matriz do Imposto Sobre a Renda.

Não trataremos, aqui, de todos os princípios constitucionais tributários, mas daqueles que entendemos diretamente vinculados ao Imposto Sobre a Renda e Proventos de Qualquer Natureza, especialmente, da universalidade e da generalidade, que poderão ser relacionados com a isonomia; da progressividade, também relacionada com a isonomia, e com a capacidade contributiva; e, por fim, algumas palavras sobre a anterioridade aplicada ao IRPF.

Feita essa ressalva, estudemos mais sobre os primados da universalidade, generalidade e progressividade.

3.1 Mais sobre a base de cálculo e hipótese de incidência do IRPF: a universalidade

Tenhamos a universalidade como primado, que delineia a base imponível do IR, ao prescrever que todos os elementos que contribuem para o acréscimo patrimonial auferidos pelo contribuinte hão de ser alvo de tributação.

Nesse sentido, quando pensamos em "renda e proventos de qualquer natureza" alvo da tributação do IR, não estamos tratando de "rendimentos" isolados, mas do conjunto de todos os elementos positivos e negativos que influenciam na formação do acréscimo patrimonial.

Assim, passaremos a designar "rendimento" como uma riqueza individual. E empregaremos o signo "renda e proventos", como a diferença entre os rendimentos brutos e os abatimentos.

Em outras palavras, o imposto calculado de acordo com o primado da universalidade exigirá que a totalidade de acréscimos e decréscimos patrimoniais sejam computados na base imponível do gravame.[161]

O princípio da universalidade é proibitivo ao argumento de que determinado acréscimo deve ser excluído da base de cálculo do imposto, salvo no caso de isenção.[162] Mas, também pressupõe que se levem em conta todos os decréscimos, significativos para a geração de ganhos de modo unitário a fim de se identificar o acréscimo patrimonial obtido em determinado período de apuração.[163]

Não ignoramos que a legislação, no que tange ao IRPF, institui uma série de limites à dedutibilidade de gastos essenciais, como, por exemplo, com a educação, ao impor um *quantum* máximo de gastos dedutíveis pelo sujeito passivo. O fundamento de tal restrição seria permitir a dedução, apenas, dos gastos tidos como essenciais, coibindo abatimento de despesas tidas como supérfluas.

---

161. Nesse sentido, vide: Oliveira, Ricardo Mariz de. Fundamentos do Imposto de Renda. São Paulo: Quartier Latin, 2008, p. 255.

162. No caso de isenção, a lei deveria excluir o acréscimo, mas também as despesas necessárias para a geração de tal acréscimo.

163. QUEIROZ, Mary Elbe. Imposto sobre a Renda e Proventos de Qualquer Natureza. Barueri: Manole, 2004, pp. 36-37.

Quando esses limites são impostos, contudo, não se considera que o investimento em educação influenciaria o patamar de renda bruta a ser auferida pelo contribuinte ou seu dependente.[164]

Assim, quando se limitam tais despesas, a renda que será gerada, em parte, graças a todo investimento com educação despendido pelo contribuinte, passa a ser tributada de forma bruta, isto é, sem consideração dos gastos incorridos para que fosse percebida.

Nesse sentido, quando se institui um limite quantitativo com gastos como a educação, ofende-se o princípio da universalidade, por se limitar despesas essenciais à geração da renda.

Muito bem, instado a se pronunciar sobre o tema, o Supremo Tribunal Federal entendeu que eventual ofensa à Constituição, se existente, seria meramente reflexa, isto é, haveria uma ofensa direta à legislação federal e uma ofensa indireta à Constituição. Recente decisão que teve como relator o Ministro Dias Toffoli coloca isso em evidência. Vejamos:

> Agravo regimental no agravo de instrumento. IRPF. Lei nº 9.250/95. Limitações à dedução com despesas para educação. Ofensa reflexa. Impossibilidade de atuação do Judiciário como legislador positivo. Precedentes desta Corte. 1. A discussão relativa à limitação da dedução, na declaração de ajuste anual do imposto de renda, dos valores pagos a título de educação, na forma da Lei nº 9.250/95, insere-se no âmbito infraconstitucional, sendo certo, ainda, que eventual ofensa à Constituição, caso ocorresse, dar-se-ia de forma reflexa ou indireta. Precedentes desta Corte. 2. Impossibilidade do Poder Judiciário atuar como legislador positivo para estabelecer isenções, reduções de tributos e deduções de despesas da base de cálculo. Tais hipóteses são sempre dependentes de lei que as preveja. 3. As alegações deduzidas no agravo são insuficientes para infirmar a fundamentação que ampara a decisão agravada, a qual se encontra em sintonia

164. Sobre a influência do grau de escolaridade ao patamar de renda, vide estudo desenvolvido pelo Instituto de Pesquisas Econômicas – IPEA, O Efeito Diploma no Brasil de Anna Crespo e Maurício Cortez Reis. Disponível em: http://www.ipea.gov.br/portal/images/stories/PDFs/mercadodetrabalho/08Nota2_Anna_Mauricio.pdf.

> com a orientação jurisprudencial deste Supremo Tribunal Federal. 4. Agravo regimental não provido.[165]

A decisão sustenta, ainda, que caso o Poder Judiciário interferisse na limitação imposta pela legislação, estaria atuando como legislador positivo.

Em uma análise apurada, contudo, fica claro que a legislação que coíbe o abatimento de despesas com educação viola, diretamente, a Constituição da República. Não há que se falar em ofensa indireta ao Texto Constitucional.

Assim, de certa forma, entendemos que a autocontenção do Poder Judiciário acaba por negar eficácia plena a esse princípio constitucional tão importante para o IR, que é o da universalidade.

Além de influenciar a base de cálculo, o princípio da universalidade também interage com o critério espacial do IRPF. Ao determinar que a renda e proventos sejam onerados em termos universais, pode-se inferir que os rendimentos obtidos em todo o mundo devem integrar a base de cálculo do tributo. Por isso que entendo que já haja certa determinação do critério espacial em matéria Constitucional.

Portanto, nota-se que a Constituição institui um critério espacial, possível, que comporta a universalidade, ou seja, permite uma tributação extraterritorial da renda e proventos obtidos pelo contribuinte.

Feitas as considerações acima, esclareço que tenho para mim que o princípio da universalidade guarda nítida relação com o primado da isonomia e da capacidade contributiva.

Com relação à isonomia, o art. 150, inciso II, da Constituição da República Federativa do Brasil, dispõe que é vedado à União, Estados, Distrito Federal e Municípios instituir tratamento desigual entre contribuintes que se encontrem em

165. (AI 724817 AgR, Relator(a): Min. DIAS TOFFOLI, Primeira Turma, julgado em 07.02.2012, ACÓRDÃO ELETRÔNICO DJe-050 DIVULG 08.03.2012 PUBLIC 09.03.2012).

situação equivalente, proibida qualquer distinção em razão de ocupação profissional ou em função por eles exercida independente da denominação jurídica dos rendimentos ou direitos.

Em outras palavras, os contribuintes apenas podem ser tratados de forma distinta se não se encontrarem naquilo que a Constituição da República Federativa designa de "situação equivalente".

Celso Antônio Bandeira de Mello, tratando sobre o princípio da isonomia, esclarece as circunstâncias em que eventuais diferenciações são inconstitucionais:

> I- A norma singulariza atual e definitivamente um destinatário determinado, ao invés de abranger uma categoria de pessoas, ou uma pessoa futura e indeterminada.
>
> II – A norma adota como critério discriminador, para fins de diferenciação de regimes, elemento não residente nos fatos, situações ou pessoas por tal modo equiparadas. É o que ocorre quando pretende tomar o fator "tempo" que não descansa no objeto – como critério diferencial.
>
> III – A norma atribui tratamentos jurídicos diferentes em atenção ao fator de discrímen adotado que, entretando, não guarda relação lógica com a disparidade de de regimes outorgados.
>
> IV – A norma supõe relação de pertinência lógica existente em abstrato, mas o discrímen estabelecido conduz a efeitos contrapostos ou de qualquer modo dissonantes dos interesses prestigiados constitucionalmente.
>
> V – A interpretação da norma extrai dela distinções, discrimens, desequiparações que não foram professadamente assumidos por ela de modo claro, ainda que por via implícita.[166]

Muito bem. Quando se volta para a matéria tributária, nota-se que a legislação diferencia contribuintes cada vez que seleciona uma hipótese de incidência tributária, prescrevendo os contornos da base de cálculo, da alíquota e dos sujeitos passivos.

---

166. MELLO, Celso Antônio Bandeira de. O conteúdo jurídico do princípio da igualdade. São Paulo: Malheiros Editores, 3ª, edição 19ª tiragem, 2010, pp. 47 e 48.

De fato, cada "critério" da regra-matriz de incidência tributária seleciona "fatos", "riquezas" e "pessoas" que serão alvo da oneração tributária, com regime jurídico distinto em relação a outros "fatos", "riquezas" e "pessoas" que não serão abrangidas pela norma jurídica tribtuária em sentido estrito. Por isso que essa discriminação há de guardar critério lógico e compatível com os desígnios do Texto Constituinte.

No caso dos impostos, há expresso o "princípio informador" que permite a discriminação de contribuintes: trata-se do primado da capacidade contributiva previsto no §1º do art. 145 da Constituição da República Federativa do Brasil ao determinar que:

> Art. 145. (...)
>
> § 1º Sempre que possível, os impostos terão caráter pessoal e serão graduados segundo a capacidade econômica do contribuinte, facultado à administração tributária, especialmente para conferir efetividade a esses objetivos, identificar, respeitados os direitos individuais e nos termos da lei, o patrimônio, os rendimentos e as atividades econômicas do contribuinte.

Nesses termos, como ensina o Professor Roque Antonio Carrazza:

> Dando curso à ideia, é jurídico e altamente louvável que as cargas impositivas das pessoas políticas sejam repartidas entre as pessoas de acordo com as possibilidades econômicas de cada uma. Realmente, seria anti-isonômico, além de irrazoável e atentatório ao direito de propriedade e à própria garantia do mínimo existencial, que os pobres e os milionários suportassem o mesmo peso econômico dos impostos, até porque aqueles não têm capacidade contributiva.[167]

Aliás, o Professor Luís Eduardo Schoueri aponta decisão da Corte Fiscal Federal da Alemanha, que decidiu que "a tributação mundial auferida por contribuintes seria decorrência necessária do princípio da capacidade contributiva."[168]

---

167. CARRAZZA, Roque Antônio. Curso de direito constitucional tributário. São Paulo: Malheiros Editores, 29ª edição, 2013, p. 98.

168. SCHOUERI, Luís Eduardo. Princípios do direito tributário internacional:

Nesse contexto, ao dispor que todos os acréscimos e decréscimos patrimoniais sejam postos na base de cálculo do gravame, proíbe-se diferenciação entre contribuintes que tenham auferido renda, isto é, que aufiram a mesma riqueza, de sorte que o IR deve ser tributado exprimindo a capacidade contributiva daquele que sofre a imposição tributária.

Em outras palavras: o contribuinte, em matéria de Imposto Sobre a Renda, deve ser diferenciado quanto à quantidade de renda que aufere. Esse é critério de discrímen. Atentar-se contra este critério é ferir a isonomia. Daí por que a universalidade vai exigir que todos os rendimentos e abatimentos sejam incluídos na base de cálculo do gravame, sendo vedada uma tributação seletiva ou parcial da renda.

3.2 Sobre a generalidade

Diz-se que uma norma é geral, quando seu destinatário é toda a coletividade. A norma individual, por sua vez, é aplicável a um número determinado de pessoas que estão suficientemente identificadas. Tomada essa acepção do termo "genérico", todos os tributos submetem-se à generalidade, no sentido de que são voltados a todos aqueles que se enquadrarem à situação descrita na hipótese de incidência da regra-matriz de incidência tributária.

A contraposição entre genérico e individual não é isenta de uma zona de penumbra. Tem-se que a norma conotativa, ou seja, que descreve uma classe de sujeitos para o qual é aplicável, é tida como geral, ao passo que a norma denotativa, isto é, que indica quais os indivíduos que a ela se submetem é individual. Contudo, entre os extremos, há diversas graduações tornando a aplicação do conceito de maior complexidade.

Para se compreender esse percurso da generalidade à individualidade, podemos conceber uma norma que se destine

Territorialidade, Fonte e Universalidade. In Princípios e limites da tributação. FERRAZ, Roberto, Coord. Ed. São Paulo: Quartier Latin, 2005, p. 364.

a uma classe de indivíduos, por exemplo, à classe de todos os médicos. Ora, tal classe, preponderantemente, é genérica, por não se aplicar a um número determinado de médicos, nem determinável.

Agora, a classe de todos os médicos que obtiveram licença para atuar em medicina no ano de 2018, já passa a ter sua extensão determinável, embora não determinada. E se essa classe for reduzida para todos os médicos que obtiveram licença em 2018, no Município de São Paulo, há uma clara redução na extensão, extensão, esta, que poderia ser ainda mais diminuída, por exemplo, se a classe alcançasse apenas os médicos que obtiveram licença em 2018 no Município de São Paulo e cursaram a Faculdade Paulista de Medicina.

Nesse sentido, parece-nos que há um grau de generalidade que pode ser crescente ou descrente, conforme aumente a extensão da classe dos sujeitos que são destinatários de determinada norma. Se assim é, a generalidade de uma norma pode ser aumentada ou reduzida, conforme, varie a extensão do campo de aplicabilidade do critério pessoal da regra-matriz de incidência tributária.

Por vezes, outros critérios da regra-matriz de incidência poderão ser manipulados pelo legislador, atingindo reflexamente, à generalidade da norma. Isso porque há relação de proporcionalidade entre a extensão do campo de abrangência da hipótese de incidência e a extensão do alcance do critério pessoal da norma tributária.

Para que se compreenda essa relação de proporcionalidade, tenhamos que o sujeito passivo é aquele incumbido de satisfazer à obrigação tributária e esta, por sua vez, depende da configuração do fato jurídico tributário para que seja irradiada. Ora, sem obrigação tributária, não há sujeito passivo e sem fato jurídico tributário, não há obrigação tributária. Daí se conclui facilmente que, quanto menor a extensão da classe "fato jurídico tributário", menor será a extensão da classe "sujeito passivo".

A título de exemplo, se a hipótese de incidência do IRPF é auferir renda universal em 31 de dezembro, a classe de sujeitos passivos será a de todos aqueles que tiverem auferido renda em 31 de dezembro. Se a hipótese de incidência do IRPF é auferir renda em 31 de dezembro no Estado de São Paulo, a classe de sujeitos passivos desse imposto será composta, apenas, pelos contribuintes que tiverem auferido renda em 31 de dezembro no Estado de São Paulo.

Assim, tanto quanto mais ampla a extensão de abrangência dos critérios da hipótese de incidência tributária, tanto quanto mais próximo da generalidade se estará.

Mas, não apenas a extensão, como também a uniformidade da aplicação desses critérios da hipótese de incidência tributária afetam a generalidade da norma.

Se há diversos regimes jurídicos aplicados em razão das espécies de rendimentos auferidos, haverá segmentação no tratamento dispensado aos contribuintes que auferem cada espécie de rendimentos.

Por exemplo, se a renda auferida universalmente é tributada mediante a imposição de uma mesma base de alíquotas, todos os contribuintes que perceberem renda serão tributados de forma análoga. Se a renda obtida no Sul do país se submete a uma determinada carga de tributação e a renda percebida no Centro-Oeste é tributada mediante critério quantitativo menos gravoso, os contribuintes que auferem renda no Sul estariam sendo discriminados em relação àqueles que percebem renda no Centro-Oeste.

Pois bem, no caso do Imposto Sobre a Renda, nosso constituinte valorizou o primado da generalidade, ou seja, a generalidade tem de estar em um grau mais próximo, possível, ao ponto máximo. Isso importa um tratamento tributário relativamente uniforme, obviamente, temperado pela progressividade, para os contribuintes que obtenham renda ou proventos tributáveis. Esse tratamento uniforme não se refere, apenas, aos aspectos pessoais do contribuinte, mas, também, ao tipo de rendimento por ele auferido, haja vista as explicações que discorremos acima.

Nesse sentido, interessante a observação de Ricardo Mariz de Oliveira, contrapondo a generalidade à seletividade aplicada ao IPI. Ora, com a seletividade, as alíquotas de IPI variam conforme o tipo de produto que for objeto da operação jurídica tributada, consistindo em um grau de generalidade certamente aquém do que o pretendido pelo Constituinte para fins de Imposto Sobre a Renda.[169]

Em suma, o primado da generalidade estimula um tratamento que não discrimine os contribuintes, seja em razão de suas características pessoais, seja em razão das espécies de rendimentos por eles auferidos.[170]

Agora, analisando a acepção do termo "generalidade", o pleno do Supremo Tribunal Federal entendeu que a possibilidade de instituir isenções não compromete a eficácia desse primado. Por outro lado, deixaria de ser "geral", ao menos no sentido que vimos empregando, o tributo que deixa de incidir sobre determinada classe de proventos. Vejamos:

> IMPOSTO DE RENDA - E INCONSTITUCIONAL A SUA COBRANÇA SOBRE OS VENCIMENTOS DOS MAGISTRADOS - A CONSTITUIÇÃO, NO TOCANTE AOS JUÍZES, E SÓ NO TOCANTE A ELES, COMO GARANTIA NECESSÁRIA A SUA INDEPENDÊNCIA E PORTANTO VISANDO (sic) PROTEGER OS PROPRIOS JURISDICIONADOS, ESTABELECE O PRINCÍPIO DA IRREDUTIBILIDADE DOS VENCIMENTOS, SALVO OS IMPOSTOS GERAIS (ART. 95, N. I-III) - A REGRA E IRREDUTIBILIDADE A EXCEÇÃO RELATIVA AOS IMPOSTOS GERAIS, POR ISSO MESMO QUE EXCEÇÃO, TEM DE

169. Oliveira, Ricardo Mariz de. Fundamentos do Imposto de Renda. São Paulo: Quartier Latin, 2008, p. 254.

170. Em sentido distinto, admitindo a possiblidade de se tributar de maneira diferente inúmeras espécies de rendimentos, vide o interessante estudo de: SANTOS, Ramon Tomazela. O princípio da universalidade na tributação da renda: análise acerca da possibilidade de atribuição de tratamento jurídico-tributário distinto a determinados tipos de rendimentos auferidos pelas pessoas físicas In: Revista de Direito Tributário Atual – RDTA, São Paulo: Dialética, n. 28, p. 264-294, 2012.

> SER ENTENDIDA RESTRITAMENTE, CONSOANTE TRANQUILA NORMA DE HERMENÊUTICA -ASSIM, HÁ DE REFERIR-SE AOS IMPOSTOS QUE SEJAM VERDADEIRAMENTE GERAIS, RIGOROSAMENTE GERAIS. NÃO SE PODE DIZER QUE TENHA TAL CARÁTER UM IMPOSTO SOBRE PROVENTOS, QUANDO OS PROVENTOS DE VARIAS PROFISSÕES SÃO DECLARADOS ISENTOS DE TRIBUTO PELA PROPRIA CONSTITUIÇÃO (ART. 203), ISSO SEM FALAR NAS ISENÇÕES CONTIDAS EM LEI ORDINÁRIA - UM IMPOSTO NÃO DEIXA DE SER GERAL, QUANDO A LEI, MEDIANTE CERTAS CONDIÇÕES OBJETIVAS, CONCEDE ISENÇÃO (POR EXEMPLO, AOS QUE NÃO ATINJAM DETERMINADO RENDIMENTO), POIS ASSIM, AGENERALIDADE DAS PESSOAS, INDISTINTAMENTE, PODERA, VIR A SER BENEFICIADA; DEIXA, POREM, DE SER GERAL, QUANDO OS PROVENTOS DE CLASSES INTEIRAS SÃO EXCLUIDOS DA SUA ÓRBITA DE INCIDÊNCIA, E CONSEQUENTEMENTE TODAS AS PESSOAS QUE AS INTEGRAM FICAM IMUNES AO TRIBUTO, AINDA QUE NÃO SATISFAÇAM AQUELAS CONDIÇÕES, AINDA QUE, NO EXEMPLO CITADO, ATINJAM OU EXCEDAM DITO RENDIMENTO - DE OUTRO MODO, RESULTARIA O ABSURDO DE ESTAREM ISENTAS DO IMPOSTO DE RENDA VARIAS CATEGORIAS PROFISSIONAIS E NÃO ESTAR DELE ISENTA PRECISAMENTE AQUELA, ÚNICA, CUJO ESTIPÊNDIO COMO GARANTIA PRECÍPUA DA FUNÇÃO JURISDICIONAL E EM PROTEÇÃO DOS PRÓPRIOS JURISDICIONADOS, A QUEM FUNDAMENTALMENTE INTERESSA A INDEPENDÊNCIA, INCLUSIVE ECONÔMICA, DOS SEUS JUÍZES - O LEGISLADOR CONSTITUINTE NÃO TERIA POR QUE INCLUIR OS MAGISTRADOS NO ART. 203, POIS SABIA QUE, AO APROVÁ-LO, TIRAVA AO IMPOSTO O CARÁTER DE GENERALIDADE E, ASSIM, DELE JÁ ESTAVAM LIVRES OS JUÍZES POR FORÇA DO ART. 95, N. III.[171]

Há, assim, nítida relação entre a generalidade e o consequente da norma tributária, de tal sorte que o prescritor não poderá instituir diferenças entre as diversas classes de rendas ou proventos auferidos pelos contribuintes.

---

171. RE 43941 / RECURSO EXTRAORDINÁRIO Relator(a): Min. LUIZ GALLOTTI Julgamento: 13.01.1960. Órgão Julgador: TRIBUNAL PLENO ADJ, DATA 06.08.1962, PP-00320, ADJ DATA 25.01.1960, PP-00223, DJ 09.02.1960, PP-00992 EMENT VOL-00419-03, PP-01385 RTJ, VOL-00012-01, PP-00197.

Tenho para mim que o princípio da generalidade tem nítida relação com a capacidade contributiva e isonomia. Roque Antonio Carrazza dissertando sobre os dois princípios explica o seguinte:

> O princípio da igualdade exige que a lei, tanto ao ser editada, quanto ao ser aplicada: a) não discrimine os contribuintes que se encontrem em situação jurídica equivalente; b) discrimine, na medida de suas desigualdades, os contribuintes que não se encontrem em situação equivalente.
>
> No caso dos impostos esses objetivos são alcançados levando-se em conta a *capacidade contributiva* das pessoas (físicas ou jurídicas). A lei deve tratar de modo igual os fatos econômicos que exprimem igual capacidade contributiva e, por oposição, de modo diferenciado os que exprimem capacidade contributiva diversa.[172]

De fato, se a isonomia pressupõe tratar igualmente os iguais e desigualmente os desiguais, e se a medida dessa igualdade ou desigualdade é a capacidade econômica, isto é, o grau de riqueza levado em conta para tributação, a generalidade vem ao encontro de tais primados ao determinar que a riqueza não seja diferenciada pela sua origem e, sim – como veremos com a progressividade – pelo seu valor.

Aliás, com relação à vedação de tratamento anti-isonômico, mencionado no item anterior, interessante notar que o próprio art. 150, inciso II, da Constituição da República, prescreve que é proibida qualquer distinção em razão da ocupação profissional ou função por eles execida, independentemente da denominação jurídica dos rendimentos, títulos ou direitos".

Nesse sentido, seja em razão do princípio da isonomia – que proíbe tratamentos diferenciados de rendimentos em razão da profissão ou função do contribuinte – que exige a incidência sobre todos os rendimentos – seja em razão da

---

172. CARRAZZA, Roque Antonio. Curso de direito constitucional tributário. 29ª edição. São Paulo: Malheiros Editores, 2013, p. 102. Vide também: TIPKE, Klaus. "Princípio da igualdade e ideia de sistema no direito tributário". In: Direito Tributário: estudos em homenagem ao Prof. Ruy Barbosa Nogueira. São Paulo: Saraiva, pp. 517 a 527.

capacidade contributiva e da generalidade, percebe-se que o texto constitucional é insistente na ideia de que, em matéria de IR, os contribuintes devem ser discriminados em razão do "quantum", mas não em virtude da denominação jurídica dos rendimentos que auferem.[173]

Nesse sentido, em tese, iria de encontro à generalidade a chamada tributação por cestas de rendimentos, de sorte que determinados rendimentos seriam submetidos a certos regimes de tributação diferenciados. Contudo, como veremos oportunamente, a legislação tributária instituiu o regime de rendimentos tributados em separado e com tributação definitiva, tal como ocorre com a renda fixa ou o ganho de capital.

De toda sorte, o princípio da generalidade continua vivo no seio constitucional, à espera que se dispense a eficácia a ele merecida e também tem clara relação com o primado da isonomia, reforçando aquela noção de que em matéria de Imposto Sobre a Renda, os contribuintes são diferenciados pelo *quantum*, não pela qualidade ou espécie da renda.

O princípio da generalidade, ao lado da universalidade e talvez associado ao primado da capacidade contributiva, já diz algo sobre quem deve suportar o Imposto Sobre a Renda: é todo aquele que aufere renda e proventos – e não está enquadrado nas normas de imunidades ou isenção. Ele, portanto, diz algo sobre o contribuinte do imposto. Aliás, o contribuinte será sempre o sujeito do verbo implícito no critério material. No caso do IR, o sujeito do verbo "auferir renda e proventos de qualquer natureza".

Não que o sujeito passivo da relação tributária deva ser necessariamente o contribuinte. Mas, no mínimo, deve ter relação com o contribuinte suficientemente próxima que permita que a carga tributária, ao final, recaia sobre o último.

173. Vide nesse sentido: QUEIROZ, Luís Cesar Sousa. Imposto Sobre a Renda. Requisitos para uma tributação constitucional. Rio de Janeiro: Editora Forense, 2003, p. 293.

Agora, outro modo de se enxergar o princípio da generalidade é como faz o professor Roque Antonio Carrazza que o situa como obrigatoriedade de que todos os contribuintes, sem distinção, sejam submetidos ao tributo. Ensina o Professor titular da Pontifícia Universidade Católica de São Paulo:

> Por generalidade, entendemos que o imposto há de alcançar todas as pessoas que realizam seu fato imponível. E isto independente de raça, sexo, convicções políticas, credo religioso, cargos ocupados etc. Noutros falares, este critério veda discriminações e privilégios entre os contribuintes.[174]

Trata-se, portanto, de outra acepção do termo "generalidade". Agora, quando tratamos das palavras, não há propriamente uma essência, mas uma convenção decorrente de seu caráter simbólico. E, de toda sorte, a ideia de que os contribuintes serão tributados é um outro modo de exprimir que toda renda deve ser onerada da mesma maneira. Trata-se de duas perspectivas complementares sobre uma mesma determinação constitucional.

3.3 Sobre a progressividade

A progressividade informa o critério quantitativo da norma padrão de incidência do Imposto Sobre a Renda, determinando que as alíquotas desse imposto devam ser graduadas de forma diretamente proporcional ao valor da renda auferida no ano-calendário pelo contribuinte.

Nota-se que o primado da progressividade guarda nítida relação com a justiça social – desde que se entenda a justiça social como a busca pela igualdade de condições econômicas entre os diversos sujeitos de direito – à medida que permite tributação mais gravosa sobre aqueles contribuintes que auferem a renda mais elevada.

---

174. CARRAZZA, Roque Antônio. Imposto Sobre a Renda. Perfil constitucional e temas específicos. 3ª edição. São Paulo: Malheiros Editores, 2013, p. 68.

Instrumentaliza, em outras palavras, uma distribuição de renda, que dependerá, também, do modo em que o Estado aloca os recursos arrecadados a partir do referido tributo.

Nesse ponto, vale apontar que o legislador ordinário positivou o princípio da progressividade a partir de duas frentes. Podemos identificá-las observando a Tabela Progressiva instituída pelo art. 1º, inciso IX, c/c parágrafo único do art. 1º, da Lei 11.482 de 31 de maio de 2007, com a redação que lhe foi dada pela Lei 13.149, de 21 de julho de 2015:

Base de cálculo anual em R$	Alíquota %	Parcela a deduzir do imposto em R$
Até 22.847,76	-	-
De 22.847,77 até 33.919,80	7,5	1.713,58
De 33.919,81até 45.012,60	15,0	4.257,57
De 45.012,61até 55.976,16	22,5	7.633,51
Acima de 55.976,17	27,5	10.432,32

Como se nota da tabela, foram criadas quatro faixas de rendas, cuja divisão é estabelecida por um critério quantitativo, associando-se, a cada faixa, uma alíquota incidente e uma parcela a ser deduzida do imposto devido.

Enquanto a faixa de menor rendimento é isenta de tributação, a segunda faixa é tributada a partir da alíquota de menor índice, alíquota, esta, que é crescente proporcionalmente ao aumento da base de cálculo indicado em cada faixa.

Observe-se que a cada faixa, é atribuída uma parcela a ser deduzida do imposto devido. Essa dedução garante que os rendimentos obtidos pelo contribuinte sejam tributados de forma progressiva. Ou seja, a progressividade não alcança o contribuinte, mas sim o rendimento, o que confere eficácia ao princípio da generalidade, porque os rendimentos são tratados da mesma maneira. A título de exemplo, o contribuinte

A, que aufere renda de R$ 33.919,80, submete-se à seguinte tributação:

1. Aplicação da alíquota 33.919,80 x 7,5% = R$ 2.543,98
2. Valor a deduzir = 1.713,58
3. Imposto a pagar = 830,40

A conta aritmética acima teria quase o mesmo resultado de se simplesmente excluir da tributação o valor de rendimento isento e aplicar o percentual de 7,5% (sete e meio por cento) sobre R$ 11,072.04, que é justamente a diferença entre o valor apurado pelo contribuinte (R$ 33.919,80) e a parcela isenta de tributação (R$ 22.847,76).

Com isso, é possível inferir que até o valor de R$ 22.847,76, a título de renda auferida pelo contribuinte A, há isenção de IR, de forma idêntica a um contribuinte B, que aufere, no mesmo ano-calendário, uma renda não superior à faixa de isenção. Ora, a tributação, nesse caso, reforça a ideia de generalidade, eis que cada faixa é tributada de forma idêntica a todos os contribuintes. E a generalidade, aqui, vai ao encontro da dicção estabelecida pelo art. 153, §2º, inciso I, da Carta Magna.

Paulo Ayres Barreto também nos demonstra que a renda auferida em cada faixa submete-se à progressividade na medida em que a alíquota efetiva – ou seja, aquela que seria identificada se tomássemos a proporção entre o valor efetivamente pago e o valor da renda auferida pelo contribuinte – é variável proporcionalmente ao valor da renda.[175]

A título de exemplo, o contribuinte A arcou com um imposto de R$ 830,40, que equivale a 2,4481% de sua renda auferida (R$ 33.919,80). Se tomarmos um contribuinte C que tenha auferido R$ 23.000,00, sua tributação efetiva será de R$ 11,42, equivalente a uma alíquota efetiva de 0,0497%.

175. BARRETO, Paulo Ayres. Imposto de Renda e Preços de Transferência. São Paulo: Editora Dialética, 2001, p. 95.

Note-se que a progressividade já guarda algo vinculado ao critério temporal da regra-matriz de incidência: que haja um critério equânime para atestar a relação entre receitas e gastos do contribuinte.

Como o valor do acréscimo patrimonial importa para fins de alíquota, se gastos e despesas tivessem critérios distintos de reconhecimento, os contribuintes poderiam apresentar um desbalanceamento patrimonial apto a gerar potencial aumento ou redução de alíquota.

Assim, por exemplo, não poderia a legislação definir que receitas são apropriadas quando juridicamente incorridas e despesas apenas quando efetivamente gastas: se se adota o critério de caixa para a receita, há de se adotar o critério de caixa para a despesa.

Mais ainda: a ideia de progressividade, aliada à generalidade e universalidade, pressupõe que a tributação sobre a renda e proventos implique dois momentos de tempo distintos para se apurar a renda e proventos de qualquer natureza obtida ao término de tal período. Cristiane Pires McNaughton explica essa relação com muita acuidade:

> O princípio da universalidade, em especial, induz necessariamente a consequência a ele implícita da periodicidade de incidência do gravame por ele informado. Isto porque não há como apurar o aumento patrimonial de modo universal sem estabelecer um período com termo inicial e final para tanto.[176]

Efetivamente. Vimos que o Imposto sobre a Renda e Proventos incide sobre o ganho patrimonial e que, por conta da universalidade e generalidade, todo o ganho patrimonial deve ser levado em consideração e tributado da mesma forma, em termos qualitativos.

Esse ganho patrimonial, portanto, não é um ganho isolado, mas uma variação patrimonial, experimentada em um

176. PIRES, Cristiane. O tempo e o tributo. São Paulo: Noeses, 2018, p. 184.

período de tempo e formada pelo conjunto de todos os acréscimos e decréscimos que foram incorridos em tal período.

A ideia de universalidade vem reforçar tal noção. Não basta que as alíquotas sejam progressivas em relação a um rendimento isolado: ela deve ser progressiva considerando-se o resultado aritmético da totalidade de acréscimos e decréscimos apresentados pelo contribuinte no período de apuração.

Como veremos oportunamente, a tributação exclusiva na fonte ou tributação definitiva violam os primados da generalidade e progressividade, atentando-se contra esse "mínimo" de critério temporal que a Constituição da República Federativa do Brasil já carrega.

De qualquer sorte, é possível inferir que a progressividade, em nossa legislação, é obtida tanto pelo fato de (I) as alíquotas crescerem à medida que a faixa renda aumenta – que poderíamos designar de progressividade interfaixa – (II) como pelo aspecto de que a parcela a deduzir garante que em em um mesmo intervalo de faixa de renda haja diferentes cargas efetivas obtidas – o que poderíamos denominar de "progressividade intrafaixa".

Ademais, antes de encerrarmos, vale lembrar que, embora progressiva, a alíquota do IRPF não pode ser confiscatória. O princípio no não confisco estampado no art. 150, inciso IV, da Constituição da República Federativa do Brasil proibiria o uso de uma alíquota nesse sentido.[177]

O não confisco é algo subjetivo e seus limites ainda não foram enfrentados na interdiscursividade do diálogo jurídico. Em matéria de imposto sobre a renda, pelo menos, pode-se atestar que a alíquota não deve consumir a integralidade do acréscimo patrimonial obtido pelo contribuinte.

---

177. Art. 150. Sem prejuízo de outras garantias asseguradas ao contribuinte, é vedado à União, aos Estados, ao Distrito Federal e aos Municípios:
IV - utilizar tributo com efeito de confisco;

Mas, podemos acrescentar mais. A ordem econômica do país é fundada na valorização do trabalho e na livre-iniciativa (art. 170, *caput*, da Constituição da República), tendo por fim assegurar a todos a existência digna, conforme ditames da justiça social e, entre outros princípios, da propriedade privada, do pleno emprego e da livre-concorrência.

Nesse sentido, se a alíquota do Imposto Sobre a Renda consumir demasiadamente os frutos do trabalho, ou se colocar óbices na iniciativa privada, prejudicando a busca pelo pleno emprego, certamente, será confiscatória. Será confiscatória também se impedir a todos a existência digna.

Esses fatores são subjetivos e devem ser apreciados em cada caso. Mas tal subjetividade não significa que o princípio do não confisco é vazio e não deve ser apreciado, por exemplo, pelo Poder Judiciário, caso contestado.

Atualmente, as alíquotas impressas ao Imposto Sobre a Renda e Proventos de Qualquer Natureza não nos parecem confiscatórias. De qualquer forma, uma teoria do não confisco seria mais do que bem-vinda.

3.4 Sobre a irretroatividade e anterioridade

Os princípios da irretroatividade e anterioridade, corolários da segurança jurídica, determinam que é vedado à União, aos Estados, ao Distrito Federal e aos Municípios cobrar tributos (art. 150, inciso III, da Constituição Federal):

> a) em relação a fatos geradores ocorridos antes do início da vigência da lei que os houver instituído ou aumentado;
>
> b) no mesmo exercício financeiro em que haja sido publicada a lei que os instituiu ou aumentou;
>
> c) antes de decorridos noventa dias da data em que haja sido publicada a lei que os instituiu ou aumentou, observado o disposto na alínea *b*;

Antes de ingressar na aplicação destes princípios para o Imposto Sobre a Renda Pessoa Física, gostaria de refletir sobre o alcance desses princípios em matéria tributária.

Inicialmente, vale pensar o que significa "cobrar tributos" eis que é possível atribuir ao termo diversas significações.

Em uma possível acepção, "cobrar tributo" poderia significar o período em que o sujeito passivo paga o imposto de tal sorte que a anterioriedade exigiria que tal sujeito não seja obrigado a pagar a obrigação tributária no mesmo exercício em que tenha havido a instituição ou aumento de tributo.

Tal interpretação, contudo, poderia levar a crer, especialmente no caso do princípio da anterioridade, que bastaria que o prazo de pagamento fosse postergado para o exercício seguinte à instituição de uma determinada lei para que se concluísse que tal veículo legislativo estivesse apto a incidir no mesmo ano em que foi publicado. Não me parece que seja a melhor interpretação.

O princípio da anterioridade está relacionado à segurança jurídica e tem por escopo prover meios para que os contribuintes organizem suas atividades tendo ciência, de antemão, acerca da carga tributária a que serão submetidos naquele exercício.[178]

Pondero que o termo "cobrado" também é utilizado em matéria de não cumulatividade do Imposto Sobre Produtos Industrializados e do Imposto Sobre Circulação de Mercadorias e Prestação de Serviços de Comunicação e Transportes Interestaduais e Interemunicipais – ICMS. Veja-se as respectivas previsões no texto constitucional:

> Art. 153. (...)
>
> (...)
>
> § 3º O imposto previsto no inciso IV:
>
> I - será seletivo, em função da essencialidade do produto;

---

178. Nesse sentido vide: CARRAZA, Roque Antônio. Curso de direito constitucional tributário. São Paulo: Malheiros Editores, 29ª edição, 2013, p. 213.

II - será não cumulativo, compensando-se o que for devido em cada operação com o montante cobrado nas anteriores;

(...).

Art. 155. (...)

(...)

§ 2º O imposto previsto no inciso II atenderá ao seguinte: (Redação dada pela Emenda Constitucional nº 3, de 19–93)

I - será não cumulativo, compensando-se o que for devido em cada operação relativa à circulação de mercadorias ou prestação de serviços com o *montante cobrado* nas anteriores pelo mesmo ou outro Estado ou pelo Distrito Federal;

(...) (g.n.)

Sobre o termo "montante cobrado", parcela substancial da doutrina demonstra que se trata de "montante incidido". Veja-se alguns autores que atestam tal noção:

> Observe-se que, no art. 153, §3º, II, onde se lê "cobrado" há de se entender "devido", pois ainda que em relação anterior não tenha ocorrido o pagamento do imposto, na operação subsequente, com regra, poderá ser utilizado o crédito correspondente.[179]
>
> Cabe agora examinar o significado e a extensão da palavra "cobrados" que a Constituição emprega quando trata do princípio da não cumulatividade do IPI.
>
> Assente-se, desde logo, que o direito a crédito em consideração não está preso ao efetivo pagamento do imposto nas operações anteriores.[180]

O próprio Supremo Tribunal Federal também já entendeu que a expressão "montante cobrado" há de se entender como "inicidente". Veja-se:

> AGRAVO REGIMENTAL NO RECURSO EXTRAORDINÁRIO. DIREITO CONSTITUCIONAL E TRIBUTÁRIO. IMPOSTO

---

179. COSTA, Regina Helena. Curso de direito tributário. Constituição e Código Tributário Nacional. São Paulo: 4ª edição, 2013, p. 267.

180. BOTALLO, Eduardo Domingos. Fundamentos do IPI (Imposto Sobre Produtos Industrializados). São Paulo: RT Editora, 2002, pp. 46, 47.

SOBRE PRODUTOS INDUSTRIALIZADOS – IPI. BENS DESTINADOS AO ATIVO FIXO E DE USO E CONSUMO. DIREITO AO CREDITAMENTO. INEXISTÊNCIA. AGRAVO REGIMENTAL DESPROVIDO. 1. O contribuinte do IPI não faz jus ao creditamento do valor do imposto incidente sobre as aquisições de bens destinados ao ativo fixo da empresa ou de produtos de uso e consumo, haja vista apresentar-se como destinatário final das mercadorias. 2. É que o direito ao creditamento decorre do princípio da não cumulatividade, cuja razão de ser é alicerçada sobre o direito de o contribuinte não sofrer tributação em cascata, hipótese caracterizada quando o valor a ser pago na operação posterior não sofre a diminuição do que pago anteriormente. O direito ao creditamento pressupõe, portanto, pagamento de tributo em pelo menos uma das fases da etapa produtiva e, essencialmente, saída onerada. 3. Consoante o magistério de Ricardo Lobo Torres, *no Curso de Direito Financeiro e Tributário* (2010:381), o IPI atua "através da compensação financeira do débito gerado na saída com os créditos correspondentes às operações anteriores, que são físicos, reais e condicionados. O crédito é físico porque decorre do imposto incidente na operação anterior sobre a mercadoria efetivamente empregada no processo de industrialização. É real porque apenas o montante cobrado (= incidente) nas operações anteriores dá direito ao abatimento não nascendo o direito ao crédito nas isenções ou não incidências. É condicionado à ulterior saída tributada, estornando-se o crédito da entrada se houver desgravação na saída". 4. *In casu,* em sendo o contribuinte o destinatário final da mercadoria sobre a qual incide o imposto, não há a necessária dupla incidência tributária que justifique a compensação, o que afasta, em consequência, o direito ao creditamento. 5. Precedentes: IMPOSTO SOBRE PRODUTOS INDUSTRIALIZADOS – IPI – PRINCÍPIO DA NÃO CUMULATIVIDADE – CRÉDITO – BENS INTEGRADOS AO ATIVO FIXO – INEXISTÊNCIA DE ELO CONSIDERADA MERCADORIA PRODUZIDA. A aquisição de equipamentos que irão integrar o ativo fixo da empresa ou produtos destinados ao uso e consumo não gera o direito ao crédito, tendo em conta o fato de a adquirente, na realidade, ser destinatária final. AGRAVO – ARTIGO 557, § 2º, DO CÓDIGO DE PROCESSO CIVIL – MULTA. Se o agravo é manifestamente infundado, impõe-se a aplicação da multa prevista no § 2º do artigo 557 do Código de Processo Civil, arcando a parte com o ônus decorrente da litigância de má-fé. (RE 352.856 – AgR, Relator o Ministro Marco Aurélio, Primeira Turma, DJe 03.03.11). E M E N T A: RECURSO EXTRAORDINÁRIO - EMBARGOS DE DECLARAÇÃO RECEBIDOS COMO RECURSO DE AGRAVO– IPI - CRÉDITO DO VALOR PAGO EM RAZÃO DE OPERAÇÕES DE AQUISIÇÃO

> DE BENS DESTINADOS AO USO E/OU À INTEGRAÇÃO NO ATIVO- FIXO - APROVEITAMENTO - INADMISSIBILIDADE - RECURSO DE AGRAVO IMPROVIDO. - A jurisprudência do Supremo Tribunal Federal firmou-se no sentido de não reconhecer, ao contribuinte, o direito de creditar-se do valor do IPI, quando pago em razão de operações de aquisição de bens destinados ao uso e/ou à integração no ativo fixo do seu próprio estabelecimento. Precedentes. (RE 593.772 – ED, Relator o Ministro Celso de Mello, Segunda Turma, DJe 30.04.09). 6. Agravo regimental a que se nega provimento."[181]

Note-se, portanto, que em outras oportunidades em que a Constituição emprega o termo "cobrança" está se referindo a "incidência", entendendo-se o termo "incidência" não no sentido mais adequado – incidência como aplicação – mas como aquele fenômeno em que um evento do mundo fenomênico preenche os critérios material, temporal e espacial da regra-matriz de incidência tributária.

Feita tal observação, entendo que o termo "cobrado", no que se refere à irretroatividade e anterioridade tributária, há de ser entendido como a possibilidade da norma incidir sobre certos acontecimentos. Como consequência, o princípio da anterioridade postergaria a vigência da norma para o exercício seguinte à sua publicação, observado, se for o caso –não é para o IRPF - o prazo mínimo de 90 (noventa) dias; já o princípio da irretroatividade impediria a cobrança que alcançasse eventos ocorridos antes da vigência da norma.

Caso se entenda o momento da "cobrança" como o do pagamento do contribuinte, ou mesmo da produção da norma individual e concreta que constitui o crédito tributário, o Poder Público poderia instituir aumentos já vigentes de modo imediato, bastando alongar o prazo de pagamento – ou da declaração - para o próximo exercício, frustrando, basicamente, a ideia da proteção ínsita ao princípio da anterioridade, que

---

181. RE 387592 AgR, Relator(a): Min. LUIZ FUX, Primeira Turma, julgado em 20/09/2011, DJe-191 DIVULG 04-10-2011 PUBLIC 05-10-2011 EMENT VOL-02601-01 PP-00094) (g.n)

é de possibilitar ao contribuinte a oportunidade de se preparar para as imposições legais incidentes no exercício seguinte. Além disso, poderia colher eventos já ocorridos, desde que a norma fosse instituída antes do prazo de pagamento.

Agora, há robusto entendimento doutrinário que associa à anterioridade a impossibilidade de que a lei que aumente ou institua tributo no mesmo exercício em que tenha sido publicada. Veja-se:

> De fato, se a lei que vier a majorar este tributo só poderá incidir no exercício seguinte ao de sua entrada em vigor (...)[182]
>
> Deve-se ter presente que o fato gerador do imposto, na medida em que leva em conta uma série de fatos postos ao longo de um período de tempo (e aperfeiçoa-se ao final) desse lapso de tempo. E a lei idônea à regência desse fato há de ser, para respeitar o princípio da irretroatividade, aquela que estiver em vigor antes de iniciado o referido período de tempo. E mais: por força do perído da anterioridade, a lei deve preceder o período financeiro em que o fato gerador tiver início.[183]
>
> A expressão "cobrar tributos", constante no inciso III, deve ser entendida não na sua literalidade e de modo a ser referida ao ato administrativo de lançamento do tributo, mas sim no sentidode se referir à data da ocorrência dos fatos geradores das obrigações tributárias decorrentes da lei em questão.[184]

Já a irretroatividade não deve ter como marco a data do pagamento, mas do evento descrito na hipótese da regra-matriz de incidência tributária. Veja-se, nesse sentido, a posição de Paulo de Barros Carvalho:

> Lei retroativa é aquela que rege fato ocorrido antes de sua vigência, proibição que a Carta Magna estabelece como princípio

---

182. CARRAZZA, Roque Antônio. Imposto sobre a renda. (Perfil constitucional e temas específicos). 3ª edição. São Paulo: Malheiros, 2009, p. 133.

183. AMARO, Luciano. Questões sobre a periodicidade de apuração do Imposto de Renda. In Imposto de Renda e ICMS. Problemas Jurídicos. Coord. Valdir de Oliveira Rocha. São Paulo: Dialética, 1995, p. 46.

184. OLIVEIRA, Ricardo Mariz. Fundamentos do Imposto de Renda. São Paulo: Editora Quartier Latin, 2.008, p. 519.

> geral, abrindo particularíssimas exceções para as hipóteses de preceitos interpretativos ou no caso de infrações e sanções, para beneficiar o acusado.[185]

No campo do imposto Sobre a Renda, a distinção acima indicada ganha relevância quando se questiona se a alteração de uma lei, em certo ano, que importe acréscimo do IR, poderia ser exigida de modo imediato sob o argumento de que a exação apenas é cobrada no exercício seguinte – já que o contribuinte declara e paga no exercício seguinte ao término do período de apuração; ou, o que ainda é pior, se lei aprovada após o término do ano-calendário poderia retroagir, desde que aprovada antes da entrega de declaração pelo contribuinte.

Sobre o tema, interessante notar que o próprio Supremo Tribunal Federal nutria entendimento por tal possibilidade, como se verifica da Súmula 584, atualmente cancelada. O conteúdo do enunciado sumular era o seguinte:

> Súmula 584
>
> Ao imposto de renda calculado sobre os rendimentos do ano-base, aplica-se a lei vigente no exercício financeiro em que deve ser apresentada a declaração.

Contextualizemos a edição da Súmula e seu posterior cancelamento.

Os julgados que deram guarida à súmula distinguiam a ideia de "ano-base" – que atualmente se designa de "ano-calendário" – e "exercício financeiro" – que corresponde ao ano da declaração. Nesse sentido, o princípio da irretroatividade não seria maculado por veiculação de lei posterior ao ano-base desde que vigente ao exercício financeiro a que se referir. Vide a título de exemplo dos precedentes que deram origem à súmula: RE 80620 Publicação: DJ de 02/06/1975, RE 80250 Publicação: DJ de 18/02/1975 e RE 74594 Publicação: DJ de 23/03/1973.

185. CARVALHO, Paulo de Barros. *Direito tributário, linguagem e método.* São Paulo: Noeses, 2021, p. 329 (livro eletrônico).

Quando a referida súmula foi editada, vigorava o artigo 22 do Decreto -lei n. 5.844/43, que previa o seguinte:

> Art. 22. A base do imposto será dada pelos rendimentos brutos, deduções cedulares e abatimentos correspondentes no ano civil imediatamente anterior ao exercício financeiro em que o imposto fôr devido.
>
> Parágrafo único. Na determinação da base serão computados todos os rendimentos que, no ano considerado, estiverem juridicamente à disposição do beneficiado, inclusive os originados em época anterior.

Henry Tilbery, tratando sobre o artigo acima citado, explica:

> Nesse sistema, na terminologia PRAENUNMERANDOBESTEURUNG (tributação antecipada), o período de cálculo é anterior ao período fiscal. Na redação de uma velha decisão do judiciário britânico, o sistema foi assim explicado:
>
> *Os objetos da tributação não são os exercícios que servem como medida. O imposto incide no ano em que o tributo é lançado e os anos de referência servem apenas como medida.*[186]

Note-se, portanto, que, no âmbito da legislação vigente quando editada a referida súmula, o imposto seria devido no exercício financeiro seguinte. Ou seja, a incidência do imposto se dava no ano seguinte ao do auferimento dos rendimentos.

Agora, entre as decisões que deram guarida à súmula, cita-se precedente RE 65.612, que trata da irretroatividade de empréstimo compulsório incidente sobre aluguéis. Os aluguéis, alvo da tributação, eram recebidos no ano anterior, mas o tributo devido no ano seguinte. Veja-se trecho do voto do Ministro Djaci Falcão:

> (...) Ambas as regras deixam claro a incidência atual, isto é, a partir da vigência da lei, da contribuição compulsória por ela

186. TILBERY, Henri. *O Novo Imposto de Renda do Brasil*. São Paulo: IOB, 1989, pp. 32 e 33

> instituída. Apenas adota como base de cálculo para a fixação do *quantum* da contribuição o rendimento de aluguéis recebidos no ano anterior. (...)

Observa-se, assim, que o entendimento da súmula foi estimulado por um acórdão que tratava sobre irretroatividade em caso de empréstimo compulsório e passou a ser aplicável em matéria de IR em época em que prevalecia o entendimento de que o fato imponível do imposto se perfazia no exercício seguinte à percepção dos rendimentos.

Eu discordo da posição, acima, porque mesmo que o critério temporal do IR se realizasse no ano seguinte ao da percepção dos rendimentos, no mínimo, a publicação da lei deveria anteceder o ano da "incidência", sob pena de se violar o primado da anterioridade.

De qualquer sorte, atualmente, há o entendimento de que o critério temporal do imposto se perfaz no término do mesmo ano-calendário em que os rendimentos são auferidos. De fato, nenhum rendimento ou gasto computado após o término do ano-calendário poderá ser levado em consideração para fins de apuração da base de cálculo do gravame. O art. 8º da Lei 9.250/95 confirma tal assertiva:

> Art. 8º A base de cálculo do imposto devido no ano-calendário será a diferença entre as somas: (...)

Enquanto o art. 22 do Decreto-lei 5.844/43 determina que o imposto é devido no exercício seguinte ao ano-calendário, o art. 8º da Lei 9.250/95 prevê que o imposto é devido no próprio ano-calendário. Claro que o art. 8º acima mencionado não está tratando do prazo de pagamento – que é no último dia útil de abril do ano subsequente – mas, deixando claro que o critério temporal do tributo se concretiza no próprio ano-calendário e não no exercício seguinte.

Em decisão relativamente recente, o plenário do Supremo Tribunal Federal decidiu que a utilização do Imposto

Sobre a Renda com conotação extrafiscal afasta a incidência da Súmula 584 do Supremo Tribunal Federal.

No caso em concreto, houve aumento de alíquota de IR posterior à ocorrência de certas operações incentivadas. Para essas hipóteses, a Suprema Corte sustentou que haveria cobrança retroativa por entender que, nesta hipótese de extrafiscalidade, o evento tributário não se daria em 31 de dezembro, mas na ocorrência das operações de exportação. Veja-se

> RECURSO EXTRAORDINÁRIO. REPERCUSSÃO GERAL. REAFIRMAÇÃO DE JURISPRUDÊNCIA. DIREITO TRIBUTÁRIO. OPERAÇÕES DE EXPORTAÇÃO INCENTIVADAS. IMPOSTO DE RENDA PESSOA JURÍDICA. FUNÇÃO EXTRAFISCAL. SÚMULA 584 DO STF. OCORRÊNCIA DO FATO GERADOR EM CADA OPERAÇÃO. APLICAÇÃO RETROATIVA. RE 183.130, DE RELATORIA PARA ACÓRDÃO DO MINISTRO TEORI ZAVASCKI. PRECEDENTE VINCULANTE. 1. No RE 183.130, de relatoria para o acórdão do Ministro Teori Zavascki, o Plenário desta Corte assentou que a utilização do Imposto de Renda com conotação extrafiscal afasta a incidência da Súmula 584 do STF. 2. O fato gerador se consolida no momento em que ocorre cada operação de exportação incentivada pela redução da alíquota do imposto de renda, à luz da extrafiscalidade da tributação na espécie. 3. É inconstitucional a aplicação retroativa do art. 1º, I, da Lei 7.988/89, que majorou a alíquota incidente sobre o lucro proveniente de operações incentivadas ocorridas no passado, ainda que no mesmo ano-base. Precedente: RE 183.130, de relatoria para o acórdão do Ministro Teori Zavascki, Tribunal Pleno, DJe 14.11.2014. 4. Recurso extraordinário a que se dá provimento, reafirmando a jurisprudência desta Corte, em sede de repercussão geral, para reformar o acórdão recorrido e declarar a inconstitucionalidade, incidental e com os efeitos da repercussão geral, do art. 1º, I, da Lei 7.988/89, uma vez que a majoração de alíquota de 6% para 18% a qual se reflete na base de cálculo do Imposto de Renda pessoa jurídica incidente sobre o lucro das operações incentivadas no ano-base de 1989 ofende os princípios da irretroatividade e da segurança jurídica.[187]

187. RE 592396, Relator(a): Min. EDSON FACHIN, Tribunal Pleno, julgado em 03/12/2015, ACÓRDÃO ELETRÔNICO REPERCUSSÃO GERAL - MÉRITO DJe-054 DIVULG 22-03-2016 PUBLIC 28-03-2016.

Em tal julgado, o Ministro Fachin cita trecho de voto do Ministro Jobim, a seguir citado:

> A jurisprudência do SUPREMO firmou e consolidou a interpretação propalada pela SÚMULA 584 no julgamento corriqueiro de questões normais referentes ao IR. Em outras palavras, se entende que o fato gerador do imposto de renda ocorre no último dia de cada ano, hipótese normal do imposto de renda na sua função fiscal. O processo traz, na verdade, hipótese excepcional: - o uso do IR com função extrafiscal. Como forma de incentivo às exportações, a UNIÃO reduziu a alíquota do imposto cobrada sobre a renda auferida sobre tais negócios com a função clara de estimular as exportações de produtos. A intenção não era arrecadatória. A redução destinou-se a encorajar determinada prática comercial que, vale ressaltar, somente poderia ter sido viabilizada com a promessa legislativa de tal redução.[188]

Ocorre que ou bem se entende que o evento tributável do IR se opera no exercício seguinte ao recebimento dos rendimentos – como se costumava entender pela dicção do artigo 22 do Decreto-lei 5.844/43, que vigorava na época em que a Súmula 584 foi editada – ou bem se entende que o critério temporal do IR se perfaz em 31 de dezembro, de sorte que a lei que aumenta o imposto só pode alcançar a renda e proventos auferidos no ano-calendário seguinte à sua publicação.

Nesse sentido, a aplicação da Súmula 584, que era empreendida até recentemente, incorria naquilo que Dominique Maingueneau designa de "frases sem texto", em que há o destacamento de certo trecho de um texto, privando-o, muitas vezes, da conexão dos signos que permitiriam um contexto. Ensina o linguista francês:

> Esta destacabilidade, que abre a possibilidade de uma destextualização, de uma saída do texto, entra em tensão com a dinâmica da textualização e vai na direção oposta à de integrar os constituintes do texto em uma unidade orgânica.[189]

---

188. O voto do Ministro Nelson Jobim foi no seguinte processo: (RE 592396 RG, Rel. Min. RICARDO LEWANDOWSKI, DJe 19.06.2009.

189. MAINGUENEAU, Dominique. Frases sem texto. Trad de Sírio Possent et. al.

De fato, não se poderia conceber que uma súmula editada em regime jurídico anterior, com entendimento prevalecente de que o critério temporal do IR corresponderia ao exercício seguinte ao ano-calendário, persista aplicável quando a legislação vigente indica, como critério temporal do IR, o marco cronológico 31 de dezembro de cada ano.

Foi relevantíssima, portanto, o cancelamento da Súmula n. 584 empreendida pela Suprema Corte no ano de 2020.

De fato, no RE n. 159.189, o Supremo Tribunal Federal julgou inconstitucional a aplicação do adicional previsto pelo adicional instituído pelo Decreto-lei 2.642/88 no mesmo ano-base. A ementa foi a seguinte:

> RE 159180
>
> Órgão julgador: **Tribunal Pleno**
>
> **Relator(a):** Min. MARCO AURÉLIO
>
> **Julgamento:** 22.06.2020
>
> **Publicação:** 17.08.2020
>
> Ementa
>
> IMPOSTO DE RENDA – LEI Nº 7.738/89 – ANO-BASE DE 1988 – PREVISÃO DE NOVO PARÂMETRO DE INDEXAÇÃO – ATUALIZAÇÃO DOS VALORES DAS QUOTAS DO TRIBUTO – DIREITO ADQUIRIDO – PRINCÍPIOS DA ANTERIORIDADE E IRRETROATIVIDADE – VIOLAÇÃO – AUSÊNCIA. É constitucional a correção monetária das quotas do imposto de renda tal como prevista na Lei nº 7.738/89, ante a mera substituição de parâmetro para a indexação, instituída em legislação anterior. LEI – APLICAÇÃO NO TEMPO – IMPOSTO DE RENDA – ADICIONAL – DECRETO-LEI Nº 2.462/88 – APLICAÇÃO NO ANO-BASE DE 1988 – IRRETROATIVIDADE E ANTERIORIDADE – INOBSERVÂNCIA – INCONSTITUCIONALIDADE. É inconstitucional a aplicação, a fatos ocorridos no ano-base de 1988, do adicional do imposto de renda sobre o lucro real instituído pelo Decreto-Lei nº 2.462, de 30 de agosto de 1988, considerada a violação dos princípios da irretroatividade e da anterioridade.

São Paulo: Parábola Editorial, 2014, p. 15. Sobre o perigo de se aplicar a Súmula 584, vide o artigo de Cristiane Pires e Josiane Minardi: Frases sem Texto no Direito. (Editora Noeses, 2019).

> VERBETE Nº 584 DA SÚMULA DO SUPREMO – SUPERAÇÃO – CANCELAMENTO. Superado o entendimento enunciado no verbete nº 584 da Súmula do Supremo, impõe-se o cancelamento.

No voto do Ministro Relator Marco Aurélio, sustentou-se o seguinte:

> Ao prever-se a impossibilidade de instituição ou aumento de tributo com eficácia imediata, ou seja, no próprio exercício financeiro, objetivou-se evitar surpresas, impedir a aplicação de norma a fatos geradores já verificados. O tema, como consignado, veio a ser explicitado na Constituição Federal de 1988, que, por sinal, apanhou o ano atinente aos fatos geradores evocados neste processo. O Constituinte de 1988 foi mais explícito do que os anteriores, ao redigir o artigo 150, inciso III, alíneas "a" e "b", alusivo à impossibilidade de exigência de tributos em relação a fatos geradores ocorridos antes da vigência da lei que os houver instituído ou aumentado. No tocante ao exercício financeiro, requer-se a anterioridade, ao dispor sobre o óbice da cobrança "no mesmo exercício financeiro em que haja publicada a lei que o instituiu e aumentou.

Aliás, abrindo-se parênteses, o voto do Ministro Marco Aurélio assenta importante aspecto constitucional do Imposto Sobre a Renda na Constituição: de que se trata de tributo que pressupõe uma renda auferida após um período temporal e não rendimentos imediatos. Veja-se:

> A doutrina também tratou do assunto sob a óptica do imposto de renda. Consoante afirmado por Luciano Amaro em obra clássica, 'o fato gerador do imposto de renda coloca-se, temporalmente, num período e não num momento'". Por isso, "[...] é necessário que se esgote o ciclo de sua formação (previsto na lei), para que ele se repute perfeito como fato gerador." (AMARO, Luciano da Silva. O imposto de renda e os princípios da irretroatividade e da anterioridade. RDT, n. 25-26, p. 142).

Após citação de doutrinadores sobre o critério temporal do Imposto Sobre a Renda e acerca da anterioridade, o Ministro Marco Aurélio conclui:

> Conheço do extraordinário e dou-lhe parcial provimento para declarar a inconstitucionalidade da aplicação do adicional

> instituído pelo Decreto-Lei nº 2.462, de 30 de agosto 1988, aos fatos ocorridos no ano-base de 1988, ante a violação dos princípios da anterioridade e da irretroatividade. Proponho o cancelamento do verbete nº 584 da Súmula do Supremo.

Assim, entendo que a aplicabilidade de lei para colher acontecimento que ocorra no mesmo ano de sua publicação acaba por violar o princípio da anterioridade, em razão dos motivos já explicados.

Fica a conclusão, portanto, que o termo "cobrado" se reporta à impossibilidade de lei ser aplicada para eventos ocorridos no mesmo ano da publicação da lei que tenha instituído ou aumentado o tributo. Nesse sentido, Luciano Amaro ensina: "(...) por força do princípio da anterioridade, a lei deve preceder o exercício financeiro em que o fato gerador tiver início."[190]

Agora, que significa instituir ou aumentar?

Instituir tributo significa criar a regra-matriz de incidência tributária, prevendo a hipótese de incidência, o critério quantitativo e pessoal. Nesse sentido, a lei que institui o tributo é aquela editada pelo Ente Tributante que estabeleça os critérios da regra-matriz de incidência tributária.

Já o signo "aumentar" não possui definição tão simples. Há "aumento de tributo" sempre que a alteração no regime jurídico destinado à exação implicar, uma vez aplicada, um *quantum* a pagar superior do que se a respectiva alteração não tivesse sido instituída.

Assim, para se saber se houve "aumento" é preciso comparar um *quantum* Q a ser suportado por determinada classe C de contribuintes, verificável caso não tivesse ocorrido certa modificação na legislação, com um *quantum* Q´ inserido por alteração legislativa. Se Q´ for superior a Q, então a

---

190. AMARO, Luciano. Questões sobre a periodicidade de apuração do imposto de renda. In: Imposto de Renda e ICMS. Problemas Jurídicos. Coord. Valdir de Oliveira Rocha. São Paulo: Dialética, 1995, p. 46.

modificação legislativa só pode ser aplicada para ocorrências do ano-calendário subsequente à modificação legislativa.

Nesse sentido, o aumento de tributo pode ser decorrente de:

(I) Ampliação da extensão da classe de acontecimentos prevista no antecedente da regra-matriz de incidência tributária;

(II) Ampliação da extensão dos sujeitos onerados pela imposição tributária, a saber, contribuintes;

(III) Majoração da alíquota;

(IV) Majoração da base de cálculo; e

(V) Revogação de qualquer isenção, incentivo ou benefício fiscal que importe uma *quantum* tributário Q´ superior a Q.

Feitas tais considerações, avancemos, agora, em uma característica ínsita do IR no que tange à anterioridade: trata-se do único tributo sujeito à chamada anterioridade anual **a** que não se aplica a anterioridade nonagesimal.

Conforme explanado acima, no que tange à anterioridade, há dois mandamentos possíveis:

a) proibição de cobrança no mesmo exercício financeiro em que haja sido publicada a lei que os instituiu ou aumentou; e/ou

b) proibição de cobrança antes de decorridos noventa dias da data em que haja sido publicada a lei que os instituiu ou aumentou, observado o disposto na alínea *b* do art. 150, inciso III, da CF;

A chamada "anterioridade anual", mencionada no item "a", acima, é oriunda da Constituição da República originária. Inicialmente, além dos tributos para os quais não havia anterioridade aplicável, havia contribuições à seguridade social que eram submetidas à anterioridade nonagesimal, exigindo-se prazo mínimo de 90 (noventa) dias entre a publicação da lei e a cobrança do tributo.

No entanto, era comum que os tributos fossem aumentados no final de um exercício – especialmente no último dia – com exigência logo no início do ano seguinte frustrando o desígnio da norma que seria garantir a não supresa ao contribuinte.

Assim, foi instituída a anterioridade de noventa dias para a maior parte dos tributos, de modo que não bastava que a exação fosse criada respeitando-se a cobrança para o exercício seguinte: seria necessário respeitar, no mínimo, o prazo de 90 (noventa) dias. Ocorre que tal inovação, que foi introzida pela Emenda Constitucional n. 42/2003, acabou não sendo estendida para o IR.

De fato, deve-se levar em conta que a proibição de cobrança no mesmo exercício financeiro em que haja sido publicada a lei que os instituiu e aumentou é aplicado de modo genérico, com as seguintes exceções (art. 150, § 1º, da CF):

(I) empréstimos compulsórios para atender a despesas extraordinárias, decorrentes de calamidade pública, de guerra externa ou sua iminência;

(II) imposto sobre importação de produtos estrangeiros;

(III) imposto de exportação de produtos nacionais ou nacionalizados;

(IV) imposto sobre produtos industrializados;

(IV) impostos sobre operações de crédito, câmbio ou seguro ou relativas a títulos e valores mobiliários;

(V) impostos extraordinários na iminência ou ocorrência de guerra externa;

(VI) contribuições à seguridade social; e

(VII) contribuição de intervenção no domínio econômico relativa às atividades de importação ou comercialização de petróleo e seus derivados, gás natural e seus derivados e álcool combustível.

Já a proibição de cobrança sem respeitar o prazo mínimo de noventa da data em que haja sido publicada a lei que os instituiu ou aumentou é excepcionada aos:

(I) empréstimos compulsórios para atender a despesas extraordinárias, decorrentes de calamidade pública, de guerra externa ou sua iminência;

(II) imposto sobre importação de produtos estrangeiros;

(III) imposto de exportação de produtos nacionais ou nacionalizados;

(IV) imposto sobre a renda e proventos de qualquer natureza;

(IV) impostos sobre operações de crédito, câmbio ou seguro ou relativas a títulos e valores mobiliários;

(V) impostos extraordinários na iminência ou ocorrência de guerra externa;

(VI) fixação da base de cálculo do imposto sobre veículo automotor e imposto sobre propriedade predial e territorial urbana.

Como se nota, o **Imposto Sobre a Renda e Proventos de Qualquer Natureza é um tributo que se submete à anterioridade anual, mas não à anterioridade nonagesimal**, configurando-se uma exceção notável no ordenamento jurídico brasileiro.[191]

---

191. Em sentido contrário, sustentando que o IR deve se submeter ao prazo mínimo de 90 (noventa) dias vide: CARRAZZA, Roque Antonio. Imposto Sobre a Renda (Perfil Constitucional e Temas Específicos). São Paulo: Malheiros3ª Edição, 2.009 P. 158

SÍNTESE DA REGRA-MATRIZ DE INCIDÊNCIA QUE SE CONSTRÓI DO TEXTO CONSTITUCIONAL

ESQUEMA 1 - Regra-Matriz de Incidência Tributária

Hipótese de Incidência

REGRA-MATRIZ DE INCIDÊNCIA TRIBUTÁRIA CONSTITUCIONAL DO IR

- **CRITÉRIO MATERIAL** (Auferir renda e proventos de qualquer natureza, entendidos como acréscimos patrimoniais que não se confundam com doação e herança, e que não estejam cobertos pela norma de imunidade)
- **CRITÉRIO ESPACIAL** (Possibilidade tributação universal, observados critérios de conexão a serem instituídos pela norma geral de direito tributário)
- **CRITÉRIO TEMPORAL** (O instante final de um intervalo de tempo a ser instituído pela legislação. Necessidade de critério lógico uniforme entre acréscimos e decréscimos)

ESQUEMA 2 - Regra-Matriz de Incidência Tributária Constitucional do IR

CONSEQUENTE

- **BASE DE CÁLCULO** (valor da renda e proventos, com a inclusão universal de rendimentos, ganhos e gastos necessários para a obtenção de renda e preservação do capital)
- **SUJEITO ATIVO** (União ou quem a legislação determinar)
- **SUJEITO PASSIVO** (aquele que aufere capacidade contributiva ou um terceiro com relação econômica estreita com aquele que aufere capacidade contributiva)
- **ALÍQUOTA:** genérica, progressiva e não confiscatória

PARTE II

SOBRE O REGIME JURÍDICO DO IRPF NO CÓDIGO TRIBUTÁRIO NACIONAL

1. SOBRE A FUNÇÃO DO CÓDIGO TRIBUTÁRIO NACIONAL EM NOSSO SISTEMA NORMATIVO

Geraldo Ataliba, com toda sua autoridade, ensina que a Constituição da República esgota, de forma minuciosa, a repartição da competência das pessoas jurídicas de direito público. De fato, ensina o Mestre que:

> A Constituição – e houve tanta crítica a esse respeito, lembram-se os senhores; não quero ficar nem a favor nem contra as críticas, mas vou repeti-la, pois é uma crítica que todo mundo ouviu e alguns até a fizeram – atual é minuciosa demais; trata das coisinhas mais pequenininhas, é extremamente detalhada; é o que se falou. Em termos de matéria tributária é fantástica a minúcia de nossa Constituição.
>
> Isso permite que o intérprete qualifique essa Constituição como exaustiva, quer dizer ela exaure o campo da matéria tributária; ela deixa para o legislador ordinário uma tarefa meramente de preencher os casos concretos, regulamentar, porque tudo o mais está dito no próprio Texto Constitucional. Nesse sentido, o sistema é exaustivo.[192]

Por outro lado, apesar dessa minúcia própria do Texto Constitucional, muito bem posta pelo Mestre Ataliba, não se pode olvidar que a teoria da interpretação, ao menos aquela

192. ATALIBA, Geraldo. Lei Complementar em matéria tributária. Revista de Direito Tributário. São Paulo: Revista dos Tribunais, nº 48, 1989, p. 86.

concebida por inúmeros teóricos do direito dos séculos XX e XXI, assevera que o texto impresso nos diversos veículos legislativos está sujeito à interpretação humana. E a interpretação pode variar conforme as convicções pessoais do intérprete, conforme certos interesses, valores, matizes ideológicos e assim por diante. Nesse sentido, o ditado popular "cada cabeça é uma sentença" é muito sugestivo e eloquente de como a interpretação é variável.

Ao mesmo tempo, por mais minucioso que o Texto Constitucional seja, e por mais que os signos nele embutidos ostentem um atributo de historicidade que lhes confere uma consolidação semântica, como vimos no capítulo anterior, uma Constituição não tem vocação para tecer certos detalhes que poderiam contribuir para esclarecer o sentido a ser dado a determinados signos.

Ora, se a ideia de que preconiza que a "interpretação é uma construção do intérprete" tem procedência,[193] não se pode afastar a possibilidade de que o Texto Constitucional possa permitir mais de uma linha interpretativa legítima. Claro que essa pluralidade de linhas interpretativas é amenizada justamente pela dialogia que Texto Constitucional, norma geral de direito tributário e outros textos jurídicos carregam entre si, conforme já mencionamos. Mas tal circunstância demonstra que não é o Texto Constitucional, sem o Contexto Tributário, que permitirá uma análise isolada das materialidades tributárias.

Daí a função da norma geral de direito tributário, auxiliando a consolidar um possível sentido aos signos imersos no Texto Constitucional, entre diversos sentidos à disposição do interprete, possibilitando, em suma, a consolidação de convenções que esclareçam o sentido dos signos aplicados no seio da Constituição.

---

193. CARVALHO, Paulo de Barros. Direito tributário, linguagem e método. São Paulo: Noeses, 6ª edição, 2015, p. 199.

Claro que a própria norma geral de direito tributário está, ela mesma, sujeita à interpretação, de sorte que não esgota, digamos assim, possíveis conflitos interpretativos. Porém, no dialogismo próprio com a jurisprudência do Poder Judiciário, com a doutrina, enfim, com o acervo cultural que permeia nosso sistema jurídico, diremos que essas normas contribuem para dar um norte, relativamente valioso, ao operador do direito, no tocante à repartição de competência tributária embutida pela Constituição da República.

É assim, ao menos, que trataremos o Código Tributário Nacional, na nossa empresa de descrever a regra-matriz de incidência do Imposto Sobre a Renda.

2. SOBRE A HIPÓTESE DE INCIDÊNCIA TRIBUTÁRIA

Conforme já exposto no capítulo anterior, para delinear a hipótese de incidência, é necessário identificar o critério material, espacial e temporal da regra-matriz de incidência tributária.

Assim, o esforço do presente tópico será identificar o regime jurídico destinado pelo Código Tributário Nacional para tratar da hipótese de incidência tributária destinada ao IR.

2.1 Sobre o critério material

Prescreve o art. 43 do CTN que o fato gerador do IR é a *"aquisição da disponibilidade econômica ou jurídica (i) de renda, assim entendido o produto do capital, do trabalho ou da combinação de ambos e (ii) de proventos de qualquer natureza, assim entendidos os acréscimos patrimoniais não compreendidos no inciso anterior"*. Vejamos sua redação:

> Art. 43. O imposto, de competência da União, sobre a renda e proventos de qualquer natureza tem como fato gerador a aquisição da disponibilidade econômica ou jurídica:
>
> I - de renda, assim entendido o produto do capital, do trabalho ou da combinação de ambos;

> II - de proventos de qualquer natureza, assim entendidos os acréscimos patrimoniais não compreendidos no inciso anterior.
>
> § 1º A incidência do imposto independe da denominação da receita ou do rendimento, da localização, condição jurídica ou nacionalidade da fonte, da origem e da forma de percepção. (Incluído pela LC 104/2001)
>
> § 2º Na hipótese de receita ou de rendimento oriundos do exterior, a lei estabelecerá as condições e o momento em que se dará sua disponibilidade, para fins de incidência do imposto referido neste artigo. (Incluído pela LC 104/2001).

Ricardo Mariz de Oliveira adverte que se renda e proventos constituem acréscimo patrimonial, o conceito de patrimônio é fundamental para estabelecer a materialidade do gravame.[194] É o esforço que passo a empreender.

O art. 91 do Código Civil prescreve que constitui universalidade de direito o complexo de relações jurídicas, de uma pessoa, dotada de valor econômico. Pontes de Miranda indica que para a concepção de direito privado "patrimônio é ativo, que se há passivo é atingido por esse".[195] Mas na noção de universalidade do Código Civil, tomarei por patrimônio de certo sujeito de direito S o conjunto de relações jurídicas em que S seja titular de um direito subjetivo apreciável economicamente ou em que S seja titular de uma obrigação (isto é uma prestação apreciável economicamente).

Uma relação jurídica é dotada de uma prestação, que é seu objeto, isto é, a conduta que se espera do sujeito passivo. Pontes de Miranda assim explica:[196]

> Ao direito subjetivo, à pretensão e à ação corresponde algo a respeito de que outrem está em posição passiva (há de ter certa conduta: fazer ou omitir), inclusive quando fique tão imediato o

---

194. Idem, p. 38.

195. PONTES DE MIRANDA, Francisco Cavalcanti. Tratado de direito privado. Tomo 5. São Paulo: Ed. Bookseller, 1ª edição, 2000, atualizado por Vilson Rodrigues Alves, p. 420.

196. Idem, Tratado de direito privado, Tomo 2. São Paulo: Ed. Bookseller, 1ª edição, 2000, atualizado por Vilson Rodrigues Alves, p. 420.

objeto que, do lado passivo da incidência, esteja a modalidade dos sujeitos de direitos.

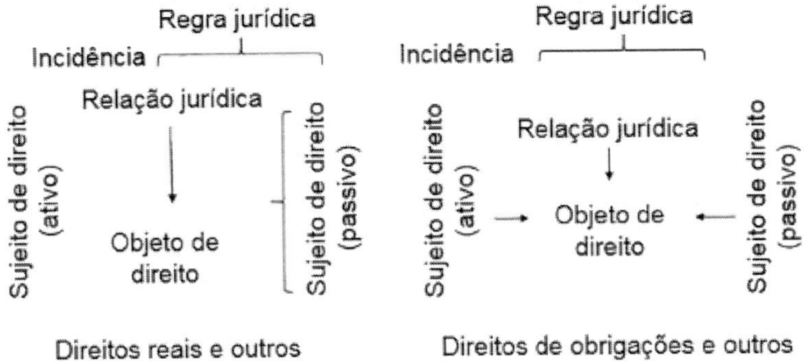

A figura acima, concebida por Pontes de Miranda, deixa bem didático o instituto do "objeto" da relação jurídica que será fundamental para o desenvolvimento de nosso raciocínio.

Agora, um vínculo jurídico será apreciável, economicamente, sempre que a prestação – a conduta esperada do devedor – tiver como objeto a entrega de uma riqueza, isto é, constitua a prestação de dar algo – um bem material ou imaterial – que possa, em última instância, ser conversível por pecúnia. De fato, como ensina Silvio Rodrigues, "o patrimônio é representado pelo acervo de bens, conversíveis em dinheiro", isto é, passíveis de serem trocados, pelo sujeito de direito, por moeda[197] ou ao menos que gerem frutos, isto é, possam ser objeto de negócios jurídicos que gerem, ao seu titular, bens conversíveis em pecúnia.[198]

Abrindo parênteses gostaria de destacar duas modalidades de relações jurídicas que entendo que serão relevantes para a materialidade do tributo.

197. RODRIGUES, Silvio. Direito civil – Parte Geral. 2ª ed. São Paulo: Max Limonad, vol. 1, p. 121 e 122.

198. Vou utilizar, doravante, a expressão "conversível em dinheiro" para exprimir essas duas ideias.

A primeira que destaco é conectada por negócios jurídicos dotados eficácia bilateral. Nesta modalidade, há dever e contradever, obrigação e contraobrigação.[199] Esses contratos são caracterizados pelo princípio da equivalência intencional, isto é, o direito de um existe em função do direito de outrem e daí a comutatividade, a equivalência.[200]

Outras relações jurídicas que gostaríamos de sublinhar são aquelas que o sujeito ingressa não porque manifesta um ato de vontade, mas porque uma norma jurídica geral e abstrata imputa-lhe a sujeição ativa ou passiva pela ocorrência de certo fato. Um fato jurídico previsto em lei faz nascer certa relação de *a* perante *b*. Fechemos os parênteses.

Nesse contexto, como um patrimônio pode ser acrescido em certo período? É, para certo sujeito S, pelo (I) advento de relações jurídicas que impliquem a obrigação de dar objetos conversíveis em dinheiro,[201] em que S seja sujeito ativo ou (II) ou pela dispensa (extinção da relação sem que seja adimplida) da obrigação de dar um objeto conversível em dinheiro, em que S seja sujeito passivo e desde que o valor atribuído a todos os objetos dessas relações supere o valor de todas as prestações contidas nos deveres jurídicos atribuíveis a tal sujeito de direito que sejam consideradas naquele mesmo período.

Note que só há acréscimo patrimonial com o advento de novas relações jurídicas, porque o patrimônio não é uma quantia pecuniária, mas um conjunto de direitos e deveres. Acréscimo patrimonial é aumento do valor de acervo em virtude de direitos e obrigações que surgiram ou se extinguiram ao longo de tempo. O bem pode se valorizar ou desvalorizar e

---

199. PONTES DE MIRANDA, Francisco Cavalcanti. Tratado de direito privado. Ed. Bookseller, 1ª edição, 2000, atualizado por Vilson Rodrigues Alves Tomo 3, p. 245.

200. Ibidem, p. 250.

201. Note que dinheiro é conversível em dinheiro, isto é, posso, a partir de uma nota de cinquenta reais substituí-la por cinco de dez. Por isso, por bem conversível em dinheiro estou considerando, também, o próprio dinheiro.

o patrimônio – conjunto de relações de direitos e deveres – é exatamente o mesmo.

Agora, a relação jurídica pode depender ou não da vontade jurídica da parte para se originar. No primeiro caso, chamarei de negócio jurídico. No segundo, de obrigação legal.

No caso da obrigação legal, se a norma geral e abstrata imputa o dever de A disponibilizar certa riqueza a B, apenas haverá acréscimo patrimonial se tal riqueza não for mera devolução ou ressarcimento. Pois caso contrário, o cômputo do gasto neutraliza o ganho.

Agora, no caso das relações jurídicas que importam negócios jurídicos, isto é, a vontade das partes, afirmo que apenas as relações jurídicas oriundas de negócios com eficácia bilateral podem gerar acréscimo patrimonial tributável.[202]

Efetivamente, se "a" adquire um direito em face de "b" sem uma contraprestação, há incidência de imposto sobre doação, inviabilizando a incidência do IR, como verificado no capítulo anterior. Por isso, um requisito das relações jurídicas que geram acréscimo patrimonial é que sejam constituídas em negócios com efeitos bilaterais.

O fato de as relações para identificação do fato jurídico tributário ostentarem contrarrelações (comutatividade) poderia aniquilar a própria noção de renda e proventos se alguns cuidados não forem tomados. É que se na comutatividade há paridade entre direito e obrigação, comparar, para fins de acréscimo patrimonial, tais vínculos (direito e obrigação), significa, por uma questão aritmética, tornar impossível qualquer acréscimo ou decréscimo patrimonial.

A título de exemplo, imaginemos que "x", um revendedor de mercadorias, adquire uma mercadoria M de "y", pagando o valor de R$ 80,00 (oitenta reais). Em seguida,"x" revende a mercadoria, por R$ 100,00 (cem reais) a "z".

202. Estou tomando "negócios bilaterais" em sentido amplo, e considerando negócios impropriamente bilaterais, ainda que haja desvantagem para uma parte.

Olhando-se para a segunda operação, o direito de “x” receber R$ 100,00 (cem reais) é contraposto à obrigação de entregar tal mercadoria – que também vale R$ 100,00 (cem re–ais)! - a “z”.

Note-se que se a obrigação de entrega da mercadoria M a “z” fosse contraposta, para fins de base de cálculo do imposto, como abatimento, ao direito de receber o dinheiro de “z”, o direito de receber R$ 100,00 (cem reais) seria neutralizado pela obrigação de entregar uma mercadoria que vale R$ 100,00 (cem reais), de modo que direito e obrigação acabariam por neutralizar, aritmeticamente, um ao outro, inviabilizando qualquer noção de “renda”.

Portanto, “x” terá de reconhecer R$ 100,00 (cem reais) como receita ou rendimento bruto e não poderá alegar que a entrega da mercadoria – que vale R$ 100,00 (cem –reais) - é um fator de decréscimo da renda.

Mas, “ x”poderá, por óbvio, no cômputo do IR, reconhecer o custo que teve na aquisição de M, de modo que seu lucro será a diferença de R$ 100,00 (cem reais), por R$ 80,00 (oitenta reais), isto é, R$ 20,00 (vinte reais).

Portanto, na compra e venda de M em que “x” aliena M e “z” compra, apenas “x” reconhecerá o ganho bruto e apenas “z” registrará o custo. O ganho bruto de “x” será reduzido por uma obrigação antecedente que foi justamente a de pagar o preço de R$ 80,00 a “y”. Chamarei esta obrigação de “obrigação antecedente”.

A obrigação antecedente, portanto, é abatível e comparada com o direito de receber um valor, conforme o critério temporal estabelecido pela legislação; por outro lado, se “z” adquire certa obrigação – por exemplo, pagar um preço – possivelmente o cumprimento de tal prestação lhe permitirá obter outros ganhos – por exemplo, vender a mercadoria M no futuro – de sorte que essa obrigação poderá ser aproveitada algum dia para abater o valor relativo a tais direitos futuros.

Por isso, em um negócio de eficácia bilateral, um direito é agrupado, para fins de cálculo da renda, com obrigações anteriores ou conexas que possibilitaram sua obtenção; e uma obrigação pode ser aproveitada para abatimento de outros direitos que contribua para gerar.

Assim é possível concluir que, dada as relações aRb e bR´a oriundas de um negócio bilateral N, aRb deve ser um acréscimo para "a" e, potencialmente, um decréscimo para "b" (pois é sujeito passivo desta); a relação bR´a não deve ser considerada direito b, que neutralize a despesa oriunda a aRB, e nem bRa deve ser um abatimento de "a" que aniquile, aritmeticamente, o rendimento que obteve que "a" obteve em aRb.

Em um exemplo concreto, se aRb é o direito de "a" receber remuneração e "b" de pagá-la, por conta de um trabalho exercido por "a", a existência da obrigação bRa – isto é, a obrigação de "a" trabalhar para ser remunerado – não pode ser uma obrigação de "a" que aniquile a remuneração recebida, isto é, não pode ser considerada uma obrigação que aritmeticamente – digamos assim pela assunção de que "tempo é dinheiro" – impeça o patrimônio jurídico de "a" ser acrescido, para fins de cômputo na base de cálculo do IRPF.

Ao mesmo tempo "bRa", apesar de identificar um direito de "b" perante "a", não pode implicar um rendimento a "b" – não se pode pretender tributá-lo - porque "a" lhe gerou uma riqueza decorrente do trabalho.

Se "a" vende um bem X para "b", recebendo, para tanto, dinheiro, não poderá alegar que meramente trocou bem por dinheiro para sustentar que seu patrimônio ficou intacto. O indivíduo "a" terá de identificar quanto gastou para aquisição do bem X e comparar as obrigações oriundas destes gastos com o valor recebido pela alienação.

Por outro lado, nem "b" poderá ser tributado porque comprou um bem que vale mais do que seu dinheiro. A aquisição do bem X para "b" não é receita, é custo que servirá para outra futura alienação.

Em síntese, dada uma relação comutativa Rc, logicamente complexa, formada pelas relações aRb e bRa, apenas uma das partes deve computar Rc como receita ou rendimento e uma das partes deve computá-la como despesa ou abatimento.

Mas, como definir, em um caso concreto, quem deve registrar Rc como receita (ou acréscimo) e quem deve computá-la como despesa ou abatimento? Para responder a tal questionamento postulemos que, no caso, a "a" seja atribuível a receita e a "b", a despesa. Ora, os indivíduos "a" e "b" nestes casos estão sendo diferenciados pelo tempo, "b" recebendo um tratamento fiscalmente mais benéfico, pois apenas será tributado em momento posterior: no caso da compra da mercadoria M, "b" será tributado quando vendê-la; no caso da contratação de trabalho, "b" poderá ser tributado quando obtiver frutos da mais-valia por explorar a mão de obra etc.

Se "a" e "b" são diferenciados temporalmente, pelo ordenamento, pela impossibilidade ontológica de se considerar as duas relações de modo concomitante, o único critério razoável de discrímen deve ser algo relacionado ao tempo. E esta diferença está relacionada à liquidez que a parte apresenta neste tipo de relação.

Que é liquidez? É a faculdade de um bem ser objeto de escambo em espaço de tempo relativamente curto. Quanto mais curto este espaço, mais líquido será o bem. Portanto, o ser líquido não é uma qualidade absoluta, mas relacional: é mais líquido aquele bem que normalmente é conversível em outros bens de modo mais célere.

Se "a" e "b" são discriminados em razão do tempo, o princípio da isonomia ditará que o direito deve onerar, prioritariamente, aquele que obtém maior liquidez em razão da conduta a que sua contraparte está obrigada a prestar– conforme a natureza do bem que é objeto de tais relações[203] – ao

203. O tempo é visto como na cultura ocidental ativo dos mais preciosos. Lembra bem Cristiane Pires que "representa algo de estimável valor para os seres humanos." (PIRES, Cristiane. Ibidem, p. 37).

passo que aquele que perde liquidez poderá se apropriar de um custo, de um abatimento ou uma despesa, conforme os critérios instituídos pelo orndeamento.

Por exemplo, na relação de trabalho, é o trabalhador que recebe que deverá reconhecer o rendimento e o empregador que paga que deve registrar a despesa; na relação de compra e venda, se é alienado um bem em troca de dinheiro, é o vendedor que deve reconhecer o eventual ganho (ou receita, conforme o caso) e o comprador que deve computar o custo da aquisição do bem; e assim por diante.

Em outras palavras, há uma regra implícita no sistema jurídico, atinente ao IRPF, que prescreve o seguinte: **dada uma relação comutativa Rc, logicamente complexa, formada pelas relações aRb e bRa, apenas a parte que se beneficia ou irá se beneficiar por um aumento de liquidez, decorrente de Rc – observando os critérios da disponibilidade jurídica ou econômica que verificaremos oportunamente – deve computar o objeto de Rc como um elemento positivo, como, por exemplo, uma receita, um valor de alienação, ou um rendimento e apenas a parte que perde ou irá perder liquidez deve registrá-lo como despesa, como um custo ou abatimento.**

E se a relação aRb for de igual liquidez em relação bRa? Ora, nesta hipótese, não haverá critério de escolha, de modo que as relações anular-se-ão reciprocamente, na medida de sua equivalência.

Por exemplo, se há um mútuo entre "a" e "b", de modo que "a" empresta dinheiro e "b" deve devolver, as relações jurídicas de entrega e devolução se anulam reciprocamente. O eventual pagamento de juros, porém, será tributado.

Se há permuta de bens, é porque as partes entendem que os objetos da troca detêm o mesmo valor. Não há que se falar em tributação, salvo em caso de torna, e desde que a torna represente um desequilíbrio comutativo.

Se há permuta de serviços não há que falar, ao menos na minha interpretação, em renda tributável, até porque não houve obrigação de dar. Reconheço, porém, que o Fisco possa não concordar com essa afirmação.

Avancemos. Se as assertivas acima estiverem corretas, não contribui para a geração de acréscimo patrimonial, portanto, a mera valorização de bens, haja vista que não é oriunda de novas relações jurídicas; não originam acréscimo patrimonial situações que representem potenciais vantagens ao contribuinte distintas da entrega de um bem que constitua uma riqueza e contribua para seu aumento de liquidez.

Por exemplo, a concessão de desconto na aquisição de um bem é, certamente, uma vantagem, mas, trata-se da mera redução de um preço potencial e um preço efetivo, não representa, em si, a entrega de um bem que o seu beneficiário possa alienar a um terceiro, em troca de dinheiro. Além disso, o comprador é o polo de menor liquidez, de modo que não será ele o alvo de tributação naquele instante. Será, eventualmente, o vendedor. O comprador poderá sofrer tributação no momento em que liquidar o bem, aproveitando-se daquele preço reduzido de compra e obtendo lucro.

Cada relação jurídica, para ser computada para fins de identificação da ocorrência do fato jurídico tributário do IRPF, há de ser selecionada a partir de um elemento temporal que verificaremos no próximo item. Ao término do período de apuração, o contribuinte identificará todas as relações aptas a serem consideradas, de acordo com o elemento temporal que mencionamos, e identificará se houve um acréscimo ou decréscimo em seu patrimônio, observando as normas de apuração do imposto.

Nesse sentido, será renda o conjunto das riquezas que o contribuinte passe a ser titular em função do trabalho por ele exercido, ou em razão do capital por ele investido. O trabalho e a utilização do capital, conforme o caso, estão conectados ao fato jurídico cuja eficácia faz nascer tais relações.

E será provento o conjunto de acréscimos patrimoniais oriundos de relações jurídicas decorrentes de outras origens.

Note-se que ao empregar a expressão "outros acréscimos patrimoniais", para definição do signo "proventos", o Código Tributário Nacional acaba por definir, implicitamente, que renda é resultado de um acréscimo patrimonial, confirmando a materialidade do IRPF que mencionamos no capítulo anterior, como já visto.

Assim, não há dúvida, por uma interpretação do art. 43 do CTN, que o critério material do Imposto Sobre a Renda é a obtenção de acréscimo patrimonial por parte do contribuinte, seja a que título for – rendas ou proventos.

Interessante observar que o § 1º do art. 43, introduzido pela Lei Complementar 104, de 10 de janeiro de 2001, prescreve que *"a incidência do imposto independe da denominação da receita ou do rendimento, da localização, condição jurídica ou nacionalidade da fonte, da origem e da forma de percepção"*. Cabe perquirir se a tributação também poderia incidir sobre eventuais "receitas" auferidas pelo contribuinte.

Nesse ponto, vale asseverar que "receita" não se confunde com "renda". A receita é apenas um valor positivo auferido pelo contribuinte. Nesse sentido, em uma analogia, receita está para renda assim como um insumo está para um produto final e dista de se qualificar como o resultado de acréscimos e decréscimos apurado em determinado tempo pelo sujeito passivo da obrigação tributária.

O §1º do art. 43 do CTN, ao dispor que "a incidência do imposto independe da denominação da receita" apenas reafirma o primado da universalidade, determinando que todos os rendimentos deverão estar sujeitos à tributação, seja qual for a denominação conferida a determinada receita que dê origem a esse rendimento.

Como já tratamos desse dispositivo no capítulo anterior, julgamos suficientes as afirmações acima dispostas.

2.2 Sobre o critério temporal

Quando especulamos sobre o critério temporal, devemos lembrar que o tempo, na condição de forma de intuição pura interna, é condição para se observar qualquer fenômeno.

Quando se demarca, temporalmente, a materialidade da regra-matriz de incidência tributária não se está descrevendo algo que é imanente ao fenômeno, mas que é condição de sua apreensão. E em se tratando de norma jurídica, essa condição é prescritivamente indicada ao intérprete, de modo que conhecer o fato jurídico é também perceber se o tempo percebido no fenômeno equivale ao tempo conotado pela norma geral e abstrata.[204]

O Código Tributário Nacional não determina, expressamente, o critério temporal do Imposto Sobre a Renda, que é, para as pessoas físicas, em 31 de dezembro de cada ano-calendário.

Por outro lado, ao prescrever que integra a base de cálculo a renda disponível jurídica ou economicamente, o referido Código define importante marco temporal aplicável à percepção de rendimentos pelo contribuinte, que acaba interferindo no critério temporal do imposto.

Essa determinação de que o fato gerador do IRPF é a renda disponível jurídica ou economicamente não deixa de ser uma espécie de metonímia aplicada pelo legislador, ao se tomar uma característica da parte e aplicar ao todo. Compreendamos.

Expusemos, no capítulo anterior, que renda é o acréscimo patrimonial oriundo do conjunto de relações jurídicas, dotadas de objetos conversíveis em dinheiro, em que certo sujeito seja titular em razão de ter exercido um trabalho ou em razão de um investimento de seu capital, ou oriundo do conjunto de relações jurídicas que impliquem a extinção de uma obrigação

---

204. Como observa com acuidade Cristiane Pires, o critério cronológico é "aspecto normativo condicionador da regra-matriz de incidência no tempo e marco para o nascimento das relações-jurídico-tributárias". Ibidem, p. 134.

(dispensa de uma obrigação de dar um bem), em razão de um fato jurídico qualquer com conexão ao capital e ao trabalho. Já proventos são relações jurídicas decorrentes de outras origens que importem (a) direitos cujo objeto sejam objetos conversíveis em pecúnia ou que acarretem dispensas, extinção de obrigações cujos objetos sejam conversíveis em pecúnia.

Direitos são oriundos da eficácia de fatos jurídicos.[205] O trabalho e o determinado aproveitamento de certo capital se tornam fatos jurídicos que irradiam uma classe de direitos que fazem nascer a renda; e os proventos são decorrentes de todos os fatos jurídicos que não guardem conexão com o capital e o trabalho.

Mas, para que certa relação jurídica seja computada e a base de cálculo do gravame apurada é preciso que se estabeleça uma relação de pertinencialidade entre tais relações e dois marcos temporais previstos pela legislação: um deles, referente a um elemento cronológico próprio da relação jurídica que tenha como objeto um elemento economicamente apreciável; o outro, que estabeleça um momento inicial e um final para que a evolução do patrimônio do contribuinte possa ser observada.

É nesse sentido que se tornam relevantes as noções de (I) disponibilidade jurídica, (II) econômica de renda e proventos e (III) período de apuração. As duas primeiras representam uma forma de intuição pura que se volta à própria relação jurídica a ser considerada, ou não, para o cálculo da renda e proventos; a última noção é determinante para se identificar qual a data inicial e final para que o acréscimo patrimonial verificado pelo contribuinte seja apurado.

Insta, então, definir o que significa "disponibilidade jurídica ou econômica", nos termos preconizados pelo Código Tributário Nacional. Para esse fim, vale a pena conferir trecho de parecer do Professor Rubens Gomes de Sousa, por sinal,

---

205. PONTES DE MIRANDA, Francisco. PONTES DE MIRANDA, Francisco Cavalcanti. Tratado de direito privado. Tomo 5. São Paulo: Ed. Bookseller, 1ª edição, 2000, atualizado por Vilson Rodrigues Alves, p. 41.

citado pelo Ministro Marco Aurélio em seu voto no RE 172058 (julgado em 30.06.1995, DJ 13.10.1995 PP-34282 EMENT VOL-01804-08 PP-01530 RTJ VOL-00161-03 PP-01043):

> A disponibilidade adquirida pode, nos termos da definição, ser "econômica" ou "jurídica" (CTN, art. 43, *caput*). A aquisição de "disponibilidade econômica" corresponde ao que os economistas chamam de "separação" de renda: é a sua efetiva percepção em dinheiro ou outros valores.
>
> [...]
>
> A aquisição de "disponibilidade jurídica" corresponde ao que os economistas chamam de realização da renda: é o caso em que, embora o rendimento ainda não esteja "economicamente disponível" (isto é, efetivamente percebida), entretanto o beneficiário já tenha título hábil para exercê-la.[206]

Relacionando tais noções ao acima exposto, diríamos que haverá disponibilidade jurídica sempre que o fato jurídico que faz nascer o direito de determinado sujeito já se concretizou juridicamente e já é eficaz, de modo que o direito subjetivo ingressou no feixe de seu patrimônio. Note, porém, que a disponibilidade jurídica não é da renda mesma – isto é do acréscimo patrimonial – mas do direito que será computado para a apuração da renda.

E a disponibilidade econômica? Tal elemento surgirá à medida que a prestação apreciável economicamente for cumprida – no todo ou em parte – por seu sujeito passivo. Ou seja, se o contribuinte "a" é titular de uma relação a*R*b dotada da prestação *R*, economicamente apreciável, e *R* é satisfeita por "b", então "a" gozará de disponibilidade econômica daquele rendimento oriundo de *R*.

É interessante observar que a disponibilidade econômica pode pressupor, até mesmo, a extinção da relação jurídica que a gerou, pois surgirá quando o sujeito ativo da relação jurídica teve seu direito integralmente ou parcialmente satisfeito.

206. SOUSA, Rubens Gomes de. Pareceres 3 – Imposto de Renda. Editora Resenha Tributária. São Paulo, página 277.

Haverá indisponibilidade jurídica sempre que o fato jurídico, cuja eficácia faz nascer determinado direito apreciável economicamente ainda não se concretizou, ou ainda não é eficaz, e haverá indisponibilidade econômica sempre que o objeto da relação jurídica da qual o sujeito é titular ainda não foi adimplido.

Por outro lado, se o critério temporal estabelecido para se considerar direitos computáveis for a disponibilidade jurídica, então, o critério temporal para se considerar deveres também deve ser a disponibilidade jurídica do dever.

Assim, se o contribuinte passa a ser titular de certos direitos obtidos em determinado período de apuração, a renda e proventos devem ser apurados contrapondo-se todos os deveres pertinentes que já incidiram em tal período de apuração.

Agora, conforme já visto na primeira parte deste estudo, por deveres pertinentes entendo todas as obrigações que (i) o sujeito já ingressou por haver ocorrido o fato jurídico suficiente para sua geração, (ii) tenham sido relevantes para (a) gerar direitos economicamente apreciáveis naquele período de apuração ou (b) garantir a manutenção da fonte produtora ou de seus dependentes e (iii) não representem a contraobrigação de uma relação bilateral.

Se o contribuinte gasta certo valor para deter um ativo e depois o aliena, a renda surge com a realização do bem. É nesse momento que o valor gasto para sua obtenção é computado, de modo que o valor tributado é a diferença obtida na operação.

Relevante notar que, de acordo com o critério de disponibilidade jurídica, para o cômputo da renda e proventos não são considerados apenas os direitos e deveres existentes no término do período de apuração, mas todos aqueles que se tornaram juridicamente disponíveis ao longo do período de apuração.

O que neutraliza, ou abate, o direito é uma obrigação – e não a persistência, ou não, de tal relação jurídica no instante do término do período de apuração, salvo em casos excepcionais previstos na legislação.

Daí por que insistimos que o relevante não são os direitos e deveres existentes no término do período de apuração, mas todos adquiridos durante tal período.

No caso da disponibilidade econômica, a assertiva acima fica ainda mais aplicável. Nesta hipótese, que é sinônimo de "critério de caixa", o objeto das relações jurídicas a que o contribuinte é sujeito ativo ou passivo já se extinguiu – ao menos parcialmente – revertendo em recebimentos ou gastos.

Isso não significa que a base de cálculo do IRPF deixe de ser o acréscimo patrimonial experimentado pelo contribuinte em determinado período de tempo: sem que os acréscimos patrimoniais auferidos superem os decréscimos, inexistirá fato jurídico tributário. E o momento de se comparar é o término do período de apuração. O fato não deixa de ser instantâneo. Apenas que o modo de calcular esse acréscimo tem critérios que não se coadunam com a mera verificação de ativos e passivos efetivamente existentes na data de término de apuração, como o senso comum pareceria indicar.

Agora, cada objeto de relação jurídica apreciável economicamente, em que o contribuinte é sujeito ativo, será justamente o rendimento – ou no caso da pessoa jurídica, receita – e cada objeto de relação jurídica em que o contribuinte é sujeito passivo será designado de "abatimento" – ou despesa no caso de pessoa jurídica.

De fato, José Luiz Bulhões Pedreira indica que renda é um acréscimo de poder econômico que pressupõe um "período de tempo", ao passo que um rendimento seria um "determinado ganho".[207]

Ou seja, quando identificamos um "ganho" particular não estamos observando, propriamente, da "renda", em sua unidade, mas de um rendimento que deve ser computado para o cálculo da renda que, eventualmente, poderá ser obtida ao término de determinado período de apuração.

---

207. PEDREIRA, José Luiz Bulhões. Idem 2-3.

Por isso que entendemos que, em verdade, não há muito sentido, assim, em se pensar que a renda pode ser disponível ou indisponível, se a renda já é o valor em que rendimentos superam os abatimentos.

Ora, disponível ou indisponível é o rendimento a ser percebido pelo contribuinte, isto é, é cada ganho fruto das mais variadas relações jurídicas.[208] De fato, esse conceito de "disponibilidade" é invariavelmente aplicado a fim de se verificar se determinado rendimento será, ou não, considerado, para fins de apuração da renda tributável.

Assim, a assertiva de que a hipótese de incidência do IRPF é a aquisição de disponibilidade jurídica ou econômica de renda e proventos apenas faz sentido se pensarmos que os rendimentos que compõem essa renda deverão ser disponíveis jurídica ou economicamente. Daí sim, aplicando-se a figura de linguagem denominada metonímia, diremos que a renda é disponível, jurídica, ou economicamente, quando apurada a partir de uma série de rendimentos disponíveis jurídica ou economicamente auferidas pelo sujeito passivo da obrigação tributária.

Portanto, parece-nos que o dispositivo legal acima citado, mais do que estabelecer um critério temporal para definição da renda ou proventos, como sugere a redação do artigo, acaba criando um marco temporal que define em que momento os rendimentos devem ser computados para fins de apuração da base imponível do imposto.

Feita tal ressalva, poderemos inferir que o critério temporal do Imposto Sobre a Renda Pessoa Física possui um critério temporal de dimensão macro e outro micro. O primeiro, não definido pelo Código Tributário Nacional, indica qual o período

208. Nesse sentido, Alcides Jorge Costa aponta: "a disponibilidade diz respeito não à renda total de determinado período, mas as parcelas que a compõem." (COSTA, Alcides Jorge. Imposto Sobre a Renda: a aquisição da disponibilidade jurídica ou econômica como seu fato gerador. Limite da incidência. In: *Diálogos póstumos com Alcides Jorge Costa*. Coordenadores: Ricardo Mariz de Oliveira e Sérgio Freita Costa. Editor: Fernando Aurélio Zilveti. São Paulo: Editora IBDT, 2.017, p. 33.

que será levado em consideração para fins de identificar a evolução patrimonial do sujeito passivo, isto é, o período de apuração. Esse período há de levar em consideração um termo inicial, em que identifica o valor do patrimônio existente em tal marco e um instante final, relevante para se identificar o valor derradeiro do patrimônio, a fim de se identificar eventual tributação.[209] É nesse instante derradeiro em que se verifica a renda e proventos percebidos, ou seja, apenas após o encerramento do período, acima mencionado, que a norma estará apta a irradiar os efeitos jurídicos que lhe são peculiares.

De fato, o aspecto de que todas as relações jurídicas que têm como objeto rendimentos ou abatimentos que surgiram ao longo do período de apuração devam ser consideradas para fins de apuração da renda e proventos não afasta a noção de que o (macro) critério temporal do IRPF apenas se verifica no último instante do período de apuração. É nesse momento que a existência, ou não, de renda e proventos está apta a gerar o nascimento da relação jurídico-tributária.

Agora, além desse critério temporal macro, como já vimos, há um critério temporal micro, ou seja, aplicado aos elementos que compõem a renda (e proventos) e que determina quando tais elementos devem ser computados para apuração do imposto.

Esse critério temporal micro é justamente definido pelo art. 43 do CTN, ao enunciar que a renda deve ser disponível jurídica ou economicamente, ou seja, ao proibir que os rendimentos sejam computados antes que disponíveis jurídica ou economicamente ao contribuinte.

Critério temporal macro e micro são cumulativos e sem o preenchimento deles não há que se falar em tributação. Se em 31 de dezembro não há um valor suficiente de rendimentos disponíveis que permita superar o valor dos abatimentos possíveis de serem aproveitados, não há que se falar em

209. Isso porque, como lembra Rubens Gomes de Sousa, "renda é o acréscimo do patrimônio, verificado entre dois momentos quaisquer de tempos". (In Compêndio de Legislação Tributária. Rio de Janeiro: Editoras Financeiras S.A., 1952, p. 204).

possibilidade de incidência do imposto, uma vez que a base de cálculo será negativa.

Ao mesmo tempo, se em 10 de novembro o contribuinte verifica que o valor dos rendimentos disponíveis ultrapassou o valor dos abatimentos, tal situação é irrelevante para fins de incidência do imposto, pois o marco final de apuração do imposto é 31 de dezembro.

Assim, podemos assinalar que se o Código Tributário Nacional, por um lado, não definiu o critério temporal macro do imposto, tal como atualmente vigente, em sua integralidade, acabou por definir o critério temporal micro, indicando um dos fatores temporais que deverão de ser levados em conta para se determinar a tributação sobre determinada riqueza.

Agora, ao prescrever que a disponibilidade pode ser econômica ou jurídica, o Código Tributário Nacional outorgou à União a faculdade de instituir dois critérios temporais distintos para fins de determinação do momento da percepção dos rendimentos: (i) o regime de caixa e (ii) o regime de competência. No chamado regime de caixa, o rendimento integra a base de cálculo do imposto no momento em que é recebido pela pessoa física; já no regime de competência, a tributação se dá quando se tem a titularidade jurídica pelo bem.

Como veremos no momento adequado, a legislação do Imposto Sobre a Renda Pessoa Física prevê que a tributação se dá no regime de caixa, demonstrando a opção de se tributar, somente, a disponibilidade econômica do rendimento.

Outro ponto importante que devemos refletir é a dicção imersa no § 2º do art. 43 do CTN, com a redação dada pela Lei 104/2001, prescreve o seguinte:

> Art. 43. [...]
>
> [...]
>
> § 2º Na hipótese de receita ou de rendimento oriundos do exterior, a lei estabelecerá as condições e o momento em que se dará

> sua disponibilidade, para fins de incidência do imposto referido neste artigo.[210]

Do dispositivo acima citado, depreende-se que caberia à legislação tributária estabelecer as condições e o momento em que se dará a disponibilidade de receita ou rendimentos oriundos do exterior.

Parece-nos que esse dispositivo não pode ser interpretado como uma faculdade do legislador de definir o momento da disponibilidade de rendimentos do exterior de forma arbitrária. Ora, o signo "disponibilidade" guarda certo conteúdo semântico. De novo, podemos mencionar o voto do Ministro Marco Aurélio no julgado anteriormente citado a respeito da matéria (vide capítulo anterior).

A disponibilidade jurídica, assim, pelo seu próprio conceito, envolve o regramento prescrito pelas normas que regulam certa relação que têm por objeto o recebimento do rendimento. Essas normas são as que determinam quando se é titular de um direito ou bem.

Assim, não resta ao direito tributário muita margem para se definir o momento em que se dá essa disponibilidade, haja vista que deverá ser compatível com a norma jurídica que rege o negócio.

Se a legislação tributária pudesse apontar uma coordenada de tempo arbitrária para fins de definição do instante em que o rendimento se considera disponível, então, o próprio signo "disponibilidade" perderia qualquer significado, tornando-se um conceito aberto para ser definido pelo legislador. Disso decorreria que o fato gerador do Imposto Sobre a Renda, na prática, seria definido pela própria União, enquanto pessoa política de direito público interno.

Mas, a norma geral de direito tributário não pode delegar a função que lhe foi outorgada pela Constituição da República,

---

210. Note-se que a redação desse parágrafo é mais precisa do que o *caput*, ao relacionar os conceitos de disponibilidade com a noção de rendimento e não de renda.

em seu art. 146, inciso III, "a", de definir a hipótese de incidência dos impostos. Essa função é da lei complementar, na condição de norma nacional, não cabendo qualquer delegação ao legislador federal.

A título de exemplo, registre-se que na ADIN 1.600, o Supremo Tribunal Federal decidiu pela inconstitucionalidade da cobrança de ICMS sobre transporte aéreo por falta de definição, por parte da lei complementar, de elementos nucleares para delimitação para solução de conflitos de competência. Mantendo-se a coerência com tal julgado, haveremos de admitir como é imprescindível que o fato gerador dos tributos seja definido por lei complementar, não podendo, tal tarefa, ser delegada à legislação ordinária.[211]

Se essas observações tiverem cabida, haveremos de conceber uma interpretação bem cautelosa ao §2º do art. 43 do CTN, eliminando qualquer possibilidade de arbitrariedade da legislação federal na definição do momento de percepção do rendimento.

211. EMENTA: CONSTITUCIONAL. TRIBUTÁRIO. LEI COMPLEMENTAR 87/96. ICMS E SUA INSTITUIÇÃO. ARTS. 150, II; 155, § 2º, VII 'A', E INCISO VIII, CF. CONCEITOS DE PASSAGEIRO E DE DESTINATÁRIO DO SERVIÇO. FATO GERADOR. OCORRÊNCIA. ALÍQUOTAS PARA OPERAÇÕES INTERESTADUAIS E PARA AS OPERAÇÕES INTERNAS. INAPLICABILIDADE DA FÓRMULA CONSTITUCIONAL DE PARTIÇÃO DA RECEITA DO ICMS ENTRE OS ESTADOS. OMISSÃO QUANTO A ELEMENTOS NECESSÁRIOS À INSTITUIÇÃO DO ICMS SOBRE NAVEGAÇÃO AÉREA. OPERAÇÕES DE TRÁFEGO AÉREO INTERNACIONAL. TRANSPORTE AÉREO INTERNACIONAL DE CARGAS. TRIBUTAÇÃO DAS EMPRESAS NACIONAIS. QUANTO ÀS EMPRESAS ESTRANGEIRAS, VALEM OS ACORDOS INTERNACIONAIS - RECIPROCIDADE. VIAGENS NACIONAL OU INTERNACIONAL - DIFERENÇA DE TRATAMENTO. AUSÊNCIA DE NORMAS DE SOLUÇÃO DE CONFLITOS DE COMPETÊNCIA ENTRE AS UNIDADES FEDERADAS. ÂMBITO DE APLICAÇÃO DO ART. 151, CF É O DAS RELAÇÕES DAS ENTIDADES FEDERADAS ENTRE SI. NÃO TEM POR OBJETO A UNIÃO QUANDO ESTA SE APRESENTA NA ORDEM EXTERNA. NÃO INCIDÊNCIA SOBRE A PRESTAÇÃO DE SERVIÇOS DE TRANSPORTE AÉREO, DE PASSAGEIROS - INTERMUNICIPAL, INTERESTADUAL E INTERNACIONAL. INCONSTITUCIONALIDADE DA EXIGÊNCIA DO ICMS NA PRESTAÇÃO DE SERVIÇOS DE TRANSPORTE AÉREO INTERNACIONAL DE CARGAS PELAS EMPRESAS AÉREAS NACIONAIS, ENQUANTO PERSISTIREM OS CONVÊNIOS DE ISENÇÃO DE EMPRESAS ESTRANGEIRAS. AÇÃO JULGADA, PARCIALMENTE PROCEDENTE. (ADI 1600, Relator(a): Min. SYDNEY SANCHES, Relator(a) p/ Acórdão: Min. NELSON JOBIM, Tribunal Pleno, julgado em 26.11.2001, DJ 20.06.2003, PP-00056, EMENT VOL-02115-09 PP-01751).

Estamos convencidos que, no caso da pessoa física, a opção pela tributação no regime de caixa – disponibilidade econômica – seja a mais adequada, eliminando-se qualquer incompatibilidade entre o momento definido pelo legislador e eventual disponibilidade jurídica de um bem, definida por eventual norma de direito alienígena.

De qualquer sorte, tenhamos que o Código Tributário Nacional prescreve que a renda apenas pode ser tributada se disponível jurídica ou economicamente. Exatamente, por isso, no julgado já citado do Supremo Tribunal Federal decidiu-se que não poderia haver incidência de Imposto de Renda na Fonte nos lucros apurados (mera expectativa de direito) pelas sociedades e ainda não disponibilizados aos acionistas ou quotistas.

Efetivamente, antes da decisão, por parte da sociedade, mediante o procedimento previsto pela legislação, para se distribuir lucros ou dividendos, não há disponibilidade jurídica ou econômica da renda, a disponibilidade só ocorrerá quando o lucro for de fato distribuído, não na mera decisão de distribuir.

Caso muito semelhante, já analisado no capítulo anterior, é o julgado do Supremo Tribunal Federal que alcança o lucro apurado no exterior por controladas ou controladoras de pessoas jurídicas brasileiras, uma vez que a legislação ordinária prescrevia que tal valor deveria ser tributado em 31 de dezembro, independentemente do valor ter sido distribuído ou não. Parece-nos que, mais uma vez, não há que se falar em disponibilidade jurídica ou econômica da renda, como já vimos.

2.3 Sobre o critério espacial

Se renda e proventos são acréscimos patrimoniais, trata-se de uma evolução aritmética, de uma expressão numérica. Além disso, o patrimônio também é um elemento lógico, pois é fruto de relações jurídicas. Agora, se números, como instâncias lógicas, como elementos próprios do entendimento e não da sensibilidade – assim como o patrimônio, enquanto conjunto de relações – não são passíveis de serem localizados na forma de intuição pura exterior que é o espaço, qual o sentido, então, de se determinar o critério espacial do IRPF?

Quando se nota que acréscimo patrimonial tributável é oriundo de um conjunto de relações jurídicas e que toda relação é eficácia de um fato, logo se percebe que o objeto da experiência sensível passível de ser localizado no espaço são (1) os fatos jurídicos que geram tais relações relevantes para a determinação da renda e proventos ou (2) as prestações cumpridas pelo sujeito passivo de tais relações.

Nesse sentido, quando se enuncia o princípio da universalidade e sua relação com o IRPF, no fundo admite-se que independentemente do local em que certo fato jurídico – cuja eficácia seja uma relação que contribui para a formação da renda e proventos – ocorra, os rendimentos dele decorrentes serão relevantes para a apuração da base de cálculo do IRPF; ou que independentemente do local em que tal relação jurídica for adimplida, a mesma relevância se verifica.

Assim, com o princípio da universalidade, previsto no art. 153, § 2º, inciso I, da Constituição da República, já se infere a possibilidade de um critério espacial do IRPF bem abrangente, capaz de incluir rendimentos auferidos em outras fronteiras, isto é, decorrentes de fatos jurídicos ocorridos em outros países.

Ao legislador infraconstitucional, caberia definir um critério de conexão para aplicação da universalidade, isto é, caberia definir em quais situações o contribuinte deveria oferecer à tributação os rendimentos obtidos fora do país.

Nesse sentido, vale assinalar que Código Tributário Nacional, com a inovação da Lei Complementar 104/2001, reafirma a universalidade, sem, contudo, delimitar o critério de conexão pertinente.

De fato, o § 1º do art. 43 do CTN, com a redação dada pela Lei Complementar 104/2001, prescreve que "*a incidência do imposto independe da denominação da receita ou do rendimento, da localização, condição jurídica ou nacionalidade da fonte, da origem e da forma de percepção.*"

Assim se percebe que a tributação pode incidir no Brasil ainda que a fonte produtora do rendimento se localize no exterior. Contudo, não fica claro, no texto do referido artigo, qual o fator que permitiria à legislação brasileira alcançar um rendimento produzido no exterior.

Com essa ausência de previsão da legislação nacional, fica a União, por meio de Lei Ordinária, incumbida da função de instituir normas que delimitem o critério de conexão do IRPF, suprindo a lacuna deixada pelo Código Tributário Nacional, sem prejuízo de se invocar a inconstitucionalidade dessa omissão do legislador nacional, por violação ao art. 146, III, "a", da Constituição da República.

De qualquer sorte, a universalidade inserida pelo CTN é compatível com o princípio da universalidade, plasmado no Texto Constitucional.

3. SOBRE O CONSEQUENTE DA REGRA-MATRIZ DE INCIDÊNCIA TRIBUTÁRIA

3.1 Sobre a base de cálculo

O art. 44 do CTN prescreve que a base de cálculo do imposto de renda é o montante real, arbitrado ou presumido da renda ou dos proventos tributáveis.[212]

Vimos que o fato jurídico tributário do IRPF surgirá sempre que em determinado período de apuração as relações jurídicas que representem direitos economicamente apreciáveis do contribuinte ou que dispensas de obrigações que representem obrigações de dar superem as relações jurídicas que tenham como objeto deveres, observando-se que tais vínculos serão selecionados conforme o critério de disponibilidade jurídica ou econômica seja aplicável, tal como definido pelo legislador.

Como já visto, quando se pensa em base de cálculo, as relações jurídicas que representam direitos serão observadas a partir de seu objeto, isto é, de seu *quantum* economicamente apreciável. Este *quantum* será a receita, para a pessoa jurídica e o rendimento bruto, para a pessoa física.

---

212. Art. 44. A base de cálculo do imposto é o montante, real, arbitrado ou presumido, da renda ou dos proventos tributáveis.

Por sua vez, as relações jurídicas que representam obrigações e sejam selecionadas, conforme critérios legais, na verdade serão enxergadas pela base de cálculo a partir de seu aspecto pecuniário. Tal elemento será designado de abatimento para o caso das pessoas físicas e despesa para as pessoas jurídicas quando implicarem gastos não utilizados para a aquisição de outra riqueza; e será designado custo quando importarem gastos para a obtenção de bens.

Nos moldes disciplinados pelo legislador nacional, portanto, o legislador federal deverá incluir na base de cálculo do IR todas as receitas – ou rendimentos – e despesas e custos – ou abatimentos – que sejam selecionáveis a partir do critério da disponibilidade econômica ou jurídica da renda. E o aplicador do direito, ao constituir a norma individual e concreta do IR, deverá mensurar com precisão o valor desses rendimentos e desses abatimentos.

A determinação do valor de rendimento e receitas e abatimentos e custos é fator essencial para se apurar, adequadamente, a renda.

É preciso notar que o acréscimo patrimonial real para fins de IR não se confunde com o acréscimo patrimonial extratributário verificado no final do período de apuração. Essa discrepância pode-se dar por dois motivos:

(1) Em termos tributários, a constância do direito (ou do dinheiro, ou bem, no caso da disponibilidade econômica) no patrimônio do contribuinte no último dia do período de apuração é irrelevante, salvo exceções legais. Nesse sentido, os direitos ou bens podem ter sido extintos para fins extratributários – por exemplo, o contribuinte efetiva gastos por liberalidade – mas, não para fins fiscais;

(2) Cada acréscimo de um direito novo só é neutralizado por um abatimento e despesa. Mas, os abatimentos e despesas só serão computados se relevantes para (a) gerar renda do contribuinte (ou no caso da

pessoa física de seu dependente) ou (b) impedir que a tributação consuma a própria integridade do capital produtor.

Refletindo, ainda, sobre o item 2, e voltando-se um pouco mais à pessoa física, entendemos que Luís Cesar Souza de Queiros sintetiza de modo eficiente os gastos que devem ser computados, considerando-se as particularidades dessa espécie de contribuinte:

> **Quanto às pessoas físicas**, pode-se identificar, em termos monetários três grupos de fatos-decréscimos necessariamente dedutíveis:
>
> a) os que equivalem a simples decréscimos no valor de um direito subjetivo patrimonial;
>
> b) os correspondentes a gastos que equivalem ao "mínimo existencial" ou, na locução constitucional, "às necessidades vitais básicas", cujo correspondente monetário, segundo indica a Constituição da República, art. 7º, item IV, pode ser equivalente ao que deve ser instituído como salário mínimo nacional, o qual deve ser "capaz de atender às suas necessidades vitais básicas e às de sua família, moradia, alimentação, saúde, lazer, vestuário, higiene, transporte e previdência social; e
>
> c) todos os valores que, no plano concreto, da realidade devam necessariamente ser despendidos com a finalidade de preservar a própria saúde dos membros de sua família, mesmo que superem o valor abstrata e genericamente fixado como salário-mínimo.[213] (grifos no original).

Com exceção do elemento "a", que não entendemos essencial para a renda, a possibilidade de o contribuinte abater, para fins de apuração da base de cálculo do tributo, os gastos acima mencionados, é essencial para que a tributação incida sobre a renda real do contribuinte.

Por outro lado, na renda presumida, geralmente consideram-se as receitas e rendimentos efetivamente auferidos e se

213. QUEIROZ, Luís Cesar Souza. Imposto Sobre a Renda. Requisitos Para uma Tributação Constitucional. São Paulo: Editora Forense, 2003, pp. 272 e 273.

presumem as despesas e abatimentos, de modo que a base de cálculo do IR é um valor estimado, conforme o critério legal.

Agora, a adoção da renda presumida jamais pode ser obrigatória ao contribuinte, sob pena de se violar o direito constitucional de se ser tributado conforme o âmbito material de competência do gravame.

Por fim, a renda arbitrada há de ser imposta quando haja dificuldades de se identificar a renda real, por motivos de força maior ou quando não mereçam fé as informações prestadas pelo contribuinte. De toda sorte, ao contribuinte deve ser disponibilizado o direito de provar a erronia do arbitramento, pelo mesmo direito constitucional a que nos referimos no parágrafo acima.

Com base em tal dispositivo legal, a legislação federal criou a tributação das pessoas jurídicas com base no lucro real, presumido ou arbitrado. Não há tal disposição aplicada às pessoas físicas de forma tão expressa.

Contudo, poderíamos identificar, na legislação, regimes que se aproximam de da renda real e renda presumida. Vejamos.

Na declaração de rendimentos da pessoa física, é possível escolher a sistemática normal ou simplificada. Na primeira, o contribuinte deve indicar todas as parcelas a serem deduzidas da base de cálculo previstas na legislação vigente.

Já no chamado modelo simplificado, há um desconto padrão de 20% (vinte por cento), presumindo-se que as despesas incorridas foram em tal valor, observado certo limite máximo determinado em reais. Ora, essa sistemática nada mais é senão uma renda presumida do contribuinte, calculada a partir de uma redução de 20% (vinte por cento) do total dos valores recebidos pelo contribuinte no período de apuração.

Por outro lado, a declaração completa se aproxima do que poderíamos denominar de renda real, com a ressalva de que a legislação cria certos limites para a dedutibilidade de despesas essenciais, como se verá adiante.

Segundo concebemos, ao instituir tais limites, viola-se não apenas a Constituição da República, pelos motivos assinalados anteriormente, como o próprio Código Tributário Nacional na medida em que se cria uma tributação que difere da renda real do contribuinte.

Já quanto à possibilidade de tributação de renda arbitrada, podemos identificar exemplos na legislação, apenas para ilustrar a concretude dessa autorização do Código Tributário Nacional. A título de exemplo, o art. 6º da Lei 8.021/90 prevê que:

> Art. 6° O lançamento de ofício, além dos casos já especificados em lei, far-se-á arbitrando-se os rendimentos com base na renda presumida, mediante utilização dos sinais exteriores de riqueza.
>
> § 1° Considera-se sinal exterior de riqueza a realização de gastos incompatíveis com a renda disponível do contribuinte.
>
> § 2° Constitui renda disponível a receita auferida pelo contribuinte, diminuída dos abatimentos e deduções admitidos pela legislação do Imposto de Renda em vigor e do Imposto de Renda pago pelo contribuinte.
>
> § 3° Ocorrendo a hipótese prevista neste artigo, o contribuinte será notificado para o devido procedimento fiscal de arbitramento.
>
> § 4° No arbitramento tomar-se-ão como base os preços de mercado vigentes à época da ocorrência dos fatos ou eventos, podendo, para tanto, ser adotados índices ou indicadores econômicos oficiais ou publicações técnicas especializadas.
>
> § 5º (Revogado)
>
> § 6° Qualquer que seja a modalidade escolhida para o arbitramento, será sempre levada a efeito aquela que mais favorecer o contribuinte.

Como se nota, em havendo gastos do contribuinte incompatíveis com a renda, fica a autoridade administrativa na contingência de efetivar o lançamento de ofício, tributando a renda presumida. Em nossa visão, o art. 44 do CTN confere tal possibilidade: a omissão do contribuinte em declarar adequadamente seus rendimentos ou justitificá-los não pode sujeitar o Fisco a não arrecadar os tributos de sua competência.

Maria Rita Ferragut, tratando do arbitramento, assim explica:

> Arbitramento é tanto procedimento, no sentido de sucessão ordenada de atos, visando obter-se um resultado final, como o próprio ato de conclusão do procedimento.
>
> Especificamente no que diz respeito ao ato de conclusão, é considerado como sendo a determinação, a fixação da quantia por arbítrio, pela própria consciência, a partir de alternativas legais. [...]
>
> A legislação fiscal coloca arbitramento em três acepções: ato administrativo de apuração de base de cálculo, concretizado por meio de métodos indiciários; definição de base legal substitutiva e ato administrativo decorrente da impossibilidade de adoção de base de cálculo substitutiva.[214]

No caso acima, entendemos que o arbitramento previsto na norma corresponde ao segundo sentido mencionado por Maria Rita Ferragut, isto é, à fixação de quantia por arbítrio a partir de alternativas legais.

Se notada a existência de gastos incompatíveis com a renda declarada pelo contribuinte, presume-se que tais gastos foram suportados por rendimentos omitidos.

É preciso considerar que aquilo que autoriza a cobrança, com fundamento no artigo acima, são gastos incompatíveis com a renda. Por isso, a fiscalização deve comprovar a existência desses gastos, indicando a destinação do recurso por parte do contribuinte.

Nesse sentido, a Súmula CARF 67, revisada recentemente conforme Ata da Sessão Extraordinária de 03/09/2018, dispõe que em apuração de acréscimo patrimonial a descoberto, a partir de fluxo de caixa que confronta origens e aplicações de recursos, os saques ou transferências bancárias, registrados em extratos bancários, quando não comprovada a destinação,

---

214. FERRAGUT, Maria Rita. Presunções no direito tributário. 2ª edição. São Paulo: Quartier Latin, 2005, p. 260.

efetividade da despesa, aplicação ou consumo, não podem lastrear lançamento fiscal. O teor é o seguinte:

> **Súmula CARF nº 67:**
>
> Em apuração de acréscimo patrimonial a descoberto a partir de fluxo de caixa que confronta origens e aplicações de recursos, os saques ou transferências bancárias, registrados em extratos bancários, quando não comprovada a destinação, efetividade da despesa, aplicação ou consumo, não podem lastrear lançamento fiscal. (Súmula revisada conforme *Ata da Sessão Extraordinária de 03/09/2018, DOU de 11/09/2018).*
>
> Acórdãos Precedentes:
>
> Acórdão nº CSRF/01-04.663, de 13/10/2003 Acórdão nº 106-17.146, de 05/11/2008 Acórdão nº 106-15.820, de 20/09/2006 Acórdão nº 104-19.123, de 05/12/2002 Acórdão nº 104-17.359, de 28/01/2000.

A título de exemplo de caso que lastreou a aplicação da Súmula, a fiscalização identificara depósitos bancários na conta do contribuinte, mas não restou demonstrada pela fiscalização o nexo causal entre o depósito e consumo por parte do contribuinte. A ementa do julgado da Câmara Superior de Recursos Fiscais é a seguinte:

> OMISSÃO DE RENDIM-ENTOS - SINAIS EXTERIORES DE R-QUEZA - LANÇAMENTO COM BASE EM VALORES CONSTANTES DE EXTRATOS BANCÁRIOS - DEPÓSITOS BANC-ÁRIOS - APLICAÇÕES FINANCEIRAS - No arbitramento, em procedimento de ofício, efetuado com base em depósitos bancários ou aplicações realizadas junto a instituições financeiras, nos termos do parágrafo 5º do art. 6º, da Lei n.º 8.021, de 1990, é imprescindível que seja comprovada a utilização dos valores depositados como renda consumida, bem como seja comprovada a utilização dos valores em aplicações no mercado financeiro, evidenciando sinais exteriores de riqueza, visto que, por si só, depósitos bancários e aplicações financeiras não constituem fato gerador do imposto de renda, pois não caracterizam disponibilidade econômica de renda e proventos. O Lançamento assim constituído só é admissível quando ficar comprovado o nexo causal entre os depósitos e o fato que represente omissão de rendimento. Devendo, ainda, neste caso (comparação entre os depósitos bancários e a renda consumida), ser levada a efeito a modalidade que mais favorecer o contribuinte.

> GASTOS E/OU APLICAÇÕES INCOMPATÍVEIS COM A RENDA MENSAL DECLARADA DISPONÍVEL – LEVANTAMENTO PATRIMONIAL – FLUXO DE RECURSOS E APLICAÇÕES – CHEQUES EMITIDOS – Os cheques emitidos, quando não comprovada a destinação, efetividade da despesa, aplicação ou consumo, não podem lastrear lançamento fiscal. Mero indício de que os valores constantes dos cheques foram consumidos não conduz à alocação dos mesmos a título de aplicação, no fluxo de caixa. Cabe à fiscalização aprofundar seu poder investigatório a fim de demonstrar que os cheques emitidos representam efetivamente gastos suportados pelo contribuinte. Recurso negado.[215]

Interessante observar que, certamente, as redes sociais serão importante instrumento de busca de sinais exteriores de riquezas por parte de autoridades administrativas, conforme inúmeras notícias veiculadas pela imprensa.[216]

Avancemos. O art. 42 da Lei 9.430/96 autoriza a tributação de IRPF, quando existir depósitos em conta bancária sem origem não comprovada. Se a conta for conjunta, a tributação será de 50% (cinquenta por cento) para cada correntista cotitular da conta bancária. A redação do artigo é a seguinte:

> Art. 42. Caracterizam-se também omissão de receita ou de rendimento os valores creditados em conta de depósito ou de investimento mantida junto a instituição financeira, em relação aos quais o titular, pessoa física ou jurídica, regularmente intimado, não comprove, mediante documentação hábil e idônea, a origem dos recursos utilizados nessas operações.
>
> § 1º O valor das receitas ou dos rendimentos omitido será considerado auferido ou recebido no mês do crédito efetuado pela instituição financeira.
>
> § 2º Os valores cuja origem houver sido comprovada, que não houverem sido computados na base de cálculo dos impostos e contribuições a que estiverem sujeitos, submeter-se-ão às normas de tributação específicas, previstas na legislação vigente à época em que auferidos ou recebidos.

---

215. CSRF/01-04.663, Data da Sessão 13.10.2003, Rel. Antonio Freitas Dutra, Primeira Turma da Câmara Superior de Recurso Fiscais.

216. Disponível em: https://goo.gl/4GcmYL. Acesso em: 24 fev. 2019.

> § 3º Para efeito de determinação da receita omitida, os créditos serão analisados individualizadamente, observado que não serão considerados:
>
> I - os decorrentes de transferências de outras contas da própria pessoa física ou jurídica;
>
> II - no caso de pessoa física, sem prejuízo do disposto no inciso anterior, os de valor individual igual ou inferior a R$ 1.000,00 (mil reais), desde que o seu somatório, dentro do ano-calendário, não ultrapasse o valor de R$ 12.000,00 (doze mil reais).
>
> § 4º Tratando-se de pessoa física, os rendimentos omitidos serão tributados no mês em que considerados recebidos, com base na tabela progressiva vigente à época em que tenha sido efetuado o crédito pela instituição financeira.
>
> § 5º Quando provado que os valores creditados na conta de depósito ou de investimento pertencem a terceiro, evidenciando interposição de pessoa, a determinação dos rendimentos ou receitas será efetuada em relação ao terceiro, na condição de efetivo titular da conta de depósito ou de investimento.
>
> § 6º Na hipótese de contas de depósito ou de investimento mantidas em conjunto, cuja declaração de rendimentos ou de informações dos titulares tenham sido apresentadas em separado, e não havendo comprovação da origem dos recursos nos termos deste artigo, o valor dos rendimentos ou receitas será imputado a cada titular mediante divisão entre o total dos rendimentos ou receitas pela quantidade de titulares.

Ora, tal hipótese, segundo vemos, configura uma espécie de arbitramento, não da renda, mas do rendimento, que é um dos fatores que irá influenciar a composição da base de cálculo do IRPF, pois se o contribuinte não conseguir justificar a origem pressupõe-se que tal valor se configura rendimentos omitidos.

Entendo que é uma espécie de arbitramento, pois, enquanto a "renda" demandaria a identificação de recebíveis e gastos essenciais, a tributação – salvo em caso de aplicações de regimes jurídicos específicos previstos pelo § 2º - recai sobre 100% (cem por cento) dos valores recebidos, no caso da conta individual, ou 50% (cinquenta por cento), no caso da conta conjunta.

Note-se que enquanto o art. 6º da Lei 8.021/90 exigia a existência de gastos não condizentes com a renda, o art. 42 da Lei n. 9.430/1996 autoriza o arbitramento quando houver depósitos de origem não comprovada, havendo verdadeira inversão no ônus da prova, cabendo ao contribuinte demonstrar a inexistência de renda.

Nesse sentido, a Súmula CARF n. 26[217] prescreve que a

> (...) presunção estabelecida no artigo 42 da Lei n. 9.430/96 dispensa o Fisco de comprovar o consumo da renda representada pelos depósitos bancários sem origem comprovada, eis que o fato autorizador do lançamento de ofício é a existência de depósitos e não, propriamente, o consumo da renda.

Por outro lado, para afastar a cobrança, o contribuinte deveria efetivar a prova da origem dos depósitos, demonstrando que não poderiam ser considerados seus rendimentos. A título de exemplo, poderia demonstrar, com documentos hábeis, que se trata de um empréstimo, ou que foram recursos pagos para fins de ressarcimento de despesas de terceiros, ou com caráter indenizatório, ou qualquer outra justificativa juridicamente relevante e devidamente demonstrada de que tais depósitos não correspondem a efetivo rendimento.

Além disso, da leitura do inciso II do §3º do artigo 42 da Lei 9.430/96, notar-se-á que há um limite para que não se analise depósito de valor individual igual ou inferior a R$ 1.000,00 (mil reais), desde que o seu somatório, dentro do ano-calendário, não ultrapasse o valor de R$ 12.000,00 (doze mil reais).

Contudo, tais limites foram alterados pelo art. 4º da Lei n. 9.481/97 que passou a prever R$ 12.000,00 (doze mil reais)

---

217. Súmula CARF nº 26
A presunção estabelecida no art. 42 da Lei nº 9.430/96 dispensa o Fisco de comprovar o consumo da renda representada pelos depósitos bancários sem origem comprovada. (Vinculante, conforme Portaria MF nº 277, de 07/06/2018, DOU de 08/06/2018).
Acórdãos Precedentes:
Acórdão nº 102-49298, de 08/10/2008 Acórdão nº 106-17191, de 16/12/2008 Acórdão nº 101-96144, de 23/05/2007 Acórdão nº 106-17093, de 08/10/2008 Acórdão nº CSRF/04-00.157, de 13/12/2005.

para depósito invidual e R$ 80.000,00 (oitenta mil reais) para fins de ano-calendário.

A Súmula CARF n. 61 ratifica a eficácia e tal previsão legal enunciando o seguinte:

Súmula CARF nº 61

Os depósitos bancários iguais ou inferiores a R$ 12.000,00 (doze mil reais), cujo somatório não ultrapasse R$ 80.000,00 (oitenta mil reais) no ano-calendário, não podem ser considerados na presunção da omissão de rendimentos caracterizada por depósitos bancários de origem não comprovada, no caso de pessoa física. (**Vinculante**, conforme Portaria MF nº 277, de 07/06/2018, DOU de 08/06/2018).

Acórdãos Precedentes:

Acórdão nº 2102-00.252, de 30/07/2009 Acórdão nº 106-17.245, de 05/02/2009 Acórdão nº 102-49.451, de 17/12/2008 Acórdão nº 102-49.379, de 05/11/2008 Acórdão nº 106-17.115, de 09/10/2008 Acórdão nº 102-49.251, de 10/09/2008 Acórdão nº 104-23.367, de 06/08/2008 Acórdão nº 106-16.797, de 06/03/2008 Acórdão nº 106-16.893, de 28/05/2008 Acórdão nº 104-23.093, de 06/03/2008 Acórdão nº 104-22.425, de 23/05/2007 Acórdão nº 104-22.877, de 05/12/2007 Acórdão nº 104-20.983, de 12/09/2005 Acórdão nº 102-47.344, de 26/01/2006.

Outro aspecto referente a tal previsão é que se a conta for conjunta, conforme já assinalado, haverá a presunção de que os rendimentos pertencem 50% (cinquenta por cento) a cada titular.

Daí por que, em havendo lançamento de ofício em razão de depósitos ou investimentos supostamente não declarados, é preciso que haja intimação dos dois titulares da conta sob pena de exclusão dos valores referentes às contas conjuntas em relação às quais não se intimou todos os cotitulares. Eis a previsão da Súmula CARF n. 29:

Súmula CARF nº 29

Os cotitulares da conta bancária que apresentem declaração de rendimentos em separado devem ser intimados para comprovar a origem dos depósitos nela efetuados, na fase que precede à lavratura do auto de infração com base

> na presunção legal de omissão de receitas ou rendimentos, sob pena de exclusão, da base de cálculo do lançamento, dos valores referentes às contas conjuntas em relação às quais não se intimou todos os co-titulares. (Súmula revisada conforme *Ata da Sessão Extraordinária de 03/09/2018, DOU de 11/09/2018*). (**Vinculante**, conforme *Portaria ME nº 129*, de 01/04/2019, DOU de 02/04/2019).

Por outro lado, se o contribuinte indicar que a conta foi utilizada por terceiros – de modo que os rendimentos não lhe per–tencem – deverá comprovar sua alegação por documentação hábil e idônea, como apregoa a Súmula CARF n. 32.[218]

Outra discussão envolvendo o dispositivo, ora examinado, refere-se à possibilidade de os contribuintes utilizarem o depósito de um mês para justificar a origem de depósitos havidos em meses subsequentes. Giovani Christian Nunes Campos lembra que tal possibilidade foi acatada pela Quarta Câmara do Primeiro Conselho de Contribuintes como nos Acórdãos ns. 104.19068, sessão 05/11/2.002 e n. 104.19831, sessão de 19/02/2.004, de Relatoria do Conselheiro Remis Almeida Rol.[219]

A possibilidade de se utilizar um depósito de um mês para se comprovar a origem de outro, todavia, não prosperou a ponto de ser rechaçada pela Súmula CARF n. 30 a seguir citada:

---

218. Súmula CARF nº 32
A titularidade dos depósitos bancários pertence às pessoas indicadas nos dados cadastrais, salvo quando comprovado com documentação hábil e idônea o uso da conta por terceiros. (Vinculante, conforme Portaria MF nº 277, de 07/06/2018, DOU de 08/06/2018).
Acórdãos Precedentes:
Acórdão nº 104-22294, de 29/03/2007 Acórdão nº 102-48290, de 28/03/2007 Acórdão nº 104-23325, de 26/06/2008 Acórdão nº 102-49407, de 06/11/2008 Acórdão nº 106-17254, de 05/02/2009

219. CAMPOS, Giovanni Christian Nunes. Considerações Sobre as Súmulas do CARF no âmbito da tributação do imposto de renda da pessoa física. In: Imposto de Renda Pessoa Física à luz da jurisprudência do Conselho Administrativo de Recursos Fiscais – Volume 2. Coord. PEIXOTO, Marcelo Magalhães; ANAN Jr., Pedro. São Paulo: MP Editora, 2014, p. 113 a 142

Súmula CARF nº 30

Na tributação da omissão de rendimentos ou receitas caracterizada por depósitos bancários com origem não comprovada, os depósitos de um mês não servem para comprovar a origem de depósitos havidos em meses subsequentes. (**Vinculante**, conforme Portaria MF nº 277, de 07/06/2018, DOU de 08/06/2018).

Acórdãos Precedentes:

Acórdão nº 106-16977, de 26/06/2008 Acórdão nº 106-16123, de 28/02/2007 Acórdão nº 106-15761, de 17/08/2006 Acórdão nº 106-15616, de 21/06/2006 Acórdão CSRF/04-00.826 de 03/03/2008

Poder-se-ia questionar, ainda, qual o prazo decadencial para o Fisco constituir o crédito tributário relativo a tais rendimentos. Sobre tal problema, tenho as seguintes considerações.

Caso o contribuinte não tenha pagado IRPF no ano-calendário específico ou caso, apesar do pagamento, configure-se sonegação, fraude ou conluio, entendo ser aplicável o prazo previsto no art. 173, inciso I, do CTN.[220]

Por outro lado, caso haja pagamento de IRPF referente ao ano-calendário e não se dê hipóteses de aplicação de multa qualificada (sonegação, fraude ou conluio), aplica-se a previsão do § 4º art. 150, do CTN. Em tal contexto, a decadência opera-se em 05 (cinco) anos contados da ocorrência do evento tributário.

Como geralmente o evento tributário referente ao IRPF se dá em 31 de dezembro de cada ano, o Conselho Administrativo de Recursos Fiscais entendeu que a decadência é contada a partir de tal marco, conforme Súmula CARF n. 38. Veja-se:

---

220. Súmula CARF nº 72
Caracterizada a ocorrência de dolo, fraude ou simulação, a contagem do prazo decadencial rege-se pelo art. 173, inciso I, do CTN. (Vinculante, conforme Portaria MF nº 277, de 07/06/2018, DOU de 08/06/2018).
Acórdãos Precedentes:
Acórdão nº 104-22564, de 14/06/2007 Acórdão nº 2401-00249, de 08/09/2009 Acórdão nº 1402-00506, de 31/03/2011 Acórdão nº 2102-01186, de 18/03/2011 Acórdão nº 105-17083, de 25/06/2008 Acórdão nº 1103-00486, de 29/06/2011.

Súmula CARF nº 38

O fato gerador do Imposto sobre a Renda da Pessoa Física, relativo à omissão de rendimentos apurada a partir de depósitos bancários de origem não comprovada, ocorre no dia 31 de dezembro do ano-calendário. (**Vinculante**, conforme Portaria MF nº 383, de 12/07/2010, DOU de 14/07/2010).

Acórdãos Precedentes:

Acórdão nº 102-49363, de 05/11/2008 Acórdão nº 102-48799, de 07/11/2007 Acórdão nº 104-23286, de 25/06/2008 Acórdão nº 106-16788, de 06/03/2008 Acórdão nº 106-17207, de 17/12/2008 Acórdão nº 106-16730, de 23/01/2008 Acórdão nº CSRF/04-00.627, de 18/09/2007 Acórdão nº CSRF/04-00.713, de 11/12/2007.

É preciso, porém, tomar certo cuidado com tal generalização. Não se olvide que o § 2º do art. 42 da Lei n. 9.430/96 determina que os valores cuja origem houver sido comprovada, que não houverem sido computados na base de cálculo dos impostos e contribuições a que estiverem sujeitos, submeter-se-ão às normas de tributação específicas, previstas na legislação vigente à época em que auferidos ou recebidos.

Assim, se o contribuinte demonstrar que tais depósitos não comprovados referem-se a ganhos de capital, o evento tributário ocorreria no instante de recebimento de tais ganhos, conforme previsão do art. 2º da Lei n. 7.713/88, cuja redação é a seguinte:

> *Art. 2º O imposto de renda das pessoas físicas será devido, mensalmente, à medida em que os rendimentos e ganhos de capital forem percebidos.*

Dessa forma, na hipótese acima aventada, não haveria que se falar em início de fluência de prazo decadencial em 31 de dezembro, mas sim a partir do recebimento do valor do bem alienado a que se pretende tributar.

E por falar em omissão de rendimentos, vale destacar o teor das Súmulas CARF 14 e 25 que determinam que a omissão de rendimentos não autoriza, sem outros fatores, a qualificação da multa de ofício.

Para compreender a questão, deve-se apontar que a multa de ofício, aplicável, em caso de lançamento de ofício, é de 75% (setenta e cinco por cento). Desse modo, se o contribuinte deixa de declarar certo rendimento e há cobrança por lançamento lavrado por autoridade administrativa, haverá a aplicação da multa no referido patamar.

Ademais, o § 1º do art. 44 da Lei n. 9.430/96 prevê que o percentual de multa de 75% (setenta e cinco por cento) será duplicado nos casos previstos nos arts. 71, 72 e 73 da Lei no 4.502, de 30 de novembro de 1964 (sonegação, fraude e conluio, respectivamente), independentemente de outras penalidades administrativas ou criminais cabíveis.

O art. 71 da Lei 4.502/64 trata da *sonegação* como toda ação ou omissão dolosa tendente a impedir ou retardar, total ou parcialmente, o conhecimento por parte da autoridade fazendária da ocorrência do fato gerador da obrigação tributária principal, sua natureza ou circunstâncias materiais ou das condições pessoais de contribuinte, suscetíveis de afetar a obrigação tributária principal ou o crédito tributário correspondente.

O art. 72, por sua vez, prevê que *fraude* é toda ação ou omissão dolosa tendente a impedir ou retardar, total ou parcialmente, a ocorrência do fato gerador da obrigação tributária principal, ou a excluir ou modificar as suas características essenciais, de modo a reduzir o montante do imposto devido a evitar ou diferir o seu pagamento.

Por fim, o *conluio* é o ajuste doloso entre duas ou mais pessoas naturais ou jurídicas, visando a qualquer dos efeitos referidos atos acima mencionados (art. 73).

Em minha visão, se os referidos artigos fossem aplicados de maneira literal abrangeriam um extenso rol de casos, praticamente, achatando a hipótese da aplicação de multa de 75% (setenta e cinco por cento).

Por exemplo, se o contribuinte deixa, de modo consciente, de informar certo rendimento na declaração, estaria de certa forma agindo para impedir o conhecimento da autoridade administrativa da ocorrência do evento tributário ou circunstâncias materiais do fato gerador.

Mas se o lançamento de ofício se dá em casos em que o contribuinte deixa de informar rendimentos tributáveis, a aplicação literal do art. 71 da Lei 4.502/64 c/c § 1º do art. 44 da Lei 9.430/96 praticamente implicaria penalidade com a mesma hipótese de incidência da multa de 75% (setenta e cinco por cento), que é a regra geral do lançamento de ofício.

Há de se interpretar os dispositivos jurídicos como entidades coerentes. O art. 11, inciso III, alínea "c" da Lei Complementar n. 95/1998 enuncia que para obtenção de clareza os parágrafos devem expressar os aspectos complementares à norma enunciada no *caput* do artigo e as exceções à regra por este estabelecida.

Assim, é natural que se entenda que a multa qualificada é uma exceção em relação à multa de ofício e as normas excepcionais, como ensina Carlos Maximiliano, aplicam-se de modo estritivo.[221]

Nesse sentido, em termos pragmáticos, costuma-se interpretar que a multa qualificada exige algo mais do que a simples omissão de rendimentos. E é este entendimento plasmado nas Súmulas CARF ns. 14 e 25, a seguir citadas:

> Súmula CARF n. 14. A simples apuração de omissão de receita ou de rendimentos, por si só, não autoriza a qualificação da multa de ofício, sendo necessária a comprovação de evidente intuito de fraude pelo sujeito passivo.
>
> Súmula CARF n. 25. A presunção legal de omissão de receita ou de rendimentos não autoriza a qualificação da multa de ofício, sendo necessária comprovação de uma das hipóteses dos arts. 71, 72 e 73 da Lei n. 4.502/64.

Por outro lado, nos lançamentos em que se apura omissão de receita ou rendimentos decorrentes de depósitos bancários de origem não comprovada, tem-se aceitado a aplicação da

221. MAXIMILIANO, Carlos. Hermenêutica e aplicação do direito. Rio de Janeiro: Forense, 9ª edição, 3ª Tiragem, p. 225.

multa de ofício qualificada, quando identificada a movimentação de recursos em contas bancárias de interpostas pessoas.

Em outras palavas, se o contribuinte se serve de contas bancárias de terceiros para receber valores, visando a ocultar a propriedade de tais numerários, tem-se entendido a possibilidade de se qualificar a penalidade. Veja-se, nesse sentido, a Súmula CARF n. 34:

> **Súmula CARF nº 34**
>
> Nos lançamentos em que se apura omissão de receita ou rendimentos, decorrente de depósitos bancários de origem não comprovada, é cabível a qualificação da multa de ofício, quando constatada a movimentação de recursos em contas bancárias de interpostas pessoas. (**Vinculante**, conforme Portaria MF nº 383, de 12/07/2010, DOU de 14/07/2010).
>
> Acórdãos Precedentes:
>
> Acórdão nº 106-17001, de 06/08/2008 Acórdão nº 103-23507, de 26/06/2008 Acórdão nº 104-23212, de 28/05/2008 Acórdão nº 106-16708, de 22/01/2008 Acórdão nº 107-09027, de 23/05/2007 Acórdão nº 108-09286, de 25/04/2007 Acórdão nº 195-00008, de 15/09/2008 Acórdão nº CSRF/01-05820, de 14/04/2008

Muito bem. Vimos discutindo, até o presente momento, sobre a qualificação da multa em casos referentes à omissão de rendimentos demonstrada por depósitos em contas bancárias. Outra discussão refere-se ao agravamento da multa de ofício. Explica-se.

Não se pode confundir a qualificação da multa de ofício com seu agravamento. A primeira se aplica quando há sonegação, fraude ou conluio. Já o agravamento quando, por algum motivo, o contribuinte obstrui a fiscalização. Neste caso, a penalidade aplicada – seja a de ofício, seja a de ofício qualificada – é aumentada em 50% (cinquenta por cento), conforme previsão do § 2º do art. 44 da Lei 9.430/96.

Assim, poder-se-ia questionar se o fato do contribuinte ser intimado para prestar esclarecimentos sobre a origem de depósito e não o fizer poderia ser fato suficiente para o agravamento da penalidade.

O Conselho Administrativo de Recursos Fiscais repondeu, incisivamente, de modo negativo a tal questão, a ponto de ser editada a Súmula CARF n. 133. Veja-se

> Súmula CARF nº 133
>
> A falta de atendimento a intimação para prestar esclarecimentos não justifica, por si só, o agravamento da multa de ofício, quando essa conduta motivou presunção de omissão de receitas ou de rendimentos.
>
> Acórdãos Precedentes:
>
> 9101-002.992, 9101-003.147, 9202-007.445, 9202-007.001, 1301-002.667, 1301-002.961, 1401-001.856, 1401-002.634 e 2202-002.802.

Portanto, em termos pragmáticos, prevalece a noção de que o agravamento não seria aplicável em tal hipótese.

Após escrever tais linhas, noto que me detive com reflexões mais voltadas à questão de depósitos não identificados – que são uma patologia do direito – do que na demarcação regular da base de cálculo do IRPF.

Reflito que tal aspecto se dá porque, no que tange ao contencioso administrativo, tal tema assume importância significativa.

Ademais, a base de cálculo, no plano da norma geral de direito tributário, tem uma demarcação conceitual que deve confirmar a materialidade constitucional, mas ainda nem sempre adquire a densidade adequada para permitir ao contribuinte compreender as minúcias cabíveis na apuração do tributo. Verificaremos que, nos próximos capítulos, aquilo que designei de "renda real" passará a ter tratamento muito mais minucioso e concreto, quando teremos a oportunidade de examinar como a regra-matriz de incidência do IRPF, em grau de determinação máximo, foi instituída pela lei federal.

3.2 Sobre critério pessoal

O sujeito ativo do Imposto Sobre a Renda Pessoa Física é a União, embora tal determinação não esteja explícita no

Código Tributário Nacional. Porém, no que concerne à sujeição passiva, o Código Tributário Nacional fornece importantes subsídios que passaremos a explanar.

Com fundamento no art. 121, parágrafo único, inciso I, do CTN, tenhamos por contribuinte a pessoa que pratica o comportamento previsto na hipótese de incidência da norma tributária. No caso dos impostos, em razão do princípio da capacidade contributiva, o contribuinte, como regra geral, deverá sofrer o ônus econômico da imposição tributária.

Sem embargo, por vezes, a legislação atribui a responsabilidade pelo cumprimento da obrigação tributária a uma terceira pessoa. Tal pessoa é denominada de responsável tributário.

Muito bem. Nos termos do art. 45 do CTN, contribuinte do IRPF é o titular da disponibilidade jurídica ou econômica de renda. Ora, tal previsão é coerente com a própria dicção do art. 121, parágrafo único, inciso I, do CTN, de que contribuinte é aquele que pratica o evento tributário (fato gerador *in* concreto). De fato, se a hipótese de incidência do IR é auferir renda e proventos de qualquer natureza, não há dúvidas de que o contribuinte deve ser o titular de tais rendimentos.

O artigo também prescreve que pode ser contribuinte do imposto o possuidor dos bens produtores da renda ou dos proventos tributários. Nesse campo, o dispositivo não parece tão claro. Ora, ou tais bens, acima mencionados, geraram renda percebidas pelo contribuinte, e nesse caso, a previsão seria supérflua, ou se está admitindo que bastaria a posse dos referidos bens para que determinada pessoa pudesse arcar com a carga fiscal inerente ao imposto, independentemente de ter recebido a renda ou rendimento, o que no nosso entender não seria razoável pois contraria o que dispõe a Carta Magna e o CTN.

Assim, essa segunda alternativa parece não guardar harmonia com a própria definição de "contribuinte" contida no art. 121, parágrafo único, inciso I, do Código Tributário Nacional, criando-se uma exceção teratológica à regra na medida em que o contribuinte do IRPF há de ser aquele que percebe os rendimentos e renda, independente de quem possua a posse dos bens que tenham gerado tal renda ou rendimento.

Por nos parecer absurda essa segunda interpretação, ficamos com a ideia de redundância dessa segunda parte do *caput* do art. 45 do CTN, tal como acima assinalado,[222] ou seja, entendemos que contribuinte será o possuidor dos bens produtores da renda ou dos proventos tributários, desde que tal possuidor perceba a renda produzida por tais bens.

De fato, entendemos que essa "redundância" tenha sido criada pelo legislador para não deixar dúvidas que a tributação incidiria ainda que o contribuinte perceba um rendimento de um bem do qual não seja proprietário, embora exerça a posse que lhe permita auferir renda.

Sobre tal dispositivo, vale asseverar que a jurisprudência do então Conselho de Contribuintes do Ministério da Fazenda (tribunal administrativo federal), atual Conselho Administrativo de Recursos Fiscais – CARF, já assentou o posicionamento no sentido de que, se comprovado que depósitos bancários efetivados na conta corrente do contribuinte pertencem a terceiro, a determinação do rendimento será efetuada em relação ao terceiro. Ora, isso demonstra que não é a posse do bem o elemento determinante para a qualificação do contribuinte, mas sim a titularidade do rendimento produzido. Vejamos o teor da ementa do julgado:

> Lançamento com base em depósitos bancários. Interposta pessoa. Quando provado que os valores creditados na conta de depósito pertencem a terceiro, evidenciando interposição de pessoa, a determinação dos rendimentos será efetuada em relação ao terceiro na condição de efetivo titular da conta de depósito ou de investimento.[223]

---

222. Vide nesse sentido, a redação do §1º do art. 1º do Decreto 9.580 de 22 de novembro de 2018, que regulamenta a tributação, fiscalização e administração do Imposto Sobre a Renda e Proventos de Qualquer Natureza ("RIR/2018").

223. Acórdão 106-14082, de 07.07.2005, rel. José Ribamar Penha.

Assim, como se nota do julgado acima, quando se identifica quem é o efetivo beneficiário da renda deve-se imputá-lo como sujeito passivo da obrigação tributária, ainda que o rendimento estivesse de posse aparente de outro contribuinte.

Além do contribuinte, o parágrafo único do Código Tributário Nacional prevê a possibilidade de a lei atribuir à fonte pagadora da renda ou dos proventos tributáveis a condição de responsável pelo imposto cuja retenção e recolhimento lhe caibam. Trata-se do responsável tributário, tal como previsto no art. 128 do CTN.

Na prática, porém, retenção na fonte não se efetiva sobre a "renda", mas apenas sobre os rendimentos percebidos pelo contribuinte. É que a renda é apenas apurada em 31 de dezembro de cada ano e é calculada a partir da soma de todos os rendimentos percebidos, subtraídos os abatimentos do contribuinte no ano-calendário. Assim, por sua própria natureza, não há viabilidade de que a renda, enquanto resultado global apurado no ano-calendário, seja alvo de retenção na fonte.

Por isso mesmo, a retenção na fonte só pode ser concebida como uma antecipação do tributo devido no final do exercício, tal como se concretiza na legislação vigente, muito embora haja a previsão de tributação exclusiva na fonte, conforme veremos adiante, em nossa opinião, de forma contraditória aos primados da progressividade, da universalidade e da generalidade, como explicaremos em momento pertinente.

Com relação à retenção na fonte de Imposto Sobre a Renda Pessoa Física, não compartilhamos da opinião daqueles de que o responsável é um mero detentor de um dever instrumental (obrigação acessória) de repassar, aos cofres públicos, o valor recolhido a título do imposto. Ora, a ausência de recolhimento do imposto retido ou informado em DIRF pode ensejar, inclusive, execução fiscal, indicando que se trata de uma obrigação de cunho patrimonial de se levar dinheiro aos cofres públicos.

Assim, entendemos que a fonte pagadora, quando responsável, torna-se sujeito passivo de uma norma que lhe atribui o dever de arcar com obrigação tributária, cuja base de cálculo é o rendimento pago ou creditado ao contribuinte.

Convém anotar, no entanto, que quando a retenção na fonte a título de Imposto Sobre a Renda é realizada a título de antecipação do valor devido pela contribuinte pessoa física, a responsabilidade da fonte pagadora pela obrigação principal cessa na data em que o contribuinte estiver obrigado à entrega de sua declaração, cabendo, no entanto, eventual imposição de penalidades. Verificaremos esse ponto, com mais cuidado no próximo capítulo.

Por fim, além do contribuinte e da fonte pagadora responsável pela retenção do imposto, a legislação também atribui a terceiros a responsabilidade pelo adimplemento da obrigação tributária. O Código Tributário Nacional prevê a existência de tal responsabilidade tributária nos casos de sucessão e de terceiros que estejam envolvidos, de alguma forma, com a obrigação tributária.

Não nos deteremos, nesse momento, sobre as regras de responsabilidade inseridas pelo referido Código. Faremos tal descrição em momento oportuno.

Regra-Matriz do IRPF no CTN

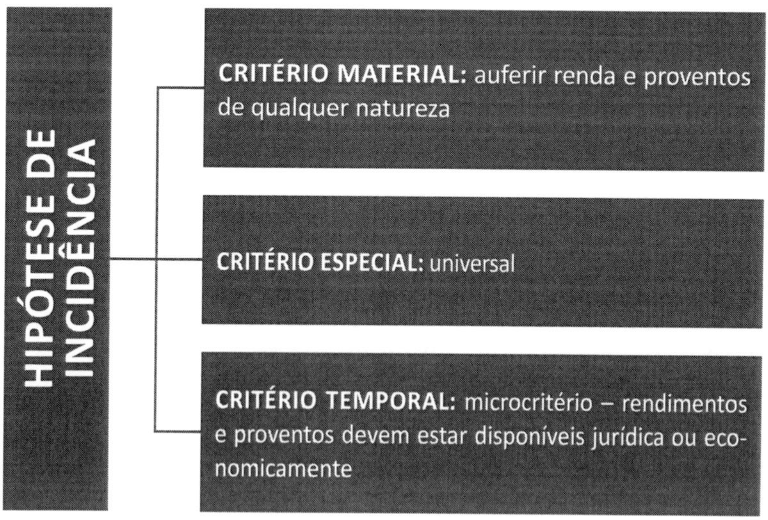

CONSEQUENTE

- **BASE DE CÁLCULO:** renda real, renda presumida ou renda arbitrada auferida pelo contribuinte
- **ALÍQUOTA:** genérica, progressiva e não confiscatória
- **SUJEITO ATIVO:** União
- **SUJEITO PASSIVO:** titular da renda ou proventos ou fonte pagadora

PARTE III

SOBRE A REGRA-MATRIZ DO IRPF-AJUSTE ANUAL NA LEGISLAÇÃO FEDERAL

1. CONSIDERAÇÕES INICIAIS

Nesta terceira parte do livro, trataremos sobre a regra-matriz de incidência do IRPF-Ajuste Anual tal como previsto pela legislação federal. Explicaremos, no capítulo subsequente, o que designamos por "IRPF-Ajuste Anual" e sua diferença entre os demais regimes que serão explanados oportunamente.

Nesse ponto, vale apontar que seguindo a metodologia da regra-matriz de incidência tributária, iniciaremos tratando da hipótese da regra-matriz de incidência tributária, ocasião em que examinaremos seus critérios material, temporal e espacial, para que em seguida tratarmos do consequente da norma padrão de incidência tributária, iniciando pelo contribuinte, passando pela base de cálculo e alíquota.

Por um corte metodológico, não trataremos sobre o CPF e sobre o domicílio do contribuinte, pois se tratam de deveres instrumentais (que não estão vinculadas, diretamente, com a regra-matriz desse imposto).

2. VISÃO GENÉRICA DO IMPOSTO SOBRE A RENDA CONFORME REGIME JURÍDICO ESTABELECIDO PELA LEGISLAÇÃO FEDERAL

Para que se compreenda, sistematicamente, cada item que trataremos a seguir, vale traçar breves considerações genéricas a título do regime jurídico do Imposto Sobre a Renda Pessoa Física.

Assim, cabe assinalar que a legislação institui diversas regras-matrizes distintas para o imposto. A primeira delas é o Imposto Sobre a Renda e Proventos de Qualquer Natureza que é calculada pela diferença entre a soma de rendimentos brutos e a soma de valores a serem deduzidos da base de cálculo desse imposto. Trata-se do Imposto Sobre a Renda Pessoa Física Ajuste-Anual, que será examinado no presente capítulo.

Sobre a base de cálculo acima mencionada, incidirá a alíquota prevista na tabela progressiva anual, considerando-se a parcela a deduzir a que já nos referimos no capítulo que trata sobre a progressividade.

Mensalmente, contudo, o contribuinte recolhe o imposto de forma antecipada. Assim, sofre retenção na fonte, conforme perceba rendimentos pagos por pessoa jurídica, ou por pessoa física no caso de trabalho assalariado, ou efetiva o recolhimento, ele mesmo, caso receba o pagamento de pessoa física nos demais casos, ou de fonte de situada no exterior. Ademais, poderá, facultativamente, recolher imposto complementar.

O valor do pagamento antecipado é calculado conforme uma tabela progressiva mensal. Para sua apuração, leva-se em consideração uma lista de abatimentos, um pouco mais restrita do que a prevista para a apuração anual. Examinaremos o pagamento mensal oportunamente no presente livro.

Assim, após o término do ano-calendário, há apuração de um saldo que leva em consideração se a renda e proventos apurados no ano-calendário é superior ou inferior ao valor do imposto antecipado. Caso o IRPF anual seja superior ao imposto antecipado e a outras deduções previstas na lei, o contribuinte deverá recolher a diferença no prazo previsto pela legislação; caso o IRPF anual seja inferior ao antecipado mensalmente ao longo do ano-calendário, o contribuinte fará jus à restituição; por fim, se a parcela for idêntica, haverá uma compensação, de sorte que nada será devido ou recebido.

Paralelamente, alguns rendimentos e ganhos não são incluídos na apuração anual e são tributados isoladamente. Por vezes, essa tributação definitiva se dá mediante retenção na fonte, por vezes, mediante pagamento do próprio contribuinte: trata-se da "tributação definitiva" e, no caso da retenção na fonte, designa-se "retenção exclusiva na fonte", conforme examinaremos no presente livro.

Consideramos que essa visão geral será útil para compreensão de cada item a ser explicado.

Em síntese, a sistemática é a seguinte:

A) IRPF Anual;

B) Modos de antecipação do IRPF Anual: IRRF Mensal, Recolhimento do Carnê-Leão e Recolhimento Complementar;

C) IRPF Definitivo e Separado:

c.1) tributação definitiva paga pelo próprio contribuinte;

c.2) retenção exclusiva na fonte.

Passaremos, a seguir, a investigar, com maior minúcia, o regime jurídico desse imposto, com base no cronograma do item anterior.

3. SOBRE A HIPÓTESE DE INCIDÊNCIA DO IRPF - AJUSTE ANUAL

3.1 Sobre o critério material do IRPF – Ajuste Anual

A pretexto de tratar sobre o contribuinte do IRPF, o art. 1º da Lei 4.506, de 30 de novembro de 1964, prescreve o seguinte:

> Art. 1º As pessoas físicas, domiciliadas ou residentes no Brasil que tiverem renda líquida anual superior a vinte e quatro vezes o salário-mínimo fiscal, apurada de acordo com a lei, são contribuintes do imposto de renda, sem distinção de nacionalidade, sexo, idade, estado ou profissão.

Deixando-se de lado o critério quantitativo do imposto, alterado conforme veremos adiante, o art. 1º, da Lei 4.506, de 30 de novembro de 1964, dispõe que são contribuintes de Imposto Sobre Renda as pessoas físicas, domiciliadas ou residentes no Brasil que tiverem renda líquida anual superior ao limite de isenção, sem distinção de nacionalidade, sexo, idade, estado ou profissão.

Portanto, nota-se que o critério material do IRPF, tal como previsto pela legislação federal, é a percepção de acréscimo patrimonial superior ao limite de isenção.

Por "renda líquida", haveremos de entender o conjunto de rendimentos e proventos auferidos pelo contribuinte subtraído do conjunto de abatimentos previstos na legislação. Essa conclusão é inferida não apenas pela análise sistemática que o dialogismo convida, como também quando observamos a base de cálculo do gravame.

De fato, a compreensão do que é renda líquida, tal como prevista pela legislação, apenas é obtida com mais precisão quando se examina a base de cálculo do IRPF. É aquela lição do Professor Paulo de Barros Carvalho que já havíamos mencionado: a base de cálculo afirma, infirma ou confirma a hipótese de incidência. No caso concreto, diríamos que a base de cálculo ajuda a afirmar, indica ao operador do direito, afinal, o que será tributado a título de IRPF.

É interessante notar que o dispositivo trata das "pessoas físicas domiciliadas e residentes no Brasil que auferirem "renda líquida". A expressão "pessoa física" pode ser pensada como voltada ao sujeito passivo do IR, mas tem algo a dizer sobre o critério material do tributo.

Efetivamente, não basta assinalar que no IRPF Anual o sujeito passivo é a pessoa física. Há algo mais: a renda líquida é aquela auferida pela pessoa física. Isso significa que não é qualquer rendimento que pode integrar a base imponível do IRPF, mas apenas o rendimento de titularidade da pessoa física.

Por isso, como regra geral, os rendimentos auferidos por pessoas jurídicas não podem ser imputados à pessoa física – ainda que seja sua sócia – nem incluídos na base de cálculo do gravame. Tais rendimentos não satisfazem a dicção do art. 2º da Lei 7.713/88.

Daí por que não concordo com certas imposições de lançamentos de ofício em que a existência de pessoa jurídica que aufere certo rendimento é simplesmente ignorada, sob o fundamento de que os rendimentos, embora formalmente auferidos pela pessoa jurídica, seriam personalíssimos dos sócios.

Claro que no caso da dissimulação, isto é, na hipótese de que a pessoa jurídica, como interposta pessoa, aparenta receber rendimento que, na realidade, é da pessoa física, há possibilidade de requalificação de tal situação pela autoridade administrativa. O art. 149, inciso VII, do CTN autoriza, em tais casos, o lançamento de ofício e pessoa física poderá ser tributada por não oferecer os bens à tributação.

Agora, não se pode confundir a simulação com o livre direito do contribuinte de organizar suas atividades do modo a suportar a menor carga tributária possível. No meu livro "*Elisão e Norma Antielisiva*: Completabilidade e Sistema Tributário" em que analiso, de modo detido, a elisão, ponderei que a elisão pode ser classificada por dois modos:

> Na primeira classe, que designarei de elisão-meio, o ato elisivo é praticado mediante escolha, entre dois procedimentos possíveis para se atingir determinado resultado. Nessa hipótese de elisão, a escolha de procedimento X e não Y, para se atingir Z, gera a economia fiscal que é justamente a diferença entre o *quantum* previsto – que seria decorrente da adoção do procedimento Y e o *quantum* efetivo que é decorrente da escolha do procedimento X.[224]
>
> (...)
>
> A segunda modalidade de elisão, nessa classificação que leva em consideração a utilidade do ato elisivo para o contribuinte seria designada de elisão-fim. Nessa espécie, o ato elisivo não se caracteriza por ser um procedimento adotado entre diversas alternativas para a obtenção de um fim não tributário, mas por tomar a elisão como um fim em si mesma. Isso não significa que tal prática revelaria, necessariamente, um ato sem propósito negocial. Apenas que o ato elisivo já é resultado de um procedimento e é tomado como valioso em si mesmo.[225]

Nesse contexto, a pessoa física que pretender explorar certa atividade que potencialmente é geradora de renda ou proventos deverá se perguntar se há algo no ordenamento que lhe impeça de constituir uma pessoa jurídica para tanto. A título de exemplo, o trabalho sob vínculo empregatício exige que o trabalhador seja pessoa física, de sorte que a chamada "pejotização" revela um ato simulado.

---

224. McNAUGHTON, Charles William. Elisão e norma antielisiva. Completabilidade e Sistema Tributário. São Paulo: Noeses, 2014, p. 241.

225. Ibidem, p. 245.

Há diversos casos, no entanto, em que o ordenamento jurídico não impõe tal condição. Nesse sentido, na ausência de vedação, a constituição de pessoa jurídica é uma prerrogativa do particular: trata-se do típico caso de elisão-meio em que, dentre diversos meios de se exercer certa atividade, escolhe-se aquela menos onerosa fiscalmente.

Não concordo com a assertiva que afirma que a constituição de pessoa jurídica, para fins de redução de carga tributária, é um abuso de forma por ser constituída meramente para economizar tributo. Se a pessoa jurídica está exercendo seu objeto social e se potencialmente, mediante tal exercício, pode gerar resultados aos sócios, sua finalidade jurídica, prevista no art. 981 do Código Civil, é plenamente atendida e não há que se argumentar na ausência de "propósito negocial" para desconstituí-la.

Penso, ainda, que a evocação do princípio da capacidade contributiva não pode servir de guarida para eventual "desconsideração da pessoa jurídica". Há diversos fundamentos que eu utilizaria para afastar tal linha argumentativa mas, para fins deste livro, que se propõe a examinar o IRPF, eu diria que a tributação de IRPJ pela pessoa jurídica já revela uma satisfação do princípio da capacidade contributiva, de sorte que a questão não é tanto se eventual capacidade contributiva foi ou não atendida, mas o quanto ela gera de tributação. E ao que me consta não há princípio algum que exija que a capacidade contributiva seja tributada da maneira mais onerosa possível.

Também não me convence a ideia de que o princípio da isonomia seria instrumento suficiente para "legitimar" que o Fisco desconsidere a existência de pessoa jurídica para tributar a pessoa física. Esclareço.

Sempre que o ordenamento jurídico institui duas sistemáticas distintas de tributação – como, por exemplo, da pessoa jurídica e da pessoa física – a diferença entre cargas tributárias fica sacramentada pelo próprio sistema jurídico. Assim, se determinando contribuinte C é submetido a uma delas – seja a mais onerosa, seja a menos onerosa – de alguma forma estará sendo diferenciado em termos tributários.

Por exemplo, se certa pessoa jurídica PJ que recebe, por exemplo, diretos de imagens, é desconsiderada pelo Fisco, sendo seus sócios tributados, aquela tributação será igual à de todas as pessoas físicas que receberam, diretamente, direito de imagem; mas, será diferente de todas as pessoas jurídicas que, eventualmente, explorem tal atividade.

Assim, seja de uma maneira, ou de outra, o contribuinte será diferenciado, de sorte que o princípio da isonomia deixa de ser um critério para atestar se a tributação mais onerosa ou menos onerosa deve ser aplicada.

No mais, a livre-iniciativa, é um dos fundamentos da República Federativa do Brasil, como sustenta o artigo 1º, inciso IV, da Constituição da República Federativa do Brasil, e não pode o Estado ser autorizado a mitigá-lo, sancionando o contribuinte – inclusive com multas qualificadas e imputação de crime contra ordem tributária – por escolher o caminho menos oneroso para suas atividades.

Ademais, interessante notar que o art. 129 da Lei 11.196/2005 prescreve que para fins fiscais e previdenciários, a prestação de serviços intelectuais, inclusive os de natureza científica, artística ou cultural, em caráter personalíssimo ou não, com ou sem a designação de quaisquer obrigações a sócios ou empregados da sociedade prestadora de serviços, quando por esta realizada, se sujeita tão somente à legislação aplicável às pessoas jurídicas, sem prejuízo da observância do disposto no art. 50 da Lei 10.406, de 10 de janeiro de 2002 - Código Civil.

Tal dispositivo, como se sabe, foi julgado constitucional pelo Supremo Tribunal Federal, conforme se infere da ementa a seguir transcrita:

> **ADC 6 – / DF - DISTRITO FEDERAL**
>
> **AÇÃO DECLARATÓRIA DE CONSTITUCIONALIDADE**
>
> **Relator(a): Min. CÁRMEN LÚCIA**
>
> **Julgamento: 21.12.2020**
>
> **Publicação: 19.03.2021**

Órgão julgador: Tribunal Pleno

Publicação

PROCESSO ELETRôNICO DJe-053 DIVULG 18-03-2021 PUBLIC 19-03-2021

Partes

REQTE.(S): CONFEDERAÇÃO NACIONAL DA COMUNICAÇÃO–SOCIAL - CNCOM ADV.(A/S): GUSTAVO BINENBOJM E OUTRO(A/S) INTDO.(A/S): PRESIDENTE DA REPÚBLICA PROC.(A/S)(ES): ADVOGADO-GERAL DA UNIÃO INTDO.(A/S): CONGRESSO NACIONAL PROC.(A/S)(ES): ADVOGADO-GERAL DA UNIÃO AM. CURIAE.: CONFEDERAÇÃO NACIONAL DE SAÚDE - HOSPITAIS, ESTABELECIMENTOS E SERVIÇOS - CNS ADV.(A/S): MARCOS VINICIUS BARROS OTTONI

Ementa

EMENTA: AÇÃO DECLARATÓRIA DE CONSTITUCIONALIDADE. REGIME JURÍDICO FISCAL E PREVIDENCIÁRIO APLICÁVEL A PESSOAS JURÍDICAS PRESTADORAS DE SERVIÇOS INTELECTUAIS, INCLUINDO OS DE NATUREZA CIENTÍFICA, ARTÍSTICA E CULTURAL. COMPATIBILIDADE CONSTITUCIONAL. LIVRE-INICIATIVA E VALORIZAÇÃO DO TRABALHO. LIBERDADE ECONÔMICA NA DEFINIÇÃO DA ORGANIZAÇÃO EMPRESARIAL. AÇÃO JULGADA PROCEDENTE. 1. A comprovação da existência de controvérsia judicial prevista no art. 14 da Lei 9.868/99 demanda o cotejo de decisões judiciais antagônicas sobre a validade constitucional na norma legal. Precedentes. 2. É constitucional a norma inscrita no art. 129 da Lei 11.196/2005.

Decisão

Após os votos dos Ministros Cármen Lúcia (Relatora), Alexandre de Moraes, Edson Fachin, Ricardo Lewandowski, Gilmar Mendes, Celso de Mello e Luiz Fux, que julgavam procedente o pedido formulado na ação, declarando a constitucionalidade do art. 129 da Lei 11.196/2005; e dos votos dos Ministros Marco Aurélio e Rosa Weber, que julgavam improcedente o pedido, pediu vista dos autos o Ministro Dias Toffoli (Presidente). Falou, pela requerente, o Dr. Gustavo Binenbojm. Afirmou suspeição o Ministro Roberto Barroso. Plenário, Sessão Virtual de 19.6.2020 a 26.6.2020. Decisão: O Tribunal, por maioria, julgou procedente o pedido formulado na ação para declarar a constitucionalidade do art. 129 da Lei 11.196/2005, nos termos do voto da Relatora, vencidos os Ministros Marco Aurélio e Rosa Weber. Não votou o

Ministro Nunes Marques por suceder o Ministro Celso de Mello, que já havia proferido voto em assentada anterior. Afirmou suspeição o Ministro Roberto Barroso. Plenário, Sessão Virtual de 11.12.2020 a 18.12.2020.

Em tal julgado, o Supremo Tribunal Federal ratificou "a necessidade de se assegurar ampla liberdade às empresas para definir suas escolhas organizacionais e os modelos de negócio com vistas a assegurar sua competitividade e subsistência", como se depreende do voto da Excelentíssima Ministra Carmen Lúcia.[226]

Em meu ponto de vista, a disposição acima se trata de norma, até certo ponto, redundante sob o ponto de vista material, mas inovadora, sob o ponto de vista procedimental (aspecto dinâmico do direito). Esclareço.

Do ponto de vista do direito material, o preceito é redundante porque aduz uma tautologia: o regime jurídico tributário destinado às pessoas jurídicas é o regime jurídico tributário destinado às pessoas jurídicas. Se certa pessoa jurídica realiza um serviço, ela que aufere receita e não há que se tributar a pessoa física.

A circunstância de que certo serviço é prestado por pessoa jurídica deve ser vista a partir da realidade do universo normativo: no plano da facticidade, salvo, talvez, no caso de inteligência artificial, todo o serviço envolve a participação humana; mas no campo jurídico, um serviço pode ser desempenado por uma pessoa jurídica – normalmente, pelo trabalho de seus sócios, empregados ou terceiros subcontratados – quando a sociedade prestadora é contratada, para tanto.

Aliás, vale repetir: o princípio da livre-iniciativa permite que pessoas jurídicas sejam constituídas para atuar nas mais variadas atividades econômicas, ingressando em relações jurídicas, sendo sujeito de direitos e deveres.

226. Fl. 19 do acórdão.

Relevante notar, nesse sentido, que na ADPF 324, que trata da possibilidade de terceirização de atividade-fim, o direito de se auto-organizar foi valorizado pela Suprema Corte. Veja-se excerto do voto do Ministro Roberto Barroso:

> Quanto aos princípios da livre-iniciativa e da livre-concorrência, esses princípios asseguram às empresas a liberdade para o desenvolvimento de atividades econômicas e das suas estratégias de produção em busca dos melhores resultados, maior eficiência e maior competitividade. Desde que respeitados os direitos mínimos previstos na Constituição e na legislação, a Constituição não impõe adoção de um modelo específico de produção e não impede o desenvolvimento de estratégias flexíveis. E, portanto, a Constituição não veda nem implícita nem explicitamente a terceirização. Essa é uma projeção ideológica de quem a interpreta com viés antigo, com todo respeito a quem pense diferente.[227]

O principio da livre-iniciativa, assim, permite a auto-organização, inclusive, mediante a constituição das pessoas jurídicas e terceirização. Assim, não me parece que o art. 129 da Lei 11.196/2005 poderia ser utililizado para restringir o direito de se atuar mediante uma pessoa jurídica – por exemplo, em casos de serviços não intelectuais.

Agora, sob a perspectiva da dinâmica do direito, isto é, da aplicação, o dispositivo fornece elementos que o aplicador *não* deve utilizar como fundamento para atribuir certo rendimento como sendo de pessoa física. Trata-se de uma norma interpretativa, orientando o aplicador do direito a como avaliar fatos.[228]

O primeiro desses elementos é o seguinte: o aspecto de um serviço ser de cunho intelectual não pode ser um fundamento para se dizer que foi desempenhado por uma pessoa física e não jurídica. Em outras palavras, a atribuição de

---

227. ADPF 324, Relator(a): ROBERTO BARROSO, Tribunal Pleno, julgado em 30/08/2018, PROCESSO ELETRÔNICO DJe-194 DIVULG 05-09-2019 PUBLIC 06-09-2019, p. 11 do voto do Ministro Roberto Barroso.

228. Alerto, porém, que o acórdão 2401.006.224, proferido pela 1ª Turma Ordinária da Quarta Câmara da Segunda Seção do CARF, entendeu pelo caráter não interpretativo da norma, afastando sua aplicação retroativa.

rendimento a uma pessoa física não pode ter por fundamento que a atividade em que predomina o esforço intelectual, inclusive de natureza científica, artística ou cultural.

O segundo aspecto é o seguinte: uma sociedade prestadora pode desempenhar atividades, ainda que encaradas como de caráter personalíssimo. Assim, por exemplo, advogados, dentistas, jornalistas, podem instituir sociedades prestadoras de serviços. Repita-se: o fato de que certa atividade é desempenhada pelo esforço intelectual, artístico, científico, de pessoas físicas, não desnatura que, no plano jurídico, o serviço é prestado pela sociedade.

Interessante notar, nesse ponto, que aplicando o dispositivo, em questão, a 2ª Turma da 2ª Câmara da 2ª Seção do Conselho Administrativos de Recursos Fiscais entendeu que honorários de árbitros poderiam ser tributados pela pessoa jurídica. Veja-se:

> Processo nº 12448.730776/2014-91 Recurso Voluntário Acórdão nº 2202-008.531 – 2ª Seção de Julgamento / 2ª Câmara / 2ª Turma Ordinária Sessão de 11 de agosto de 2021 Recorrente PEDRO ANTÔNIO BATISTA MARTINS Interessado FAZENDA NACIONAL ASSUNTO: IMPOSTO SOBRE A RENDA DE PESSOA FÍSICA (IRPF) Exercício: 2011, 2012, 2013 ARBITRAGEM. FORMAÇÃO PROFISSIONAL. ATIVIDADE INSERIDA NO ÂMBITO DA ADVOCACIA. HONORÁRIOS. SOCIEDADE DE ADVOGADOS. LEI 9.430/96. SERVIÇO INTELECTUAL EM CARÁTER PERSONALÍSSIMO. LEI 11.196/2005. TRIBUTAÇÃO APLICÁVEL ÀS PESSOAS JURÍDICAS. O exercício da arbitragem, embora não seja privativa de bacharel em Direito, encontra-se inserida no âmbito da advocacia, razão pela qual os honorários podem ser recebidos e tributados pela sociedade de advogados, da qual integre o árbitro – *ex vi* do art. 55 da Lei 9.430/96. O art. 129 da Lei 11.196/2005, cuja constitucionalidade foi chancelada na ADC nº 66/DF, prevê que, na hipótese de contratação de um serviço intelectual, inclusive os de natureza científica, artística ou cultural, ainda que com designação de obrigações em caráter personalíssimo, passível a tributação aplicável às pessoas jurídicas. A atuação de advogado como árbitro, por ser serviço de natureza intelectual que se insere na atividade advocatícia, atrai a aplicação do disposto no art. 129 da Lei 11.196/2005, podendo ser a remuneração pela prática recebida pela pessoa física ou pela sociedade da qual seja sócio.

O terceiro fator é que ainda que o contrato impute obrigações a pessoas físicas – por exemplo, estar vacinada para acessar certos locais de trabalho – este elemento não pode ser utilizado para justificar que o serviço não foi desempenhado pela sociedade prestadora.

A esses pontos, inerentes do texo do próprio art. 129, deve-se agregar um elemento contextual: a reforma trabalhista expressamente autoriza a chamada terceirização de atividade-fim, inclusive mediante o uso de sociedade prestadora de serviços, como se depreende do art. 4º-A da Lei 6.019/74, com a redação dada pela Lei 13.467/2017.

O ordenamento, assim, em diversas normas, concretiza o primado da livre-iniciativa, desincentivando um intervencionismo estatal para desqualificar escolhas praticadas pelos contribuintes. Nesse sentido, pensando-se no que foi acima indicado, poder-se-ia questionar: pode uma pessoa física, por exemplo, um profissional liberal optar por instituir uma pessoa jurídica para auferir receita e recolher o IRPJ pelos regimes jurídicos a tais sociedades? A resposta é, enfaticamente, afirmativa.

Se não fosse possível tal opção, qual seria o sentido, por exemplo, da Lei 123/2006, que instituiu o chamado SIMPLES NACIONAL permitir expressamente que atividades como "medicina veterinária", "despachante", "tradução", "engenharia", "perícia", "advocacia", "jornalismo", "publicidade" para não se falar em outras, permitir, expressamente a constituição de micro e pequenas empresas para tal atividade?

Tal possibilidade, portanto, não é apenas implícita pelo ordenamento jurídico, mas também explícita, como se verifica em diversos dispositivos da Lei Complementar 123/2006, como seu art. 18, por exemplo, que, ao indicar alíquotas aplicáveis na sistemática do SIMPLES NACIONAL enumera atividades próprias de profissionais liberais.

Outra discussão distinta é saber se, concretamente, certo valor foi recebido por uma pessoa jurídica ou pessoa física. É isto o que a autoridade administrativa deve, efetivamente, perquirir, observando as prescrições procedimentais/interpretativas que o art. 129 da Lei 11.196/2005 impõe.

Nesse contexto, seguindo-se a linha do próprio art. 129, o que se deve perquirir é eventual abuso de personalidade, nos termos do art. 50 do Código Civil, com a redação dada pela Lei 13.874/19. A disposição legal é a seguinte:

> Art. 50. Em caso de abuso da personalidade jurídica, caracterizado pelo desvio de finalidade ou pela confusão patrimonial, pode o juiz, a requerimento da parte, ou do Ministério Público quando lhe couber intervir no processo, desconsiderá-la para que os efeitos de certas e determinadas relações de obrigações sejam estendidos aos bens particulares de administradores ou de sócios da pessoa jurídica beneficiados direta ou indiretamente pelo abuso.
>
> § 1º. Para os fins do disposto neste artigo, desvio de finalidade é a utilização da pessoa jurídica com o propósito de lesar credores e para a prática de atos ilícitos de qualquer natureza
>
> § 2º. Entende-se por confusão patrimonial a ausência de separação de fato entre os patrimônios, caracterizada por:
>
> I - cumprimento repetitivo pela sociedade de obrigações do sócio ou do administrador ou vice-versa;
>
> II - transferência de ativos ou de passivos sem efetivas contraprestações, exceto os de valor proporcionalmente insignificante; e
>
> III - outros atos de descumprimento da autonomia patrimonial.
>
> § 3º. O disposto no *caput* e nos §§ 1º e 2º deste artigo também se aplica à extensão das obrigações de sócios ou de administradores à pessoa jurídica.
>
> § 4º. A mera existência de grupo econômico sem a presença dos requisitos de que trata o *caput* deste artigo não autoriza a desconsideração da personalidade da pessoa jurídica.
>
> § 5º. Não constitui desvio de finalidade a mera expansão ou a alteração da finalidade original da atividade econômica específica da pessoa jurídica.

Nesse sentido, assumindo o risco que toda generalização incorre, penso que os seguintes fatores devem ser considerados:

a) A pessoa jurídica existe? Ela tem capacidade operacional e econômica de cumprir seu objeto operacional?

Há clara separação de personalidade entre a pessoa jurídica e a física ou existe confusão patrimonial?

b) Quem é a contratada para desempenhar a atividade: a pessoa física ou a pessoa jurídica? Há alguma vedação de que certa atividade seja efetivada por intermédio da pessoa jurídica?

c) Quem recebeu efetivamente o rendimento? Foi creditado em conta bancária da pessoa jurídica ou da pessoa física?

Concluo o presente item com a assertiva de que se pode escolher a modalidade menos onerosa de tributação, desde que não se incorra em simulação. Desse modo, o meu ponto de vista é que se o jurisdicionado exerce sua atividade nos limites formais e materiais impostos pela legislação, deveria ficar assegurado seu direito a se submeter à tributação prevista na legislação: seja a ela a mais ou menos onerosa. O direito, porém, é rico justamente por admitir interpretações distintas que se tornam inevitáveis diante da complexidade do dado jurídico.

3.2 Sobre o critério espacial do IRPF – Ajuste Anual

3.2.1 Aspectos genéricos

O art. 1º da Lei 4.506/64, além de definir o critério material do IRPF, indica algo muito significativo relativo ao critério espacial: cria um critério de conexão, isto é, a renda auferida pelos residentes no país estão sujeitas ao que designei de IRPF-Ajuste Anual. Trata-se de previsão legal que institui uma coordenada especial mediatamente relacionada ao rendimento auferido: ele localiza o contribuinte que age, isto é, que aufere o rendimento, submetendo tal rendimento à base de cálculo do gravame.

Esse exemplo é significativo para mostrar que "critério espacial" não é uma mera descrição de um local onde um evento ocorre como se poderia pensar em uma análise mais superficial. Não: trata-se de uma prescrição, de um mandamento que, relacionando uma classe de eventos a uma coordenada de espaço, reputa relevante juridicamente todo acontecimento que satisfaça tal relação.

É justamente o que ocorre no caso em tela. Pelo primado da universalidade, os rendimentos auferidos no mundo inteiro podem ser alvo de tributação no país. Portanto, não é o local onde ocorre a percepção do rendimento que se torna relevante para fins de IRPF: é o local em que reside o contribuinte auferiu o rendimento.

Agora, caso a pessoa não seja residente, conforme prevê o §2º do art. 1º do RIR/2018, as rendas e seus proventos de qualquer natureza, inclusive os ganhos de capital, percebidos no País de residência da pessoa, serão tributados de acordo com as disposições contidas nos Capítulos V e VI do Título I de seu Livro III do RIR/2018. Trata-se de casos em que não há a incidência do chamado IRPF – Ajuste Anual, até mesmo porque são apenas rendimentos isolados que são tributados no país, mas sim da tributação exclusiva na fonte, como verificaremos adiante.

Isso significa que a regra-matriz do IRPF Anual, a que vimos examinando, tem como pressuposto que a renda seja auferida por pessoa domiciliada ou residente no Brasil. Em outras palavras, a universalidade, mencionada no §1º do art. 43 do CTN, garante que a regra-matriz do imposto sobre a renda alcance todos os rendimentos auferidos no exterior, mas desde que esses rendimentos sejam percebidos por pessoas residentes ou domiciliadas no país.

3.2.2 Residente e não residente

A essa altura, vale indicar que se considera residente no Brasil a pessoa que aqui resida em caráter permanente, que se ausente para prestar serviços como assalariada a autarquias ou repartições do Governo brasileiro situadas no exterior, ou a pessoa física brasileira que retorne ao país com ânimo definitivo, na data da chegada. O art. 12 da Lei 9.718/98 determina que também será tributado como residente, o estrangeiro que chega ao Brasil:

> I - com visto temporário:
>
> a) para trabalhar com vínculo empregatício, em relação aos fatos geradores ocorridos a partir da data de sua chegada;
>
> b) por qualquer outro motivo, e permanecer por período superior a cento e oitenta e três dias, consecutivos ou não, contado, dentro de um intervalo de doze meses, da data de qualquer chegada, em relação aos fatos geradores ocorridos a partir do dia subsequente àquele em que se completar referido período de permanência;[229]
>
> II - com visto permanente, em relação aos fatos geradores ocorridos a partir de sua chegada.

Não bastasse isso, a pessoa física que se ausenta em caráter definitivo ou temporário ao exterior e deixa de entregar a Comunicação de Saída Definitiva do País será considerada residente nos primeiros doze meses em que estiver ausente.

Assim, se um brasileiro deixa o país, entregando a Comunicação de Saída Definitiva, os rendimentos por ele auferidos no exterior não mais serão tributados no país. Isso porque o critério de conexão estabelecido pela legislação deixará de ser atendido.

A Instrução Normativa RFB 1.383/2013 também prescreve ser residente o médico bolsista que atuar no programa "Mais Médicos", previsto pela Lei 12.871/2013.

Ademais, o referido ato normativo também explicita que a pessoa física que ingressar no país com visto temporário, mesmo antes de completar os 184 dias de permanência, consecutivos, ou não, dentro do período de 12 meses, adquire a

---

229. Caso, dentro de um período de doze meses, a pessoa física não complete 184 dias, consecutivos ou não, de permanência no Brasil, novo período de até doze meses será contado da data do ingresso seguinte àquele em que se iniciou a contagem anterior.

residência fiscal no momento em que arranjar emprego ou obter o visto permanente.

Quanto aos não residentes, poderemos apontar que as seguintes pessoas físicas ostentam tal *status*, de sorte que não são alcançadas pela regra da universalidade do IRPF:

I – as que não residam no Brasil em caráter permanente e não se enquadrem nas hipóteses de residência anteriormente assinaladas;

II – as que se retirem em caráter permanente do território nacional e apresente a Comunicação de Saída Definitiva do País;

III – as que, na condição de não residente, ingressem no Brasil para prestar serviços como funcionário de órgão de governo estrangeiro situado no País;[230]

IV – as que ingressem no país com visto temporário e:

a) permaneçam até 183 dias, consecutivos ou não, em um período de até doze meses; ou

b) até o dia anterior ao da obtenção de visto permanente ou de vínculo empregatício, se ocorrida antes de completar 184 dias, consecutivos ou não, de permanência no Brasil, dentro de um período de até doze meses;

V – que se ausentem do Brasil em caráter temporário, a partir do dia seguinte àquele em que complete doze meses consecutivos de ausência.

---

230. Na resposta à pergunta de n. 110 do "Perguntas e Respostas IRPF 2018" não há qualquer ressalva quanto à tal previsão. O texto, porém, da Instrução Normativa SRF n. 208/2.002 (inciso III do artigo 3º) complementa indicando "ressalvado o disposto do inciso IV do art. 2º". O inciso IV do art. 2º diz que é residente a pessoa física brasileira "que retorne ao país com ânimo definitivo, na data da chegada". Embora não esteja claro, minha interpretação é que a norma fazendária tem a pretensão de determinar que pessoa física brasileira que ingresse no Brasil para prestar serviços como funcionário de órgão de governo situado no País com intenção de aqui residir de modo definitivo, passa à condição de residente.

Ademais, o art. 27 da Lei 12.249/2010 prescreve que a transferência do domicílio fiscal da pessoa física residente e domiciliada no Brasil para país ou dependência com tributação favorecida ou regime fiscal privilegiado, somente terá seus efeitos reconhecidos a partir da data em que o contribuinte comprove:

I – ser residente de fato naquele país ou dependência; ou

II – sujeitar-se a imposto sobre a totalidade dos rendimentos do trabalho e do capital, bem como o efetivo pagamento desse imposto.

Consideram-se residentes de fato, para os fins do disposto no referido artigo, as pessoas físicas que tenham efetivamente permanecido no país ou dependência por mais de 183 (cento e oitenta e três) dias, consecutivos ou não, no período de até 12 (doze) meses, ou que comprovem ali se localizarem a residência habitual de sua família e a maior parte de seu patrimônio.

Nos termos do art. 24 da Lei 9.430/96, país com tributação favorecida é aquele que não tribute a renda ou a tribute com alíquota máxima inferior a 20% (vinte por cento).

Considera-se também país ou dependência com tributação favorecida aquele cuja legislação não permita o acesso a informações relativas à composição societária de pessoas jurídicas, à sua titularidade ou à identificação do beneficiário efetivo de rendimentos atribuídos a não residentes.

Já o regime fiscal privilegiado é aquele que apresente, pelo menos, as seguintes características:

I – não tribute a renda ou a tribute à alíquota máxima inferior a 20% (vinte por cento);

II – conceda vantagem de natureza fiscal a pessoa física ou jurídica não residente:

a) sem exigência de realização de atividade econômica substantiva no país ou dependência;

b) condicionada ao não exercício de atividade econômica substantiva no país ou dependência;

III – não tribute, ou o faça em alíquota máxima inferior a 20% (vinte por cento), os rendimentos auferidos fora de seu território;

IV – não permita o acesso a informações relativas à composição societária, titularidade de bens ou direitos ou às operações econômicas realizadas.

Nesse sentido, a pessoa física que altere sua residência para uma jurisdição com as características acima, ou bem comprova que efetivamente habita tal país, nos moldes acima indicados, ou bem comprova que se sujeita a imposto sobre a totalidade dos rendimentos do trabalho e do capital, inclusive, arcando com o referido imposto.

E qual o procedimento para quem deixa de ser residente?

A pessoa física que se retirar do território nacional deverá apresentar a Comunicação de Saída Definitiva, incluindo os dependentes que se retirem do território nacional na mesma data.

O prazo para apresentação da Comunicação de Saída Definitiva é até fevereiro do ano subsequente à data da saída com ânimo definitivo. Se a saída se dá em caráter temporário, o prazo será até fevereiro do ano subsequente em que se completarem os 12 (doze) meses consecutivos de ausência do território nacional.

Além da Comunicação de Saída Definitiva, será necessária a entrega da Declaração de Saída Definitiva, relativa ao período em que tenha permanecido na condição de residente no Brasil no ano-calendário da caracterização da condição de não residente. O prazo de entrega é até o último dia útil do mês de abril do ano-calendário subsequente ao da caracterização de não residente.

Assim, a título de exemplo, se em 31 de dezembro de 2020, a pessoa física se tornou não residente, deverá entregar a Comunicação de Saída até fevereiro de 2021 e a Declaração de Saída Definitiva até o último dia útil de abril de 2021.

Note-se que na Declaração de Saída Definitiva, serão declarados os rendimentos auferidos no ano-calendário em que se dá a condição de não residente. A título de exemplo, se a pessoa decide sair do país com ânimo definitivo em 31 de julho de 2020, a declaração conterá todos os rendimentos auferidos entre 1º de janeiro de 2020 até a referida data.

Nos termos do art. 15 da Lei 9.250/95, com a redação dada pela Lei 11.311/2006, o imposto será calculado mediante a utilização dos valores correspondentes à soma das tabelas progressivas mensais relativas aos meses do período abrangido pela tributação do ano-calendário.

Para fins de apuração da base de cálculo, poderão ser deduzidas:

I – as importâncias pagas em dinheiro a título de pensão alimentícia em face das normas do Direito de Família, quando em cumprimento de decisão judicial ou acordo homologado judicialmente, inclusive a prestação de alimentos provisionais;[231]

II – o valor correspondente à dedução anual por dependente, sendo certo que atualmente tal valor de é R$ 2.275,08 (dois mil, duzentos e setenta e cinco reais e oito centavos);

III – as contribuições para a Previdência Social da União, dos Estados, do Distrito Federal e dos Municípios,

231. Deve-se observar que, para fins de tal dedução, serão considerados os valores pagos em dinheiro e somente a título de prestação de alimentos provisionais ou a título de pensão alimentícia, sendo certo que em se tratando de sociedade conjugal, a dedução somente se aplica, quando o provimento de alimentos for decorrente da dissolução daquela sociedade. Além disso, a legislação restringe o pagamento de pensão determinada em decisão arbitral, muito embora pensemos que tal restrição, em tese, viola o conceito de "renda" por limitar a dedutibilidade de um gasto essencial.

cujo ônus tenha sido do próprio contribuinte e desde que destinadas ao seu próprio benefício;

IV – as contribuições para as entidades de previdência complementar domiciliadas no Brasil, destinadas a custear benefícios complementares assemelhados aos da Previdência Social e para os Fundos de Aposentadoria Programada Individual (Fapi), cujo ônus tenha sido do próprio contribuinte e desde que destinadas a seu próprio benefício bem assim de seus dependentes, condicionadas, entretanto, ao recolhimento, também, de contribuições para o regime geral de previdência social ou, quando for o caso, para regime próprio de previdência social dos servidores titulares de cargo efetivo da União, dos Estados, do Distrito Federal ou dos Municípios.[232]

---

232. Segundo a Pergunta 113 do "Perguntas e Respostas IRPF 2021", para as contribuições feitas a partir de 1º de janeiro de 2.005, seria necessário atentar-se para o "ATENÇÃO" da Pergunta 316 do mesmo veículo informativo. Passo a reproduzi-lo:
"1 - As deduções relativas às contribuições para entidades de previdência complementar e sociedades seguradoras domiciliadas no País e destinadas a custear benefícios complementares aos da Previdência Social, cujo ônus seja da própria pessoa física, ficam condicionadas ao recolhimento, também, de contribuições para o regime geral de previdência social ou, quando for o caso, para regime próprio de previdência social dos servidores titulares de cargo efetivo da União, dos Estados, do Distrito Federal ou dos Municípios, observada a contribuição mínima, e limitadas a 12% do total dos rendimentos computados na determinação da base de cálculo do imposto devido na Declaração de Ajuste Anual.
2 - O disposto no item 1 acima aplica-se, inclusive, às contribuições ao Fundo de Aposentadoria Programada Individual (Fapi).
3.1 – A dedução das contribuições para as entidades fechadas de previdência complementar de natureza pública de que trata o § 15 do art. 40 da Constituição Federal, cujo ônus tenha sido do contribuinte, limitada à alíquota de contribuição do ente público patrocinador, não se sujeita ao limite previsto de 12% do total dos rendimentos computados na determinação da base de cálculo do imposto devido na Declaração de Ajuste Anual.
3.2 – Por sua vez, o valor de contribuição para a previdência complementar pública excedente ao limite da aplicação da alíquota de contribuição do ente público patrocinador, está sujeito ao limite de 12% dos rendimentos computados na determinação da base de cálculo do imposto devido na declaração de rendimentos conjuntamente com eventuais contribuições a outros planos de previdência complementar.
4 - Excetua-se da condição referida no item 1 acima o beneficiário de aposentadoria ou pensão concedida por regime próprio de previdência ou pelo regime geral de

V – as contribuições para as entidades fechadas de previdência complementar de natureza pública de que trata o § 15 do art. 40 da Constituição Federal, cujo ônus tenha sido do contribuinte, destinadas a custear benefícios complementares assemelhados aos da Previdência Social;[233]

---

previdência social, mantido, entretanto, o limite de 12% do total dos rendimentos computados na determinação da base de cálculo do imposto devido na Declaração de Ajuste Anual.
5 - Se o titular ou quotista for dependente do declarante, para a dedução das contribuições aplicam-se ao declarante a condição e o limite acima referidos no item 1.
6 - Na hipótese de dependente com mais de 16 anos, a dedução referida fica condicionada, ainda, ao recolhimento, em seu nome, de contribuições para o regime geral de previdência social, observada a contribuição mínima, ou, quando for o caso, para regime próprio de previdência social dos servidores titulares de cargo efetivo da União, dos Estados, do Distrito Federal ou dos Municípios.". https://www.gov.br/receitafederal/pt-br/acesso-a-informacao/perguntas-frequentes/declaracoes/dirpf/pr-irpf-2021-v-1-0-2021-02-25.pdf, consultado em -04/09/2021.).
Ademais a própria pergunta 113 do "Perguntas e Respostas – IRPF 2021 acrescenta as seguintes observações que reproduzimos, com relação ao item IV, que se referem a determinação do § 5º do artigo 9 da Instrução Normativa n. 208/2.002:
"a) excetuam-se da condição nele previsto os beneficiários de aposentadoria ou pensão concedidas por regime próprio de previdência ou pelo regime geral de previdência social, mantido, entretanto, o limite de 12% (doze por cento) do total dos rendimentos computados na determinação da base de cálculo do imposto devido na Declaração de Saída Definitiva do País;
b) as contribuições para planos de previdência complementar e para Fapi, cujo titular ou quotista seja dependente, para fins fiscais, do declarante, podem ser deduzidas desde que o declarante seja contribuinte do regime geral de previdência social ou, quando for o caso, para regime próprio de previdência social dos servidores titulares de cargo efetivo da União, dos Estados, do Distrito Federal ou dos Municípios;
c) na hipótese do item "b", a dedução de contribuições efetuadas em benefício de dependente com mais de 16 anos fica condicionada, ainda, ao recolhimento, em seu nome, de contribuições para o regime geral de previdência social, observada a contribuição mínima, ou, quando for o caso, para regime próprio de previdência social dos servidores titulares de cargo efetivo da União, dos Estados, do Distrito Federal ou dos Municípioshttps://www.gov.br/receitafederal/pt-br/acesso-a-informacao/perguntas-frequentes/declaracoes/dirpf/pr-irpf-2021-v-1-0-2021-02-25.pdf, consultado em 04/09/2021.)

233. Segundo, ainda a Pergunta 113 do "Perguntas e Respostas – IRPF 2021", as seguintes observações são cabíveis com relação a tal dedutibilidade:
"a) desde que limitada à alíquota de contribuição do ente público patrocinador, não se sujeita ao limite de 12% (doze por cento) do total dos rendimentos computados na determinação da base de cálculo do imposto devido na Declaração de Saída Definitiva do País;
b) os valores de contribuição excedentes ao disposto no item "a" poderão ser deduzidos desde que seja observado o limite conjunto de dedução previsto no *caput* do

VI – as despesas médicas e as despesas com instrução, próprias, de seus dependentes e de seus alimentandos;[234] e

VII –as despesas escrituradas em livro-caixa.

E se os pagamentos relativos às deduções acima mencionadas forem efetuados em moeda estrangeira? Neste caso, deve-se proceder à conversão em dólares dos Estados Unidos da América, pelo valor fixado pela autoridade monetária do país no qual as despesas foram realizadas para a data do pagamento e, em seguida, em reais pela cotação do dólar fixada, para venda, pelo Banco Central do Brasil para o último dia útil da primeira quinzena do mês anterior ao do pagamento.

Muito bem. Esclarecidos tais pontos, convém apontar que a pessoa física deverá recolher em quota única, até a data prevista para a entrega da declaração (último dia de abril do ano-calendário subsequente à perda de residência), o imposto nela apurado e os demais créditos tributários ainda não quitados, cujos prazos para pagamento são considerados vencidos nesta data, se prazo menor não estiver estipulado na legislação tributária.

Agora, acabamos nos afastando do escopo primordial deste capítulo que seria de tratar do critério espacial do IRPF. O desvio do tema foi longo, mas relevante para fins didáticos para que se compreenda procedimentos inerentes à

art. 11 da Lei nº 9.532, de 10 de dezembro de 1997." (https://www.gov.br/receitafederal/pt-br/acesso-a-informacao/perguntas-frequentes/declaracoes/dirpf/pr-irpf-2021-v-1-0-2021-02-25.pdf, consultado em 04/09/2021). Acrescente-se que o limite mencionado no artigo 11 da Lei n. 9.532/97 é de 12% (doze por cento) do total dos rendimentos computados na determinação da base de cálculo do imposto devido na declaração de rendimentos.

234. Deve-se acrescentar que segundo § 6º do art. 9º da Instrução Normativa SRF n. 208/2002, as despesas médicas e com instrução de alimentandos, quando realizadas pelo alimentante em virtude de cumprimento de decisão judicial ou acordo homologado judicialmente, podem ser deduzidas a tais títulos na determinação da base de cálculo do imposto na declaração do alimentante, observados os limites e condições fixados na legislação pertinente.

residência e perda de residência fiscal. Voltemos, porém, ao tema proposto ao presente item.

Enunciamos que o critério de conexão para o IRPF Anual é que o contribuinte seja residente ou domiciliado no país, situação em que permitirá sua tributação universal.

Por outro lado, caso perceba rendimentos e proventos de qualquer natureza produzidos Brasil, incidirá tributação independentemente do local da residência do contribuinte. Contudo, na hipótese de não residência, o contribuinte não receberá o tratamento de IRPF Anual, que vimos discutindo no presente capítulo. A tributação incidirá nos moldes que examinaremos quando tratarmos da tributação exclusiva na fonte.

Portanto, para existir a tributação no Brasil, ou o contribuinte é aqui residente ou domiciliado, independente da origem do rendimento, ou o rendimento foi aqui percebido, tornando-se irrelevante local de residência do contribuinte, sendo que, no primeiro caso, haverá a incidência do IRPF-Anual e progressivo, que estamos tratando no presente capítulo e, no segundo caso, haverá a incidência de IR com um regime jurídico próprio, conforme verificaremos, com maiores detalhes, em momento oportuno.

3.3 Sobre o critério temporal do IRPF – Ajuste Anual

Conforme vimos anteriormente, o Código Tributário Nacional define o microcritério temporal do Imposto Sobre a Renda, ao determinar que o "fato gerador é a disponibilidade jurídica ou econômica de renda".

Como a renda é o resultado da subtração de rendimentos brutos e valores a serem deduzidos, falar em disponibilidade jurídica ou econômica de renda é assumir que no instante em que se perfaz o critério temporal do IR, apenas os rendimentos disponíveis jurídica ou economicamente devem integrar a base de cálculo do gravame.

Assim, ao legislador federal foi incumbida a tarefa de (I) definir se a tributação se dá na disponibilidade jurídica e/ou econômica do rendimento e (II) qual o critério temporal macro, ou seja, qual o marco temporal que define o início e encerramento do período para fins de apuração da renda e proventos, isto é, para fins de se apurar o resultado da subtração dos rendimentos brutos e os valores a serem deduzidos pelo contribuinte.

No tocante à primeira definição, o art. 2º da Lei 8.134 de 27 de dezembro de 1990, prescreve o seguinte:

> Art. 2° O Imposto de Renda das pessoas físicas será devido à medida em que os rendimentos e ganhos de capital forem percebidos, sem prejuízo do ajuste estabelecido no art. 11.

Como se percebe, o legislador determinou que o IRPF é devido à medida que os rendimentos e ganhos de capital forem percebidos. Na realidade, tal disposição não pode ser interpretada literalmente. Uma interpretação sistemática mostrará que a "renda" é apenas apurada tomando-se como base 31 de dezembro de cada ano – isto é, o acréscimo patrimonial verificado no final do ano – e que o IRPF não será devido até que tal marco temporal seja configurado.

O que o artigo acima determina não é que ocorra a incidência imediata do IRPF sobre o recebimento de rendimentos, mas consagra o critério de disponibilidade econômica como o marco a ser considerado para que cada elemento da base de cálculo do gravame seja considerado. Aliás, note-se que ao vincular a disponibilidade econômica aos rendimentos e ganhos de capital, o dispositivo confirma aquela assertiva que havíamos empreendido no item anterior: não é a renda ou proventos que são imediatamente disponíveis, mas sim os rendimentos.

De fato, o art. 8º da Lei 9.250, de 26 de dezembro de 1995, prescreve o seguinte:

> Art. 8º A base de cálculo do imposto devido no ano-calendário será a diferença entre as somas:

> I - de todos os rendimentos percebidos durante o ano-calendário, exceto os isentos, os não tributáveis, os tributáveis exclusivamente na fonte e os sujeitos à tributação definitiva;
>
> II - das deduções relativas: [...]

Como se infere do artigo acima citado, a base de cálculo do imposto será a diferença de todos os rendimentos percebidos durante o ano-calendário, excepcionados os casos citados no artigo acima e os valores a serem deduzidos. Assim, antes de 31 de dezembro de cada ano, não há meios de se certificar se o imposto é devido, afinal é possível que as os valores a serem deduzidos superem a soma de todos os rendimentos.

Portanto, não seria exato afirmar, apesar da literalidade da lei, que o imposto é devido à medida que os rendimentos são percebidos. Mais uma vez, há uma confusão entre "rendimento" e "renda" a que advertimos no início do presente livro.

Na realidade, o que se pode concluir do art. 2º da Lei 8.134/90 é que os rendimentos serão levados em conta para fins de apuração da base de cálculo do IRPF no momento em que forem percebidos. Isto é, torna-se relevante a disponibilidade econômica dos rendimentos para fins de apuração da base de cálculo do imposto, o que importará, reflexamente, que o IRPF exigirá a disponibilidade econômica da renda para que possa a incidir e não, apenas, a disponibilidade jurídica.[235]

Abrindo-se parênteses no tocante à questão da disponibilidade da renda, poder-se-ia questionar se funcionário ou prestador de serviço que recebe sua remuneração por nota promissória já teria tal disponibilidade. A Secretaria Especial da Receita Federal entendeu de forma positiva, sob o argumento de que a nota promissória é um título de crédito que

---

235. Sobre a associação dos signos "percebidos" e "recebidos" ao regime de caixa, vide: POLIZELI, Victor. Renda, Realização, Regime de Caixa e Competência. In NOVO RIR. Aspectos Jurídicos Relevantes do Imposto de Renda 2018. Coord. DONIAK, Jimir Jr. pp. 130, 131.

basta a si mesmo.[236] O mesmo vale para dívidas perdoadas em troca de serviços ou pagamentos em bens.[237]

Ao mesmo tempo, conforme já adiantamos, todos os rendimentos brutos percebidos no ano-calendário e os valores a serem deduzidos serão levados em consideração para fins de apuração da base de cálculo do IRPF. Isso significa que 31 de dezembro – término do ano-calendário – é o marco final que determina a possibilidade de incidência do imposto.

Assim, tenhamos que o macrocritério temporal do IRPF é 31 de dezembro de cada ano, sendo que apenas os rendimentos que tiverem sido percebidos até tal data, durante o ano-calendário, serão incluídos na base de cálculo do IRPF.

Agora, as informações pertinentes ao IRPF são indicadas na chamada Declaração de Ajuste-Anual, disponibilizada anualmente pela Secretaria Especial da Receita Federal do Brasil, em seu sítio eletrônico. Em hipótese alguma, contudo, o momento de entrega da Declaração de Ajuste Anual pode ser confundido com o critério temporal do IR que se efetiva no último instante de cada ano.

Bem verdade que, na linha do constructivismo lógico-semântico, a ocorrência do acontecimento previsto no suposto da norma geral e abstrata que institui tributo é designada de "evento"; por sua vez, a expressão "fato jurídico" é empregada para indicar ou bem (I) o registro, em linguagem competente – isto é, no antecedente de uma norma individual e concreta – de um evento tido como relevante juridicamente pelo antecedente de norma geral e abstrata ou bem (II) uma

236. Secretaria Especial da Receita Federal do Brasil. "Perguntas e Respostas 2.021". Pergunta 184, p. 94. Disponível em: www.ibet.com.br/wp-content/uploads/2021/04/IRPF-RFB.pdf. Acesso em: 16 jan. 2022.

237. Secretaria Especial da Receita Federal do Brasil. "Perguntas e Respostas 2.021". Perguntas 185, e 186 p. 94. Disponível em: www.ibet.com.br/wp-content/uploads/2021/04/IRPF-RFB.pdf. Acesso em: 16 jan. 2022.

relação jurídica concretizada, prescrita no consequente de norma individual e concreta.[238]

Quando um fato jurídico é decorrente da aplicação do de uma norma geral e abstrata que institui um tributo costuma-se designá-lo de fato jurídico tributário.

Nesse sentido, no caso do IR, o fato jurídico tributário surgirá com a constituição da norma individual e concreta que, no caso em análise, ou bem será a Declaração de Ajuste Anual apresentada pelo sujeito passivo, ou o lançamento de ofício lavrado pelo Fisco.

Para que não se confunda, porém, o momento em que se opera o evento tributário com o instante que tal evento é conhecido juridicamente – isto é, relatado por um fato jurídico – o Professor Paulo de Barros Carvalho utiliza as expressões "tempo no fato" e "tempo do fato".[239]

O átimo de tempo em que se opera o evento tributário – momento, este, que corresponde ao critério temporal da regra-matriz de incidência tributária – é chamado pelo Professor Paulo de Barros Carvalho de "tempo no fato"; o momento em que esse acontecimento é narrado em linguagem competente é designado por "tempo do fato".

Note-se que o "tempo no fato" corresponde à dimensão concreta do momento previsto no critério temporal da regra-matriz de incidência tributária – narrado na norma individual e concreta - de modo que seria possível assinalar que o tempo no fato está para o critério temporal, assim como o evento tributário está para a hipótese de incidência como um todo.

Como já discorrido, pela linha do constructivismo lógico-semântico, só haverá fato jurídico se o evento for devidamente relatado em linguagem competente. E tal linguagem,

---

238. CARVALHO, Paulo de Barros. Curso de direito tributário. São Paulo: Editora Saraiva, 24ª ed., 2012, p. 427.

239. CARVALHO, Paulo de Barros. Direito tributário. Fundamentos Jurídicos da Incidência. São Paulo: Saraiva, 2012, 9ª edição, p. 62.

como já dito, será mediante a entrega da Declaração de Ajuste Anual ou pelo lançamento de ofício entregue pelo Fisco.

A entrega da Declaração de Ajuste Anual é justamente o momento em que se configura o "tempo do fato", isto é, o momento em que o evento é constituído em linguagem competente.

O "tempo do fato", portanto, coincide com a data em que o contribuinte deve entregar a Declaração do Ajuste Anual que, geralmente, é definida como último dia de abril de cada ano.

Avancemos. Se, por acaso, o contribuinte deixa de entregar a Declaração de Ajuste Anual no prazo fixado pela legislação – normalmente no último dia de abril do ano subsequente à concretização do critério temporal da Regra-Matriz de Incidência Tributária – é devida a imposição de multa de um por cento ao mês ou fração, limitada a 20% (vinte por cento) sobre o IR devido, ainda que integralmente, pago, respeitado o valor mínimo. Veja-se:

> **Súmula CARF nº 69**
>
> A falta de apresentação da declaração de rendimentos ou a sua apresentação fora do prazo fixado sujeitará a pessoa física à multa de um por cento ao mês ou fração, limitada a vinte por cento, sobre o Imposto de Renda devido, ainda que integralmente pago, respeitado o valor mínimo. (Vinculante, conforme Portaria MF nº 277, de 07/06/2018, DOU de 08/06/2018).
>
> Acórdãos Precedentes:
>
> Acórdão nº 2102-00.668, de 17/06/2010 Acórdão nº 104-23.185, de 25/04/2008 Acórdão nº 102-48.664, de 04/07/2007 Acórdão nº 106-15.980, de 09/11/2006 Acórdão nº 104-20.957, de 11/08/2005.

Outro ponto relevante é que tal declaração não terá efeito se apresentada após o início do procedimento fiscal. Vimos, em capítulo anterior, que em casos de lançamento de ofício, há a imposição de penalidade de 75% (setenta e cinco por cento), sem contar com hipóteses de qualificação ou agravamento na multa. Nesse sentido, será que o contribuinte poderia, em percebendo que se iniciou procedimento fiscal para apuração do crédito tributário, corrigir sua declaração, evitando a imposição de penalidades?

A resposta é negativa. É preciso considerar que o art. 138 do CTN, que trata da chamada denúncia espontânea, prescreve que, uma vez iniciado o procedimento fiscal, cessa a chamada "espontaneidade" do contribuinte. Portanto, em iniciado o procedimento fiscal, de nada adianta entregar a respectiva declaração a fim de se evitar a imposição de penalidades próprias do lançamento de ofício.

Assim, vejamos abaixo a Súmula CARF n. 33 que estabelece tal prescrição em termos administrativos:

> **Súmula CARF nº 33**
>
> A declaração entregue após o início do procedimento fiscal não produz quaisquer efeitos sobre o lançamento de ofício. (Vinculante, conforme Portaria MF nº 277, de 07/06/2018, DOU de 08/06/2018).
>
> Acórdãos Precedentes:
>
> Acórdão nº 102-49334, de 09/10/2008 Acórdão nº 106-17006, de 06/08/2008 Acórdão nº 106-16812, de 06/03/2008 Acórdão nº 106-16727, de 23/01/2008 Acórdão nº 106-17254, de 05/02/2009 Acórdão nº 103-22293, de 23/02/2006 Acórdão nº 106-16440, de 13/06/2007 Acórdão nº 106-14971, de 13/09/2005 Acórdão nº 104-23308, de 26/06/2008 Acórdão nº 104-23395, de 07/08/2008 Acórdão nº 104-23025, de 05/03/2008 Acórdão nº 201-80751, de 21/11/2007 Acórdão nº 201-79179, de 29/03/2006 Acórdão nº 201-76943, de 14/05/2003 Acórdão nº 201-74300, de 20/03/2001 Acórdão nº 201-73651, de 14/03/2000

Agora, caso o contribuinte, sem se enquadrar em outras hipóteses de obrigatoriedade de apresentação da declaração, deixa de entregá-la, sendo sócio ou titular de pessoa jurídica inapta, não há que se falar em multa por falta ou atraso na entrega. É essa a dicção da Súmula CARF nº 44, a seguir transcrita:

> **Súmula CARF nº 44**
>
> Descabe a aplicação da multa por falta ou atraso na entrega da Declaração de Ajuste Anual do Imposto de Renda das Pessoas

> Físicas, quando o sócio ou titular de pessoa jurídica inapta não se enquadre nas demais hipóteses de obrigatoriedade de apresentação dessa declaração. (**Vinculante**, conforme Portaria MF nº 383, de 12/07/2010, DOU de 14/07/2010).
>
> Acórdãos Precedentes:
>
> Acórdão nº 106-16110, de 25/01/2007 Acórdão nº 104-21257, de 08/12/2005 Acórdão nº 102-47103, de 13/09/2005 Acórdão nº 104-19963, de 12/05/2004 Acórdão nº 106-16561, de 18/10/2007 Acórdão nº CSRF 04-00.183, de 13/12/2005

Avancemos. Interessante notar que o Decreto 70.235/1972, que trata do processo administrativo federal tributário, regula como se dará o chamado procedimento fiscal para apuração do crédito tributário por meio de lançamento de ofício.

O § 2º do art. 7º de tal dispositivo prevê que o ato de ofício, pelo qual tem início os trabalhos fiscais, valerá pelo prazo de sessenta dias, prorrogável, sucessivamente, por igual período, com qualquer outro ato escrito que indique o prosseguimento dos trabalhos.

Nesse sentido, se o contribuinte é notificado de ofício do início do procedimento fiscal, mas a autoridade administrativa passa mais de 60 (sessenta) dias sem emitir notificações sobre o prosseguimento do trabalho, ocorreria o fenômeno de se iniciar, novamente, a chamada "espontaneidade". Assim, em tese, o sujeito passivo poderia apresentar eventual Declaração não fornecida ao Fisco ou mesmo retificar incluindo novas informações, evitando, assim, o lançamento de ofício e a aplicação de multa de ofício.

Tal possibilidade de retorno à condição de espontaneidade é prevista pela Súmula CARF n. 75, a seguir citada:

> **Súmula CARF nº 75**
>
> A recuperação da espontaneidade do sujeito passivo em razão da inoperância da autoridade fiscal por prazo superior a sessenta dias aplica-se retroativamente, alcançando os atos por ele praticados no decurso desse prazo. (Vinculante, conforme Portaria MF nº 277, de 07/06/2018, DOU de 08/06/2018).

Acórdãos Precedentes:

Acórdão nº 105-16.359, de 28/03/2007 Acórdão nº 01-06.056, de 10/11/2008 Acórdão nº 02-02.844, de 16/10/2007 Acórdão nº 9101-00.020, de 09/03/2009 Acórdão nº 102-49.425, de 16/12/2008.

Outro aspecto relevante, relativo à Declaração de Ajuste Anual, é que o contribuinte terá a obrigação de informar, em tal documento, todos os rendimentos recebidos no ano de apuração, ainda que não tenha sofrido retenção na fonte sobre certos rendimentos.

Nesse sentido, uma vez não apresentada a Declaração de Ajuste-Anual, o lançamento de ofício será lavrado em face do contribuinte, ainda que não tenha havido retenção na fonte, por parte da fonte pagadora, conforme entendimento da Súmula CARF n. 12:

Súmula CARF nº 12

Constatada a omissão de rendimentos sujeitos à incidência do imposto de renda na declaração de ajuste anual, é legítima a constituição do crédito tributário na pessoa física do beneficiário, ainda que a fonte pagadora não tenha procedido à respectiva retenção. (Vinculante, conforme Portaria MF nº 277, de 07/06/2018, DOU de 08/06/2018).

Acórdãos Precedentes:

Acórdão nº 102-45558, de 19/06/2002 Acórdão nº 102-45717, de 19/09/2002 Acórdão nº 104-19081, de 05/11/2002 Acórdão nº 104-17093, de 09/06/1999 Acórdão nº 106-14387, de 26/01/2005

Por outro lado, interessante notar que erros no preenchimento da declaração de ajuste anual, causados por informações imprecisas, prestadas pela fonte pagadora, não autorizam o lançamento da multa de ofício. Tal posição restou consolidada no âmbito do Conselho Administrativo de Recursos Fiscais, conforme se depreende da Súmula CARF n. 73 a seguir citada:

Súmula CARF nº 73

Erro no preenchimento da declaração de ajuste do imposto de renda, causado por informações erradas, prestadas pela fonte pagadora, não autoriza o lançamento de multa de ofício.

Acórdãos Precedentes:

Acórdão nº CSRF/04-00.409, de 12/12/2006 Acórdão nº CSRF/04-00.089, de 22/09/2005 Acórdão nº CSRF/01-05.049, de 10/08/2004 Acórdão nº CSRF/01-05.032, de 09/08/2004 Acórdão nº 2801-00.239, de 21/09/2009.

Noto que este item tinha como objetivo tratar sobre o critério temporal da regra-matriz de incidência tributária e acabei avançando sobre temas relativos aos deveres instrumentais do contribuinte. Pondero que embora "tempo no fato" e "tempo do fato" sejam conceitos distintos, a remissão a um acaba evocando, involuntariamente, o outro. De qualquer sorte, entendo que tais informações, sobre a Declaração de Ajuste Anual, são relevantes e não poderiam deixar de ser mencionadas.

4. SOBRE A RELAÇÃO JURÍDICO-TRIBUTÁRIA DO IRPF - AJUSTE ANUAL

O consequente da regra-matriz de incidência do IRPF alberga os elementos necessários para a constituição da relação jurídico-tributária, delimitando o aspecto pessoal e quantitativo.

No aspecto quantitativo, há a base de cálculo e alíquota ao passo que o critério pessoal será conjugado pelo sujeito ativo e passivo, tudo conforme definido pela legislação.

Iniciaremos nossa análise examinando os sujeitos passivos contribuintes e responsáveis, para em seguida tratarmos da base de cálculo e finalmente adentrarmos na alíquota do IRPF.

4.1 Sobre os contribuintes e responsáveis do IRPF – Ajuste Anual

4.1.1 A regra geral do sujeito passivo do IRPF – Ajuste Anual

Recapitulando nossas meditações anteriores acerca de contribuinte e responsáveis, já vimos que em matéria de sujeição na fonte, os seguintes pontos:

(1) Em termos constitucionais, o princípio da capacidade contributiva exige que quem arca com o ônus

econômico do tributo é quem pratica o comportamento de auferir rendas e proventos, devendo o responsável ser alguém com alguma relação com o contribuinte;

(2) Em temos de legislação nacional, o contribuinte será sujeito passivo quando tiver direta relação com o fato jurídico tributário; e responsável quando assim designado por lei.

Quando pensamos em contribuinte e responsável em matéria de Imposto Sobre a Renda, não se pode confundir o contribuinte e responsável do IRPF Ajuste Anual ou pela tributação definitiva nos casos de ganho de capital, com o sujeito responsável pela retenção na fonte mensal e com o sujeito responsável pela retenção exclusiva na fonte.

No presente item, trataremos do contribuinte e responsável do IRPF-Anual, que é a regra-matriz que estamos examinando.

Nesse sentido, pedimos vênia para citar, novamente, o art. 1º da Lei 4.506 de 30 de novembro de 1964 que:

> Art. 1º As pessoas físicas, domiciliadas ou residentes no Brasil que tiverem renda líquida anual superior a vinte e quatro vezes o salário-mínimo fiscal, apurada de acordo com a lei, são contribuintes do imposto de renda, sem distinção de nacionalidade, sexo, idade, estado ou profissão.

Note-se que embora trate do contribuinte, o dispositivo concretiza o primado da universalidade: ao prever que todos são contribuintes, a legislação, no fundo, prevê que a renda auferida por eles está sujeita à tributação. A generalidade, também, fica reforçada, pois a renda deixa de sofrer distinções em razão do aspecto subjetivo de quem lhe aufere.

Ao enunciar que são contribuintes do IRPF, o dispositivo não está apenas declarando quem é o autor do fato jurídico tributário: está enunciando a regra geral de quem será o sujeito passivo da relação jurídico- tributária do IRPF Ajuste-Anual.

As normas de responsabilidade, nesse sentido, hão de ser vistas como normas especiais que permitem ao Fisco exigir de outros sujeitos passivos a obrigação tributária concernente ao IRPF Ajuste Anual.

Contudo, a regra geral é esta: em matéria de IRPF Ajuste Anual, o sujeito passivo é o contribuinte.

4.1.2 Rendimentos de menores e outros incapazes

Avançando em nossos estudos, e seguindo o plano do Regulamento do Imposto de Renda, examinaremos, um pouco, como a legislação trata dos rendimentos auferidos por menores e incapazes.

Mais do que tratar sobre contribuintes incapazes, a legislação regulamenta aspectos inerentes à base de cálculo por rendimentos auferidos por estas pessoas, bem como elementos referentes aos deveres instrumentais aplicáveis, conforme verificaremos adiante.

Pois bem. É facultado pela legislação que o rendimento obtido por menores ou outros incapazes, inclusive proveniente de ganhos de capitais, seja tributado em seus próprios nomes, com número de inscrição próprio no Cadastro de Pessoas Físicas – CPF, ou, em conjunto com o de qualquer um dos pais, tutor ou curador. Porém, caso o filho incapaz esteja sob a responsabilidade de um dos pais, em virtude de sentença judicial, a opção por declarar em conjunto apenas pode ser exercida pelo pai que detiver a guarda.

Registre-se que definição de incapacidade para atos civis é estabelecida pela Lei 10.406 de 10 de janeiro de 2002 ("Código Civil"). Nos termos da referida lei, especificamente, seus arts. 3º e 4º, a incapacidade pode ser de forma absoluta ou apenas relativa a certos atos da vida civil.

Assim, o Código Civil estabelece que os absolutamente incapazes são os menores de dezesseis anos.

Já os relativamente incapazes são os maiores de dezesseis anos e menores de dezoito, os ébrios habituais e os viciados em tóxico, os que, por causa transitória ou permanente, não puderem exprimir sua vontade e os pródigos, sendo certo que a capacidade dos silvícolas é regulada pela Lei 6.001/73 – Estatuto dos Índios.

Resta assinalar, ainda, que o art. 5º do Código Civil prevê que cessa a incapacidade dos menores:

I - pela concessão dos pais, ou de um deles na falta do outro, mediante instrumento público, independentemente de homologação judicial, ou por sentença do juiz, ouvido o tutor, se o menor tiver dezesseis anos completos;[240]

II - pelo casamento;

III - pelo exercício de emprego público efetivo;

IV - pela colação de grau em curso de ensino superior; e

V - pelo estabelecimento civil ou comercial, ou pela existência de relação de emprego, desde que, em função deles, o menor com dezesseis anos completos tenha economia própria.

Muito bem. Conforme mencionamos acima, a legislação outorga a faculdade de que os rendimentos percebidos pelos incapazes sejam tributados em seu nome ou em nome dos pais, tutores ou curadores. Agora, da redação do art. 192, parágrafo único, do Decreto-lei 5.844 de 1943, pode-se inferir que a responsabilidade pelo recolhimento do tributo e a apresentação da respectiva declaração de rendimentos é de qualquer um dos pais, tutor, curador, ou do responsável por sua guarda, já que o dispositivo prescreve que os cônjuges, procuradores bastantes, tutores, curadores, diretores, gerentes, síndicos, liquídatórios e demais representantes de pessoas físicas e jurídicas cumprirão as obrigações que incumbirem aos representados.

Essa dicção vem ao encontro do que dispõe os incisos I e II do art. 134 do CTN, dispositivo que prescreve que pais, tutores e curadores são responsáveis pelos tributos devidos por incapazes.

240. Por meio do instituto da "emancipação".

É razoável que assim seja, já que não se convém imputar, ao incapaz, a responsabilidade de cumprir com obrigações de cunho tributário, seja a principal, seja a instrumental.

Nesse ponto, vale assinalar, ainda, que no caso de recebimento de rendimentos decorrentes de cumprimento de acordo homologado judicialmente ou de decisão judicial, inclusive alimentos e provisórios, por alimentando incapaz, o tutor curador ou responsável ficará incumbido de realizar o recolhimento do imposto devido em nome do alimentando. A exemplo do que previsto para os demais rendimentos, o responsável também poderá optar por incluir tais rendimentos em sua própria declaração.

4.1.3 Rendimentos na constância da sociedade conjugal

Buscando reforçar o princípio da isonomia e reafirmando a igualdade entre homens e mulheres, o § 5º do art. 226 da Constituição da República prevê que os direitos e deveres referentes à sociedade conjugal devem ser exercidos igualmente pelo homem e pela mulher. Já o art. 1.567 do Código Civil prevê que a direção da sociedade conjugal será exercida em colaboração pelo marido e pela mulher, sempre no interesse do casal e dos filhos.

Gostaria de acrescentar ainda que na ADI 4277[241] e na ADPF 132,[242] de Relatoria do Ministro Ayres Brito, o Supremo Tribunal Federal reconheceu a união homoafetiva como instituto jurídico, de modo que devemos acrescentar, em relação à

241. ADI 4277
Órgão julgador: Tribunal Pleno
Relator(a): Min. AYRES BRITTO
Julgamento: 05/05/2011
Publicação: 14/10/2011

242. ADPF 132
Órgão julgador: Tribunal Pleno
Relator(a): Min. AYRES BRITTO
Julgamento: 05/05/2011
Publicação: 14/10/2011

assertiva acima, que a direção da sociedade conjugal deve ser exercida em colaboração por ambos os cônjuges, independentemente do gênero de cada um.

Se, por um lado, a Constituição e o Código Civil buscaram empreender prescrições acerca da família e do matrimônio, por outro o legislador tributário federal não se animou a tecer minúcias sobre o tratamento tributário a ser conferido no caso de rendimentos percebidos na constância do casamento. Visando a contornar essa lacuna do Poder Legislativo, o Poder Executivo, por meio do RIR/2018, optou por regulamentar a questão em seu art. 5º, inspirado no mandamento constitucional anteriormente citado.

Se, nos termos da Constituição da República, os deveres referentes à sociedade conjugal devem ser exercidos igualmente por ambos os cônjuges, razoável supor que os rendimentos oriundos dos bens do casal, na constância do casamento, ou da união estável, devam ser oferecidos à tributação na proporção de 50% (cinquenta por cento) para cada cônjuge. E foi justamente o que previsto pelo inciso II do art. 5º do RIR/2018.

Esse dispositivo traz consequências relevantes. Em certa autuação que contribuinte casado sofreu, tomando por base 100% (cem por cento) dos rendimentos comuns produzidos por bens e direitos da sociedade conjugal, o então Conselho de Contribuintes, atual Conselho Administrativo de Recursos Fiscais, determinou a exclusão da base de cálculo de 50% (cinquenta por cento) dos rendimentos auferidos, em clara aplicação do atual art. 5º do RIR/2018,[243] prescrição anteriormente encontrada no art. 6º da RIR/99.

O RIR/2018 também facultou aos cônjuges, ou companheiros[244] da união estável, que os rendimentos produzidos pelos bens comuns sejam tributados, em sua totalidade, em nome

243. Acórdão nº 104.19392, de 12.06.2003, rel. Nelson Malnann.

244. Para fins de facilitar passaremos a empregar o signo cônjuge. Porém, nos termos do art. 10 do RIR/2018, todas as tratativas mencionadas para o casamento serão aplicadas, no que couber, para a união estável.

de um dos cônjuges. Parece-nos acertada essa faculdade, tendo-se em vista que, por mais coerente com o ordenamento jurídico que seja a divisão de 50% (cinquenta por cento) mencionada acima, não poderia a administração pública coagir o cidadão a cumprir mandamento que não foi instituído expressamente por lei. Ora, se ao particular é facultado o que não está proibido, a faculdade inserida no RIR/2018 é um corolário do princípio da legalidade.

Ao mesmo tempo, se para os bens comuns há faculdade quanto à tributação de forma separada ou unificada por um dos cônjuges, o inciso I do art. 5º do RIR/2018 prescreve que os rendimentos referentes a bens que pertencerem, exclusivamente, a um dos cônjuges, serão oferecidos à tributação pelo cônjuge que for titular de tais bens.

Trata-se de prescrição redundante, porém, que contribui para esclarecer o que já seria implícito do próprio art. 45 do CTN, que estabelece a definição de contribuinte para fins de Imposto Sobre a Renda. De fato, cada contribuinte deve tributar os rendimentos recebidos pelos bens que detiver.

Pois bem. Além de regulamentar como se dá a tributação na constância do casamento, o RIR/2018, em seus arts. 6º e 7º, também teceu prescrições acerca da obrigação acessória a ser apresentada pelos cônjuges.

De fato, previu o Regulamento que a Declaração de Imposto Sobre a Renda Pessoa Física pode ser apresentada em conjunto ou em separado.

Se apresentada em separado, o cônjuge deve declarar a totalidade dos rendimentos próprios e a metade dos rendimentos de bens comuns, salvo se optar por exercer a faculdade de tributar, isoladamente, os rendimentos dos bens comuns.

Na hipótese de os cônjuges optarem, cada um, pela tributação da metade dos rendimentos oriundos dos bens comuns, cada um deles compensa, em sua declaração 50% (cinquenta por cento) do imposto retido na fonte ou pago sobre os rendimentos produzidos pelos bens comuns, independente de qual cônjuge tenha sofrido a retenção ou efetuado o recolhimento.

Já no caso de exercerem a faculdade de apenas um cônjuge oferecer à tributação os rendimentos oriundos dos bens comuns, o imposto pago ou retido na fonte será compensado na declaração, em sua totalidade, pelo cônjuge que declarar os rendimentos, independente de qual deles tenha pagado ou sofrido a retenção, como bem prevê o §2º do art. 6º do RIR/2018.

É preciso considerar que essa opção é única para todos os bens, de sorte que ou se adota a regra geral de tributação de 50% (cinquenta por cento) dos rendimentos para os bens do casal, ou se tributa 100% (cem por cento) dos rendimentos de todos os bens em uma única declaração.[245]

De qualquer sorte, os bens comuns deverão ser relacionados somente por um dos cônjuges, se ambos apresentarem a declaração, ou pelo cônjuge que estiver obrigado a apresentá-la, caso o outro estiver isento.

Além da declaração em separado, os cônjuges podem optar pela declaração em conjunto. Nessa hipótese, os rendimentos percebidos pelos cônjuges e seus dependentes deverão ser somados aos do declarante, quando da apresentação da Declaração de Ajuste Anual.

Para fins de efetivar o ajuste do imposto – que nada mais é senão a comparação entre (I) o que foi pago, a título de antecipação, seja mediante a retenção na fonte, seja mediante o recolhimento pelo contribuinte, tomando-se como base os rendimentos percebidos pelo contribuinte ao longo do ano-calendário e (II) o que é devido a título da renda apurada em 31 de dezembro – o imposto pago pelo outro cônjuge, ou dele retido, a título de antecipação, poderá ser compensado pelo declarante, evitando-se eventual distorção que seria identificada caso tal compensação não fosse admitida.

---

245. Secretaria Especial da Receita Federal do Brasil. "Perguntas e Respostas 2.021". Pergunta 205, p. 101. Disponível em: www.ibet.com.br/wp-content/uploads/2021/04/IRPF-RFB.pdf. Acesso em: 16 jan. 2022.

Outro ponto a ser assinalado é que, com a opção pela declaração em conjunto, o cônjuge declarante poderá pleitear a dedução do valor a título de dependente relativo ao outro cônjuge. Registre-se que explicaremos esse procedimento em maiores detalhes no capítulo apropriado acerca da dedução de dependentes. Por ora, retenhamos que essa dedução poderá ser efetivada pelo cônjuge que apresentar a declaração em nome do casal.

Uma dúvida que se poderia ter é a de como ficariam os bens detidos pelos cônjuges, em condomínio, antes do casamento. Em tal hipótese, nas Perguntas e Respostas 071, é esclarecido que, para os bens adquiridos antes do casamento, deve ser mantida a forma de tributação estabelecida para bens adquiridos em condomínio, ou seja, cada cônjuge deve incluir em sua declaração 50% dos rendimentos produzidos pelos bens em condomínio, salvo estipulação contrária em contrato escrito, quando deve ser adotado o percentual nele previsto.[246]

Avançando, vale tratar sobre a dissolução da sociedade conjugal, que é regulada pelo art. 68 do Decreto-lei 5.844, de 1943 e pelo art. 8º do RIR/2018.

Se a dissolução ocorrer pelo falecimento de um dos cônjuges, as importâncias que o cônjuge sobrevivente receber de seu trabalho próprio, das pensões a que tiver gozo privativo e 50% (cinquenta por cento) dos rendimentos produzidos pelos bens comuns serão oferecidas à tributação pelo cônjuge sobrevivente. Também serão tributados pelo cônjuge sobrevivente, os rendimentos oriundos dos bens que não se incluam no monte a partilhar.

Se a dissolução for oriunda de separação judicial ou divórcio, ou ainda, pela anulação do casamento, a declaração será apresentada em nome de cada um dos contribuintes.

---

246. Secretaria Especial da Receita Federal do Brasil. "Perguntas e Respostas 2.021". Pergunta 71, p. 46. Disponível em: www.ibet.com.br/wp-content/uploads/2021/04/IRPF-RFB.pdf. Acesso em: 15 jan. 2022.

Dúvida pode surgir no caso do contribuinte separado de fato. Na pergunta 76 do "Perguntas e Respostas IRPF 2017" a Secretaria da Receita Federal do Brasil assim se manifestou:[247]

> "Apresenta declaração de acordo com as instruções para contribuinte casado."

De fato, direito constrói suas próprias realidades e se não há linguagem competente para formalizar o divórcio prevalece o regramento aplicável à situação constituída linguisticamente.

Por outro lado, se o contribuinte está divorciado ou separado judicialmente ou por escritura pública, deve apresentar declaração na condição de solteiro, desde que não tenha se casado ou não esteja vivendo em união estável no último dia do ano-calendário a que se refere a declaração.

Tal contribuinte poderá incluir dependente – devendo somar, neste caso, os rendimentos recebidos pelo dependente – do qual detenha guarda judicial ou deduzir a pensão alimentícia paga em face das normas de direito da família, quando em observância de decisão judicial, inclusive alimentos provisionais ou mesmo provisórios, conforme acordo homologado judicialmente ou por divórcio lavrado em escritura pública.[248]

Ademais, neste caso, sobre a dedução, a Solução de Consulta Interna COSTI 3, de 08 de fevereiro de 2.012, decidiu o seguinte:

> ASSUNTO: IMPOSTO SOBRE A RENDA DE PESSOA FÍSICA - IRPF Para efeitos da aplicação da dedução da base de cálculo do Imposto sobre a Renda de Pessoa Física (IRPF), de que tratam os arts. 4º, inciso II, e 8º, inciso II, alínea "f", ambos da Lei nº 9.250, de 26 de dezembro de 1995, com a redação dada pelo art. 21 da Lei nº 11.727, de 23 de junho de 2008, e considerando-se o disciplinamento contido na Instrução Normativa SRF nº 15, de 6 de fevereiro de 2001: I - as importâncias pagas relativas ao suprimento de alimentos, em face do Direito de Família, serão aquelas em dinheiro e somente a título de prestação de alimentos provisionais

247. Disponível em: https://goo.gl/6nktnc Acesso em: 24 fev. 2019.

248. Idem, Pergunta 77.

> ou a título de pensão alimentícia. II - tratando-se de sociedade conjugal, a dedução somente se aplica, quando o provimento de alimentos for decorrente da dissolução daquela sociedade; III - não alcança o provimento de alimentos decorrente de sentença arbitral, de que trata a Lei nº 9.307, de 23 de setembro de 1996, por ausência de condição expressa na norma tributária. Dispositivos Legais: Constituição Federal de 1988; Lei nº 10.406, de 10 de janeiro de 2002 - Código Civil; Lei nº 9.250, de 26 de dezembro de 1995, arts. 4º, inciso II, e 8º, inciso II, alínea "f"; Lei nº 9.307, de 23 de setembro de 1996, arts. 1º e 31; Instrução Normativa SRF nº 15, de 6 de fevereiro de 2001, art. 15, inciso I, art. 21, inciso IV, e art. 49. (Protocolo Gedoc nº 11.941/2010).

Uma polêmica que tem surgido é se o recebimento de pensão alimentícia poderia ser alvo de tribtuação.

Na ADI 5422, o Instituto Brasileiro de Direito de Família IBDFAM pleiteia que seja reconhecida a inconstitucionalidade do § 1º do art. 3º, da Lei 7.713/88, especialmente no que tange à consolidação de tal dispositivo pelo então RIR/99, cujo art. 54, previa, na inclusão da base de cálculo do gravame, os valores recebidos em dinheiro, a título de rendimentos ou pensões, em cumprimento de decisão judicial ou acordo homologado judicialmente, inclusive a prestação de alimentos provisionais.

Gostaríamos de destacar o seguinte trecho sobre a referida petição que nos impressionou:

> Os alimentos são tradicionalmente conceituados pela uniformidade da doutrina e jurisprudência, como prestação para a satisfação das necessidades do alimentando que, por si só, não tem meios possíveis para provê-las. As necessidades referidas são, de regra, aquelas indispensáveis à vida de uma pessoa. Então, os alimentos constituem-se em dever da família. Na sua função e finalidade, os alimentos visam a fornecer ao necessitado aquilo que é preciso para a sua manutenção, entendida em sentido amplo, de modo a assegurar-lhe os meios de subsistência, se o mesmo não tem de onde tirá-los, ou se encontra impossibilitado de produzi-los. A finalidade dos alimentos é assegurar o direito à vida, substituindo a assistência da família à solidariedade social, que une os membros da coletividade, pois as pessoas necessitadas, que não tenham

> parentes, seriam, em tese, sustentadas pelo Estado. Como pode ser aplicada em conceito de renda, ou acréscimo patrimonial, olhando sob a ótica do fato gerador, essa premissa alimentar? Não é possível aplicar a mesma regra de incidência tributária para a obrigação alimentar. Não se pode atribuir caráter patrimonial ao direito alimentar.[249]

Em nossa avaliação, se a pensão alimentícia é pautada no binômio necessidade *versus* possibilidade, presume-se que o valor recebido a tal título deve suprir as carências básicas de quem o recebe.

No contexto atual da legislação tributária, entendemos que o valor recebido para suprir necessidades de quem os recebe não pode, *per se*, ser considerado "renda". Isso porque renda é o acréscimo patrimonial, ou seja, a riqueza percebida em um período de tempo. Ora, se os valores recebidos a título de pensão alimentícia servem para as necessidades de quem o recebe, sua natureza não pode ser renda.

Poderíamos cogitar, porém, se tais valores poderiam ser tidos como "rendimentos" tributáveis. Rendimento é elemento positivo que é computado para o cálculo do acréscimo patrimonial.

Em uma análise menos profunda, poderíamos pensar que sim: a pensão alimentícia é um valor em pecúnia, decorrente de uma relação jurídica nova que aumenta a liquidez de quem a recebe e não se presta a recompor o patrimônio reduzido anteriormente.

Ocorre que, contextualmente, nem todas as despesas essenciais são passíveis de serem computadas para a base imponível do imposto. Nesse sentido, gastos com alimentação, por exemplo, não podem ser excluídos; gastos com educação são deduzidos de modo limitado; poderíamos pensar, ainda, em outros gastos como moradia, eventos culturais, atividades esportivas, em que não há possibilidade de dedução.

---

249. Fl. 11 da petição inicial, disponível no sítio eletrônico: https://redir.stf.jus.br/estfvisualizadorpub/jsp/consultarprocessoeletronico/ConsultarProcessoEletronico.jsf?seqobjetoincidente=4893325 Acesso em: 14 nov. 2021.

Observando-se tal contexto, a inclusão da pensão alimentícia como rendimento acaba gerando uma inconstitucionalidade ainda que oblíqua: a pessoa repectora de tais valores, que servem para cobrir suas necessidades, não será tributada em sua renda, mas em base de cálculo que não representa o real acréscimo patrimonial no período.

Se tivéssemos um ordenamento jurídico em que o conceito de renda fosse respeitado em sua plenitude, o rendimento recebido a título de pensão alimentícia seria incluído na base de cálculo do gravame, mas todos os gastos efetivados com tal quantia seriam dedutíveis, de sorte que o efeito tributável seria zero. Como há uma dificuldade em se implementar a dedutibilidade dos valores que são gastos essenciais, parece-me que o reconhecimento da inconstitucionalidade da tributação de tais valores seria saída adequada, em termos de praticidade.

Enquanto escrevíamos o presente item, a inconstitucionalidade da incidência sobre a pensão alimentícia, na referida ADI, já estava reconhecida por 6 (seis) Ministros, tendo sido proposta a seguinte "tese":

> "É inconstitucional a incidência de imposto de renda sobre os alimentos ou pensões alimentícias quando fundados no direito de família".

Todavia, em razão de um pedido de destaque do Ministro Gilmar Mendes, a contagem de votos será reiniciada. Faz-se necessário aguardar a conclusão do referido julgado.[250] De nossa parte, concordamos com o teor dos votos já proferidos.

Agora, um ponto interessante a se anotar sobre pensão alimentícia é que se for recebida em bens não há tributação. De fato, é interessante notar que o § 1º do art. 3º da Lei 7.713/88 prevê que constituem rendimento bruto "os alimentos e pensões percebidos em dinheiro", excluindo-se,

250. Andamento processual – Disponível em: https://bit.ly/3Gvi25t Acesso em: 07 fev. 2022.

portanto, a incidência sobre tais quantias recebidas em bens. Insta apontar que a Secretaria Especial da Receita Federal do Brasil reconhece expressamente tal isenção.[251]

4.1.4 Espólio

4.1.4.1 Regime jurídico

Tenhamos por espólio como o conjunto de bens, direitos e obrigações da pessoa falecida. Enquanto instância patrimonial que é, o espólio pode tanto incluir rendimentos que foram percebidos pela pessoa falecida como também os rendimentos oriundos dos bens que lhe compõem.

Nesse contexto, vale apontar que o §3º do art. 45 do Decreto-lei 5.844/43 prescreve que os rendimentos percebidos pelo espólio estarão sujeitos às normas aplicadas às pessoas físicas, para fins de tributação de IRPF.

De fato, a partir do exercício[252]correspondente ao ano-calendário do falecimento até a data em que for homologada a partilha ou feita a adjudicação de bens, a Declaração de Rendimento deve ser efetivada em nome do espólio, nos termos do art. 45 do Decreto-lei 5.844/43, com a redação dada pela Lei 154/47. José Luiz Bulhões Pedreira explica que tal procedimento foi adotado pela legislação por razões práticas:

> enquanto não se completa a partilha ou adjudicação seria difícil, senão impossível, ratear o rendimento do espólio entre os meeiros, herdeiros e legatários, de modo a permitir que cada um os incluísse na sua renda anual.[253]

---

251. Secretaria Especial da Receita Federal do Brasil. "Perguntas e Respostas 2.021". Pergunta 208, p. 102. Disponível em: www.ibet.com.br/wp-content/uploads/2021/04/IRPF-RFB.pdf Acesso em: 16 jan. 2022.

252. Considera-se exercício o ano em que é apresentada a declaração de rendimentos. O exercício, nos termos da legislação vigente, é o ano seguinte ao ano-calendário, ou seja, ao ano em que foram recebidos os rendimentos do contribuinte.

253. PEDREIRA, José Luiz Bulhões. Idem, p. 1-23.

Assim, o espólio deve apresentar a chamada Declaração Inicial de Espólio bem como as Declarações Intermediárias e Declaração Final de Espólio. Todas essas obrigações devem ser apresentadas em nome da pessoa falecida, com a indicação de seu número de inscrição no Cadastro de Pessoas Físicas (CPF), mediante a utilização do código 81. Tal declaração deve ser efetuada pelo inventariante, se já houver sido iniciado o inventário, ou, caso contrário, deverão ser apresentadas pelo cônjuge meeiro, sucessor a qualquer título ou por representante do *de cujus*.

A Declaração Inicial de Espólio deve informar a renda e proventos recebidos até 31 de dezembro do ano-calendário do falecimento do *de cujus*. Prevê o §1º do art. 3º da Instrução Normativa SRF 81, de 11 de outubro de 2001, que caso haja o falecimento do contribuinte entre 1º de janeiro e a data do prazo de entrega de declaração correspondente ao ano-calendário anterior, esta declaração não se qualifica como de espólio, devendo ser efetivada em nome do contribuinte, pelo inventariante, cônjuge ou convivente, sucessor a qualquer título ou pelo representante do *de cujos*.

As chamadas Declarações Intermediárias se referem aos anos- calendários seguintes ao do falecimento, até o ano-calendário anterior ao da decisão da partilha, sobrepartilha ou adjudicação dos bens. Devem ser apresentadas, portanto, na data atribuída pela legislação para a entrega de Declaração de Ajuste Anual, normalmente em abril do ano seguinte ao ano-calendário.

Já a Declaração Final de Espólio corresponde àquela apresentada para abranger o período entre 1º de janeiro do ano calendário e a data em que for proferida a decisão judicial de partilha, sobrepartilha ou adjudicação e deve ser apresentada até o último dia útil do mês de abril do ano-calendário subsequente ao: (I) da decisão judicial da partilha, sobrepartilha ou adjudicação dos bens inventariados, que tenha transitado em julgado até o último dia do mês de fevereiro do ano-calendário subsequente ao da decisão judicial; (II) da lavratura da escritura pública de inventário e partilha; e (III) do trânsito em julgado, quando este ocorrer a partir de 1º de março do ano-calendário subsequente ao da decisão judicial da partilha, sobrepartilha ou adjudicação dos bens inventariados.[254]

Registramos que, nos termos do art. 5º da IN SRF 84/2001, as declarações inicial e intermediárias devem obedecer ao mesmo tratamento previsto para a Declaração de Ajuste Anual do ano-calendário correspondente.

Vale apontar, por fim, que o espólio, nos termos do §1º do art. 10 do RIR/2018, deve apresentar todas as declarações não entregues aos anos anteriores ao falecimento, a que o de cujos estivesse obrigado.

4.1.4.2 Informações a serem declaradas

Com relação às informações a serem declaradas pelo espólio, vamos tratar de três aspectos relevantes: (a) os referentes à apuração do imposto que, por poderem gerar dúvias, foram alvo de previsão específica por parte de normas infralegais; (b) os referentes às informações sobre bens e direitos a serem informados; e (c) as questões relacionadas à transferência de bens a herdeiros.

Iniciemos sobre normas referentes à apuração do imposto. O espólio deve oferecer à tributação todos os rendimentos próprios do falecido e cinquenta por cento dos rendimentos produzidos pelos bens comuns no curso do inventário.

O §4º do art. 10 do RIR/2018 prevê a faculdade de que os rendimentos oriundos dos bens comuns sejam tributados, em sua totalidade, em nome do espólio, sendo permitido, nessa hipótese: (I) que o total do imposto pago ou retido na fonte sobre os rendimentos produzidos pelos bens comuns sejam compensados pelo espólio; e (II) que seja deduzido o valor a título de dependentes em relação aos seus próprios dependentes, ou em relação ao cônjuge sobrevivente e seus respectivos dependentes,

254. Para anos calendários até 2007, quando o trânsito em julgado fosse após o mês de fevereiro do ano subsequente à decisão judicial, o prazo era de 60 (sessenta) dias da data do trânsito em julgado da partilha, sobrepartilha, ou adjudicação de bens inventariados.

desde que não tiverem percebido rendimentos, ou, se tiverem, desde que tenham sido incluídos na declaração de espólio.

A Instrução Normativa SRF 81/2001 prescreve disposições semelhantes às indicadas no RIR/2018 de modo um pouco mais minucioso. Vamos excplicar tais previsões, ainda que algumas delas sejam redundantes.

Assim, nas declarações inicial e intermediária de espólio, deverão ser informados os rendimentos percebidos.

O art. 7º , inciso I, da IN SRF 81/2001 prescreve procedimentos para a declaração inicial e intermediária de espólio a seguir expostos.

Assim, prevê a alínea "a" de tal dispositivo que, no caso de falecimento de contribuinte casado, todos os seus rendimentos próprios, inclusive os produzidos por bens particulares ou incomunicáveis, deverão ser oferecidos à tributação na declaração de espólio.

Já para os bens produzidos em conjunto com terceiros, as parcelas de rendimento que couberem ao *de cujus* serão informadas na referida declaração.

Por fim, como dito, serão inclusos cinquenta por cento dos rendimentos produzidos pelos bens comuns que integrem o regime de comunhão universal ou parcial, adotado na sociedade conjugal ou, por opção, cem por cento desses rendimentos.

Já a alínea "b" do inciso I do art. 7º da IN SRF 81/2001 prevê regras semelhantes que se aplicam para o contribuinte em união estável. de modo que devem ser incluídos: 1. Todos os seus rendimentos próprios, inclusive os produzidos pelos seus bens particulares ou incomunicáveis; 2. As parcelas que lhe couberem dos rendimentos produzidos pelos bens possuídos em conjunto com terceiros; e 3. Cinquenta por cento dos rendimentos produzidos pelos bens possuídos em condomínio com o convivente ou percentual estabelecido em contrato escrito.

Por sua vez, no caso de falecimento de contribuinte não casado, prevê o inciso I, "c", do art. 7º da IN SRF 81/2001 que deverão ser informados todos os rendimentos próprios, inclusive os produzidos pelos seus bens particulares ou incomunicáveis, bem como as parcelas que lhe couberem nos rendimentos produzidos pelos bens possuídos em condomínio.

Vale apontar, ainda, que o art. 8º da Instrução Normativa SRF 81/2001 precreve procedimentos sobre informações de rendimentos a serem prestados na Declaração Final. Vamos a eles.

Segundo tal dispositivo, a declaração final deve abranger todos os rendimentos compreendidos entre 1º de janeiro e a data da decisão judicial transitada em julgado da partilha, sobrepartilha ou adjudicação dos bens inventariados.

O art. 8º também prevê que as normas previstas no inciso I do art. 7º da IN SRF 81/2001 (acima apontadas) também se aplicam à Declaração Final de Espólio.

Agora, no caso da Declaração Final, o imposto é apurado mediante a aplicação da tabela progressiva mensal, multiplicada pelo número de meses a partir de janeiro até o da decisão transitada em julgado, ainda que os rendimentos correspondam a apenas um ou alguns meses de tal período.

Muito bem. Explicamos acima, como declarar os rendimentos recebidos. Resta tratarmos das deduções.

Nesse ponto, vale apontar que, em termos de deduções aplicáveis, são admitidas todas as previstas na legislação tributária, explicadas oportunamente no presente livro. Cabe adiantar, porém, que o cônjuge ou convivente sobrevivente e demais dependentes podem ser considerados, desde que não tenham recebido rendimentos, ou caso tenham, sejam incluídos nas declarações de espólio.

Passemos agora a certas particularidades sobre a declaração de bens e direitos no caso da Declaração de Espólio.

Iniciemos esclarecendo que todos os bens incluídos na partilha deverão ser informados pelo espólio na referida Declaração.

No caso da Declaração Inicial e Intermediária, o inciso II do art. 7º da IN SRF 81/2001 prevê que deverão ser informados todos os bens e direitos que integram o regime de comunhão universal ou parcial, adotado na sociedade conjugal, e os possuídos em condomínio, inclusive na união estável, bem assim as obrigações do espólio, ainda que anteriormente constassem da declaração do cônjuge ou convivente sobrevivente.

Na Declaração Final, por sua vez, os seguintes procedimentos devem ser adotados quanto à declaração de bens e direitos (art. 9º):

> I - deve ser demonstrada, discriminadamente por bem ou direito, a parcela que corresponder a cada beneficiário, identificados pelo nome e CPF;
>
> II - na coluna "Situação na Data da Partilha", os bens e direitos devem ser informados pelo valor constante na última declaração apresentada pelo de cujus ou pelo valor de aquisição, se esta houver sido efetuada pelo espólio, observada a legislação vigente;
>
> III - na coluna "Valor de Transferência" deve ser informado o valor pelo qual o bem ou direito, ou cada parte deste, deve ser incluído na declaração de bens do respectivo beneficiário.

Na declaração final, devem ser prestadas as seguintes informações, relativamente ao formal de partilha, sobrepartilha ou adjudicação, do seu termo de encerramento e do trânsito em julgado da decisão judicial:

> I - número do processo judicial e da vara e seção judiciária onde tramitou;
>
> II - data da decisão judicial e do seu trânsito em julgado.

Muito bem. Como visto acima, na Declaração Final de Espólio, há transferência de bens aos herdeiros. Como se dá a tributação do ganho de capital em tal caso? Embora seja matéria relativa ao nosso Capítulo 4, entendemos, por razões didáticas, conveniente já esclarecer certos aspectos neste trecho.

O art. 10 da IN SRF 81/2001 prevê que a transferência dos bens e direitos aos herdeiros ou legatários pode ser efetuada pelo valor constante na última declaração de bens e direitos apresentada pelo *de cujus* ou pelo valor de mercado. O registro é importante, porque é comum a dúvida se há necessidade de informar o valor atribuído no processo de inventário, para fins da partilha. Como vimos, porém, há expressa possibilidade de que se declare o bem pelo valor constante da última declaração de inventário apresentado pelo *de cujos*, sendo certo que tal possibilidade é expressa no art. 23 da Lei 9.532/97.

Se a transferência for efetuada por valor superior ao constante na última declaração do *de cujus* ou do custo de aquisição, a legislação prevê que a diferença constitui ganho de capital tributável. Como já dissemos, a tributação do ganho de capital será examinada no Capítulo 4. Podemos antecipar, porém, que, nessa hipótese, a legislação determina que o inventariante deve apurar o ganho de capital por meio do Programa Demonstrativo de Ganhos de Capital do ano-calendário correspondente ao que for proferida a decisão judicial ou lavratura da escritura pública e importar os respectivos dados para a Declaração Final de Espólio. Embore eu julgue de constitucionalidade duvidosa tal tributação, como será explanado no Capítulo 4, por ora retenhamos tal informação.

Note-se que se os herdeiros alienarem os bens posteriormente, o custo de aquisição será equivalente ao valor de transferência indicado na Declaração Final de Espólio. Assim, a informação da transferência por valor de mercado "adianta" eventual tributação que poderia ocorrer em eventual alienação dos bens, caso vendidos em quantia superior à recebida pelo herdeiro.

Por sua vez, o § 8º do art. 10 da IN SRF 81/2001 prevê que caso o custo de aquisição utilizado pelo herdeiro no cálculo do ganho de capital, na alienação de bens e direitos recebidos em herança, legado ou meação antes da entrega da Declaração Final de Espólio, seja maior do que o valor atribuído ao respectivo bem nessa declaração, caberá ao herdeiro o recolhimento da diferença do imposto sobre o ganho de capital apurado com base no valor de transferência, com os devidos acréscimos legais.

Vimos, acima, que o ganho tributável do espólio se daria pela diferença entre o valor da transferência ao herdeiro e o valor declarado pelo herdeiro, em sua última declaração. Agora, pode ser o caso de que o *de cujus* não tivesse apresentado Declaração de Ajuste Anual por não se enquadrar nas condições de obrigatoriedade estabelecidas pela legislação tributária. Nessa hipótese, a transferência pode ser efetuada pelo custo de aquisição do bem ou direito, atualizado monetariamente até 31/12/1995, conforme Tabela de Atualização do Custo de Bens e Direitos constante no Anexo I da Instrução Normativa 84/2001.

Ademais, o imposto sobre ganho de capital, ora mencionado, deve ser pago, pelo inventariante, até a data de entrega da Declaração Final de Espólio.

Vamos pensar, agora, em uma situação específica que é a necessidade de acréscimo de bens após a partilha.

O art. 11 da Instrução Normativa SRF 81/2001 prevê que são sujeitos a sobrepartilha os bens:

> I - sonegados;
>
> II - da herança descobertos após a partilha;
>
> III - litigiosos, assim como os de liquidação difícil ou morosa;
>
> IV - situados em lugar remoto da sede do juízo onde se processa o inventário.
>
> [...]

Se a sobrepartilha ocorrer no mesmo ano da partilha, devem também ser informados, na declaração final de espólio relativa à partilha, os bens da sobrepartilha e os rendimentos por eles produzidos.

Pode-se dar a hipótese, porém, de a sobrepartilha ocorrer em ano-calendário posterior. Em tal situação, a legislação prevê a entrega de declaração intermediária de sobrepartilha, se for o caso, e a final. Em tais declarações, são informados apenas os bens sobrepartilhados e os rendimentos deles decorrentes, observadas as regras dos arts. 5º e 7º da IN SRF 81/2001, já descritas.

Agora, caso os referidos bens terem gerado rendimentos de anos-calendários anteriores, devem ser efetivadas as retificações de todas as declarações não alcançadas pela decadência. Lembrando-se que a decadência, em matéria tributária, como regra geral, observa os seguintes prazos:

(a) 05 anos contados do fato gerador (31 de dezembro do ano-calendário), caso tenha havido sido apresentada declaração, não houver fraude, dolo ou simulação, e houver sido pago imposto;

(b) 05 anos do exercício seguinte em que o Fisco poderia ter exigido o imposto, caso não tenha havido declaração ou pagamento do imposto, ou tenha havido fraude, dolo ou simulação.

Vale pontuar, ainda, que na declaração final, devem ser apresentados, ainda, o número de processo judicial, referente ao formal de partilha, sobrepartilha ou adjudicação e a vara em que tramitou o processo judicial, bem como a data da decisão judicial e do seu trânsito em julgado.

Prossigamos.

Muito bem. Vimos o tratamento tributário conferido quando há a morte de um dos cônjuges. E se houver a morte de ambos os cônjuges? Em tal hipótese, observa-se o seguinte, nos termos do art. 22 da IN SRF 81/2001:

> I - casamento em regime de comunhão parcial ou universal de bens:
>
> a) morte conjunta - deve ser apresentada, em relação a cada exercício, se obrigatória, uma única declaração em nome de um dos cônjuges, computando-se, nela, todos os bens, direitos e obrigações, e os rendimentos pertencentes ao casal, que devam ser incluídos nas declarações do espólio, informando-se, na declaração de bens e direitos, essa circunstância, bem como o nome e CPF do outro cônjuge;

> b) morte em datas diferentes mas antes de encerrado o inventário do premorto - também deve ser apresentada uma única declaração para cada exercício, em nome do cônjuge premorto, abrangendo os bens, direitos e obrigações e os rendimentos do outro cônjuge, a partir do exercício correspondente ao ano-calendário de seu falecimento;
>
> II - casamento em regime de separação de bens: quer a morte seja conjunta ou em datas diferentes, deve ser apresentada para cada exercício uma declaração, caso a sucessão seja processada em um inventário, ou duas se for processada em dois inventários.
>
> Parágrafo único. Na hipótese do inciso I e, se apresentada única declaração, do inciso II, deve ser solicitado o cancelamento do CPF do cônjuge não declarante por qualquer de seus dependentes ou parentes, quando da entrega da Declaração Final de Espólio.

Deve-se observar que na hipótese do item I e, se apresentada única declaração, do item II, deve ser solicitado o cancelamento do CPF do cônjuge não declarante por qualquer de seus dependentes ou parentes, quando da entrega da Declaração Final de Espólio.

Outra hipótese distinta é sobre a inexistência de bens ou direitos sujeitos a inventário ou arrolamento. Em tal caso, não devem ser entregues as declarações de espólio, devendo ser solicitado o cancelamento da inscrição da pessoa falecida no CPF, pelo cônjuge ou convivente ou por qualquer de seus dependentes ou parentes.

Por outro lado, as declarações correspondentes ao ano do falecimento e do ano anterior, quando obrigatórias, devem ser apresentadas como se o contribuinte estivesse vivo e assinadas pelo cônjuge ou convivente ou por qualquer de seus dependentes ou parentes.

Na hipótese acima, a restituição relativa ao imposto de renda, não recebida em vida pelo contribuinte, pode ser paga ou creditada ao cônjuge, observados os precedimentos previstos na legislação. Fazemos referência aos arts. 19 a 21 da Instrução Normativa SRF 81/2001 que tratam dos procedimentos para tais casos.

Outro ponto a ser levado em consideração é que, caso o *de cujus* tenha falecido sem ser residente no Brasil não há que se falar na entrega das declarações ora examindas. Em tal hipótese, devem ser recolhidos, em nome do espólio, a partir do falecimento até a data da partilha, sobrepartilha ou adjudicação, os impostos sobre rendimentos produzidos no Brasil, os quais estão sujeitos à incidência do imposto de renda exclusivamente na fonte.

Um questionamento submetido à Secretaria da Receita Federal indaga sobre a dispensabilidade de alvará judicial na restituição ao cônjuge viúvo ou aos herdeiros do falecido do imposto sobre a renda não restituído pelo titular, quando já encerrado o inventário. Reproduzimos a resposta emitida pelo órgão fazendário:

> Existindo bens sujeitos a inventário ou arrolamento, e tendo sido encerrado o inventário sem a inclusão do imposto sobre a renda não recebido em vida pelo titular, a restituição depende: a) de alvará judicial, caso o inventário tenha sido feito por processo judicial de inventário; ou b) de escritura pública de inventário e partilha, na hipótese de o inventário ter sido feito dessa forma. Não havendo bens sujeitos a inventário e existindo dependentes habilitados na forma da legislação previdenciária ou militar, a restituição é liberada mediante requerimento dirigido ao delegado da Delegacia da Receita Federal do Brasil da jurisdição do último endereço do *de cujus*. O requerimento deve ser formulado pelo cônjuge viúvo, convivente ou por herdeiro capaz, ou pelo tutor ou curador, conforme o caso, devendo nele constar os nomes completos e os demais dados civis de todos os beneficiários habilitados à restituição, inclusive número de inscrição no Cadastro de Pessoas Físicas (CPF) de quem estiver inscrito. 49 O pedido deve ser entregue acompanhado de: - cópia da certidão de óbito; - comprovação dos dependentes habilitados emitida pelo órgão de Previdência (Regime Geral de Previdência Social, regimes de Servidores Públicos) ou Militar; - declaração de inexistência de outros bens a inventariar ou arrolar, bem assim autenticidade dos documentos e dados apresentados, devendo ser usado como modelo os termos da declaração do Anexo II da Instrução Normativa SRF nº 81, de 11 de outubro de 2001. Na hipótese de não haver bens ou direitos sujeitos a inventário ou arrolamento e o contribuinte não possuir dependentes habilitados, na forma da legislação previdenciária ou militar, é obrigatória a apresentação

> de alvará judicial ou de escritura pública extrajudicial que defina o direito do sucessor e o percentual a ser pago.[255]

Outra dúvida também solucionada pela então Secretaria da Receita Federal do Brasil é sobre o tratamento tributário na hipótese de recebimento de proventos de aposentadoria ou reforma e valores a título de pensão de pessoa com moléstia grave (falecido) pelo espólio ou por seus herdeiros. A dúvida existe haja vista que tais proventos, se recebidos pelo *de cujus*, seriam isentos.

O Ato Declaratório Interpretativo SRF nº 26, de 26 de dezembro de 2003; Solução de Consulta Cosit nº 48, de 10 de dezembro de 2013) dispôs o seguinte:

> Artigo único. Sujeitam-se à incidência do imposto de renda, devendo ser tributados na fonte e na Declaração de Ajuste Anual ou na Declaração Final de Espólio, os proventos de aposentadoria ou reforma e valores a título de pensão de portador de moléstia grave recebidos pelo espólio ou por seus herdeiros, independentemente de situações de caráter pessoal.

Portanto, a posição do Fisco é pela incidência do IR sobre tais valores.

4.1.4.3 Responsabilidade decorrente do espólio

Podemos destacar três casos distintos de responsabilidade relacionada à sucessão, cada qual com pessoas específicas e hipóteses de cabimento diferentes.

O primeiro deles, que se sustenta no art. 131, inciso III, do CTN, alcança o espólio e tem como objeto os tributos devidos até a abertura da sucessão.

Dessa forma, uma vez identificada a ausência de apresentação de declaração pelo de cujus até a abertura da sucessão, ou apresentação de declaração com omissão de rendimentos,

---

255. Resposta à Pergunta 87 do "Perguntas e Respostas – IRPF 2017". Disponível em: https://goo.gl/3ysJXc Acesso em: 24 fev. 2019.

o espólio é responsável pelo imposto devido, pelos juros, bem como pela multa de mora de 10% (dez por cento) sobre o imposto apurado pelo espólio, nos termos do art. 49 do Decreto-lei 5.844 de 1943.

Apesar dessas disposições, já houve casos de autos de infração em que o espólio foi cobrado com multa de ofício de 75% (setenta e cinco por cento) em razão de anterior apresentação pelo de cujus de declaração com dados omitidos ou inexatos. Essa imposição é indevida, por violar o art. 5º, inciso XLV, da Constituição da República, que não permite que a pena passe do infrator para seus sucessores.

Assim, cabe apontar que o Conselho de Contribuintes do Ministério da Fazenda repeliu cobranças de tais naturezas, exigidas em Autos de Infração,[256] conforme a ementa a seguir citada:

> IRPF - OMISSÃO DE RENDIMENTOS - RESPONSABILIDADE POR INFRAÇÕES - Salvo disposição de lei em contrário, a responsabilidade por infrações da legislação tributária independe da intenção do agente ou do responsável e da efetividade, natureza e extensão dos efeitos do ato (CTN, art. 136).ESPÓLIO - OMISSÃO DE RENDIMENTOS - DECLARAÇÃO ANUAL DE AJUSTE DO "DE CUJUS" INEXATA - MULTA QUE CONSTITUA SANÇÃO POR ATO ILÍCITO - INAPLICABILIDADE - Omissão de rendimentos resultante de Declaração Anual de Ajuste do "de cujus" inexata sujeita o espólio à multa de mora estabelecida no RIR/99, art. 964, inc. I, letra "b", sendo-lhe inaplicável a multa estabelecida no inc. I, do art. 44, da Lei nº 9.430, de 27/12/1996, por constituir sanção por ato ilícito, não transferível para o espólio, em virtude do princípio constitucional de que nenhuma pena passará da pessoa do infrator (CF, art. 5º, inc. XLV)."

O segundo caso de responsabilidade que podemos mencionar é o previsto pelo art. 134, inciso IV, do CTN. Esse dispositivo prescreve que o inventariante responde pelos tributos devidos pelo espólio nos atos em que intervierem ou pelas omissões de que for responsável.

256. Acórdão 102-46294, 17.03.2004, relator José Oleskovicz. Citado em Regulamento de Imposto de Renda Anota e Comentado 2011. Coord. Magalhães Peixoto, Marcelo. São Paulo: editora MP Editora, 6ª edição atualizada e ampliada, p. 67.

Para que se compreenda essa atribuição de responsabilidade, devemos destacar que o inventariante fica incumbido de atuar em nome do espólio para que sejam cumpridas as obrigações tributárias, tal como prevê o Decreto-lei 5.844/43. Nesse sentido, caso o inventariante deixe de cumprir tal dever com a diligência necessária, de sorte que surjam débitos em face do espólio, poderá ser atribuída responsabilidade tributária ao inventariante na hipótese de se configurar impossibilidade de cumprimento da obrigação pelo espólio.

A última hipótese de responsabilidade que gostaríamos de destacar é a prevista no art. 131, inciso II, do CTN, que atribui ao sucessor a qualquer título e ao cônjuge meeiro, a responsabilidade pelos tributos devidos pelo *de cujus* até a data da partilha ou adjudicação.

Note-se, porém, que a responsabilidade será limitada ao montante do quinhão, do legado, da herança ou da meação.

Uma dúvida que pode surgir é se bens doados em vida, ou bens privativos do cônjuge ou herdeiros, seriam computados para fins de responsabilidade.

Na pergunta 106 do Perguntas e Respostas editado pela então Secretaria da Receita Federal do Brasil é enunciado o seguinte:

> 106 — Os bens doados em vida respondem pelas dívidas fiscais do espólio? Os bens doados em estrita observância à lei, bem como os bens e rendimentos privativos do cônjuge sobrevivente e dos herdeiros e legatários, não respondem pelas dívidas do espólio. Somente na hipótese de haver meação, herança ou legado haverá incidência tributária, limitada essa responsabilidade ao montante do quinhão, do legado ou da meação.[257]

E o entendimento acima parece-nos acertado, eis que apenas sobre o quinhão da herança ou meação há que se falar em responsabilidade tributária, nos termos do art. 131, inciso II, do CTN.

257. Perguntas e Respostas. IRPF 2.018. Disponível em: http://receita.economia.gov.br/interface/cidadao/irpf/2018/perguntao/perguntas-e-respostas-irpf-2018-v-1-0.pdf/view Acesso em: 14 nov. 2019.

Agora, apesar de o espólio ser uma espécie de continuidade do *de cujus*, para fins fiscais, é evidente que particularidades relativas a operações praticadas pelo contribuinte (falecido) podem não ser conhecidas por seus herdeiros. Esse ponto deve ser avaliado pelas autoridades adminsitrativas, para que não sejam impostos ônus acima do que razoável para terceiros.

Nessa temática, lembrando-se do tema relativo aos depósitos sem origem comprovada, previsto pelo art. 42 da Lei 9.430/96, a que examinamos em item precedente, poder-se-ia questionar se o Fisco poderia intimar o espólio para comprovar a origem de tais depósitos, ocorridos antes do falacimento do titular da conta bancária.

A jurisprudência administrativa respondeu negativamente a tal questionamento, entendendo que a obrigação de se comprovar a origem de depósito é personalíssima. Foi editada, nesse sentido, a Súmula CARF nº 120, a seguir transcrita:

> **Súmula CARF nº 120**
>
> Não é válida a intimação para comprovar a origem de depósitos bancários em cumprimento ao art. 42 da Lei nº 9.430, de 1996, quando dirigida ao espólio, relativamente aos fatos geradores ocorridos antes do falecimento do titular da conta bancária. (**Vinculante**, conforme Portaria ME nº 128, de 01/04/2019, DOU de 02/04/2019). (**Vinculante**, conforme Portaria ME nº 129, de 01/04/2019, DOU de 02/04/2019).
>
> Acórdãos Precedentes:
>
> 2102-003.245, de 21/01/2015; 2202-003.578, de 21/09/2016; 2401-005.127, de 04/10/2017; 2401-005.253, de 07/02/2018; 9202-006.009, de 27/09/2017; 9202-006.010, de 27/09/2017.

4.1.5 Bens em condomínio

Tenhamos por condomínio como a situação em que mais de um sujeito de direito detém o domínio de um bem jurídico. Nos termos do art. 1.314 do Código Civil, o condômino pode alienar a parte ideal da coisa que lhe cabe. Disso se infere que o condômino é detentor de uma parte ideal do bem.

Assim, se esse bem der frutos ou rendimentos, a percepção de tais rendimentos deve ser tributada proporcionalmente à parcela que cada condômino detiver, nos termos do art. 13 do RIR/2018.

Por exemplo, se certo imóvel for locado a R$ 10.000,00 por mês e for detido em condomínio por dois contribuintes, cada um com metade ideal do bem, então cada contribuinte deverá informar o rendimento correspondente a 50% (cinquenta por cento) do valor do imóvel.

No tocante à declaração de bens e direitos, efetivada na Declaração de Ajuste Anual, cada contribuinte fica responsável por informar a parte do bem que lhe couber, como não poderia deixar de ser. No exemplo acima, cada um deles informaria deter cinquenta por cento da parte ideal.

Note-se que essa previsão não se confunde com os bens comuns detidos por um casal. Em tal hipótese, apenas um deles informará tais bens em sua própria declaração, como vimos em item anterior.

Vimos, também, que na hipótese de bens detidos na constância do casamento produzirem frutos, e houver a retenção na fonte em nome de apenas um cônjuge, o outro poderia, mesmo assim, se aproveitar do imposto retido. No caso de rendimentos provenientes de bens em condomínios, porém, a mesma facilidade não se apresenta. Segundo a resposta à pergunta 82 do Perguntas e Respostas 2021, no caso do imposto referente a aluguel de imóvel possuído em condomínio pago em nome de um dos proprietários, o outro não poderia compensar em sua declaração o valor do imposto pago sobre sua parte, salvo se for retificada a DARF (no caso de pagamento por Carnê-Leão), ou a chamada DIRF (no caso de retenção na fonte).[258]

258. Secretaria Especial da Receita Federal do Brasil. "Perguntas e Respostas 2.021". Pergunta 82, p. 49. Disponível em: www.ibet.com.br/wp-content/uploads/2021/04/IRPF-RFB.pdf Acesso em: 15 jan. 2022.

4.1.6 Casos de responsabilidade previstos pela legislação federal

Vimos, quando tratamos do sujeito passivo do IRPF, nos moldes prescritos pelo CTN, que a legislação prevê que a sujeição passiva pode ficar a cargo do contribuinte, ou seja, daquele responsável pela prática do evento tributável, ou de terceiro denominado de responsável. Vimos também que o Código Tributário Nacional prevê certos casos de responsabilidade na hipótese de sucessão ou na hipótese em que terceiros se enquadrem nos requisitos estabelecidos pelos arts. 134 e 135 do CTN.[259]

O RIR/2018 reproduz, em seu art. 22, o rol de responsáveis tributários previstos pelo art. 134 do CTN. Por se tratar de norma que não é específica do Imposto Sobre a Renda, mas sim aplicável a qualquer tributo, não iremos sobre ela nos deter no presente trabalho.

Há, porém, disposições específicas de responsabilidade instituídas pela legislação de imposto sobre a renda. Essas disposições são autorizadas pelo art. 128 do CTN, que prescreve que pode a lei atribuir responsabilidade a terceiro vinculado com o fato imponível.

Assim, registre-se que o art. 182 do Decreto-lei 5.844, de 1943, prescreve que as sociedades nacionais e as filiais, sucursais ou agências, no país, de firmas ou sociedades com sede no exterior, são responsáveis pelos débitos do imposto correspondente aos rendimentos que tiverem pago a seus diretores, gerentes, empregados e de que não tenham dado informação à repartição, quando tais pessoas físicas se ausentarem do País sem os terem solvido.

Como regra geral de responsabilidade, tem-se que a fonte pagadora deve informar o imposto devido sobre os rendimentos por ela pagos às pessoas físicas, efetivando a respectiva retenção.

---

259. Também poderíamos mencionar o caso da responsabilidade solidária. Não é nosso objetivo examinar, nesta oportunidade, os casos de responsabilidade previstos no Código Tributário Nacional de forma mais minuciosa.

Porém, nos termos do Parecer Normativo COSIT n. 1, de 24 de setembro de 2002, a responsabilidade pelo pagamento do imposto passa a ser da pessoa física, a partir da declaração de rendimentos. Assim, em tese, após esse prazo, cessaria a responsabilidade da pessoa jurídica pelo recolhimento do tributo.[260]

Contudo, se a pessoa física deixa de ser residente no país sem ter solvido o imposto, ficaria o Fisco sem possibilidade de exigir o tributo. Assim, o Decreto-lei 5.844/43 acaba por preencher essa lacuna, permitindo ao Fisco a cobrança da própria fonte pagadora, ainda que já tenha passado o prazo para entrega de declaração, desde que os rendimentos não tenham sido informados à repartição. Deve-se levar em conta que o artigo apenas trata de diretores, gerentes e empregados não se referindo, por exemplo, a outros profissionais.

A outra regra que vale a pena ser apontada é da responsabilidade em caso de menores, nos termos a seguir explicados.

Conforme vimos anteriormente, o rendimento auferido pelos menores pode ser tributado em seus próprios nomes, ou em conjunto de qualquer um dois pais. Caso feita a opção de se tributar tais rendimentos, auferidos pelo menor, em conjunto com os rendimentos, percebidos pelos pais, os rendimentos e os bens de menores só responderão pela parcela do imposto proporcional à relação entre seus rendimentos tributáveis e o total da base de cálculo do imposto.

Assim, evita-se que o menor seja punido, em razão da ausência de adimplemento da obrigação tributária em relação aos rendimentos percebidos pelos pais. Essa previsão está inserida no art. 4º, §3º, da Lei 4.506/64.

260. Interessante notar, contudo, que a Súmula CARF 73 prevê que erros de preenchimento em razão de informações prestadas de modo indevido pela fonte pagadora não autorizam a aplicação da multa de ofício.

4.2 Sobre a base de cálculo e alíquota do IRPF

4.2.1 Visão genérica

No item anterior, para identificar o critério do imposto sobre a renda pessoa física no bojo da legislação, acabamos adiantando importantes considerações sobre a base de cálculo do IRPF, que iremos tratar, nesse momento, com maior atenção.

Assim, registre-se que esse imposto tem sua base de cálculo apurada conforme diferença entre uma série de rendimentos brutos, considerados à medida que são percebidos, e entre os valores a serem deduzidos, conforme explicaremos adiante. Isso tudo, com base no art. 8º Lei 9.250/95.

Uma vez apurado o resultado que nos referimos no parágrafo acima, aplica-se a alíquota prevista na tabela progressiva anual, com o desconto do valor a deduzir.

Diante dessa visão genérica do Imposto Sobre a Renda Pessoa Física, passaremos a examinar, em seguida, a base de cálculo do imposto. Iniciaremos investigando o conceito de rendimentos brutos, previsto pela legislação, para, em seguida, verificarmos os abatimentos cabíveis e, finalmente, apresentarmos uma visão consolidada da apuração da base de cálculo do imposto.

4.2.2 Sobre os rendimentos brutos

4.2.2.1 Definição

Se a base de cálculo do IRPF é composta pela diferença entre rendimentos brutos e valores a serem deduzidos, como vimos reiteradamente insistindo, no presente item investigaremos como a legislação trata os rendimentos brutos.

Assim, vale apontar que os §§ 1º e 4º do art. 3º da Lei 7.713, de 22 de dezembro de 1988, definem rendimento bruto, prevendo o seguinte:

> § 1º Constituem rendimento bruto todo o produto do capital, do trabalho ou da combinação de ambos, os alimentos e pensões

> percebidos em dinheiro, e ainda os proventos de qualquer natureza, assim também entendidos os acréscimos patrimoniais não correspondentes aos rendimentos declarados.
>
> [...]
>
> § 4º A tributação independe da denominação dos rendimentos, títulos ou direitos, da localização, condição jurídica ou nacionalidade da fonte, da origem dos bens produtores da renda, e da forma de percepção das rendas ou proventos, bastando, para a incidência do imposto, o benefício do contribuinte por qualquer forma e a qualquer título.

Já vimos, quando tratamos da renda a partir do Código Tributário Nacional, que tal materialidade revela um acréscimo patrimonial. Assim, podemos asseverar que rendimento bruto é o produto oriundo do trabalho, do capital ou da combinação de ambos, bem como alimentos e pensões recebidas em dinheiro além de outros proventos.

Do §4º é possível inferir que a tributação independe da denominação dos rendimentos, títulos ou direitos, também da localização, da condição jurídica ou da nacionalidade da fonte, da origem dos bens produtores da renda, e da forma de percepção das rendas ou proventos, bastando, para a incidência do imposto, o *benefício* do contribuinte por qualquer forma e qualquer título.

Assim, do dispositivo acima, é possível concluir que o rendimento necessariamente deva envolver um benefício econômico ao contribuinte. Disso se infere, por exemplo, que meros ressarcimentos, que importam a mera devolução de gastos que o contribuinte teve em nome de terceiros, não devem ser qualificados como rendimentos.

Ademais, não se deve esquecer de que o fato jurídico tributário do IRPF é o que a legislação designa de "renda líquida" – nos termos do art. 1º da Lei 4.506/64 – e nós designamos de "renda e proventos". O rendimento bruto interessa na base de cálculo, mas sempre temperado pelos abatimentos previstos na legislação.

4.2.2.2 Classes de rendimentos

O RIR/2018, que consolida as normas federais vigentes que disciplinam o IRPF indica, de modo exemplificativo, o rol de rendimentos tributáveis, bem como o rol de rendimentos isentos e não tributáveis.

Como a própria legislação estipula definição conotativa do que é rendimento e levando-se em conta o primado da universalidade que pressupõe a tributação de todos os rendimentos percebidos pelo contribuinte, há de se considerar que esse rol é exemplificativo, buscando, tão somente, tornar claro que os exemplos ali mencionados hão de estar inclusos na base de cálculo do gravame.

Registre-se que a legislação também outorga regimes jurídicos específicos para apuração de certos tipos de rendimentos como os de ausentes no exterior a serviço do país e os rendimentos da atividade rural, como veremos oportunamente.

Examinaremos, a seguir, cada espécie de rendimento tratada pelo RIR/2018, detendo-nos sobre pontos relevantes inerentes a cada uma delas.

4.2.3 Recebimentos isentos e não tributáveis

O art. 35 do RIR/2018 indica o rol de recebimentos isentos e não tributáveis que não devem compor a soma para fins de apuração da base de cálculo do IRPF, todas com base em leis federais.

Embora o texto de tal regulamento prefira a expressão "rendimentos isentos e não tributáveis", há, no rol, inúmeros recebimentos que representam mera reposição patrimonial, não ostentando o efetivo caráter de "rendimento", isto é, aquele elemento positivo que, por se configurar uma riqueza nova, está apto a integrar a base de cálculo do IRPF, conforme a materialidade constitucionalmente designada pela Constituição.

Daí por que, em nome da Ciência, entendi que a designação mais correta seria "recebimentos isentos e não tributáveis" para me referir a um gênero, a saber, o recebimento, do qual os rendimentos – no caso os isentos – são apenas uma espécie.

Segundo penso, o fenômeno da isenção se dá quando um enunciado prescritivo "p", inserto no direito positivo, determina que uma classe K de acontecimentos, contida na materialidade constitucionalmente permitida referente a um tributo T, deva implicar o nascimento da obrigação tributária referente ao tributo T e um enunciado prescritivo "q", também inserto no direito positivo, determina que a classe L, subclasse própria de K, seja formada por elementos que não devam implicar a obrigação tributária referente ao mesmo tributo T, de tal sorte que dos dois enunciados resulte uma proposição "r" que preveja, como hipótese de incidência de T a classe M formada por todos os elementos de K que não pertençam a L.

Fenômeno distinto se dá quando o mesmo legislador enuncia, por meio de um enunciado "s" que certa classe N, não inserta na materialidade do tributo, é formada por elementos que não implicam a relação jurídico-tributária. A diferença, nesse caso, é que "s" é enunciado redundante no direito positivo e pouco diz sobre qualquer elemento E que não pertença a N.

Por exemplo, no caso do IRPF, todos os rendimentos são passíveis de serem tributados e há diversos enunciados que determinam que a classe K de rendimentos é tributável. Nesse sentido, a isenção criará exceções no âmbito da classe K, correspondente à classe L, de tal sorte que a tributação não irá incidir sobre K, mas sim sobre todos os elementos de K que não pertençam a L.

Nesse sentido, a discriminação científica do que é um "rendimento" e o que é apenas um "recebimento" pode ser de grande valia para o controle do Poder Judiciário e da doutrina em eventuais revogações de "isenções" sobre parcelas que constituem meros recebimentos e não se incluem na materialidade do IRPF e, portanto, são totalmente redundantes no direito positivo. Revogações de tais disposições, nesse sentido, não acarretarão efeito algum em termos do campo de incidência do gravame.

Além disso, a distinção entre rendimentos e meros recebimentos também apresenta outra utilidade significativa. Por vezes, o legislador prevê a não incidência de meros recebimentos, logicamente, não inclusos na base de cálculo do IRPF, mas imputam qualificações que restringem a extensão de tais classes de recebimentos.

Esse tipo de construção jurídica pode gerar confusão, porque o raciocínio jurídico "contrario-sensu" costuma predicar que se o legislador qualifica certa subclasse L de acontecimentos, incluída na classe K, imputando-lhe determinado efeito E, então todos os elementos que se enquadram em K, mas não se enquadram em L, não teriam o condão de gerar o efeito E.

A título de exemplo da válida aplicação do raciocínio "contrario-sensu", se o legislador isenta da base de cálculo do gravame os ganhos líquidos em operações nas bolsas de valores até R$ 20.000,00 (vinte mil reais), evidentemente, os ganhos líquidos auferidos em operações nas bolsas de valores acima de tal quantia são plenamente tributáveis.

O argumento "contrario sensu" é perfeitamente aplicável no caso da isenção, porque tais normas são excecionais em relação à uma classe tributada K. Se a isenção não se aplica, incide a regra geral da tributação. Assim, sempre que se trata de um enunciado excepcional, o argumento contrário-sensu será válido para apontar que aquilo não contido no texto excepcional – e em nenhum outro texto do direito – não se enquadra na exceção.[261]

Mas o raciocínio "contrario-sensu" não tem consistência lógica quando o legislador trata de um caso sequer incluso na materialidade do IRPF, pois tal evento não guardará qualquer relação

---

261. Sobre o caráter restritivo da norma excepcional vide: MAXIMILIANO, Carlos. Hermenêutica e aplicação do direito. Rio de Janeiro: Editora Forense, 9ª edição, 3ª tiragem, 1984, p. 225.

de excepcionalidade perante a classe tributária: pelo contrário, é a classe tributada que é excepcional em relação ao que designei na Parte I de classe da "não incidência pura e simples".

Por isso, o raciocínio "contrario-sensu" leva, facilmente, a erros graves quando o legislador se aventura a apontar, expressamente, casos de não incidência de IRPF,[262] isto é, quando elenca classe de eventos que não representam uma riqueza nova apta a ser incluída na base de cálculo do gravame.

Ocorre que a classe de eventos que não se incluem na materialidade do IRPF é potencialmente infinita e independe de menção expressa na lei, de modo que ao discriminar eventual subclasse L, não necessariamente se infere que os demais elementos da classe N sejam tributados.

Exemplificando, se o legislador decide enumerar indenizações não tributáveis, nem por isso outras espécies de indenizações se tornam tributáveis: a não incidência independe da menção expressa da lei para se configurar. Por isso, a sintaxe do processo de positivação do IRPF demonstra que menções restritivas a hipóteses de não incidência não tornam tributáveis, não têm o condão de incrementar a extensão da incidência do tributo.

Para esse fim, não adianta assinalar que o recebimento x não é rendimento, pois não é acréscimo patrimonial. Acréscimo é justamente o conjunto dos rendimentos que superam os abatimentos. Seria uma circularidade tal linha de argumentação. Mas, o rendimento é causa daquele acréscimo (e não o acréscimo, mesmo). Então é preciso compreender que tipo de rendimento é suscetível de gerar acréscimo patrimonial.

No caso, pensamos que é "rendimento", segundo parâmetro do capítulo anterior, e considerando o critério de

262. A rigor, com a isenção, a norma tributária não incide sobre o caso. Contudo, para fins do presente livro, a designação "não incidência" será utilizada para indicar que certos acontecimentos não se enquadram na competência tributária do IRPF, isto é, que constituem meros recebimentos e não "rendimentos", de modo que não existe subsunção entre a regra-matriz de incidência de IRPF e aquela classe de acontecimentos.

disponibilidade econômica do IRPF, todo objeto conversível em dinheiro, que tenha sido recebido pelo contribuinte durante o ano-calendário como adimplemento de relação jurídica nova, oriunda de negócio jurídico bilateral ou decorrente da incidência de lei e que implique aumento de liquidez.

Dito isso, examinaremos a seguir o rol de rendimentos isentos e de recebimentos não tributáveis e buscaremos discriminar os isentos daqueles que retratam mera ausência de competência impositiva para a União exigir o gravame.

4.2.3.1 Ajuda de custo

Dispõe o art. 6º, inciso XX, da Lei 7.713/88, que a ajuda de custo destinada a atender despesas com transporte, frete, e locomoção do beneficiário e seus familiares, em caso de remoção de um município a outro, sujeita à comprovação posterior pelo contribuinte, não integra a base de cálculo do IRPF.

Não acredito que haveria qualquer razão *a priori* para não se considerar a ajuda de custo um rendimento, pois se trata de uma obrigação do empregador, perante o empregado, por este ter assumido certas despesas inerentes à relação de emprego, coincidindo plenamente com os critérios que adotei no capítulo anterior.

Mas, certamente, não haveria tributação da renda caso a ajuda de custo fosse tributada sem se considerar as despesas que o contribuinte apurou para recebê -la.

Como a ajuda de custo é um ressarcimento, esses abatimentos seriam equivalentes ao recebimento, de modo que o resultado, em si, seria não tributado.

Nesse sentido, o legislador teria duas ordens de escolha: ou bem determina a inclusão do rendimento da ajuda de custo na base de cálculo do gravame e prevê o abatimento necessário das despesas, ou determina a não tributação de tais recebimentos e despreza os gastos.

Por uma política fiscal, é muito mais simples, em termos de controle, desprezar o recebimento e o gasto do que obrigar o contribuinte e a fonte a controlar ambos os elementos. Foi essa a opção do legislador.

O Parecer Normativo do Coordenador Geral de Sistema de Tributação – COSIT 01 de 17.03.94 reforça que caso o empregador pague valores a título de ajuda de custo de remoção dos empregados de municípios, sem que tal mudança seja configurada na prática, haverá a incidência do imposto. Vejamos a disposição:

> 3. Ajuda de custo a que se refere o dispositivo legal em questão é a que se reveste de caráter indenizatório, destinando-se a ressarcir os gastos do empregado com transporte, frete e locomoção, em virtude de sua remoção para localidade diversa daquela em que residia.
>
> A ajuda de custo tem, neste preceito da legislação tributária, o mesmo significado que deflui da legislação referente às relações de trabalho, tanto no âmbito da Consolidação das Leis do Trabalho como do Regime Jurídico dos Servidores Públicos, cujas características são:
>
> - de indenização e não de complementação salarial;
>
> - a mudança de domicílio do empregado, em virtude de sua remoção de um município para outro.
>
> [...].

Essa manifestação por parte do órgão fazendário apenas reforça o que já é implícito da legislação, haja vista que não é a nomenclatura do recebimento, mas o contexto que lhe envolve que irá determinar o regime jurídico aplicável.

Ao examinar sobre tal contexto da ajuda de custo, o Egrégio Superior Tribunal de Justiça frequentemente cita um requisito inerente a tal pagamento que seria sua eventualidade. A título de exemplo, citamos decisões em que tal questão foi ventilada, ainda que não tenha havido, por parte da Corte, o conhecimento de recurso interposto. Vejamos:

> Tributário. Imposto de renda. Ajuda de custo. Caráter indenizatório. Não incidência. Verificação da habitualidade. Impossibilidade. Súmula 7/STJ.

> 4. A doutrina e jurisprudência entendem que a ajuda de custo, por natureza, possui caráter indenizatório e não continuativo, por se tratar de uma retribuição dada pelo empregador ao empregado que efetua em favor daquele. 2. *Todavia, se a ajuda de custo for paga com habitualidade, possuirá caráter salarial e, portanto, sobre ela, incidirá o Imposto de Renda.*[263]

De nossa parte, entendemos que a habitualidade pode ser considerada um indício do caráter uma possível simulação do valor pago, mas nunca um fator determinante.

Ora, se o empregado, em razão de sua atividade, muda periodicamente de município, tendo por isso, despesas a serem ressarcidas, não se pode enunciar que, observando-se gastos e dispêndios, haveria um ganho tributável.

Por outro lado, se em razão da mudança de município, o contribuinte passe a receber um pagamento constante, que não represente ressarcimento decorrente dos custos da mudança, claro que tal rendimento deixará de ser mero ressarcimento, incorporando-se ao salário.

Agora, é preciso que se verifique a razão do pagamento e em que circunstâncias é efetivado, para que meros ressarcimentos não sejam, sem base legal, equiparados a rendimentos tributáveis.

4.2.3.2 Alienação de bens de pequeno valor e alienação de imóvel único

O art. 22 da Lei 9.250/95 prescreve que a alienação de bens cujo preço unitário seja igual ou inferior a R$ 35.000,00 (trinta e cinco mil reais) não estará sujeita à tributação de IRPF.[264] Já o art. 23 da mesma lei trata da isenção da tributação do ganho de capital de alienação de imóvel único de até R$ 440.000,00 (quatro centos e quarenta mil reais), desde que não tenha havido outra alienação nos últimos cinco anos.

---

263. RESP 501.173/SC 1ª Turma, rel. Ministra Arruda, 15.09.2005, DJ 24.10.2005.

264. Para alienação de ações negociadas no mercado de balcão, a isenção é de R$ 20.000,00 (vinte mil reais) conforme verificaremos adiante.

Examinaremos a tributação sobre ganho capital na próxima parte do presente livro. Mas, a venda de bens é rendimento, haja vista que importa o recebimento de dinheiro, satisfazendo todos os critérios pertinentes da definição de rendimento: é oriundo de uma relação jurídica nova que tem por objeto o recebimento de bem conversível em dinheiro. Por outro lado, o valor gasto na aquisição do bem – custo de aquisição – é elemento que deve ser englobado na base de cálculo para se apurar o efetivo ganho.

Interessante notar que "alienação", nos termos do artigo acima citado, é tomada de modo bem abrangente. Assim, há casos de contribuintes que, por terem efetivado permuta, doações ou outras espécies de alienação em sentido amplo tiveram a isenção glosada. Veja-se a decisão a seguir do Conselho Administrativo de Recursos Fiscais ou do antigo Conselho de Contribuintes:

> ISENÇÃO – GANHO DE CAPITAL NA ALIENAÇÃO DO ÚNICO IMÓVEL – REQUISITOS.
>
> Para que ocorra isenção do Imposto sobre a Renda no ganho de capital auferido na alienação do único imóvel que o contribuinte possui é necessário que o valor de alienação seja de até R$ 440.000,00 (quatrocentos e quarenta mil reais) e que seu titular não tenha realizado qualquer outra alienação nos últimos cinco anos.
>
> - Compreende-se por alienação todo e qualquer ato que tem o efeito de transferir o domínio de uma coisa para outra pessoa, seja por venda, por troca ou doação.
>
> - Não faz jus à isenção prevista no artigo 23 da Lei nº 9.250, de 1995, o contribuinte que permuta o único imóvel que possui por outro e, dentro do período de cinco anos, vende o imóvel que recebeu na troca por valor superior ao que foi considerado quando da permuta. Recurso negado.[265]

De qualquer sorte, tenhamos que no caso acima, o legislador criou verdadeira isenção ao limitar, quantitativamente,

265. Nº Acórdão 102-48.057, Relator(a) Moises Giacomelli Nunes da Silva, Número do Processo, 10730.002321/00-02, 2ª Câmara do 1º Conselho de Contribuintes. Disponível no sítio eletrônico: https://carf.fazenda.gov.br/sincon/public/pages/ConsultarJurisprudencia/listaJurisprudenciaCarf.jsf Acesso em: 15 nov. 2019.

os bens cuja alienação será alvo de tributação. Além disso, também foi instituída a isenção do:

> a) ganho auferido por pessoa física residente no País na venda de imóveis residenciais, desde que o alienante, no prazo de cento e oitenta dias, contado da data de celebração do contrato, aplique o produto da venda na aquisição de imóveis residenciais localizados no País, nos termos e nas condições estabelecidos no § 4º do art. 133 (Lei 11.196/2005, art. 39);
>
> b) valor correspondente ao percentual anual fixo de redução do ganho de capital na alienação de bem imóvel adquirido até 31 de dezembro de 1988, a que se refere o art. 149 /88, art. 18); e
>
> c) valor da redução do ganho de capital na alienação, a qualquer título, de bens imóveis realizada por pessoa física residente no País, resultante da aplicação dos fatores de redução FR1 e FR2, a que se refere o art. 150 (Lei 11.196/2005, art. 40); e

Essas isenções, como dissemos, aplicam-se à tributação sobre ganho de capital que se insere naquele rol de tributação em separado dos rendimentos que se incluem na base de cálculo do IRPF, apurado em 31 de dezembro de cada ano. Assim, quando examinarmos tal tributação analisaremos, mais de perto, esses casos de isenção.

4.2.3.3 Alimentação, transportes, uniformes e vale-pedágio obrigatório

Nos termos do art. 6º, inciso I, da Lei 7.713/88, a alimentação, o transporte e os uniformes ou as vestimentas especiais de trabalho, fornecidos gratuitamente pelo empregador a seus empregados, ou a diferença entre o preço cobrado e o valor de mercado, não integram rendimentos brutos que se inserem na base de cálculo do IRPF.

Se o empregador fornece alimentos, vestimentas para o trabalho ao trabalhador, falta um item fundamental para que se configure o direito passível de ser incluído na base de cálculo do gravame: tais bens devem ser usados para o trabalho e não podem, portanto, ser objeto de escambo para o trabalhador, não são passíveis de serem conversíveis para a moeda. Logo, não há que se falar em rendimento.

Agora, se o empregador aliena tais bens ao trabalhador por valor inferior ao mercado, tampouco há que se falar em tributação. Lembremos o conceito das relações comutativas, do capítulo anterior, e verificaremos que no caso de compra e venda apenas a relação jurídica que importa maior liquidez – isto é, a venda do bem e não o direito de receber o bem – está apta a ser alvo prioritário de tributação.

Eis o exemplo concreto do direito reconhecendo expressamente a não tributação reforçando a dicção teórica que expusemos no capítulo anterior.

Dúvida existe se alimentos forem disponibilizados em pecúnia.

A título de exemplo, o §1º do art. 35 do RIR/2018 prevê que nos Programas de Alimentação do Trabalhador – PAT, previamente aprovados pelo Ministério do Trabalho, a parcela paga *in natura* pela empresa não configura como rendimento tributável do trabalhador. Poderíamos concluir que o gasto do trabalhador com alimentação no trabalho reembolsado pelo empregador estaria incluso na base de cálculo do IRPF?

Vimos, acima, que a não incidência independe de menção expressa da lei. Se o trabalhador é meramente reembolsado por gastos com alimentação, não há que se falar em tributação, salvo se os gastos por ele incorridos também forem considerados abatimentos.

Em outras palavras, ou bem o legislador considera o dinheiro recebido pelo trabalhador rendimento e os gastos com alimentação como abatimento, ou simplesmente determina a não tributação dos valores recebidos a título de pecúnia para alimentos.

No caso, o artigo de lei determina que a alimentação fornecida pelo empregador não é tributável, sem especificar se é fornecida em natura ou pecúnia. Não acredito que a administração pública tenha a prerrogativa a desprezar o sentido literal da lei, especialmente, impondo uma tributação que, contextualmente, não implicará a obtenção de renda.

Contudo, sendo instado a se pronunciar sobre a matéria, o então Conselho de Contribuintes, atual Conselho Administrativo de Recursos Fiscais, decidiu da seguinte maneira:

> 1º Conselho de Contribuintes / 6ª. Câmara / ACÓRDÃO 106-14.507 em 17.03.2005 IRPF – Ex(s): 1996 e 1999. IRPF. RENDIMENTOS TRIBUTÁVEIS. AÇÃO TRABALHISTA – Integra a base de cálculo do imposto a ajuda de alimentação pago em pecúnia por pessoa jurídica de direito privado. Incabível a exclusão do lançamento das parcelas recebidas como FGTS, por não fazer parte dos rendimentos tidos como omitidos, e ao décimo terceiro salário, por ter sido excluído pela decisão de primeira instância. Recurso negado. Por unanimidade de votos, NEGAR provimento ao recurso. JOSÉ RIBAMAR BARROS PENHA – PRESIDENTE Publicado no DOU em: 22.06.2005 Relator: SUELI EFIGÊNIA MENDES DE BRITTO – RELATORA Recorrente: PAULO RICARDO ZAVADIL Recorrida: DRJ – CURITIBA/PR.

Também a Delegacia da Receita Federal de julgamento do Rio de Janeiro esboçou o mesmo posicionamento:

> Delegacia da Receita Federal de Julgamento no Rio de Janeiro II / 1ª. Turma / DECISÃO 13-24375 em 22/04/2009 Imposto sobre a Renda de Pessoa Física – IRPF OMISSÃO DE RENDIMENTOS DO TRABALHO COM VÍNCULO EMPREGATÍCIO. AUXÍLIO-ALIMENTAÇÃO. Somente está excluída do cômputo do rendimento bruto a alimentação fornecida gratuitamente pelo empregador. O auxílio-alimentação pago em pecúnia constitui rendimento tributável na declaração. Exercício: 01/01/2001 a 31/12/2001 Publicado no DOU em: 22/04/2009.

Tenho ponto de vista distinto do apresentado nas decisões acima pelos motivos que passo a indicar.

Inicialmente, parece-me que partindo-se da premissa de que o valor recebido a título de auxílio-alimentação será utilizado pelo contribuinte para seu trabalho, não há como diferenciá-lo daquele contribuinte que recebe tal auxílio *in natura*, em razão do princípio da isonomia.

Ademais, registre-se que a legislação citada indica que a alimentação será isenta sem especificar se essa alimentação é disponibilizada *in natura* ou em dinheiro. Nesse sentido, mesmo se se tratasse de mera isenção, a tributação não seria justificável , em razão da aplicabilidade do art. 111 do CTN.[266]

Assim, nos parece que o art. 111 do CTN não permitiria a imposição de requisitos não previstos em lei. Mais importante do que isso, a própria materialidade do IRPF não incide sobre valores que não se constituem com uma riqueza nova do trabalhador.

Por outro lado, o § 2º do art. 457 da CLT expressamente prevê que o auxílio-alimentação não integra a remuneração, vedado seu pagamento em dinheiro. Veja-se a redação do dispositivo:

> Art. 457. [...]
>
> [...]
>
> § 2º. As importâncias, ainda que habituais, pagas a título de ajuda de custo, auxílio-alimentação, vedado seu pagamento em dinheiro, diárias para viagem, prêmios e abonos não integram a remuneração do empregado, não se incorporam ao contrato de trabalho e não constituem base de incidência de qualquer encargo trabalhista e previdenciário.

Assim, poder-se-ia buscar argumentar que como eventual pagamento em pecúnia integra a remuneração, haveria de ser tido como rendimento e, portanto, sujeito à tributação.

Agora, ainda que se pudesse utilizar o dispositivo acima como argumento, parece-nos que a vedação trabalhista não chega a alterar, diretamente, o enunciado prescritivo tributário, anteriormente citado, que trata da não tributação (art. 6º, inciso I, da Lei 7.713/88), de modo que, no mínimo, tal dispositivo deveria ser interpretado como uma isenção.

Assim, não vislumbramos o óbice que vem prevalecendo em termos pragmáticos sobre o meio em que o empregado fornece a alimentação para o empregado, de modo que, em nossa visão acadêmica, seja o alimento disponibilizado *in*

---

266. Art. 111. Interpreta-se literalmente a legislação tributária que disponha sobre:
I - suspensão ou exclusão do crédito tributário;
II - outorga de isenção;
III - dispensa do cumprimento de obrigações tributárias acessórias.

natura ou mediante um reembolso dos gastos do empregado, deveria prevalecer a não tributação, pelos motivos acima apontados. Fica registrado, porém, que tal visão acadêmica encontra resistência na esfera pragmática.

Avancemos. Outra previsão de não tributação relacionada ao transporte é referente ao vale-pedágio obrigatório.

Instituído pela Lei 10.209/2001, tal benefício foi criado para utilização efetiva em despesas de deslocamento de carga por meio de transporte rodoviário, nas rodovias brasileiras, sendo de responsabilidade do embarcador ou a quem for a ele equiparado por lei.

Embarcador, nos termos da lei, é o contratante do serviço rodoviário de carga. A ele se equipara o contratante de serviço de transporte de carga que não seja o proprietário original da carga ou a empresa transportadora que subcontratar serviço de transporte de carga prestado por transportador autônomo.

Nos termos do art. 2º da Lei 10.209/2001, o valor do vale-pedágio não integra o valor do frete nem será considerado receita operacional ou rendimento tributável para o transportador.

De fato, a não oneração pelo transportador do pedágio tem apenas o condão de impedir que seu patrimônio tenha um decréscimo em razão de um serviço prestado a terceiro. Daí a razão de se reconhecer a não incidência do IRPF sobre tais quantias, considerando-se o contexto de equivalência entre gasto e recebimento.

4.2.3.4 Auxílio-alimentação; auxílio-transporte em pecúnia a servidor público federal civil e militar; auxílio-moradia recebido de pessoa política de direito público; incentivo em pecúnia a servidor licenciado; e créditos destinados à solicitação de documento fiscal

O art. 22 da Lei 8.460/92, com a redação dada pela Lei n. 9.527/97, prevê que o Poder Executivo disporá sobre a concessão mensal do auxílio-alimentação por dia trabalhado, aos servidores públicos federais civis ativos da Administração Pública Federal direta, autárquica e fundacional.

O §1º de tal dispositivo prevê que a concessão será em pecúnia e terá caráter indenizatório, ao passo que o §3º prevê que o auxílio-alimentação não será: a) incorporado ao vencimento, remuneração, provento ou pensão; b) configurado como rendimento tributável e nem sofrerá incidência de contribuição para o Plano de Seguridade Social do servidor público; e c) caracterizado como salário-utilidade ou prestação salarial *in natura*.

Frente a tais disposições, o art. 35, inciso I, "b" do RIR/2018 expressamente prevê que o auxílio-alimentação pago em pecúnia aos servidores públicos federais civis ativos da administração pública federal direta, autárquica e fundacional é não tributável a título de IRPF. Trata-se, mais uma vez, de hipótese de não incidência, expressamente reconhecida pela legislação.

Interessante observar que, neste caso, a legislação expressamente reconhece que o pagamento pode ser em pecúnia, ao contrário do que se costuma interpretar para o trabalhador particular, em que há pretensão de se tributar o reembolso de alimentação recebida em dinheiro. Em minha visão, são dois casos em que o contexto implica a não incidência – a correlação entre gasto e recebimento pode até permitir a inclusão de rendimento na base de cálculo e do respectivo abatimento, mas jamais haverá a renda, na qualidade de acréscimo patrimonial.

Avancemos, agora, para tratar sobre auxílio-transporte. Prevê a Medida Provisória 2.165-36/2001 o pagamento, em pecúnia, pela União, de Auxílio-Transporte destinado ao custeio parcial das despesas realizadas com transporte coletivo municipal, intermunicipal ou interestadual aos militares, servidores e empregados públicos da Administração Federal direta, autárquica e fundacional da União, nos deslocamentos de suas residências para os locais de trabalho e vice-versa, excetuadas aquelas realizadas nos deslocamentos em intervalos para repouso ou alimentação, durante a jornada de trabalho, e aquelas efetuadas com transportes seletivos ou especiais.

O art. 1º, *caput*, de tal Medida Provisória é expresso no sentido de que tal pagamento tem natureza indenizatória e o §2º prevê que o Auxílio-Transporte não será considerado para fins de incidência de imposto de renda ou de contribuição para o Plano de Seguridade Social e planos de assistência à saúde.

Portanto, o valor pago a título de tal verba indenizatória, efetivado nos moldes da referida Medida Provisória, não integra a base de cálculo do IRPF. Trata-se de mais um caso de não incidência, expressamente reconhecido pela legislação.

Por motivo análogo, a indenização de transporte a servidor público da União que realizar despesas com a utilização de meio próprio de locomoção para a execução de serviços externos por força das atribuições do cargo também está fora da égide do IRPF, como expressamente previsto pelo art. 35, inciso I, "e" do RIR/2018.

Ademais, outro valor excluído expressamente da tributação de IRPF é o recebido de pessoa jurídica de direito público a título de auxílio-moradia, não integrante da remuneração dos beneficiários, em substituição ao direito de uso de imóvel funcional. Trata-se da previsão do art. 25 da Medida Provisória 2.158-35/2.001.

O art. 51, inciso IV, da Lei 8.112/90 inclui o auxílio-moradia como verba indenizatória paga ao funcionário público. Nos termos do art. 60-A da mesma lei, trata-se de ressarcimento das despesas comprovadamente realizadas pelo servidor com aluguel de moradia ou com meio de hospedagem administrado por empresa hoteleira, no prazo de um mês após a comprovação da despesa pelo servidor, observados certos requisitos e limites estipulados pela mesma lei. Os requisitos são os seguintes:

I - não exista imóvel funcional disponível para uso pelo servidor;

II - o cônjuge ou companheiro do servidor não ocupe imóvel funcional;

III - o servidor ou seu cônjuge ou companheiro não seja ou tenha sido proprietário, promitente comprador, cessionário ou promitente cessionário de imóvel no Município aonde for exercer o cargo, incluída a hipótese de lote edificado sem averbação de construção, nos doze meses que antecederem a sua nomeação;

IV - nenhuma outra pessoa que resida com o servidor receba auxílio-moradia;

V - o servidor tenha se mudado do local de residência para ocupar cargo em comissão ou função de confiança do Grupo-Direção e Assessoramento Superiores – DAS, níveis 4, 5 e 6, de Natureza Especial, de Ministro de Estado ou equivalentes;

VI - o Município no qual assuma o cargo em comissão ou função de confiança não se enquadre nas hipóteses do art. 58, § 3º, em relação ao local de residência ou domicílio do servidor;

VII -o servidor não tenha sido domiciliado ou tenha residido no Município, nos últimos doze meses, aonde for exercer o cargo em comissão ou função de confiança, desconsiderando-se prazo inferior a sessenta dias dentro desse período;

VIII -o deslocamento não tenha sido por força de alteração de lotação ou nomeação para cargo efetivo; e

IX -tenha ocorrido após 30 de junho de 2006.

Se o auxílio-moradia tem caráter indenizatório, observadas as condições acima, não vemos por que verba análoga paga a funcionário do setor privado não possa ser enquadrada nas mesmas condições. Se o funcionário público recebe indenização quando trabalha em domicílio distinto do que habitava, por que verba análoga do trabalhador privado teria natureza distinta? Deixemos a provocação, para que suscite na comunidade jurídica futuras reflexões.

Avancemos. Outra previsão inserida no art. 35 do RIR/2018, especificamente na alínea "l" do inciso I, é a isenção do incentivo pago em pecúnia a servidor licenciado, nos termos do art. 18 da Medida Provisória 2.174-18/2001, observado o art. 25 da Lei 12.997/2014. Trata-se, aqui, de clara hipótese de isenção.

Convém apontar que o art. 18 da referida Medida Provisória previa o incentivo em pecúnia ao servidor licenciado sem remuneração, até o último dia útil do mês de competência subsequente ao que for publicado o ato de concessão inicial, e no mês subsequente ao que for publicado o ato de prorrogação da licença por mais três anos, quando for o caso.

Tal dispositivo, contudo, foi revogado pela Lei 12.998/2014. O art. 25 da referida Lei, porém, prevê que a licença que estivesse em curso na data da vigência da lei, permaneceria regida pela legislação anterior, vedada a prorrogação.

Finalmente, como estamos tratando de rendimentos pagos pelo Poder Público, vale citar a isenção prevista pelo art. 6º, inciso XXII, da Lei 7.713/88, que trata dos valores pagos em espécie pelos Estados, pelo Distrito Federal e pelos Municípios, relativos ao Imposto sobre Operações relativas à Circulação de Mercadorias e sobre Prestação de Serviços de Transporte Interestadual e Intermunicipal e de Comunicação – ICMS e ao Imposto sobre Serviços de Qualquer Natureza – ISS, no âmbito de programas de concessão de crédito destinados ao estímulo à solicitação de documento fiscal na aquisição de mercadorias e serviços.

Tais créditos são destinados a contribuintes que exigem notas fiscais, visando a evitar sonegação fiscal, de modo que os beneficiários recebem, por conta de tal atitude cívica, quantias do Poder Público. Assim, os valores recebidos a tais títulos estão isentos de IRPF. Aqui, há legítima isenção, eis que os valores recebidos pelos contribuintes representam acréscimo patrimonial.

Note-se, porém, que por vezes tais programas de estímulos fiscais criam prêmios distribuídos em sorteios, em bens ou serviços. Nessa hipótese não há que se falar em isenção, nos termos do parágrafo único do art. 6º da Lei 7.713/1988.

4.2.3.5 Benefícios recebidos por deficientes mentais

Nos termos do parágrafo único do art. 1º da Lei 8.687, de 20 de julho 1993, os valores recebidos por deficientes mentais a título de pensão, pecúlio, montepio e auxílio, quando decorrentes de prestações do regime de previdência social ou de entidades de previdência privada, também não serão incluídos na base de cálculo do IRPF.

Embora seja norma de caráter isentivo, a prescrição vai ao encontro do princípio de que se deve proteger o mínimo vital,[267] haja vista as barreiras que o deficiente mental encontra para angariar recursos suficientes à sua sobrevivência de forma digna.

A legislação - art. 1º, parágrafo único, da Lei 8.687/93 - define deficiente mental a pessoa que, independentemente da idade, apresenta funcionamento intelectual subnormal com origem durante o período de desenvolvimento e associado à deterioração do comportamento adaptativo.

Pensão, pecúlio, montepio e auxílios são expressões muito próximas. Entende-se pensão como um valor recebido mensalmente pelo deficiente mental pelo regime de previdência social ou pelas entidades de previdência privada.

Já pecúlio, por sua vez, é um benefício previsto a quem era aposentado pelo regime geral da previdência social até março de 1994. Com a morte do segurado, seus dependentes poderiam requerer o benefício em até 05 (cinco) anos do óbito.

Não estão inclusos na previsão, os rendimentos de deficientes mentais recebidos de outras fontes de receita, ainda que sob a mesma denominação dos benefícios acima citados.

---

267. Tenhamos por mínimo vital a quantia mínima que a pessoa deve possuir para uma existência digna.

4.2.3.6 Bolsa de estudos

Outro valor considerado não tributável pela legislação vigente são as bolsas de estudos e de pesquisa caracterizadas como doação, quando recebidas exclusivamente para proceder a estudos ou pesquisas e desde que os resultados dessas atividades não representem vantagem para o doador, nem importem contraprestação de serviços, nos termos do art. 26 da Lei 9.250/95.

Em verdade, conforme já visto anteriormente, bolsa de estudos que configure doação não está na materialidade constitucional para fins de IRPF, haja vista estar na competência dos Estados para tributação de ITCMD.

Por outro lado, se for contraprestação de serviços, o caráter de doação desaparece, de modo que a tributação incide, não em razão do curso aproveitado pelo empregado, mas porque o empregador disponibilizou dinheiro para tal curso.

Em outras palavras, trata-se de gasto que o empregador efetiva por conta e ordem do empregado, em razão do fato jurídico irradiador do rendimento que é o trabalho. Há todas as características de rendimento.

A título de exemplo de bolsa que foi consagrada como não tributável é aquela disponibilizada pelo Conselho Nacional de Desenvolvimento Científico e Tecnológico ("CNPq"). De fato, CNPq é uma agência do Ministério da Ciência, Tecnologia e Inovação ("MCTI"), tendo como atribuição fomentar a pesquisa científica e tecnológica, bem como de formar pesquisadores brasileiros.

Sendo um órgão público, é evidente que o CNPQ atua visando ao interesse público e não ao privado. Assim, quando essa agência concede bolsa de estudos a pesquisadores, o valor recebido estará abrangido pela isenção prevista no art. 26 da Lei 9.250/95. O Egrégio Superior Tribunal de Justiça assim já considerou:

> RECURSO ESPECIAL Nº 410.500 RS(2002/0014442-5)
>
> RELATOR: Ministra DENISE ARRUDA (1126)

> EMENTA: TRIBUTÁRIO. REPETIÇÃO DE INDÉBITO. IMPOSTO DE RENDA. BOLSA DE PESQUISA DO CNPQ. ISENÇÃO. RECURSO ESPECIAL DESPROVIDO. 1. São isentas do Imposto de Renda as bolsas de estudo e pesquisa recebidas do CNPq, exclusivamente para proceder a estudos ou pesquisas, visto que os resultados dessas atividades não representam vantagem para o doador, e por não importarem contraprestação de serviços. Inteligência dos arts. 26, da Lei 9.250/95, e 39, VII, do Decreto 3.000/99 (RIR/99). 2. Recurso especial desprovido.
>
> ACÓRDÃO. Vistos, relatados e discutidos estes autos, acordam os Ministros da PRIMEIRA TURMA do Superior Tribunal de Justiça: A Turma, por unanimidade, negou provimento ao recurso especial, nos termos do voto da Sra. Ministra Relatora. Os Srs. Ministros José Delgado, Luiz Fux e Teori Albino Zavascki votaram com a Sra. Ministra Relatora. Ausente, ocasionalmente, o Sr. Ministro Francisco Falcão." (STJ – 1ª Turma, Resp nº 410.500-RS, Rel. Min. Denise Arruda, Julgamento em 01/06/2006)

Mais recentemente, a Segunda Turma recusou-se a examinar questão envolvendo bolsa de estudos conferida a bombeiro militar para a participação em curso de aperfeiçoamento. O Tribunal de Justiça de Tocantins havia entendido que se tratava de caso isento, razão pela qual a União interpôs Recurso de Apelação.

A Segunda Turma do Egrégio Superior Tribunal de Justiça não conheceu do recurso especial, conforme se depreende da ementa a seguir citada:

> TRIBUTÁRIO. PROCESSUAL CIVIL. CÓDIGO DE PROCESSO CIVIL DE 1973. APLICABILIDADE. IMPOSTO SOBRE A RENDA DA PESSOA FÍSICA. VALORES RECEBIDOS A TÍTULO DE "BOLSA DE ESTUDOS". VANTAGEM PECUNIÁRIA REGULAMENTADA PELA LEI ESTADUAL N. 1.161/00. NECESSIDADE DE INTERPRETAÇÃO DE LEGISLAÇÃO LOCAL. INVIABILIDADE. APLICAÇÃO, POR ANALOGIA, DO VERBETE SUMULAR N. 280/STF. CARÁTER INDENIZATÓRIO DOS VALORES RECEBIDOS RECONHECIDO PELO TRIBUNAL DE ORIGEM. REVISÃO DESSA PREMISSA FÁTICA. IMPOSSIBILIDADE. ENUNCIADO SUMULAR N. 7/STJ. INCIDÊNCIA. I – Consoante o decidido pelo Plenário desta Corte na sessão realizada em 09.03.2016, o regime recursal será determinado pela data da publicação do provimento jurisdicional impugnado. Aplica-se o Código de Processo Civil de 1973.

> II – Não compete ao Superior Tribunal de Justiça, no Recurso Especial, rever acórdão cujas conclusões estão fundamentadas em interpretação de legislação local. Incidência, por analogia, do óbice do verbete sumular n. 280/STF. III – *In casu*, rever o entendimento do tribunal de origem, segundo o qual a bolsa de estudos recebida em virtude de participação em cursos de aperfeiçoamento estratégico tem natureza indenizatória, demandaria necessário revolvimento de matéria fática, inviável em sede de recurso especial, em virtude do veto contido no enunciado sumular n. 7/STJ. IV – Recurso especial não conhecido.

No voto vendido do Ministro Relator Amaral Gurgel, restou esclarecido o seguinte:

> Sobre esse dispositivo, o entendimento jurisprudencial desta Corte Superior é pela estrita observância da hipótese legal, afastando a incidência do imposto somente quando caracterizada a doação financeira, o que, de consequência, enseja a inexistência de contraprestação do serviço desenvolvido pelo contribuinte.[268]

Embora o Ministro, que dava provimento ao Recurso tenha sido vencido, a divergência teve mais que ver com o caso específico do que com as premissas genéricas. Tanto que a Ministra Regina Helena Costa concluiu concretamente o seguinte:

> Por outro lado, o tribunal de origem, após minucioso exame dos elementos fáticos e probatórios, assentou que o presente caso amolda-se à referida previsão legal de isenção tributária, porquanto o pagamento da bolsa visa à realização de estudos, sem que haja vantagem ou importe contraprestação de serviços."[269]

Mantendo a mesma premissa legislativa, o CARF já decidiu que estão sujeitas à tributação de IRPF verbas pagas por pessoas jurídicas a seus empregados, para custeio de cursos como pós-graduação, entre outros, desde que o fato de o empregado frequentar o curso possa ser revertido, ainda que indiretamente, à própria pessoa jurídica. Vejamos:

---

268. Fls. 4/7 do voto do Ministro Amaral Gurgel.

269. Fls. 4/7 do voto da Ministra Regina Helena Costa.

> CARF 2ª. Seção / 2ª. Turma da 1ª. Câmara / ACÓRDÃO 2102-01.216 em 13.04.2011 IRPF BOLSAS DE ESTUDO ASSUNTO: Imposto sobre a Renda de Pessoa Física IRPF EMENTA: Exercício: 2004, 2005 Ementa: BOLSAS DE ESTUDO. DOAÇÃO. ISENÇÃO DO IMPOSTO DE RENDA. AUSÊNCIA DE VANTAGEM PARA O DOADOR E NÃO CONTRAPRESTAÇÃO DE SERVIÇOS. REQUISITOS NÃO ATENDIDOS. Somente ficam isentas do imposto de renda as bolsas de estudo e de pesquisa caracterizadas como doação, quando recebidas exclusivamente para proceder a estudos ou pesquisas e desde que os resultados dessas atividades não representem vantagem para o doador, nem importem contraprestação de serviços, na forma do art. 26 da Lei nº 9.250/95. Recurso negado. Vistos, relatados e discutidos os presentes autos. Acordam os membros do colegiado, por unanimidade de votos, NEGAR provimento ao recurso.

Na prática, em existindo uma relação de trabalho, especialmente de direito privado, entre o beneficiário e a fonte pagadora, o pagamento de bolsa de estudo e pesquisa, ainda que não configure uma vantagem para a fonte pagadora – o que é difícil de se conceber, haja vista que o incremento cultural de seus empregados acabará revertendo em seu benefício – certamente, implicará retribuição ao trabalhador pelos serviços.

Por outro lado, em bolsas de estudo fornecidas por órgãos públicos, como CNPQ, a não incidência fica evidente porque valores oriundos de doações, como vimos, estão fora da égide de incidência do IRPF.

Por fim, cumpre acrescentar que nos termos do parágrafo único do art. 26 da Lei 9.250/95, não caracterizam contraprestação de serviços nem vantagem para o doador, para efeito da isenção ora tratada, as bolsas de estudo recebidas pelos médicos residentes, nem as bolsas recebidas pelos servidores das redes públicas de educação profissional, científica e tecnológica que participem das atividades do Pronatec, nos termos do §1º do art. 9º da Lei 12.513, de 26 de outubro de 2011. Logo, em tais casos, a isenção persistirá.

4.2.3.7 Rendimentos de Depósitos de Conta de Poupança

Nos termos do art. 68, inciso III, da Lei 8.981/95, os rendimentos de depósito da caderneta de poupança estão isentos do IRPF.

Tenhamos por contas de depósito de poupança aquela remunerada pela TR – Taxa Referencial – acrescida de juros mensais para pessoas físicas e trimestrais para pessoas jurídicas.

Trata-se de rendimento por excelência: os frutos originados do capital. Assim, os juros pagos referentes aos depósitos mantidos nessa conta são isentos de IRPF, estimulando-se a formação de uma poupança popular.

4.2.3.8 Valor Locatício de Prédio

O art. 6º, inciso III, da Lei 7.713/88, prevê que o valor locativo de prédio construído, quando ocupado por seu proprietário ou cedido gratuitamente para uso do cônjuge ou parentes de primeiro grau não integra a base de cálculo do IRPF. Essa "isenção" existe porque o art. 23, inciso VI, da Lei 4.506/64, equipara a rendimento a título de "royalties" o valor locativo de prédio cedido gratuitamente.

Tal previsão inserida pelo art. 23, inciso VI, da Lei 4.506/64, é o que se costuma denominar de ficção jurídico-tributária, entendida esta, como a previsão normativa que, visando a alcançar pela tributação um elemento que não se enquadra no âmbito de competência tributária de determinada pessoa política de direito público interno, enquadra determinada categoria jurídica em um gênero do qual tal categoria não é espécie.

A ficção jurídica, em tal caso, assim, impõe um contrassentido jurídico: ela nega o próprio direito para alcançar fim almejado pelo legislador, extravasando o feixe de competência instituído pela Lei Maior.

O art. 23 da Lei 4.506/64 enquadra a cessão gratuita de imóvel entre os rendimentos oriundos de *royalties*. Ocorre que rendimento, como vimos, é um gênero que alcança todos os ganhos obtidos pelos contribuintes. Um ganho, por sua própria definição, não comporta, em sua extensão, a cessão gratuita de bens ou objetos. A extensão do conceito do "ser-gratuito" é incompatível com a extensão conceito do conceito do "ganhar", ao menos para o cedente. Se cedido gratuitamente, não se ganha.

O art. 23, inciso VI, da Lei 4.506/64, viola o princípio da não contradição ao dizer que a gratuidade revela um ganho. Cria, assim, o que denomina, comumente de ficção jurídica, ou melhor dizendo, uma contradição jurídica. Mas esse é um mecanismo empregado pelo legislador sempre que pretende alcançar pela tributação um elemento que extravasa seu âmbito material de competência.

Assim, tal "isenção" apenas ameniza essa flagrante inconstitucionalidade da legislação federal, perdendo, o legislador, uma excelente oportunidade de corrigir a teratologia acima apontada.

Na verdade, se contribuinte cede imóvel sem receber por conta disso qualquer valor, inexiste qualquer modalidade de rendimento. Não houve recebimento de bem conversível em dinheiro que possa justificar a incidência do gravame.

De qualquer sorte, o artigo vem sendo aplicado pela jurisprudência. A título de exemplo, vejamos a decisão do então Conselho de Contribuintes do Ministério da Fazenda:

> IRPF - ALUGUEL - CESSÃO GRATUITA DE IMÓVEL - INCIDÊNCIA DO IMPOSTO - Constitui hipótese de incidência do imposto a cessão gratuita de imóvel a pessoa outra que não seja o cônjuge ou parente de primeiro grau, considerando-se como base tributária o valor locativo do imóvel, arbitrado à razão de 10% do seu valor venal.
>
> Recurso negado. Por maioria de votos, NEGAR provimento ao recurso. Vencidos os Conselheiros Gustavo Lian Haddad (Relator), Oscar Luiz Mendonça de Aguiar e Heloísa Guarita Souza, que proviam integralmente o recurso. Designado para redigir o voto vencedor o Conselheiro Pedro Paulo Pereira Barbosa.[270]

270. 1º Conselho de Contribuintes/4a. Câmara / ACÓRDÃO 104-21.887 em 20.09.2006 - IRPF - Ex(s): 1997.

Quem sabe uma reflexão sobre o IRPF não anime o legislador a corrigir tal erro. Por enquanto, se a "isenção" não for respeitada, a tributação incide e a base de cálculo será 10% (dez por cento) do valor venal do imóvel.

4.2.3.9 Contribuições Empresariais para o PAIT

As contribuições empresariais ao Plano de Poupança e Investimento – PAIT estão alcançadas pela isenção de IRPF, à luz do que dispõe o art. 6º, inciso X, da Lei 7.713/88.

Registre-se que o PAIT foi instituído pelo Decreto-lei 2.292, de 21 de novembro de 1986, e teve por intuito incentivar a formação voluntária, em benefício do trabalhador, de carteiras de títulos e valores mobiliários.

Assim, o trabalhador pode organizar seu plano PAIT individual e o empregador foi autorizado a instituir o plano PAIT empresarial em favor dos respectivos empregados e administradores de empresa.

Nesse contexto, nos termos do dispositivo acima mencionado, os valores despendidos pelo empregador para instituir o PAIT, em favor de seus empregados, foram isentos de tributação a título de IRPF.

4.2.3.10 Contribuições patronais para Programa de Previdência Privada

O art. 6º, inciso VIII, da Lei 7.713/88, dispõe que as contribuições pagas pelos empregadores relativas a programas de previdência privada em favor de seus empregados e dirigentes não se incluem na base de cálculo do IRPF.

Essa isenção visa a estimular os empregados e dirigentes a aderir a planos de previdência privada, garantindo uma remuneração que irá custear sua aposentadoria.

4.2.3.11 Contribuições patronais para o FAPI

Na mesma linha do item anterior, a legislação prevê que as contribuições patronais para o Plano de Incentivo à Aposentadoria Programada Individual, a que se refere a Lei 9.477 de 24 de julho de 1997, ficam isentas do imposto.

A Lei 9.477/97 instituiu os Fundos de Aposentadoria Programada Individual – FAPI, com recursos do trabalhador ou de empregador, detentor de Plano de Incentivo à Aposentadoria Programada Individual, destinados a seus empregados e administradores.

Tais fundos, constituídos sob a forma de condomínio aberto, têm seus recursos aplicados de acordo com o que vier a ser determinado pelo Conselho Monetário Nacional e são passíveis de serem instituídos e administrados por instituições financeiras ou por sociedades seguradoras autorizadas a funcionar pela Superintendência de Seguros Privados – SUSEP.

Nesses moldes, com base na referida legislação, o trabalhador pode adquirir quotas dos referidos fundos, assim como o empregador ficará autorizado a adquiri-las em nome de seus empregados e administradores, no âmbito de um Plano de Incentivo de Aposentadoria Programa Individual. Posteriormente, o trabalhador poderá resgatar os recursos aplicados para sua aposentadoria.

Assim, percebe-se que os recursos disponibilizados pelo empregador para aquisição de quotas aos empregados não integram a base de cálculo do imposto sobre a renda da pessoa física. Como veremos posteriormente, o trabalhador poderá também deduzir da base de cálculo do IRPF os valores por ele suportados para tal fim, desde que observe certos requisitos trazidos pela legislação.

4.2.3.12 Diárias

Outro caso de valor recebido pelos contribuintes que se caracteriza como claro caso de não incidência de IRPF refere-se às diárias destinadas, exclusivamente, ao pagamento de despesas de alimentação e pousada, por serviço eventual realizado em município diferente do da sede de trabalho, inclusive no exterior, tal como prescreve o art. 6º, inciso II, da Lei 7.713/88.

Ora, de fato, os meros ressarcimentos que o trabalhador recebe para custear despesas inerentes ao trabalho não importam um benefício econômico ou um rendimento apto a ser tributável a título do imposto. Daí por que asseveramos tratar, esse caso, de legítima não incidência.

Há interessantes questionamentos sobre essa não incidência, como veremos a seguir.

Inicialmente, o § 2º do art. 457 do Decreto-lei 5.452 de 1º de maio de 1943, que institui a Consolidação das Leis do Trabalho ("CLT)" prescrevia que não se incluem nos salários as ajudas de custo, assim como as diárias para viagem que não excedam de 50% (cinquenta por cento) do salário percebido pelo empregado. Tal limitação de 50% (cinquenta por cento) foi revogada pela chamada reforma trabalhista, isto é, pela Lei 13.467/2017.

Assim, surgia a dúvida se as diárias para viagem que excediam os 50% (cinquenta por cento) do salário percebido pelo empregado, antes da reforma trabalhista, poderiam ensejar a tributação a título de IRPF.

Entendemos que a resposta é negativa. Em sendo o valor recebido a título de indenização em razão da viagem, não há em que se falar em benefício econômico, isto é, em riqueza nova por parte do trabalhador. Não há, assim, renda. Na Solução de Consulta nº 104, de 27.09.2005, expedido pela SRRF 1ª RF, ficou sedimentado o que segue:

> Diárias. Tributação. As diárias recebidas destinadas, exclusivamente, ao pagamento de despesas de alimentação e pousada, por serviço eventual realizado em município diferente do da sede de trabalho, inclusive no exterior, são isentas do Imposto de Renda. Para efeitos dessa isenção, a caracterização de importâncias pagas a título de diárias não se sujeita ao teto fixado pela Consolidação das Leis do Trabalho.

Já a Solução de Consulta COSIT n. 73, de 31 de dezembro de 2013 versou o seguinte:

> Solução de Consulta nº 73 Cosit Data 31 de dezembro de 2013
>
> Processo Interessado CNPJ/CPF ASSUNTO: IMPOSTO SOBRE A RENDA RETIDO NA FONTE IRRF DIÁRIAS. ISENÇÃO.
>
> As diárias pagas exclusivamente para custear as despesas de alimentação e pousada do empregado por serviço eventual realizado em município diferente do da sede de trabalho, até mesmo no exterior, são isentas do imposto de renda, desde que atendidas as condições prescritas nas normas de regência da matéria. Dispositivos Legais: Lei nº 7.713, de 1998, art. 6º, inc. II; Decreto nº 3000, de 1999, art. 39, inc. XIII; IN SRF nº 15, de 2001, art. 5º, inc. II; Parecer Normativo CST nº 10, de 1992."

Registre-se, por outro lado, que caberá ao contribuinte comprovar a natureza das diárias pagas. De fato, se tal prova não fosse necessária, poderia qualquer valor recebido pelo contribuinte ser pago a título de rubrica, afastando a incidência do imposto. Assim decidiu o CARF, em nossa visão, acertadamente:

> CARF 2ª. Seção / 1ª. Turma Especial / ACÓRDÃO 2801-01.634 em 08/06/2011 IRPF OMISSÃO DE RENDIMENTOS ASSUNTO: IMPOSTO SOBRE A RENDA DE PESSOA FÍSICA IRPF EMENTA
>
> Exercício: 2002, 2003, 2004, 2005 PRELIMINAR. NULIDADE. LANÇAMENTO. IMPROCEDÊNCIA. Não procedem as alegações de nulidade do lançamento quando não se vislumbra nos autos nenhuma uma das hipóteses previstas no art. 59 do Decreto nº 70.235, de 1972. IRPF. RENDIMENTOS DO TRABALHO. TRIBUTAÇÃO. REGRA GERAL.
>
> A lei define de forma ampla e conceitual o objeto da tributação, pois a regra geral é que todo o produto do trabalho constitui rendimento bruto, sujeito à incidência do referido imposto, bastando, para tal, o benefício do contribuinte por qualquer forma ou título, independentemente da denominação dada aos rendimentos e da forma de sua percepção.
>
> IRPF. RENDIMENTOS ISENTOS. DIÁRIAS. AJUDA DE CUSTO.
>
> PROVA.

> As diárias e ajuda de custo isentas são aquelas destinadas à finalidade prevista na lei, sendo ônus do contribuinte a comprovação desta destinação, quando intimado a fazê-lo.
>
> Preliminar Rejeitada. Recurso Voluntário Negado. Vistos, relatados e discutidos os presentes autos. Acordam os membros do Colegiado, por unanimidade de votos, rejeitar a preliminar suscitada e, no mérito, negar provimento ao recurso, nos termos do voto da Relatora. Publicado no *DOU* em: 27.03.2012.

Outro ponto que vale a pena ser levantado se trata de caráter da necessidade de eventualidade dessas verbas, conforme algumas decisões administrativas às quais tivemos acesso. De fato, no v. acórdão 106-12359, o então Conselho de Contribuintes sustentou dois requisitos para aplicação da não incidência que ora tratamos:

> [...] a comprovação da eventualidade do pagamento, exclusividade de sua destinação para cobrir despesas de alimentação e pousada e o efetivo deslocamento do município sede para outro.

Tratamos da questão da eventualidade anteriormente. Se, por um lado, o contribuinte recebe um valor de forma habitual, mensalmente, que é denominado de "diária", sem vinculação clara aos custos de uma ou várias viagens, é evidente que tal importância será um rendimento passível de ser tributado.

Por outro lado, se é feita a comprovação de que os valores custeiam um gasto que o contribuinte teve em virtude de sua atividade profissional, em razão de uma viagem de trabalho, ainda que o contribuinte viaje de forma habitual em nome dessa empresa, entendemos que não há que se equiparar esse tipo de ressarcimento a um rendimento tributável a título de IRPF, haja vista que os ressarcimentos não se incluem no âmbito de incidência desse gravame. Sem embargo, o tema é controvertido, como já assinalamos.

Contudo, a legislação utiliza o termo "serviço eventual realizado" aludindo à ideia de que apenas serviços desempenhados na eventualidade ensejariam o tratamento "isento". O argumento contrario-sensu aqui – se não for eventual, não há que se falar em tributação – certamente será forte na esfera pragmática. Eis a importância de se discriminar a isenção – que admite argumento contrario-sensu – da não incidência pura e simples, que exige uma análise da natureza do fato em contraposição à materialidade do tributo e não da análise textual da letra da lei.

4.2.3.13 Dividendos do FND

O Fundo Nacional de Desenvolvimento ("FND") tem natureza autárquica, com o objetivo de fornecer recursos para realização de investimentos necessários à dinamização do desenvolvimento nacional e apoio à iniciativa privada e ampliação de suas atividades econômicas, sendo constituído por ações de empresas controladas, direta ou indiretamente, pela União, de propriedade de entidades da Administração Federal.

Prevê a legislação que o FND poderá, para captar recursos junto à iniciativa privada, emitir quotas nominativas endossáveis, junto a investidores privados, bem assim a autarquias, empresas públicas, sociedades de economia mista, suas subsidiárias e controladas, ou quaisquer empresas sob controle direto ou indireto da União.

Muito bem, os detentores de tais quotas, nos termos do Decreto-lei 2.288, de 23 de julho de 1986, têm o direito ao recebimento de dividendos mínimos 25% (vinte e cinco por cento) do resultado líquido positivo, apurado em cada período. E é justamente o recebimento desses dividendos que mereceu a isenção a título de IRPF, que examinamos no presente item, conforme art. 5º do referido Decreto-lei.

Assim, por conta do referido dispositivo, percebe-se que os valores recebidos por conta do dividendo mínimo acima citado estarão isentos a título de IRPF.

A título de curiosidade, foi nesse mesmo Decreto-lei que foi instituído o chamado empréstimo compulsório exigido dos consumidores de gasolina ou álcool, posteriormente declarado inconstitucional pelo Supremo Tribunal Federal e suspenso mediante a Resolução do Senado 50/95.

4.2.3.14 Doações e heranças

Nos termos do art. 6º, inciso XVI, da Lei 7.713/88, os bens recebidos a título de doação ou herança não constituem rendimentos tributáveis a título de IRPF.

Já vimos que a proibição de bitributação, para os tributos previstos nos arts. 153, incisos I a VII, 155, I a III e 156, I a III, da Constituição da República emerge pela proibição de identidade de base de cálculo de impostos, salvo nos casos autorizados pela Lei Maior.

Nesse sentido, adotamos firmemente a intepretação de que as doações e heranças não se enquadram na hipótese de incidência do IRPF.

Portanto, não se trata apenas de isenção, mas sim de verdadeira não subsunção do fato à materialidade constitucional constituída para o IRPF.

4.2.3.15 Indenizações

O termo indenizar importa a noção de que certa parte irá ressarcir o dano que tenha causado a outrem. Assim, o núcleo da indenização pressupõe (I) um dano de uma parte e (II) uma reparação desse dano por outra.

A indenização poderia acarretar, eventualmente, a justificação de ser um rendimento por implicar uma relação jurídica oriunda de lei que implica a transmissão de um bem conversível em dinheiro para o possível contribuinte. No entanto, se o fato jurídico de tal relação é uma lesão de direito que importa um dano sofrido pelo contribuinte, não há, pelos critérios, vistos anteriormente, rendimento.

Para se identificar se a indenização implica rendimento tributável, é mister que se defina qual o dano sofrido e qual o valor da reparação obtida.

Assim, no caso de dano patrimonial, o contribuinte sofre uma perda de patrimônio que é reparada pelo indenizante. Desde que a reparação importe valor idêntico ao dano, não há que se falar em ganho, inexistindo a hipótese de incidência de IRPF.

Em outros casos, a reparação se dá pelo dano é moral. O Superior Tribunal de Justiça consolidou posicionamento pela não incidência do IRPF, neste caso, tendo sido editada a Súmula 498 com a seguinte redação:

> Súmula 498. Não incide imposto de renda sobre a indenização por danos morais.[271]

Ademais, o Parecer PGFN/CRJ 2.123/2011, editado nos termos do art. 19, inciso II, da Lei 10.522/2002, o Ato Declaratório PGFN nº 9 de 2011 e a Solução de Consulta COSIT 98/2014 também reconheceram a não incidência de IRPF para fins de danos morais.

Nesse sentido, o questionamento sobre a incidência de IRPF sobre danos morais ficou pacificada em termos pragmáticos, firmando-se posição de que indenizações por danos morais não são inseridas na base de cálculo do imposto.[272]

Por outro lado, entendemos que há a incidência no caso de reparação dos chamados "lucros cessantes". Nessa

---

271. Publicado no Informativo 501 do STJ – 2012.

272. A título de exemplo de julgamento recente sobre o tema, vide: Processo nº 11444.000477/2009-39 Recurso Voluntário Acórdão nº 2201-007.375 – 2ª Seção de Julgamento / 2ª Câmara / 1ª Turma Ordinária Sessão de 03 de setembro de 2020 Interessado FAZENDA NACIONAL ASSUNTO: IMPOSTO SOBRE A RENDA DE PESSOA FÍSICA (IRPF) Ano-calendário: 2006 HIPÓTESE DE INCIDÊNCIA. AQUISIÇÃO DA DISPONIBILIDADE ECONÔMICA OU JURÍDICA DE RENDA E PROVENTOS DE QUALQUER NATUREZA. OMISSÃO DE RENDIMENTOS. INDENIZAÇÃO POR DANO MORAL OBJETO DE SENTENÇA JUDICIAL. NÃO INCIDÊNCIA DO IMPOSTO. RESP N. 1.152.764/CE. ART. 62-A, § 1º, II DO REGIMENTO INTERNO DO CARF - RICARF. O Superior Tribunal de Justiça, nos autos do Recurso Especial n. 1.152.764/CE, submetido ao regime do art. 543-C do CPC/1973, firmou o entendimento de que a verba percebida a título de dano moral tem a natureza jurídica de indenização, cujo objetivo precípuo é a reparação do sofrimento e da dor da vítima ou de seus parentes, causados pela lesão de direito, razão pela qual torna-se infensa à incidência do imposto de renda, porquanto inexistente qualquer acréscimo patrimonial, sendo que tal entendimento deve ser aqui reproduzido por força do art. 62-A, § 1º, inciso II do Regimento Interno do CARF - RICARF.

hipótese, o contribuinte é reparado em razão do que "deixou de ganhar". Ora, ao receber a indenização, aquela pessoa física terá recebido seu ganho, submetendo-se à incidência do gravame, porque o fato jurídico deste caso é impossibilidade de recebimento de lucro futuro – lucro, este, que seria tributável caso auferido – e não o mero ressarcimento de um valor patrimonial já despendido.[273]

Interessante, nesse sentido, observar decisão do Egrégio Superior Tribunal de Justiça, assim ementada:

> TRIBUTÁRIO. IMPOSTO DE RENDA. PAGAMENTO A EMPREGADO, POR OCASIÃO DA RESCISÃO DO CONTRATO. GRATIFICAÇÃO POR LIBERALIDADE. NATUREZA. REGIME TRIBUTÁRIO DAS INDENIZAÇÕES. DISTINÇÃO ENTRE INDENIZAÇÃO POR DANOS AO PATRIMÔNIO MATERIAL E AO PATRIMÔNIO IMATERIAL. PRECEDENTES (RESP 674.392-SC E RESP 637.623-PR). EXISTÊNCIA DE NORMA DE ISENÇÃO (ART. 6º, V, DA LEI 7.713/88).
>
> 1. O imposto sobre renda e proventos de qualquer natureza tem como fato gerador, nos termos do art. 43 e seus parágrafos do CTN, os "acréscimos patrimoniais", assim entendidos os acréscimos ao patrimônio material do contribuinte.
>
> 2. O pagamento de indenização pode ou não acarretar acréscimo patrimonial, dependendo da natureza do bem jurídico a que se refere. Quando se indeniza dano efetivamente verificado no patrimônio material (= dano emergente), o pagamento em dinheiro simplesmente reconstitui a perda patrimonial ocorrida em virtude da lesão, e, portanto, não acarreta qualquer aumento no patrimônio. Todavia, ocorre acréscimo patrimonial quando a indenização (a) ultrapassar o valor do dano material verificado (= dano emergente), ou (b) se destinar a compensar o ganho que deixou de ser auferido (= lucro cessante), ou (c) se referir a dano causado a bem do patrimônio imaterial (= dano que não importou redução do patrimônio material). 3. O pagamento feito por liberalidade do empregador, por ocasião da rescisão de contrato de trabalho, não tem natureza indenizatória. E, mesmo que tivesse, estaria sujeito à tributação do imposto de renda, já que (a) importou acréscimo

---

273. É relevante pontuar, porém, que o Professor Roque Antonio Carrazza, sustenta que tal indenização, por ser reposição patrimonial, não enseja IR. Vide: Imposto Sobre a Renda (Perfil Constitucional e Temas Específicos). 3ª ed. São Paulo: Malheiros, 2009, p. 195.

> patrimonial e (b) não está beneficiado por isenção. Com efeito, a isenção prevista na lei restringe-se à "indenização (...) por despedida ou rescisão de contrato de trabalho, até o limite garantido pela lei trabalhista ou por dissídio coletivo e convenções trabalhistas homologados pela Justiça do Trabalho" (art. 39 do RIR, aprovado pelo Decreto 3.000/99). Precedentes da 1ª Seção: EREsp 515148 / RS, Min. Luiz Fux, *DJ* 20.02.2006. 4. Embargos de divergência a que se dá provimento.[274]

Concordamos com a jurisprudência acima, com a ressalva de que os danos morais, posteriormente, foram tidos como não passíveis de tributação.

Pois bem, explicado esse raciocínio, registre-se que o legislador julgou por bem explicitar certos casos em que a não incidência seria aplicável. Nesse sentido, vale apontar que a legislação federal aponta a não incidência do IRPF sobre diversos pagamentos a título de indenização, que passamos a citar a seguir:

(i) Indenização reparatória por danos físicos, invalidez ou morte, por bem material danificado ou destruído, em decorrência de acidente, até o limite fixado em condenação judicial, exceto no caso de pagamento de prestações continuadas;

(ii) Indenização por acidente de trabalho;

(iii) Indenização destinada a reparar danos patrimoniais em virtude de rescisão de contrato;

(iv) Indenização por Desligamento Voluntário de Servidores Públicos Civis, decorrente do pagamento efetuado por pessoas políticas de direito público a servidores públicos civis, a título de incentivo à adesão de desligamento voluntário;[275]

---

274. EREsp 770078/SP, Rel. Ministro TEORI ALBINO ZAVASCKI, PRIMEIRA SEÇÃO, julgado em 26.04.2006, DJ 11.09.2006, p. 225.

275. O § 8º do art. 35 determina que tal disposto se estende às verbas indenizatórias pagas por pessoas jurídicas referentes a programas de demissão voluntária.

(v) Indenização e o aviso prévio pagos por despedida ou rescisão do contrato de trabalho, até o limite garantido pela lei trabalhista ou por dissídio coletivo e convenções trabalhistas homologadas pela Justiça do Trabalho, bem como o montante recebido pelos empregados e diretores e seus dependentes ou sucessores, referente aos depósitos, juros e correção monetária, creditados em contas vinculadas nos termos da legislação do Fundo de Garantia do Tempo de Serviço – FGTS;

(vi) Indenização em virtude de desapropriação para fins de reforma agrária, quando auferida pelo desapropriado.[276]

(vii) Valor recebido por liquidação do sinistro, furto ou roubo, relativo ao objeto segurado;

(viii) Indenização a título reparatório a desaparecidos políticos, pagas a seus beneficiários diretos, nos termos do art. 11 da Lei 9.410 de 05 de dezembro de 1995 e a indenização paga a anistiados políticos nos termos do 1º da Lei 10.559/2002;

(ix) Indenização de Transporte a Servidor Público da União que realiza despesas com a utilização de meio próprio de locomoção para a execução de serviços externos por forças da atribuição próprias do cargo;

(x) O valor recebido a título de indenização pelo servidor público federal regido pela Lei 8.112, de 1990, ocupante de cargo efetivo das carreiras ou dos planos

---

276. Sobre esse ponto, faço referência à Súmula CARF nº 42 que prevê o seguinte: Não incide o imposto sobre a renda das pessoas físicas sobre os valores recebidos a título de indenização por desapropriação. (Vinculante, conforme Portaria MF nº 277, de 07/06/2018, DOU de 08.06.2018).
Acórdãos Precedentes:
Acórdão nº 104-23033, de 05.03.2008 Acórdão nº 102-45909, de 28.01.2003 Acórdão nº 102-49283, de 11.09.2008 Acórdão nº 104-23287, de 25/06/2008 Acórdão nº 106-15476, de 26.04.2006.

especiais de cargos de que trata o § 1º do art. 1º da Lei 12.855, de 2 de setembro de 2013, em exercício de atividade nas delegacias e nos postos do Departamento de Polícia Federal e do Departamento de Polícia Rodoviária Federal e em unidades da Secretaria da Receita Federal do Brasil do Ministério da Fazenda, do Ministério da Agricultura, Pecuária e Abastecimento e do Ministério do Trabalho situadas em localidades estratégicas, vinculadas à prevenção, ao controle, à fiscalização e à repressão dos delitos transfronteiriço.

(xi) A indenização por dano moral concedida às pessoas com deficiência física decorrente do uso da talidomida, que consistirá no pagamento de valor único de R$ 50.000,00 (cinquenta mil reais), multiplicado pelo número dos pontos indicadores da natureza e do grau da dependência resultante da deformidade física, nos termos do § 1º do art. 1º da Lei 7.070, de 1982 (Lei 12.190, de 13 de janeiro de 2010, art. 1º e art. 2º).

Antes de avançar vale apontar que o inciso III, alínea "i', do art. 35 do RIR/2018 prevê a seguinte redação:

> Art. 35. São isentos ou não tributáveis:
>
> III – os seguintes rendimentos de indenizações e assemelhados:
>
> i) valores recebidos, exceto na hipótese de pensão especial de que trata a alínea "f" do inciso II do *caput*, quando pagos ao seu portador (Lei nº 7.070, de 1982, art. 1º e art. 4º-A); e

Já o § 9º do art. 35, tratando de tal isenção, prevê o seguinte:

> § 9º. A indenização por danos morais de que trata a alínea "i" do inciso III do *caput*, ressalvado o direito de opção, não será acumulável com qualquer outra da mesma natureza concedida por decisão judicial (Lei nº 12.190, de 2010, art. 5º)."

Devemos admitir que tivemos muita dificuldade de compreender a redação de tal dispositivo. A rigor está escrito que são isentos os "valores recebidos quando pagos a seu portador, exceto na hipótese de pensão especial de que trata a alínea "f" do inciso II do *caput*". Quais valores recebidos estão isentos?

A alínea "f" do inciso II do *caput* trata da pensão especial recebida em decorrência da deficiência física conhecida como Síndrome da Talidomida, quando paga a seu portador, ficando expressamente reconhecida sua não incidência. É essa pensão especial, portanto, que restou excepcionada da alínea "i" do inciso III do art. 35 do RIR/2018 acima transcrita, muito embora sua isenção já tenha sido reconhecida na própria alínea "f".

Tendo a alínea "i" acima como objetivo incorporar o art. 1º e 4º-A da Lei 7.070/82, resta-nos apontar o conteúdo de tais dispositivos:

> Art 1º - Fica o Poder Executivo autorizado a conceder pensão especial, mensal, vitalícia e intransferível, aos portadores da deficiência física conhecida como "Síndrome da Talidomida" que a requererem, devida a partir da entrada do pedido de pagamento no Instituto Nacional de Previdência Social – INPS.
>
> § 1º - O valor da pensão especial, reajustável a cada ano posterior à data da concessão segundo o índice de Variação das Obrigações Reajustáveis do Tesouro Nacional ORTN, será calculado, em função dos pontos indicadores da natureza e do grau da dependência resultante da deformidade física, à razão, cada um, de metade do maior salário mínimo vigente no País.
>
> § 2º - Quanto à natureza, a dependência compreenderá a incapacidade para o trabalho, para a deambulação, para a higiene pessoal e para a própria alimentação, atribuindo-se a cada uma 1 (um) ou 2 (dois) pontos, respectivamente, conforme seja o seu grau parcial ou total.
>
> Art. 4º-A. Ficam isentos do imposto de renda a pensão especial e outros valores recebidos em decorrência da deficiência física de que trata o *caput* do art. 1º desta Lei, observado o disposto no art. 2º[277] desta Lei, quando pagos ao seu portador. (Incluído pela Lei 11.727/2008)

---

277. Art. 2º - A percepção do benefício de que trata esta Lei dependerá unicamente da apresentação de atestado médico comprobatório das condições constantes do artigo anterior, passado por junta médica oficial para esse fim constituída pelo Instituto Nacional de Previdência Social, sem qualquer ônus para os interessados.

> Parágrafo único. A documentação comprobatória da natureza dos valores de que trata o *caput* deste artigo, quando recebidos de fonte situada no exterior, deve ser traduzida por tradutor juramentado. (Incluído pela Lei 11.727/2008)

Lendo os artigos acima citados, fica a impressão, salvo melhor juízo, que o dispositivo do RIR/2018, anteriormente transcrito, buscou atestar que outros valores recebidos pelo portador da Síndrome da Talidomida, em decorrência da Lei 7.070/82, além da pensão especial prevista no art. 1º da lei, também ficariam isentos de IRPF. De qualquer forma, deixamos consignada nossa dificuldade na interpretação do referido enunciado prescritivo.

De toda maneira, é possível inferir que todos os casos acima citados constituem verdadeiras hipóteses de não incidência, reconhecidas pelo legislador federal.

Uma vez expostos tais elementos, teceremos algumas considerações específicas sobre o inciso III, alínea "h" do art. 35 do RIR/2018 que prescreve ser a indenização reparatória por danos físicos, invalidez ou morte, ou por bem material danificado ou destruído, em decorrência de acidente, até o limite fixado em condenação judicial, exceto no caso de pagamento de prestações continuadas, não integra a base de cálculo do IRPF.

Em realidade, gostaríamos de exprimir que se há pagamento de indenização por danos físicos, invalidez ou morte ou por bem material danificado ou destruído, em decorrência de acidente, sem que seja fixado limite por decisão judicial, tal pagamento não deixará de ser um mero ressarcimento. Tomemos, a título de exemplo, que as partes entrem em um acordo evitando o litígio judicial. Ora, nem por isso, a natureza das verbas pagas teria deixado de ser mera indenização.[278]

---

278. O leitor perceberá que no presente livro o autor exprime sua interpretação acerca do Imposto Sobre a Renda e Proventos de Qualquer Natureza. Eventualmente, é possível que tais visões não sejam compactuadas pelo Fisco ou pelo Judiciário. Recomendamos que o leitor sempre complemente seu estudo, seja verificando eventual modificação legislativa, seja confirmando as posições do Fisco e do Judiciário.

Assim, por envolver um elemento reparatório, não há que se falar em natureza de rendimento para tais valores.

Vamos supor, porém, que negássemos o caráter indenizatório ao referido acordo assumido entre as partes e assumíssemos que se trata de mera liberalidade. Ora, nesse caso, haveria uma legítima doação, incluindo-se na isenção a que já nos reportamos no item anterior.

O mesmo raciocínio se aplica para o caso de pagamento em montante superior ao que for determinado judicialmente. Ora, nessa hipótese, em se tratando de mera liberalidade, estaremos tratando de uma doação não estando, portanto, sujeita à tributação. Essas conclusões são as únicas que nos parecem plausíveis diante da interpretação dos dois dispositivos, ainda que uma leitura isolada do inciso III, alínea "h", do art. 35 do RIR/2018, dê, ao leitor apressado, uma impressão diversa.

Ademais, vale a pena apontar que, em nossa visão, o fato de essa indenização ser recebida em pagamentos de prestações continuadas em nada afasta seu caráter de não incidência. Basta, para isso, que importe mera reposição patrimonial ao contribuinte. Mais uma vez, a leitura rasa do dispositivo sem reflexões mais apuradas sobre o regime tributário pátrio poderá levar o operador do direito a erros.[279]

Outro ponto relevante sobre as indenizações refere-se àquelas pagas pelos empregadores a seus empregados. A dificuldade em se demarcar a natureza jurídica atribuível aos valores pagos pelos empregadores, a título de indenização, é explicada quando se observa a relação que se firma entre a fonte pagadora e o beneficiário.

Ora, o empregado, como se sabe, disponibiliza sua força de trabalho ao empregador, sendo remunerado para isso. A remuneração, que é o rendimento bruto por excelência, está inclusa na base de cálculo do IRPF.

---

279. Sem embargo, o fato de nossa interpretação destoar de um entendimento proveniente da leitura isolada do artigo sempre acarreta grande possibilidade de interpretação distinta por autoridades competentes.

Ao mesmo tempo, por vezes, o empregador também deve indenizar o empregado em razão de certos motivos estipulados pelo legislador. Essa indenização não há de ter como fundamento a retribuição ao trabalho exercido pelo empregado, mas é uma mera reposição ao empregado de um direito que foi violado. A grande dificuldade, assim, é identificar, na prática, quais situações estão no campo do acréscimo patrimonial do trabalhador e quais representam mera reposição patrimonial.

Nesses foros, a legislação reconhece, expressamente, a não incidência do IRPF sobre a (I) indenização por acidente de trabalho, (II) indenização por Desligamento Voluntário de Servidores Públicos Civis, decorrente do pagamento efetuado por pessoas políticas de direito público a servidores públicos civis, a título de incentivo à adesão de desligamento incentivado, (III) a indenização e o aviso prévio pagos por despedida ou rescisão do contrato de trabalho, até o limite garantido pela lei trabalhista ou por dissídio coletivo e convenções trabalhistas homologadas pela Justiça do Trabalho, (IV) bem como o montante recebidos pelos empregados e diretores e seus dependentes ou sucessores, referente aos depósitos, juros e correção monetária creditados em contas vinculadas nos termos da legislação do Fundo de Garantia do Tempo de Serviço – FGTS (Lei 7.713 de 1988, art. 6º, inciso V e Lei 8.036, de 11 de maio de 1990, art. 28), como já explicamos.

Sem prejuízo das disposições anteriormente mencionadas, muitas são as dúvidas que surgem a respeito do tema. Isso porque, haja vista o tipo de relação que se firma entre empregado e empregador, que envolve a prestação de serviços do primeiro ao segundo, torna-se difícil identificar quais pagamentos visam a remunerar o trabalho e quais verbas representam um ressarcimento por algum direito lesado do trabalhador.

Visando a sanar tais dúvidas, em 08 de agosto de 1995, foi editado o Parecer Normativo do Coordenador Geral de Sistema Tributação COSIT nº 01, de 08 de agosto de 1995. Os itens 2 e 3 do referido parecer buscaram definir as cláusulas abrangidas pela não incidência do IRPF aduzindo que:

> Cumpre, inicialmente, esclarecer que as verbas trabalhistas sobre as quais não incide o imposto de renda são as indenizações por acidente de trabalho, a indenização e o aviso prévio não trabalhado, pagos por despedida ou rescisão do contrato de trabalho, até o limite garantido por lei trabalhista ou por dissídio coletivo e convenções trabalhistas homologados pela Justiça de Trabalho, bem como o montante recebido pelos empregados e diretores, ou respectivos beneficiários, referente aos depósitos, juros e correção monetária creditados em contas vinculadas, nos termos da legislação do Fundo de Garantia do Tempo de Serviço (Leis nºs 7.713, de 22/12/88, art. 6º , incisos IV e V, e 8.036, de 11/05/90, art. 28, parágrafo único; RIR/94, aprovado pelo Decreto nº 1.041, de 11/01/94, art. 40, incisos XVII e XVIII).
>
> 2.1. Conforme se verifica dos dispositivos legais supracitados, a indenização e o aviso prévio isentos são aqueles previstos na Consolidação das Leis do Trabalho, mais especificamente nos arts. 477 e 499, no art. 9º da Lei nº 7.238, de 29 de outubro de 1984, no art. 9º da Lei nº 7.238, de 29 de outubro de 1984, e na legislação do Fundo de Garantia do Tempo de Serviço, Lei nº 5.107, de 13 de setembro de 1966, alterada pela Lei nº 8.036, de 11 de maio de 1990.
>
> 3. Releva notar que as convenções e acordos trabalhistas, homologados pela Justiça do Trabalho, bem como as sentenças em dissídios coletivos, têm eficácia normativa para as partes envolvidas, nos termos estabelecidos pela CLT (art. 619), logo, as indenizações pagas por despedida ou rescisão de contrato de trabalho, até o limite garantido por dissídio coletivo e convenções trabalhistas homologadas pela Justiça do Trabalho, enquadram-se também no conceito de indenização isenta a que se refere o art. 6º da Lei nº 7.713, de 1988.

Parece-nos que esse ato normativo acaba não esclarecendo todas as verbas que podem ter cunho indenizatório, pelos motivos que passaremos a explanar.

Estamos convencidos que para identificar o caráter da verba, como indenizatória, ou não, devemos recorrer à teoria geral do direito. Isso porque a indenização trabalhista, é, antes de tudo, uma espécie de indenização. E a indenização nada mais é senão uma pena aplicada em razão da geração de um dano, isto é, em razão da violação de um direito ou da deterioração ou perda de um bem do qual o sujeito indenizado seja titular.

Nesse sentido, a indenização importa uma conduta e uma conexão de causalidade entre tal conduta e o dano gerado à parte indenizada.

Nessa linha, na esfera trabalhista, o caráter indenizatório será identificado sempre que o pagamento da verba for devido em razão de certo direito do trabalhador ter sido frustrado. Nesse sentido, o trabalhador é ressarcido para recompor o direito não exercido.

A título de exemplo, entre as parcelas indicadas no Parecer, acima citado, podemos apontar a indenização proporcional ao tempo de serviço prevista no art. 477 da CLT, que foi, por sinal, revogada, tacitamente, pelo art. 7º, inciso VIII, da Constituição da República.

O caráter indenizatório dessa verba era justificado tendo-se em vista que visava a remunerar o trabalhador pela violação de um direito seu, que é o direito à estabilidade no emprego. Nesse sentido, com a rescisão do contrato de trabalho pelo empregador, a frustração do direito do empregado de estabilidade era ressarcida mediante o pagamento da quantia acima especificada.

Outra verba de caráter claramente indenizatório é aquela devida ao empregado dispensado sem justa causa, no período de 30 (trinta) dias que antecede a data de sua correção salarial, e equivale a um salário mensal, prevista no art. 9º da Lei 7.238/84.

De fato, tal quantia é devida pelo empregador por não ter respeitado o prazo mínimo de 30 (trinta) dias para notificá-lo da rescisão do contrato de trabalho. Note-se que esse pagamento não representa uma contraprestação pelo trabalho do empregado que, rigorosamente, não é efetivado em tal período.

Muito bem. Essas duas verbas foram mencionadas pelo Parecer Normativo acima mencionado. Contudo, não são as únicas, como passaremos a indicar.

Tomemos, agora, o caso das férias. Nos termos do art. 130 da CLT, o empregado tem direito a férias de 30 (trinta) dias a cada 12 (doze) meses de trabalho. Esse período de doze meses é denominado pela legislação como período aquisitivo, isto é, o período de tempo que o empregado deve trabalhar para adquirir o direito às férias de 30 (trinta) dias.

Nos termos do art. 134 da CLT, o empregador deve conceder férias ao empregado no prazo de doze meses após o término do período aquisitivo. Trata-se do período concessivo, ou seja, aquele período em que o empregador deve conceder as férias.

Note-se que o trabalhador é remunerado em suas férias, por conta do art. 129 da CLT. Contudo, a remuneração será paga em dobro, nos termos do art. 137 da CLT, se não forem concedidas dentro do período concessivo.

Ora, essa diferença que o empregador paga nos termos do art. 137 da CTL é devida em razão da violação de um direito do empregado que é o de gozar as férias dentro do período concessivo. Entendemos, assim, que tal valor tem cunho indenizatório e se pago na rescisão do contrato de trabalho, há de ser considerado como efetiva indenização recebida pelo empregado, estando, por essa ótica, coberta pela não incidência do IRPF.[280]

Registre-se, ainda, que alguns arestos emitidos pelo Superior Tribunal de Justiça também consolida a noção de que IRPF não incide sobre a indenização recebida pela adesão a programa de incentivo à demissão voluntária, nos termos da Súmula 215, a seguir citada:

> A indenização recebida pela adesão a programa de incentivo à demissão voluntária não está sujeita à incidência do imposto de renda.

Recentemente, tal súmula foi confirmada no RECURSO ESPECIAL Nº 1.112.745 – SP (2009/0055524-3), que teve como

---

280. TRIBUTÁRIO. IMPOSTO DE RENDA. DEMISÃO SEM JUSTA CAUSA. FÉRIAS PROPRCIONAIS E RESPECTIVO TERÇO CONSTITUCIONAL. ART. 43 DO CTN. ALCANCE. 1. Os valores percebidos a título de férias não gozadas, sejam simples, em dobro ou proporcionais, perspectivo terço constitucional possuem nítido caráter indenizatório, não incidindo Imposto de Renda. 2. Recurso especial provido" (REsp 896.720/SP).

Relator o MINISTRO MAURO CAMPBELL MARQUES, conforme ementa a seguir citada:

> TRIBUTÁRIO. IMPOSTO DE RENDA. RESCISÃO DO CONTRATO DE TRABALHO. INDENIZAÇÃO PAGA POR LIBERALIDADE DO EMPREGADOR. NATUREZA REMUNERATÓRIA. INCIDÊNCIA. INDENIZAÇÃO PAGA NO CONTEXTO DE PROGRAMA DE DEMISSÃO VOLUNTÁRIA – PDV. NATUREZA INDENIZATÓRIA. NÃO INCIDÊNCIA. SÚMULA 215/STJ. RECURSO ESPECIAL REPRESENTATIVO DE CONTROVÉRSIA. ART. 543-C, DO CPC.
>
> 1. Nas rescisões de contratos de trabalho são dadas diversas denominações às mais variadas verbas. Nessas situações, é imperioso verificar qual a natureza jurídica de determinada verba a fim de, aplicando a jurisprudência desta Corte, classificá-la como sujeita ao imposto de renda ou não.
>
> 2. As verbas pagas por liberalidade na rescisão do contrato de trabalho são aquelas que, nos casos em que ocorre a demissão com ou sem justa causa, são pagas sem decorrerem de imposição de nenhuma fonte normativa prévia ao ato de dispensa (incluindo-se aí Programas de Demissão Voluntária – PDV e Acordos Coletivos), dependendo apenas da vontade do empregador e excedendo as indenizações legalmente instituídas. Sobre tais verbas a jurisprudência é pacífica no sentido da incidência do imposto de renda já que não possuem natureza indenizatória. Precedentes: Eag – Embargos de Divergência em Agravo 586.583/RJ, Rel. Ministro José Delgado, DJ 12.06.2006; EREsp 769.118 / SP, Rel. Min. Herman Benjamin, Primeira Seção, DJ de 15.10.2007, p. 221; Resp n.º 706.817/RJ, Primeira Turma, Rel. Min. Francisco Falcão, DJ de 28/11/2005; Eag 586.583/RJ, Rel. Ministro José Delgado, Primeira Seção, v.u., julgado em 24.5.2006, DJ 12.6.2006 p. 421; EREsp 775.701/SP, Relator Ministro Castro Meira, Relator p/ Acórdão Ministro Luiz Fux, Data do Julgamento 26/4/2006, Data da Publicação/Fonte DJ 1.8.2006 p. 364; EREsp 515.148/RS, Relator Ministro Luiz Fux, Data do julgamento 8/2/2006, Data da Publicação/Fonte DJ 20.2.2006 p. 190 RET vol. 48 p. 28; AgRg nos EREsp. Nº 860.888 – SP, Primeira Seção, Rel. Min. Francisco Falcão, julgado em 26.11.2008, entre outros. **3.** "*Os Programas de Demissão Voluntária – PDV consubstanciam uma oferta pública para a realização de um negócio jurídico, qual seja a resilição ou distrato do contrato de trabalho no caso das relações regidas pela CLT, ou a exoneração, no caso dos servidores estatutários. O núcleo das condutas jurídicas relevantes aponta para a existência de um acordo de vontades para por fim à relação empregatícia,*

> *razão pela qual inexiste margem para o exercício de generalidades por parte do empregador. [...] Inexiste liberalidade em acordo de vontades no qual uma das partes renuncia ao cargo e a outra a indeniza [...]"*
>
> (Resp Nº 940.759 - SP, Primeira Seção, Rel. Min. Luiz Fux, julgado em 25.3.2009). *"A indenização recebida pela adesão a programa de incentivo à demissão voluntária não está sujeita à incidência do imposto de renda"*.[281]

Ademais, também, há não incidência expressa de depósitos, juros e correção monetária creditadas em contas vinculadas do FGTS,[282] como já mencionado.

Em outra decisão, ainda, o Egrégio Superior Tribunal de Justiça versou sobre a incidência de o IRPF sobre verbas remuneratórias, como horas-extras e seus juros sobre elas devidos, o décimo-terceiro e os juros sobre ele devidos. Veja-se:

---

281. RECURSO ESPECIAL Nº 1.112.745 - SP.

282. Para fins de posicionamento da Secretaria da Receita Federal do Brasil, deve-se levar em conta o PN COSIT 01/95. Citamos os itens 02 e 03 que tratam das parcelas isentas: (...) 2. Cumpre, inicialmente, esclarecer que as verbas trabalhistas sobre as quais não incide o imposto de renda são as indenizações por acidente de trabalho, a indenização e o aviso prévio, não trabalhado, pagos por despedida ou rescisão do contrato de trabalho, até o limite garantido por lei trabalhista ou por dissídio coletivo e convenções trabalhistas homologados pela Justiça de Trabalho, bem como o montante recebido pelos empregados e diretores, ou respectivos beneficiários, referente aos depósitos, juros e correção monetária creditados em contas vinculadas, nos termos da legislação do Fundo de Garantia do Tempo de Serviço (Leis nºs 7.713/88, art. 6º , incisos IV e V, e 8.036/90, art. 28., parágrafo único; RIR/94, aprovado pelo Decreto nº 1.041/94, art. 40., incisos XVII e XVIII).
2.1. Conforme se verifica dos dispositivos legais supracitados, a indenização e o aviso-prévio isentos são aqueles previstos na Consolidação das Leis do Trabalho, mais especificamente nos arts. 477 e 499, no art. 9º da Lei nº 7.238, de 29 de outubro de 1984, no art. 9º da Lei nº 7.238, de 29 de outubro de 1984, e na legislação do Fundo de Garantia do Tempo de Serviço, Lei nº 5.107, de 13 de setembro de 1966, alterada pela Lei nº 8.036, de 11 de maio de 1990.
3. Releva notar que as convenções e acordos trabalhistas, homologados pela Justiça do Trabalho, bem como as sentenças em dissídios coletivos, têm eficácia normativa para as partes envolvidas, nos termos estabelecidos pela CLT (art. 619), logo, as indenizações pagas por despedida ou rescisão de contrato de trabalho, até o limite garantido por dissídio coletivo e convenções trabalhistas homologadas pela Justiça do Trabalho, enquadram-se também no conceito de indenização isenta a que se refere o art. 6º da Lei nº 7.713, de 1988.

PROCESSUAL CIVIL. TRIBUTÁRIO. VIOLAÇÃO AO ART. 535, DO CPC. ALEGAÇÕES GENÉRICAS. SÚMULA N. 284/STF. IMPOSTO DE RENDA DA PESSOA FÍSICA - IRPF. REGRA GERAL DE INCIDÊNCIA SOBRE JUROS DE MORA. PRESERVAÇÃO DA TESE JULGADA NO RECURSO REPRESENTATIVO DA CONTROVÉRSIA RESP. N. 1.227.133 - RS NO SENTIDO DA ISENÇÃO DO IR SOBRE OS JUROS DE MORA PAGOS NO CONTEXTO DE PERDA DO EMPREGO. ADOÇÃO DE FORMA CUMULATIVA DA TESE DO *ACCESSORIUM SEQUITUR SUUM PRINCIPALE* PARA ISENTAR DO IR OS JUROS DE MORA INCIDENTES SOBRE VERBA ISENTA OU FORA DO CAMPO DE INCIDÊNCIA DO IR.

1. Não merece conhecimento o recurso especial que aponta violação ao art. 535, do CPC, sem, na própria peça, individualizar o erro, a obscuridade, a contradição ou a omissão ocorridas no acórdão proferido pela Corte de Origem, bem como sua relevância para a solução da controvérsia apresentada nos autos. Incidência da Súmula n. 284/STF: "*É inadmissível o recurso extraordinário, quando a deficiência na sua fundamentação não permitir a exata compreensão da controvérsia.*"

2. Regra geral: incide o IRPF sobre os juros de mora, a teor do art. 16, *caput* e parágrafo único, da Lei n. 4.506/64, inclusive quando reconhecidos em reclamatórias trabalhistas, apesar de sua natureza indenizatória reconhecida pelo mesmo dispositivo legal (matéria ainda não pacificada em recurso representativo da controvérsia).

3. Primeira exceção: são isentos de IRPF os juros de mora quando pagos no contexto de despedida ou rescisão do contrato de trabalho, em reclamatórias trabalhistas ou não. Isto é, quando o trabalhador perde o emprego, os juros de mora incidentes sobre as verbas remuneratórias ou indenizatórias que lhe são pagas são isentos de imposto de renda. A isenção é circunstancial para proteger o trabalhador em uma situação socioeconômica desfavorável (perda do emprego), daí a incidência do art. 6º, V, da Lei n. 7.713/88. Nesse sentido, quando reconhecidos em reclamatória trabalhista, não basta haver a ação trabalhista, é preciso que a reclamatória se refira também às verbas decorrentes da perda do emprego, sejam indenizatórias, sejam remuneratórias (matéria já pacificada no recurso representativo da controvérsia Resp. N.º 1.227.133 - RS, Primeira Seção, Rel. Min. Teori Albino Zavascki, Rel . p/acórdão Min. Cesar Asfor Rocha, julgado em 28.9.2011).

4. Segunda exceção: são isentos do imposto de renda os juros de mora incidentes sobre verba principal isenta ou fora do campo de incidência do IR, mesmo quando pagos fora do contexto de despedida ou rescisão do contrato de trabalho (circunstância em

que não há perda do emprego), consoante a regra do "*accessorium sequitur suum principale*".

5. Em que pese haver nos autos verbas reconhecidas em reclamatória trabalhista, não restou demonstrado que o foram no contexto de despedida ou rescisão do contrato de trabalho (circunstância de perda do emprego). Sendo assim, é inaplicável a isenção apontada no item "3", subsistindo a isenção decorrente do item "4" exclusivamente quanto às verbas do FGTS e respectiva correção monetária FADT que, consoante o art. 28 e parágrafo único, da Lei n. 8.036/90, são isentas.

6. Quadro para o caso concreto onde não houve rescisão do contrato de trabalho: l Principal: Horas-extras (verba remuneratória não isenta) = Incide imposto de renda; l Acessório: Juros de mora sobre horas-extras (lucros cessantes não isentos) = Incide imposto de renda; l Principal: Décimo-terceiro salário (verba remuneratória não isenta) = Incide imposto de renda; l Acessório: Juros de mora sobre décimo-terceiro salário (lucros cessantes não isentos) = Incide imposto de renda; l Principal: FGTS (verba remuneratória isenta) = Isento do imposto de renda (art. 28, parágrafo único, da Lei n. 8.036/90); l Acessório: Juros de mora sobre o FGTS (lucros cessantes) = Isento do imposto de renda (acessório segue o principal).

7. Recurso especial parcialmente conhecido e, nessa parte, parcialmente provido.[283]

Ocorre que, sobre os "juros de mora", no Tema 808, o Supremo Tribunal Federal decidu que não há incidência de imposto de renda sobre os juros de mora devidos pelo atraso de pagamento de remuneração por exercício de emprego, cargo ou função. Em razão disso, o Superior Tribunal de Justiça promoveu uma atualização em sua jurisprudência.

Assim, no tema 878, foram fixadas três novas teses a seguir indicadas:

1) **Regra geral**, os juros de mora possuem natureza de lucros cessantes, o que permite a incidência do Imposto de Renda

283. STJ - RECURSO ESPECIAL Nº 1.089.720/RS - 10/10/2012 Superior Tribunal de Justiça - STJ - Primeira Seção (Data da Decisão: 10.10.2012. Data de Publicação: 28.11.2012).

> – Precedentes: Resp. n.º 1.227.133 – RS, Resp. n. 1.089.720 – RS e Resp. n.º 1.138.695 – SC;
>
> 2.) Os juros de mora decorrentes do pagamento em atraso de **verbas alimentares a pessoas físicas escapam à regra geral** da incidência do Imposto de Renda, **posto que, excepcionalmente, configuram indenização por danos emergentes** – Precedente: RE n. 855.091 – RS;
>
> 3.) **Escapam à regra geral** de incidência do Imposto de Renda sobre juros de mora **aqueles cuja verba principal seja isenta ou fora do campo de incidência do IR** – Precedente: Resp. n. 1.089.720 – RS.

Ademais, lembremos que, no Tema 470, o Superior Tribunal de Justiça já havia decidido que não incide Imposto de Renda sobre os juros moratórios vinculados a verbas trabalhistas reconhecidas em decisão judicial. Veja-se:

> **Tese Firmada**
>
> Não incide Imposto de Renda sobre os juros moratórios legais vinculados a verbas trabalhistas reconhecidas em decisão judicial.

Avancemos. Relevante notar ainda que não é a designação que torna a parcela uma indenização, senão sua natureza reparatória. No chamado "Perguntas e Respostas 2017", especificamente, na pergunta 257, a Secretaria da Receita Federal do Brasil decidiu que não pode ser considerada como rendimentos não tributáveis a parcela de remuneração de assalariado que é considerada "indenização" por lei estadual ou municipal.[284]

Nossa ponderação é que, por outro lado, não se pode apontar que a eventual parcela é tributável *apenas* porque designado em legislação estadual ou municipal como legislação. É preciso observar o caráter indenizatório, ou não, efetivo da verba.

Recentemente, ainda, tivemos a oportunidade de analisar diversas teses jurídicas do Egrégio Superior Tribunal de Justiça que tomam por objeto a tributação de IRPF sobre valores

284. Disponível em: https://goo.gl/Gk9ebj Acesso em: 24 fev. 2019.

pagos inerentes às relações de trabalho. Faço referência a tal obra, em que há maiores explicações sobre tais "teses".[285] No entanto, para fins de informação do leitor, vale a pena citar tais teses, com a menção aos acórdãos que lhe deram referência[286], que segue a edição 28 do "Jurisprudência em Teses do Superior Tribunal de Justiça":[287]

> 1) **As verbas concedidas ao empregado, por mera liberalidade do empregador, quando da rescisão unilateral de seu contrato de trabalho sujeitam-se à incidência do imposto de renda. (Tese julgada sob o rito do art. 543-C do CPC/73 – Tema 139)**
>
> Acórdãos
>
> AgRg no Resp 1485605/SC, Rel. Ministro HERMAN BENJAMIN, SEGUNDA TURMA, Julgado em 25/11/2014, DJE 04/12/2014
>
> AgRg no Resp 1436387/RS, Rel. Ministro HUMBERTO MARTINS, SEGUNDA TURMA, Julgado em 04/09/2014, DJE 15/09/2014
>
> AgRg no Resp 1385213/RJ, Rel. Ministro ARNALDO ESTEVES LIMA, PRIMEIRA TURMA, Julgado em 03/12/2013, DJE 18/12/2013
>
> AgRg no AREsp 171604/MG, Rel. Ministro BENEDITO GONÇALVES, PRIMEIRA TURMA, Julgado em 18/10/2012, DJE 23/10/2012
>
> Resp 1102575/MG, Rel. Ministro MAURO CAMPBELL MARQUES, PRIMEIRA SEÇÃO, Julgado em 23/09/2009, DJE 01/10/2009
>
> **2) Incide imposto de renda sobre os valores recebidos a título de antecipação dos direitos à Aposentadoria Complementar Móvel Vitalícia ACMV, pois tais valores decorrem de renúncia de direito trabalhista de natureza remuneratória, configurando acréscimo patrimonial.**
>
> Acórdãos

---

285. CARVALHO, Paulo de Barros. Teses Jurídicas dos Tribunais Superiores – Direito I. São Paulo: Revista dos Tribunais, 2017.

286. Disponível no sítio eletrônico: http://www.stj.jus.br

287. Disponível em: https://scon.stj.jus.br/SCON/jt/toc.jsp?livre=@docn=000003885#TEMA1

AgRg no Resp 1350951/MG, Rel. Ministro NAPOLEÃO NUNES MAIA FILHO, PRIMEIRA TURMA, Julgado em 26/02/2013, DJE 12/03/2013

EREsp 770023/MG, Rel. Ministro CASTRO MEIRA, PRIMEIRA SEÇÃO, Julgado em 10/11/2010, DJE 22/11/2010

Resp 1196551/MG, Rel. Ministro MAURO CAMPBELL MARQUES, SEGUNDA TURMA, Julgado em 19/08/2010, DJE 28/09/2010

EREsp 438309/MG, Rel. Ministro BENEDITO GONÇALVES, PRIMEIRA SEÇÃO, Julgado em 14/04/2010, DJE 20/04/2010

Resp 740287/MG, Rel. Ministra ELIANA CALMON, PRIMEIRA SEÇÃO, Julgado em 25/11/2009, DJE 07/12/2009

Resp 438309/MG, Rel. Ministro HERMAN BENJAMIN, SEGUNDA TURMA, Julgado em 15/05/2007, DJE 17/10/2008.

Decisões Monocráticas

Resp 1379412/DF, Rel. Ministro HUMBERTO MARTINS, SEGUNDA TURMA, Julgado em 26/06/2013,Publicado em 28/06/2013.

3) **Por força da isenção concedida pelo art. 6º, VII, b, da Lei n. 7.713/88, na redação anterior à que lhe foi dada pela Lei n. 9.250/95, é indevida a cobrança de imposto de renda sobre o valor da complementação de aposentadoria e o do resgate de contribuições correspondentes a recolhimentos para entidade de previdência privada ocorridos no período de 01/01/1989 a 31/12/1995.**

Acórdãos

AgRg no Resp 1247388/DF, Rel. Ministro HUMBERTO MARTINS, SEGUNDA TURMA, Julgado em 22/10/2013, DJE 29/10/2013

Resp 1009607/DF, Rel. Ministra ELIANA CALMON, SEGUNDA TURMA, Julgado em 21/08/2008, DJE 26/09/2008

AgRg no Ag 837859/SP, Rel. Ministro HERMAN BENJAMIN, SEGUNDA TURMA, Julgado em 28/08/2007, DJ 11/02/2008

AgRg no Ag 835750/SP, Rel. Ministro JOSÉ DELGADO, PRIMEIRA TURMA, Julgado em 03/05/2007, DJ 24/05/2007

Resp 644204/DF, Rel. Ministro CASTRO MEIRA, SEGUNDA TURMA, Julgado em 14/09/2004,DJ 25/10/2004.

4) **Não incide imposto de renda sobre os juros de mora percebidos na situação de rescisão do contrato de trabalho decorrente**

da perda do emprego, independentemente da natureza da verba principal.

Acórdãos

AgRg no Resp 1490361/RS, Rel. Ministro OG FERNANDES, SEGUNDA TURMA, Julgado em 09/12/2014, DJE 18/12/2014

Resp 1492830/RS, Rel. Ministro HERMAN BENJAMIN, SEGUNDA TURMA, Julgado em 25/11/2014, DJE 04/12/2014

AgRg no Resp 1234914/RS, Rel. Ministro SÉRGIO KUKINA, PRIMEIRA TURMA, Julgado em 04/11/2014, DJE 11/11/2014

AgRg no Resp 1461687/RS, Rel. Ministro MAURO CAMPBELL MARQUES, SEGUNDA TURMA, Julgado em 23/09/2014, DJE 30/09/2014.

AgRg no Resp 1457830/RS, Rel. Ministro HUMBERTO MARTINS, SEGUNDA TURMA, Julgado em 16/09/2014, DJE 23/09/2014

Edcl no AgRg no Resp 974367/PE, Rel. Ministro NAPOLEÃO NUNES MAIA FILHO, PRIMEIRA TURMA, Julgado em 10/06/2014, DJE 16/10/2014.

Resp 1420607/RS, Rel. Ministra ASSUSETE MAGALHÃES, SEGUNDA TURMA, Julgado em 10/06/2014, DJE 24/06/2014

AgRg no Resp 1314536/RS, Rel. Ministro BENEDITO GONÇALVES, PRIMEIRA TURMA, Julgado em 16/04/2013, DJE 19/04/2013

AgRg no Resp 1251171/SC, Rel. Ministro ARI PARGENDLER, PRIMEIRA TURMA, Julgado em 24/09/2013, DJE 02/10/2013

Edcl no AgRg no Resp 1234541/RS, Rel. Ministro CASTRO MEIRA, SEGUNDA TURMA, Julgado em 16/05/2013, DJE 24/05/2013.

5) São isentas de imposto de renda as indenizações de férias proporcionais e o respectivo adicional. (Súmula n. 386/STJ)

Acórdãos

AgRg no AREsp 450899/MS, Rel. Ministro MAURO CAMPBELL MARQUES, SEGUNDA TURMA, Julgado em 25/02/2014, DJE 11/03/2014.

AgRg no Resp 1036060/SP, Rel. Ministro TEORI ALBINO ZAVASCKI, PRIMEIRA TURMA, Julgado em 25/10/2011, DJE 28/10/2011

AgRg nos Edcl no Resp 1100604/PR, Rel. Ministro HUMBERTO MARTINS, SEGUNDA TURMA, Julgado em 09/06/2009, DJE 25/06/2009.

Resp 1111223/SP, Rel. Ministro CASTRO MEIRA, PRIMEIRA SEÇÃO, Julgado em 22/04/2009, DJE 04/05/2009

Pet 006243/SP, Rel. Ministra ELIANA CALMON, PRIMEIRA SEÇÃO, Julgado em 24/09/2008, DJE 13/10/2008.

Decisões Monocráticas

Resp 1181092/PR, Rel. Ministro SÉRGIO KUKINA, PRIMEIRA TURMA, Julgado em 16/12/2014, Publicado em 19/12/2014

AREsp 511685/ES, Rel. Ministro NAPOLEÃO NUNES MAIA FILHO, PRIMEIRA TURMA, Julgado em 29/05/2014,Publicado em 02/06/2014

Resp 1327049/DF, Rel. Ministra ASSUSETE MAGALHÃES, SEGUNDA TURMA, Julgado em 30/04/2014, Publicado em 08/05/2014.

6) A restituição do imposto de renda incidente sobre a complementação de aposentadoria, sob o regime da Lei n. 7.713/88, exige apenas a comprovação do recolhimento da contribuição para a entidade de previdência complementar, cabendo à Fazenda Nacional fazer prova sobre a tributação dos valores.

Acórdãos

AgRg no Ag 1375831/RJ, Rel. Ministro BENEDITO GONÇALVES, PRIMEIRA TURMA, Julgado em 02/06/2011, DJE 09/06/2011

Resp 855080/RJ, Rel. Ministro MAURO CAMPBELL MARQUES, SEGUNDA TURMA, Julgado em 05/10/2010, DJE 21/10/2010

AgRg no AgRg no Resp 1048438/RJ, Rel. Ministro LUIZ FUX, PRIMEIRA TURMA, Julgado em 24/08/2010, DJE 10/09/2010

Resp 1026374/RJ, Rel. Ministro TEORI ALBINO ZAVASCKI, PRIMEIRA TURMA, Julgado em 07/05/2009, DJE 18/05/2009

AgRg no Resp 1103244/RJ, Rel. Ministro CASTRO MEIRA, SEGUNDA TURMA, Julgado em 23/04/2009, DJE 08/05/2009

Resp 985484/RJ, Rel. Ministra ELIANA CALMON, SEGUNDA TURMA, Julgado em 19/08/2008, DJE 22/09/2008.

Decisões Monocráticas

Resp 1262410/RJ, Rel. Ministra ASSUSETE MAGALHÃES, SEGUNDA TURMA, Julgado em 03/09/2014, Publicado em 12/09/2014

Resp 1279974/RJ, Rel. Ministro HUMBERTO MARTINS, SEGUNDA TURMA, Julgado em 16/02/2012, Publicado em 27/02/2012

Resp 1182661/RJ, Rel. Ministro HAMILTON CARVALHIDO, PRIMEIRA TURMA, Julgado em 08/10/2010, Publicado em 15/10/2010.

7) Incide imposto de renda sobre os valores recebidos a título de complementação temporária de aposentadoria.

Acórdãos

Resp 1485867/RS, Rel. Ministro HERMAN BENJAMIN, SEGUNDA TURMA, Julgado em 18/11/2014, DJE 26/11/2014

Resp 1267038/RS, Rel. Ministro MAURO CAMPBELL MARQUES, SEGUNDA TURMA, Julgado em 05/03/2013,DJE 12/03/2013

AgRg no Resp 1136667/RS, Rel. Ministro HUMBERTO MARTINS, SEGUNDA TURMA, Julgado em 20/04/2010, DJE 29/04/2010

Resp 740287/MG, Rel. Ministra ELIANA CALMON, PRIMEIRA SEÇÃO, Julgado em 25/11/2009, DJE 07/12/2009

AgRg no Resp 751988/RS, Rel. Ministra DENISE ARRUDA, PRIMEIRA TURMA, Julgado em 16/12/2008, DJE 12/02/2009

AgRg no Ag 935362/RS, Rel. Ministro JOSÉ DELGADO, PRIMEIRA TURMA, Julgado em 27/05/2008, DJE 23/06/2008

Resp 671185/MT, Rel. Ministro CARLOS FERNANDO MATHIAS (JUIZ FEDERAL CONVOCADO DO TRF 1ª REGIÃO), SEGUNDA TURMA, Julgado em 04/03/2008,DJE 26/03/2008.

8) Não incide imposto de renda sobre a indenização por danos morais. (Súmula n. 498/ STJ) (Tese julgada sob o rito do art. 543-C do CPC/73 – Tema 370)

Acórdãos

AgRg no Ag 1351911/RS, Rel. Ministro ARI PARGENDLER, PRIMEIRA TURMA, Julgado em 05/03/2013, DJE 11/03/2013

AgRg no AgRg no AgRg no Resp 1236277/SC, Rel. Ministro HERMAN BENJAMIN, SEGUNDA TURMA, Julgado em 27/11/2012,DJE 19/12/2012.

Resp 1150020/RS, Rel. Ministra ELIANA CALMON, SEGUNDA TURMA, Julgado em 05/08/2010, DJE 17/08/2010

Resp 1152764/CE, Rel. Ministro LUIZ FUX, PRIMEIRA SEÇÃO,Julgado em 23/06/2010,DJE 01/07/2010

Resp 1012843/RJ, Rel. Ministro SIDNEI BENETI, TERCEIRA TURMA, Julgado em 05/11/2008, DJE 17/02/2009

AgRg no Resp 1017901/RS, Rel. Ministro FRANCISCO FALCÃO, PRIMEIRA TURMA, Julgado em 04/11/2008, DJE 12/11/2008.

Decisões Monocráticas

AREsp 557077/PR, Rel. Ministra NANCY ANDRIGHI, TERCEIRA TURMA, Julgado em 14/08/2014, Publicado em 25/08/2014

Resp 1202619/PR, Rel. Ministro BENEDITO GONÇALVES, PRIMEIRA TURMA, Julgado em 11/12/2013,Publicado em 16/12/2013

Resp 1331263/RS, Rel. Ministro MAURO CAMPBELL MARQUES, SEGUNDA TURMA, Julgado em 18/10/2012, Publicado em 26/10/2012

Saiba mais:

Súmula Anotada n. 498[288]

9) Não incide imposto de renda sobre os valores recebidos a título de licença-prêmio não gozada, verba de natureza indenizatória que não implica acréscimo patrimonial.

Acórdãos

Resp 1385683/SP, Rel. Ministra ELIANA CALMON, SEGUNDA TURMA, Julgado em 03/12/2013, DJE 10/12/2013

AgRg no AREsp 160113/DF, Rel. Ministro SÉRGIO KUKINA, PRIMEIRA TURMA, Julgado em 21/05/2013, DJE 27/05/2013

AgRg no Resp 1305039/PR, Rel. Ministro HUMBERTO MARTINS, SEGUNDA TURMA, Julgado em 27/11/2012,DJE 08/02/2013

AgRg no Resp 1246019/RS,Rel. Ministro HERMAN BENJAMIN, SEGUNDA TURMA, Julgado em 15/03/2012, DJE 13/04/2012

Resp 1219893/SP, Rel. Ministro MAURO CAMPBELL MARQUES, SEGUNDA TURMA, Julgado em 17/02/2011, DJE 10/03/2011

AgRg no Ag 1277013/SP, Rel. Ministro CASTRO MEIRA, SEGUNDA TURMA, Julgado em 06/04/2010, DJE 14/04/2010

AgRg no Ag 1191976/SP, Rel. Ministro BENEDITO GONÇALVES, PRIMEIRA TURMA, Julgado em 23/03/2010, DJE 09/04/2010.

Decisões Monocráticas

288. Não incide imposto de renda sobre a indenização por danos morais.

AREsp 210350/SP,Rel. Ministro NAPOLEÃO NUNES MAIA FILHO, PRIMEIRA TURMA, Julgado em 24/08/2012, Publicado em 29/08/2012

10) Incide imposto de renda sobre os juros de mora decorrentes de verbas previdenciárias pagas a destempo, exceto se o principal era verba isenta de recolhimento da exação.

Acórdãos

Edcl no AgRg no AREsp 206012/RS, Rel. Ministro HUMBERTO MARTINS, SEGUNDA TURMA, Julgado em 11/11/2014, DJE 21/11/2014

AgRg no Resp 1420039/SC, Rel. Ministro OG FERNANDES, SEGUNDA TURMA, Julgado em 17/12/2013, DJE 03/02/2014

AgRg no AREsp 237639/RS, Rel. Ministro ARI PARGENDLER, PRIMEIRA TURMA, Julgado em 01/10/2013, DJE 08/10/2013

AgRg nos Edcl no AREsp 287583/RS, Rel. Ministro SÉRGIO KUKINA, PRIMEIRA TURMA, Julgado em 20/08/2013,DJE 26/08/2013

AgRg no Resp 1474424/RS, Rel. Ministro HERMAN BENJAMIN, SEGUNDA TURMA, Julgado em 20/11/2014, DJE 19/12/2014.

11) Não incide imposto de renda sobre a verba paga a título de indenização por rompimento do contrato de trabalho no período de estabilidade provisória.

Acórdãos

Resp 1456819/SP, Rel. Ministro HUMBERTO MARTINS, SEGUNDA TURMA, Julgado em 05/08/2014, DJE 15/08/2014

AgRg no Resp 1215211/RJ, Rel. Ministro NAPOLEÃO NUNES MAIA FILHO, PRIMEIRA TURMA, Julgado em 06/08/2013, DJE 10/09/2013

Resp 132211/PB, Rel. Ministro HERMAN BENJAMIN, SEGUNDA TURMA, Julgado em 20/09/2012, DJE 10/10/2012

AgRg no Resp 1223747/PR, Rel. Ministro BENEDITO GONÇALVES, PRIMEIRA TURMA, Julgado em 05/04/2011, DJE 08/04/2011

EREsp 863244/SP, Rel. Ministro CASTRO MEIRA, PRIMEIRA SEÇÃO, Julgado em 10/11/2010, DJE 22/11/2010

AgRg no Resp 1160872/SP, Rel. Ministro MAURO CAMPBELL MARQUES, SEGUNDA TURMA, Julgado em 17/08/2010, DJE 20/09/2010.

AgRg no Resp 960605/CE, Rel. Ministro LUIZ FUX, PRIMEIRA TURMA, Julgado em 24/08/2010, DJE 09/09/2010

AgRg nos EREsp 1017598/SP, Rel. Ministro FRANCISCO FALCÃO, PRIMEIRA SEÇÃO, Julgado em 27/05/2009, DJE 08/06/2009.

Decisões Monocráticas

Resp 1266905/CE, Rel. Ministra MARGA TESSLER (JUÍZA FEDERAL CONVOCADA DO TRF 4ª REGIÃO), PRIMEIRA TURMA, Julgado em 03/11/2014, Publicado em 05/11/2014

Resp 1207282/SC, Rel. Ministra ASSUSETE MAGALHÃES, SEGUNDA TURMA, Julgado em 26/08/2014, Publicado em 10/09/2014

Veja também os periódicos (atualizados até a data de publicação):

- Informativo de Jurisprudência n. 0528, publicado em 23 de outubro de 2013.

12) Não incide imposto de renda sobre os proventos de aposentadoria e pensão dos anistiados políticos, nos termos da Lei n. 10.559/2002.

Acórdãos

Resp 1259387/CE, Rel. Ministra ASSUSETE MAGALHÃES, SEGUNDA TURMA, Julgado em 23/10/2014, DJE 04/11/2014

AgRg no Resp 1454401/PR, Rel. Ministro HUMBERTO MARTINS, SEGUNDA TURMA, Julgado em 07/08/2014, DJE 15/08/2014

MS 019246/DF, Rel. Ministro BENEDITO GONÇALVES, PRIMEIRA SEÇÃO, Julgado em 14/05/2014, DJE 20/05/2014

AgRg no AREsp 158573/DF, Rel. Ministro HERMAN BENJAMIN, SEGUNDA TURMA, Julgado em 11/03/2014, DJE 19/03/2014

AgRg no Resp 1099027/RS, Rel. Ministro SÉRGIO KUKINA, PRIMEIRA TURMA, Julgado em 26/11/2013, DJE 03/12/2013

MS 020105/DF, Rel. Ministro ARNALDO ESTEVES LIMA, PRIMEIRA SEÇÃO, Julgado em 14/08/2013, DJE 23/08/2013

Resp 1232079/RJ, Rel. Ministro MAURO CAMPBELL MARQUES, SEGUNDA TURMA, Julgado em 06/08/2013, DJE 13/08/2013

AgRg no AREsp 119651/DF, Rel. Ministro CASTRO MEIRA, SEGUNDA TURMA,Julgado em 12/04/2012, DJE 23/04/2012

AgRg no Resp 1263946/DF, Rel. Ministro BENEDITO GONÇALVES, PRIMEIRA TURMA, Julgado em 20/03/2012, DJE 23/03/2012.

13) A indenização recebida pela adesão a programa de incentivo à demissão voluntária não está sujeita à incidência do imposto de renda. (Súmula n. 215/STJ)

Acórdãos

AgRg no AREsp 437568/DF, Rel. Ministro HUMBERTO MARTINS, SEGUNDA TURMA, Julgado em 18/02/2014, DJE 24/02/2014

Resp 1330329/RS, Rel. Ministro HERMAN BENJAMIN, SEGUNDA TURMA, Julgado em 18/10/2012, DJE 05/11/2012

AgRg no Resp 1036060/SP, Rel. Ministro TEORI ALBINO ZAVASCKI, PRIMEIRA TURMA, Julgado em 25/10/2011, DJE 28/10/2011

AgRg no Resp 1224741/PR, Rel. Ministro CASTRO MEIRA, SEGUNDA TURMA, Julgado em 05/05/2011, DJE 12/05/2011

EREsp 1057912/SP, Rel. Ministro LUIZ FUX, PRIMEIRA SEÇÃO, Julgado em 23/02/2011, DJE 26/04/2011

Resp 1026508/ES, Rel. Ministro MAURO CAMPBELL MARQUES, SEGUNDA TURMA, Julgado em 19/08/2010, DJE 28/09/2010

AgRg no Ag 902980/RJ, Rel. Ministro MAURO CAMPBELL MARQUES, SEGUNDA TURMA, Julgado em 15/04/2010, DJE 05/05/2010

AgRg nos EREsp 881879/SP, Rel. Ministro LUIZ FUX, PRIMEIRA SEÇÃO, Julgado em 25/11/2009,DJE 18/12/2009

AgRg no Resp 1086461/SP, Rel. Ministro HERMAN BENJAMIN, SEGUNDA TURMA, Julgado em 17/09/2009,DJE 30/09/2009.

Saiba mais:

- Súmula Anotada n. 215[289]

14) A isenção do imposto de renda decorrente de doença grave pode ser deferida independentemente de laudo pericial oficial, bastando a existência de provas suficientes nos autos.

---

289. A indenização recebida pela adesão a programa de incentivo à demissão voluntária não está sujeita à incidência do Imposto de Renda.

Acórdãos

AgRg no AREsp 392075/MG, Rel. Ministra ASSUSETE MAGALHÃES, SEGUNDA TURMA, Julgado em 21/08/2014, DJE 01/09/2014

AgRg no AREsp 514195/RS, Rel. Ministro HUMBERTO MARTINS, SEGUNDA TURMA, Julgado em 18/06/2014, DJE 27/06/2014

AgRg no AREsp 492341/RS, Rel. Ministro MAURO CAMPBELL MARQUES, SEGUNDA TURMA, Julgado em 20/05/2014, DJE 26/05/2014.

AgRg no AREsp 506459/RS, Rel. Ministro OG FERNANDES, SEGUNDA TURMA, Julgado em 10/06/2014, DJE 25/06/2014

Resp 1416147/RN, Rel. Ministra ELIANA CALMON, SEGUNDA TURMA, Julgado em 21/11/2013, DJE 29/11/2013

AgRg no AREsp 394520/RS, Rel. Ministro ARI PARGENDLER, PRIMEIRA TURMA, Julgado em 11/03/2014, DJE 21/03/2014

AgRg no AREsp 081149/ES, Rel. Ministro NAPOLEÃO NUNES MAIA FILHO, PRIMEIRA TURMA, Julgado em 15/10/2013, DJE 04/12/2013

AgRg no AREsp 276420/SE, Rel. Ministro ARNALDO ESTEVES LIMA, PRIMEIRA TURMA, Julgado em 21/03/2013, DJE 15/04/2013

AgRg no AREsp 182022/PE, Rel. Ministro CASTRO MEIRA, SEGUNDA TURMA,Julgado em 04/10/2012, DJE 11/10/2012.

15) O termo inicial da isenção do imposto de renda prevista no art. 6º da Lei n. 7.713/88 deve ser fixado na data em que a moléstia grave foi comprovada através de diagnóstico médico, e não a partir da emissão do laudo oficial.

Acórdãos

AgRg no AREsp 392075/MG,Rel. Ministra ASSUSETE MAGALHÃES, SEGUNDA TURMA, Julgado em 21/08/2014, DJE 01/09/2014

AgRg no AREsp 514195/RS, Rel. Ministro HUMBERTO MARTINS, SEGUNDA TURMA, Julgado em 18/06/2014, DJE 27/06/2014

AgRg no AREsp 492341/RS, Rel. Ministro MAURO CAMPBELL MARQUES, SEGUNDA TURMA, Julgado em 20/05/2014, DJE 26/05/2014

AgRg no AREsp 506459/RS, Rel. Ministro OG FERNANDES, SEGUNDA TURMA, Julgado em 10/06/2014, DJE 25/06/2014

Resp 1416147/RN, Rel. Ministra ELIANA CALMON, SEGUNDA TURMA, Julgado em 21/11/2013, DJE 29/11/2013

AgRg no AREsp 394520/RS, Rel. Ministro ARI PARGENDLER, PRIMEIRA TURMA, Julgado em 11/03/2014, DJE 21/03/2014

AgRg no AREsp 081149/ES, Rel. Ministro NAPOLEÃO NUNES MAIA FILHO, PRIMEIRA TURMA, Julgado em 15/10/2013, DJE 04/12/2013

AgRg no Resp 1233845/PR, Rel. Ministro NAPOLEÃO NUNES MAIA FILHO, PRIMEIRA TURMA, Julgado em 22/11/2011, DJE 16/12/2011

AgRg no AREsp 276420/SE, Rel. Ministro ARNALDO ESTEVES LIMA, PRIMEIRA TURMA, Julgado em 21/03/2013, DJE 15/04/2013

AgRg no AREsp 182022/PE, Rel. Ministro CASTRO MEIRA, SEGUNDA TURMA, Julgado em 04/10/2012, DJE 11/10/2012.

16) É taxativo o rol de moléstias graves previstas no art. 6º, XIV, da Lei n. 7.713/88 que dá direito à isenção do imposto de renda sobre os proventos decorrentes de aposentadoria ou reforma.

Acórdãos

AgRg no AREsp 570877/DF, Rel. Ministro OG FERNANDES, SEGUNDA TURMA, Julgado em 02/10/2014, DJE 10/10/2014

AgRg no AREsp 368747/RS, Rel. Ministra ELIANA CALMON, SEGUNDA TURMA, Julgado em 08/10/2013, DJE 18/10/2013

AgRg no Resp 1349674/PE, Rel. Ministro MAURO CAMPBELL MARQUES, SEGUNDA TURMA, Julgado em 04/12/2012, DJE 10/12/2012.

AgRg no Resp 1165360/MG, Rel. Ministro HUMBERTO MARTINS, SEGUNDA TURMA, Julgado em 16/08/2011, DJE 22/08/2011

Resp 1116620/BA, Rel. Ministro LUIZ FUX, PRIMEIRA SEÇÃO, Julgado em 09/08/2010, DJE 25/08/2010.

Decisões Monocráticas

Resp 1479559/PR, Rel. Ministra ASSUSETE MAGALHÃES, SEGUNDA TURMA, Julgado em 28/11/2014, Publicado em 09/12/2014

Resp 1486385/PR, Rel. Ministro HERMAN BENJAMIN, SEGUNDA TURMA, Julgado em 20/11/2014, Publicado em 05/12/2014.

17) A isenção do imposto de renda sobre a aposentadoria ou reforma concedida aos portadores de moléstias graves, nos termos do art. 6º, inciso XIV, da Lei n. 7.713/88, não exige do contribuinte a demonstração da contemporaneidade dos sintomas, nem a indicação de validade do laudo pericial, ou a comprovação de recidiva da enfermidade, para o gozo do benefício isencional.

Acórdãos

AgRg no Resp 1403771/RS,Rel. Ministro OG FERNANDES, SEGUNDA TURMA, Julgado em 20/11/2014, DJE 10/12/2014

AgRg no AREsp 371436/MS,Rel. Ministro SÉRGIO KUKINA, PRIMEIRA TURMA, Julgado em 03/04/2014, DJE 11/04/2014

AgRg no AREsp 436268/RS,Rel. Ministro HERMAN BENJAMIN, SEGUNDA TURMA, Julgado em 25/02/2014, DJE 27/03/2014

AgRg no AREsp 436073/RS, Rel. Ministro ARNALDO ESTEVES LIMA, PRIMEIRA TURMA, Julgado em 17/12/2013, DJE 06/02/2014

Resp 1235131/RS, Rel. Ministro BENEDITO GONÇALVES, PRIMEIRA TURMA, Julgado em 22/03/2011, DJE 25/03/2011

Resp 1202820/RS, Rel. Ministro MAURO CAMPBELL MARQUES, SEGUNDA TURMA, Julgado em 28/09/2010, DJE 15/10/2010

RMS 032061/RS, Rel. Ministra ELIANA CALMON, SEGUNDA TURMA, Julgado em 10/08/2010, DJE 20/08/2010.

Decisões Monocráticas

AREsp 612657/PE, Rel. Ministro NAPOLEÃO NUNES MAIA FILHO, PRIMEIRA TURMA, Julgado em 03/12/2014, Publicado em 10/12/2014

Resp 1479559/PR, Rel. Ministra ASSUSETE MAGALHÃES, SEGUNDA TURMA, Julgado em 28/11/2014, Publicado em 09/12/2014

AREsp 618127/CE, Rel. Ministra REGINA HELENA COSTA, PRIMEIRA TURMA, Julgado em 27/11/2014, Publicado em 04/12/2014.

Ao mesmo tempo, o campo de pesquisas do sítio do Superior Tribunal de Justiça designado de "Repetitivos e IACs Anotados" também disponibiliza outro filtro que acaba complementando a lista acima. Reproduzimos, a seguir, alguns temas firmados no âmbito de Recurso Repetitivo, com a respectiva ementa, que julgamos relevantes para fins de complementação:[290]

> **Não se aplica a isenção do imposto de renda prevista no inciso XIV do artigo 6º da Lei n. 7.713/1988 (seja na redação da Lei nº 11.052/2004 ou nas versões anteriores) aos rendimentos de portador de moléstia grave que se encontre no exercício de atividade laboral. (Tema Repetitivo: 1037)**
>
> **EMENTA**
>
> TRIBUTÁRIO. [...] ARTS. 43, INC. I E II, E 111, INC. II, DO CÓDIGO TRIBUTÁRIO NACIONAL – CTN. ART. 6°, INC. XIV e XXI DA LEI Nº 7.713/88. IMPOSTO DE RENDA.
>
> ISENÇÃO. PORTADOR DE MOLÉSTIA GRAVE NO EXERCÍCIO DE ATIVIDADE LABORAL.
>
> DESCABIMENTO. [...]
>
> [...]
>
> 6. No âmbito do STJ, a jurisprudência é pacífica e encontra-se consolidada há bastante tempo no sentido da não extensão da isenção do art. 6°, XIV, da Lei 7.713/88 à renda das pessoas em atividade laboral que sofram das doenças ali enumeradas. Precedentes do STJ.
>
> 7. O art. 6º da Lei 7.713/88 isenta do imposto de renda alguns rendimentos que elenca nos incisos, sendo que o inciso XIV refere-se aos "proventos de aposentadoria ou reforma motivada por acidente em serviço e os percebidos pelos portadores de moléstia profissional". A partícula "e" significa que estão isentos os proventos de aposentadoria ou reforma motivada por acidente em serviço e os [proventos] percebidos pelos portadores de moléstia profissional.

290. Disponível em: https://scon.stj.jus.br/SCON/recrep/toc.jsp?materia=%27TRIBUT%C1RIO%27.mat.&b=TEMA&p=true&thesaurus=JURIDICO&l=10&i=31&operador=e&ordenacao=MAT,TIT,TEMA&ordem=MAT,TIT,TEMA Acesso em: 08 jan. 2022. Esclarecemos que não citaremos o Tema 808, por já ter sido esclarecido acima.

Ou seja, o legislador valeu-se do aditivo "e" para evitar a repetição do termo "proventos", e não para referir-se à expressão "rendimentos" contida no *caput*.

[...]

9. Como reza o art. 111, inciso II, do CTN, a legislação que disponha sobre isenção tributária deve ser interpretada literalmente, não cabendo ao intérprete estender os efeitos da norma isentiva, por mais que entenda ser uma solução que

traga maior justiça do ponto de vista social. Esse é um papel que cabe ao Poder Legislativo, e não ao Poder Judiciário.

[...]

11. Tese jurídica firmada: "Não se aplica a isenção do imposto de renda prevista no inciso XIV do artigo 6º da Lei 7.713/88 (seja na redação da Lei nº 11.052/2004 ou nas versões anteriores) aos rendimentos de portador de moléstia

grave que se encontre no exercício de atividade laboral.".

[...]

(Resp 1814919 DF, Rel. Ministro OG FERNANDES, PRIMEIRA SEÇÃO, julgado em 24/06/2020, Dje 04/08/2020)

(Resp 1836091 PI, Rel. Ministro OG FERNANDES, PRIMEIRA SEÇÃO, julgado em 24/06/2020, Dje 04/08/2020)

Sujeitam-se à incidência do Imposto de Renda os rendimentos recebidos a título de abono de permanência a que se referem o § 19 do art. 40 da Constituição Federal, o § 5º do art. 2º e o § 1º do art. 3º da Emenda Constitucional 41/203, e o art. 7º da Lei 10.887/2004.[291] (Tema Repetitivo: 424)

EMENTA

[...] ABONO DE PERMANÊNCIA. INCIDÊNCIA DE IMPOSTO DE RENDA.

XIV. Sujeitam-se incidência do Imposto de Renda os rendimentos recebidos a título de abono de permanência a que se referem o § 19 do art. 40 da Constituição Federal, o § 5º do art. 2º e o § 1º do art. 3º da Emenda Constitucional 41/2003, e o art. 7º da Lei

291. Nos termos do § 19 do art. 40 da Constituição, o abono de permanência é quantia que faz jus o servidor titular de cargo efetivo que tenha complentado a exigência para a aposentadoria volunária e que opte por permanecer em atividade. Tal abono equivale, no máximo, ao valor da sua contribuição previdenciária, até completar a idade para aposentadoria compulsória.

10.887/2004. Não há lei que autorize considerar o abono de permanência como rendimento isento. [...]

(Resp 1192556 PE, Rel. Ministro MAURO CAMPBELL MARQUES, PRIMEIRA

SEÇÃO, julgado em 25/08/2010, Dje 06/09/2010)

Também com relação ao recebimento antecipado de 10% (dez por cento) da reserva matemática do Fundo de Previdência Privada como incentivo para a migração para novo plano de benefícios, deve-se afastar a incidência do imposto de renda sobre a parcela recebida a partir de janeiro de 1996, na proporção do que já foi anteriormente recolhido pelo contribuinte, a título de imposto de renda, sobre as contribuições vertidas ao fundo durante o período de vigência da Lei 7.713/88. (Tema Repetitivo: 158)

RECURSO ESPECIAL Nº 1.111.177 - MG (2009/0028508-1) RELATOR: MINISTRO BENEDITO GONÇALVES RECORRENTE: JORGE FERNANDES PEDROSA E OUTROS ADVOGADO: EVANDRO BRAZ DE ARAÚJO JÚNIOR RECORRIDO: FAZENDA NACIONAL PROCURADOR: PROCURADORIA-GERAL DA FAZENDA NACIONAL EMENTA DIREITO TRIBUTÁRIO E PROCESSUAL CIVIL. EMBARGOS DE DECLARAÇÃO NO RECURSO ESPECIAL. CONTRADIÇÃO E OBSCURIDADE NÃO EVIDENCIADAS. RECURSO SUBMETIDO AO REGIME PREVISTO NO ARTIGO 543-C DO CPC. IMPOSTO DE RENDA. PREVIDÊNCIA PRIVADA. MIGRAÇÃO DE PLANO. ADIANTAMENTO PARCIAL. RESERVA MATEMÁTICA. SUPORTE FÁTICO DIVERSO DO TRATADO NO RECURSO REPRESENTATIVO DE CONTROVÉRSIA DE N. 1.012.903-RJ. MESMO ENTENDIMENTO. 1. Hipótese em que se discute a possibilidade de cobrança de imposto de renda sobre o montante obtido pelos beneficiários de planos de previdência privada, a título de adiantamento parcial da "reserva matemática", por ocasião da migração de um tipo de plano de benefícios para outro.

2. A Primeira Seção, no julgamento do Resp n. 1.012.903-RJ, consolidou entendimento no sentido de que "por força da isenção concedida pelo art. 6º, VII, b, da Lei 7.713/88, com redação anterior à que lhe foi dada pela Lei 9.250/95, é indevida a cobrança de imposto de renda sobre o valor da complementação de aposentadoria e o do resgate de contribuições correspondentes a recolhimentos para entidade de previdência privada ocorridos no período de 1º.01.1989 a 31.12.1995".

3. Em face da especificidade da situação ora tratada, em que é conferida ao beneficiário a antecipação de parte da reserva

matemática (saldo destinado ao pagamento dos benefícios de aposentadoria), como incentivo à migração de um plano de previdência complementar para outro, diferenciando-se (ainda que minimamente) do suporte fático em que se fundou o recurso repetitivo acima mencionado (recebimento direto da complementação de aposentadoria), e ainda considerando que demandas com tal objeto são recorrentes nos Tribunais Regionais Federais e nesta Corte, verifica-se ser necessária a apreciação do presente recurso especial pelo regimento do artigo 543-C do CPC, a fim de se estender o entendimento já fixado por esta Seção à situação específica ora tratada.

4. Também com relação ao recebimento antecipado de 10% (dez por cento) da reserva matemática do Fundo de Previdência Privada como incentivo para a migração para novo plano de benefícios, deve-se afastar a incidência do imposto de renda sobre a parcela recebida a partir de janeiro de 1996, na proporção do que já foi anteriormente recolhido pelo contribuinte, a título de imposto de renda, sobre as contribuições vertidas ao fundo durante o período de vigência da Lei 7.713/88. Precedentes (Resp 835.550/MG, Rel. Ministro Francisco Falcão, Primeira Turma, julgado em 28/8/2007, Dje 12/3/2008; Resp 960.029/SC, Rel. Ministro Humberto Martins, Segunda Turma, julgado em 6/11/2007, DJ 19/11/2007 p. 224; AgRg no Resp 901.904/GO, Rel. Ministra Denise Arruda, Primeira Turma, julgado em 6/11/2008, Dje 4/12/2008).

5. Recurso afetado à Seção, por ser representativo de controvérsia, submetido ao regime do artigo 543-C do CPC e da Resolução 8/STJ. 6. Recurso especial provido.

A Súmula 343, do Supremo Tribunal Federal, cristalizou o entendimento de que não cabe ação rescisória por ofensa a literal disposição de lei, quando a decisão rescindenda se tiver baseado em texto legal de interpretação controvertida nos tribunais. A ação rescisória resta cabível, se, à época do julgamento cessara a divergência, hipótese em que o julgado divergente, ao revés de afrontar a jurisprudência, viola a lei que confere fundamento jurídico ao pedido. (Tema Repetitivo: 239)

RECURSO ESPECIAL Nº 1.001.779 - DF (2007/0254610-0) RELATOR: MINISTRO LUIZ FUX RECORRENTE: CELSO BUENO GUIMARÃES E OUTROS ADVOGADA: CARLA LOUZADA MARQUES E OUTRO(S) RECORRIDO: FAZENDA NACIONAL PROCURADORES: JOSÉ LUIZ GOMES RÔLO E OUTRO(S) CLAUDIO XAVIER SEEFELDER FILHO EMENTA PROCESSUAL CIVIL E TRIBUTÁRIO. RECURSO ESPECIAL REPRESENTATIVO DE CONTROVÉRSIA. ART. 543-C, DO CPC. AÇÃO RESCISÓRIA. IMPOSTO DE RENDA.

APOSENTADORIA COMPLEMENTAR. PREVIDÊNCIA PRIVADA. APLICAÇÃO DAS LEIS 7.713/88 E 9.250/96. SÚMULA 343/STF. INAPLICABILIDADE. MATÉRIA PACÍFICA NOS TRIBUNAIS À ÉPOCA DA PROLAÇÃO DO ACÓRDÃO RESCINDENDO (ANO DE 2003). DIREITO À RESTITUIÇÃO DECORRENTE DE LESÃO CONSISTENTE NA INOBSERVÂNCIA DA PROIBIÇÃO DO BIS IN IDEM.

1. A Súmula 343, do Supremo Tribunal Federal, cristalizou o entendimento de que não cabe ação rescisória por ofensa a literal disposição de lei, quando a decisão rescindenda se tiver baseado em texto legal de interpretação controvertida nos tribunais.

2. A ação rescisória, a *contrario sensu*, resta, então, cabível, se, à época do julgamento cessara a divergência, hipótese em que o julgado divergente, ao revés de afrontar a jurisprudência, viola a lei que confere fundamento jurídico ao pedido (ERESP 908774/RJ).

3. "Quando existir violação de literal disposição de lei e o julgador, mesmo assim, não acolher a pretensão deduzida na ação rescisória fundada no art. 485, V, do Código de Processo Civil, o acórdão estará contrariando aquele mesmo dispositivo ou a ele negando vigência, com o que dará ensejo à interposição de recurso especial com base na alínea "a" do permissivo constitucional" (Resp 476.665/SP, Rel. Ministro Antônio de Pádua Ribeiro, Corte Especial, julgado em 01.12.2004, DJ 20.06.2005). 4. *In casu*, por ocasião da prolação da decisão rescindenda, vale dizer, no ano de 2003, a jurisprudência remansosa desta Corte Superior perfilhava o entendimento de que as contribuições recolhidas sob a égide da Lei 7.713/88 para a formação do fundo de aposentadoria, cujo ônus fosse exclusivamente do participante, estariam isentas da incidência do imposto de renda, porquanto já teriam sido tributadas na fonte, quando da realização das mencionadas contribuições (Informativos de Jurisprudência nº 150, de 07 a 11 de outubro de 2002, e nº 174, de 26 a 30 de maio de 2003). 5. A jurisprudência desta Corte consolidou-se no sentido de que, quer se trate da percepção de benefícios decorrentes de aposentadoria complementar, quer se trate de resgate de contribuições quando do desligamento do associado do plano de previdência privada, deve-se perquirir sob qual regime estavam sujeitas as contribuições efetuadas.

6. Portanto, tendo as contribuições sido recolhidas sob o regime da Lei 7.713/88 (janeiro de 1989 a dezembro de 1995), com a incidência do imposto no momento do recolhimento, os benefícios e resgates daí decorrentes não serão novamente tributados, sob pena de violação à regra proibitiva do *bis in idem*. Por outro lado, caso o recolhimento tenha se dado na vigência da Lei 9.250/95 (a

partir de 1.º de janeiro de 1996), sobre os resgates e benefícios referentes a essas contribuições incidirá o imposto.

7. Destarte, revela-se inequívoca a afronta ao artigo 485, V, do CPC, tendo em vista a negativa de vigência do artigo 6º, VI, "b", da Lei 7.713/88, afigurando-se evidente o direito dos autores à isenção pretendida, na medida em que o acórdão regional assentou ter havido incidência do imposto de renda na fonte na contribuição para a formação do fundo de aposentadoria, e, ainda, que o autor contribuiu para o regime de previdência privada parcialmente sob a égide do dispositivo legal revogado pela Lei 9.250/95, razão pela qual se deve excluir da incidência do imposto de renda o valor do benefício que, proporcionalmente, corresponder às parcelas de contribuições efetuadas no período de 01.01.89 a 31.12.95, cujo ônus tenha sido exclusivamente do participante (Precedentes do STJ: AgRg nos EREsp 879.580/DF, Rel. Ministro Francisco Falcão, Primeira Seção, julgado em 13/05/2009, Dje 25/05/2009; EREsp 946.771/DF, Rel. Ministro José Delgado, Primeira Seção, julgado em 09.04.2008, Dje 25.04.2008; EREsp 911.891/DF, Rel. Ministro José Delgado, Primeira Seção, julgado em 09.04.2008, Dje 25.04.2008; AgRg nos EREsp 908.227/RJ, Rel. Ministro Humberto Martins, Primeira Seção, julgado em 14.11.2007, DJ 03.12.2007; e Resp 772.233/RS, Rel. Ministro Luiz Fux, Primeira Turma, julgado em 01.03.2007, DJ 12.04.2007).

8. Recurso especial provido, para determinar o retorno dos autos à instância ordinária para que o Tribunal de origem se pronuncie a respeito do mérito da ação rescisória, uma vez ultrapassado o óbice da Súmula 343/STF. Acórdão submetido ao regime do art. 543-C do CPC e da Resolução STJ 08/2008."

O auxílio condução consubstancia compensação pelo desgaste do patrimônio dos servidores, que utilizam-se de veículos próprios para o exercício da sua atividade profissional, inexistindo acréscimo patrimonial, mas uma mera recomposição ao estado anterior sem o incremento líquido necessário à qualificação de renda (Tema 139).

RECURSO ESPECIAL Nº 1.096.288 – RS (2008/0220416-0) RELATOR: MINISTRO LUIZ FUX RECORRENTE: VILMAR MOYSES QUEVEDO BORGES ADVOGADO: JORGE NILTON XAVIER DE SOUZA RECORRENTE: FAZENDA NACIONAL ADVOGADO: PROCURADORIA-GERAL DA FAZENDA NACIONAL RECORRIDO: OS MESMOS RECORRIDO: ESTADO DO RIO GRANDE DO SUL PROCURADOR: FREDERICO DE SAMPAIO DIDONET E OUTRO(S) EMENTA PROCESSUAL CIVIL. TRIBUTÁRIO. RECURSO ESPECIAL REPRESENTATIVO DE CONTROVÉRSIA. ART. 543-C, DO CPC. AUXÍLIO CONDUÇÃO.

IMPOSTO DE RENDA. NÃO INCIDÊNCIA. TRIBUTO SUJEITO A LANÇAMENTO POR HOMOLOGAÇÃO. PRESCRIÇÃO. TERMO INICIAL. PAGAMENTO INDEVIDO. ARTIGO 4º, DA LC 118/2005. DETERMINAÇÃO DE APLICAÇÃO RETROATIVA. DECLARAÇÃO DE INCONSTITUCIONALIDADE. CONTROLE DIFUSO. CORTE ESPECIAL. RESERVA DE PLENÁRIO. MATÉRIA DECIDIDA PELA 1ª SEÇÃO, NO RESP 1002932/SP, JULGADO EM 25/11/09, SOB O REGIME DO ART. 543-C DO CPC. MAJORAÇÃO DOS HONORÁRIOS. SÚMULA 07 DO STJ.

1. A incidência do imposto de renda tem como fato gerador o acréscimo patrimonial, sendo, por isso, imperioso perscrutar a natureza jurídica da verba paga pela empresa sob o designativo de auxílio condução, a fim de verificar se há efetivamente a criação de riqueza nova:

a) se indenizatória, que, via de regra, não retrata hipótese de incidência da exação; ou

b) se remuneratória, ensejando a tributação. Isto porque a tributação ocorre sobre signos presuntivos de capacidade econômica, sendo a obtenção de renda e proventos de qualquer natureza um deles.

2. O auxílio condução consubstancia compensação pelo desgaste do patrimônio dos servidores, que utilizam-se de veículos próprios para o exercício da sua atividade profissional, inexistindo acréscimo patrimonial, mas uma mera recomposição ao estado anterior sem o incremento líquido necessário à qualificação de renda. (Precedentes: Resp 825.845/RS, Rel. MIN. CARLOS FERNANDO MATHIAS (JUIZ CONVOCADO DO TRF 1ª REGIÃO), SEGUNDA TURMA, julgado em 08/04/2008, Dje 02/05/2008; Resp 825.907/RS, Rel. Ministro LUIZ FUX, PRIMEIRA TURMA, julgado em 01/04/2008, Dje 12/05/2008; Resp 639.635/RS, Rel. Ministro HERMAN BENJAMIN, SEGUNDA TURMA, julgado em 12/06/2007, Dje 30/09/2008; Resp 731883 / RS , 1ª Turma, Rel. Min. Teori Albino Zavascki, DJ 03/04/2006; Resp 852572 / RS, 2ª Turma, Rel. Min. Castro Meira, DJ 15/09/2006; Resp 840634 / RS, 2ª Turma, Rel. Min. Eliana Calmon, DJ 01/09/2006; Resp 851677 / RS, 1ª Turma, Rel. Min. Francisco Falcão, DJ25/09/2006).

3. O princípio da irretroatividade gera a aplicação da LC 118/2005 aos pagamentos indevidos realizados após a sua vigência e não às ações propostas após a mesma, tendo em vista que a referida norma pertine à extinção da obrigação e não ao aspecto processual da ação.

4. A Primeira Seção, quando do julgamento do Resp 1002932/SP, sujeito ao regime dos "recursos repetitivos", reafirmou o entendimento de que "O advento da LC 118/2005 e suas consequências sobre

a prescrição, do ponto de vista prático, implica dever a mesma ser contada da seguinte forma: relativamente aos pagamentos efetuados a partir da sua vigência (que ocorreu em 09.06.05), o prazo para a repetição do indébito é de cinco a contar da data do pagamento; e relativamente aos pagamentos anteriores, a prescrição obedece ao regime previsto no sistema anterior, limitada, porém, ao prazo máximo de cinco anos a contar da vigência da lei nova." (RESP 1002932/SP, Rel. Ministro Luiz Fux, julgado em 25/11/2009).

5. Isto porque a Corte Especial declarou a inconstitucionalidade da expressão "observado, quanto ao art. 3º, o disposto no art. 106, I, da Lei nº 5.172, de 25 de outubro de 1966 - Código Tributário Nacional", constante do artigo 4º, segunda parte, da Lei Complementar 118/2005 (AI nos ERESP 644736/PE, Relator Ministro Teori Albino Zavascki, julgado em 06.06.2007).

6. *In casu*, insurge-se a parte autora contra a prescrição quinquenal determinada pelo Tribunal a quo, pleiteando a reforma da decisão para que seja determinada a prescrição decenal, sendo certo que os recolhimentos indevidos foram efetuados anteriormente à vigência da referida Lei Complementar, consoante dessume-se das decisões prolatadas nas instâncias ordinárias, por isso que a tese é a consagração dos 5 anos de decadência da homologação acrescido dos 5 anos de prescrição. A ação foi ajuizada em 09/06/2005, ressoando inequívoca a inocorrência da prescrição relativamente às parcelas posteriores a 09/06/1995.

7. O reexame dos critérios fáticos, sopesados de forma equitativa e levados em consideração para fixar os honorários advocatícios, nos termos das disposições dos parágrafos 3º e 4º do artigo 20, do CPC, em princípio, é inviável em sede de recurso especial, nos termos da jurisprudência dominante desta Corte. Isto porque a discussão acerca do quantum da verba honorária encontra-se no contexto fático-probatório dos autos, o que obsta o revolvimento do valor arbitrado nas instâncias ordinárias por este Superior Tribunal de Justiça. (Precedentes: Resp 638.974/SC, DJ 15.04.2008; AgRg no Resp 941.933/SP, DJ 31.03.2008 ; Resp 690.564/BA, DJ 30.05.2007).

8. Recurso especial da União Federal desprovido. Acórdão submetido ao regime do art. 543-C do CPC e da Resolução STJ 08/2008.
9. Recurso especial da parte autora parcialmente conhecido e, nesta parte provido, tão somente para determinar a aplicação da prescrição decenal, nos termos da fundamentação expendida."

O Imposto de Renda incidente sobre os benefícios previdenciários atrasados pagos acumuladamente deve ser calculado de acordo com as tabelas e alíquotas vigentes à época em que

os valores deveriam ter sido adimplidos, observando a renda auferida mês a mês pelo segurado, não sendo legítima a cobrança de IR com parâmetro no montante global pago extemporaneamente. (Tema Repetitivo 351)

TRIBUTÁRIO. IMPOSTO DE RENDA PESSOA FÍSICA. AÇÃO REVISIONAL DE BENEFÍCIO PREVIDENCIÁRIO. PARCELAS ATRASADAS RECEBIDAS DE FORMA ACUMULADA.

1. O Imposto de Renda incidente sobre os benefícios pagos acumuladamente deve ser calculado de acordo com as tabelas e alíquotas vigentes à época em que os valores deveriam ter sido adimplidos, observando a renda auferida mês a mês pelo segurado. Não é legítima a cobrança de IR com parâmetro no montante global pago extemporaneamente. Precedentes do STJ.

2. Recurso Especial não provido. Acórdão sujeito ao regime do art. 543-C do CPC e do art. 8º da Resolução STJ 8/2008. (Resp 1118429/SP, Rel. Ministro HERMAN BENJAMIN, PRIMEIRA SEÇÃO, julgado em 24/03/2010, Dje 14/05/2010).

A indenização decorrente de desapropriação não encerra ganho de capital, porquanto a propriedade é transferida ao poder público por valor justo e determinado pela justiça a título de indenização, não ensejando lucro, mas mera reposição do valor do bem expropriado. (...) Não incidência da exação sobre as verbas auferidas a título de indenização advinda de desapropriação, seja por necessidade ou utilidade pública ou por interesse social, porquanto não representam acréscimo patrimonial. (Tema Repetitivo 397)

RECURSO ESPECIAL Nº 1.116.460 - SP (2009/0006580-7) RELATOR: MINISTRO LUIZ FUX RECORRENTE: FAZENDA NACIONAL ADVOGADO : PROCURADORIA-GERAL DA FAZENDA NACIONAL RECORRIDO: MALPA COMERCIAL E AGRÍCOLA LTDA ADVOGADO: WALDIR LUIZ BRAGA E OUTRO(S) EMENTA TRIBUTÁRIO. RECURSO ESPECIAL REPRESENTATIVO DE CONTROVÉRSIA. ART. 543-C, DO CPC. IMPOSTO DE RENDA. INDENIZAÇÃO DECORRENTE DE DESAPROPRIAÇÃO. VERBA INDENIZATÓRIA. NÃO INCIDÊNCIA. VIOLAÇÃO DO ART. 535 DO CPC NÃO CONFIGURADA. 1. A incidência do imposto de renda tem como fato gerador o acréscimo patrimonial (art. 43, do CTN), sendo, por isso, imperioso perscrutar a natureza jurídica da verba percebida, a fim de verificar se há efetivamente a criação de riqueza nova: a) se indenizatória, que, via de regra, não retrata hipótese de incidência da exação; ou b) se remuneratória, ensejando a tributação. Isto porque a tributação ocorre sobre signos presuntivos de capacidade econômica, sendo a obtenção de renda e proventos de qualquer natureza um deles.

2. Com efeito, a Constituição Federal, em seu art. 5º, assim disciplina o instituto da desapropriação: "XXIV – a lei estabelecerá o procedimento para desapropriação por necessidade ou utilidade pública, ou por interesse social, mediante justa e prévia indenização em dinheiro, ressalvados os casos previstos nesta Constituição;"

3. Destarte, a interpretação mais consentânea com o comando emanado da Carta Maior é no sentido de que a indenização decorrente de desapropriação não encerra ganho de capital, porquanto a propriedade é transferida ao poder público por valor justo e determinado pela justiça a título de indenização, não ensejando lucro, mas mera reposição do valor do bem expropriado.

4. "Representação. Arguição de Inconstitucionalidade parcial do inciso ii, do paragrafo 2., do art. 1., do Decreto-lei Federal n. 1641, de 7.12.1978, que inclui a desapropriação entre as modalidades de alienação de imóveis, suscetíveis de gerar lucro a pessoa física e, assim, rendimento tributável pelo imposto de renda. Não há, na desapropriação, transferência da propriedade, por qualquer negócio jurídico de direito privado. Não sucede, aí, venda do bem ao poder expropriante. Não se configura, outrossim, a noção de preço, como contraprestação pretendida pelo proprietário, 'modo privato'. O 'quantum' auferido pelo titular da propriedade expropriada é, tão só, forma de reposição, em seu patrimônio, do justo valor do bem, que perdeu, por necessidade ou utilidade pública ou por interesse social. Tal o sentido da 'justa indenização' prevista na Constituição (art. 153, parágrafo 22). Não pode, assim, ser reduzida a justa indenização pela incidência do imposto de renda. Representação procedente, para declarar a inconstitucionalidade da expressão 'desapropriação', contida no art. 1., parágrafo 2., inciso ii, do Decreto-lei n. 1641/78. (Rp 1260, Relator(a): Min. NÉRI DA SILVEIRA, TRIBUNAL PLENO, julgado em 13/08/1987, DJ 18-11-1988) 4. *In casu*, a ora recorrida percebeu verba decorrente de indenização oriunda de ato expropriatório, o que, manifestamente, consubstancia verba indenizatória, razão pela qual é infensa à incidência do imposto sobre a renda.

5. Deveras, a jurisprudência do Superior Tribunal de Justiça firmou-se no sentido da não incidência da exação sobre as verbas auferidas a título de indenização advinda de desapropriação, seja por necessidade ou utilidade pública ou por interesse social, porquanto não representam acréscimo patrimonial.

6. Precedentes: AgRg no Ag 934.006/SP, Rel. Ministro CARLOS FERNANDO MATHIAS, DJ 06.03.2008; Resp 799.434/CE, Rel. Ministra DENISE ARRUDA, DJ 31.05.2007; Resp 674.959/PR, Rel. Ministro CASTRO MEIRA, DJ 20/03/2006; Resp 673273/AL, Rel. Ministro LUIZ FUX, DJ 02.05.2005; Resp 156.772/RJ, Rel.

Min. Garcia Vieira, DJ 04/05/98; Resp 118.534/RS, Rel. Min. Milton Luiz Pereira, DJ 19/12/1997. 7. Recurso especial desprovido. Acórdão submetido ao regime do art. 543-C do CPC e da Resolução STJ 08/2008."

Incide imposto de renda sobre a verba intitulada 'Indenização por Horas Trabalhadas' - IHT, paga aos funcionários da Petrobrás, malgrado fundada em acordo coletivo. (Tema Repetitivo 167)

RECURSO ESPECIAL Nº 1.049.748 - RN (2008/0084908-0) RELATOR: MINISTRO LUIZ FUX RECORRENTE: FAZENDA NACIONAL PROCURADORES: CLAUDIO XAVIER SEEFELDER FILHO E OUTRO(S) IANA NARA SÁ MACIEL CAVALCANTE E OUTRO(S) RECORRENTE: PEDRO PEREIRA DE LIMA ADVOGADO: SÉRGIO AUGUSTO DIAS FLORÊNCIO E OUTRO(S) RECORRIDO: OS MESMOS EMENTA PROCESSO CIVIL. RECURSO ESPECIAL REPRESENTATIVO DE CONTROVÉRSIA. ARTIGO 543-C, DO CPC. TRIBUTÁRIO. IMPOSTO DE RENDA. INDENIZAÇÃO DE HORAS TRABALHADAS - IHT. PETROBRAS. CARÁTER REMUNERATÓRIO.

1. A verba intitulada "Indenização por Horas Trabalhadas" - IHT, paga aos funcionários da Petrobras, malgrado fundada em acordo coletivo, tem caráter remuneratório e configura acréscimo patrimonial, o que enseja a incidência do Imposto de Renda (Precedentes da Primeira Seção: EREsp 939.974/RN, Rel. Ministro Francisco Falcão, julgado em 22.10.2008, Dje 10.11.2008; EREsp 979.765/SE, Rel. Ministro Mauro Campbell Marques, Primeira Seção, julgado em 13.08.2008, Dje 01.09.2008; EREsp 666.288/RN, Rel. Ministro Teori Albino Zavascki, julgado em 28.05.2008, Dje 09.06.2008; AgRg no Resp 933.117/RN, Rel. Ministro José Delgado, julgado em 28.05.2008, Dje 16.06.2008; e EREsp 952.196/SE, Rel. Ministro Herman Benjamin, Primeira Seção, julgado em 28.05.2008, Dje 19.12.2008).

2. A ausência de explicitação da omissão que não teria sido suprida pelo Tribunal de origem e que ensejaria a violação do artigo 535, do CPC, impõe a aplicação da Súmula 284/STF à espécie.

3. O Tribunal de origem assentou a inaplicabilidade da multa de 75% (setenta e cinco por cento), ao fundamento de que "a exigência de multa, fixada no montante de 75%, próximo ao do débito cobrado, apenas pelo não recolhimento do tributo, sem que tenha havido grave ofensa à ordem tributária, padece de razoabilidade, configurando confisco, vedado pelo art. 150, IV, da Lei Fundamental", razão pela qual se revela obstada a análise do alegado dissídio jurisprudencial e violação do artigo 44, I, da Lei 9.430/96.

4. É que, fundando-se o acórdão recorrido em interpretação de matéria eminentemente constitucional, descabe a esta Corte examinar a questão, porquanto reverter o julgado significaria usurpar competência que, por expressa determinação da Carta Maior, pertence ao Colendo STF, e a competência traçada para este Eg. STJ restringe-se unicamente à uniformização da legislação infraconstitucional (Precedentes do STJ: Resp 614.535/DF, Rel. Ministro Castro Meira, Segunda Turma, julgado em 18.03.2008, DJ 01.04.2008, AgRg no Resp 953.929/SP, Rel. Ministro Humberto Martins, Segunda Turma, julgado em 11.12.2007, DJ 19.12.2007; e Resp 910.621/SP, Rel. Ministro Luiz Fux, Primeira Turma, julgado em 07.08.2007, DJ 20.09.2007).

5. Recurso especial da Fazenda Nacional não conhecido.

6. Recurso especial do contribuinte desprovido. Acórdão submetido ao regime do artigo 543-C, do CPC, e da Resolução STJ 08/2008.

São isentos do Imposto de Renda os rendimentos do trabalho recebidos por técnicos a serviço das Nações Unidas, contratados no Brasil para atuar como consultores no âmbito do Programa das Nações Unidas para o Desenvolvimento - PNUD. "Peritos" a que se refere o Acordo Básico de Assistência Técnica com a Organização das Nações Unidas, suas Agências Especializadas e a Agência Internacional de Energia Atômica, promulgado pelo Decreto 59.308/66, estão ao abrigo da norma isentiva do imposto de renda. O Acordo Básico de Assistência Técnica atribuiu os benefícios fiscais decorrentes da Convenção sobre Privilégios e Imunidades das Nações Unidas, promulgada pelo Decreto 27.784/50, não só aos funcionários da ONU em sentido estrito, mas também aos que a ela prestam serviços na condição de 'peritos de assistência técnica', no que se refere a essas atividades específicas. (Tema 535)

RECURSO ESPECIAL Nº 1.306.393 - DF (2012/0013476-0) RELATOR: MINISTRO MAURO CAMPBELL MARQUES RECORRENTE: GLÓRIA DELFIM COSTA E SILVA WALKER ADVOGADA: LORENA VASCONCELOS DE A BOSA RECORRIDO: FAZENDA NACIONAL ADVOGADO: PROCURADORIA-GERAL DA FAZENDA NACIONAL EMENTA TRIBUTÁRIO. RECURSO ESPECIAL REPRESENTATIVO DA CONTROVÉRSIA (ART. 543-C DO CPC). ISENÇÃO DO IMPOSTO DE RENDA SOBRE OS RENDIMENTOS AUFERIDOS POR TÉCNICOS A SERVIÇO DAS NAÇÕES UNIDAS, CONTRATADOS NO BRASIL PARA ATUAR COMO CONSULTORES NO ÂMBITO DO PNUD/ONU.

1. A Primeira Seção do STJ, ao julgar o Resp 1.159.379/DF, sob a relatoria do Ministro Teori Albino Zavascki, firmou o posicionamento majoritário no sentido de que são isentos do imposto de renda os rendimentos do trabalho recebidos por técnicos a serviço das Nações Unidas, contratados no Brasil para atuar como consultores no âmbito do Programa das Nações Unidas para o Desenvolvimento – PNUD. No referido julgamento, entendeu o relator que os "peritos" a que se refere o Acordo Básico de Assistência Técnica com a Organização das Nações Unidas, suas Agências Especializadas e a Agência Internacional de Energia Atômica, promulgado pelo Decreto 59.308/66, estão ao abrigo da norma isentiva do imposto de renda. Conforme decidido pela Primeira Seção, o Acordo Básico de Assistência Técnica atribuiu os benefícios fiscais decorrentes da Convenção sobre Privilégios e Imunidades das Nações Unidas, promulgada pelo Decreto 27.784/50, não só aos funcionários da ONU em sentido estrito, mas também aos que a ela prestam serviços na condição de "peritos de assistência técnica", no que se refere a essas atividades específicas.

2. Considerando a função precípua do STJ – de uniformização da interpretação da legislação federal infraconstitucional –, e com a ressalva do meu entendimento pessoal, deve ser aplicada ao caso a orientação firmada pela Primeira Seção. 3. Recurso especial provido. Acórdão submetido ao regime do art. 543-C do CPC e da Resolução STJ n. 8/2008

Os Estados da Federação são partes legítimas para figurar no polo passivo das ações propostas por servidores públicos estaduais, que visam o *(sic)* reconhecimento do direito à isenção ou à repetição do indébito relativo ao imposto de renda retido na fonte.[292] (Tema 193)

RECURSO ESPECIAL Nº 989.419 – RS (2007/0222590-5) RELATOR: MINISTRO LUIZ FUX RECORRENTE: ESTADO DO RIO GRANDE DO SUL PROCURADOR: MARIA BEATRIZ DE OLIVEIRA E OUTRO(S) RECORRIDO: MÁRIO CÉSAR GASPARONI ADVOGADO: JORGE NILTON XAVIER DE SOUZA RECORRIDO: FAZENDA NACIONAL PROCURADORES: CLAUDIO XAVIER SEEFELDER FILHO DOLIZETE DE FÁTIMA MICHELIN E OUTRO(S) EMENTA PROCESSO CIVIL E TRIBUTÁRIO. RECURSO ESPECIAL REPRESENTATIVO DE CONTROVÉRSIA. ART. 543-C, DO CPC. RESTITUIÇÃO. IMPOSTO DE RENDA RETIDO NA FONTE. LEGITIMIDADE

292. Súmula 447 STJ: Os Estados e o Distrito Federal são partes legítimas na ação de restituição de imposto de renda retido na fonte proposta por seus servidores.

PASSIVA DO ESTADO DA FEDERAÇÃO. REPARTIÇÃO DA RECEITA TRIBUTÁRIA.

1. Os Estados da Federação são partes legítimas para figurar no pólo passivo das ações propostas por servidores públicos estaduais, que visam ao reconhecimento do direito à isenção ou à repetição do indébito relativo ao imposto de renda retido na fonte. Precedentes: AgRg no Resp 1045709/RS, Rel. Ministro MAURO CAMPBELL MARQUES, SEGUNDA TURMA, julgado em 03/09/2009, Dje 21/09/2009; Resp 818709/RO, Rel. Ministro Herman Benjamin, Dje 11/03/2009; AgRg no Ag 430959/PE, Rel. Ministro Humberto Martins, Dje 15/05/2008; Resp 694087/RJ, Rel. Ministro João Otávio de Noronha, DJ 21/08/2007; Resp 874759/SE, Rel. Ministro TEORI ALBINO ZAVASCKI, PRIMEIRA TURMA, julgado em 07/11/2006, DJ 23/11/2006; Resp n. 477.520/MG, rel. Min. Franciulli Netto, DJ de 21.03.2005; Resp n. 594.689/MG, rel. Min. Castro Meira, DJ de 5.9.2005.

2. "O imposto de renda devido pelos servidores públicos da Administração direta e indireta, bem como de todos os pagamentos feitos pelos Estados e pelo Distrito Federal, retidos na fonte, irão para os cofres da unidade arrecadadora, e não para os cofres da União, já que, por determinação constitucional "pertencem aos Estados e ao Distrito Federal." (José Cretella Júnior, in *Comentários à Constituição Brasileira de 1988*, Forense Universitária, 2ª edição, vol. VII, arts. 145 a 169, p. 3714). 3. Recurso especial desprovido. Acórdão submetido ao regime do art. 543-C do CPC e da Resolução STJ 08/2008.

A complementação da pensão recebida de entidades de previdência privada, em decorrência da morte do participante ou contribuinte do fundo de assistência, quer a título de benefício quer de seguro, não sofre a incidência do Imposto de Renda apenas sob a égide da Lei 7.713/88, art. 6º, VII, "a", que restou revogado pela Lei 9.250/95, a qual, retornando ao regime anterior, previu a incidência do imposto de renda no momento da percepção do benefício. (Tema Repetitivo 366)

RECURSO ESPECIAL Nº 1.086.492 - PR (2008/0183996-2) RELATOR: MINISTRO LUIZ FUX RECORRENTE: FAZENDA NACIONAL ADVOGADO: PROCURADORIA-GERAL DA FAZENDA NACIONAL RECORRIDO: UZENIRA MARIA AZEVEDO ADVOGADO: EMANUELLE SILVEIRA DOS SANTOS BOSCARDIN EMENTA PROCESSO CIVIL. TRIBUTÁRIO. RECURSO ESPECIAL REPRESENTATIVO DE CONTROVÉRSIA. ART. 543-C, DO CPC. IMPOSTO DE RENDA. CONTRIBUIÇÃO PARA A PREVIDÊNCIA PRIVADA. PENSÃO POR MORTE. COMPLEMENTAÇÃO DE BENEFÍCIO. ART. 6º, VII,

"A" DA LEI Nº 7.713/88 REVOGADO PELO ART. 32 DA LEI 9.250/95. IMPRESCINDIBILIDADE DE TRIBUTAÇÃO QUANDO DAS CONTRIBUIÇÕES VERTIDAS PELO PARTICIPANTE AO FUNDO DE PREVIDÊNCIA PRIVADA OU QUANDO DA PERCEPÇÃO DO BENEFÍCIO. VIOLAÇÃO DO ART. 535 DO CPC NÃO CONFIGURADA.

1. A complementação da pensão recebida de entidades de previdência privada, em decorrência da morte do participante ou contribuinte do fundo de assistência, quer a título de benefício quer de seguro, não sofre a incidência do Imposto de Renda apenas sob a égide da Lei 7.713/88, art. 6º, VII, "a", que restou revogado pela Lei 9.250/95, a qual, retornando ao regime anterior, previu a incidência do imposto de renda no momento da percepção do benefício.

2. Sob a égide da Lei 4.506/64, os valores recebidos a título de pensão eram classificados como rendimentos oriundos de trabalho assalariado, sobre eles incidindo o imposto de renda. Em contrapartida, as contribuições destinadas às entidades de previdência privada deveriam ser deduzidas da base de cálculo do imposto de renda.

"Art. 10. Os rendimentos de trabalho assalariado, a que se refere o artigo 16, a partir de 1º de janeiro de 1965, sofrerão desconto do impôsto de renda na fonte, observadas as seguintes normas: (...)"

"Art. 16. Serão classificados como rendimentos do trabalho assalariado todas as espécies de remuneração por trabalho ou serviços prestados no exercício dos empregos, cargos ou funções referidos no artigo 5º do Decreto-lei número 5.844, de 27 de setembro de 1943, e no art. 16 da Lei nº 4.357, de 16 de julho de 1964, tais como: (...)

XI – Pensões, civis ou militares de qualquer natureza, meios-soldos, e quaisquer outros proventos recebidos do antigo empregador de institutos, caixas de aposentadorias ou de entidades governamentais, em virtude de empregos, cargos ou funções exercidas no passado, excluídas as correspondentes aos mutilados de guerra ex-integrantes da Força Expedicionária Brasileira."

3. A Lei 7.713/88, em sua redação original, dispunha que, *verbis*:

"Art. 6º. Ficam isentos do imposto de renda os seguintes rendimentos percebidos por pessoas físicas: (...) VII – os benefícios recebidos de entidades de previdência privada:

a) quando em decorrência de morte ou invalidez permanente do participante;

b) relativamente ao valor correspondente às contribuições cujo ônus tenha sido do participante, desde que os rendimentos e ganhos de capital produzidos pelo patrimônio da entidade tenham sido tributados na fonte.

4. A *ratio essendi* da não incidência da exação (atecnicamente denominada pela lei 7.713/88 como isenção), no momento da percepção do benefício da pensão por morte ou da aposentadoria complementar, residia no fato de que as contribuições recolhidas sob o regime da Lei 7.713/88 (janeiro de 1989 a dezembro de 1995) já haviam sofrido a incidência do imposto de renda no momento do recolhimento, por isso que os benefícios e resgates daí decorrentes não são novamente tributados, sob pena de violação à regra proibitiva do *bis in idem*. (Resp 1.012.903/RJ, sujeito ao regime dos "recursos repetitivos", Rel. Ministro Teori Albino Zavascki, julgado em 08.10.2008, publicado no Dje de 13.10.2008).

5. A Lei 9.250/95, retornando ao regime jurídico de direito público previsto na Lei 4.506/64, para impor a tributação no átimo da percepção do benefício da entidade de previdência privada, revogou o dispositivo legal supracitado, ao estabelecer que, litteris:

"Art. 32. O inciso VII do art. 6º da Lei 7.713, de 22 de dezembro de 1988, passa a vigorar com a seguinte redação:

"Art. 6º. [...]

[...]

VII – os seguros recebidos de entidades de previdência privada decorrentes de morte ou invalidez permanente do participante."

"Art. 33. Sujeitam-se à incidência do imposto de renda na fonte e na declaração de ajuste anual os benefícios recebidos de entidade de previdência privada, bem como as importâncias correspondentes ao resgate de contribuições.

6. Deveras, da leitura conjunta dos arts. 32 e 33 da Lei 9.250/95, sobressai, soberana, a *mens legis* de suprimir a "isenção" do imposto de renda, antes concedida, incidente sobre benefício decorrente de morte ou invalidez permanente do participante. Isso porque a dicção do art. 32 faz com que a "isenção" recaia tão somente sobre os seguros percebidos do fundo em decorrência de morte ou invalidez do participante, enquanto o art. 33, corroborando o dispositivo anterior, prevê expressamente a incidência do imposto no momento da percepção do benefício ou resgate. Interpretar a expressão "seguro", contida no art. 32, como inclusiva do benefício de pensão por morte, consubstancia grave equívoco, a ensejar não apenas afronta ao art. 33, como também a completa ausência de tributação, ante a ausência de previsão

legal que institua a cobrança do imposto de renda quando do aporte ao fundo, o que beneficia tão somente os dependentes daquele que falecer na vigência da Lei 9.250/95, em afronta ao princípio da isonomia.

7. Ademais, interpretação diversa geraria conflito entre os incisos VII e XV, da Lei 7.713/88, porquanto este último prevê a ausência de tributação até o valor estipulado a partir do mês em que o contribuinte completar 65 (sessenta e cinco) anos de idade, com tributação do valor excedente. Ora, se acolhida a tese de que o inciso VII prevê a não incidência total, o inciso XV ver-se-ia sem sentido nem utilidade, opondo-se à essência legislativa de que na lei não há espaço para palavras inúteis. Confira-se o referido dispositivo:

Art. 6º. Ficam isentos do imposto de renda os seguintes rendimentos percebidos por pessoas físicas:

(...) "XV – os rendimentos provenientes de aposentadoria e pensão, de transferência para a reserva remunerada ou de reforma pagos pela Previdência Social da União, dos Estados, do Distrito Federal e dos Municípios, por qualquer pessoa jurídica de direito público interno ou por entidade de previdência privada, a partir do mês em que o contribuinte completar 65 (sessenta e cinco) anos de idade, sem prejuízo da parcela isenta prevista na tabela de incidência mensal do imposto, até o valor de: (Redação dada pela Lei nº 11.482, de 2007) a) R$ 1.313,69 (mil, trezentos e treze reais e sessenta e nove centavos), por mês, para o ano-calendário de 2007; (Incluído pela Lei nº 11.482, de 2007)

b) R$ 1.372,81 (mil, trezentos e setenta e dois reais e oitenta e um centavos), por mês, para o ano-calendário de 2008; (Incluído pela Lei nº 11.482, de 2007)

c) R$ 1.434,59 (mil, quatrocentos e trinta e quatro reais e cinqüenta e nove centavos), por mês, para o ano-calendário de 2009; (Incluído pela Lei nº 11.482, de 2007)

d) R$ 1.499,15 (mil, quatrocentos e noventa e nove reais e quinze centavos), por mês, a partir do ano-calendário de 2010; (Incluído pela Lei nº 11.482, de 2007

8. Em suma, revelam-se os seguintes regimes jurídicos de direito público a regerem os benefícios recebidos dos fundos de previdência privada:

(XIV) sob a égide da Lei 4.506/64, em que havia a incidência do imposto de renda no momento do recebimento da pensão ou aposentadoria complementar;

(ii) sob o pálio da Lei 7.713/88, a não incidência da exação dava-se no momento do recebimento, em razão da tributação por ocasião do aporte;

(iii) após a vigência da Lei 9.250/95, em que, retornando à sistemática da Lei 4.506/64, há a não incidência do tributo apenas sobre o valor do benefício de complementação de aposentadoria ou pensão e o do resgate de contribuições que, proporcionalmente, corresponderem às parcelas de contribuições efetuadas no período de 01.01.1989 a 31.12.1995, cujo ônus tenha sido exclusivamente do participante do plano de previdência privada.

9. É nesse sentido que devem ser interpretados os julgados deste Tribunal Superior, ao admitirem a "isenção" da complementação da pensão recebida de entidades de previdência privada tanto sob a égide da Lei 7.713/88, art. 6º, VII, "a", quanto ao abrigo do art. 32 da Lei 9.250/95: Resp 1120206/PR, Rel. Ministra ELIANA CALMON, SEGUNDA TURMA, julgado em 17/06/2010, Dje 28/06/2010; Resp 1091057/PR, Rel. Ministro CASTRO MEIRA, SEGUNDA TURMA, julgado em 02/02/2010, Dje 18/02/2010; AgRg no Ag 1210220/PR, Rel. Ministro HAMILTON CARVALHIDO, PRIMEIRA TURMA, julgado em 17/12/2009, Dje 02/02/2010; AgRg no Resp 1099392/RS, Rel. Ministro MAURO CAMPBELL MARQUES, SEGUNDA TURMA, julgado em 28/04/2009, Dje 15/05/2009; Resp 974.660/SC, Rel. Ministro FRANCISCO FALCÃO, PRIMEIRA TURMA, julgado em 11/09/2007, DJ 11/10/2007; Resp 599.836/RN, Rel. Ministro FRANCISCO PEÇANHA MARTINS, SEGUNDA TURMA, julgado em 09/11/2004, DJ 17/12/2004.

10. *In casu*, o contribuinte faleceu em 1987, ressoando inequívoca a ausência de contribuição ao fundo de previdência privada sob a égide da lei 7.713/88, por isso que não se cogita de não incidência do imposto de renda sobre os valores recebidos a título de pensão por morte.

11. O art. 535 do CPC resta incólume se o Tribunal de origem, embora sucintamente, pronuncia-se de forma clara e suficiente sobre a questão posta nos autos. Ademais, o magistrado não está obrigado a rebater, um a um, os argumentos trazidos pela parte, desde que os fundamentos utilizados tenham sido suficientes para embasar a decisão. 12. Recurso especial provido. Acórdão submetido ao regime do art. 543-C do CPC e da Resolução STJ 08/2008.

Os valores a serem pagos em razão de decisão judicial trabalhista, que determina a reintegração do ex-empregado, assumem a natureza de verba remuneratória, atraindo a incidência do imposto sobre a renda. Isso porque são percebidos a título de salários vencidos, como se o empregado estivesse no pleno exercício de seu vínculo empregatício. (Tema Repetitivo 360)

Sendo a reintegração inviável, os valores a serem percebidos pelo empregado amoldam-se à indenização prevista no artigo 7°, I, da Carta Maior, em face da natureza eminentemente indenizatória, não dando azo a qualquer acréscimo patrimonial ou geração de renda, posto não ensejar riqueza nova disponível, mas reparações, em pecúnia, por perdas de direitos, afastando a incidência do Imposto sobre a Renda. (Tema 361)

RECURSO ESPECIAL Nº 1.142.177 – RS (2009/0100336-9) RELATOR: MINISTRO LUIZ FUX RECORRENTE: JARDEL MARQUES DUARTE ADVOGADO: FLÁVIA FRIEDRICH TRIERWEILER E OUTRO(S) RECORRIDO: FAZENDA NACIONAL PROCURADOR: PROCURADORIA-GERAL DA FAZENDA NACIONAL EMENTA PROCESSO CIVIL. TRIBUTÁRIO. RECURSO ESPECIAL REPRESENTATIVO DE CONTROVÉRSIA. ART. 543-C, DO CPC. IMPOSTO DE RENDA PESSOA FÍSICA RETIDO NA FONTE. DISPENSA SEM JUSTA CAUSA. VERBAS SALARIAIS PAGAS EM DECORRÊNCIA DA PROCEDÊNCIA DE RECLAMAÇÃO TRABALHISTA. REINTEGRAÇÃO DE EMPREGADO AFASTADO INJUSTAMENTE COM PAGAMENTO DOS DIREITOS E VANTAGENS DECORRENTES. AUSÊNCIA DE JUNTADA DA DECISÃO PROLATADA PELA JUSTIÇA DO TRABALHO A COMPROVAR O ENTENDIMENTO DO TRIBUNAL ACERCA DA INVIABILIDADE DA REINTEGRAÇÃO.

1. Os valores a serem pagos em razão de decisão judicial trabalhista, que determina a reintegração do ex-empregado, assumem a natureza de verba remuneratória, atraindo a incidência do imposto sobre a renda. Isso porque são percebidos a título de salários vencidos, como se o empregado estivesse no pleno exercício de seu vínculo empregatício. (Precedentes: EREsp 903.019/DF, Rel. Ministro FRANCISCO FALCÃO, PRIMEIRA SEÇÃO, julgado em 25/03/2009, Dje 06/04/2009; Resp 1073113/PR, Rel. Ministro MAURO CAMPBELL MARQUES, SEGUNDA TURMA, julgado em 20/11/2008, Dje 16/12/2008; Resp 850.091/RN, Rel. Ministro LUIZ FUX, PRIMEIRA TURMA, julgado em 11/11/2008, Dje 01/12/2008; Resp 933.923/SP, Rel. Ministro HERMAN BENJAMIN, SEGUNDA TURMA, julgado em 16/08/2007, DJ 08/02/2008; AgRg no Resp 1023756/PE, Rel. Ministro HUMBERTO MARTINS, SEGUNDA TURMA, julgado em 08/04/2008, Dje 17/04/2008; Resp 356.740/RS, Rel. Ministro JOÃO OTÁVIO DE NORONHA, SEGUNDA TURMA, julgado em 07/03/2006, DJ 06/04/2006; Resp 625.780/RS, Rel. Ministro JOSÉ DELGADO, PRIMEIRA TURMA, julgado em 06/05/2004, DJ 31/05/2004)

2. Não obstante inseridos no capítulo da estabilidade de empregado que conta com mais de 10 (dez) anos de serviço na mesma

empresa, vale destacar o disposto nos artigos 495, 496 e 497, da CLT, que tratam da "reintegração" do trabalhador estável, preceituando que: "Art. 495 – Reconhecida a inexistência de falta grave praticada pelo empregado, fica o empregador obrigado a readmiti-lo no serviço e a pagar-lhe os salários a que teria direito no período da suspensão."

"Art. 496 – Quando a reintegração do empregado estável for desaconselhável, dado o grau de incompatibilidade resultante do dissídio, especialmente quando for o empregador pessoa física, o tribunal do trabalho poderá converter aquela obrigação em indenização devida nos termos do artigo seguinte."

"Art. 497 – Extinguindo-se a empresa, sem a ocorrência de motivo de força maior, ao empregado estável despedido é garantida a indenização por rescisão do contrato por prazo indeterminado, paga em dobro."

3. A *ratio legis* emanada dos dispositivos legais supratranscritos indica que, entendendo o tribunal ser a reintegração inviável, os valores a serem percebidos pelo empregado amoldam-se à indenização prevista no artigo 7°, I, da Carta Maior, em face da natureza eminentemente indenizatória, não dando azo a qualquer acréscimo patrimonial ou geração de renda, posto não ensejar riqueza nova disponível, mas reparações, em pecúnia, por perdas de direitos, afastando a incidência do imposto sobre a renda.

4. *In casu*, o Tribunal a quo consignou a ausência de comprovação acerca de a decisão prolatada pela Justiça do Trabalho haver reconhecido a inviabilidade da reintegração do recorrente ao emprego, única hipótese em que a verba percebida assumiria a natureza indenizatória, consoante infere-se do seguinte excerto do voto condutor, *in verbis*:

"No caso em tela, o autor alega que ajuizou reclamação trabalhista contra a FASC – Fundação de Educação Social e Comunitária, obtendo provimento determinando a reintegração no emprego em decorrência de afastamento irregular ou ilegal, com trânsito em julgado. Aduz que, ato contínuo à determinação de reintegração, foi concedido, na forma de indenização, o pagamento dos valores relativos aos salários e demais verbas do período de afastamento injustificado.

No entanto, o autor não comprovou suas alegações, visto que não juntou cópia da sentença proferida pela 21ª Junta de Conciliação e Julgamento de Porto Alegre. Esse documento é imprescindível, para que se verifique se o autor foi reintegrado efetivamente ao serviço ou não, porque, nos termos do art. 496 da CLT, a obrigação de pagar os salários a que o empregado teria direito no período de afastamento somente se converte em indenização, quando a reintegração no emprego for desaconselhável, dado o grau de incompatibilidade resultante da dissensão."

5. Recurso especial desprovido. Acórdão submetido ao regime do art. 543-C do CPC e da Resolução STJ 08/2008."

Até a data da retenção na fonte, a correção do IR apurado e em valores originais deve ser feita sobre a totalidade da verba acumulada e pelo mesmo fator de atualização monetária dos valores recebidos acumuladamente, sendo que, em ação trabalhista, o critério utilizado para tanto é o FACDT- fator de atualização e conversão dos débitos trabalhistas. (Tema 894)

"RECURSO ESPECIAL Nº 1.470.720 - RS (2014/0182846-0) RELATOR: MINISTRO MAURO CAMPBELL MARQUES RECORRENTE: FAZENDA NACIONAL ADVOGADO: PROCURADORIA-GERAL DA FAZENDA NACIONAL RECORRIDO: NEUSA FESTA TEDESCO ADVOGADOS: ANITA TORMEN ALEXANDRE OLTRAMARI E OUTRO(S) CAMILA CARRA OLMI EMENTA RECURSO REPRESENTATIVO DA CONTROVÉRSIA. ART. 543-C, DO CPC. PROCESSUAL CIVIL. VIOLAÇÃO AO ART. 535, DO CPC. ALEGAÇÕES GENÉRICAS. SÚMULA N. 284/STF. TRIBUTÁRIO. EMBARGOS À EXECUÇÃO DE SENTENÇA CONTRA A FAZENDA PÚBLICA. IMPOSTO DE RENDA DA PESSOA FÍSICA - IRPF. VERBAS RECEBIDAS ACUMULADAMENTE. REGIME DE COMPETÊNCIA. CORREÇÃO MONETÁRIA. FACDT. SELIC.

1. Não merece conhecimento o recurso especial que aponta violação ao art. 535, do CPC, sem, na própria peça, individualizar o erro, a obscuridade, a contradição ou a omissão ocorridas no acórdão proferido pela Corte de Origem, bem como sua relevância para a solução da controvérsia apresentada nos autos. Incidência da Súmula n. 284/STF: "É inadmissível o recurso extraordinário, quando a deficiência na sua fundamentação não permitir a exata compreensão da controvérsia".

2. O valor do imposto de renda, apurado pelo regime de competência e em valores originais, deve ser corrigido, até a data da retenção na fonte sobre a totalidade de verba acumulada, pelo mesmo fator de atualização monetária dos valores recebidos acumuladamente (em ação trabalhista, como no caso, o FACDT - fator de atualização e conversão dos débitos trabalhistas). A taxa SELIC, como índice único de correção monetária do indébito, incidirá somente após a data da retenção indevida.

3. Sistemática que não implica violação ao art. 13, da Lei 9.065/95, ao art. 61, § 3º, da Lei 9.430/96, ao art. 8º, I, da Lei 9.250/95, ou ao

art. 39, § 4º, da Lei n. 9.250/95, posto que se refere à equalização das bases de cálculo do imposto de renda apurados pelo regime de competência e pelo regime de caixa e não à mora, seja do contribuinte, seja do Fisco.

4. Tema julgado para efeito do art. 543-C, do CPC: "Até a data da retenção na fonte, a correção do IR apurado e em valores originais deve ser feita sobre a totalidade da verba acumulada e pelo mesmo fator de atualização monetária dos valores recebidos acumuladamente, sendo que, em ação trabalhista, o critério utilizado para tanto é o FACDT".

5. Recurso especial parcialmente conhecido e, nessa parte, não provido. Acórdão submetido ao regime do art. 543-C do CPC e da Resolução STJ 08/2008."

Incide imposto de renda sobre o adicional de 1/3 (um terço) de férias gozadas. (Tema 881)

RECURSO ESPECIAL Nº 1.459.779 - MA (2014/0138474-9) RELATOR: MINISTRO MAURO CAMPBELL MARQUES REL. P/ ACÓRDÃO: MINISTRO BENEDITO GONÇALVES RECORRENTE: ESTADO DO MARANHÃO PROCURADOR: DANIEL PALÁCIO DE AZEVEDO E OUTRO(S) RECORRIDO: ISABELLA DE AMORIM PARGA MARTINS LAGO ADVOGADO: JOSÉ REIS ROCHA VIEIRA INTERES.: FAZENDA NACIONAL - "AMICUS CURIAE" PROCURADOR: PROCURADORIA-GERAL DA FAZENDA NACIONAL EMENTA TRIBUTÁRIO. RECURSO ESPECIAL. IMPOSTO DE RENDA. ADICIONAL DE 1/3 (UM TERÇO) DE FÉRIAS GOZADAS. INCIDÊNCIA DA EXAÇÃO. 1. A jurisprudência tradicional do STJ é pacífica quanto à incidência do imposto de renda sobre o adicional (1/3) de férias gozadas. Precedentes: Pet 6.243/SP, Rel. Ministra Eliana Calmon, Primeira Seção, Dje 13/10/2008; AgRg no AREsp 450.899/MS, Rel. Ministro Mauro Campbell Marques, Segunda Turma, Dje 11/03/2014; AgRg no AREsp 367.144/MG, Rel. Ministro Herman Benjamin, Segunda Turma, Dje 28/02/2014; AgRg no Resp 1.112.877/SP, Rel. Ministro Luiz Fux, Primeira Turma, Dje 03/12/2010; Resp 891.794/SP, Rel. Ministro Teori Albino Zavascki, Primeira Turma, Dje 30/03/2009; entre outros.

2. A conclusão acerca da natureza do terço constitucional de férias gozadas nos julgamentos da Pet 7.296/PE e do Resp 1.230.957/RS, por si só, não infirma a hipótese de incidência do imposto de renda, cujo fato gerador não está relacionado com a composição do salário de contribuição para fins previdenciários ou com a habitualidade de percepção dessa verba, mas, sim, com a existência, ou não, de acréscimo patrimonial, que, como visto, é patente quando do recebimento do adicional de férias gozadas.

> 3. Recurso especial provido, divergindo do voto do Sr. Ministro Relator.

O último ponto que gostaríamos de examinar é a questão da chamada indenização por "não concorrência". Tais valores costumam ser pagos em contratos firmados entre executivos e pessoas jurídicas, com a proibição de que a pessoa física atue no mesmo ramo de atuação da pessoa jurídica, em questão, mediante o pagamento de certa quantia.

Em meu ponto de vista, tal pagamento não deixa de ser rendimento, haja vista que representa um acréscimo patrimonial de quem o recebe. Não se trata de uma reposição de uma "perda" que tenha importado uma redução patrimonial, mas o valor que faz às vezes de quantias que o contribuinte poderia ganhar no futuro para remunerar seu trabalho. Trata-se, nesse sentido, de figura semelhante ao "lucro cessante".[293]

Nesse sentido, a Receita Federal do Brasil, na Solução de Consulta COSIT n. 341/2014, esta última com efeito vinculante, chegou-se a conclusão semelhante, sustentando-se o seguinte:[294]

> ASSUNTO: IMPOSTO SOBRE A RENDA DE PESSOA FÍSICA – IRPF EMENTA: Tributa-se como retenção na fonte, conforme a tabela progressiva vigente no mês do pagamento e ajuste na Declaração de Ajuste Anual do Imposto sobre a Renda da Pessoa Física, os valores recebidos por pessoa física de ex-empregador, a título de compensação financeira em virtude de limitação temporal ao exercício do trabalho em determinada atividade, em face de contrato do qual conste cláusula de "NÃO COMPETIÇÃO" ou "NÃO CONCORRÊNCIA".. DISPOSITIVOS LEGAIS: Lei nº 5.172, de 1966, arts. 43 e 111; Lei nº 7.713, de 1988, arts. 6º, incisos IV e V, 7º, inciso II e § 1º.

---

293. Para um excelente panorama pragmático da incidência do IRPF sobre valores recebidos a título de não concorrência: PINTO, Alexandre Evaristo. O IRPF e a Cláusula da Não Concorrência. In *Conjur*. Disponível no sítio eletrônico: /www.conjur.com.br/2021-set-29/direto-carf-irpf-clausula-nao-concorrencia. Acesso em: 07 jan. 2022.

294. Solução de Consulta COSIT n. 341/14, DOU 30/12/2014.

No âmbito jurisprudencial, a incidência do IRPF sobre valores pagos a título de cláusula de não concorrência foi reconhecida pelas 1ª e 2ª Turma do Superior Tribunal de Justiça, conforme se infere, respectivamente, nas seguintes ementas:

> PROCESSUAL CIVIL E TRIBUTÁRIO. NEGATIVA DE PRESTAÇÃO JURISDICIONAL.
>
> INOCORRÊNCIA. IMPOSTO DE RENDA. PACTO DE NÃO CONCORRÊNCIA. VERBAS
>
> RECEBIDAS. ISENÇÃO. INEXISTÊNCIA.
>
> 1. Conforme estabelecido pelo Plenário do STJ, "aos recursos interpostos com fundamento no CPC/2015 (relativos a decisões publicadas a partir de 18 de março de 2016) serão exigidos os requisitos de admissibilidade recursal na forma do novo CPC" (Enunciado Administrativo n. 3/STJ).
>
> 2. Inexiste violação do art. 535 do CPC/73 quando o Tribunal de origem enfrenta os vícios alegados nos embargos de declaração e emite pronunciamento fundamentado, ainda que contrário à pretensão da recorrente.
>
> 3. Nos termos do art. 43 do CTN, o imposto sobre a renda e proventos de qualquer natureza tem como fato gerador a aquisição da disponibilidade econômica ou jurídica: I – de renda, assim entendido o produto do capital, do trabalho ou da combinação de ambos; ou II – de proventos de qualquer natureza, assim entendidos os acréscimos patrimoniais não compreendidos no inciso anterior, sendo que "a incidência do imposto independe da denominação da receita ou do rendimento, da localização, condição jurídica ou nacionalidade da fonte, da origem e da forma de percepção".
>
> 4. Eventual isenção do imposto sobre a renda e proventos de qualquer natureza não pode ser reconhecida se inexistir expressa previsão em lei, com a especificação das condições e requisitos para sua concessão (arts. 111 e 176 do CTN).
>
> 5. *In casu*, não estando prevista na lei isenção específica para as verbas recebidas em face de pacto de não concorrência e confidencialidade, os valores devem ser regularmente tributados pelo Imposto de Renda, por caracterizarem acréscimo patrimonial.
>
> 6. "Pacífico o entendimento da Primeira Seção desta Corte no sentido de que a verba paga por liberalidade do empregador, isto

> é, verba paga na ocasião da rescisão unilateral do contrato de trabalho sem brigatoriedade expressa em lei, convenção ou acordo coletivo, tem natureza remuneratória". (Resp 1.102.575/MG, Rel. Ministro MAURO CAMPBELL MARQUES, PRIMEIRA SEÇÃO, julgado pela sistemática dos repetitivos em 23/09/2009).
>
> 7. Recurso especial desprovido.
>
> TRIBUTÁRIO. RESCISÃO DO CONTRATO DE TRABALHO. AJUSTE EM PACTO DE NÃO CONCORRÊNCIA E CONFIDENCIALIDADE. INDENIZAÇÃO POR LIBERALIDADE DO EMPREGADOR. NATUREZA REMUNERATÓRIA. IMPOSTO DE RENDA. INCIDÊNCIA.
>
> 1. Trata-se na origem de Mandado de Segurança impetrado pela recorrida visando reconhecer a não incidência do Imposto de Renda sobre quantia recebida a título de pagamento de pacto de confidencialidade e não concorrência.
>
> 2. A sentença denegou a segurança. Em Apelação, o Tribunal de origem reformou o decisum por considerar o pagamento efetuado pelo ex-empregador como de natureza indenizatória, sobre o qual não devia incidir o Imposto de Renda.
>
> 3. A Primeira Seção do Superior Tribunal de Justiça, no julgamento do Resp 1.102.575/MG, da Relatoria do Ministro Mauro Campbell Marques, decidiu que incide o Imposto de Renda sobre as gratificações pagas voluntariamente pelos empregadores em decorrência da quebra do contrato de trabalho.
>
> 4. Recurso Especial provido.
>
> (Resp 1671670/SP, Rel. Ministro HERMAN BENJAMIN, SEGUNDA TURMA, julgado em 06/03/2018, Dje 22/11/2018)

Portanto, parece-nos que a jurisprudência tem sido firme sobre a incidência do gravame sobre tais quantias que, em nosso sentido, revestem-se da natureza jurídica de "rendimentos tributáveis".

De qualquer sorte, em síntese, tenhamos que os pagamentos a título indenizatórios, em que não haja acréscimo patrimonial, não devem ser objeto de tributação.

4.2.3.16 Letras hipotecárias e outros rendimentos de mercados financeiros e assemelhados, além de prêmios em dinheiro e rendimentos recebidos por condomínios

Determina o art. 68, inciso III, da Lei 8.981/95, que os juros produzidos pelas letras hipotecárias serão excluídos da tributação de IRPF.

Nesse ponto, vale indicar que letras hipotecárias são títulos emitidos por instituições financeiras autorizadas a créditos hipotecários e são utilizadas com o objetivo de financiar tais linhas de crédito.

Para remunerar o investidor, as letras hipotecárias são emitidas com taxas de juros, que podem ser prefixadas ou flutuantes, com prazo de até 180 (cento e oitenta) dias, e prazo máximo de vencimento dos créditos caucionados em garantia. Nesse sentido, o recebimento de tais juros pelo investidor estará isento de IRPF, por conta da disposição do enunciado prescritivo acima mencionado.

Registre-se que, além das letras hipotecárias, a Lei 11.033 de 21 de dezembro de 2004, em seu art. 3º, inciso II, também isentou de IRPF a remuneração proveniente de certificados de recebíveis imobiliários e letras de créditos imobiliário.

Assim, as letras de crédito imobiliárias são títulos semelhantes às letras hipotecárias com a distinção de que também lastreiam créditos garantidos por alienação fiduciária.

Além da opção da remuneração por juros, as letras de crédito imobiliárias também podem ser atualizadas mensalmente por índices de preço, desde que emitidas com prazo mínimo de 36 (trinta e seis) meses.

Já os certificados de recebíveis imobiliários (CRI) são títulos de renda fixa de longo prazo, emitidos exclusivamente por uma companhia securitizadora, com lastro em um empreendimento imobiliário, que pagam juros ao investidor.

Diante dessa conjuntura, nota-se que tanto os juros emitidos pelo CRI como pelas letras de crédito imobiliárias estão isentas de IRPF.

Aliás, o inciso V do art. 35 do RIR/2018 consolida a lista dos rendimentos obtidos no mercado financeiro e assemelhados isentos de tributação de IRPF. Peço vênia caso algum item seja repetido neste subcapítulo ou em outros do presente livro, mas julguei útil a citação de tal dispositivo que prevê o seguinte:

> Art. 35. São isentos ou não tributáveis:
>
> V – os seguintes rendimentos obtidos no mercado financeiro e assemelhados:
>
> a) os rendimentos auferidos em contas de depósitos de poupança (Lei nº 8.981, de 20 de janeiro de 1995, art. 68, *caput*, inciso III);
>
> b) os valores resgatados dos PAIT relativos à parcela correspondente às contribuições efetuadas pelo participante (Lei nº 7.713, de 1988, art. 6º, *caput*, inciso IX);
>
> c) a remuneração produzida pelas letras hipotecárias, pelos certificados de recebíveis imobiliários e pelas letras de crédito imobiliário (Lei nº 8.981, de 1995, art. 68, *caput*, inciso III; e Lei nº 11.033, de 21 de dezembro de 2004, art. 3º, *caput*, inciso II);
>
> d) os rendimentos distribuídos pelos fundos de investimento imobiliários cujas quotas sejam admitidas à negociação exclusiva em bolsas de valores ou em mercado de balcão organizado (Lei nº 11.033, de 2004, art. 3º, *caput*, inciso III);[295]
>
> e) os ganhos líquidos auferidos por pessoa física em operações no mercado à vista de ações nas bolsas de valores e em operações com ouro, ativo financeiro, cujo valor das alienações realizadas em cada mês seja igual ou inferior a R$ 20.000,00 (vinte mil reais) para o conjunto de ações e para o ouro, ativo financeiro, respectivamente (Lei nº 8.981, de 1995, art. 72, § 8º; e Lei nº 11.033, de 2004, art. 3º, *caput*, inciso I);
>
> f) a remuneração produzida pelo Certificado de Depósito Agropecuário – CDA, pelo *Warrant* Agropecuário – WA, pelo Certificado de Direitos Creditórios do Agronegócio – CDCA, pela Letra de Crédito do Agronegócio – LCA e pelo Certificado de Recebíveis do Agronegócio – CRA, instituídos pelos art. 1º e art. 23 da Lei nº 11.076, de 30 de dezembro de 2004 (Lei nº 11.033, de 2004, art. 3º, *caput*, inciso IV; e Lei nº 11.311, de 13 de junho de 2006, art. 7º);

---

295. A isenção em tela apenas será concedida nas hipóteses em que o fundo de investimento imobiliário possua, no mínimo, cinquenta quotistas; e II - não será concedida ao quotista pessoa física titular de quotas que representem dez por cento ou mais da totalidade das quotas emitidas pelo fundo de investimento imobiliário ou cujas quotas lhe derem direito ao recebimento de rendimento superior a dez por cento do total de rendimentos auferidos pelo referido fundo.

> g) a remuneração produzida pela Cédula de Produto Rural – CPR, com liquidação financeira, instituída pela Lei nº 8.929, de 22 de agosto de 1994, desde que negociada no mercado financeiro (Lei nº 11.033, de 2004, art. 3º, *caput,* inciso V);
>
> h) o dividendo anual mínimo decorrente de quotas do Fundo Nacional de Desenvolvimento – FND (Decreto-Lei nº 2.288, de 23 de julho de 1986, art. 5º);
>
> i) o acréscimo patrimonial decorrente da variação cambial de depósitos mantidos em instituições financeiras no exterior, pelo valor do saldo desses depósitos em moeda estrangeira convertido em reais pela cotação cambial de compra em 31 de dezembro (Lei nº 9.250, de 1995, art. 25, § 4º);
>
> j) os rendimentos distribuídos à pessoa física, nos termos estabelecidos no *caput* e no § 2º do art. 2º da Lei nº 11.478, de 29 de maio de 2007 (Lei nº 11.478, de 2007, art. 2º, § 3º);
>
> k) os valores percebidos a título de bolsa, no âmbito do Programa Mais Médicos, estabelecidos pela Lei nº 12.871, de 22 de outubro de 2013 (Lei nº 9.250, de 1995, art. 26; e Lei nº 12.871, de 2013, art. 29);
>
> l) os valores percebidos a título de bolsa, no âmbito do Programa de Bolsas para Educação pelo Trabalho, estabelecidos pela Lei nº 11.129, de 30 de junho de 2005 (Lei nº 9.250, de 1995, art. 26; e Lei nº 12.871, de 2013, art. 29); e
>
> m) o ganho de capital auferido por pessoa física na alienação, até 31 de dezembro de 2023, realizada no mercado à vista de bolsas de valores, de ações que tenham sido emitidas pelas companhias que atendam às condições estabelecidas pelos art. 16 e art. 17 da Lei nº 13.043, de 13 de novembro de 2014 (Lei nº 13.043, de 2014, art. 16 e art. 17);

Portanto, os itens acima descritos não devem ser alvo de tributação a título de IRPF, ou de imposto sobre ganho de capital, conforme o caso, por expressa isenção legal. A maior parte deles será revista, oportunamente, quando tratarmos de tributação de ganho de capital e de rendimentos oriundos do mercado financeiro.

Ademais, apesar de não estar mais vigente a isenção prevista no *art.* 4º, alínea "d" do Decreto-lei n. 1.510/76, é preciso que o direito adquirido de certos contribuintes com relação a tal isenção seja preservado. Compreenda-se.

O art. 1º do referido Decreto-lei previa que o lucro auferido por pessoas físicas na alienação de quaisquer participações societárias estava sujeito à incidência do imposto de renda, na cédula H da declaração de rendimentos. Por sua vez, o art. 4º do mesmo Decreto-lei previa o seguinte:

> Art. 4º Não incidirá o imposto de que trata o artigo 1º:
>
> *a) nas negociações, realizadas em bolsas de valores, com ações de sociedades anônimas;*
>
> a) nas negociações, realizadas em Bolsa de Valores, com ações de sociedades anônimas;
>
> b) nas doações feitas a ascendentes ou descendentes e nas transferências "mortis causa"; *(Redação dada pela Decreto-lei nº 1.579, de 1977)*
>
> c) nas alienações em virtude de desapropriação por órgãos públicos;
>
> d) nas alienações efetivadas após decorrido o período de cinco anos da data da subscrição ou aquisição da participação.

Ocorre que o referido dispositivo foi revogado pelo art. 58 da Lei 7.713/88. Nesse sentido, surgiu a dúvida se para aqueles contribuintes que haviam adquirido ou subscrito participação societária há mais de cinco anos permaneceria o direito adquirido à isenção prevista no art. 4º, "d", do Decreto-lei 1.570/76.

Em nossa visão, o direito adquirido à referida isenção é inconteste. Que significa direito adquirido? Trata-se do direito que se incorpora no patrimônio de seu titular em razão da ocorrência de um fato jurídico que lhe irradia.

Em outras palavras, toda relação jurídica é proveniente da eficácia de um fato jurídico. Este fato jurídico corresponde à descrição da hipótese de incidência de uma norma geral e abstrata cujo consequente prescreve uma relação jurídica. Ou, para ficarmos na redação do § 2º do art. 6º do Decreto-Lei 4.657/1942 – Lei de Introdução às Normas do Direito Brasileiro – LINDB, com a redação que lhe foi dada pela Lei 3.238/57, direito adquirido é aquele que seu titular, ou alguém por ele, possa exercer, como aqueles cujo começo do exercício tenha termo pré-fixo, ou condição preestabelecida inalterável, a arbítrio de outrem.

Agora, uma vez ocorrido o evento previsto no antecedente de norma geral e abstrata, a relação jurídica a ele imputada não pode ser afetada por lei superveniente, sob pena de ofensa ao artigo 5 º, inciso XXXVI, da Constituição da República Federativa do Brasil que prescreve que a lei não prejudicará direito adquirido, ato jurídico perfeito e a coisa julgada.

Volto ao caso concreto. O artigo "d" do Decreto-lei 1.570/1976 é norma geral e abstrata cujo antecedente é a manutenção, por cinco anos, de participação societária adquirida ou subscrita pelo contribuinte. O consequente da norma prescreve o direito de o contribuinte alienar tais ações sem se submeter à tributação do IR sobre o ganho de capital.

Nesse sentido, o contribuinte que adquiriu ou subscreveu participação societária e não as alienou em cinco anos tem o direito adquirido à isenção. Tal direito não pode ser prejudicado por norma superveniente.

Pois bem. A Primeira Seção do Egrégio Superior Tribunal de Justiça reconheceu a isenção para aqueles contribuintes que alienaram as participações societárias após 05 (cinco) anos, mesmo que a alienação tenha se operado após o advento da Lei n. 7.713/88, conforme a decisão a seguir:

> TRIBUTÁRIO. IMPOSTO DE RENDA. ALIENAÇÃO DE PARTICIPAÇÃO SOCIETÁRIA.
>
> ISENÇÃO ONEROSA POR PRAZO INDETERMINADO. DECRETO-LEI 1.510/76.
>
> DIREITO ADQUIRIDO. REVOGAÇÃO. ART. 178 DO CTN.
>
> 1. Os recorrentes impugnam acórdão proferido pelo Tribunal Regional Federal da 4ª Região, o qual entendeu não persistir a isenção conferida pelo art. 4º, alínea "d", do Decreto-Lei nº 1.510/76 ao acréscimo patrimonial decorrente da alienação de participação societária realizada após a entrada em vigor da Lei nº 7.713/88.
>
> 2. Não obstante as ponderáveis razões do voto apresentado pelo Sr.

> Ministro Relator, reconheço o direito adquirido do contribuinte que alienou a participação societária após o decurso de cinco anos, ainda que essa alienação tenha ocorrido na vigência da Lei nº 7.713/88, tendo em vista os reiterados pronunciamentos da Fazenda Nacional, pelo órgão máximo de sua instância administrativa, o Conselho Superior de Recursos Fiscais nesse sentido.
>
> 3. Recurso especial provido.[296]

Em virtude de tal decisão, o Ato Declaratório PGFN 12 de 25 de junho de 2018 dispensou a Procuradoria Geral da Fazenda Nacional à interposição de recursos ou apresentação de contestação que tivesse por objeto tal discussão. Veja-se:

> nas ações judiciais que fixam o entendimento de que há isenção do imposto de renda no ganho de capital decorrente da alienação de participações societárias adquiridas até 31/12/1983 e mantidas por, pelo menos, cinco anos, sem mudança de titularidade, até a data da vigência da Lei nº 7.713, de 22 de dezembro de 1988, não sendo a referida isenção, contudo, aplicável às ações bonificadas adquiridas após 31/12/1983 (incluem-se no conceito de bonificações as participações no capital social oriundas de incorporações de reservas e/ou lucros).

Interessante notar que o entendimento passa a ser vinculante ao Conselho Administrativo de Recursos Fiscais – CARF, por conta do art. 26-A, inciso II, alínea "a" do Decreto 70.235/72. Nesse sentido, veja-se decisão da 2 ª Turma da Câmara Superior de Recursos Fiscais:[297]

> ASSUNTO: IMPOSTO SOBRE A RENDA DE PESSOA FÍSICA (IRPF) Exercício: 2008
>
> IRPF. ISENÇÃO. ALIENAÇÃO DE PARTICIPAÇÃO SOCIETÁRIA. DECRETO-LEI 1.510/76. ATO DECLARATÓRIO PGFN Nº 12/2018. EFEITO VINCULANTE. ART. 62, §1º, II, 'C' DO RICARF.

296. REsp 1133032/PR, Rel. Ministro LUIZ FUX, Rel. p/ Acórdão Ministro CASTRO MEIRA, PRIMEIRA SEÇÃO, julgado em 14/03/2011, DJe 26/05/2011.

297. Número do Processo 10680.934381/2009-11, Nº Acórdão 9202-008.149, Data da Sessão 22/08/2019. Câmara Superior de Recursos Fiscais – 2 ª Turma. Consultado no sítio eletrônico, file:///C:/Users/Ultrabook%20HP/Downloads/Decisao_10680934381200911.PDF Acesso em: 15 nov. 2019.

> O contribuinte detentor de quotas sociais há cinco anos ou mais antes da entrada em vigor da Lei 7.713/88 possui direito adquirido à isenção do imposto de renda, quando da alienação de sua participação societária.

Por outro lado, a 1ª Turma do Superior Tribunal de Justiça também decidiu que a isenção, ora examinada, não é transferida aos herdeiros, sob o argumento de que a isenção está atrelada à titularidade das ações pelo prazo de 05 (cinco) anos. A ementa do julgado foi a seguinte:

> "RECURSO ESPECIAL Nº 1648432 - SP (2017/0007954-7) RELATOR: MINISTRO MANOEL ERHARDT (DESEMBARGADOR CONVOCADO DO TRF-5ª REGIÃO) RECORRENTE: LUCIA HELENA SILVEIRA MALZONI ADVOGADOS: RAQUEL CRISTINA RIBEIRO NOVAIS - SP076649 CRISTIANE ROMANO FARHAT FERRAZ - SP123771 DANIELLA ZAGARI GONÇALVES - SP116343 MARCO ANTÔNIO GOMES BEHRNDT - SP173362 JANAINA SANTOS CASTRO E OUTRO(S) - DF046175 RECORRIDO: FAZENDA NACIONAL EMENTA TRIBUTÁRIO. RECURSO ESPECIAL. IMPOSTO DE RENDA PESSOA FÍSICA. ALIENAÇÃO DE PARTICIPAÇÕES SOCIETÁRIAS. ISENÇÃO TRIBUTÁRIA. DIREITO ADQUIRIDO DO CONTRIBUINTE QUE, NA VIGÊNCIA DO DECRETO-LEI 1.510/1976, PREENCHEU OS REQUISITOS LEGAIS EXIGIDOS PARA A CONCESSÃO DA ISENÇÃO. TRANSMISSÃO DO DIREITO AOS SUCESSORES DO TITULAR ANTERIOR AO BENEFÍCIO. IMPOSSIBILIDADE. ENTENDIMENTO DO TRIBUNAL A QUO EM CONSONÂNCIA COM A JURISPRUDÊNCIA DO STJ. RECURSO ESPECIAL DO CONTRIBUINTE A QUE SE NEGA PROVIMENTO. AGRAVO INTERNO DE FLS. 866/870 PREJUDICADO. 1. Cinge-se a controvérsia sobre a existência ou não de direito adquirido à isenção do Imposto de Renda, isenção esta instituída pelo Decreto-Lei 1.510/1976 sobre o lucro auferido na alienação de quotas societárias ocorrida após cinco anos de sua aquisição, relativamente às quotas adquiridas pela parte recorrente por herança em razão do falecimento do seu genitor.
>
> 2. O entendimento perfilhado pelo acórdão recorrido está em consonância com o sedimentado pela jurisprudência desta Corte Superior, que reconhece a aplicação da isenção do Imposto de Renda sobre o lucro obtido, na forma prevista no art. 4º, "d", do Decreto-Lei 1.510/1976, às operações de alienação de ações ocorridas após a sua revogação pela Lei 7.713/1988, desde que já implementado

> o período de cinco anos, contados da subscrição ou aquisição da participação à condição da isenção. Entretanto, tal isenção não se transfere para o sucessor, uma vez que o benefício está atrelado à titularidade das ações pelo prazo de cinco anos. Precedentes: AgInt no AREsp 1.379.101/RJ, Rel. Ministro MANOEL ERHARDT (DESEMBARGADOR CONVOCADO DO TRF-5ª REGIÃO), PRIMEIRA TURMA, DJe 20.4.2021; REsp 1.563.733/SP, Rel. Ministro BENEDITO GONÇALVES, PRIMEIRA TURMA, DJe 25.3.2021.
>
> 3. Recurso Especial do contribuinte a que se nega provimento. Prejudicado o Agravo Interno de iniciativa da Fazenda Nacional (fls. 866/870).

Avancemos. A legislação também prevê certas isenções relativas a prêmios em dinheiro.

A primeira que iremos apontar no presente item refere-se ao prêmio em dinheiro obtido em loterias até o limite do valor da primeira faixa da tabela de incidência mensal do imposto obre a renda da pessoa física, nos termos do art. 56 da Lei 11.941, de 27 de maio de 2009. Trata-se de expresso caso de isenção.

A segunda refere-se ao prêmio em dinheiro, pago uma única vez, no valor fixo de R$ 100.000,00 (cem mil reais) ao jogador, ao titular ou ao reserva das seleções brasileiras campeãs das copas mundiais masculinas da *Fédération Internationale de Football Association – Fifa*, nos anos de 1958, de 1962 e de 1970, ou aos seus sucessores estabelecidos na lei civil.

Ademais, vale apontar que o item k do inciso VII do art. 35 do RIR/2018 previu que certos rendimentos recebidos por condomínios estão isentos de tributação a título de IR. Trata-se dos rendimentos recebidos pelos condomínios residenciais constituídos nos termos estabelecidos na Lei 4.591, de 16 de dezembro de 1964, limitados a R$ 24.000,00 (vinte e quatro mil reais) por ano-calendário, e desde que:

1. sejam revertidos em benefício do condomínio para cobertura de despesas de custeio e de despesas extraordinárias;

2. estejam previstos e autorizados na convenção condominial;

3. não sejam distribuídos aos condôminos; e

4. decorram de uso, aluguel ou locação de partes comuns do condomínio, de multas e penalidades aplicadas em decorrência de inobservância às regras previstas na convenção condominial, ou de alienação de ativos detidos pelo condomínio.

4.2.3.17 Distribuição de lucros e dividendos

O art. 35 do RIR/2018 consolida em quatro incisos IV, V, VI e VII, o tratamento dispensado, respectivamente, aos rendimentos de participações societárias, aos rendimentos obtidos no mercado financeiro e assemelhados, os rendimentos obtidos na alienação de bens e direitos e os rendimentos diversos, que tratam da isenção de IRPF sobre distribuição de lucros e dividendos.

O inciso IV, aliena "a", regulamentando a disposição do art. 10 da Lei 9.249/95, dispõe que os lucros ou dividendos calculados com base nos resultados a partir do mês de janeiro de 1996, pagos ou creditados pelas pessoas jurídicas tributadas com base no lucro real, presumido ou arbitrado são isentos de Imposto Sobre a Renda Pessoa Física. Trata-se de efetiva isenção que tem como condão estimular o ingresso de recursos no país e o empreendedorismo.

Tal isenção é regulada pela Instrução Normativa RFB 1.700, de 14 de março 2017.

O art. 238 de tal instrução normativa prescreve os requisitos para que a isenção de lucro se verifique, apontando elementos importantes.

O primeiro aspecto relevante de tal dispositivo que gostaríamos de destacar refere-se ao fato de que os lucros e dividendos atribuídos a sócios ou acionistas residentes ou domiciliados no exterior também estão abrangidos pela isenção.

Em seguida, cabe apontar as regras de distribuição de lucros e dividendos para pessoas jurídicas tributadas com base no lucro presumido ou arbitrado. Nesse caso, segundo a referida instrução normativa, os lucros e dividendos que podem ser distribuídos sem a incidência de imposto são apurados da seguinte forma:

I - o valor da base de cálculo do imposto, diminuído do IRPJ, da CSLL, da Contribuição para o PIS/Pasep e da Cofins a que estiver sujeita a pessoa jurídica;

II - a parcela de lucros ou dividendos excedentes ao valor determinado no inciso I, desde que a empresa demonstre, com base em escrituração contábil feita com observância da lei comercial, que o lucro efetivo é maior que o determinado segundo as normas para apuração da base de cálculo do imposto pela qual houver optado.

O §3º do referido dispositivo, por sua vez, prevê que a parcela de rendimentos pagos ou creditados a sócio ou acionista ou ao titular da pessoa jurídica submetida ao regime de tributação com base no lucro real, presumido ou arbitrado, a título de lucros ou dividendos distribuídos, ainda que por conta de período-base não encerrado, que exceder ao valor apurado com base na escrituração, será imputada aos lucros acumulados ou reservas de lucros de exercícios anteriores, ficando sujeita à incidência do imposto de renda calculado segundo o disposto na legislação específica, com acréscimos legais.

Já o §4º dispõe que caso não haja lucros acumulados ou reservas de lucros em montante suficiente, a parcela excedente será submetida à tributação do IRPF, com juros e acréscimos legais.

Em nossa visão, se não aplicados com cuidado, os §3º e o §4º, acima mencionados, se tornam contraditórios. Ora, se o §3º determina que a parcela distribuída a título de lucros imputada aos lucros acumulados é tributada, nos moldes da legislação específica, por que o §4º determina a tributação caso o valor distribuído seja excedente à reserva de lucro acumulado?

Se o §3º fosse aplicado levando-se em consideração sua literalidade, além da gritante contradição que surgiria perante o §4º, na prática, as pessoas jurídicas estariam desestimuladas de constituir reservas de lucros, sob pena de não poderem distribuí-los, com isenção, em exercícios posteriores. Entendemos que tal interpretação não estaria em consonância com o art. 10 da Lei 9.249/95 que permite a distribuição de lucros com isenção, independentemente da data de sua distribuição.

Mas, como interpretá-lo? Essa redação do §3º foi instituída originalmente pela Instrução Normativa SRF 93/97. À época, portanto, ainda era relativamente recentemente a isenção instituída pela Lei 9.249/95.

Nesse sentido, a redação "observada a legislação específica", em nossa interpretação, faz referência à legislação vigente ao ano de apuração do lucro. Ou seja, se o lucro apurado, que gerou a reserva de lucro, fosse de exercício anterior à vigência da isenção, o valor distribuído a tal título deveria ser tributado nos moldes da legislação vigente à época de sua apuração.

Essa interpretação foi aplicada na seguinte decisão administrativa:

> DECISÃO 9.228
>
> Órgão Delegacia da Receita Federal de Julgamento no Rio de Janeiro – 3ª. Turma
>
> Decisão Delegacia da Receita Federal de Julgamento no Rio de Janeiro / 3ª. Turma / DECISÃO 9.228 em 22.12.2005
>
> Imposto sobre a Renda Retido na Fonte – IRRF.
>
> IRRF SOBRE DISTRIBUIÇÃO DE LUCROS. A parcela dos rendimentos pagos a sócios, que exceder ao valor apurado com base na escrituração, será imputada aos lucros acumulados ou reservas de lucros de exercícios anteriores, ficando sujeita à incidência do IRRF calculado segundo a legislação aplicável ao ano de apuração dos resultados. Os lucros calculados com base nos resultados apurados a partir do mês de janeiro de 1996 não estão sujeitos à incidência de IRRF. Data de decisão: 22/12/2005. Data de publicação: 22/12/2005 (22.12.2005 – publicado no site da Sec. Receita Federal).

O grande problema é que a instrução normativa é, especialmente, dúbia e por ter sido editado no ano de 2017 – sendo que a isenção introduzida pela Lei 9.249/95 – perde um pouco o sentido original. Eis mais um elemento de insegurança e imperfeição de nosso sistema tributário.

Feita essa ressalva, acrescentemos, agora, que, nos termos do §7º do mesmo dispositivo infralegal, o disposto no §3º não abrange a distribuição do lucro presumido ou arbitrado distribuída conforme a base de cálculo do tributo, após o encerramento do trimestre correspondente. Ou seja, aparentemente, o dispositivo permite a distribuição de lucros apurados conforme a base de cálculo do lucro real ou presumido, ainda que exceda o lucro apurado em escritura.

Ademais, o §8º do mesmo dispositivo infralegal prevê que, ressalvada a distribuição com fundamento na base de cálculo do lucro presumido ou arbitrado, a distribuição de rendimentos a título de lucros ou dividendos, que não tenham sido apurados em balanço, sujeitam-se à incidência do imposto sobre a renda.[298]

Registre-se que, antes do advento da Instrução Normativa RFB 1.700, de 14 de março 2017, que revogou a RFB 1.515 de 24 de novembro de 2014, o CARF foi instado a pronunciar-se. Questionou-se se a distribuição em excesso, ou sem amparo em balancetes, em determinado período do ano calendário, implicaria a tributação a título de IRPF, mesmo se a pessoa jurídica apurasse lucro suficiente ao término do ano-calendário. A resposta foi pela não tributação. Vejamos:

> CARF 2ª. Seção / 2ª. Turma da 1ª. Câmara / ACÓRDÃO 2102-01.239 em 14/04/2011 IRPF DISTRIBUIÇÃO DE LUCROS A SÓCIOS ASSUNTO: Imposto sobre a Renda de Pessoa Física IRPF EMENTA Exercício: 2004 IRPF. OMISSÃO DE RENDIMENTOS. DISTRIBUIÇÃO DE LUCROS DE EMPRESA TRIBUTADA PELO LUCRO PRESUMIDO. COMPROVAÇÃO DE

---

298. Apesar dessa previsão, entendemos discutível, a partir da análise do art. 10 da Lei 9.249/95, se é possível a distribuição de lucros sem base em balanço.

> QUE A EMPRESA APUROU O TOTAL DOS LUCROS DISTRIBUÍDOS EM TODO O ANO-CALENDÁRIO. IMPOSSIBILIDADE DE TRIBUTAÇÃO DE PRETENSOS EXCESSOS OCORRIDOS DENTRO DO ANO-CALENDÁRIO EM DESFAVOR DO SÓCIO PESSOA FÍSICA. Mesmo considerando que o período de apuração do lucro presumido seja trimestral, a ausência de balancetes, em si mesma, não permite dizer que houve excesso de distribuição de lucros, a uma porque eventual excesso dentro do ano-calendário pode ser encarado como antecipação de lucros a duas porque o fato gerador do imposto de renda da pessoa física passível de ajuste anual se aperfeiçoa em 31/12 do ano-calendário, ou seja, somente se pode imputar uma omissão de rendimentos ao contribuinte pessoa física apreciando os rendimentos em bases anuais. Recurso provido. Vistos, relatados e discutidos os presentes autos. Acordam os membros do colegiado, por unanimidade de votos, DAR provimento ao recurso. Publicado no DOU em: 11.08.2011. Recorrente: JOSÉ ROBERTO CORRALES. Recorrida: FAZENDA NACIONAL

Alerto que o caso é válido apenas para as partes e novas interpretações sempre podem surgir.

Muito bem. O §5º do art. 238 da referida Instrução Normativa também esclarece que a isenção não alcança pagamentos a título de "pró-labore", aluguéis ou serviços prestados pelos sócios que, em nossa visão, está em perfeita consonância com a legislação.

Avançando, um pouco sobre o tema, essa isenção a título de distribuição de lucros e pagamento de dividendos enseja diversas polêmicas que se referem à liberdade que os contribuintes têm para organizar seus negócios. Assim, há frequentes questionamentos se há necessidade de pagamento de "pró-labore" obrigatório mínimo para remunerar o trabalho de sócios ou acionistas, ou mesmo, se eventual despesa com sócios e acionistas deve se efetivar pelo valor de mercado.

O certo é que a legislação não prevê expressamente tal obrigação, como vimos acima. Todavia, as mais diferentes posições são encontradas. Há os que dizem que o sócio ou acionista deva receber, pelo menos, um valor a título de salário-mínimo; outros sustentam que o valor deve ser compatível com o mercado; outros, ainda, argumentam que é tributável o valor pago a acionista ou quotista, até o limite do maior salário dos empregados da empresa. Todas são suposições sem base em lei, por mais razoáveis que possam parecer. Nossa visão é que, na ausência de obrigação legal, deve prevalecer o primado da livre-iniciativa, de modo que os sócios devem ter a liberdade de organizar suas atividades de modo que acharem melhor.

Essas opiniões de que o sócio deve necessariamente receber valor "x" ou "y" a título de "pró-labore" esquecem que o art. 981 do Código Civil prescreve que "celebram contrato de sociedade as pessoas que reciprocamente se obrigam a contribuir, com bens ou serviços, para o exercício de atividade econômica e a partilha, entre si, dos resultados".

Nesse sentido, o objetivo de uma sociedade nada mais é do que gerar lucros – resultado – a seus sócios. E eles podem contribuir com seus bens ou serviços para tanto.

Assim, se o sócio pretende ver seu trabalho remunerado com um "pró-labore", ou se pretende arriscar e não receber nada fixo para aumentar o resultado da pessoa jurídica, tudo isso é uma decisão de foro íntimo, amparado, não apenas pelo primado da livre-iniciativa, como pela redação expressa do art. 981 do Código Civil. Todavia, como apontamos, há diversas interpretações em sentidos distintos.

Outro ponto que vale a pena acrescentar é que as pessoas jurídicas de responsabilidade limitada, assim como as sociedades simples, poderão distribuir lucros de forma desproporcional à participação do capital social de cada sócio, desde que assim previsto no contrato social, nos termos do art. 1.007 do Código Civil. Assim, a Secretaria da Receita Federal do Brasil já indicou ser viável tal opção sob o ponto de vista tributário, embora tratando de contribuição previdenciária. Vejamos:

> MINISTÉRIO DA FAZENDA SECRETARIA DA RECEITA FEDERAL
>
> SOLUÇÃO DE CONSULTA DSIT Nº 46 de 24 de Maio de 2010.

ASSUNTO: Imposto sobre a Renda Retido na Fonte – IRRF

EMENTA: DISTRIBUIÇÃO DE LUCROS AOS SÓCIOS. ISENÇÃO. A distribuição de lucros aos sócios é isenta de imposto de renda (na fonte e na declaração dos beneficiários), contanto que sejam observadas as regras previstas na legislação de regência, atinentes à forma de tributação da pessoa jurídica. Estão abrangidos pela isenção os lucros distribuídos aos sócios de forma desproporcional à sua participação no capital social, desde que tal distribuição esteja devidamente estipulada pelas partes no contrato social, em conformidade com a legislação societária.

Assim, desde que a distribuição desproporcional esteja devidamente estipulada pelas partes no contrato social, ou acordo de sócios e estiver em conformidade com a legislação societária, poderá ser efetivada com isenção de IRPF.

Outra polêmica digna de nota, atinente à distribuição de lucros, alcança as previsões instituídas pela Instrução Normativa RFB 1.397 de 16 de setembro de 2013, especificamente em seu capítulo III. A discussão ganha relevância porque, nos termos do art. 238 da Instrução Normativa RFB 1.700/2017, as disposições do capítulo III da Instrução Normativa RFB 1.397/2013 continuam plenamente aplicáveis.

Para compreensão dessa discussão, lembremos que, em 2007, foi instituída a Lei 11.638/2007 que buscou adequar a contabilidade brasileira ao padrão internacional contábil – IRFS – que passou a vigorar a partir de 1º de janeiro de 2008. A legislação alterou inúmeros elementos da apuração de resultado das pessoas jurídicas, afetando, consideravelmente, a forma de apuração do lucro.

Visando a neutralizar os efeitos dessas alterações contábeis em esfera tributária, a Lei 11.941/2009 instituiu o regime tributário de transição ("RTT"). O RTT foi optativo entre 2008 e 2009 e obrigatório dali adiante. Nos termos do §1º do art. 15 do referido diploma legal, o RTT viria com o objetivo de buscar a neutralidade tributária até que vigorasse norma que disciplinasse os efeitos das novas alterações contábeis.

Ademais, o art. 16[299] do referido ato normativo previu o seguinte:

> Art. 16. As alterações introduzidas pela Lei nº 11.638, de 28 de dezembro de 2007, e pelos arts. 37 e 38 desta Lei que modifiquem o critério de reconhecimento de receitas, custos e despesas computadas na apuração do lucro líquido do exercício definido no art. 191 da Lei nº 6.404, de 15 de dezembro de 1976, não terão efeitos para fins de apuração do lucro real da pessoa jurídica sujeita ao RTT, devendo ser considerados, para fins tributários, os métodos e critérios contábeis vigentes em 31 de dezembro de 2007.
>
> Parágrafo único. Aplica-se o disposto no *caput* deste art. Às normas expedidas pela Comissão de Valores Mobiliários, com base na competência conferida pelo § 3º do art. 177 da Lei nº 6.404, de 15 de dezembro de 1976, e pelos demais órgãos reguladores que visem a alinhar a legislação específica com os padrões internacionais de contabilidade.

Como se percebe do dispositivo acima, para fins de apuração do Imposto Sobre a Renda da Pessoa Jurídica, a legislação expressamente previu que as alterações contábeis não trariam efeitos para fins de apuração do lucro real. Surgiram, assim, duas modalidades de lucro: (I) o chamado "lucro societário", apurado em conformidade com a nova legislação e o (II) "lucro fiscal", apurado em conformidade com as normas vigentes antes do advento da Lei 11.638/2007.

Com relação à apuração do lucro passível de ser distribuído com isenção, nos termos do art. 10 da Lei 9.249/95, não foi editado artigo em lei específica que regulasse tal cálculo. Assim, entendeu-se, de modo geral, que, em razão da inexistência de expressa previsão legal, o lucro passível de ser distribuído com isenção poderia ser apurado com base nos novos critérios contábeis instituídos com base na Lei 11.638/2007 ou seja, o lucro societário, e não o lucro fiscal.

Foi visando a regular tal legislação que foi editada a Instrução Normativa RFB 1.397/2013. O parágrafo único do art.

299. O art. 16 da Lei 11.941/2009 foi posteriormente revogado pela Lei 12.973/2014.

26 de tal instrução normativa determinava que os lucros passíveis de serem tributados com isenção eram os apurados conforme as normas contábeis vigentes até 31 de dezembro de 2007, portanto, sem se adotar o padrão IFRS.

Passou-se a alegar, então, que foi criada uma tributação retroativa e sem base em lei, posto que eventual valor, que ultrapassasse tal quantia – por ter sido apurado com base nos padrões IFRS – seria tributado.

Ato contínuo, em 2013, foi veiculada a Medida Provisória 627/2013 que tratou da extinção do chamado RTT, posteriormente, convertida na Lei 12.973/2014. Essa lei criou uma espécie de remissão para os lucros distribuídos entre 2008 a 2013 com base nos novos critérios contábeis. Vejamos:

> Art. 72. Os lucros ou dividendos calculados com base nos resultados apurados entre 1º de janeiro de 2008 e 31 de dezembro de 2013 pelas pessoas jurídicas tributadas com base no lucro real, presumido ou arbitrado, em valores superiores aos apurados com observância dos métodos e critérios contábeis vigentes em 31 de dezembro de 2007, não ficarão sujeitos à incidência do imposto de renda na fonte, nem integrarão a base de cálculo do imposto de renda e da Contribuição Social sobre o Lucro Líquido do beneficiário, pessoa física ou jurídica, residente ou domiciliado no País ou no exterior.

Como se nota, o artigo acima citado criou uma espécie "remissão" aos contribuintes, como se a Instrução Normativa RFB 1.397/2013 fosse lícita. No meu ponto de vista, porém, a referida Instrução Normativa extrapolou os limites legais.

Aliás, tratando sobre o artigo acima, Elidie Palma Bifano explica:

> Essa determinação implica dizer que apesar de existirem lucros que não desfrutam da isenção e que deveriam ser tributados, está-se concedendo um benefício (remissão) correspondente à isenção, para contribuintes, nesse período.

> Trata-se, certamente, de uma atividade de aplicar um ato infralegal que, sem ter competência para tanto, revogou a isenção dos lucros e dividendos de forma atabalhoada e somente com viés fiscal arrecadatório.[300]

O que mais causa estranheza observar, porém, é que, nos termos do art. 238 da Instrução Normativa RFB 1.700/2017, o capítulo III da Instrução Normativa RFB 1.397/2013 continua aplicável – e consequentemente a disposição prevista no parágrafo único do art. 26. Ou seja, aparentemente, mesmo com o fim RTT, foi exposta postura interpretativa de que os lucros a serem distribuídos com isenção são os apurados com base na legislação contábil antiga.

Com o advento do RIR/2018, o § 16 do art. 35, que consolidou no RIR/2018 a previsão do art. 72 da Lei 12.973/2014, acima citado, previu que a isenção na distribuição de lucros e dividendos se aplica aos lucros e aos dividendos calculados com base nos resultados apurados entre 1º de janeiro de 2008 e 31 de dezembro de 2013 pelas pessoas jurídicas tributadas com base no lucro real, presumido ou arbitrado, em valores superiores àqueles apurados com observância aos métodos e aos critérios contábeis vigentes em 31 de dezembro de 2007.

Parece-nos claro que se os lucros apurados entre 1º de janeiro de 2008 a 31 de dezembro de 2013, superiores àqueles calculados com observância dos métodos e aos critérios vigentes em 31 de dezembro de 2007 estão isentos, com mais razão ainda os lucros e dividendos apurados a partir da vigência da Lei 12.973/2014 poderão superar àquele calculado com base nos critérios e métodos anteriores à vigência da Lei 11.638/2007.

Outro ponto significativo, que também merece ser tratado, refere-se à possibilidade do usufrutuário de ações ou quotas receber dividendos isentos.

---

300. BIFANO, Elidie Palma. "Reflexões sobre alguns aspectos da Lei n. 12.973/14". In: Tributação Atual da Renda. Coord. RODRIGUES, Daniela Souto e MARTINS, Natanael. São Paulo: Editora Noeses, 2015, p. 91.

Para fins de tal análise, deve-se recordar que é possível que os atributos referentes ao domínio do bem sejam divididos entre o proprietário do bem – designado de *nu proprietário* – e um usufrutário que goza do direito de posse, administração e percepção de frutos.

O art. 40 da Lei 6.404/76 prevê a possibilidade de instituição de usufruto de ações, prevendo o seguinte:

> Art. 40. O usufruto, o fideicomisso, a alienação fiduciária em garantia e quaisquer cláusulas ou ônus que gravarem a ação deverão ser averbados:
>
> I – se nominativa, no livro de "Registro de Ações Nominativas";
>
> I – se escritural, nos livros da instituição financeira, que os anotará no extrato da conta de depósito fornecida ao acionista. (Redação dada pela Lei nº 9.457, de 1997)
>
> Parágrafo único. Mediante averbação nos termos deste artigo, a promessa de venda da ação e o direito de preferência à sua aquisição são oponíveis a terceiros.

Nesse sentido, se cabe ao usufrutuário de ações ou quotas o direito ao recebimento dos frutos de tais bens e, em sendo a distribuição de lucros e dividendos isenta, desde que se observem os procedimentos legais aplicáveis, conclui-se que os lucros e dividendos pagos, nos termos da legislação vigente, aos usufrutuários deveriam ser isentos de tributação.

Nesses termos, a Solução de Consulta n. 38 COSIT assim se pronunciou, pacificando a questão:

> Solução de Consulta nº 38 – Cosit Data 27 de março de 2018 Processo Interessado CNPJ/CPF Assunto: Imposto sobre a Renda de Pessoa Jurídica – IRPJ Ementa: USUFRUTRO DE AÇÕES. DIVIDENDOS. TRIBUTAÇÃO. Os lucros ou dividendos pagos ao usufrutuário das ações da empresa constituem rendimento não sujeito à tributação pelo imposto de renda, desde que tenham sido calculados com base em resultados apurados a partir do mês de janeiro de 1996. Dispositivos Legais: Lei nº 6.404, de 1976, arts. 40 e 116; Lei nº 10.406, de 2002, arts. 1.390 a 1.411; Lei nº 9.249, de 1995, art. 10.

Portanto, a questão acima teve seu entendimento consolidado pelo órgão fiscal.

Antes de encerrarmos este tópico, gostaríamos de acrescentar dois pontos.

O primeiro deles refere-se à dicção do art. 14 da Lei Complementar 123/2006, que institui o Estatuto Nacional da Microempresa e Empresa de Pequeno Porte que aquelas pessoas jurídicas que ingressarem no SIMPLES NACIONAL. Esse dispositivo prevê a isenção, que ora nos detemos, para pagamento a sócios de micro e pequena empresas que ingressarem no referido regime.

A isenção não abrange "pró-labore", aluguel ou serviços prestados e é limitada aos seguintes valores:

(I) ao valor resultante da aplicação dos percentuais de que trata o art. 15 da Lei 9.249, de 26 de dezembro de 1995, sobre a receita bruta mensal, no caso de antecipação de fonte, ou da receita bruta total anual, tratando-se de declaração de ajuste, subtraído do valor devido na forma do Simples Nacional no período.

(ii) ou ao lucro que seja superior a tal limite quando evidenciado em escrituração contábil.

A título de esclarecimento, com relação ao item (i), registre-se que os percentuais na Lei 9.249/95 são os seguintes:

Atividade	Percentual
Regra geral	8%
Prestação de serviços de transporte, exceto o de carga	16%

Atividade	Percentual
Bancos comerciais, bancos de investimentos, bancos de desenvolvimento, caixas econômicas, sociedades de crédito, financiamento e investimento, sociedades de crédito imobiliário, sociedades corretoras de títulos, valores mobiliários e câmbio, distribuidoras de títulos e valores mobiliários, empresas de arrendamento mercantil, cooperativas de crédito, empresas de seguros privados e de capitalização e entidades de previdência privada aberta	16%
Prestação de serviços em geral, exceto a de serviços hospitalares e de auxílio diagnóstico e terapia, patologia clínica, imagenologia, anatomia patológica e citopatologia, medicina nuclear e análises e patologias clínicas, desde que a prestadora destes serviços seja organizada sob a forma de sociedade empresária e atenda às normas da Agência Nacional de Vigilância Sanitária – Anvisa	32%
Intermediação de negócios	32%
Administração, locação ou cessão de bens imóveis, móveis e direitos de qualquer natureza	32%
Prestação cumulativa e contínua de serviços de assessoria creditícia, mercadológica, gestão de crédito, seleção de riscos, administração de contas a pagar e a receber, compra de direitos creditórios resultantes de vendas mercantis a prazo ou de prestação de serviços (*factoring*)	32%

O último ponto que gostaria de acrescentar é que, enquanto escrevo a atualização do presente livro, há várias notícias na imprensa de projetos de lei que visam a revogar a presente isenção sobre distribuição de lucros e dividendos. Assim, recomendo ao leitor examinar as normas vigentes, eis que as explicações do presente tópico poderão se tornar obsoletas em razão de mudanças legislativa.

4.2.3.18 Isenção de pensões e seguros

A legislação federal prevê a isenção de IRPF de uma série de rendimentos que são provenientes de pensões pagas a certos contribuintes, seja em razão de aposentadoria, seja em razão de doença grave.

Com relação a valores pagos por previdências públicas e privadas, é possível listar os seguintes:

> a) os rendimentos provenientes de aposentadoria e pensão, de transferência para a reserva remunerada ou de reforma, pagos pela previdência social da União, dos Estados, do Distrito Federal e dos Municípios, por qualquer pessoa jurídica de direito público interno, ou por entidade de previdência privada, a partir do mês em que o contribuinte completar sessenta e cinco anos de idade, sem prejuízo da parcela isenta prevista na tabela de incidência mensal do imposto, até o valor de (Lei nº 7.713, de 1988, art. 6º, *caput*, inciso XV; Lei nº 11.482, de 31 de maio de 2007, art. 2º; e Lei nº 12.469, de 26 de agosto de 2011, art. 2º e art. 10, *caput*, inciso III):
>
> 1. R$ 1.499,15 (um mil, quatrocentos e noventa e nove reais e quinze centavos), por mês, para o ano-calendário de 2010 e para os meses de janeiro a março do ano-calendário de 2011;
>
> 2. R$ 1.566,61 (um mil, quinhentos e sessenta e seis reais e sessenta e um centavos), por mês, para os meses de abril a dezembro do ano-calendário de 2011;
>
> 3. R$ 1.637,11 (um mil, seiscentos e trinta e sete reais e onze centavos), por mês, para o ano-calendário de 2012;
>
> 4. R$ 1.710,78 (um mil, setecentos e dez reais e setenta e oito centavos), por mês, para o ano-calendário de 2013;
>
> 5. R$ 1.787,77 (um mil, setecentos e oitenta e sete reais e setenta e sete centavos), por mês, para o ano-calendário de 2014 e nos meses de janeiro a março do ano-calendário de 2015; e

6. R$ 1.903,98 (um mil, novecentos e três reais e noventa e oito centavos), por mês, a partir do mês de abril do ano-calendário de 2015;

b) os proventos de aposentadoria ou reforma motivadas por acidente em serviço e aqueles percebidos pelos portadores de moléstia profissional, tuberculose ativa, alienação mental, esclerose múltipla, neoplasia maligna, cegueira,[301] hanseníase, paralisia irreversível e incapacitante, cardiopatia grave, doença de Parkinson, espondiloartrose anquilosante, nefropatia grave, hepatopatia grave, estados avançados de doença de Paget (osteíte deformante), contaminação por radiação, síndrome de imunodeficiência adquirida e fibrose cística (mucoviscidose), com base em conclusão da medicina especializada, mesmo que a doença tenha sido contraída depois da aposentadoria ou da reforma (Lei nº 7.713, de 1988, art. 6º, *caput*, inciso XIV; e Lei nº 9.250, de 1995, art. 30, § 2º);[302]

c) os valores recebidos a título de pensão, quando o beneficiário desse rendimento for portador de doença relacionada na alínea "b", exceto aquela decorrente de moléstia profissional, com base em conclusão da medicina especializada, mesmo que a doença tenha sido contraída após a concessão da pensão (Lei nº 7.713, de 1988, art. 6º, *caput*, inciso XXI);

d) as pensões e os proventos concedidos na forma estabelecida no Decreto-Lei nº 8.794, de 23 de janeiro de 1946, no Decreto-Lei nº 8.795, de 23 de janeiro de 1946, e na Lei nº 2.579, de 23 de agosto de 1955, em decorrência de reforma ou de falecimento de

---

301. Sobre a cegueira, relevante a menção à Súmula 121 do CARF:
A isenção do imposto de renda prevista no art. 6º, inciso XIV, da Lei n.º 7.713, de 1988, referente à cegueira, inclui a cegueira monocular.
Acórdãos Precedentes:
2201-003.855, de 10/08/2017; 2202-003.786, de 05/04/2017; 2401-005.029, de 10/08/2017; 2402005.875, de 08/06/2017; 9202-005.464, de 24/05/2017.

302. Sobre tais rendimentos, importante notar a Súmula 43 CARF:
Súmula CARF nº 43
Os proventos de aposentadoria, reforma ou reserva remunerada, motivadas por acidente em serviço e os percebidos por portador de moléstia profissional ou grave, ainda que contraída após a aposentadoria, reforma ou reserva remunerada, são isentos do imposto de renda.
Acórdãos Precedentes:
Acórdão nº 104-21935, de 18/10/2006 Acórdão nº 104-21933, de 22/09/2006 Acórdão nº 106-15476, de 26/04/2006 Acórdão nº 102-47949, de 18/10/2006 Acórdão nº 104-20204, de 17/09/2004.
Ademais, a Súmula 627 do STJ prevê o seguinte:
"O contribuinte faz jus à concessão ou à manutenção da isenção do imposto de renda, não se lhe exigindo a demonstração da contemporaneidade dos sintomas da doença nem da recidiva da enfermidade."

ex-combatente da Força Expedicionária Brasileira (Lei nº 7.713, de 1988, art. 6º, *caput*, inciso XII);

e) as importâncias recebidas por pessoa com deficiência mental a título de pensão, pecúlio, montepio e auxílio, quando decorrentes de prestações do regime de previdência social ou de entidades de previdência privada (Lei nº 8.687, de 20 de julho de 1993, art. 1º);

f) a pensão especial recebida em decorrência da deficiência física conhecida como Síndrome da Talidomida, quando paga a seu portador (Lei nº 7.070, de 20 de dezembro de 1982, art. 1º e art. 4º-A);

g) o pecúlio recebido pelos aposentados que tenham voltado a trabalhar até 15 de abril de 1994, em atividade sujeita ao regime previdenciário, pago pelo Instituto Nacional do Seguro Social – INSS ao segurado ou a seus dependentes, após a sua morte, nos termos do art. 1º da Lei nº 6.243, de 24 de setembro de 1975 (Lei nº 7.713, de 1988, art. 6º, *caput*, inciso XI);

h) a transferência de recursos das reservas técnicas, dos fundos e das provisões entre os planos de benefícios de entidades de previdência complementar, titulada pelo mesmo participante (Lei Complementar nº 109, de 2001, art. 69, § 2º);

i) o valor de resgate de contribuições de previdência privada, cujo ônus tenha sido da pessoa física, recebido por ocasião de seu desligamento do plano de benefício da entidade, que corresponder às parcelas de contribuições efetuadas no período de 1º de janeiro de 1989 a 31 de dezembro de 1995 (Medida Provisória nº 2.159-70, de 24 de agosto de 2001, art. 7º);

j) os valores dos resgates na carteira dos FAPI, para mudança das aplicações entre os Fundos instituídos pela Lei nº 9.477, de 1997, ou para aquisição de renda junto às instituições privadas de previdência e às seguradoras que operam com esse produto (Lei nº 9.477, de 1997, art. 12);

k) os rendimentos percebidos pelas pessoas físicas decorrentes de seguro-desemprego, auxílio-natalidade, auxílio-doença, auxílio-funeral e auxílio-acidente, pagos pela previdência oficial da União, dos Estados, do Distrito Federal e dos Municípios e pelas entidades de previdência privada (Lei nº 8.541, de 23 de dezembro de 1992, art. 48); e

l) os seguros recebidos de entidades de previdência privada decorrentes de morte ou de invalidez permanente do participante (Lei nº 7.713, de 1988, art. 6º, *caput*, inciso VII);

Quanto ao item mencionado na letra "a", deve-se apontar que o contribuinte que auferir rendimentos de mais de uma fonte terá o limite de isenção anual único a ser considerado em relação à soma desses rendimentos, para fins de apuração do imposto sobre a renda na declaração.

Já quanto aos proventos de aposentadoria mencionados na letra "b" e pensão indicado na letra "c" 'vinculadas a doenças graves, o art. 30 da Lei 9.250/95 prevê que a moléstia deve ser comprovada mediante laudo pericial emitido por médico oficial da União, dos Estados, do Distrito Federal e dos Municípios, devendo ser fixado prazo de validade do laudo pericial, no caso das enfermidades passíveis de controle.

Entendemos que tal prescrição, em que pese ao teor da redação do artigo, não vincula, de forma absoluta, as autoridades administrativas julgadoras ou judiciais. Explicamos.

O art. 369 do Código de Processo Civil prevê que as partes têm o direito de empregar todos os meios legais e moralmente legítimos para provar a verdade dos fatos a que funda o pedido ou a defesa.

Ademais, o art. 371 do mesmo Código prevê que incumbe ao juiz apreciar as provas dos autos, atribuindo-lhe os valores que entender adequado. Eis o princípio do livre convencimento do Juiz.

Nesse sentido, há o direito no processo judicial de que outras provas sejam apresentadas além do perito oficial dos Entes Públicos, para se comprovar moléstias.

O mesmo princípio se aplica ao processo administrativo federal, em que o art. 29 do Decreto 70.235/72 prevê que na apreciação da prova, a autoridade administrativa formará livremente sua convicção, de tal sorte que também não ficaria tolhida pela previsão do referido artigo.

Ora, tal princípio é corolário da ideia de devido processo legal. De fato, o devido processo legal pressupõe que o julgador colha as provas disponíveis para decidir de acordo com sua própria convicção. Se o legislador passa a decidir que apenas a prova tal ou qual é cabível, então, em última instância, acaba assumindo a função própria do julgador, que é a figura competente para valorar as provas a fim de proferir sua decisão.

Convém, assim, em um sistema jurídico pautado pela separação e independência dos Poderes, que eventual pretensão da legislação de estipular, taxativamente, as provas a serem aceitas pelo julgador em determinado caso, sejam relativizadas e interpretadas de forma sistemática com o princípio do livre convencimento.

Assim, abonando esse entendimento, cumpre sublinhar que o Egrégio Superior Tribunal de Justiça já se manifestou da seguinte forma:

> PROCESSUAL CIVIL E TRIBUTÁRIO. MANDADO DE SEGURANÇA. PORTADOR DE NEOPLASIA MALIGNA. ISENÇÃO DE IMPOSTO DE RENDA. APOSENTADORIA. DESNECESSIDADE DE LAUDO MÉDICO OFICIAL. VIOLAÇAO AO ART. 535 DO CPC. AFASTAMENTO. DIREITO LÍQUIDO E CERTO. IMPOSSIBILIDADE DE ANÁLISE EM SEDE DE RECURSO ESPECIAL. SÚMULA Nº 07/STJ. I – O Tribunal *a quo* realizou a prestação jurisdicional invocada, pronunciando-se sobre os temas propostos, tecendo considerações acerca da demanda, tendo se manifestado acerca da suficiência dos documentos acostados à inicial, com a juntada de laudo médico, para fins de obtenção da isenção do imposto de renda sobre a aposentadoria da recorrida, portadora de doença grave. II – É considerado isento de imposto de renda o recebimento do benefício de aposentadoria por portador de neoplasia maligna, nos termos do art. 6º, inciso XIV, da Lei nº 7.713/88. III – Ainda que o art. 30 da Lei nº 9.250/95 determine que, para o recebimento de tal benefício, é necessária a emissão de laudo pericial por meio de serviço médico oficial, a "norma do art. 30 da Lei n. 9.250/95 não vincula o Juiz, que, nos termos dos arts. 131 e 436 do Código de Processo Civil, é livre na apreciação das provas acostadas aos autos pelas partes litigantes" (Resp nº 673.741/PB, Relator Ministro JOÃO OTAVIO DE NORONHA DJ de 09/05/2005, p. 357). IV – Sendo assim, de acordo com o entendimento do julgador, esse pode, corroborado pelas provas dos autos, entender válidos laudos médicos expedidos por serviço médico particular, para fins de isenção do imposto de renda. V – O recurso especial não é a via recursal adequada para

> se conhecer da violação ao art. 1º da Lei nº 1.533/51, porquanto, para aferir a existência de direito líquido e certo, faz-se necessário o reexame do conjunto probatório, o que é vedado pelo óbice insculpido na Súmula nº 07, deste Tribunal. VI - Recurso especial improvido. Acórdão. Vistos e relatados os autos em que são partes as acima indicadas, decide a Primeira Turma do Superior Tribunal de Justiça, por unanimidade, negar provimento ao recurso especial, na forma do relatório e notas taquigráficas constantes dos autos, que ficam fazendo parte integrante do presente julgado. Os Srs. Ministros LUIZ FUX, TEORI ALBINO ZAVASCKI, DENISE ARRUDA e JOSÉ DELGADO votaram com o Sr. Ministro Relator.[303]

Ademais tal posição foi consolidada na Tese n. 14, edição n. 28, da Jurisprudência em Teses do Egrégio Superior Tribunal de Justiça, a seguir citada:

> 14) A isenção do imposto de renda decorrente de doença grave pode ser deferida independentemente de laudo pericial oficial, bastando a existência de provas suficientes nos autos.

Na seara administrativa, essa linha interpretativa também já encontrou adeptos. Em decisão emitida pela 2ª Seção do CARF, decidiu-se que:

> CARF 2º Seção / 1ª. Turma Especial / ACÓRDÃO 2801-00.363 em 10/03/2010. IRPF ASSUNTO: IMPOSTO SOBRE A RENDA DE PESSOA FÍSICA - EXERCÍCIO: 1999, 2000, 2001, 2002 E 2003 MOLÉSTIA GRAVE - PENSÃO - ISENÇÃO - É considerado isento de imposto de renda o recebimento do benefício de aposentadoria por portador de neoplasia maligna, nos termos do art. 60, inciso XIV, da lei nº 7.713/88. Ainda que o art. 30 da Lei nº 9.250/95 determine que, para o recebimento de tal benefício, é necessária a emissão de laudo pericial por meio de serviço médico oficial, tal norma não vincula o julgador, que é livre na apreciação das provas acostadas aos autos pelas partes litigantes. Sendo assim, de acordo com o entendimento do julgador, esse pode, corroborado pelas provas dos autos, entender

---

303. "REsp 749100 / PE; RECURSO ESPECIAL Relator(a) Ministro FRANCISCO FALCÃO (1116) Órgão Julgador T1 - PRIMEIRA TURMA. Data do Julgamento 15.09.2005. Data da Publicação/Fonte. DJ 28.11.2005, p. 230.

> válidos laudos médicos expedidos por serviço médico particular, para fins de isenção do imposto de renda. Recurso provido. Vistos, relatados e discutidos os presentes autos. Acordam os membros do colegial°, por maioria de votos, em dar provimento ao recurso, vencidas as conselheiras Amaryllcs Reinaldi e Henriques Resende (relatora) Tânia Mara Pasehoalin, que negavam provimento ao recurso. Designado para redigir o voto vencedor o conselheiro Marcelo Magalhães Peixoto, o conselheiro Sandro Machado dos Reis declarou-se impedido. Publicado no DOU em: 16.09.2010. Recorrente: JUSTINA BAPTISTA. PORTO (ESPÓLIO). Recorrida: DRJ-RIO DE JANEIRO/RJ.

Contudo, a Súmula 63 do Conselho Administrativo de Recursos Fiscais indica orientação diversa:

> Para gozo da isenção do imposto de renda da pessoa física pelos portadores de moléstia grave, os rendimentos devem ser provenientes de aposentadoria, reforma, reserva remunerada ou pensão e a moléstia deve ser devidamente comprovada por laudo pericial emitido por serviço médico oficial da União, dos Estados, do Distrito Federal ou dos Municípios.[304]

É compreensível que o referido Conselho se guie pela literalidade de dispositivo legal. Contudo, entendemos que a interpretação sistemática do direito positivo levaria a julgamentos mais adequados.

Outro fator importante é que as isenções mencionadas nos itens b e c, acima, são aplicadas no mês da concessão da aposentadoria, reforma ou pensão, quando a doença for preexistente.

Por sua vez, caso a doença seja contraída após a concessão da aposentadoria, da reforma ou da pensão, a isenção fluirá no mês da emissão do laudo ou parecer que reconhecer a moléstia, salvo se o laudo identificar a data em que a doença foi contraída, hipótese em que a isenção será admitida a partir de tal data.

Ademais, essas isenções mencionadas nas letras "b" e "c" também se aplicam à complementação de aposentadoria,

304. A súmula é embasada nos acórdãos: Acórdão nº 106-17.181, de 16.12.2008 Acórdão nº 102-49.292, de 11.09.2008 Acórdão nº 106-16.928, de 29.05.2008 Acórdão nº 104-23.108, de 22.04.2008 Acórdão nº 102-48.953, de 06.03.2008.

reforma ou pensão e aos rendimentos recebidos acumuladamente por portador de moléstia grave atestada por laudo médico oficial, desde que correspondam a proventos de aposentadoria, reforma ou pensão, ainda que se refiram a período anterior à data em que foi contraída a moléstia grave.

Interessante notar, ainda, que recentemente foi editada a Súmula 627 do Superior Tribunal de Justiça que prescreve o seguinte:

> **Súmula 627:** O contribuinte faz jus à concessão ou à manutenção da isenção do Imposto de Renda, não se lhe exigindo a demonstração da contemporaneidade dos sintomas da doença nem da recidiva da enfermidade.

A discussão da Súmula tem pertinência para casos em que, após a concessão da isenção, verifica-se a ausência de sintomas da enfermidade, como se depreende dos julgados a seguir citados:

> TRIBUTÁRIO. AGRAVO REGIMENTAL NO AGRAVO EM RECURSO ESPECIAL. ISENÇÃO DE IMPOSTO DE RENDA. MOLÉSTIA GRAVE. NEOPLASIA MALIGNA. DEMONSTRAÇÃO DA CONTEMPORANEIDADE DOS SINTOMAS. DESNECESSIDADE. 1. Após a concessão da isenção do imposto de renda sobre os proventos de aposentadoria, pensão ou reforma percebidos por portadores de moléstias graves, nos termos art. 6º, inciso XIV, da Lei 7.713/88, o fato de se constatar a ausência de sintomas da doença não justifica a revogação do benefício isencional, tendo em vista que a finalidade desse benefício é diminuir o sacrifícios dos beneficiários, aliviando-os dos encargos financeiros. Precedentes. 2. Os arts. 6º, XIV, da Lei n. 7.713/88, e 30 da Lei n. 9.250/95, não podem limitar a liberdade que o Código de Processo Civil confere ao magistrado na apreciação e valoração jurídica das provas constantes dos autos, razão pela qual o benefício de isenção do imposto de renda pode ser confirmado quando a neoplasia maligna for comprovada, independentemente da contemporaneidade dos sintomas da doença. Precedentes. 3. Agravo regimental não provido.[305]

305. AgRg no AGRAVO EM RECURSO ESPECIAL Nº 701.863 - RS (2015/0076998-8), Ministro Mauro Campbell Marques, Segundo Turma, STJ. DJE 23.06.2015.

Por outro lado, vale apontar que a Primeira Seção do Superior Tribunal de Justiça, ao julgar o Resp 1.116.620/BA, sob a relatoria do Ministro Luiz Fux, e mediante a sistemática de recursos repetitivos então prevista no art. 543-C do CPC/73, decidiu ser incabível a extensão da norma de isenção contida no art. 6º, XIV, da Lei 7.713/88, à situação que não se enquadre no texto expresso da lei.[306]Avancemos. Quanto à isenção referente à pensão especial recebida em decorrência da deficiência física conhecida como Síndrome da Talidomida, quando paga a seu portador, o inciso I, do § 7º, do art. 35 do RIR/2018, prevê que tal deficiência física deverá ser comprovada por atestado médico emitido por junta médica constituída para esse fim pelo Instituto Nacional da Seguridade Social – INSS. Assim como pontuamos sobre a necessidade de laudo oficial para outras enfermidades, julgamos que a legislação não deve restringir a liberdade do magistrado.

Já o inciso II do mesmo parágrafo prevê que ressalvado o direito de opção, a isenção não será acumulável com rendimento ou isenção que, a qualquer título, venha ser pago pela União a seus beneficiários, exceto a indenização por dano moral concedida por lei específica.

Ademais, convém apontar que a documentação comprobatória da natureza da extensão da pensão especial e de outros valores, quando recebidos de fonte situada no exterior, deve ser traduzida por tradutor juramentado.

Muito bem. Até o momento falamos, no presente item, sobre isenções de rendimentos pagos pelas previdências públicas e privadas. Alteremos, um pouco, o foco.

O art. 6º, inciso VI, da Lei 7.713/88 prevê a isenção para o montante dos depósitos, juros, correção monetária e quotas-partes, creditados em contas individuais pelo Programa de Integração Social – PIS e pelo Programa de Formação do Patrimônio do Servidor Público – PASEP.

---

306. DJe 25.08.2010.

O PIS é um programa criado pela Lei Complementar 7/70 que buscava integrar o empregado do setor privado com o desenvolvimento da empresa (pessoa jurídica) em que atuava.

O Programa constituiu um Fundo de Participação por meio de depósitos pelas pessoas jurídicas na Caixa Econômica Federal. Caberia à referida instituição financeira emitir, em nome de cada empregado, uma Caderneta de Participação – Programa de Integração Social, movimentável na forma da lei. Os depósitos foram efetivados entre 1971 a 04 de outubro de 1988.

Já o PASEP, criado pela Lei Complementar 8/70, constituía mecanismo semelhante, voltado ao servidor público.

Ato contínuo, a Lei Complementar n. 26, de 11 de setembro de 1976 unificou os fundos constituídos para o PIS e para o PASEP, passando-se a denominar PIS-PASEP, sendo que, atualmente, o art. 239 da Constituição previu que a contribuição ao PIS/PASEP deve passar a financiar o seguro- desemprego, nos termos da lei. Assim, os recursos passaram a ser arrecadados para o Fundo de Amparo ao Trabalhador (FAT).

Por sua vez, o § 1º e seguintes do art. 4º da Lei Complementar 26/1075, com a redação dada pela Lei 13.677/2018, regulamentava as hipóteses de saques dos saldos disponíveis nas contas individuais, sendo certo que a Lei n. 13.932/2019, permitiu o saque integral do PIS-PASEP a partir de 19 de agosto de 2019.

Feita tal explicação, retenhamos que o montante dos depósitos, juros, correção monetária e quotas-partes, creditados em contas individuais pelo Programa de Integração Social – PIS e pelo Programa de Formação do Patrimônio do Servidor Público – PASEP fica isento a título de IRPF.

Outra isenção prevista pela legislação é o valor do salário-família, nos termos do art. 200 da Lei 8.112/90 e art. 25 da Lei 8.218/91.

O salário-família é benefício devido ao servidor ativou ou ao inativo, por dependente econômico, nos termos da legislação e não está sujeito a qualquer tributo, nos termos do art. 200 da Lei 8.112/90. Daí a isenção a título de IRPF.

Por fim, o último caso de isenção deste subitem é a de capital das apólices de seguro ou pecúlio pago por morte do segurado, bem como os prêmios de seguro restituídos, em qualquer caso, inclusive no caso de renúncia de contrato, nos termos do art. 6º, inciso XIII, da Lei 7.713/88.

Em todo seguro, há a figura do beneficiário que é a pessoa indicada para receber a indenização, o capital segurado, que é o pagamento a ser efetuado ao assistido ou beneficiário e o prêmio que é o valor aportado pelo contratante.

Nesse sentido, nos termos do artigo acima, com a morte do segurado, eventual recebimento do capital ou dos prêmios é isenta de IRPF, justamente pela determinação do art. 6º, inciso XIII, da Lei anteriormente mencionada.

4.2.3.19 Vale-Cultura

O art. 6º, inciso XXIII, da Lei 7.713/88 isentou a título de IRPF o valor recebido a título de vale-cultura.

Vale-cultura é um benefício vinculado ao Programa de Cultura do Trabalhador que foi instituído pela Lei 12.761/2012 que tem como objetivo incentivar o acesso e fruição de produtos e serviços culturais ao trabalhador, entre outros objetivos análogos.

O programa se volta ao trabalhador que perceba até 5 (cinco) salários-mínimos mensais. Na hipótese de o empregador estender o benefício a outros empregados, deve-se garantir que todos os empregados com remuneração até 5 (cinco) salários-mínimos sejam cobertos.

O valor do vale-cultura é de R$ 50,00 (cinquenta reais), podendo o trabalhador receber o desconto do percentual máximo de 10% (dez por cento) do vale-cultura de sua remuneração. Por sua vez, os trabalhadores que percebem mais de 5 (cinco) salários-mínimos poderão ter descontados de sua remuneração, em percentuais entre 20% (vinte por cento) e 90%

(noventa por cento) do valor do vale-cultura, de acordo com a respectiva faixa salarial.

O vale-cultura é confeccionado pelas chamadas "empresas operadoras" e disponibilizado aos usuários pelas empresas beneficiárias. Tais usuários poderão utilizar o referido vale perante empresas recebedoras, habilitadas pelas operadoras, como forma de pagamento para consumo de serviços e produtos culturais.

Agora, trata-se de benefício que não pode ser pago em pecúnia. Consequentemente, o eventual pagamento em pecúnia atrairá o afastamento da regra isentiva.

4.2.3.20 Resgate de planos de previdência privada complementar e FAPI

Como vimos insistindo, a tributação do IRPF apenas se efetiva sobre a riqueza nova obtida pelo contribuinte. Daí por que os resgates de plano de previdência privada, que forem custeados pelo próprio contribuinte, não poderiam, em tese, estar sujeitos à tributação, eis que envolvem apenas a devolução de valores que já pertenciam, originalmente, ao contribuinte.

Ocorre que a legislação já prevê que as contribuições às entidades de previdência privada garantem a dedutibilidade do referido valor da base de cálculo do imposto, conforme verificaremos posteriormente, como se depreende do art. 8º, inciso II, "e", da Lei 9.250/95.

Nesses termos, se o contribuinte tem o condão de se beneficiar de dedutibilidade, em um primeiro momento, e, ato contínuo, resgata os valores que fundamentaram tal dedução, é razoável que a legislação submeta o resgate à égide de incidência do imposto. Explica-se, assim, aceitável o teor do art. 33 da Lei 9.250/95 que expressamente prevê que tais resgates estariam sujeitos à incidência do IRRF.

Essa exação foi reconhecida válida pela Colenda Segunda Turma do Egrégio Superior Tribunal de Justiça, no Recurso Especial nº 785.857/AL, conforme ementa citada a seguir:

> RELATOR: MINISTRO CASTRO MEIRA
>
> RECORRENTE: HELENA LACERDA GUARACIABA DE OLIVEIRA E CÔNJUGE
>
> ADVOGADO: DANIEL QUINTELA BRANDÃO E OUTRO(S) RECORRIDO: FAZENDA NACIONAL.
>
> PROCURADORES: MARCOS TORRES CAVALCANTE E OUTRO(S) CLAUDIO XAVIER SEEFELDER FILHO.
>
> RECURSO ESPECIAL. IMPOSTO DE RENDA. APLICAÇÃO EM PLANO DE PREVIDÊNCIA PRIVADA TIPO PGBL. RESGATE NO MESMO ANO-CALENDÁRIO. VIGÊNCIA DA LEI Nº 9.250/95. 1. Aplica-se, integralmente, a Lei 9.250/95 à regulamentação do plano de previdência privada contratado no ano de 2001. 2. A Lei 9.250/95 alterou a legislação do imposto de renda das pessoas físicas em relação à forma de tributação do benefício de complementação de aposentadoria, permitindo ao contribuinte deduzir da base de cálculo do imposto o valor das contribuições recolhidas à entidade de previdência privada. 3. É legítima a norma disposta no art. 33 da Lei 9.250/95, que prevê a incidência do imposto de renda na fonte e na declaração de ajuste anual sobre os valores correspondentes ao resgate das contribuições realizadas ao plano de previdência privada complementar. 4. O fato de os beneficiários do plano de previdência privada não efetuarem a dedução permitida na Lei 9.250/95 não obsta a cobrança do imposto de renda se materializados os elementos constantes da regra-matriz de incidência. 5. Encontra óbice na Súmula 07/STJ a pretensão de reexame da premissa fática fixada pelo Tribunal de origem de que não restou comprovado "que o imposto de renda foi retido na aplicação dos valores em 06.06.01".
>
> 6. Recurso especial não provido.

Apesar da retenção na fonte acima mencionada, o resgate das contribuições de previdência privada que se realizou entre 1º de janeiro de 1989 a 31 de dezembro de 1995 está coberto pela isenção prevista pela Medida Provisória 1.749-37, de 11 de março de 1999.

Efetivamente, o art. 7º da Medida Provisória 2.159-70, de 24 de agosto de 2001 prevê que são isentos os resgates de contribuições de previdência privada cujo ônus tenha sido da pessoa física, recebidos por ocasião de seu desligamento do plano de benefício da entidade que corresponder às parcelas de contribuições efetuadas no período de 1º de janeiro de 1989 a 31 de dezembro de 1995.

Assim, trata tal dispositivo, de uma exceção à regra geral prevista pela legislação vigente.

Ao mesmo tempo, também estão isentos os valores de resgates na carteira de Fundos de Aposentadoria Programada Individual – FAPI, para mudanças das aplicações entre Fundos instituídos pela Lei 9.477/97, ou para a aquisição de renda junto às instituições de Previdência e seguradoras que operam com esse produto.

Conforme discorremos quando tratamos da dedução às contribuições ao FAPI, a dita Lei 9.477/97 instituiu os Fundos de Aposentadoria Programada Individual – FAPI, com recursos do trabalhador ou de empregador detentor de Plano de Incentivo à Aposentadoria Programada Individual, destinado a seus empregados e administradores.

Assim, os referidos fundos foram constituídos sob a forma de condomínio aberto, tendo seus recursos aplicados de acordo com o que vier a ser determinado pelo Conselho Monetário Nacional e sendo passíveis de serem instituídos e administrados por instituições financeiras ou por sociedades seguradoras autorizadas a funcionar pela Superintendência de Seguros Privados – SUSEP.

Dessa forma, para as contribuições ao FAPI, além da isenção relativa aos valores custeados pelos empregadores, que já examinamos, também está isento o próprio resgate de eventuais contribuições, desde que efetivada para mudança de aplicação entre fundos ou para aquisição de renda junto a instituições privadas de previdência social e seguradoras que operam com esse "produto".

Além dessas hipóteses, os valores resgatados do Plano de Poupança e Investimento – PAIT, relativamente à parcela correspondente às contribuições efetuadas pelo participante, também estão isentas do IRPF, haja vista a previsão do inciso IX do art. 6º da Lei 7.713/88, que já havíamos mencionado.

4.2.3.21 Serviços médicos pagos, ressarcidos ou mantidos pelo empregador

O valor arcado pelo contribuinte com sua saúde é dedutível da base de cálculo do IRPF. Isso porque tal gasto é primordial para a manutenção da vida e dada sua essencialidade é inevitável que seja tido como abatimento a ser computado para fins de apuração da base de cálculo do IRPF.

Ao mesmo tempo, pelo mesmo fundamento, quando esse gasto é custeado pelo empregador, não há que se permitir sua tributação pelo IRPF, sob pena de ofensa ao mínimo vital da pessoa física. Assim, nesse caso, a técnica aplicada não é a dedutibilidade para fins de apuração da base de cálculo, mas a não incidência do gravame sobre tais parcelas.

Daí por que o inciso I, alínea "p", do art. 35 do RIR/2018 expressamente prevê que o valor dos serviços médicos, hospitalares e dentários mantidos, ressarcidos ou pagos pelo empregador em benefício de seus empregados não se submete à tributação desse gravame.

4.2.3.22 Valor de bens ou direitos recebidos em devolução do capital

Os rendimentos relativos aos ganhos de capital não são incluídos na base de cálculo do IRPF Anual, embora sejam tributados, de forma definitiva, quando percebidos. Desse modo, eventuais isenções ou casos de não incidência atinentes a IRPF Sobre Ganho de Capital não deveriam ser tratados pelo Título IV do Livro I do RIR/2018, que trata dos rendimentos brutos que são computados para a apuração da base de cálculo do IRPF Anual, mas sim pelas disposições contidas no Título X, que trata da chamada Tributação Definitiva.

Apesar disso, o art. 35, inciso VII, alínea “g”, do RIR/2018, consolidando o teor do art. 22, §4º, da Lei 9.249 de 1995, tratou desse caso de não incidência que iremos expor no presente item. Repita-se, por ser um tema relacionado ao IRPF Sobre Ganho de Capital e não ao IRPF- Anual, tal prescrição encontra-se um pouco deslocada.

De qualquer sorte, nos termos do art. 22 da Lei 9.249/95, os bens e direitos do ativo da pessoa jurídica que forem entregues ao titular ou a sócio ou acionista a título de devolução de sua participação no capital social, poderão ser avaliados pelo valor contábil ou de mercado.

Assim, suponhamos que determinado bem B seja avaliado contabilmente pela pessoa jurídica PJ pelo valor de R$ 100,00 (cem reais). Suponhamos, ainda, que o valor de mercado de tal bem seja R$ 200,00 (duzentos reais).

Muito bem, provavelmente o sócio S, titular ou acionista, ao integralizar B em PJ, recebeu, em contrapartida, participação social. Para facilitar o exemplo, suponhamos que tal participação, recebida pela integralização do bem, tenha sido de R$ 100,00 (cem reais) e que esse sócio, por ter integralizado outros bens e direitos, possua uma participação avaliada em R$ 300,00 (trezentos reais), consistindo em trezentas quotas, de valor nominal de um real cada uma.

Assim, se a pessoa jurídica PJ tiver de devolver B ao sócio S, poderá fazê-lo atribuindo o valor ao bem de R$ 100,00 (cem reais), que é o valor contábil, ou R$ 200,00 (duzentos reais) que é o valor de mercado. Diga-se, de passagem, que a devolução de capital ao sócio é uma das raras hipóteses em que a pessoa jurídica poderá efetivar a transação com o sócio sem respeitar o valor de mercado do bem transferido e não ser punida com a aplicação das regras que tratam da chamada Distribuição Disfarçada de Lucros.

Agora, se pessoa jurídica devolve ao sócio o bem pelo valor contábil, ou seja, R$ 100,00 (cem reais), o sócio tem sua participação societária reduzida pelo mesmo valor. Assim, se antes a participação societária do sócio S era composta por 300 quotas, após a devolução do bem B, passará a ser de 200 quotas.

Suponhamos, agora, que o bem B seja devolvido por valor de mercado. Nesse caso, o sócio receberá o bem por R$ 200,00 (duzentos reais) e não mais por R$ 100,00 (cem reais). Poderá informar o bem em sua declaração pelo mesmo valor, reduzindo potencial ganho de capital no futuro, ao declarar custo de aquisição superior ao mero valor contábil.

Note-se que a pessoa jurídica, nessa operação, obteve um ganho, porque recebeu um bem avaliado inicialmente em R$ 100,00 (cem reais), outorgando ao sócio uma participação societária nesse mesmo valor e, ao devolver esse mesmo bem ao sócio, avaliando-o em R$ 200,00 (duzentos reais), efetivou entrega do bem acima de seu valor contábil.

Daí por que, nessa hipótese, a pessoa jurídica será tributada sobre esse ganho, com IRPJ e CSLL.

Agora, o sócio que recebeu o bem pelo valor de mercado não teve qualquer ganho. Foi-lhe entregue um bem que vale R$ 200,00 (duzentos reais). Seu patrimônio não sofreu qualquer modificação. Portanto, não haveria cabida a imposição da tributação sobre a diferença no valor atribuído ao bem no momento de sua devolução (R$ 200,00) e o valor do bem originalmente registrado pelo contribuinte em sua Declaração de Ajuste Anual, que era de R$ 100,00 (cem reais).

Foi justamente essa não incidência do IRPF, sobre a referida diferença, que o § 4º do art. 22 da Lei 9.249/95 expressamente previu, recebendo a consolidação pelo inciso VII, alínea "g", do art. 35 do RIR/2018. De qualquer sorte, a tributação sobre ganho de capital será mais bem examinada oportunamente no presente livro.

4.2.3.23 Venda de ações e operações com ouro como ativo financeiro

Prevê o art. 72, §8º, da Lei 8.981/95, que os ganhos líquidos auferidos por pessoas físicas em operações no mercado à vista de ações nas bolsas de valores e em operações com ouro, ativo financeiro, cujo valor das alienações realizadas em cada mês seja igual a 5.000 (cinco mil) UFIRs para o conjunto de ações e para o ouro, ativo financeiro respectivamente, não se submeterão à tributação a título do IRPF.

Atualmente, a isenção se verifica quando a alienação mensal se dá até o valor de R$ 20.000,00 (vinte mil reais), nos termos do art. 3º da Lei 11.033/2004.

A exemplo do item anterior, trataremos de tal isenção quando examinarmos a tributação incidente sobre os ganhos de capital, tendo-se em vista que tais rendimentos não são computados na base de cálculo do IRPF Anual e sim tributados, de forma definitiva, pelo IRPF Sobre Ganho de Capital.

4.2.3.24 Rendimentos de servidores de representações estrangeiras e de organismos internacionais

Para iniciar a reflexão sobre o presente item, tenhamos por tratados internacionais veículos normativos com validade no âmbito do direito das gentes que inserem prescrições editadas por Estados Soberanos que se coobrigam aos comandos inseridos por tal feixe normativos.

Parto da premissa que tratados, uma vez autorizados pelo Congresso mediante Decreto-legislativo e ratificados pelo Presidente da República ou seus representantes, adquirem eficácia na ordem interna brasileira após veiculados por Decretos expedidos do Presidente da República, assumindo *status* de norma do Estado Brasileiro e, por isso mesmo, situando-se em patamar hierarquicamente superior às normas dos diversos Entes Tributantes.

Em matéria de tributação, os Tratados costumam ser expedidos para instituir normas de cooperação de fiscalização, para evitar bitributação, ou mesmo para prescrever tributação com previsão de carga tributária inferior à prevista pela legislação interna, sobre certas situações. Nos últimos dois casos, entendo que a competência dos Entes Tributantes fica restringida, criando-se uma proibição de tributar veiculada por norma do Estado brasileiro.

Portanto, uma vez que tenha adquirido eficácia, na esfera brasileira, o tratado que prevê a não tributação sobre certas situações, ou a tributação inferior à prevista na legislação interna, o Ente Tributante fica impedido de contrariar a disposição do tratado internacional, tal como apregoa, em minha visão, de modo redundante, o art. 98 do CTN.

Note-se, por outro lado, que nada obsta o Ente Tributante de instituir uma desoneração maior do que a prevista no Tratado. Se determinado Tratado retira a eficácia de certa parcela da competência para se tributar, nada obsta que, dentro do feixe reduzido, o Ente Tributante institua uma isenção, ou carga tributária inferior à prevista na norma de índole internacional.

Em um paralelo, assim como pode haver isenção que desonere mais do que a imunidade, é possível que haja uma desoneração de âmbito mais amplo do que o previsto no Tratado. Nessa hipótese, cabe à autoridade administrativa respeitar tanto a norma editada pelo Tratado como a norma interna que veicula a isenção.

Essa introdução se faz necessária para compreendermos as diposições legislativas sobre a não tributação a título de imposto sobre a renda para servidores de organismos governamentais estrangeiros.

Muito bem.

A Convenção de Viena Sobre Relações Diplomáticas, veiculada no Brasil pelo Decreto 56.435/65, instituiu uma série de previsões sobre agentes diplomáticos e certas prerrogativas, imunidades e proteções destinadas a tais pessoas.

O art. 34 de tal ato normativo prevê uma isenção ampla de impostos e taxas para tais agentes, excecionados os seguintes:

> a) os impostos indiretos que estejam normalmente incluídos no preço das mercadorias ou dos serviços;
>
> b) os impostos e taxas sôbre bens imóveis privados situados no território do Estado acreditado, a não ser que o agente diplomático os possua em nome do Estado acreditante e para os fins da missão;
>
> c) os direitos de sucessão percebidos pelo Estado acreditado, salvo o disposto no parágrafo 4º do artigo 39;
>
> d) os impostos e taxas sobre rendimentos privados que tenham a sua origem no Estado acreditado e os impostos sobre o capital referentes a investimentos em empresas comerciais no Estado acreditado.
>
> e) os impostos e taxas que incidem sôbre a remuneração relativa a serviços específicos;
>
> f) os direitos de registro, de hipoteca, custas judiciais e impôsto de selo relativos a bens imóveis, salvo o disposto no artigo 23 do referido Decreto.

Em matéria de Imposto Sobre a Renda, portanto, a proibição de incidência prevista pelo texto normativo é ampla, salvo os rendimentos privados que tenham a origem no Estado acreditado – isto é, originados em outro Estado distinto do representado pelo agente diplomático e sobre remuneração relativa a serviços específicos.[307]

Ademais, o parágrafo 2º do artigo 37 da mesma Convenção prescreve que os membros do pessoal administrativo e técnico da missão, assim como os membros de suas famílias que com eles vivam, desde que não sejam nacionais do estado acreditado nem nele tenham residência permanente, gozarão da desoneração acima mencionada.

Por sua vez, o parágrafo 3º do mesmo artigo institui que membros do pessoal de serviço da Missão, que não sejam

---

307. Já "Estado acreditante", nos termos da Convenção, é aquele que tais agentes diplomáticos ou servidores representam.

nacionais do Estado acreditado nem nele tenham residência permanente, gozarão de imunidades quanto aos atos praticados no exercício de suas funções, de isenção de impostos e taxas sobre os salários que perceberem pelos seus serviços.

E já o parágrafo quarto determina que os trabalhadores particulares – entendidos como aqueles que desempenham serviço doméstico de um membro da Missão que não seja empregado do Estado acreditante – que não sejam nacionais do Estado acreditado nem nele tenham residência permanente, estão isentos de impostos e taxas sobre os salários que perceberem pelos seus serviços.

Avancemos. O art. 49 do Decreto 61.078/67, que tratou da Conferência de Viena sobre Relações Consulares, dispõe que os funcionários e empregados consulares, assim como os membros de suas famílias que com eles vivam, estarão isentos de quaisquer impostos e taxas, pessoais ou reais, nacionais, regionais ou municipais. A redação do dispositivo é a seguinte:

> Artigo 49
>
> Isenção Fiscal
>
> 1. Os funcionários e empregados consulares, assim como os membros de suas famílias que com êles vivam, estarão isentos de quaisquer impostos e taxas, pessoais ou reais, nacionais, regionais ou municipais, com exceção dos:
>
> a) impostos indiretos normalmente incluídos no preço das mercadorias ou serviços;
>
> b) impostos e taxas sobre bens imóveis privados situados no território do Estado receptor sem prejuízo das disposições do artigo 32;
>
> c) impostos de sucessão e de transmissão exigíveis pelo Estado receptor, sem prejuízo das disposições do parágrafo b) do artigo 51;
>
> d) impostos e taxas sobre rendas particulares, inclusive rendas de capital, que tenham origem no Estado receptor, e impostos sobre capital, correspondentes a investimentos realizados em empresas comerciais ou financeiras situadas no Estado receptor;
>
> e) impostos e taxas percebidos como remuneração de serviços específicos prestados;

> f) direitos de registro, taxas judiciárias, hipoteca e selo, sem prejuízo do disposto no artigo 32.
>
> 2. Os membros do pessoal de serviço estarão isentos de impostos e taxas sobre salários que recebam como remuneração de seus serviços.
>
> 3. Os membros da repartição consular que empregarem pessoas cujos ordenados ou salários não estejam isentos de impostos de renda no Estado receptor deverão respeitar as obrigações que as leis e regulamentos do referido Estado impuserem aos empregadores em matéria de cobrança do imposto de renda.

Portanto, estão excluídas da desoneração imposta pelo tratado acima mencionado os impostos sobre rendas particulares que tenham origem no Estado e impostos como remuneração de serviços específicos prestados.

Explicado tal panorama de tratados internacionais, o art. 5º da Lei 4.506/64, instituiu uma isenção de Imposto Sobre a Renda e Proventos de Qualquer Natureza – o texto do artigo é imposto sobre rendimentos – para servidores diplomáticos de governos estrangeiros, servidores de organismos internacionais de que o Brasil faça parte e tenha se obrigado, por tratado ou convênio a conceder isenção e servidor não brasileiro de embaixada, consulado e repartições oficiais de outros países no Brasil, desde que no País de sua nacionalidade seja assegurado igual tratamento a brasileiros que ali exerçam idênticas funções. Sua redação é a seguinte:

> Art. 5º Estão isentos do impôsto os rendimentos do trabalho auferidos por:
>
> I – Servidores diplomáticos de governos estrangeiros;
>
> II – Servidores de organismos internacionais de que o Brasil faça parte e aos quais se tenha obrigado, por tratado ou convênio, a conceder isenção;
>
> III – Servidor não brasileiro de embaixada, consulado e repartições oficais de outros países no Brasil, desde que no País de sua nacionalidade seja assegurado igual tratamento a brasileiros que ali exerçam idênticas funções.

> Parágrafo único. As pessoas referidas nos itens II e Ill dêste artigo serão contribuintes como residentes no estrangeiro em relação a outros rendimentos produzidos no país.

Já o art. 30 da Lei 7.713/88 ratificou essas isenções, prevendo que ainda estariam vigentes.

Muito bem, examinando o art. 5º, inciso I, da Lei 4.506/64, tenho para mim que instituiu uma isenção ampla sem qualquer restrição, diferentemente do que ocorre com os incisos II e III do mesmo artigo.

Efetivamente, no inciso II condiciona-se a isenção de servidores de organismos internacionais ao fato de que o Brasil faça parte de tais organismos ou ao fato de que o Brasil tenha se obrigado, por tratado, a conceder tal isenção.

Já no inciso III, é previsto que o servidor não brasileiro de embaixada, consulado e repartições oficiais de outros países no Brasil terão isenção de IRPF, desde que no País de sua nacionalidade seja assegurado igual tratamento a brasileiros que ali exerçam idênticas funções.

E, no caso dos incisos II e III de tal artigo, as pessoas por eles mencionadas se submeterão ao regime tributário destinado ao não residente no tocante a outros rendimentos produzidos no país.

Já o inciso I do mesmo artigo trata de "Servidores diplomáticos de governos estrangeiros" sem qualquer acréscimo.

Embora o inciso IIII do art. 5º da Lei 4.506/64 tenha imposto a condição do tratamento recíproco de outros países – e, portanto, não se trata de uma isenção incondicionada – eu entendo que essa restrição foi interpretada de modo restritivo pelas autoridades administrativas. Possivelmente, não haja efeitos práticos em tal restrição, mas entendo que conceitualmente é interessante discutir tal ponto.

Muito bem, em 13 de setembro de 1973, foi editado o Parecer Normativo CST n. 129. Em tal Parecer Normativo, o inciso III do artigo 5º foi interpretado de forma conjugada com os artigos art. 37, §§ 2º, 3º e 4º c/c art. 34 da Convenção de Viena (Decreto 56.435/65):

> 1. Trata-se de esclarecer as hipóteses em que os rendimentos auferidos por servidor, não brasileiro, de embaixada de estado signatário da Convenção de Viena sobre Relações Diplomáticas são isentos do Imposto de Renda, face ao disposto no art. 13 do Regulamento do Imposto de Renda e tendo em vista o que preceitua o art. 37 da referida Convenção.
>
> 2. O art. 13, letra *c*, do Regulamento do Imposto de Renda, baixado com o Decreto nº 58.400/68 (art. 5º da Lei nº 4.506/64), dispõe que:
>
> "Art. 13. Estão isentos do imposto os rendimentos do trabalho auferidos por:
>
> (...)
>
> c) servidor não brasileiro de embaixada, consulado e representações oficiais de outros países no Brasil, desde que no país de sua nacionalidade seja assegurado igual tratamento a brasileiros que ali exerçam idênticas funções."
>
> 3. Em 08 de junho de 1965, foi promulgada, pelo Decreto nº 56.435, a Convenção de Viena sobre Relações Diplomáticas, que entrou em vigor para o Brasil em 24 de abril de 1965. Do exame das disposições da Convenção verifica-se que os membros do pessoal administrativo e técnico da Missão, os membros do pessoal de serviço e os criados particulares dos membros da Missão, desde que não sejam nacionais do Estado acreditado, "nem nele tenham residência permanente", gozarão de isenção do imposto quanto aos rendimentos auferidos em razão do desempenho de suas funções (art. 37, §§ 2º, 3º e 4º c/c art. 34).
>
> 4. Tem-se, pois, que em relação aos países não signatários da referida Convenção, na apuração da exigência da reciprocidade, prevista pelo mencionado art. 13 do RIR, devem ser consideradas as práticas unilaterais dos países representados ou os atos firmados bilateralmente com os mesmos.
>
> 5. Já com relação aos países signatários da Convenção de Viena ou que à mesma tenham aderido, os limites da reciprocidade de tratamento estão delineados nos seus próprios termos. Conclui-se, portanto, que são isentos do imposto os rendimentos do trabalho auferidos por servidores de Missões Diplomáticas desses Estados, desde que tais servidores não sejam brasileiros e não tenham residência

permanente no Brasil, sejam eles nacionais do país representado ou não.

6. Deve-se entender como residente permanente o estrangeiro que tenha se transferido para o Brasil, com ânimo definitivo, ao qual tenha sido concedido visto permanente de entrada no território brasileiro. A conceituação de residência permanente é dada pelo Decreto-lei nº 7.967, de 18 de setembro de 1945 e pelo Decreto-lei nº 941, de 18 de outubro de 1969, que define a situação jurídica do estrangeiro no Brasil.

7. Se o servidor tiver residência permanente no Brasil, os rendimentos decorrentes de seu trabalho na Missão Diplomática serão normalmente tributados, de acordo com o entendimento já esposado no Parecer Normativo CST nº 251/72. Ressalte-se, ainda, que os rendimentos de outra natureza auferidos no País, pelo servidor, seja ele residente permanente ou não, não estão isentos do imposto de renda (art. 13, parágrafo único do RIR).

Conforme visto anteriormente, a isenção do art. 5º, inciso III, da Lei 4.506/64, só é aplicável ao servidor não brasileiro de embaixada, consulado e repartições oficiais de outros países no Brasil, se no País de sua nacionalidade for assegurado igual tratamento a brasileiros que ali exerçam idênticas funções.

O Parecer Normativo, acima citado, entende que tal reciprocidade é apurada observando-se as práticas unilaterais dos países representados ou os atos firmados bilateralmente com tais países, quando não forem signatários da Convenção de Viena sobre Relações Consulares ou, no caso de tratamento de países signatários da referida Convenção, deve-se observar os limites de tratamento impostos na referida Convenção.

Como a referida Convenção condiciona que, para fins da aplicação da isenção, ora examinada, o beneficiado não seja residente no país no Estado acreditado, passou-se a entender que o critério de não residência seria aplicável para todos os casos que envolvessem países signatários de tal Convenção.

Essa postura interpretativa pode não causar embaraços na prática. Mas na eventual hipótese de o país de origem do servidor conceder, unilateralmente – indo, poranto, além da

Convenção de Viena – isenção a servidores brasileiros residentes em tal país que exercessem idêntica função ao estrangeiro residente no Brasil, a tributação estaria em descompasso com o inciso III do art. 5º da Lei 4.506/64.

Nesse ponto, gostaria de frisar que em Tratados e Convenções é possível reger limites para a tributação, mas jamais determinar a imposição de carga tributária que não seria aplicável caso o Tratado ou Convenção não tivesse sido firmado: no nosso sistema tributário é a lei e não o Tratado, o veículo competente para criar ou aumentar tributos.

Porém, o art. 24 da Instrução Normativa SRF 208 prevê que os rendimentos recebidos de órgãos de governo estrangeiro no País por residente no Brasil estão sujeitos à tributação sob a forma de recolhimento mensal obrigatório (carnê-leão) no mês do recebimento, e na Declaração de Ajuste Anual.

Já o artigo 20 do RIR/2018 prescreve o seguinte:

> Art. 20. Ficam isentos do imposto sobre a renda os rendimentos do trabalho percebidos por (Lei nº 4.506, de 1964, art. 5º ; e Lei nº 7.713, de 1988, art. 30)
>
> I – servidores diplomáticos de governos estrangeiros;
>
> II – servidores de organismos internacionais de que o País faça parte e aos quais se tenha obrigado, por tratado ou convênio, a conceder isenção; ou
>
> III – servidor não brasileiro de embaixada, consulado e repartições oficiais de outros países no País, desde que no país de sua nacionalidade seja assegurado tratamento igual a brasileiros que ali exerçam funções idênticas.
>
> § 1º. As pessoas a que se refere este artigo serão consideradas como contribuintes não residentes em relação a outros rendimentos e ganhos de capital produzidos no País (Lei nº 4.506, de 1964, art. 5º, parágrafo único; Convenção de Viena sobre Relações Diplomáticas, art. 34 , promulgada pelo Decreto nº 56.435, de 8 de junho de 1965 ; e Lei nº 5.172, de 1966 – Código Tributário Nacional, art. 98).
>
> § 2º. A isenção de que tratam os incisos I e III do *caput* não se aplica aos rendimentos e aos ganhos de capital percebidos por servidores estrangeiros que tenham passado à condição de residente no País

> (Convenção de Viena sobre Relações Diplomáticas, art. 1º e art. 37, § 2º a § 4º, promulgada pelo Decreto nº 56.435, de 1965 ; e Lei nº 5.172, de 1966 – Código Tributário Nacional, art. 98) .
>
> § 3º. Os rendimentos e os ganhos de capital de que trata o § 2º serão tributados como aqueles de residentes, na forma prevista neste Regulamento.

Note-se que o §2º do referido ato normativo, visando a aplicar a Convenção de Viena sobre Relações Diplomáticas, prescreve que as isenções mencionadas nos incisos II e III não se aplicam a residentes no país.

Portanto, nota-se que o Fisco efetivamente exige a não residência como critério para aplicação do art. 5º, inciso III, da Lei 4.506/64, quando o país de origem do servidor for aderente à Convenção de Viena sobre Relações Diplomáticas.

Avancemos. Uma discussão relevante – esta mais discutida na prática – refere-se ao alcance da desoneração isenção prevista no inciso II do art. 5º da Lei 4.506/64.

Tal disputa acabou envolvendo o conteúdo de certos tratados internacionais, ainda não explicados acima, que passo a esclarecer.

Assim, aponte-se que o Decreto 27.784 de 16 de fevereiro de 1950 promulgou no país a "Convenção sobre Privilégios e Imunidades das Nações Unidas", adotada em Londres, a 13 de fevereiro de 1946, por ocasião da Assembleia Geral das Nações Unidas.

Em tal diploma normativo, foram criados privilégios e imunidades aos funcionários da Organização das Nações Unidas – ONU, sendo certo que a alínea "b" da Seção 18 prevê que tais funcionários gozam de isenção sobre imposto sobre seus vencimentos.

Já o Decreto 52.288 de 24 de julho de 1963 promulgou a Convenção sobre Privilégios e Imunidades das Agências Especializadas das Nações Unidas, adotada, a 21 de novembro de 1947, pela Assembleia Geral das Nações Unidas.

O item "b" da 19ª Seção do diploma acima mencionado prevê que os funcionários das agências especializadas gozarão de isenções de impostos, quanto aos salários e vencimentos, a eles pagos pelas agências especializadas e em condições idênticas às de que gozam os funcionários das Nações Unidas.

Avançando, o Decreto 59.309 de 23 de setembro de 1966 promulgou o Acordo sobre Privilégios e Imunidade da Agência Internacional de Energia Atômica.

A Seção 18, II, do referido Decreto prevê que os funcionários da Agência gozarão, no que se refere aos vencimentos e emolumentos que lhes são pagos pela Agência, das mesmas isenções de impostas[308] e nas mesmas condições de que gozam os funcionários da Organização das Nações Unidas.

Dito isso, ressalte-se que na mesma data do Decreto anterior, foi promulgado o Decreto 59.308, de 23 de Setembro de 1966, que promulga o Acordo Básico de Assistência Técnica com a Organização das Nações Unidas, suas Agências Especializadas e Agência Internacional de Energia Atômica.

O artigo V, de tal Decreto, prevê o seguinte:

> ARTIGO V
>
> Facilidades, Privilégios e Imunidades
>
> 1. O Govêrno, caso ainda não esteja obrigado a fazê-lo, aplicará aos Organismos, a seus bens, fundo e haveres, bem como a seus funcionários, inclusive peritos de assistência técnica:
>
> a) com respeito à Organização da Nações Unidas, a "Convenção sôbre Privilégios e Imunidades das Nações Unidas";
>
> b) com respeito às Agências Especializadas, a "Convenção sôbre Privilégios e Imunidades das Agências Especializadas";
>
> c) com respeito à Agência Internacional de Energia Atômica o "Acôrdo sôbre Privilégios e Imunidades da Agência Internacional de Energia Atômica" ou, enquanto tal Acôrdo não fôr aprovado pelo Brasil, a "Convenção sôbre Privilégios e Imunidades das Nações Unidas".

308. Termo grafado conforme constante no referido Decreto.

> 2. O Govêrno tomará sôbre as providências destinadas a facilitar as atividades dos Organismos, segundo o disposto no presente Acôrdo, e a assistir os peritos e outros funcionários dos referidos Organismos na obtenção das facilidades e serviços necessários ao desempenho de tais atividades. O Govêrno concederá aos Organismos, seus peritos e demais funcionários, quando no desempenho das responsabilidades que lhes cabem no presente Acôrdo, a taxa de câmbio mais favorável.[309]

Nota-se que a Convenção, acima mencionada, estende todos os benefícios previstos na "Convenção sobre Privilégios e Imunidades das Nações Unidas", na Convenção sobre Privilégios e Imunidades das Agências Especializadas" e no "Acôrdo sôbre Privilégios e Imunidades da Agência Internacional de Energia Atômica" para os Organismos e seus funcionários.[310]

Assim, aos funcionários de tais Organismos estendem-se os incentivos previstos nas Convenções anteriormente mencionadas, o que implica a isenção de IRPF sobre seus vencimentos.

Apesar de tal previsão, se passou a entender que técnicos residentes no Brasil da ONU e de suas Agências Especializadas, residentes no país, com vínculo contratual no país, não são isentos de IRPF. Do modo reiterado das decisões negando tal desoneração resultou a edição da Súmula CARF n. 39, enunciando que:

> **Súmula CARF nº 39**
>
> Os valores recebidos pelos técnicos residentes no Brasil a serviço da ONU e suas Agências Especializadas, com vínculo contratual, não são isentos do Imposto sobre a Renda da Pessoa Física. (Vinculante, conforme Portaria MF nº 383, de 12/07/2010, DOU de 14/07/2010) (Caráter vinculante revogado pela Portaria

---

309. Mantida a grafia original.

310. Os Organismos são: a Organização das Nações Unidas, a Organização Internacional do Trabalho, a Organização das Nações Unidas para a Alimentação e a Agricultura, a Organização das Nações Unidas para a Educação, a Ciência e a Cultura, a Organização de Aviação Civil Internacional, a Organização Mundial de Saúde, a União Internacional de Telecomunicações, a Organização Meteorológica Mundial, a Agência Internacional de Energia Atômica e a União Postal Universal.

> MF nº 578, de 27/12/2017, DOU de 29/12/2017) (Súmula revogada pela Portaria CARF nº 3, de 09/01/2018).
>
> Acórdãos Precedentes:
>
> Acórdão nº 102-48758, de 17/10/2007 Acórdão nº 104-22074, de 06/12/2006 Acórdão nº 104-22239, de 28/02/2007 Acórdão nº 106-16231, de 29/03/2007 Acórdão nº 192-00.005, de 08/09/2008 Acórdão nº CSRF/04-00.6676, de 19/09/2007.

Contudo, o Superior Tribunal de Justiça, atendando-se à previsão do artigo V do Decreto 59.308/66, acima mencionado, prescreve que:

> TRIBUTÁRIO. RECURSO ESPECIAL REPRESENTATIVO DA CONTROVÉRSIA (ART. 543-C DO CPC). ISENÇÃO DO IMPOSTO DE RENDA SOBRE OS RENDIMENTOS AUFERIDOS POR TÉCNICOS A SERVIÇO DAS NAÇÕES UNIDAS, CONTRATADOS NO BRASIL PARA ATUAR COMO CONSULTORES NO ÂMBITO DO PNUD/ONU.
>
> 1. A Primeira Seção do STJ, ao julgar o Resp 1.159.379/DF, sob a relatoria do Ministro Teori Albino Zavascki, firmou o posicionamento majoritário no sentido de que são isentos do imposto de renda os rendimentos do trabalho recebidos por técnicos a serviço das Nações Unidas, contratados no Brasil para atuar como consultores no âmbito do Programa das Nações Unidas para o Desenvolvimento – PNUD. No referido julgamento, entendeu o relator que os "peritos" a que se refere o Acordo Básico de Assistência Técnica com a Organização das Nações Unidas, suas Agências Especializadas e a Agência Internacional de Energia Atômica, promulgado pelo Decreto 59.308/66, estão ao abrigo da norma isentiva do imposto de renda. Conforme decidido pela Primeira Seção, o Acordo Básico de Assistência Técnica atribuiu os benefícios fiscais decorrentes da Convenção sobre Privilégios e Imunidades das Nações Unidas, promulgada pelo Decreto 27.784/50, não só aos funcionários da ONU em sentido estrito, mas também aos que a ela prestam serviços na condição de "peritos de assistência técnica", no que se refere a essas atividades específicas.
>
> 2. Considerando a função precípua do STJ – de uniformização da interpretação da legislação federal infraconstitucional -, e com a ressalva do meu entendimento pessoal, deve ser aplicada ao caso a orientação firmada pela Primeira Seção.
>
> 3. Recurso especial provido. Acórdão submetido ao regime do art. 543-C do CPC e da Resolução STJ n. 8/08.

(Resp 1306393/DF, Rel. Ministro MAURO CAMPBELL MARQUES, PRIMEIRA SEÇÃO, julgado em 2410.2012, Dje 07.11.2012)

Interessante notar que do julgado acima, foi editada a Nota Técnica nº 01/ASTEJ/PRESIDÊNCIA/CARF/MF que, invocando o precedente acima, propôs a revogação da Súmula n. 39 do CARF, com base na seguinte fundamentação:[311]

> Como é possível concluir a partir da comparação do texto do enunciado sumular e da decisão do STJ, há uma disparidade entre o primeiro, que nega isenção aos valores recebidos pelos técnicos residentes no Brasil a serviço da ONU e suas Agências Especializadas, com vínculo contratual, e o segundo, que estendeu aos peritos de assistência técnica a serviço das Nações Unidas, contratados no Brasil para atuar como consultores no âmbito do Programa das Nações Unidas para o Desenvolvimento – PNUD, a isenção prevista no art. 23, inciso II do Regulamento do Imposto de Renda aprovado pelo Decreto nº 1.041, de 1994, reproduzida no art. 22, inciso II, do Regulamento do Imposto de Renda aprovado pelo Decreto nº 3.000, de 1999. É certo que o enunciado da Súmula CARF nº 39 reporta-se genericamente a valores recebidos por técnicos residentes no Brasil a serviço da ONU e suas Agências Especializadas, com vínculo contratual, e assim poder-se-ia cogitar de sua aplicação em face de serviços técnicos não abrangidos pelo "Acordo Básico de Assistência Técnica com a Organização das Nações Unidas, suas Agências Especializadas e a Agência Internacional de Energia Atômica", promulgado pelo Decreto nº 59.308, de 23/09/1966, norma legal assim invocada no voto condutor do Resp nº 1.306.393/DF para decisão em favor da isenção pretendida pelos litigantes: (...)
>
> Todavia, com exceção do paradigma nº 104-22.074, todos os demais que sustentam o enunciado da Súmula CARF nº 39 fazem referência a rendimentos auferidos por contratados no âmbito do Programa das Nações Unidas para o Desenvolvimento do Brasil – PNUD, ou descritos como decorrentes de serviços técnicos abrangidos pelo referido acordo internacional.

Ato contínuo, a Súmula CARF n. 39 foi revogada pela Portaria n. 03, de 09 de janeiro de 2018, de tal sorte que às

311. Disponível em: http://idg.carf.fazenda.gov.br/noticias/2018/publicada-portaria-carf-no-3-2018-que-revoga-sumula-carf-no-39/nota-tecnica_01-2018_proposta-de-revogacao-da-sumula-carf-n-39-1-1.pdf Acesso em: 20 nov. 2019.

pessoas mencionadas no artigo V do Decreto 59.308, de 23 de Setembro de 1966, foi garantida a isenção do IRPF, nos termos do referido artigo.

4.2.3.25 Amortização de ações e incorporação de reservas de lucros ao capital

O art. 30 da Lei 6.404 de 15 de dezembro de 1976 proíbe a sociedade anônima de negociar com suas próprias ações. A proibição não se aplica, porém, à chamada amortização de ações. Nesse sentido, entende-se por amortização de ações a distribuição aos acionistas, a título de antecipação e sem redução do capital social, de quantias que lhes poderiam tocar em caso de liquidação da companhia.

Não nos olvidemos que a distribuição de lucros a sócios ou acionistas é isenta de IRPF. Nesse sentido, o pagamento recebido pelos sócios ou acionistas também não fica sujeito à incidência do imposto.

Também não se dá a tributação, nos termos do art. 35, inciso IV, alínea "c", do RIR/2018, nos valores decorrentes de aumento de capital mediante a incorporação de reservas ou lucros apurados, devendo o lucro a ser incorporado ao capital ser apurado em balanço transcrito no livro diário, conforme termos do §12 do mesmo artigo. Assim, se a reserva de lucros é utilizada para aumento de capital social da pessoa jurídica, de tal sorte que sejam conferidas novas ações ou quotas à pessoa física, não haverá incidência do IRPF.

A legislação cria certos requisitos dependendo da data de apuração do lucro sendo que, a partir de 1º de janeiro de 1996, as pessoas jurídicas tributadas com base no lucro real, presumido ou arbitrado, deverão apurar o lucro em balanço, para que possam utilizá-los para aumento de capital social.

Agora, o lucro incorporado ao capital deverá ser apurado em balanço transcrito no livro diário, conforme prevê o §12 do art. 35 do RIR/2018.

4.2.4 Rendimentos tributáveis

O conceito de rendimentos tributáveis foi devidamente definido pela legislação vigente, conforme já vimos anteriormente. Assim, em tese, não seria necessária qualquer listagem para que a tributação incida sobre tais valores.

Porém, o legislador, possivelmente para evitar dúvidas sobre o tema, especificou, exemplificadamente, os rendimentos sujeitos à tributação.

Esses rendimentos foram separados em (I) rendimentos de trabalho assalariado e assemelhados; (II) rendimentos do trabalho não assalariado e assemelhados; (III) prestação de serviços com veículos; (IV) rendimentos de garimpeiros; (V) rendimentos de aluguel e *royalties*; (VI) rendimentos de pensão judicial e (VII) outros rendimentos.

Passaremos a examinar as disposições indicadas para cada uma delas.

4.2.4.1 Rendimentos de trabalho assalariado e assemelhados

Prevê o art. 36 do RIR/2018 que os rendimentos provenientes do trabalho assalariado, as remunerações por trabalho prestado no exercício de empregos, cargos, funções e quaisquer proventos ou vantagens percebidas são incluídos para fins de apuração da base de cálculo do IRPF.

Assim, nos termos do inciso I do art. 36, do RIR/2018, o IRPF incide sobre salários, ordenados, vencimentos, soldos, soldadas, vantagens, subsídios, honorários, diárias de comparecimento, bolsas de estudo e pesquisa e remuneração de estagiários.

No tocante ao conceito de salário, vale observar a dicção dos arts. 457 e 458 da CLT que prescrevem o seguinte:

> Art. 457 – Compreendem-se na remuneração do empregado, para todos os efeitos legais, além do salário devido e pago diretamente pelo empregador, como contraprestação do serviço, as gorjetas que receber. (Redação dada pela Lei 1.999/53)

> § 1º Integram o salário a importância fixa estipulada, as gratificações legais e as comissões pagas pelo empregador. (Redação dada pela Lei 13.467/2017)
>
> § 2º As importâncias, ainda que habituais, pagas a título de ajuda de custo, auxílio-alimentação, vedado seu pagamento em dinheiro, diárias para viagem, prêmios e abonos não integram a remuneração do empregado, não se incorporam ao contrato de trabalho e não constituem base de incidência de qualquer encargo trabalhista e previdenciário. (Redação dada pela Lei 13.467/2017)
>
> § 3º Considera-se gorjeta não só a importância espontaneamente dada pelo cliente ao empregado, como também o valor cobrado pela empresa, como serviço ou adicional, a qualquer título, e destinado à distribuição aos empregados. (Redação dada pela Lei 13.419/2017)
>
> § 4º Consideram-se prêmios as liberalidades concedidas pelo empregador em forma de bens, serviços ou valor em dinheiro a empregado ou a grupo de empregados, em razão de desempenho superior ao ordinariamente esperado no exercício de suas atividades. (Redação dada pela Lei 13.467/2017)

O art. 458 da CLT, especificamente, o *caput* e §1º, dispõe que além do pagamento em dinheiro, compreende-se no salário a habitação, o vestuário ou outras prestações *in natura* que a empresa, por força do contrato ou do costume, fornecer habitualmente ao empregado. Porém, o §2º excepciona os seguintes aspectos:[312]

---

312. Importante notar, ainda, que o §1º é complementado pelos §§3º a 5º a seguir citados:
§ 3º. A habitação e a alimentação fornecidas como salário-utilidade deverão atender aos fins a que se destinam e não poderão exceder, respectivamente, a 25% (vinte e cinco por cento) e 20% (vinte por cento) do salário-contratual.
§ 4º. Tratando-se de habitação coletiva, o valor do salário-utilidade a ela correspondente será obtido mediante a divisão do justo valor da habitação pelo número de co-habitantes, vedada, em qualquer hipótese, a utilização da mesma unidade residencial por mais de uma família.
§ 5º. O valor relativo à assistência prestada por serviço médico ou odontológico, próprio ou não, inclusive o reembolso de despesas com medicamentos, óculos, aparelhos ortopédicos, próteses, órteses, despesas médico-hospitalares e outras similares, mesmo quando concedido em diferentes modalidades de planos e coberturas, não integram o salário do empregado para qualquer efeito nem o salário de contribuição, para efeitos do previsto na alínea *q* do § 9o do art. 28 da Lei no 8.212, de 24 de julho de 1991.

I – vestuários, equipamentos e outros acessórios fornecidos aos empregados e utilizados no local de trabalho, para a prestação do serviço;

II – educação, em estabelecimento de ensino próprio ou de terceiros, compreendendo os valores relativos à matrícula, mensalidade, anuidade, livros e material didático;

III – transporte destinado ao deslocamento para o trabalho e retorno, em percurso servido ou não por transporte público;

IV – assistência médica, hospitalar e odontológica, prestada diretamente ou mediante seguro-saúde;

V – seguros de vida e de acidentes pessoais;

VI – previdência privada;

VII – (Vetado)

VIII – o valor correspondente ao vale-cultura.

Embora os elementos acima mencionados não constituam salário, ora poderão estar sujeitos à tributação a título do IRPF, ora estarão fora do campo de tributação.

A título de exemplo, a disponibilização de vestuário e outros acessórios fornecidos no local de trabalho consistem meros acessórios disponibilizados para o trabalho, não importando qualquer acréscimo à renda auferida pelo trabalhador.

O mesmo se pode dizer quanto ao transporte destinado ao deslocamento para o trabalho e retorno. Ora, em nossa visão, tal verba tem natureza meramente indenizatória, configurando caso de não incidência de IRPF.

Já quanto à assistência médica, vimos que a legislação expressamente isentou os valores pagos pelo empregador, por conta do princípio do mínimo vital.

Também estão isentas, as contribuições patronais para programa de previdência privada, conforme discorremos anteriormente.

São tributáveis, porém, os rendimentos relacionados aos pagamentos que o empregador faz, em favor do empregado, com educação, em estabelecimento de ensino próprio ou de terceiros, compreendendo os valores relativos à matrícula, mensalidade, anuidade, livros e material didático, cuja tributação é expressa pela legislação, conforme já indicamos, bem como os seguros de vida.[313] Embora, para fins trabalhistas, tais verbas não correspondam a salário, não deixam de implicar uma riqueza nova auferida pelo contribuinte.

Note-se que o inciso I do art. 36 do RIR/2018 expressamente menciona que o pagamento a título de bolsa de estudos e de pesquisa configura-se rendimento computável na para fins de apuração da base de cálculo do IRPF.

Esse dispositivo não está em dissonância com o art. 35, VII, alínea "a" também do RIR/2018, que determina a isenção de rendimentos referentes a bolsa de estudos e de pesquisa que não revertam resultados ao empregador e não constituam contraprestação pelo trabalho. Assim, a utilidade, ou não, do curso ou pesquisa ao empregador, bem como a contrapartida pelo trabalho, são a tônica que distingue a isenção da tributação, conforme já explicamos no item anterior.

Muito bem. Os incisos II a V do art. 36 do RIR/2018 também preveem que são rendimentos tributáveis as férias; licença especial ou licença-prêmio; gratificações, participações, interesses, percentagens, prêmios e quotas-partes de multas ou receitas; comissões e corretagens.

Já tratamos desses pontos que examinamos os casos de não incidência do imposto. Convém, contudo, acrescentar, que, com base na jurisprudência, foram emitidos diversos Atos Declaratórios da Procuradoria Geral da Fazenda

313. O valor correspondente a título de vale-cultura passou a ser isento a partir de 2012.

Nacional – PGFN e da Secretaria da Receita Federal do Brasil – sobre a não incidência do Imposto Sobre a Renda a título de férias e licença-prêmio não gozadas por necessidade de serviço, bem como a título de abono pecuniário de férias, tais como: (I) Ato Declaratório PGFN 4, de 12 de agosto de 2002, em relação ao pagamento (in pecúnia) de férias não gozadas – por necessidade do serviço – pelo servidor público; (II) Ato Declaratório PGFN 1, de 18 de fevereiro de 2005, em relação às verbas recebidas por trabalhadores em geral a título de férias e licença-prêmio não gozadas por necessidade do serviço; (III) Ato Declaratório PGFN 5, de 16 de novembro de 2006, em relação às férias proporcionais convertidas em pecúnia; (IV) Ato Declaratório PGFN 6, de 16 de novembro de 2006, em relação ao abono pecuniário de férias de que trata o art. 143 da Consolidação das Leis do Trabalho – CLT, aprovada pelo Decreto-Lei 5.452, de 1º de maio de 1943; (V) to Declaratório PGFN 6, de 1º de dezembro de 2008, em relação ao adicional de um terço previsto no art. 7º, inciso XVII, da Constituição Federal, quando agregado a pagamento de férias – simples ou proporcionais – vencidas e não gozadas, convertidas em pecúnia, em razão de rescisão do contrato de trabalho; (VI) Ato Declaratório PGFN 14, de 1º de dezembro de 2008, em relação às férias em dobro pagas ao empregado na rescisão contratual; (VII) Ato Declaratório Interpretativo SRF 5, de 27 de abril de 2005, em relação às verbas recebidas em face da conversão em pecúnia de licença-prêmio e férias não gozadas por necessidade do serviço, por trabalhadores em geral ou por servidores públicos; (VIII) Ato Declaratório Interpretativo SRF 14, de 1º de dezembro de 2005, esclarecendo que o ADI SRF nº 5, de 2005, tratou somente das hipóteses de pagamento de valores a título de férias integrais e de licença-prêmio não gozadas por necessidade do serviço quando da aposentadoria, rescisão de contrato de trabalho ou exoneração, previstas nas Súmulas nºs 125 e 136 do Superior Tribunal de Justiça (STJ), a trabalhadores em geral ou a servidores públicos.

Expondo um pouco mais a previsão do inciso III do art. 36 do RIR/2018, lembremos que a licença especial ou licença-prêmio, inclusive quando convertida em pecúnia, sujeita-se à tributação de IRPF.

A licença especial era prevista pela Lei 1.711 de 28 de outubro de 1952, Estatuto dos Funcionários Públicos Civis da União,[314] consistindo em autorização para funcionário público, a cada decênio de efetivo exercício, de se ausentar por 6 (seis) meses com todos os direitos e vantagens do cargo.

Assim, quando o inciso III do art. 36 do RIR/2018 determina que são tributáveis tais licenças, refere-se aos rendimentos pagos aos servidores, no curso de tempo em que os funcionários públicos as usufruíam.

A antiga licença especial foi transformada em licença-prêmio por assiduidade, prevista no arts. 87 da Lei 8.112/90, que dispõe sobre o regime jurídico dos servidores públicos civis da união, das autarquias e das fundações públicas federais, prevendo que após cada quinquênio ininterrupto de exercício, o servidor fará jus a 3 (três) meses de licença, a título de prêmio por assiduidade, com a remuneração do cargo efetivo. Assim, como se infere do inciso III do art. 36 do RIR/2018, tais rendimentos encontram-se expressamente abrangidos pela tributação.

Interessante notar, ainda, que a Lei 9.527/97 alterou a redação do artigo 87 Lei 8.112/90, de sorte que a licença-prêmio por assuidade passou a ser designada "licença para capacitação". Segundo a nova redação, após cada quinquênio de efetivo exercício, o servidor poderá, no interesse da Administração, afastar-se do exercício do cargo efetivo, com a respectiva remuneração, por até três meses, para participar de curso de capacitação profissional. O meu entendimento é que o tributo IRPF incide sobre tais valores, por representarem acréscimo patrimonial da pessoa física.

Ademais, como já discorrido em parágrafo acima, outros rendimentos incluídos na base de cálculo do IRPF são as gratificações, participações, interesses, percentagens, prêmios e

314. A Lei 1.711/52 foi revogada pela Lei 8.112/90.

quotas-partes de multas ou receitas, bem como as comissões e corretagens, previstos, respectivamente, nos incisos IV e V do art. 36 do RIR/2018, que representam efetiva riqueza nova obtida pelo empregador, decorrente de seu trabalho, tornando inafastável a tributação.

No inciso VI do art. 36 do RIR/2018, por sua vez, há previsão de que incide o IRPF no aluguel do imóvel ocupado pelo empregado e pago pelo empregador a terceiros e a diferença entre aluguel que o empregador paga pela locação do imóvel e o que cobra a menos do empregado pela respectiva sublocação.

Em ambos os casos, verifica-se que o empregador está custeando uma despesa do empregado, de tal sorte que os valores a título de tais custeios devem ser enquadrados como rendimentos tributáveis.

Já o inciso VII do art. 36 trata do valor locativo de cessão de uso de bens de propriedade do empregador. Em outras palavras, se o empregador cede bens gratuitamente ao empregado, o valor locativo de tais bens deveria, segundo o dispositivo, ser acrescido à base de cálculo do IRPF.

Parece-nos, porém, que não se pode confundir a riqueza nova que ingressa no patrimônio do contribuinte com a riqueza que deixa de sair, em razão de um acerto qualquer. Se o contribuinte incorre em uma despesa custeada por um terceiro, parece-nos que teríamos, nesse caso, um aumento patrimonial auferida por esse contribuinte, haja vista que um fator que influenciava negativamente o valor do patrimônio do contribuinte teria deixado de ser dispendido por ele.

Agora, não se confunda o fato de alguém pagar uma despesa de um terceiro, gerando-lhe riqueza, e o fato de uma despesa, potencialmente existente conforme condições usuais do mercado, deixar de se materializar juridicamente. A materialidade desse imposto não é a diferença entre um patrimônio efetivo e um patrimônio idealmente concebível, na imaginação de quem quer que seja. A potencialidade, aquilo que poderia ter sido gasto se as partes avençassem de forma diferente do que operado na prática, deve ser irrelevante ao mundo jurídico, interessando, quando muito, à moral, à filosofia etc.

Se aceitássemos que a hipótese de incidência do IRPF é, não apenas, o acréscimo patrimonial obtido pelo contribuinte, como o acréscimo patrimonial apurado a partir da diferença de um patrimônio efetivo e um patrimônio idealmente concebido, se as condições jurídicas "x" ou "y" tivessem sido materializadas, haveríamos de oferecer à tributação todos os descontos obtidos pelo contribuinte, todas as desonerações tributárias atribuídas às pessoas físicas pela legislação vigente, entre outros exemplos esdrúxulos que poderíamos, com um pouco de criatividade, cogitar.

Mas, a base de cálculo do IRPF não é a diferença entre um patrimônio real e um patrimônio imaginário: trata-se da diferença patrimonial que representa a oscilação apresentada pelo contribuinte ao longo do tempo.

Não é rendimento tributável, portanto, o valor locativo de bem cedido gratuitamente a empregado. Trata-se de uma antinomia clara entre a legislação federal e regra-matriz de incidência do IRPF, estabelecida pela Constituição da República e pelo Código Tributário Nacional. Contudo, a previsão de tributação encontra-se vigente, cabendo, a cada contribuinte, a obtenção de decisão judicial para afastar a cobrança do gravame.

Já o inciso VIII do art. 36 do RIR/2018 trata de pagamentos ou reembolsos do imposto ou contribuições, feitos pelo empregador, que a lei prevê como encargo do assalariado. Ora, nesse caso, o empregador está pagando tais impostos ou contribuições por conta e ordem do assalariado.

Assim, é evidente que tais valores correspondem a rendimentos percebidos pelo assalariado, muito embora tenham sido utilizados pelo empregador para pagar uma despesa do próprio assalariado. Note-se que, ao contrário da previsão do inciso VII, não se trata, aqui, de uma despesa potencial que deixou de se materializar, mas de uma despesa concreta que foi paga pelo empregador em nome do empregado, representando efetiva riqueza nova obtida por tal pessoa física.

O mesmo raciocínio pode ser aplicado quanto aos prêmios de seguro individual de vida do empregado pago pelo empregador, quando o empregado é o beneficiário do seguro, ou indica o beneficiário deste, previstos no inciso IX do art. 36 do RIR/2018. Nesse caso, a exemplo do que dito anteriormente, trata-se de rendimentos pagos pelo empregador, em favor do empregado.

Aliás, tais previsões seriam até mesmo supérfluas, haja vista que o inciso XVI do art. 36 do RIR/2018 já expressamente indica que as despesas ou encargos pagos pelos empregadores em favor de empregado, integram a base de cálculo do IRPF.

Também são rendimentos computáveis para fins de apuração da base de cálculo do IRPF, nos termos dosinciso XVII e XVII do art. 36 do RIR/2018, os benefícios e as vantagens concedidos a administradores, diretores, gerentes e seus assessores ou a terceiros, em relação à pessoa jurídica tais como:

(i) contraprestação de arrendamento mercantil ou aluguel, ou quando for o caso, os respectivos encargos de depreciação, relativos a veículos utilizados no transporte dessas pessoas e imóveis cedidos para seu uso;

(ii) as despesas pagas diretamente ou mediante a contratação de terceiros, tais como aquisição de alimentos ou quaisquer outros bens para utilização do beneficiário fora do estabelecimento da empresa, os pagamentos relativos a clubes e assemelhados, os salários e respectivos encargos sociais de empregados postos à disposição ou cedidos pela empresa, ou a remuneração, o custeio e a conservação de bens.

O inciso X, do mesmo artigo, por sua vez, determina como rendimento bruto computado para fins de apuração da base de cálculo do gravame, as verbas, dotações ou auxílios, para representações ou custeio de despesas necessárias para o exercício de cargo, função ou emprego. No meu ponto de vista, tal mandamento representa nítida tributação sobre meros ressarcimentos obtidos pelo contribuinte. Nesse caso, não há que se falar em acréscimo patrimonial da pessoa física.

Daí por que parcialmente, acertado, segundo nosso entendimento, a disposição do Ato Declaratório SRF 84, de 07 de outubro de 1999, que dispõe que as quotas relativas a direito de uso de serviços postais e telefônicos, bem como passagens aéreas atribuídas aos parlamentares no exercício do mandato, nos limites fixados pelo órgão competente, não se sujeitam à tributação pelo Imposto Sobre a Renda na fonte e na Declaração de Ajuste Anual. Discordamos, apenas, no aspecto de que a conversão em pecúnia das referidas cotas integraria o rendimento tributável do beneficiário. Essa diferença, segundo pensamos, é insustentável, pois o relevante deveria ser a causa e natureza jurídica de tais ressarcimentos e não a forma em que eles são efetivados.

Avançando um pouco, em nossas reflexões, vale apontar que o inciso XI do art. 36 do RIR/2018 prevê que as pensões, civis ou militares, de qualquer natureza, meios-soldos e quaisquer outros proventos recebidos de antigo empregador, de institutos, caixas de aposentadoria ou de entidades governamentais, em virtude de empregos, cargos ou funções exercidas no passado devem ser inseridas na base de cálculo do IRPF. Natural que seja assim, haja vista o caráter de acréscimo patrimonial atribuível a tais rendimentos.

Também são tributáveis, nos termos do inciso XII do art. 36 do RIR/2018, as pensões recebidas por aposentados que ultrapassarem o limite de isenção previsto pela legislação.

Outros rendimentos previstos expressamente pela legislação como tributáveis são as remunerações relativas à prestação de serviço por representantes comerciais autônomos, conselheiros fiscais e de administração, bem como diretores ou administradores de sociedades anônimas, civis ou de qualquer espécie, quando decorrentes de obrigação contratual ou estatutária; também titular de empresa individual ou sócios de qualquer espécie, inclusive optantes pelo SIMPLES, bem como trabalhadores que prestem serviços a diversas empresas agrupadas, ou não, em sindicatos, inclusive estivadores, conferentes e assemelhados. Ora, tais rendimentos consistem em riquezas novas auferidas por tais profissionais, sujeitando-se, assim, à incidência da regra-matriz do IRPF.

Além disso, vale apontar que os incisos XIV e XV do art. 36 do RIR/2018 preveem a tributação dos (I) benefícios recebidos de entidades de previdência privada, bem como as importâncias correspondentes ao resgate de contribuições, observado o disposto na alínea "i" do inciso II do *caput* do art. 35, do RIR/2018 e (II) os resgates efetuados pelo quotista de Fundo de Aposentadoria Programada Individual.

Outro rendimento a ser incluído na base de cálculo do IRPF trata-se da vantagem pecuniária individual paga aos servidores públicos federais dos Poderes Executivo, Legislativo e Judiciário da União, das autarquias e das fundações públicas federais, no valor de R$ 59,87 (cinquenta e nove reais e oitenta e sete centavos).

Ademais, também devem ser inclusos na base de cálculo do tributo, o abono de permanência a que se referem:

a) o art. 40, § 19, da Constituição;[315]

b) o art. 2º, § 5º,[316] e o art. 3º, § 1º, da Emenda Constitucional nº 41, de 19 de dezembro de 2003;[317] e

315. § 19. O servidor de que trata este artigo que tenha completado as exigências para aposentadoria voluntária estabelecidas no § 1º, III, a, e que opte por permanecer em atividade fará jus a um abono de permanência equivalente ao valor da sua contribuição previdenciária até completar as exigências para aposentadoria compulsória contidas no § 1º, II. (Incluído pela Emenda Constitucional 41/2003)

316. § 5º O servidor de que trata este artigo, que tenha completado as exigências para aposentadoria voluntária estabelecidas no *caput*, e que opte por permanecer em atividade, fará jus a um abono de permanência equivalente ao valor da sua contribuição previdenciária até completar as exigências para aposentadoria compulsória contidas no art. 40, § 1º, II, da Constituição Federal.

317. § 1º O servidor de que trata este artigo que opte por permanecer em atividade tendo completado as exigências para aposentadoria voluntária e que conte com, no

c) o art. 7º da Lei 10.887, de 18 de junho de 2004;[318]

Outra modalidade de rendimento cuja tributação é expressamente prevista pela legislação é o auxílio especial mensal concedido para jogadores, sem recursos ou com recursos limitados, titulares ou reservas das seleções brasileiras campeãs das copas mundiais masculinas da Fifa nos anos de 1958, 1962 e 1970.

Agora bem, nos termos do art. 5º, *caput* e §3º da Lei 9.250/95, 25% (vinte e cinco por cento) do total dos rendimentos de trabalho assalariado recebidos, em moeda estrangeira, por ausentes no exterior a serviço do País, de autarquias ou repartições do Governo brasileiro, situadas no exterior serão computados na declaração de ajuste anual, para fins de inclusão na base de cálculo e retenção na fonte a título de antecipação mensal.

Para fins de tributação, os rendimentos serão convertidos em reais mediante utilização da taxa do dólar dos Estados Unidos da América fixada para compra pelo Banco Central do Brasil para o último dia da primeira quinzena do mês anterior ao do pagamento do rendimento, nos termos do art. 5º, §1º, da Lei 9.250/95.

Antes de encerrar este tópico, gostaria de colocar algumas palavras sobre os chamados planos *stock-option.*

Nesse tipo de plano, uma companhia elabora uma série de regras para aquisição por parte de certos funcionários, normalmente, estratégicos, de opções de compra de ações. Este plano é lançado, por meio de votação em assembleia geral

---

mínimo, vinte e cinco anos de contribuição, se mulher, ou trinta anos de contribuição, se homem, fará jus a um abono de permanência equivalente ao valor da sua contribuição previdenciária até completar as exigências para aposentadoria compulsória contidas no art. 40, § 1º, II, da Constituição Federal.

318. Art. 7º. O servidor ocupante de cargo efetivo que tenha completado as exigências para aposentadoria voluntária estabelecidas na alínea a do inciso III do § 1º do art. 40 da Constituição Federal, no § 5º do art. 2º ou no § 1º do art. 3º da Emenda Constitucional nº 41, de 19 de dezembro de 2003, e que opte por permanecer em atividade fará jus a abono de permanência equivalente ao valor da sua contribuição previdenciária até completar as exigências para aposentadoria compulsória contidas no inciso II do § 1º do art. 40 da Constituição Federal.

pelos acionistas com posterior ciência dos termos assinados aos empregados beneficiários dos planos.[319]

A ideia do *stock option* é que ao receber o direito de adquirir ações por preço determinado em data futura, o funcionário passará a trabalhar para que os preços das ações da companhia se valorizem, de modo que possa exercer seu direito de compra e efetivar posterior alienação com ganho.[320]

No período de concessão (*grant date*), os funcionários concordam com os planos, assinando planos individuais e obtendo direito de aquisição das ações. A partir desta data, há um *lock-up* , ou seja, o funcionário fica impedido de adquirir as ações e geralmente fica na contingência de trabalhar para que a valorização das ações se efetive.

Encerrado o *lock-up*, o empregado pode exercer seu direito de compra (*vesting date*) – e assim o fará desde que o preço a que tem direito de adquiri-las seja inferior ao preço de mercado.[321]

A questão seria saber se há alguma tributação a título de IRPF e contribuição previdenciária. Geralmente, no plano pragmático, notei três entendimentos sobre o momento de eventual incidência de tributos:

(a) Na data em que o direito de compra é exercido pelo empregado em condições vantajosas (parece-me a posição majoritária. Vide, por exemplo, Acórdão 2301-005.752);

(b) Na data da concessão do direito de compra; (parece-me a posição bastante minoritária); ou

(c) No prazo em que se encerra a carência, independente do exercício (esse foi o critério, por exemplo,

319. SIMÕES, Thiago Taborda. Stock Options. Os planos de opções de ações e sua tributação. São Paulo: Editora Noeses, 2016, p. 31.

320. Idem, p. 30.

321. Ibidem, p. 31.

utilizado no lançamento de ofício no processo administrativo n. 16327.721362/2012-37, cancelado pela 1ª Turma da Câmara Superior de Recursos Fiscais no Acórdão 9101-004.587).

O primeiro entendimento, por exemplo, foi sinalizado em decisão da 3ª Câmara da 1ª Turma Ordinária da Segunda Seção de Julgamento do Conselho Administrativo de Recursos Fiscais – CARF, conforme ementa a seguir:

> [...] RENDIMENTO DO TRABALHO. FATO GERADOR DO IMPOSTO SOBRE A RENDA. O fato gerador em relação ao plano de *Stock Options* ocorre pelo ganho auferido pelo trabalhador (mesmo que na condição de salário utilidade), ACÓRDÃO GERADO NO PGD-CARF PROCESSO 18470.730127/2014-90 DF CARF MF Fl. 1423 2 quando o mesmo exerce o direito em relação as ações que lhe foram outorgadas. O fato gerador do imposto sobre a renda ocorre automática e instantaneamente no momento da aquisição da disponibilidade econômica ou jurídica da renda, nele não interferindo qualquer atividade posterior do sujeito passivo ou ativo, ressalvadas as exceções legalmente expressas. O valor relativo à outorga de Plano de Opção de Compra de Ações (*stock options*) a beneficiários eleitos pela Companhia integra os rendimentos tributáveis, pois é ofertado em função do trabalho em retribuição aos serviços prestados nas condições estipuladas pelo empregador. As *stock options* configuram contrato suspensivo, na forma do art. 125 do Código Civil (Lei nº 10.406/2002), ocorrendo o acréscimo patrimonial relativo à outorga das opções de compra de ações no momento em que, findo o prazo de carência, o beneficiário exerce o direito à opção, adquirindo as ações pelo preço de exercício preestabelecido, inferior ao de mercado. [...][322]

Conforme o voto vencedor, do Ilustre Conselheiro Antônio Sávio Nastureles, há a premissa de que quando o sujeito passivo exercita o direito que lhe foi outorgado e adquire as ações haveria a percepção de renda. Não, antes.

322. 8470.730127/201490 Recurso nº Voluntário Acórdão nº 2301005.761 – 3ª Câmara / 1ª Turma Ordinária Sessão de 3 de dezembro de 2018 Matéria IMPOSTO SOBRE A RENDA DE PESSOA FÍSICA Recorrente: JOSE ISAAC PERES. Recorrida FAZENDA NACIONAL.

Veja-se a ementa de outro acórdão que vai na mesma linha:

> Assunto: Contribuições Sociais Previdenciárias
>
> Período de apuração: 01/02/2012 a 30/09/2012
>
> OFERTA DE *STOCK OPTIONS*. AUSÊNCIA DE RISCO PARA O TRABALHADOR.
>
> Quando a oferta de opção de compra de ações não exige desembolso financeiro, não implica risco de qualquer tipo ao trabalhador. No limite, se, na data do exercício da opção, por uma condição econômica adversa, o valor de mercado das ações da companhia estiver próximo de zero, o trabalhador não a exercerá e, consequentemente, não terá qualquer ganho ou perda. No limite oposto, se o valor de mercado das ações tiver sofrido uma elevação de 1000% frente ao preço de exercício, o trabalhador, diante da clara oportunidade de ganho, exercerá a opção. Desta análise resulta que, para o trabalhador, os resultados possíveis da oferta de opções de compra de ações são: ganhar ou não perder. Logo, patente a inexistência de risco.
>
> OFERTA DE *STOCK OPTIONS*. VANTAGENS. CARÁTER REMUNERATÓRIO.
>
> O exercício da opção de compra de ações é um direito do beneficiário e ingressa no seu patrimônio jurídico em razão da relação de trabalho por ele mantida com a empresa. Não houve um desembolso financeiro para que o trabalhador adquirisse a opção. O que lhe permitiu exercer este direito e obter a vantagem financeira que ele lhe proporcionou foi o fato de ter se mantido vinculado à empresa pelo período fixado no instrumento de outorga e ter cumprido as condições de desempenho ali fixadas. Como não há enriquecimento sem causa, há de se indagar qual a contrapartida oferecida pelo trabalhador para fazer jus à vantagem conferida pela opção.
>
> Como não houve desembolso financeiro para a aquisição da opção, inescapável a conclusão de que a vantagem lhe foi conferida como contraprestação pelos serviços prestados, amoldando-se, portanto, ao conceito de remuneração.
>
> *STOCK OPTIONS*. VANTAGEM TRIBUTÁVEL. COTAÇÃO DE MERCADO DA AÇÃO. PREÇO DE EXERCÍCIO DA OPÇÃO. DIFERENÇA.
>
> Se houve o exercício da opção, é porque a sua oferta resultou em vantagem para o trabalhador, ou seja, o preço de mercado da

> ação na data do exercício estava menor do que o preço que o trabalhador teve que pagar para adquirir a ação – preço de exercício da opção. Esta é, exatamente, a vantagem tributável: a aquisição da ação por preço inferior à cotação do mercado na data da compra, ou, dito de outra forma, o desembolso que o trabalhador deixou de fazer para obter a disponibilidade do bem (a ação).
>
> *STOCK OPTIONS*. FATO GERADOR. MOMENTO DA OCORRÊNCIA.
>
> Com o exercício da opção, materializam-se todos os aspectos da hipótese de incidência, ou, na expressão adotada pelo CTN, ocorre o fato gerador da obrigação tributária.
>
> JUROS SOBRE MULTA DE OFÍCIO. LEGALIDADE.
>
> A multa de ofício integra o crédito tributário, logo está sujeita à incidência dos juros de mora a partir do mês subsequente ao do vencimento.[323]

Gostaria de exprimir por que, respeitosamente, não concordo com a incidência, em nenhum dos três momentos, acima assinalados.[324]

Não tenho dúvida de que a aquisição do direito de compra da ação é oriunda do contexto da relação de trabalho entre a companhia e empregado. Mas, geralmente, não se trata de retribuição por algo que o empregado fez e sim um estímulo para que gere resultado no futuro.

Agora bem, disse anteriormente que rendimentos devem ser objeto de relações jurídicas que contenham bens valorados economicamente. E o que significa ter valor econômico? Significa a possibilidade de escambo, de trocar os bens por outras espécies de bens e em especial o dinheiro, ou ao menos de receber frutos (aluguéis, juros, dividendos etc.) em virtude desse bem.

---

323. Número do Processo 16327.720147/2017-23, Data da Sessão 07/08/2018, Relator(a) JAMED ABDUL NASSER FEITOZA.

324. Para mais acórdãos sobre tal tributação vide: 2402005.346, 2202003.367, 2201002.766 e 9202005.470, o último da Câmara Superior de Recursos Fiscais.

Se o trabalhador recebe um direito que é passível de alienação, que é passível de receber alguma utilidade econômica em troca – por exemplo, uma opção de compra negociável na bolsa de valores – eu tenderia a concordar que já na aquisição do direito há uma riqueza nova passível de ser conferida na base de cálculo do Imposto Sobre a Renda.

Mas, se não existir tal possibilidade de alienação das opções ou se não são meios de se obter recursos financeiros (ou outros bens econômicos) a partir de tal direito, se o empregado é obrigado a permanecer com o direito, exercível em data futura, inclusive correndo o risco até de perdê-lo caso não trabalhe na empresa durante o "*vesting date*", a depender das condições estipuladas pelo plano, a mera concessão de direito de aquisição de ações não contribui, positivamente, para incrementar o patrimônio daquele contribuinte.

Aliás, no momento da concessão de direito, se a companhia não performar o esperado e os títulos mobiliários não incrementarem seu valor, sequer haverá o exercício da opção de compra, pois o preço estará acima do praticado pelo mercado.

Portanto, não acredito que no momento da concessão de direito haja qualquer modalidade de renda, nem tampouco, na data em que se encerra a carência.

"Mas, e no momento do exercício da opção?"

O exercício de uma opção de compra não importa renda para quem o exerce. Nessa operação, quem exerce o direito está adquirindo um bem de menor liquidez do que o dinheiro e, portanto, nos moldes que expliquei anteriormente, apenas deveria sofrer tributação em momento de alienação, caso o valor da venda seja superior ao custo de aquisição. Aliás, é assim que a tributação se opera em transações no mercado financeiro, como veremos adiante.

Isso porque o acréscimo patrimonial, para fins de renda, não se calcula pela comparação do patrimônio do contribuinte com o de outras pessoas que transacionam no mercado, mas, sim, pela evolução de seu próprio patrimônio, em determinado período de tempo.

Se assim é, a aquisição de um bem de menor liquidez do que o dinheiro mediante pagamento em pecúnia não gera renda e a justificativa de que outras pessoas, na mesma data, pagaram mais por esse bem do que o contribuinte não é motivo suficiente para justificar a incidência do IRPF, pois tal fato nada tem que ver com acréscimo patrimonial tributável pelo imposto. Tal linha comparativa apenas tem o efeito de gerar expectativa de futuro rendimento. Mas, sem a posterior alienação com lucro inexistirá disponibilidade jurídica ou econômica de rendimento.[325]

Interessante notar que, em 12/11/2021, no processo administrativo federal de número 10880.734908/2018-43, foi proferido o acórdão n. 2402-010.654, pela Segunda Turma Ordinária da Quarta Câmara da Segunda Seção do Conselho Administrativo de Recursos Fiscais, que entendeu pela não incidência de IRPF sobre "stock options", em razão do caráter mercantil do plano, que era caracterizado pela existência de riscos, pela liberalidade e onerosidade. Consta, no entanto, que foi interposto Recurso Especial pela Procuradoria, de modo que o acórdão, por ora, não é definitivo.

De qualquer sorte, alerto que meu entendimento não prevalece no plano pragmático, como se infere das decisões acima citadas.

4.2.4.2 Rendimentos de trabalho não assalariado e assemelhados

O art. 43 do CTN inclui no conceito de renda todos os rendimentos provenientes do trabalho. Assim, pouco importa se tal trabalho é exercido de forma assalariada, ou de forma autônoma, pelo trabalhador.

Daí por que o art. 38 do RIR/2018 previu que também são computáveis para fins de apuração da base de cálculo do

325. Sobre reflexões adicionais sobre o stock optins, vide item 2.5.14.2 da Parte IV.

IRPF, os rendimentos oriundos de trabalho não assalariado tais como:

> I – honorários do livre exercício das profissões de médico, engenheiro, advogado, dentista, veterinário, professor, economista, contador, jornalista, pintor, escritor, escultor e de outras que lhes possam ser assemelhadas;
>
> II – remuneração proveniente de profissões, ocupações e prestação de serviços não comerciais;
>
> III – remuneração dos agentes, dos representantes e outras pessoas sem vínculo empregatício que, ao tomar parte em atos de comércio, não os pratiquem por conta própria;
>
> IV – emolumentos e custas dos serventuários da Justiça, como tabeliães, notários, oficiais públicos e outros, quando não forem remunerados exclusivamente pelo erário;
>
> V – corretagens e comissões de corretores, leiloeiros e despachantes, e de seus prepostos e seus adjuntos;
>
> VI – lucros da exploração individual de contratos de empreitada unicamente de lavor, de qualquer natureza;
>
> VII – direitos autorais de obras artísticas, didáticas, científicas, urbanísticas, projetos técnicos de construção, instalações ou equipamentos, quando explorados diretamente pelo autor ou pelo criador do bem ou da obra; e
>
> VIII – remuneração pela prestação de serviços no curso de processo judicial.

Assim, tenhamos que os rendimentos brutos acima, por representarem riquezas aferidas pelo contribuinte provenientes do exercício de seu trabalho, serão incluídos para fins de apuração na base de cálculo do IRPF.

Chamo atenção, ainda, que a Secretaria Especial da Receita Federal do Brasil exprime que os rendimentos auferidos por pessoa física autora de obras de arte como escultura, pintura etc., são considerados rendimentos do trabalho. O esclarecimento é relevante pois se poderia cogitar, por exemplo, se tais valores recebidos não poderiam ficar sujeitos ao IR sobre ganho de capital, já que a venda de obra de arte não deixa de ser a alienação de um bem. Com a produção de obra de arte não deixa de ser um rendimento oriundo do trabalho do contribuinte, concordo com a posição fazendária, embora acredite ser defensável interpretação em sentido distinto.

Agora, caso a pessoa física tenha se servido de mão de obra de terceiros, deverá escriturar tais despesas em seu livro-caixa – instituto que veremos oportunamente.

Nesse contexto, os valores pagos por pessoas físicas devem ser recolhidos, a título de antecipação, pelo chamado carnê-leão (conforme verificaremos no próximo capítulo) ou se recebidos de pessoa jurídica, serão tributados na fonte a título de antecipação do tributo devido (conforme também a ser examinado no próximo capítulo).[326] Por sua vez, ao término do ano-calendário, os rendimentos serão incluídos na base de cálculo do IRPF Ajuste Anual.

Vale apontar que no caso de serviços prestados a pessoa física ou jurídica residente ou domiciliada em país ou dependência com tributação favorecida e nas operações realizadas em regime fiscal privilegiado, o rendimento tributável será apurado em conformidade com o disposto com as regras de preço de transferência. Examinaremos tal aspecto em item próprio.

Ademais, na hipótese de prestação de serviços, a emissão do recibo ou do documento equivalente será efetuada, para efeito da legislação do imposto sobre a renda, no momento da efetivação da operação, cabendo à Secretaria Especial da Receita Federal do Brasil do Ministério da Fazenda instituir modelo de documento fiscal a ser emitido por profissionais liberais.

Avancemos. Para a prestação de serviços com veículos, próprio ou locado, inclusive mediante arrendamento mercantil, ou adquirido com reserva de domínio ou alienação fiduciária, o que engloba os serviços prestados com trator, máquina de terraplanagem, colheitadeira, e assemelhados, o art. 9º da Lei

---

326. Secretaria Especial da Receita Federal do Brasil. "Perguntas e Respostas 2.021". Pergunta 178, p. 92. Disponível em: www.ibet.com.br/wp-content/uploads/2021/04/IRPF-RFB.pdf Acesso em: 15 jan. 2022.

7.713/88, prevê que o cômputo dos rendimentos será efetivado pelos seguintes percentuais: (I) dez por cento do rendimento total, decorrente do transporte de carga e (II) sessenta por cento do rendimento total, decorrente do transporte de passageiros. Trata-se, em nosso entender, de presunção absoluta – e, portanto, inconstitucional – no sentido de que o transportador de carga não terá, em suas próprias atividades, despesas superiores a 90% (noventa por cento) e nem o transportador de passageiros, despesas em percentual superior a 40% (quarenta por cento).[327]

Vimos no item anterior, no entanto, que o chamado vale-pedágio não integrará a base de cálculo do imposto.

Outra presunção absoluta é a instituída pelo art. 10 da Lei n. 7.713/88 e que se volta ao rendimento obtido por garimpeiros na venda, a empresas legalmente habilitadas, de metais preciosos, pedras preciosas e semipreciosas por eles extraídos. Segundo a disposição, são tributáveis, no mínimo, 10% (dez por cento) do rendimento bruto recebido por tais profissionais nas atividades acima mencionados.

Em ambos os casos será considerado, para efeito de justificar o acréscimo patrimonial, apenas o valor sobre o qual houver incidido os impostos.

A prova da origem dos rendimentos será feita com base na via da nota de aquisição destinada ao garimpeiro pela empresa compradora, na hipótese de ouro, ativo financeiro, ou em outro documento fiscal emitido pela empresa compradora, nas demais hipóteses.

Essas duas modalidades de tributação, contudo, representam verdadeira presunção absoluta, como já adiantamos,

327. Interessante notar que, segundo a resposta à Pergunta 176 do Perguntas e Respostas produzido pela Secretaria de Receita Federal, esse tratamento se aplica, inclusive, para serviços prestados mediante aplicativo. Outro ponto digno de nota é que esses valores sobre os quais não incide o imposto (90% e 60%) não podem ser utilizados para justificar acréscimo patrimonial, salvo se tributados. Secretaria Especial da Receita Federal do Brasil. "Perguntas e Respostas 2.021". Pergunta 176, p. 91. Disponível em: www.ibet.com.br/wp-content/uploads/2021/04/IRPF-RFB.pdf Acesso em: 15 jan. 2022.

eis que o legislador pressupõe um percentual a ser aplicado para fins de apurar as despesas auferidas pelo contribuinte no respectivo período de apuração. Pouco importa, nos termos da lei, que o contribuinte demonstre ter incorrido em despesas superiores ao valor presumido: o desconto permitido será, apenas, o previsto em lei.

Ora, se tomarmos que tal situação poderá importar a tributação de valores que não correspondem ao rendimento líquido auferido pelo contribuinte, poderemos notar o desvio que tal dispositivo acarreta na base de cálculo do IRPF, padecendo, segundo pensamos, de inafastável inconstitucionalidade.

4.2.4.3 Rendimentos de aluguel e royalties

Quando examinamos o art. 43 do CTN, pudemos registrar que integra o conceito de renda, o produto do trabalho e do capital. Nos itens precedentes, examinamos rendimentos brutos tributáveis oriundos do trabalho do contribuinte. No presente item, identificaremos certos rendimentos que são produtos do capital do contribuinte, especificamente, os provenientes de aluguel e *royalties*.

De fato, prevê o art. 41 do RIR/2018, em consolidação ao art. 21 da Lei 4.506/64 e art. 3º, §4º da Lei 7.713/88, que integram a base de cálculo do IRPF, os rendimentos:

> Decreto 9.580/2018
>
> Art. 41. [...]
>
> I – aforamento, locação ou sublocação, arrendamento ou subarrendamento, direito de uso ou passagem de terrenos, seus acrescidos e suas benfeitorias, inclusive construções de qualquer natureza;
>
> II – locação ou sublocação, arrendamento ou subarrendamento de pastos naturais ou artificiais, ou campos de invernada;
>
> III – direito de uso ou aproveitamento de águas privadas ou de força hidráulica;
>
> IV – direito de uso ou exploração de películas cinematográficas ou de videoteipe;

> V – direito de uso ou exploração de outros bens móveis de qualquer natureza; e
>
> VI – direito de exploração de conjuntos industriais.

O §1º do art. 41 do RIR/2018 prescreve que constitui rendimento tributável, na declaração de rendimentos, o valor de 10% (dez por cento) do valor venal cedido gratuitamente ou do valor constante na guia do Imposto Territorial Urbano – IPTU, correspondente ao ano de declaração do rendimento, devendo-se acrescentar, nesse ponto, a isenção anteriormente mencionada, de que os imóveis cedidos para uso do cônjuge ou parentes de primeiro grau são isentos de tributação.

Quando tratamos da isenção acima mencionada, já explicitamos, porque, em nossa avaliação, há inconstitucionalidade flagrante dessa tributação. A cessão gratuita de imóvel não importa percepção de rendimentos pelo cedente. Não há riqueza nova ou acréscimo patrimonial passível de ser incluído na esfera da base de cálculo do Imposto Sobre a Renda.

Assim, diante de nossas manifestações anteriores, não cabe muito o que acrescentar sobre esse patente desvio de competência do legislador federal.

Voltemos, agora, nossas atenções ao §2º do art. 41 do RIR/2018, prescrevendo que serão incluídos como rendimentos para apuração da base de cálculo do IRPF, os valores recebidos a título de aluguel, os juros de mora, multas por rescisão de contrato de locação e quaisquer outras compensações pelo atraso no pagamento, inclusive atualização monetária.

Em termos acadêmicos, parece-nos que os juros de mora acrescidos à locação consistem na remuneração do capital, devida pelo locatário, por não ter pagado os alugueres no prazo convencionado. Trata-se, assim, de rendimento que originado do capital, satisfazendo, de forma adequada, as prescrições do critério material e quantitativo da regra-matriz de incidência do IRPF, nos termos do art. 43 do CTN. Contudo, diante do entendimento do Supremo Tribunal Federal de que não incide IR sobre os juros de mora, que vimos anteriormente, surge a oportunidade de se discutir a incidência do IRPF sobre juros de mora na esfera judicial.

Já a multa rescisória importa o pagamento por parte de locatário em razão do descumprimento do contrato. Essa multa é paga por ser frustrada a expectativa do locador de que o contrato seria cumprido pelo prazo previsto.

Presume-se que a rescisão do contrato antes do prazo avençado gera prejuízos ao locador. Ele terá de se movimentar, de forma inesperada, para dar uma destinação ao imóvel, diferente da anteriormente concebida. Essa multa, portanto, tem caráter indenizatório, reparando um prejuízo arcado pelo locador, pela rescisão do contrato. Daí por que, sob uma perspectiva acadêmica, entendemos inconstitucional essa tributação, embora prevista na legislação federal.

Já no tocante à tributação dos valores recebidos a título de correção monetária, que é a mera reparação do poder da moeda, tampouco há que se falar em rendimento percebido pelo contribuinte. Ora, não se confunde a manutenção patrimonial, ínsita à correção monetária, com o acréscimo patrimonial que autoriza a tributação do IRPF. A distinção conceitual entre "manter" e "crescer" é tão intuitiva que se torna supérflua qualquer consideração adicional sobre esse ponto, demonstrando a inconstitucionalidade de tal previsão. Aliás, se no Tema 808 o Supremo Tribunal Federal entendeu inconstitucional a incidência de IRPF sobre juros de mora recebidos por atraso de pagamento por remuneração de cargo, exercício, ou função, mais razão ainda para se pensar que a mera correção monetária não é tributável.

Postas tais considerações, devemos agora examinar o art. 42 do RIR/2018, que consolidando o art. 14 da Lei 7.739 de 16 de março de 1989, prevê que não entrarão no cômputo do rendimento bruto, no caso de aluguel de imóveis, o valor dos impostos, taxas e emolumentos, incidentes sobre o bem que produzir o rendimento, o aluguel pago pela locação de imóvel sublocado, as despesas pagas para a cobrança ou recebimento do rendimento e as despesas de condomínio.

Assim, valores que integram despesas de locador poderão ser excluídos da base de cálculo do IRPF, garantindo que o tributo incida sobre a renda e não sobre o mero valor bruto recebido.

Por outro lado, poderíamos cogitar o que ocorre caso o locatário efetue benfeitorias no imóvel, descontando da locação. Como se daria a tributação nesse caso?

Em nossa avaliação, se o locatário realiza um benfeitoria no imóvel do locador, com possibilidade de compensar com o valor devido a título de aluguel, eventuais despesas incorridas são pagas pelo locatário por conta e ordem do locador. Por isso, a eventual compensação dos gastos com o valor devido a título de locação não deveria, em minha avaliação, ser excluída da base de cálculo do IRPF, já que o locatário arcaria com uma despesa do próprio locador.

Nesse contexto, não haveria que se falar em qualquer desconto na base de cálculo do IRPF, do carnê-leão e de eventual retenção na fonte. É esse o entendimento, inclusive, da Secretaria da Receita Federal do Brasil.[328]

Ademais, outros pontos interessantes sobre o recebimento de aluguéis são esclarecidos pela Secretaria da Receita Federal em seu perguntas e respostas.

O primeiro deles refere-se aos aluguéis transferidos aos filhos, por usufruto. Qual seria o tratamento tributário em tal circunstância? Eis a respota do órgão fazendário:[329]

> Se o usufruto constar de escritura pública averbada no registro de imóveis, o pai, ao relacionar o imóvel em sua Declaração de Bens e Direitos, informa a constituição do usufruto em favor do filho.
>
> Os rendimentos do aluguel são tributáveis em nome do filho. Se não houver escritura averbada, o pai, ao relacionar o imóvel em

328. Secretaria Especial da Receita Federal do Brasil. "Perguntas e Respostas 2.021". Pergunta 198, pp. 98./99 Disponível em: www.ibet.com.br/wp-content/uploads/2021/04/IRPF-RFB.pdf Acesso em: 15 jan. 2022.

329. Secretaria Especial da Receita Federal do Brasil. "Perguntas e Respostas 2.021". Pergunta 194, p. 97. Disponível em: www.ibet.com.br/wp-content/uploads/2021/04/IRPF-RFB.pdf Acesso em: 16 jan. 2022.

> sua Declaração de Bens e Direitos, informa que os rendimentos respectivos foram doados ao filho.
>
> Os rendimentos do aluguel estão sujeitos ao recolhimento mensal (carnê-leão), se recebidos de pessoa física ou, na fonte, se pagos por pessoa jurídica e devem ser incluídos, como rendimentos tributáveis, na declaração de ajuste do pai. Para o filho, os rendimentos são não tributáveis, como doação em espécie.

Outro questionamento respondido pelo referido órgão refere-se ao tratamento tributário no caso da cessão de direito de exploração de imóvel por terceiros. Nessa hipótese, a tributação dos aluguéis recebidos incide para o cessionário, sendo certo que os valores recebidos pelo cedente em razão da cessão são equiparados a aluguéis, devendo ser submetidos ao IRPF Anual e à antecipação do imposto (IRRF ou carnê-leão, conforme o caso).[330]

E se o aluguel for pago por depósito judicial? Em tal hipótese, não há disponibilidade econômica da renda por parte do locador, até os depósitos serem liberados pela autoridade judicial.[331]

Ponto distinto, esclarecido pelo órgão fazendário refere-se à natureza dos valores recebidos pelo locador a título de "luvas". Nesta hipótese, o valor deve ser encarado como rendimento tributável a título de IRPF Anual, tal como a locação, devendo, ainda, sofrer retenção na fonte se pagos por pessoa jurídica, ou sofrer o pagamento do carnê-leão.[332]

É preciso pontuar, ainda, que no caso do imóvel detido por mais de um proprietário, a Secretaria Especial da Receita

330. Secretaria Especial da Receita Federal do Brasil. "Perguntas e Respostas 2.021". Pergunta 195, p. 98. Disponível em: www.ibet.com.br/wp-content/uploads/2021/04/IRPF-RFB.pdf Acesso em: 16 jan. 2022.

331. Secretaria Especial da Receita Federal do Brasil. "Perguntas e Respostas 2.021". Pergunta 199, p. 99. Disponível em: www.ibet.com.br/wp-content/uploads/2021/04/IRPF-RFB.pdf Acesso em: 15 jan. 2022.

332. Secretaria Especial da Receita Federal do Brasil. "Perguntas e Respostas 2.021". Pergunta 200, p. 99. Disponível em: www.ibet.com.br/wp-content/uploads/2021/04/IRPF-RFB.pdf Acesso em: 16 jan. 2022.

Federal do Brasil recomenda que o contrato especifique o percentual que cabe a cada proprietário a título do aluguel, sendo certo que eventual retenção na fonte deverá considerar o valor pago a cada um.[333]

Prosseguindo com nossa análise, o art. 44 do RIR/2018, consolidando o art. 22 da Lei 4.506/64, e também os arts. 3º e 4º da Lei 7.713/88, preveem que são tributáveis na declaração os rendimentos decorrentes de uso, fruição ou exploração de direitos tais como:

> I – de colher ou extrair recursos vegetais, inclusive florestais;
>
> II – de pesquisar e extrair recursos minerais;
>
> III – de usar ou explorar invenções, processos e fórmulas de fabricação e de marcas de indústria e comércio; e
>
> IV – autorais, exceto quando percebidos pelo autor ou pelo criador do bem ou da obra.

Chamamos atenção ao item IV que trata dos "direitos autorais, salvo quando percebidos pelo criador do bem ou obra". Isso não significa que os direitos autorais percebidos pelo criador do bem ou obra escapam da tributação.

Em realidade, o art. 44 do RIR/2018 consolida o art. 22 da Lei 4.506/64 que está qualificando como *royalties* os rendimentos acima mencionados. Na época, havia vários regimes jurídicos para cada cédula de rendimentos tributáveis, sendo que os rendimentos qualificáveis como royalties permitiriam certas deduções, hoje revogadas.

Assim, quando a legislação determinava que direitos autorais percebidos pelo criador ou bem da obra não eram *royalties*, na prática, estava excluindo tais rendimentos do regime jurídico específico destinado aos *royalties*.

---

333. Secretaria Especial da Receita Federal do Brasil. "Perguntas e Respostas 2.021". Pergunta 204, p. 100. Disponível em: www.ibet.com.br/wp-content/uploads/2021/04/IRPF-RFB.pdf Acesso em: 16 jan. 2022.

Tal como as normas que tratam de alugueres, o art. 22 da Lei 4.506/64 também prevê que serão considerados *royalties* os juros de mora e quaisquer outras compensações pelo atraso no pagamento, inclusive atualização monetária. As mesmas observações que apontamos para o tratamento dispensado aos rendimentos de aluguéis são plenamente aplicáveis ao regime destinado aos *royalties*, valendo destacar o viés teratológico de se determinar a incidência do IRPF sobre pagamento recebido a título de correção monetária.

Cabe apontar, ainda, que o art. 23 da Lei 4.506/64 prevê que também serão incluídos na base de cálculo do IRPF os seguintes rendimentos recebidos a título de *royalties*:

> I – As importâncias recebidas periodicamente ou não, fixas ou variáveis, e as percentagens, participações ou interesses;
>
> II – Os pagamentos de juros, comissões, corretagens, impostos, taxas e remuneração do trabalho assalariado, autônomo ou profissional, feitos a terceiros por conta do locador do bem ou do cedente dos direitos;
>
> III – As luvas, os prêmios, gratificações ou quaisquer outras importâncias pagas ao locador, ou cedente do direito, pelo contrato celebrado;
>
> IV – As benfeitorias e quaisquer melhoramentos realizados no bem locado, e as despesas para preservação dos direitos cedidos, se de acordo com o contrato fizeram parte da compensação pelo uso do bem ou direito;
>
> V – A indenização pela rescisão ou término antecipado do contrato;
>
> VI – o valor locativo do prédio urbano construído, quando cedido seu uso gratuitamente.

O §1º do art. 23 da Lei 4.506/64 prescreve que o preço de compra de móveis ou benfeitorias, ou de qualquer outro bem do locador ou cedente, integrará o aluguel ou *royalty*, quando constituir compensação pela anuência do locador ou cedente à celebração do contrato.

Já o pagamento do custo da máquina, equipamento ou instrumento patenteado não é qualificado como *royalties*, conforme determina o §2º do art. 23 da Lei 4.506/64.

Salvo na hipótese de as benfeitorias ou melhorias fizerem parte da compensação pelo uso do bem ou direito, os gastos a título de tais itens não constituem aluguel para o locador, e para o locatário constituirão aplicação de capital que poderá ser depreciado no prazo de vida útil do bem ou amortizada no prazo do contrato, se este for inferior ao da vida útil do bem.

Também prevê o §4º do mesmo artigo que se o contrato de locação assegura opção de compra ao locatário e prevê a compensação de aluguéis com o preço de aquisição do bem, não serão classificados como aluguéis os pagamentos, ou a parte de tais pagamentos, que constituírem prestação do preço de aquisição.

Essa previsão é relevante porque a tributação dos valores devidos a título de aluguéis é efetivada pela tabela progressiva na fonte, como veremos adiante, ao passo que a prestação do preço de alienação de imóvel bens é submetida à tributação própria de ganho de capital, conforme verificaremos no momento pertinente.

4.2.4.4 Rendimentos de pensão judicial e outros rendimentos

Também são computados na base de cálculo do IRPF Anual, nos termos do art. 3º, §1º, da Lei 7.713/88, os rendimentos de pensão judicial ou alimentos percebidos em dinheiro, em cumprimento de decisão judicial ou acordo homologado judicialmente, inclusive a prestação de alimentos provisionais. Fazemos remissão ao item 4.1.3, em que discutismos a inconstitucionalidade do IRPF sobre pensão alimentícia e sua discussão no Supremo Tribunal Federal.

A legislação prevê, ainda, que são rendimentos inclusos na base de cálculo do gravame (art. 47 do RIR/2018):

I – as importâncias com que o devedor for beneficiado, nas hipóteses de perdão ou de cancelamento de dívida em troca de serviços prestados;

II – as importâncias originadas dos títulos que tocarem ao meeiro, ao herdeiro ou ao legatário, ainda que correspondam a período anterior à data da partilha ou da adjudicação dos bens, excluída a parte já tributada em poder do espólio;

III – os lucros do comércio e da indústria, auferidos por todo aquele que não exercer, habitualmente, a profissão de comerciante ou de industrial;

IV – os rendimentos recebidos na forma de bens ou direitos, avaliados em dinheiro, pelo valor que tiverem na data da percepção;

V – os rendimentos recebidos de governo estrangeiro e de organismos internacionais, quando correspondam à atividade exercida no território nacional, observado o disposto no art. 20;

VI – as importâncias recebidas a título de juros e de indenizações por lucros cessantes;

VII – os rendimentos recebidos no exterior, transferidos ou não para o País, decorrentes de atividade desenvolvida ou de capital situado no exterior;

VIII – as importâncias relativas a multas ou vantagens recebidas de pessoa física na hipótese de rescisão de contrato, ressalvado o disposto na alínea "c" do inciso III do *caput* do art. 35;

IX – as multas ou quaisquer outras vantagens recebidas de pessoa jurídica, ainda que a título de indenização, em decorrência de rescisão de contrato, ressalvado o disposto na alínea "c" do inciso III do *caput* do art. 35;

X – os rendimentos derivados de atividades ou de transações ilícitas ou percebidos com infração à lei, independentemente das sanções cabíveis;

XI – os interesses e quaisquer outros rendimentos de partes beneficiárias ou de fundador e de outros títulos semelhantes;

XII – o valor do resgate dos títulos a que se refere o inciso XI, quando recebidos gratuitamente;

XIII – as quantias correspondentes ao acréscimo patrimonial da pessoa física, apurado mensalmente, quando esse acréscimo não for justificado pelos rendimentos tributáveis, não tributáveis, tributados exclusivamente na fonte ou objeto de tributação definitiva;

> XIV – os valores creditados em conta de depósito ou de investimento mantida junto a instituição financeira, em relação aos quais o titular, pessoa física ou jurídica, regularmente intimado, não comprove, por meio de documentação hábil e idônea, a origem dos recursos utilizados nessas operações;
>
> XV – os juros compensatórios ou moratórios de qualquer natureza, inclusive aqueles que resultarem de sentença, e quaisquer outras indenizações por atraso de pagamento, exceto aqueles correspondentes a rendimentos isentos ou não tributáveis;
>
> XVI – o salário-educação;
>
> XVII – os juros e quaisquer interesses produzidos pelo capital aplicado, ainda que resultante de rendimentos não tributáveis ou isentos;
>
> XVIII – o valor do laudêmio recebido;
>
> XIX – os juros pagos a pessoa vinculada – determinados de acordo com o disposto no art. 22 da Lei nº 9.430, de 1996,;
>
> XX – a parcela dos rendimentos correspondentes a dividendos e lucros apurados a partir de 1º de janeiro de 1996 distribuídos a sócio ou acionista ou a titular de pessoa jurídica submetida ao regime de tributação com base no lucro presumido ou arbitrado que exceder ao valor calculado de acordo com o regime de tributação e para o qual não haja demonstração, por meio de escrituração contábil feita com observância à lei comercial, de que o lucro efetivo é maior do que o calculado de acordo com o regime de tributação (Lei nº 7.713, de 1988, art. 3º, § 4º; e Lei nº 9.249, de 1995, art. 10);
>
> XXI – os rendimentos recebidos em decorrência de cobertura por sobrevivência em apólices de seguros de vida (Medida Provisória nº 2.158-35, de 2001, art. 63, *caput*); e
>
> XXII – os rendimentos auferidos no resgate de valores acumulados em provisões técnicas referentes a coberturas por sobrevivência de seguros de vida (Medida Provisória nº 2.158-35, de 2001, art. 63, § 1º).

Registre-se que, na hipótese do item XIII, a quantia apurada será acrescida ao valor dos rendimentos tributáveis na declaração de rendimentos, submetendo-se à aplicação das alíquotas constantes da tabela progressiva de que trata o art. 79.

Alterando um pouco o foco, agora para rendimentos auferidos no contexto de processos judiciais, vale lembrar que o imposto de renda sobre os rendimentos pagos, em cumprimento de decisão da Justiça Federal, mediante precatório ou requisição de pequeno valor, será retido na fonte pela instituição financeira responsável pelo pagamento e incidirá à alíquota de 3% (três por cento) sobre o montante pago, sem quaisquer deduções, no momento do pagamento ao beneficiário ou seu representante legal, salvo se os rendimentos forem isentos ou não tributáveis.

Esse imposto será considerado antecipação do tributo devido, sendo compensado pelo imposto devido no ano-calendário.

Outra previsão digna de nota é o art. 12-A da Lei 7.713/88 que prevê que os rendimentos recebidos acumuladamente e submetidos à incidência do imposto sobre a renda com base na tabela progressiva, quando correspondentes a anos-calendário anteriores ao do recebimento, serão tributados exclusivamente na fonte, no mês do recebimento ou crédito, em separado dos demais rendimentos recebidos no mês.

O imposto será retido pela pessoa física ou jurídica obrigada ao pagamento ou pela instituição financeira depositária do crédito e calculado sobre o montante dos rendimentos pagos, mediante a utilização de tabela progressiva resultante da multiplicação da quantidade de meses a que se refiram os rendimentos pelos valores constantes da tabela progressiva mensal correspondente ao mês do recebimento ou crédito.

Nos termos do §2º de tal dispositivo, poderão ser excluídas as despesas relativas ao montante dos rendimentos tributáveis, com ação judicial necessárias ao seu recebimento, inclusive de advogados, se tiverem sido pagas pelo contribuinte, sem indenização.

A base de cálculo será determinada mediante a dedução das seguintes despesas relativas ao montante dos rendimentos tributáveis:

> I – importâncias pagas em dinheiro a título de pensão alimentícia em face das normas do Direito de Família, quando em

> cumprimento de decisão judicial, de acordo homologado judicialmente ou de separação ou divórcio consensual realizado por escritura pública; e (Incluído pela Lei 12.350/ 2010)
>
> II – contribuições para a Previdência Social da União, dos Estados, do Distrito Federal e dos Municípios.

Por outro lado, os referidos valores recebidos acumuladamente poderão integrar a base de cálculo do Imposto sobre a Renda na Declaração de Ajuste Anual do ano-calendário do recebimento, à opção irretratável do contribuinte.

Em tal hipótese, o Imposto sobre a Renda Retido na Fonte será considerado antecipação do imposto devido apurado na Declaração de Ajuste Anual.

Originalmente, o chamado recebimento de valores "acumuladamente" era previsto regulado pelo art. 12 da Lei 7.713/88.[334] A ideia do dispositivo era que valores obtidos em atraso pelo contribuinte, normalmente judicialmente e referente a anos-calendários anteriores, seria tributado no mês do recebimento. Entendemos que tal disposição está dentro da lógica do IRPF, cujo critério temporal para fins de percepção dos rendimentos, é a disponibilidade econômica dos contribuintes, ou seja, o momento em que detêm a posse financeira dos valores.

No entanto, o Poder Judiciário se sensibilizou pelo fato de que os contribuintes, em recebendo valores atrasados, teriam uma tributação potencialmente superior do que caso tivessem recebido rendimentos no prazo. De fato, se contribuinte aufere rendimento X ao longo de anos, a tributação é muito mais reduzida do que se recebe tal rendimento em uma única vez, dada a progressividade do IRPF. Note-se que, em alguns casos, por receber o dinheiro em atraso, poderá, até mesmo, haver perda de isenção, considerando-se que os valores em atraso vão se cumulando ao longo dos anos, modo que a faixa isenta é ultrapassada se o critério de caixa é aplicável.

---

334. O art. 12 da Lei 7.713/88 foi revogado pela Lei 13.149/2015.

Vejamos, por exemplo, a ementa abaixo, em que a Primeira Turma do Superior Tribunal de Justiça entendeu que o valor de benefício mensalmente isento de IRPF não poderia se submeter à tributação, pelo fato de ter sido pago, de uma vez, em atraso:

> TRIBUTÁRIO. AÇÃO REVISIONAL DE BENEFÍCIO PREVIDENCIÁRIO. PARCELAS ATRASADAS RECEBIDAS ACUMULADAMENTE. VALOR MENSAL DO BENEFÍCIO ISENTO DE IMPOSTO DE RENDA. NÃO INCIDÊNCIA DA EXAÇÃO.
>
> 1. O pagamento decorrente de ato ilegal da Administração não constitui fato gerador de tributo.
>
> 2. O imposto de renda não incide sobre os valores pagos de uma só vez pelo INSS, quando o reajuste do benefício determinado na sentença condenatória não resultar em valor mensal maior que o limite legal fixado para isenção do referido imposto.
>
> 3. A hipótese *in* foco versa proventos de aposentadoria recebidos incorretamente e não rendimentos acumulados, por isso que, à luz da tipicidade estrita, inerente ao direito tributário, impõe-se o acolhimento da pretensão autoral.
>
> 4. O Direito Tributário admite na aplicação da lei o recurso à equidade, que é a justiça no caso concreto. Ora, se os proventos, mesmos revistos, não são tributáveis no mês em que implementados, também não devem sê-lo quando acumulados pelo pagamento a menor pela entidade pública. Ocorrendo o equívoco da Administração, o resultado judicial da ação não pode servir de base à incidência, sob pena de sancionar-se o contribuinte por ato do fisco, violando os princípios da Legalidade e da Isonomia, mercê de chancelar o enriquecimento sem causa da Administração.
>
> 5. O aposentado não pode ser apenado pela desídia da autarquia, que negligenciou-se em aplicar os índices legais de reajuste do benefício. Nessas hipóteses, a revisão judicial tem natureza de indenização pelo que o aposentado isento, deixou de receber mês a mês. 6. Recurso especial provido.[335]

O artigo que estamos examinando sofreu inúmeras modificações, mas a ideia de permitir a tributação exclusiva na fonte é justamente evitar essa tributação anti-isonômica entre quem recebe na data e quem recebe em atraso.

---

335. REsp 492.247/RS, Rel. Ministro Luiz Fux, Primeira Turma, julgado em 21.10.2003, DJ 03.11.2003, p. 255.

Daí por que, em o contribuinte optando pela modalidade de tributação exclusiva na fonte, a tributação se efetiva multiplicando-se o número de meses referentes aos rendimentos pela tabela progressiva mensal correspondente ao mês do recebimento ou crédito, de tal sorte que a progressividade deixa de apenar aquele contribuinte.

Interessante notar que a Segunda Turma do Egrégio Superior Tribunal de Justiça decidiu que tal sistemática não se aplica para rendimentos de aposentadoria complementar recebidos de forma cumulativa.

> TRIBUTÁRIO. RECURSO ESPECIAL INTERPOSTO NA ÉGIDE DO CPC/1973. ENUNCIADO ADMINISTRATIVO Nº 2 DO STJ. IMPOSTO DE RENDA RETIDO NA FONTE. RENDIMENTOS PAGOS ACUMULADAMENTE POR ENTIDADE DE PREVIDÊNCIA COMPLEMENTAR. INAPLICABILIDADE DO ART. 12-A DA LEI Nº 7.713/1988, COM REDAÇÃO DADA PELA LEI Nº 12.350/2010. LEGALIDADE DA IN SRF Nº 1.127/2011, COM REDAÇÃO DADA PELA IN SRF Nº 1.261/2012. 1. Discute-se nos autos a aplicabilidade do art. 12-A da Lei nº 7.713/1988, com redação dada pela Lei nº 12.350/2010, para fins de apuração do imposto de renda incidente na fonte quando do recebimento acumulado de diferenças de complementação de aposentadoria decorrentes de reclamatória trabalhista em meados de 2010. 2. O art. 12-A da Lei nº 7.713/1988, com redação dada pela Lei nº 12.350/2010, dispõe que a tributação do Imposto de Renda, sobre verbas relativas a anos-calendários anteriores, será exclusiva na fonte e em separado dos demais rendimentos nos casos de: (i) rendimentos do trabalho; e (ii) rendimentos provenientes de aposentadoria, pensão, transferência para a reserva remunerada ou reforma, pagos pela Previdência Social da União, dos Estados, do Distrito Federal e dos Municípios. 3. Os rendimentos pagos pelas entidades de previdência complementar não estão enquadrados nos rendimentos do trabalho ou nos rendimentos provenientes de aposentadoria, pensão, transferência para a reserva remunerada ou reforma, uma vez que, em relação a estes últimos rendimentos, a lei elegeu o regime de tributação do Imposto de Renda exclusiva na fonte e em separado das demais verbas, somente quando pagos pela Previdência Social da União, dos Estados, do Distrito Federal e dos Municípios. Mesmo antes da edição da Instrução Normativa da Secretaria da Receita Federal do Brasil nº 1.127/2011 (com a redação dada pela IN RFB nº 1.261, de 20/03/2012), os rendimentos pagos acumuladamente por entidade de previdência

> complementar não estariam sujeitos à incidência do art. 12-A da Lei nº 7.713/1988, com redação dada pela Lei nº 12.350/2010. A referida instrução normativa somente explicitou essa orientação. 4. A Medida Provisória nº 670/2015, posteriormente convertida na Lei nº 13.149/2015, alterou a redação do art. 12-A da Lei nº 7.713/1988 para determinar a tributação de Imposto de Renda exclusiva na fonte e em separado das demais verbas em relação aos rendimentos recebidos acumuladamente sem a restrição anteriormente existente de aplicação somente em caso de rendimento do trabalho ou daqueles outros rendimentos quando pagos pela Previdência Social da União, dos Estados, do Distrito Federal ou dos Municípios. Assim, no cálculo do imposto de renda retido na fonte incidente sobre as verbas pagas acumuladamente por entidades de previdência complementar, cujo fato gerador tenha ocorrido antes da alteração do art. 12-A da Lei nº 7.713/1988 promovida pela Medida Provisória nº 670/2015, posteriormente convertida na Lei nº 13.149/2015, devem ser observadas as tabelas e alíquotas vigentes à época em que deveriam ter sido pagos, Documento: 87031883 - RELATÓRIO E VOTO - Site certificado Página 4 de 5 Superior Tribunal de Justiça seguindo a sistemática do regime de competência, conforme entendimento adotado por esta Corte em sede de recurso especial repetitivo, na sistemática do art. 543-C, do CPC/1973 (Resp 1.118.429/SP, de relatoria do Ministro Herman Benjamin, *Dje* 14.05.2010). Não se tratando de tributação exclusiva, os rendimentos em questão estarão sujeitos ao ajuste anual do Imposto de Renda. 5. Recurso especial conhecido e provido.[336]

De fato, a Segunda Turma do Superior Tribunal de Justiça, interpretando o art. 12-A da Lei 7.713/88, decidiu que tal dispositivo seria aplicável para (i) rendimentos do trabalho e (ii) rendimentos provenientes da aposentadoria, pensão, transferência, para a reserva remunerada ou forma, pagos pela Previdência Social da União, dos Estados, do Distrito Federal e Municípios.

Nesse sentido, em não estando os rendimentos oriundos da previdência complementar enquadrados em tal rol, não estariam sujeitos ao tratamento do art. 12-A da Lei 7.713/88.

---

336. STJ, REsp 1.590.478/RS, Rel. Ministro Mauro Campbell Marques, Segunda Turma, Dje 21.06.2016).

4.2.5 Rendimentos da atividade rural

Para fins de inclusão dos rendimentos da atividade rural na base de cálculo do IRPF Anual, o contribuinte fica incumbido de apurar o resultado de tal atividade, em conformidade com o regime jurídico que será a seguir explicado.

Grosso modo, o contribuinte deverá escriturar em Livro-Caixa[337] as receitas provenientes das atividades rurais, assim como as despesas de custeio e os investimentos e demais valores oriundos dessa atividade, sempre amparadas com documentos idôneos que lhes dê suporte. O resultado será a diferença entre o valor da receita bruta e as despesas pagas no ano-calendário, correspondentes a todos os imóveis rurais da pessoa física.

Caso a pessoa física tenha prejuízo, o resultado poderá ser compensado com resultados positivos de anos subsequentes. Caso seja positivo, deverá integrar a base de cálculo do IRPF anual.

Para fins de aplicação desse regime jurídico, consideram-se atividades rurais, nos termos do art. 2º da Lei 8.023/90:

> I – a agricultura;
>
> II – a pecuária;
>
> III – a extração e a exploração vegetal e animal;
>
> IV – a exploração da apicultura, avicultura, cunicultura, suinocultura, sericicultura, piscicultura e outras culturas animais;
>
> V – a transformação de produtos decorrentes da atividade rural, sem que sejam alteradas a composição e as características do produto in natura, feita pelo próprio agricultor ou criador, com equipamentos e utensílios usualmente empregados nas atividades rurais, utilizando exclusivamente matéria-prima produzida na área rural explorada, tais como a pasteurização e o acondicionamento do leite, assim como o mel e o suco de laranja, acondicionados em embalagem de apresentação.

---

337. A escrituração em livro-caixa poderá ser dispensada caso a receita bruta no ano-calendário não exceder R$ 56.000,00 (cinquenta e seis mil reais). Além disso, o contribuinte pode optar por apurar o resultado pela forma contábil, utilizando os livros próprios da contabilidade (diário, razão etc.).

O parágrafo único do referido artigo prevê que não se aplica o regime jurídico da atividade rural à mera intermediação de animais e de produtos agrícolas.

Já o art. 59 da Lei 9.430/96 prescreve que se considera, também, como atividade rural, o cultivo de florestas que se destinem ao corte para comercialização, consumo ou industrialização.

O art. 51 do RIR/2018, em sua função regulamentar, prevê que se aplica o regime de atividade rural para as seguintes atividades:

> I – a agricultura;
>
> II – a pecuária;
>
> III – a extração e a exploração vegetal e animal;
>
> IV – a exploração:
>
> a) da apicultura;
>
> b) da avicultura;
>
> c) da cunicultura;
>
> d) da suinocultura;
>
> e) da sericicultura;
>
> f) da piscicultura; e
>
> g) de outras culturas animais;
>
> V – a transformação de produtos decorrentes da atividade rural, desde que não sejam alteradas a composição e as características do produto *in natura*, feita pelo próprio agricultor ou pelo criador, com equipamentos e utensílios usualmente empregados nas atividades rurais, com uso exclusivo de matéria-prima produzida na área rural explorada, tais como a pasteurização e o acondicionamento do leite e o acondicionamento do mel e do suco de laranja em embalagem de apresentação; e
>
> VI – o cultivo de florestas que se destinem ao corte para comercialização, consumo ou industrialização.

Leonardo Loubet alerta que a expressão "outras culturas animais" do inciso IV do art. 51 do RIR/2018 – e também prevista no inciso IV do artigo 2º da Lei 8.023/90 – dá margem para inclusão no regime de rendimentos da atividade rural a hipóteses bem amplas – e polêmicas.

Assim, pontua que a "exploração de culturas animais marítimas", "criação e venda de pássaros" e "criação de cavalos de raça", "cotesia flavipes" – vespa utilizada para controle biológico de canaviais – e a "exploração de animais domésticos"[338] se enquadram no conceito de "exploração animal". De minha parte, entendo que se a legislação não condicionou critérios adicionais a essa atividade, para fins de enquadramento no regime jurídico destinados a "atividades rurais", tal sistemática de tributação deve ser integralmente aplicável.

Complementando o RIR/2018, a Instrução Normativa SRF 83/2001, no seu art. 2º, indica lista ainda mais minuciosa, sobre atividades consideradas atividades rurais e as que não se enquadram nesse conceito, conforme segue:

> I – a agricultura;
>
> II – a pecuária;
>
> III – a extração e a exploração vegetal e animal;
>
> IV – a exploração de atividades zootécnicas, tais como apicultura, avicultura, cunicultura, suinocultura, sericicultura, piscicultura e outras culturas de pequenos animais;
>
> V – a atividade de captura de pescado *in natura*, desde que a exploração se faça com apetrechos semelhantes aos da pesca artesanal (arrastões de praia, rede de cerca etc.), inclusive a exploração em regime de parceria;
>
> VI – a transformação de produtos decorrentes da atividade rural, sem que sejam alteradas as características do produto *in natura*, feita pelo próprio agricultor ou criador, com equipamentos e utensílios usualmente empregados nas atividades rurais, utilizando exclusivamente matéria-prima produzida na área rural explorada, tais como:
>
> a) beneficiamento de produtos agrícolas:

---

338. LOUBET, Leonardo Furtado. "O Novo RIR e os reflexos no IRPF da atividade rural." IN Novo RIR – Aspectos Jurídicos Relevantes do Regulamento do Imposto de Renda 2018. Coord. Jimir Doniak Jr. São Paulo: Quartier Latin, 2019, pp. 181 e 182.

1. descasque de arroz e de outros produtos semelhantes;

2. debulha de milho;

3. conservas de frutas;

b) transformação de produtos agrícolas:

1. moagem de trigo e de milho;

2. moagem de cana-de-açúcar para produção de açúcar mascavo, melado, rapadura;

3. grãos em farinha ou farelo;

c) transformação de produtos zootécnicos:

1. produção de mel acondicionado em embalagem de apresentação;

2. laticínio (pasteurização e acondicionamento de leite; transformação de leite em queijo, manteiga e requeijão);

3. produção de sucos de frutas acondicionados em embalagem de apresentação;

4. produção de adubos orgânicos;

d) transformação de produtos florestais:

1. produção de carvão vegetal;

2. produção de lenha com árvores da propriedade rural;

3. venda de pinheiros e madeira de árvores plantadas na propriedade rural;

e) produção de embriões de rebanho em geral, alevinos e girinos, em propriedade rural, independentemente de sua destinação (reprodução ou comercialização).

Por outro lado, nos termos, ainda, da referida Instrução Normativa, não se considera atividade rural (art. 4º):

> I – a industrialização de produtos, tais como bebidas alcoólicas em geral, óleos essenciais, arroz beneficiado em máquinas industriais, fabricação de vinho com uvas ou frutas;
>
> II – a comercialização de produtos rurais de terceiros e a compra e venda de rebanho com permanência em poder do contribuinte em prazo inferior a 52 dias, quando em regime de confinamento, ou 138 dias, nos demais casos;

> III – o beneficiamento ou a industrialização de pescado *in natura;*
>
> IV – o ganho auferido por proprietário de rebanho, entregue, mediante contrato por escrito, a outra parte contratante (simples possuidora do rebanho) para o fim específico de procriação, ainda que o rendimento seja predeterminado em número de animais;
>
> V – as receitas provenientes do aluguel ou arrendamento de máquinas, equipamentos agrícolas e pastagens, e da prestação de serviços de transportes de produtos de terceiros;
>
> VI – as receitas decorrentes da venda de recursos minerais extraídos de propriedade rural, tais como metal nobre, pedras preciosas, areia, aterro, pedreiras;
>
> VII – as receitas de vendas de produtos agropecuários recebidos em herança ou doação, quando o herdeiro ou donatário não explore atividade rural;
>
> VIII – as receitas financeiras de aplicações de recursos no período compreendido entre dois ciclos de produção;
>
> IX- os valores dos prêmios ganhos a qualquer título pelos animais que participarem em concursos, competições, feiras e exposições;
>
> X – os prêmios recebidos de entidades promotoras de competições hípicas pelos proprietários, criadores e profissionais do turfe; e
>
> XI – as receitas oriundas da exploração do turismo rural e de hotel fazenda.

Como se nota da lista acima, o arrendamento de pastagem não se configuraria, no entender do Fisco, atividade rural, de sorte que tais rendimentos ficam sujeitos ao regime jurídico da locação, em geral.

Aliás, a distinção entre "arrendamento" e "parceria" é um dos pontos mais sensíveis no que tange ao regime jurídico das atividades rurais.

Se A e B, sendo A o proprietário de certa propriedade rural e B um terceiro, efetivam parceria para explorar atividades rurais, a tributação dos rendimentos por eles auferidos receberá o tratamento jurídico-tributário destinado à atividade rural. Mas se o valor recebido por A for qualificado como arrendamento, a tributação de A se dará pela regra genérica do IRPF.

De fato, o art. 13 da Lei 8.023/90 prescreve que os arrendatários, os condôminos e os parceiros na exploração da atividade rural, comprovada a situação documentalmente, pagarão o imposto de conformidade com o disposto na referida lei, separadamente, na proporção dos rendimentos que couber a cada um.

Já o parágrafo único do art. 52 do RIR/2018, que regulamenta tal dispositivo, prescreve que a parceria apenas resta configurada em relação aos rendimentos para cuja obtenção o parceiro houver assumido os riscos inerentes à exploração da atividade.

Nesse sentido, diversas decisões do Conselho Administrativo de Recursos Fiscais indicam que a atividade rural implica um risco que o simples arrendamento não contempla. Veja-se a ementa a seguir citada:

> (...) OMISSÃO DE RENDIMENTOS DE ALUGUÉIS RECEBIDOS DE PESSOA FÍSICA, DECORRENTES DE ALUGUÉIS DE PASTOS, MÁQUINAS E INSTRUMENTOS AGRÍCOLAS. IMPOSSIBILIDADE DE AUFERIMENTO DA TRIBUTAÇÃO DIFERENCIADA DA ATIVIDADE RURAL. RENDIMENTOS TRIBUTADOS COMO ALUGUÉIS EM GERAL. O aluguel de pastos, máquinas e instrumentos agrícolas, quando ausente o fator "Risco", não é alcançado pela legislação pertinente à Atividade Rural, eis que desnaturado o conceito de parceria, devendo ser oferecido à tributação como rendimento normal na declaração de ajuste anual. (...)[339]

Nessa esteira, geralmente, as cobranças surgem quando contribuintes realizam contrato de parceria e são entendidas como arrendamento. Ambas as figuras estão previstas na Lei 4.504/64 (Estatuto da Terra), o arrendamento no art. 95 e a parceria rural no §1º do art. 96 da mesma Lei.[340]

Não serão esmiuçados, aqui, detalhes de cada regime jurídico, mas, a semelhança entre as duas figuras se justifica pois,

339. Processo nº 10680.013336/200769 Recurso nº 169.934 Voluntário Acórdão nº 210201.043 - 1ª Câmara / 2ª Turma Ordinária Sessão de 09 de fevereiro de 2011.

340. CALCINI, Fábio Pallaretti. Idem, pp. 104-106.

assim como no arrendamento, em que o uso do imóvel rural é cedido ao arrendatário, na parceria, uma pessoa se obriga a ceder à outra o uso específico de imóvel rural ou de parte dele com o objetivo de nele ser exercida atividade de exploração agrícola, pecuária, agroindustrial, extrativa, vegetal ou mista e/ou se obriga a lhe entregar animais para cria, recria, invernagem, engorda, ou extração de matérias-primas de origem animal.

Por outro lado, apesar das semelhanças de tais figuras, entendo que o ponto nuclear da distinção entre elas é que a parceria implica a partilha isolada ou cumulativa de uma série de riscos previstos no §1º do art. 96 da Lei 4.504/64, tais como:

> I – caso furtuito ou força maior do empreendimento rural;
>
> II – dos frutos ou lucros havidos na proporção que estipularem, observados limites legais;
>
> III – variação do preço dos frutos obtidos na exploração do empreendimento rural.

Daí a ideia, mencionada na ementa acima, que uma vez inexistentes riscos do negócio para o proprietário da terra não há que se falar em parceria, qualificando-se o arrendamento e, consequentemente, a exclusão da tributação como atividade rural para o arrendador.

Leonardo Loubet esclarece o ato de assumir, ou não riscos, de modo bastante claro: ou bem o dono da terra "entrega a posse de suas terras ao outro contratante, independente de produção, isto é, estabelecendo um valor fixo por isso" ou "resolve estipular um valor variável pela entrega da posse conforme a produção auferida". No primeiro caso – de valor fixo –, inexiste risco e há arrendamento, tributada pela sistemática usual de IRPF; no segundo caso – de valor variável – há assunção de risco, configurando-se a parceria.[341]

Avancemos.

341. LOUBET, Leonardo. Idem, p. 188.

Outro ponto também a ser discutido refere-se à alienação de rebanho com permanência em poder do contribuinte em prazo inferior a 52 dias, quando em regime de confinamento, ou 138 dias, nos demais casos. Como se nota do do art. 4º, inciso II, da IN SRF 83/2001 – tal atividade não se enquadraria como rural. Recentemente, em Solução de Consulta COSIT, o não enquadramento de tais atividades como rural foi confirmado:

> Solução de Consulta nº 147 - Cosit Data 24 de setembro de 2018 Processo Interessado CNPJ/CPF ASSUNTO: IMPOSTO SOBRE A RENDA DE PESSOA FÍSICA - IRPF VENDA DE REBANHO BOVINO. GANHO DE CAPITAL. EQUIPARAÇÃO À PESSOA JURÍDICA. HABITUALIDADE. EXCLUSIVIDADE. A **receita auferida na venda de rebanho bovino anteriormente comprado, com permanência em poder do contribuinte em prazo inferior a 52 dias, quando em regime de confinamento, ou 138 dias nos demais casos, não é tributada como receita da atividade rural, podendo ser tributada na pessoa física como ganho de capital**, se não houver habitualidade, ou, no caso de a atividade ser exercida habitual e profissionalmente com o fim especulativo de lucro, como receita de pessoa jurídica, por força da sua equiparação à pessoa jurídica. A habitualidade, para fins de equiparação da pessoa física à pessoa jurídica, é própria das operações que não são eventuais, com intuito de continuidade e permanência, devendo ser aferidas no caso concreto. O inciso II do art. 150 do Decreto nº 3.000, de 26 de março de 1999 - Regulamento do Imposto sobre a Renda (RIR/1999), exige para equiparação da pessoa física à pessoa jurídica que a exploração da atividade se dê de forma habitual, profissional e com o fim especulativo de lucro, nada dispondo sobre o exercício exclusivo da atividade. Dispositivos Legais: Lei nº 7.713, de 22 de dezembro de 1988, art. 3º, § 2º; Lei nº 8.981, de 20 de janeiro de 1995, art. 21; Decreto nº 3.000, de 26 de março de 1999 - Regulamento do Imposto sobre a Renda (RIR/1999), art. 150; Instrução Normativa SRF nº 83, de 11 de outubro de 2001, art. 4º, inciso II; Instrução Normativa RFB nº 1.700, de 14 de março de 2017, art. 250, inciso II.[342]

Prescreve, ainda, o art. 13, da Lei 8.023/90, que os arrendatários, os condôminos e os parceiros na exploração das atividades rurais, comprovada a situação documentalmente,

342. Consultado no sítio eletrômico em 15 de novembro de 2.019: file:///C:/Users/Ultrabook%20HP/Downloads/SC_Cosit_n_147-2018.pdf

pagarão o imposto, separadamente, na proporção dos rendimentos que couberem a cada um.

Registre-se que o §1º do art. 5º da Instrução Normativa SRF 83/2001 determina que a receita bruta da atividade rural é computada sem a exclusão do Imposto sobre Operações Relativas à Circulação de Mercadorias e sobre Prestações de Serviços de Transporte Interestadual e Intermunicipal e de Comunicação (ICMS) e do Fundo de Assistência ao Trabalhador Rural (Funrural). Esse entendimento, contudo, poderá ser questionado, mormente, porque o Supremo Tribunal Federal entendeu que o ICMS não pode ser tido como receita.[343]

Ademais, integram a receita bruta da atividade rural (art. 5º da Instrução Normativa SRF 83/2001):

> Art. 5º [...]
>
> § 2º [...]
>
> I – os valores recebidos de órgãos públicos, tais como auxílios, subvenções, subsídios, Aquisições do Governo Federal (AGF) e

---

343. RECURSO EXTRAORDINÁRIO COM REPERCUSSÃO GERAL. EXCLUSÃO DO ICMS NA BASE DE CÁLCULO DO PIS E COFINS. DEFINIÇÃO DE FATURAMENTO. APURAÇÃO ESCRITURAL DO ICMS E REGIME DE NÃO CUMULATIVIDADE. RECURSO PROVIDO. 1. Inviável a apuração do ICMS tomando-se cada mercadoria ou serviço e a correspondente cadeia, adota-se o sistema de apuração contábil. O montante de ICMS a recolher é apurado mês a mês, considerando-se o total de créditos decorrentes de aquisições e o total de débitos gerados nas saídas de mercadorias ou serviços: análise contábil ou escritural do ICMS. 2. A análise jurídica do princípio da não cumulatividade aplicado ao ICMS há de atentar ao disposto no art. 155, § 2º, inc. I, da Constituição da República, cumprindo-se o princípio da não cumulatividade a cada operação. 3. O regime da não cumulatividade impõe concluir, conquanto se tenha a escrituração da parcela ainda a se compensar do ICMS, não se incluir todo ele na definição de faturamento aproveitado por este Supremo Tribunal Federal. O ICMS não compõe a base de cálculo para incidência do PIS e da COFINS. 3. Se o art. 3º, § 2º, inc. I, in fine, da Lei n. 9.718/1998 excluiu da base de cálculo daquelas contribuições sociais o ICMS transferido integralmente para os Estados, deve ser enfatizado que não há como se excluir a transferência parcial decorrente do regime de não cumulatividade em determinado momento da dinâmica das operações. 4. Recurso provido para excluir o ICMS da base de cálculo da contribuição ao PIS e da COFINS. (RE 574706, Relator(a): Min. CÁRMEN LÚCIA, Tribunal Pleno, julgado em 15/03/2017, ACÓRDÃO ELETRÔNICO REPERCUSSÃO GERAL - MÉRITO DJe-223 DIVULG 29-09-2017 PUBLIC 02-10-2017).

> as indenizações recebidas do Programa de Garantia da Atividade Agropecuária (Pro-Agro);
>
> II – o montante ressarcido ao produtor agrícola pela implantação e manutenção da cultura fumageira;
>
> III - o valor de alienação de investimentos utilizados exclusivamente na exploração da atividade rural, ainda que adquiridos pelas modalidades de arrendamento mercantil e consórcio;
>
> IV - o valor da entrega de produtos agrícolas, pela permuta com outros bens ou pela dação em pagamento;
>
> V – o valor pelo qual o subscritor transfere os bens e direitos utilizados na exploração da atividade rural e os produtos e os animais dela decorrentes, a título de integralização de capital, nos termos previstos no art. 23 da Lei 9.249, de 1995;
>
> VI - as sobras líquidas decorrentes da comercialização de produtos agropecuários, apuradas na demonstração de resultado do exercício e distribuídas pelas sociedades cooperativas de produção aos associados produtores rurais.

Note-se do inciso I do art. 5º, acima transcrito, que as indenizações recebidas do Programa de Garantia da Atividade Agropecuária (Pro-Agro) são incluídas na base de cálculo. Lembra Leonardo Loubet[344] que há decisões judiciais questionando a legalidade da tributação das indenizações recebidas do Pro-Agro, conforme segue:

> TRIBUTÁRIO. IRPF. RENDIMENTOS DECORRENTES DE PRESTAÇÃO DE SERVIÇOS DE TRANSPORTE.PROAGRO. AUSÊNCIA DE ACRÉSCIMO PATRIMONIAL. ADIANTAMENTOS DE RECURSOS FINANCEIROS, RECEBIDOS POR CONTA DA VENDA DE SAFRA NÃO COLHIDA. DEVOLUÇÃO. ARRENDAMENTO RURAL. GANHO DE CAPITAL. CUSTO DE AQUISIÇÃO. AVALIAÇÃO EM INVENTÁRIO. ATIVIDADE RURAL. APURAÇÃO ANUAL. ACRÉSCIMO PATRIMONIAL A DESCOBERTO. ILEGITIMIDADE DA AUTUAÇÃO BASEADA EM FLUXO DE CAIXA MENSAL. SUCUMBÊNCIA RECÍPROCA. HONORÁRIOS. ENCARGO LEGAL. 1. Segundo informações prestadas em DIRF por pessoas jurídicas, o contribuinte foi beneficiário de valores por elas pagos. Além disso, existe documento de Conhecimento de Transporte

344. LOUBET, Leonardo. Idem, p. 194.

Rodoviário de Cargas e Recibo de Frete dando conta da realização do serviço, cujos rendimentos deveriam ter sido oferecidos à tributação, considerado o percentual de 40% do rendimento total, na forma do artigo 48 do RIR/94 (Decreto nº 1.041/94). 2. O PROAGRO consistia em modalidade de garantia nas operações de crédito rural, segundo a qual, ante a ocorrência dos fenômenos naturais previstos em lei, a instituição financeira era obrigada a remir a dívida do mutuário e reembolsá-lo, em espécie, do total dos recursos próprios que ele investira no empreendimento (artigo 4º da Lei nº 5.969/73). Malgrado a dicção do artigo 66, §1º, do RIR/94 (Decreto nº 1.041/94), não há como considerar o reembolso dos recursos próprios investidos como outra coisa que não a simples recomposição do patrimônio do produtor rural, de forma que não há cogitar de acréscimo patrimonial passível de tributação pelo imposto de renda. A regulamentação legal não permitia que o reembolso ultrapassasse cem por cento da parcela de recursos próprios do produtor investidos no empreendimento, o que significa que, na melhor das hipóteses, a indenização representava apenas a integral recomposição de seu patrimônio, nunca chegando a importar verdadeiro acréscimo patrimonial. Nessa medida, o dispositivo contido no RIR/94 traz indevida hipótese de incidência, que, à míngua de base legal, ressente-se da pecha de ilegalidade, devendo ser afastada a tributação nela baseada. 3. Segundo a disciplina do artigo 27 da IN SRF nº 125/1992, não pode haver a pura e simples tributação sobre os valores recebidos de forma antecipada por conta da venda de safra não colhida, apenas havendo o seu cômputo como receita da atividade rural no mês da entrega da produção, quando se reputa cumprida a obrigação por parte do produtor rural. No caso sob exame, à vista de documentos que indicam a devolução dos valores recebidos antecipadamente, não poderia a tributação incidir sobre os adiantamentos de recursos financeiros, recebidos por conta da venda de safra não colhida, porquanto ausentes quaisquer indícios de que tenha havido a efetiva entrega da produção prometida. 4. Na forma do artigo 4º da Lei nº 8.023/90, o resultado da atividade rural, que servirá para compor a base de cálculo do imposto de renda devido, corresponde à diferença entre os valores das receitas recebidas e das despesas pagas no ano-base. Na hipótese, o contribuinte realizou, na condição arrendatário, contratos de arrendamento de imóvel rural, onde ficou previsto que o pagamento aos arrendadores se daria em sacas de produto cultivado. Na medida em que essas sacas de produto, descontadas em pagamento do arrendamento, eram resultantes da própria produção ali desenvolvida, deveriam sim ser computadas como receita da atividade rural, embora, em momento posterior da tributação, também consubstanciassem despesas dessa atividade. Evidentemente, acaso não sobejasse produção além daquela previamente destinada ao pagamento do arrendamento, o resultado da atividade seria zero. 5. Na apuração do ganho de capital serão consideradas as operações que importem alienação, a qualquer título, de bens ou direitos ou cessão ou promessa de cessão de direitos à sua aquisição, tais como as realizadas por compra e venda, permuta, adjudicação, desapropriação, dação em pagamento, doação, procuração em causa própria, promessa de compra e venda, cessão de direitos ou promessa de cessão de direitos e contratos afins (Lei nº 7.713/88, artigo 3º, §3º). Assim, considera-se ganho de capital a diferença positiva entre o valor de alienação de bens ou direitos e o respectivo custo de aquisição. Quanto à aferição do custo de aquisição, importa ressaltar que os direitos alienados derivam de sucessão *causa mortis*, de modo que o valor a ser considerado corresponde ao valor relativo à sua avaliação quando da abertura da sucessão. No caso, como não existe notícia acerca do valor do bem informado na Declaração Final de Espólio ou na última Declaração de Bens e Direitos do *de cujus*, a autuação considerou, a título de custo de aquisição, valor de avaliação efetuado pela exatoria estadual para fins de ITCD. A utilização desta avaliação revela-se legítima à falta de outros parâmetros, cuja apresentação é de responsabilidade do contribuinte. Aliás, a utilização deste valor nenhum prejuízo traz ao contribuinte, na medida em que considera avaliação oficial efetuada em momento posterior ao da abertura da sucessão e que, ademais, obedeceu à disposição do artigo 10, parágrafo único, da IN SRF nº 39/1993. 6. A sistemática prevista na Lei nº 8.023/90, ao contrário daquela estabelecida pela Lei nº 7.713/88, não prevê a apuração mensal do imposto de remda devido, devendo o contribuinte apenas apurar anualmente o resultado da atividade rural, que é a diferença entre as receitas recebidas e as despesas pagas no respectivo ano-base (artigo 4º). Nessa medida, não havendo obrigação de ofertar os valores mensalmente à tributação, não se pode calcular o acréscimo patrimonial a descoberto a partir do levantamento mensal dos rendimentos, até porque quanto a esses rendimentos, não é aplicável a Lei nº 7.713/88. Assim, em se tratando de rendimentos decorrentes da atividade rural, o acréscimo patrimonial deve ser apurado de forma anual, apenas se justificando a tributação dos valores caso haja excesso de aplicações sobre recursos no ano-calendário como um todo, descabendo a utilização da metodologia do fluxo de caixa mensal para tanto. 7. Com a reforma da sentença em alguns tópicos, impõe-se reconhecer a sucumbência recíproca. Nos casos de sucumbência recíproca em sede de embargos à execução fiscal, as Turmas componentes da Primeira Seção desta Corte têm entendido mais

> adequada a condenação da Fazenda ao pagamento de honorários no percentual de 10% (dez por cento) da quantia considerada inexigível, sendo incabível a condenação da embargante, em função da cobrança do encargo legal, devido no percentual de 20% (vinte por cento) sobre os valores em cobrança (Súmula nº 168 do TFR). 8. Apelo parcialmente provido.[345]

Avancemos.

Interessante notar que a legislação prevê que em caso de adiantamento de recurso financeiro recebido por conta de contrato de compra e de produtos agrícolas para venda futura, a receita será reconhecida no mês da efetiva entrega do produto. Trata-se de uma exceção à noção de que a disponibilidade econômica do rendimento já autoriza sua inclusão na base de cálculo do IRPF.

Outro ponto a ser considerado é que, nos casos de alienação de produtos sujeitos à cotação na bolsa de mercadorias ou cotação internacional do produto, a diferença apurada por ocasião do fechamento da operação compõe a receita da atividade rural no mês de seu recebimento.

Vale acrescentar, ainda, que nas alienações a prazo, deverão ser computadas como receitas as parcelas recebidas, na data de seu recebimento, inclusive a atualização monetária.

Para fins de comprovar a receita bruta da atividade rural, decorrente da comercialização de produtos, poderão ser utilizadas a Nota Fiscal do Produtor, Nota Fiscal de Entrada, Nota Promissória Rural vinculada à Nota Fiscal de Produtor e demais documentos reconhecidos pelas fiscalizações estaduais.

Ao mesmo tempo, quando a receita bruta da atividade rural for decorrente da alienação de bens utilizados na exploração da atividade rural, a pessoa física pode comprová-la com documentação hábil e idônea, onde necessariamente conste o

345. Classe: AC - APELAÇÃO CIVEL Processo: 0009236-17.2011.4.04.9999 UF: RS Data da Decisão: 17/07/2013. Obtido no sítio eletrônico: https://jurisprudencia.trf4.jus.br/pesquisa/resultado_pesquisa.php Acesso em: 09 jan. 2019.

nome, o número no Cadastro das Pessoas Físicas (CPF) ou o número no Cadastro Nacional da Pessoa Jurídica (CNPJ) e o endereço do adquirente ou do beneficiário, bem assim a data e o valor da operação em moeda corrente nacional.

Pois bem. Dissemos, há pouco, que o resultado proveniente da atividade rural corresponde à diferença entre as receitas e as despesas pagas no ano-calendário. Essas despesas a serem consideradas são aquelas necessárias à percepção dos rendimentos e à manutenção da fonte produtora, relacionados com a atividade exercida.

A legislação também prevê o conceito de investimentos de custeio. Os investimentos consistem na aplicação de recursos com vistas ao desenvolvimento da atividade para expansão ou melhoria da produtividade e passam a ser considerados despesas à medida que forem pagas.

Nos termos do art. 8º da Instrução Normativa SRF 83/2001, considera-se investimento, a aplicação de recursos financeiros direcionados a:

> I – benfeitorias resultantes de construção, instalações, melhoramentos, reparos, bem assim de limpeza de diques, comportas e canais;
>
> II – culturas permanentes, essências florestais e pastagens artificiais;
>
> III – aquisição de tratores, implementos e equipamentos, máquinas, motores, veículos de cargas e utilitários rurais, utensílios e bens de duração superior a um ano, bem assim de botes de pesca ou caíques, frigoríficos para conservação da pesca, cordas, anzóis, boias, guinchos e reformas de embarcações;
>
> IV – animais de trabalho, de produção e engorda;
>
> V – serviços técnicos especializados, devidamente contratados, visando elevar a eficiência do uso dos recursos da propriedade ou exploração rural;
>
> VI – insumos que contribuam destacadamente para elevação da produtividade, tais como reprodutores, aquisições de matrizes, alevinos e girinos, sementes e mudas selecionadas, corretivos de solo, fertilizantes, vacinas e defensivos vegetais e animais;

> VII – atividades que visem especificamente à elevação socioeconômica do trabalhador rural, tais como casas de trabalhadores, prédios e galpões para atividades recreativas, educacionais e de saúde;
>
> VIII – estradas que facilitem o acesso ou a circulação na propriedade;
>
> IX – instalação de aparelhagem de comunicação, bússola, sonda, radares e de energia elétrica;
>
> X – bolsas para a formação de técnicos em atividades rurais, inclusive gerentes de estabelecimentos e contabilistas.

Registre-se que o custo de aquisição de terra nua não se considera investimento, entendida terra-nua como o imóvel rural despojado das benfeitorias, das culturas permanentes e temporárias, das árvores e florestas plantadas e das pastagens cultivadas ou melhoradas. Coerentemente, o valor da alienação da terra nua não constitui receita da atividade rural, devendo o resultado positivo ser apurado como ganho de capital.

Agora, para fins de comprovação das despesas de custeio e os investimentos, devem ser utilizados documentos idôneos como nota fiscal, fatura, recibo, contrato de prestação de serviços, laudo de vistoria de órgão financiador e folha de pagamento de empregados, identificando adequadamente a destinação de recursos. Lembra Fábio Pallaretti Calcini que há decisões administrativas enunciando que as despesas admitidas são as necessárias "à percepção dos rendimentos à manutenção da fonte produtora, relacionada com a natureza da atividade exercida e comprovada com documentação hábil e idônea".[346]

Outro ponto a ser levado em consideração é que as despesas relativas às aquisições a prazo somente serão consideradas no mês do pagamento de cada parcela, o que está em consonância com o regime de caixa que norteia esse imposto.

---

346. 1º CC AC 10422995, 24/01/08. Vide: CALCINI, Fábio Pallaretti. Imposto Sobre a Renda da Pessoa Física na Atividade Rural e a Jurisprudência do Conselho Administrativo de Recursos Fiscai (CARF). In: Imposto de Renda Pessoa Física à luz da jurisprudência do Conselho Administrativo de Recursos Fiscais -2º Vol. Coord. ANAN Jr. Pedro. PEIXOTO, Marcelo Magalhães. São Paulo: MP Editora, 2014, p. 104.

Já o bem adquirido por meio de financiamento rural será considerado despesa no mês do pagamento do bem e não no do pagamento do empréstimo, sendo que os encargos financeiros, exceto a atualização monetária, pagos em decorrência de empréstimos contraídos para financiamento da atividade rural, poderão ser deduzidos no mês do pagamento.[347]

A legislação também prevê que os bens adquiridos por meio de consórcio ou arrendamento mercantil serão considerados despesas no momento do pagamento de cada parcela, com a ressalva de que, no caso de consórcio ainda não contemplado, as parcelas pagas somente serão dedutíveis quando do recebimento do bem.

Já na hipótese de permuta, os bens adquiridos por meio de troca com produtos rurais, que caracterizem pagamento parcelado, serão considerados despesas no mês do pagamento de cada parcela.

Com relação aos contratos de compra e venda de produtos agrícolas para entrega futura, caso haja devolução de valores em razão da variação de preço de produtos sujeito à cotação na bolsa de mercadorias ou cotação internacional, o valor devolvido após a entrega do produto, relativo ao adiantamento computado como receita, constitui despesa no mês da devolução. Agora, caso o valor seja devolvido antes da entrega do produto a importância devolvida não será considerada despesa, devendo ser diminuída da importância recebida por conta de venda para entrega futura.

Uma vez explicado o regime jurídico aplicável ao reconhecimento de receitas e despesas na atividade rural, resta examinar a apuração do resultado que, como já vimos, é efetivada mediante a diferença entre receitas e despesas.

347. Os empréstimos destinados ao financiamento da atividade rural, comprovadamente utilizados nessa atividade, não poderão ser utilizados para justificar acréscimo patrimonial.

No caso de atividade rural desenvolvida em unidade comum ao casal, deverá ser apurado o resultado proporcionalmente à parte de cada cônjuge, ou apurado em conjunto na declaração de um dos cônjuges.

Uma vez obtido o resultado, a pessoa física poderá aproveitar de prejuízos apurados em anos-calendários anteriores, ficando, para tanto, obrigada à conservação e guarda do Livro-Caixa e dos documentos fiscais que demonstram a apuração do prejuízo a compensar.

Aliás, por falar em livro-caixa, vale apontar que recentemente, a Instrução Normativa RFB 1.903/2019 passou a prever que a partir do ano-calendário de 2019, o produtor rural que auferir, durante o ano, receita bruta total da atividade rural superior a R$ 4.800.000,00 (quatro milhões e oitocentos mil reais) deverá entregar, com observância ao disposto no § 4º do art. 23, arquivo digital com a escrituração do Livro-Caixa Digital do Produtor Rural (LCDPR). Maiores detalhes sobre essa nova obrigação acessória poderão ser identificados na referida instrução normativa.[348]

Avancemos. Poderá ser, também, aproveitado, o saldo do prejuízo apurado não deduzido pelo *de cujus*, passível de ser utilizado pelo meeiro e pelos sucessores legítimos, após o encerramento do inventário, proporcionalmente à parcela da unidade rural que corresponder o prejuízo que couber a cada beneficiário.

Cabe destacar que o resultado apurado no exterior não pode ser compensado com o resultado obtido no país, sendo vedada, ainda, a compensação, da atividade exercida no Brasil por residente ou domiciliado no exterior. A ideia dessa vedação é que o resultado da atividade rural deve ser apurado separadamente em cada país. Parece-nos que essa restrição estampada no art. 21 da Lei 9.250/95 e no §3º do art. 20 da Lei 9.250/95 acaba violando o princípio da universalidade da renda.

---

348. Disponível em: https://bit.ly/37ev85E Acesso em: 10 fev. 2019.

De fato, conforme exposto anteriormente, o princípio da universalidade pressupõe que todos os elementos de acréscimos percebidos e todos os elementos de decréscimos incorridos sejam levados em consideração para apuração da renda aferida em determinado ano-calendário. Nesses termos, se a legislação deixa de observar tal primado, passando a restringir os elementos de decréscimo que informam a tributação do IRPF, não alcançará a universalidade almejada pelo Texto Maior.

Também, perderá a opção de compensação, mas dessa vez em razão de certas opções aderidas pelo próprio contribuinte, aquele que, dispensado pela legislação, deixar de escriturar o livro-caixa,[349] bem como aquele contribuinte que optar pela apuração do resultado presumido, que verificaremos em seguida.

Depois de seguidos esses procedimentos, apurado o resultado positivo, este deverá ser adicionado à base de cálculo do IRPF, sendo que o resultado for negativo ensejará a compensação a que vimos nos referindo.

O contribuinte também deverá apurar o resultado positivo obtido no exterior. Para isso, deverá haver a conversão em Reais, mediante a utilização do valor em dólar dos Estados Unidos da América, fixado para compra pelo Banco Central do Brasil, para o último dia do ano-calendário a que se refere o resultado. Como já adiantamos, a legislação buscou vedar a compensação do resultado positivo no exterior com resultados negativos no Brasil.

Fábio Pallaretti Calcini explica de modo didático como se dá a apuração do resultado da atividade rural:

> (+) Receitas da atividade rural
>
> (-) Despesas de custeio da atividade rural (necessárias é perpceção dos rendimentos da atividade rural e à manutenção da fonte pagadora);

349. Estão dispensados de apurar livro-caixa, comprovando, apurando resultado mediante prova documental, os contribuintes que auferirem até R$ 56.000,00 (cinquenta e seis mil reais) de receitas anuais.

(-) Investimentos da atividade rural (recursos financeiros que visem ao desenvolvimento da atividade rural, a expansão da produção e da melhoria da produtividade);

= Resultado da atividade rural

- Prejuízo de anos anteriores

= Resultado Tributável (valor deverá ser incluído nos rendimentos tributáveis na ficha de resultado da DIRPF – aplica tabela progressiva).[350]

Já o resultado decorrente da atividade rural, exercida no Brasil, por residente ou domiciliado no exterior, apurado por ocasião do encerramento do ano-calendário, constituirá a base de cálculo do IRPF, sendo tributado pela alíquota de 15% (quinze por cento).

A apuração deverá ser efetivada por procurador, sendo que o imposto deverá ser pago na data do fato gerador. Todavia, ocorrendo remessa de lucros antes do encerramento do ano-calendário, o imposto deverá ser recolhido sobre o valor remetido por ocasião de tal evento, exceto no caso de devolução de capital.

Convém assinalar, por fim, que o contribuinte poderá optar por apurar um resultado limitado a 20% (vinte por cento) da receita bruta do ano calendário, salvo no caso de atividade exercida no Brasil por residente ou domiciliado no exterior.

Ainda assim, o contribuinte estará obrigado a comprovar as receitas auferidas e despesas incorridas no período, nos moldes já explanados.

Prossigamos. Interessante notar que uma das questões controvertidas sobre atividade rural se refere às omissões de rendimento. Ora, vimos na Parte II, do presente livro, que o art. 42 da Lei 9.430/96 prevê a possibilidade de se presumir

---

350. CALCINI, Fábio Pallaretti. Imposto Sobre a Renda da Pessoa Física na Atividade Rural e a Jurisprudência do Conselho Administrativo de Recursos Fiscai (CARF). In: Imposto de Renda Pessoa Física à luz da jurisprudência do Conselho Administrativo de Recursos Fiscais -2º Vol. Coord. ANAN Jr. Pedro. PEIXOTO, Marcelo Magalhães. São Paulo: MP Editora, 2014, p. 99.

renda no caso de depósitos em conta bancária incompatíveis com os valores declarados e desde que o contribuinte não comprove que sua origem e causa justificaria a não tributação.

Assim, a discussão surge no caso da aplicação da presunção acima para o produtor rural: aplicar-se-ia o regime de tributação da atividade rural?

Sob meu ponto de vista, se ficar comprovado que os depósitos equivalem à omissão de receita de atividade rural não há como se deixar de aplicar as regras de tal regime jurídico, haja vista sua especificidade. Nesse mesmo sentido, faço referência ao acórdão n. 40400801 j. 03/03/08 emitido pela 2ª Turma da Câmara Superior de Recursos Fiscais.

A questão, porém, é determinar de quem é ônus da prova, isto é, sabendo-se que determinado contribuinte é produtor rural, caberia ao Fisco identificar que tais depósitos não se referem à atividade rural ou ao contribuinte que se referem?

Fábio Pallaretti Calcini defende que se o contribuinte demonstra que apenas declara receitas de atividade rural não precisaria demonstrar, individualmente, que cada depósito refere-se a receita de tal atividade e cita o acórdão 10420775 do 1º Conselho de Contribuintes e 220200437 da 2ª Turma Ordinária, da Segunda Câmara da Segunda Seção do Conselho Administrativo de Recursos Fiscais j. 10/03/2020.[351]

Atualmente, porém, foram emitidas decisões em sentido contrário, como demonstram as ementas a seguir citadas:

> Ementa(s)
>
> ASSUNTO: IMPOSTO SOBRE A RENDA DE PESSOA FÍSICA (IRPF)
>
> Ano-calendário: 2001
>
> PRELIMINAR - NULIDADE - VÍCIO NO AUTO DE INFRAÇÃO

351. Ibidem, p. 102.

No curso do processo, não houve qualquer prejuízo a contribuinte para formular suas razões tampouco para apresentação de provas, que foram solicitas por diversas vezes nos termos de verificação fiscal. Ainda, nenhuma hipótese do artigo 59 do Decreto nº 70.235 ocorreu.

IRPF - OMISSÃO DE RENDIMENTOS - DEPÓSITOS DE ORIGEM NÃO COMPROVADA - PRODUTOR RURAL

A regra geral é a oferta da totalidade dos rendimentos auferidos pelo contribuinte à tributação, desde que se configurem efetivamente renda, enquanto acréscimo patrimonial. Para se valer da tributação menos gravosa própria dos produtores rurais, é ônus do contribuinte comprovar que os valores eram decorrentes de receita de atividade rural.

INAPLICABILIDADE DO INCISO II, DO §3º DO ARTIGO 42 DA LEI Nº 9.430/96

Para que seja afastada a presunção relativa prevista no *caput* do artigo 42, os valores dos depósitos de origem não comprovada devem ser iguais ou inferiores a R$ 12.000,00 (doze mil reais) e o somatório não ultrapassar R$ 80.000,00 (oitenta mil reais) no ano-calendário.

INSTÂNCIA ADMINISTRATIVA - INCOMPETÊNCIA - INCONSTITUCIONALIDADE - SÚMULA Nº 2

Conforme Súmula CARF nº 2, este tribunal é incompetente para aferição de inconstitucionalidade de lei.

MULTA DE OFÍCIO

A multa de ofício incide pelo descumprimento da obrigação principal de não pagamento do tributo a tempo e a modo, sendo que sua aplicação independe de conduta dolosa do sujeito passivo, conforme previsão do artigo 44 da Lei nº 9.430/1996.

JUROS - TAXA SELIC

Incide juros de mora à taxa SELIC sobre o valor do crédito fiscal constituído, conforme o teor do §3º do artigo 61, da Lei nº 9.430/96. Inclusive, os juros incidem sobre a multa de ofício, de acordo com a Súmula Vinculante CARF nº 108.

De qualquer sorte, é difícil empreender juízo de valor sobre situações individualizadas que dependem de prova, cabendo a avaliação do julgador em cada caso.

4.2.6 Deduções

4.2.6.1 Considerações iniciais

A base de cálculo do Imposto Sobre a Renda é dotada de elementos positivos, que são os rendimentos brutos que vimos tratando no item anterior, e de rendimentos negativos, que são as parcelas a serem deduzidas. E é justamente nesse tópico que trataremos sobre o regime jurídico das chamadas deduções.

A legislação prevê um tratamento aplicável para deduções mensais, referente à antecipação do imposto devido, e para as deduções anuais, concernentes à base de cálculo do IRPF. Como, neste momento, estamos focados a examinar a base imponível do IRPF Anual, investigaremos, mais de perto, o regramento aplicável às deduções anuais.

Como regra geral aplicável a todas elas, convém assinalar que todas as deduções estão sujeitas à comprovação ou justificação a juízo da autoridade lançadora.

Há quem sustente, com base nos §§ 4º e 5º do art. 11 do Decreto-lei 5.844/43, que (I) se forem pleiteadas deduções exageradas em relação aos rendimentos declarados ou se tais deduções não forem cabíveis, poderão ser glosadas sem a audiência do contribuinte e que (II) as deduções glosadas por falta de comprovação ou justificação não poderão ser restabelecidas depois que o ato se tornar irrecorrível na esfera administrativa. Contudo, essas duas observações merecem maiores cuidados.

No tocante à faculdade estampada pelo referido Decreto-lei de que a autoridade glose deduções sem a audiência do contribuinte, é preciso considerar que o art. 9º, *caput*, do Decreto 70.235/72 prescreve que a exigência do crédito tributário e a aplicação de penalidade isolada serão formalizadas em autos de infração ou notificações de lançamento, distintos para cada tributo ou penalidade, os quais deverão estar instruídos com todos os termos, depoimentos, laudos e demais elementos de prova indispensáveis à comprovação do ilícito.

Nesse sentido, se a autoridade lançadora se precipitar em glosar despesas, sem a prévia audiência com o contribuinte, correrá o risco de perder elementos relevantes que nortearam o histórico daquela dedutibilidade, gastando recursos da máquina administrativa federal com impugnações, julgamentos, recursos de ofício etc., que poderiam ter sido evitados caso esclarecimentos fossem solicitados.

No tocante à segunda observação, registre-se que, mesmo depois de irrecorrível, em esfera administrativa, a glosa de despesas aproveitadas pelo contribuinte, o ato administrativo ainda poderá ser alvo de discussão na esfera judicial, seja mediante ação anulatória de débito fiscal, seja por meio de mandado de segurança, ou ainda, mediante embargos à execução. Assim, essa definitividade da glosa mencionada pelo artigo acima citado há de ser relativizada.

Por outro lado, parece-me que o dispositivo em questão acaba gerando um efeito peculiar que reforça o primado da verdade material: ao dizer que "as deduções glosadas por falta de comprovação ou justificação não poderão ser restabelecidas depois que o ato se tornar irrecorrível na esfera administrativa" a norma parece-nos indicar que até a decisão administrativa recorrível a comprovação ou justificação poderão ser reestabelecidas.

O dispositivo é relevante porque, como se sabe, como regra geral, em matéria de apresentação de provas, pelo contribuinte, no processo administrativo federal, o §4º do art. 16 do Decreto 70.235/72 prescreve o seguinte:

> Art. 16. [..]
>
> [..]
>
> § 4º. A prova documental será apresentada na impugnação, precluindo o direito de o impugnante fazê-lo em outro momento processual, a menos que: (Redação dada pela Lei nº 9.532, de 1997) (Produção de efeito)

> a) fique demonstrada a impossibilidade de sua apresentação oportuna, por motivo de força maior; (Redação dada pela Lei nº 9.532, de 1997) (Produção de efeito)
>
> b) refira-se a fato ou a direito superveniente; (Redação dada pela Lei nº 9.532, de 1997) (Produção de efeito)
>
> c) destine-se a contrapor fatos ou razões posteriormente trazidas aos autos.

Ora, o dispositivo acima costuma ser temperado pelo princípio da "verdade material", vetor que exprime que o julgador administrativo deve ser maleável na aceitabilidade de provas, visando à instrução mais robusta, possível, do processo.

Nesse esteio, o §5º do art. 11 Decreto-lei 5.844/43 parece-nos uma norma especial que reforça o princípio da verdade material, permitindo a comprovação da despesa dedutível de IR, no processo administrativo, até seu trânsito em julgado. Ora, se a comprovação pode-se dar até o trânisto em julgado, pode-se relativizar a não juntada quando da impugnação.

Assim, o §5º do art. 11 do referido Decreto-lei é uma norma especial que prevê hipótese de juntada de prova posteriormente à impugnação, especificamente, voltada à dedutibilidade do IRPF.

Independentemente deste critério de ordem legal, o princípio da verdade material, no bojo de processo administrativo, deve ser apreciado de modo generoso pelos julgadores, na exata noção de que uma função primordial do processo administrativo é verificar a legalidade do ato administrativo.

Aliás, aplicando a verdade material, a 1ª Turma Extraordinária da Segunda Seção de Julgamento autorizou a comprovação de instrução de contribuinte efetivada quando da interposição de Recurso Voluntário. A ementa indica o seguinte:

> Processo nº 19679.003750/2004-21 Recurso Voluntário Acórdão nº 2001-001.568 – 2ª Seção de Julgamento / 1ª Turma Extraordinária Sessão de 28 de janeiro de 2020 Interessado FAZENDA NACIONAL ASSUNTO: IMPOSTO SOBRE A RENDA DE PESSOA FÍSICA (IRPF) Ano-calendário: 2002 COMPROVAÇÃO

> DE DESPESAS DE INSTRUÇÃO EM SEDE DE RECURSO VOLUNTÁRIO. PRINCÍPIO DA VERDADE MATERIAL. Uma vez comprovadas as despesas de instrução em sede de recurso voluntário, em face do princípio da verdade material, a glosa referente a esta dedução deve ser afastada.

Em seu voto, o Ilustre Conselheiro André Luis Ulrich Pinto, assim exprimiu, a meu ver de modo acertado:[352]

> Ocorre que a Recorrente instruiu o seu recurso voluntário com a declaração de frequência e pagamento emitida pelo Colégio Imperatriz Leopoldina, na qual consta o pagamento de R$ 4.404,00 (quatro mil, quatrocentos e quatro reais) no ano de 2002, conforme ao que se verifica do documento de fls. 64. Desta forma, diante do princípio da verdade material, o documento juntado pela Recorrente em sede de recurso voluntário deve ser conhecido por esta Turma para fins de afastamento da glosa das despesas de instrução. Diante do exposto, conheço do recurso e lhe dou provimento para o fim de ver reconhecida a despesa de instrução até o limite legal.

Essa dicção nos parece correta, por conta da verdade material que, segundo penso, deveria ser prestigiada em matéria de dedutibilidade de despesas.

4.2.6.2 Despesas médicas[353]

Como não poderia deixar de ser, os pagamentos com despesas médicas poderão ser deduzidos da base de cálculo do IRPF, desde que realizada pelo contribuinte e seus dependentes. Assim, o art. 8º, inciso II, alínea "a", da Lei 9.250/95, prevê que serão abrangidos os pagamentos a médicos, a dentistas, a psicólogos, a fisioterapeutas, a fonoaudiólogos, a terapeutas ocupacionais e a hospitais, as despesas com exames laboratoriais, serviços radiológicos, aparelhos ortopédicos e próteses ortopédicas[354] e dentárias – estas duas últimas desde que com-

352. Fl. 69 do e-processo.

353. Há sinalização do governo de que se pretende alterar tal dedução.

354. Nos termos da Instrução Normativa SRF nº 15/2001, em seu art. 43 §7º, consideram-se aparelhos ortopédicos e próteses ortopédicas: I – pernas e braços mecânicos; II- cadeiras de

provadas com receituário médico em nota fiscal em nome dos beneficiários.

Consideram-se despesas médicas às relativas à instrução de deficiente físico ou mental, desde que a deficiência seja atestada em laudo médico e o pagamento efetuado a entidades destinadas tratamento de tais deficiências.

Essa dedução também é aplicável aos pagamentos efetuados a empresas domiciliadas no País,[355] destinados à cobertura de despesas com hospitalização, médicas e odontológicas, bem como a entidades que assegurem direito de atendimento ou ressarcimento a tais despesas.

Note-se que o contribuinte poderá considerar gastos em proveito próprio ou de seus dependentes, desde que os pagamentos sejam comprovados com documentação em que conste nome, CPF ou CNPJ de quem o recebeu. Na ausência de tal documento, poderá ser feita a indicação do cheque nominativo pelo qual foi efetivado o pagamento.

Nos termos da Súmula 40 do CARF, a apresentação de recibo emitido por profissional para o qual haja Súmula Administrativa de Documentação Tributariamente Ineficaz, desacompanhada de prova da efetividade dos serviços e do correspondente pagamento, impede a dedução a título de despesas médicas e enseja a qualificação da multa de ofício.

Além das despesas médicas arcadas em benefício do próprio contribuinte, também poderão ser aproveitadas as despesas médicas de alimentandos, em virtude de cumprimento de decisão judicial ou de acordo homologado judicialmente.

---

rodas; III – andadores ortopédicos; IV – palmilhas ou calçados ortopédicos; V – qualquer outro aparelho ortopédico destinado à correção de desvio de coluna ou defeitos dos membros ou das articulações.

355. Poderão ser deduzidas despesas com entidades do exterior, devendo-se efetivar a conversão em moeda nacional mediante a utilização do valor do dólar dos Estados Unidos da América, fixado para venda pelo Banco Central do Brasil para o último dia útil da primeira quinzena do mês anterior ao pagamento.

A legislação ainda prevê que as despesas de internação em estabelecimento para tratamento geriátrico só poderão ser deduzidas se o referido estabelecimento for qualificado como hospital, nos termos da legislação específica.

Relevante notar que caso o contribuinte seja ressarcido por entidade de qualquer espécie ou contrato de seguro, não será possível a dedutibilidade.

Segundo o glossário do Ministério da Saúde, hospital é "estabelecimento de saúde, destinado a prestar assistência médica de hospitalar a pacientes em regime de internação." A definição é circular, haja vista que sem se saber o que é "hospitalar" não se consegue definir hospital. Porém, o Ato Declaratório Interpretativo 19, de 07 de dezembro de 2007 define serviço hospitalar para fins de IRPJ, nos seguintes moldes:

> Artigo Único: Para efeito de enquadramento no conceito de serviços hospitalares, a que se refere o art. 15, § 1º, inciso III, alínea "a", da Lei nº 9.249, de 26 de dezembro de 1995, os estabelecimentos assistenciais de saúde devem dispor de estrutura material e de pessoal destinada a atender a internação de pacientes, garantir atendimento básico de diagnóstico e tratamento, com equipe clínica organizada e com prova de admissão e assistência permanente prestada por médicos, possuir serviços de enfermagem e atendimento terapêutico direto ao paciente, durante 24 horas, com disponibilidade de serviços de laboratório e radiologia, serviços de cirurgia e/ou parto, bem como registros médicos organizados para a rápida observação e acompanhamento dos casos.
>
> Parágrafo único. São também considerados serviços hospitalares os serviços pré-hospitalares, prestados na área de urgência, realizados por meio de UTI móvel, instaladas em ambulâncias de suporte avançado (Tipo "D") ou em aeronave de suporte médico (Tipo "E"), bem como os serviços de emergências médicas, realizados por meio de UTI móvel, instaladas em ambulâncias classificadas nos Tipos "A", "B", "C" e "F", que possuam médicos e equipamentos que possibilitem oferecer ao paciente suporte avançado de vida.

Vale também citar a Portaria 356, de 20 de fevereiro de 2002, do Ministério da Saúde, que busca harmonizar termos na seara do Mercosul. Em tal Portaria, hospital foi definido como "estabelecimento de saúde destinado a prestar assistência sanitária em regime de internação à população podendo dispor de assistência ambulatorial ou de outros serviços."

O conceito de "assistência sanitária", por sua vez, é definido como "modalidade de atuação realizada pela equipe de saúde junto à população na promoção e proteção da saúde", enquanto o de internação é – "admissão de um paciente para ocupar um leito hospitalar por um período igual ou maior que 24 horas".

Assim, nos parece que, consolidando os conceitos da ANVISA, do Ministério da Saúde e os critérios adotados pela Receita Federal do Brasil para fins de IRPJ, poderíamos enunciar que um hospital reúne as seguintes características: (i) a existência de estabelecimento, (ii) que presta serviços por intermédio de equipe de saúde junto à população na promoção e proteção à saúde, (iii) permitindo a admissão de um paciente para ocupar um leito por um período igual ou superior a 24 horas, com a assistência permanente de médicos e enfermeiros, em tal período, (iv) para garantir atendimento básico de diagnósticos e tratamento com equipe clínica.

Feitos tais esclarecimentos, registre-se que interessante questão que foi levantada perante o CARF refere-se à possibilidade de dedutibilidade de tratamento capilar efetivado pelo contribuinte.

Na ocasião, o débito fora glosado por suposta falta de previsão legal do reconhecimento dessa despesa. O CARF decidiu que a saúde engloba valores psicológicos relevantes a seu portador, razão para qual despesa de tal natureza poderia ser aproveitada, nos termos da legislação vigente. Vejamos:

> Recurso nº 16707.003362/200710
>
> Voluntário
>
> Acórdão nº 2102-002.092 – 1ª Câmara / 2ª Turma Ordinária
>
> ASSUNTO: IMPOSTO SOBRE A RENDA DE PESSOA FÍSICA IRPF
>
> Exercício: 2004

> DESPESAS MÉDICAS ODONTOLÓGICAS. COMPROVAÇÃO. Recibos médicos de valores não exagerados, em sintonia com os rendimentos declarados, são instrumentos válidos para comprovar despesas médicas passíveis de dedução da base de cálculo do imposto de renda. DEDUÇÃO DE DESPESAS MÉDICAS COM CIRURGIA/TRATAMENTO CAPILAR. DEDUÇÃO. A legislação não veda a dedução da base de cálculo do imposto de renda das despesas médicas com tratamento capilar. A saúde engloba fatores psicológicos considerados relevantes ao seu portador, de cunho subjetivo, passível de tratamento médico e a ele condicionada, razão pela qual, deve ser admitida. Recurso provido em parte.

Agora, ponto relativo à despesa médica está relacionada à sua comprovação. No campo pragmático, a jurisprudência administrativa exige, muitas vezes, provas complementares ao simples recibo médico.

Nesse sentido, no ano de 2021, foi expedida a Súmula CARF n. 180, conforme o seguinte texto:

> **Súmula CARF nº 180**
>
> **Aprovada pela 2ª Turma da CSRF em sessão de 06/08/2021 – vigência em 16/08/2021**
>
> Para fins de comprovação de despesas médicas, a apresentação de recibos não exclui a possibilidade de exigência de elementos comprobatórios adicionais. (**Vinculante**, conforme **Portaria ME nº 12.975**, de 10/11/2021, DOU de 11/11/2021).
>
> Acórdãos Precedentes: 9202-007.803, 9202-007.891, 9202-008.004, 9202-008.063, 9202-008.311, 2202-005.320, 2301-006.449, 2301-006.652, 2202-005.318, 2202-005.838, 2401-007.368 e 2401-007.393.

Nesse contexto, nota-se que há dificuldade de a pessoa física fazer valer a despesa com saúde, especialmente, considerando-se que poderá sofrer lançamento de ofício no término do prazo decadencial, período em que, possivelmente, não seja mais viável o levantamento de provas exigidas pela autoridade fiscal.

Outra contingência, ainda, a se observar, é a indedutibilidade de despesa médica amparada por recibo emitido por profissional para o qual haja Súmula Administrativa de

Documentação Tributariamente Ineficaz, desacompanhado de outros elementos de prova da efetividade dos serviços e do respectivo pagamento. Tal orientação foi consolidada pela Súmula CARF n. 40. Veja-se:

> **Súmula CARF nº 40**
>
> A apresentação de recibo emitido por profissional para o qual haja Súmula Administrativa de Documentação Tributariamente Ineficaz, desacompanhado de elementos de prova da efetividade dos serviços e do correspondente pagamento, impede a dedução a título de despesas médicas e enseja a qualificação da multa de ofício. (**Vinculante**, conforme Portaria MF nº 277, de 07/06/2018, DOU de 08/06/2018).
>
> Acórdãos Precedentes:
>
> Acórdão nº 102-47881, de 20/09/2006 Acórdão nº 104-22316, de 29/03/2007 Acórdão nº 106-15679, de 23/06/2006 Acórdão nº 106-16701, de 22/01/2008 Acórdão nº 3804-00.063, de 28/05/2009

Nesse contexto, é recomendável ao contribuinte não apenas arquivar o recibo, mas o histórico do atendimento e até mesmo a prova do pagamento, para que sua despesa possa ser dedutível.

Aliás, para se exemplificar um caso em que a despesa médica foi aceita, vale citar o julgado no processo administrativo 10983.720137/2011-82. No processo, o contribuinte, com despesa médica glosada, juntou extratos bancários comprovando o pagamento, declaração de recebimento pela médica e relatório indicando o tratamento fisioteráouco realizado no paciente. O conjunto probatório foi suficiente para sensibilizar a Colenda 2ª Turma da Câmara Superior de Recursos Fiscais, conforme se depreende do trecho do voto do Ilustre Relator Marcelo Pinto da Silva Risso, a seguir citado:

> "20 - Portanto, compreendo legal a adoção desse instrumento quando diante de valores que, por sua monta, possam tornar a comprovação do efetivo desembolso difícil ou mesmo impossível, exclusivamente por corresponder a numerário que não justifica movimentação financeira extraordinária.

21 - Imbuído deste primado, de igual forma é razoável considerar como comprobatórios da ocorrência da prestação de serviços de fisioterapia, os recibos (e-fls. 38/42) emitidos em nome da Recorrida (contendo nome do prestador do serviço, com CPF e registro do profissional em nome do beneficiário).

22 – Outrossim a declaração pessoal assinada pela profissional indicado no documento de e-fls. 51 a forma de recebimento pelo serviço e o tratamento e nas e-fls. 50 a ficha de anamnese indicando os sintomas, diagnóstico e a quantidade de sessões do período reconhecidas pela profissional, são razoáveis para indicar a realização da prestação de serviço e do tratamento comum e rotineiros.

23 – Por sua vez os extratos bancários juntados pela recorrida no recurso voluntário às e-fls. 87/120 do período de 2006 a 2007 (que não foram indicados no acórdão recorrido, tanto no voto vencido quanto no vencedor) mas que diante da matéria "quanto aos critérios de comprovação de despesas médicas" entendo pertinente valorar essa prova.

24 – Pela análise dos extratos identifico por amostragem que em diversos períodos próximos das datas dos recibos indicados existem saques de valores que se aproximam do quanto pago para a profissional cuja despesa fora glosada, além de diversos outros saques durante os meses, demonstrando assim a plausibilidade das alegações da recorrida.

25 – Dessa forma entendo que foram apresentados, juntamente com documentos adicionais, que perfazem elementos de prova a levar à conclusão da efetividade da prestação dos serviços e do seu correspondente pagamento, entendendo que a Recorrida logrou demonstrar a efetiva prestação dos serviços dos quais foi beneficiária, cujo pagamento se deu com dinheiro "em espécie", e que deve ser deduzido da sua DIRPF e voto por negar provimento ao recurso especial da Fazenda Nacional."

A ementa do julgado foi a seguinte:

Processo nº 10983.720137/2011-82 Recurso Especial do Procurador Acórdão nº 9202-009.678 – CSRF / 2ª Turma Sessão de 29 de julho de 2021 Recorrente FAZENDA NACIONAL. Publicação: 31/08/2.021. ASSUNTO: IMPOSTO SOBRE A RENDA DE PESSOA FÍSICA (IRPF) Exercício: 2008 DEDUÇÃO. DESPESA MÉDICA. APRESENTAÇÃO DE ELEMENTOS DE PROVA ADICIONAIS. Comprovada a despesa, com documentação hábil e idônea, referente à prestação de serviço realizado por

> profissional legalmente habilitado, e não havendo prova ou indício de fraude, deve ser reconhecido o direito à dedução

Por fim, vale apontar que, se o contribuinte for ressarcido, a qualquer título, de tal despesa médica por ele arcada, não haverá mais que se falar em decréscimo para fins da base de cálculo do IRPF, relativo ao montante recebido pelo contribuinte. Com o ressarcimento, a situação patrimonial da pessoa física voltará ao *status quo*, não sendo cabível qualquer hipótese de dedução, salvo o saldo não recuperado pelo contribuinte.

4.2.6.3 Despesas com instrução[356]

Outra previsão que revela uma despesa essencial do contribuinte é aquela que se refere aos pagamentos com despesas com instrução do contribuinte e seus dependentes, ou de alimentandos em virtude de decisão judicial, efetuados a estabelecimentos de ensino, relativamente à educação infantil, compreendendo as creches e as pré-escolas; ao ensino fundamental; ao ensino médio; à educação superior, compreendendo os cursos de graduação e pós-graduação (mestrado, doutorado e especialização) e à educação profissional, abrangendo o ensino técnico e o tecnológico, nos termos do art. 8º, inciso II, alínea "b", da Lei 9.250/95.

A legislação estabelece limite pecuniário para essa dedutibilidade, que é atualizado periodicamente. A partir do ano de 2015, será aplicado o limite de R$ 3.561,50 (três mil, quinhentos e sessenta e um reais e cinquenta centavos).[357]

Já indicamos, quando tratamos da universalidade desse imposto, os motivos pelos quais a limitação de tal ordem é inconstitucional. De fato, o princípio da universalidade implica que não apenas todos os rendimentos brutos, como também,

---

356. Essa dedutibilidade também poderá ser revista em um futuro próximo, de acordo com manifestações do governo.

357. Recomendamos que o leitor se informe sobre eventuais atualizações ainda não vigentes, quando da elaboração deste livro.

que todos os valores a serem dedutíveis sejam considerados para fins de apuração da base de cálculo do IRPF. Assim, conceitualmente, a ideia de limite de valor de dedutibilidade na educação já encontra barreira intransponível em razão do princípio da universalidade.

Além dessa visão conceitual, a verdade é que os limites impostos pela legislação ficam muito aquém de gastos necessários para a educação adequada. A título de exemplo, pesquisa da Assembleia do Estado de Minas Gerais[358] indica que o custo da mensalidade do primeiro ano fundamental da instituição de ensino privada mais barata do Estado em 2012 era de R$ 513,42 (quinhentos e treze reais e quarenta e dois centavos).

Isso significa que, na prática, uma família que colocasse um único filho em tal instituição, no ano de 2012 – portanto, há mais de 10 (dez) anos -, conseguiria abater, praticamente, apenas 6 (seis) meses de gastos. Utilizamos um estudo antigo, no tocante ao valor das mensalidades, para mostrar como o valor atual de dedutibilidade é insatisfatório, haja vista que, evidentemente, o valor das mensalidades atual é ainda superior.

Não ignoramos o aspecto de que o acesso ao ensino privado é um privilégio – sem qualquer sentido depreciativo ao signo – de poucos brasileiros. Mas, o baixo limite de dedutibilidade previsto pela legislação é mais um elemento que contribui para tornar menos acessível a educação de qualidade, principalmente, para os menos favorecidos, mormente quando a educação em ensino público é reconhecidamente problemática no país.

O art. 206, inciso VII, da Constituição da República, prevê que o ensino será ministrado com garantia no padrão de qualidade. Ora, o próprio Poder Público reconhece, quando institui a legislação sobre quotas para acesso ao ensino superior de alunos provenientes do ensino público, nos termos da Lei 12.711, de 29 de agosto de 2012, a defasagem do ensino médio público em relação ao privado.

358. Disponível em: https://goo.gl/yQjia2 Acesso em: 24 fev. 2019.

Isso pode ser reforçado pelo IDEB – Índice de Desenvolvimento de Educação Básica. Quando se consulta tal índice, percebe-se que o IDEBE das escolas privadas costuma se aproximar do 6 (seis), ora superando tal patamar, ora um pouco abaixo dele, a depender do ano escolar que se toma como referência. Registre-se que 6 (seis) é um patamar de nota satisfatória.

Para as escolas públicas, esse patamar ainda não atinge a nota 6 (seis).[359]

A partir daí, nota-se que o acesso a um nível de educação equivalente ao proporcionado pelas redes de ensino particulares, dista de ser um luxo, mas, antes, é um direito fundamental consagrado pelo art. 206, inciso VII, da Constituição da República. Se o Poder Público admite que não poderá garantir esse direito por meio do ensino público, que amplie, na máxima extensão possível, o acesso à rede privada para o maior número de estudantes possíveis.

Esse maior acesso à educação poderia ser estimulado caso fosse garantido um limite maior de dedutibilidade de IRPF para gastos com ensino.

O §2º do art. 74 do RIR/2018 também prevê que não são dedutíveis despesas com educação de menor pobre que o contribuinte apenas eduque.

Com isso, o legislador transmite a mensagem de que gastos com responsabilidade social não são de cunho essencial ao contribuinte, em claro descompasso, com o primado da solidariedade e justiça social.

Por outro lado, a Súmula 13 do CARF prescreve que:

> **Súmula CARF nº 13**
>
> Menor pobre que o sujeito passivo crie e eduque pode ser considerado dependente na Declaração do Imposto de Renda da Pessoa Física, desde que o declarante detenha a guarda judicial.

---

359. Disponível em: https://goo.gl/wYTzGd Acesso em: 24 fev. 2019.

(**Vinculante**, conforme Portaria MF nº 277, de 07/06/2018, DOU de 08/06/2018).

Acórdãos Precedentes:

Acórdão nº 102-42738, de 19/02/1998 Acórdão nº 104-20530, de 17/03/2005 Acórdão nº 104-20368, de 02/12/2004 Acórdão nº 106-12302, de 17/10/2001 Acórdão nº 106-14065, de 18/06/2004.

Assim, ao menos nas condições acima, poderá haver a dedutibilidade como dependente.

O art. 8º, §3º, da Lei 9.250/95, por sua vez, permite que as despesas de educação dos alimentandos quando realizadas pelos alimentantes, em virtude de cumprimento de decisão judicial ou de acordo homologado judicialmente, poderão ser deduzidas pelo alimentante.

De qualquer sorte, fica registrada a inconstitucionalidade da restrição com gastos de educação, acima mencionada.

4.2.6.4 Contribuições aos Fundos de Aposentadoria Programada Individual

Outra parcela passível de ser dedutível são as contribuições para o Fundo de Aposentadoria Programada Individual – FAPI – cujo ônus seja da pessoa física.

Conforme explicamos anteriormente, o Fundo de Aposentadoria Programada Individual – FAPI é constituído com recursos do trabalhador ou de empregador detentor de Plano de Incentivo à Aposentadoria Programada Individual, destinado a seus empregados e administradores, sob a forma de condomínio aberto, tendo seus recursos aplicados de acordo com o que vier a ser determinado pelo Conselho Monetário Nacional.

Portanto, quando o trabalhador investe recursos para adquirir quotas de tais fundos, a legislação prevê a possibilidade de dedução de tais valores na base de cálculo do IRPF.

Tal dedução fica limitada a 12% (doze por cento) total dos rendimentos computados na determinação da base de cálculo do imposto devido na declaração de rendimentos, sendo vedada utilização da dedução de que trata no caso de resgates na carteira de Fundos para mudança das aplicações entre Fundos, ou para aquisição de renda junto às instituições privadas de previdência e seguradoras que operam com esse produto.

4.2.6.5 Somatório das deduções mensais

Além dos valores acima apontados, que podem ser deduzidos apenas a título do IRPF relativo ao ano-calendário, a legislação também prevê a dedutibilidade dos seguintes gastos (Lei 9.250/95):

> I – as contribuições para a Previdência Social da União, dos Estados, do Distrito Federal e dos Municípios;
>
> II – as contribuições para as entidades de previdência privada domiciliadas no País, cujo ônus tenha sido do contribuinte, em benefício próprio ou de seus dependentes, destinadas a custear benefícios complementares assemelhados aos da Previdência Social, limitada a doze por cento do total dos rendimentos computados na determinação da base de cálculo do imposto devido na declaração de rendimentos e condicionadas ao recolhimento, também, de contribuições para o regime geral de previdência social ou, quando for o caso, para regime próprio de previdência social dos servidores titulares de cargo efetivo da União, dos Estados, do Distrito Federal ou dos Municípios;
>
> III – as seguintes despesas escrituradas no livro-caixa, comprovadas mediante documentação idônea, referentes a rendimentos do trabalho não assalariado: (a) a remuneração paga a terceiros, desde que com vínculo empregatício, e os encargos trabalhistas e previdenciários; (b) os emolumentos pagos a terceiros; (c) as despesas de custeio pagas, necessárias à percepção da receita e à manutenção da fonte produtora, salvo as que exceder à receita mensal da respectiva atividade, sendo permitido o cômputo do excesso de deduções até dezembro;
>
> IV – A quantia prevista na legislação por dependente, considerados como dependentes:[360]

360. Registre-se que é vedada a dedução concomitante referente a um mesmo dependente na determinação da base de cálculo do imposto, nos termos do art. 35, §4º, da Lei 9.250/95. Os dependentes comuns, poderão, opcionalmente, ser considerados por

a – o cônjuge;

b – o companheiro ou a companheira, desde que haja vida em comum por mais de cinco anos ou por período menor se da união resultou filho;

c – a filha, o filho, a enteada ou o enteado, até vinte e um anos, ou de qualquer idade quando incapacitado física ou mentalmente para o trabalho;[361]

d – o menor pobre, até vinte e um anos, que o contribuinte crie e eduque e do qual detenha a guarda judicial;

e – o irmão, o neto ou o bisneto, sem arrimo dos pais, até vinte e um anos, desde que o contribuinte detenha a guarda judicial, ou de qualquer idade quando incapacitado física ou mentalmente para o trabalho;

f – os pais, os avós ou os bisavós, desde que não aufiram rendimentos, tributáveis ou não, superiores ao limite de isenção mensal; e

g – o absolutamente incapaz, do qual o contribuinte seja tutor ou curador.[362]

---

qualquer um dos cônjuges, sendo que, no caso de filhos de pais separados, poderão ser considerados dependentes os que ficarem sob a guarda do contribuinte, em cumprimento de decisão judicial ou acordo homologado judicialmente. Vide abaixo a tabela de dedutibilidade conforme o ano-calendário:

Ano-calendário	**Quantia a deduzir, por dependente, em R$**
2007	1.584,60
2008	1.655,88
2009	1.730,40
2010	1.808,28
2011	1.889,64
2012	1.974,72
2013	2.063,64
2014	2.156,52
2015	2.275,08

361. Os dependentes a que referem os itens III e V poderão ser assim considerados quando maiores até vinte e quatro anos de idade, se ainda estiverem cursando ensino superior ou escola técnica de segundo grau.

362. Registre-se que na ADI 5583, o Supremo Tribunal Federal entendeu que também deveria ser considerado como dependente o deficiente que supere o limite etário previsto em lei ainda que com capacidade laborativa. A ementa da ADI 5583 é a seguinte:

"Ementa: Direito constitucional e tributário. Ação direta de inconstitucionalidade. Dedução da base de cálculo do IRPF. Dependente com deficiência. 1. Ação direta proposta pelo Conselho Federal da Ordem dos Advogados do Brasil contra o art. 35, III e V, da Lei nº 9.250/1995, que não qualifica como dependentes, para fins de apuração do imposto sobre a renda, as pessoas que superem o limite etário e que sejam capacitadas física e mentalmente para o trabalho. Pedido de interpretação conforme a Constituição, para que as pessoas com deficiência sejam consideradas como dependentes mesmo quando superem o limite etário e tenham capacidade laboral. 2. O pleito formulado nesta ação põe em discussão os limites da atuação do Poder Judiciário para estender determinado tratamento legal a um grupo que não fora inicialmente contemplado pelo legislador. Esse debate se torna ainda mais sensível em matéria tributária, dados os efeitos sistêmicos que uma decisão judicial pode produzir nesse campo. 3. Todavia, o tema envolve a tutela de direitos fundamentais de um grupo de pessoas vulneráveis que recebem especial proteção constitucional, especialmente após a aprovação da Convenção Internacional sobre os Direitos das Pessoas com Deficiência - CDPD com status de emenda à Constituição (art. 5º, § 3º, da CF/1988). Por essa razão, esta Corte está autorizada a adotar uma conduta mais proativa, sem que incorra em ofensa ao princípio da separação de poderes (art. 2º da CF/1988). 4. Ofensa à igualdade material (art. 5º, *caput*, da CF/1988; arts. 2, 4, 5, 8 e 19 da CDPD). O art. 35, III e V, da Lei nº 9.250/1995 introduz uma discriminação indireta contra as pessoas com deficiência. A aparente neutralidade do critério da capacidade física ou mental para o trabalho oculta o efeito anti-isonômico produzido pela norma. Para a generalidade dos indivíduos, a aptidão laborativa pode ser o critério definidor da extinção da condição de dependente, tendo em vista que, sob essa circunstância, possuem chances de se alocarem no mercado de trabalho. Tal probabilidade se reduz de forma drástica quando se trata de pessoa com deficiência, cujas condições físicas ou mentais restringem intensamente as oportunidades profissionais. Portanto, não é legítimo que a lei adote o mesmo critério, ainda que objetivo, para disciplinar situações absolutamente distintas. 5. Afronta ao direito ao trabalho (art. 6º da CF/1988; art. 27 da CDPD). O dispositivo impugnado traz um desestímulo a que as pessoas com deficiência busquem alternativas para se inserir no mercado de trabalho, principalmente quando incorrem em elevadas despesas médicas - que não raro estão atreladas a deficiências mais graves. Nessa hipótese, seu genitor ou responsável deixaria de deduzir tais gastos da base de cálculo do imposto devido. E, dados os baixos salários comumente pagos a elas, tal dedução dificilmente seria possível na sua própria declaração de imposto sobre a renda. 6. Violação do conceito constitucional de renda e da capacidade contributiva (arts. 153, III, e 145, § 1º, da CF/1988). Ao adotar como critério para a perda da dependência a capacidade para o trabalho, a norma questionada presume o que normalmente acontece: o então dependente passa a arcar com as suas próprias despesas, sem mais representar um ônus financeiro para os seus genitores ou responsáveis. Todavia, não é o que ocorre, como regra, com aqueles que possuem alguém com deficiência, sobretudo grave, na família. Nesse caso, justifica-se a diminuição da base de cálculo do imposto, para que não incida sobre valores que não representam verdadeiro acréscimo patrimonial. 7. Procedência parcial do pedido, fixando-se interpretação conforme a Constituição do art. 35, III e V, da Lei nº 9.250/1995, para estabelecer que, na apuração do imposto sobre a renda de pessoa física, a pessoa com deficiência que supere o limite etário e seja capacitada para o trabalho pode ser

(V) as importâncias pagas a título de pensão alimentícia em face das normas do Direito de Família, quando em cumprimento de decisão judicial, inclusive a prestação de alimentos provisionais, de acordo homologado judicialmente, ou de escritura pública a que se refere o art. 1.124-A da Lei no 5.869, de 11 de janeiro de 1973 - Código de Processo Civil; (Redação dada pela Lei nº 11.727, de 2008). Nesse caso, será vedada a dedução, relativa ao mesmo beneficiário, do valor correspondente a dependente, exceto na hipótese de mudança na relação de dependente no decorrer do ano-calendário;

(VI) proventos e pensões de maiores de 65 anos, correspondente à parcela isenta dos rendimentos provenientes de aposentadoria e pensão, transferência para a reserva remunerada ou reforma, pagos pela Previdência Social da União, dos Estados, do Distrito Federal e dos Municípios, por qualquer pessoa jurídica de direito público interno, ou por entidade de previdência privada, a partir do mês em que o contribuinte completar sessenta e cinco anos de idade, observados os seguintes limites mensais:

a) R$ 1.313,69 (mil, trezentos e treze reais e sessenta e nove centavos), por mês, para o ano-calendário de 2007;

b) R$ 1.372,81 (mil, trezentos e setenta e dois reais e oitenta e um centavos), por mês, para o ano-calendário de 2008;

c) R$ 1.434,59 (mil, quatrocentos e trinta e quatro reais e cinquenta e nove centavos), para o ano-calendário de 2.009;

d) R$ 1.499,15 (mil, quatrocentos e noventa e nove reais e quinze centavos), por mês, para o ano-calendário de 2010;

e) R$ 1.566,61 (mil, quinhentos e sessenta e seis reais e sessenta e um centavos), por mês, para o ano-calendário de 2011;

f) R$ 1.637,11 (mil, seiscentos e trinta e sete reais e onze centavos), por mês, para o ano-calendário de 2012;

g) R$ 1.710,78 (mil, setecentos e dez reais e setenta e oito centavos), por mês, para o ano-calendário de 2013;

---

considerada como dependente quando a sua remuneração não exceder as deduções autorizadas por lei. 8. Fixação da seguinte tese de julgamento: "Na apuração do imposto sobre a renda de pessoa física, a pessoa com deficiência que supere o limite etário e seja capacitada para o trabalho pode ser considerada como dependente quando a sua remuneração não exceder as deduções autorizadas por lei".
(ADI 5583, Relator(a): MARCO AURÉLIO, Relator(a) p/ Acórdão: ROBERTO BARROSO, Tribunal Pleno, julgado em 17/05/2021, PROCESSO ELETRÔNICO DJe-125 DIVULG 25-06-2021 PUBLIC 28-06-2021).

> h) R$ 1.787,77 (mil, setecentos e oitenta e sete reais e setenta e sete centavos), por mês, a partir do ano-calendário de 2014, e nos meses de janeiro a março do ano-calendário de 2015;
>
> i) R$ 1.903,98 (mil, novecentos e três reais e noventa e oito centavos), por mês, a partir do mês de abril do ano-calendário de 2015 5;
>
> (VII) as contribuições para as entidades fechadas de previdência complementar de natureza pública de que trata o § 15 do art. 40 da Constituição Federal, cujo ônus tenha sido do contribuinte, destinadas a custear benefícios complementares assemelhados aos da Previdência Social.[363]

Passemos a tratar de alguns aspectos que nos chamam a atenção.

Sobre o livro-caixa, sublinhamos que há expressa previsão, acima citada, de que despesas pagas na remuneração de empregados é dedutível da base de cálculo do IRPF. Porém, poder-se-ia perguntar se despesas pagas a profissionais não assalariados poderiam receber tratamento semelhante. A resposta nos parece positiva por duas razões.

Primeiro porque, conforme vimos nos capítulos anteriores, o IRPF incide sobre o acréscimo patrimonial do contribuinte, descontadas, entre outras despesas, as essenciais para a geração dos aspectos positivos, isto é, dos "rendimentos brutos". Nesse sentido, uma interpretação que limitasse as despesas pagas com remuneração aos empregados nos pareceria incompatível com o regime constitucional do gravame.

Uma segunda razão seria que a legislação também prevê a possibilidade de dedutibilidade "das despesas de custeio pagas, necessárias à percepção da receita e à manutenção da fonte produtora, salvo as que exceder à receita mensal da respectiva atividade, sendo permitido o cômputo do excesso de deduções até dezembro." Nesse sentido, entendo que

---

363. Tal dedução limita-se à alíquota de contribuição do ente público patrocinador. O valor que eventualmente ultrapassar tal limite, fica sujeito ao limite global de 12% (doze por cento) dos rendimentos tributáveis, previsto pelo art. 11 da Lei 9.532/97 para o FAPI e entidades de previdência privada.

qualquer despesa necessária à percepção da receita, tem sua dedutibilidade legalmente autorizada.

Não me impressiona, nesse sentido, o argumento de que como o texto da lei diz "a remuneração paga a terceiros, desde que com vínculo empregatício, e os encargos trabalhistas e previdenciários; (b) os emolumentos pagos a terceiros", a despesa de remuneração estaria restrita a tais casos. Tal resultado interpretativo, embora até possível do ponto de vista semântico, levaria a uma interpretação gritantemente destoante do regime constitucional do tributo, conforme acima explanado.

Aliás, sobre o tema, veja-se o julgado da Douta 2ª Turma da Câmara Superior de Recursos Fiscais, quando afastou a restrição, ora examinada. Veja-se a ementa:

> Processo nº 10680.725137/2010-01 Recurso nº Especial do Procurador Acórdão nº 9202-009.545 – CSRF / 2ª Turma Sessão de 26 de maio de 2021 Recorrente FAZENDA NACIONAL Interessado SERGIO BASSI GOMES ASSUNTO: IMPOSTO SOBRE A RENDA DE PESSOA FÍSICA (IRPF) Ano-calendário: 2007, 2008, 2009 IRPF. LIVRO CAIXA. REMUNERAÇÃO DE TERCEIROS SEM VÍNCULO EMPREGATÍCIO. POSSIBILIDADE. O contribuinte que obtém rendimentos do trabalho não assalariado pode deduzir no livro- caixa a remuneração paga a terceiro sem vínculo empregatício, quando caracterize despesa de custeio necessária à percepção da receita e à manutenção da fonte produtora.

Outro ponto que gostaria de avaliar refere-se à pensão alimentícia. Em capítulo anterior, já expus a posição que, preferencialmente, deveria ser reconhecida a não incidência de tal verba para quem a recebe. Não obstante, enquanto tal providência não é garantida, o sistema jurídico prevê a dedutibilidade para quem a paga.

A previsão de dedutibilidade vem estampada no art. 4º, inciso II, da Lei 9.250/95 com a redação dada pela Lei 11.727/2008. A redação do dispositivo é a seguinte:

> Art. 4º. Na determinação da base de cálculo sujeita à incidência mensal do imposto de renda poderão ser deduzidas:

> [...]
>
> II – as importâncias pagas a título de pensão alimentícia em face das normas do Direito de Família, quando em cumprimento de decisão judicial, inclusive a prestação de alimentos provisionais, de acordo homologado judicialmente, ou de escritura pública a que se refere o art. 1.124-A da Lei nº 5.869, de 11 de janeiro de 1973 - Código de Processo Civil; [...]

Examinando, analiticamente, o artigo, noto que a primeira parte menciona "importâncias pagas a título de pensão alimentícia em face das normas de direito de família" ao passo que a parte restante diz "quando em cumprimento de decisão judicial, inclusive a prestação de alimentos provisionais, de acordo homologado judicialmente, ou de escritura pública a que se refere o art. 1.124-A da Lei nº 5.869, de 11 de janeiro de 1973 - Código de Processo Civil."

No meu ponto de vista, quando o preceito menciona "importâncias pagas a título de pensão alimentícia em face das normas de direito de família" está, simplesmente, situando o regime jurídico das pensões cuja dedutibilidade está prevista. Dizer que é uma pensão relativa a direito de família significa assinalar que não se trata de pensão relativa a outros campos do direito.

Nesse sentido, segundo penso, não caberia ao aplicador do direito avaliar se a pensão é fruto de uma obrigatoriedade prevista por normas do Código Civil que tratam do direito de família, pois o "Direito de Família" compreende um conjunto de normas, em diversos escalões hierárquicos, que não se esgotam no referido Código. Não se deve equiparar um ramo didaticamente autônomo de direito – o Direito de Família - com as normas legislativas que ocupam certo patamar normativo, mas não esgotam o fenômeno jurídico.

Ora, Direito de Família é um subsistema jurídico composto por um conjunto de normas, gerais e abstratas, tanto legais como constitucionais, gerais e concretas, individuais e abstratas e individuais e concretas. Esse campo é muito afeito à sensibilidade do julgador e do aplicador do direito, e não guarda a lógica da estrita legalidade que permeia o campo tributário, por exemplo.

Nessa ordem, o pagamento de pensão alimentícia, em face das normas do Direito de Família, não se restringe às hipóteses de incidência expressas no Código Civil. Aliás não se ignore, ainda, que, no campo do direito privado, o que não está obrigado ou proibido, está permitido. Por isso, insistimos que a expressão "em face das Normas de Direito de Família" refere-se ao subsistema jurídico que rege a pensão, cabendo ao intérprete avaliar se o pagamento é efetivado em uma relação jurídica própria do direito de família ou de outra espécie e se há, ou não, norma individual e concreta que determina o pagamento, em questão.

É nesse esteio que vale a citação da parte final do dispositivo: *quando for paga* em cumprimento de ordem judicial, de acordo homologado judicialmente ou de escritura pública. Nesse sentido, em havendo tais normas individuais e concretas, determinando o pagamento da pensão alimentícia, entendo que deve o aplicador observar para fins de IRPF.

De fato, se há uma norma individual e concreta determinando o pagamento de pensão alimentícia, em uma relação de direito de família, tal norma é válida no sistema e compõe o Direito de Família. Como norma válida, não pode ter seus efeitos ignorados, nem sua natureza jurídica desconstituída.

Aliás, ao indicar a necessidade de tais normas individuais e concretas, a norma tributária, em questão, buscou, justamente, retirar a discussão da esfera da subjetividade, exigindo uma linguagem competente que, de um lado, limita o contribuinte em pagar a pensão por sua mera liberalidade e, por outro, outorga-lhe a segurança que, em havendo tal linguagem competente, não poderá o Fisco negar-lhe o direito à dedução.

Alerto, contudo que, no campo pragmático, a questão é examinada a partir de contornos distintos. Noto casos em que as autoridades fiscais, bem como julgadores administrativos, aplicam dois critérios para fins de admissão da pensão alimentícia como dedutível:

> (a) se o pagamento se deu em conformidade com as normas de direito de família; e

(b) se há decisão judicial, inclusive a prestação de alimentos provisionais, de acordo homologado judicialmente, ou de escritura pública a que se refere o art. 733 do CPC/2015. .

A título de exemplo, recentemente, foi emitida decisão pela 2ª Turma da Câmara Superior de Recursos Fiscais vedando a dedutibilidade de pensão alimentícia a filho maior de idade.

O fundamento da negativa é que a dependência presumida, do filho, cessa ao se completar 21 (vinte e um) anos ou até até vinte e quatro anos de idade, se ainda estiver cursando estabelecimento de ensino superior ou escola técnica de segundo grau), nos termos do art. 77, §1º, II e §2º do então vigente RIR/99. Veja-se trecho do voto proferido em tal acórdão:[364]

"Ora, em se tratando de filha maior, inclusive com idade bem acima da dependência presumida prevista no art. 77, § 1º, III (até vinte e um anos), e § 2º (até vinte e quatro anos de idade, se ainda estiver cursando estabelecimento de ensino superior ou escola técnica de segundo grau), do Regulamento do Imposto de Renda vigente à época do fato gerador (Decreto 3000/99), entendo que o pagamento da pensão acaba sendo, em princípio, e salvo prova em contrário, injustificável, inclusive do ponto de vista das normas do Direito de Família. Expressando-se de outra forma, na situação dos autos estaria cessado o dever de prestar alimentos e os pagamentos efetuados pelo sujeito passivo assumem o caráter de liberalidade, fugindo, pois, à hipótese de dedução da base de cálculo do imposto sobre a renda. Na específica hipótese dos autos, o fato de haver uma decisão judicial não rescindida pelo sujeito passivo não afasta a caracterização da liberalidade, pois o contribuinte poderia ter utilizado ação própria para desonerar-se da obrigação de prestar os alimentos."

A Ementa do julgado é a seguinte:

"Processo nº 13642.720217/2017-82 Recurso nº Especial do Contribuinte Acórdão nº 9202-009.614 – CSRF / 2ª Turma Sessão de 24 de junho de 2021 Recorrente JORGE LUIZ DA ROCHA PARANHOS Interessado FAZENDA NACIONAL ASSUNTO: IMPOSTO SOBRE A RENDA DE PESSOA FÍSICA (IRPF) Ano-calendário: 2012 PENSÃO ALIMENTÍCIA. DEDUÇÃO. GLOSA. MERA LIBERALIDADE. EXISTÊNCIA. FILHO MAIOR DE VINTE E QUATRO ANOS DE IDADE.

364. No mesmo sentido, acórdãos nºs 9202-007.824, 2202-005.012, 2401-005.793.

> O pagamento de pensão alimentícia efetuado por mera liberalidade é insuscetível de dedução, sendo dedutível apenas o valor da pensão paga em conformidade com as normas do Direito de Família."

Em outro exemplo que ilustra a aplicação dos dois critérios acima indicados, a ínclita 2ª Turma da Câmara Superior de Reucursos Fiscais examinou hipótese em que a pensão foi paga, por acordo homologado judicialmente, para cônjuge que residia em cidades distintas, mas ainda não divorciados.

A decisão foi no sentido de que, em tal hipótese, haveria guarda compartilhada do filho, mas, não propriamente, o pagamento de pensão alimentícia. Veja-se:

> Processo nº 13851.721378/2011-32 Recurso Especial do Contribuinte Acórdão nº 9202-009.544 – CSRF / 2ª Turma Sessão de 26 de maio de 2021 Recorrente PAULO HENRIQUE JURISATO Interessado FAZENDA NACIONAL ASSUNTO: IMPOSTO SOBRE A RENDA DE PESSOA FÍSICA (IRPF) Ano-calendário: 2008 PENSÃO ALIMENTÍCIA. OBRIGAÇÃO CONVENCIONAL. DEDUÇÃO. IMPOSSIBILIDADE. A pensão alimentícia descrita na norma é, por uma interpretação lógica e sistemática jurídica, a decorrente de uma obrigação legal e não a decorrente de mera liberalidade, pois as regras regentes do tema, no direito de família, têm como finalidade resguardar o sustento (alimentação) daquelas pessoas que, em decorrência de um ato jurídico, seja ele o divórcio ou a dissolução da união estável, ficam em situação de vulnerabilidade.

Frente às decisões, acima mencionadas, da 2ª Turma da Câmara Superior de Recursos Fiscais, julguei relevante apresentá-las, para indicar o panorama prático de como essa disposição é interpretada.

Antes de encerrar, cabe apontar que, sobre o tema, chegou a ser expedida a Súmula CARF n. 98 prescrevia o seguinte:

> **Súmula CARF nº 98:**
>
> A dedução de pensão alimentícia da base de cálculo do Imposto de Renda Pessoa Física é permitida, em face das normas do Direito de Família, quando comprovado o seu efetivo pagamento e a obrigação decorra de decisão judicial, de acordo homologado judicialmente, bem como, a partir de 28 de março de 2008, de escritura pública que especifique o valor da obrigação ou discrimine os deveres em prol do beneficiário.

Acórdãos Precedentes:

Acórdão nº 106-16.454, de 14/06/2007; Acórdão nº 2101-001.490, de 09/02/2012; Acórdão nº 2802-001.453, de 13/03/2012; Acórdão nº 2802-001.707, de 21/06/2012; Acórdão nº 2101-001.747, de 10/07/2012; Acórdão nº 2802-001.734, de 11/07/2012; Acórdão nº 2801-002.701, de 20/09/2012; Acórdão nº 2802-001.983, de 20/11/2012; Acórdão nº 2101-002.136, de 14/03/2013.

Contudo, tal súmula foi revogada conforme Ata da Sessão Extraordinária de 03/09/2018, DOU de 11/09/2018.

Pois bem. Eram as observações que gostaria de expor sobre valores dedutíveis da base de cálculo do IRPF. No próximo item passo a examinar, de um modo um pouco global, a apuração da base de cálculo do gravame.

4.2.6.6 *Apuração da base de cálculo*

Conforme estamos examinando, a base de cálculo do IRPF será apurada mediante a diferença entre os rendimentos brutos percebidos pelo contribuinte – salvo os isentos, não tributáveis, tributáveis exclusivamente na fonte e sujeitos à tributação definitiva – e os valores dedutíveis a que vimos nos referindo nos itens anteriores.[365]

Ao valor apurado na forma do parágrafo acima será acrescido o resultado da atividade rural, quando positivo.

Assim, a diferença entre os fatores positivos que contribuem para a apuração da base de cálculo do imposto e os fatores negativos, ou seja, as despesas, corresponderá à riqueza obtida por aquele contribuinte em determinado ano-calendário, passível de ser submetida à tributação.

O contribuinte poderá optar, ainda, por um desconto simplificado que consistirá em dedução de 20% (vinte por cento) dos rendimentos auferidos, observados os seguintes limites estabelecidos pelo art. 10 da Lei 9.250/95, com a redação dada pela Lei 11.482/2007:

365. Art. 8º da Lei 9.250/95.

I - R$ 11.669,72 (onze mil, seiscentos e sessenta e nove reais e setenta e dois centavos) para o ano-calendário de 2007;

II - R$ 12.194,86 (doze mil, cento e noventa e quatro reais e oitenta e seis centavos) para o ano-calendário de 2008;

III - R$ 12.743,63 (doze mil, setecentos e quarenta e três reais e sessenta e três centavos) para o ano-calendário de 2009;

IV - R$ 13.317,09 (treze mil, trezentos e dezessete reais e nove centavos) para o ano-calendário de 2010;

V - R$ 13.916,36 (treze mil, novecentos e dezesseis reais e trinta e seis centavos) para o ano-calendário de 2011;

VI - R$ 14.542,60 (quatorze mil, quinhentos e quarenta e dois reais e sessenta centavos) para o ano-calendário de 2012;

VII - R$ 15.197,02 (quinze mil, cento e noventa e sete reais e dois centavos) para o ano-calendário de 2013;

VIII - R$ 15.880,89 (quinze mil, oitocentos e oitenta reais e oitenta e nove centavos) a partir do ano-calendário de 2014.

IX - R$ 16.754,34 (dezesseis mil, setecentos e cinquenta e quatro reais e trinta e quatro centavos) a partir do ano-calendário de 2015.

Note-se que tal possibilidade é autorizada pelo Código Tributário Nacional quando, em seu art. 44, prevê que a renda tributável é a real, presumida ou arbitrada. Nesse sentido, a dedução de 20% (vinte por cento) nada mais é do que a presunção de renda prevista pela legislação federal passível de ser optada pelo sujeito passivo.

Nos termos do §1º do art. 3º da Instrução Normativa RFB 1.924 de 19 de fevereiro de 2020: "*A opção pelo desconto simplificado implica a substituição de todas as deduções admitidas na legislação tributária*", ao passo que o §2ºdo mesmo artigo prevê que "*o valor utilizado a título de desconto simplificado, de que trata o caput, não justifica variação patrimonial, sendo considerado rendimento consumido".*[366]

Uma dúvida que pode surgir é se um cônjuge que apresenta declaração utilizando-se das deduções legais pode incluir um dependente comum se o outro cônjuge ou companheiro apresentou a declaração aproveitando-se do desconto simplificado. A Solução de Consulta Interna COSIT nº 29 de 04 de novembro de 2013 respondeu de forma afirmativa. Vejamos:

> ASSUNTO: IMPOSTO SOBRE A RENDA DE PESSOA FÍSICA - IRPF
>
> O desconto simplificado substitui todas as deduções previstas na legislação tributária às quais o contribuinte faria jus caso optasse pela declaração com base nas deduções legais. Dispositivos Legais:
>
> O desconto simplificado, entretanto, não substitui as deduções relacionadas a pessoas que, embora possam ser consideradas dependentes perante a legislação tributária, não constam da declaração.
>
> A apresentação de declaração com opção pelo desconto simplificado por um dos cônjuges, em que não há a inclusão de dependente comum, não impede que o outro cônjuge apresente declaração com a utilização das deduções legais, incluindo o dependente comum na declaração e utilizando as deduções a ele relacionadas e vice-versa.
>
> Dispositivos Legais: Lei nº 9.250, de 26 de dezembro de 1995, arts. 8º e 10, Decreto no 3.000, de 26 de março de 1999 (RIR/1999), e Instrução Normativa SRF nº 15, de 6 de fevereiro de 2001, art. 29.[367]

Outra dúvida dirimida no chamado "Perguntas e Respostas" é se o contribuinte que tem mais de uma fonte pagadora poderia optar pelo desconto simplificado. Não vejo óbice para tal opção, sendo que a Secretaria da Receita Federal do Brasil assinalou positivamente:[368]

---

366. Na data em que este capítulo era escrito, ainda não havia sido publicada a Instrução Normativa referente à Declaração de Ajuste Anual do IRPF referente ao exercício de 2019.

367. Solução de Consulta Interna COSIT Nº 29, de 04 de Novembro de 2013.

368. Disponível em: https://goo.gl/stHFuC Acesso em: 24 fev. 2019.

> MAIS DE UMA FONTE PAGADORA 015 — O contribuinte que tem mais de uma fonte pagadora pode optar pelo desconto simplificado? Sim. O contribuinte que tem mais de uma fonte pagadora pode optar pelo desconto simplificado. Ele deve preencher a Declaração de Ajuste Anual, informando nos campos pertinentes os nomes e os números de inscrição no Cadastro Nacional da Pessoa Jurídica (CNPJ) ou no Cadastro de Pessoas Físicas (CPF) de todas as fontes, bem como indicar os rendimentos de todas as fontes e os respectivos impostos retidos.

Aliás, ainda no tema das "Perguntas e Respostas", a Secretaria Especial da Receita Federal do Brasil esclareceu certos rendimentos que podem ser excluídos da tributação, apesar da opção do desconto simplificado. São eles:[369]

(1) possibilidade de exclusão do desconto rendimentos de aposentadoria recebidos por contribuinte maior de 65 anos

(2) possibilidade de excluir valor dos aluguéis recebidos, já excluídos os impostos, as taxas e os emolumentos incidentes sobre o bem que produzir o rendimento, desde que o ônus desses encargos tenha sido exclusivamente do declarante

(3) possibilidade de excluir honorários pagos na proporção dos rendimentos tributáveis, referentes a rendimentos recebidos acumuladamente por decisão judicial.

Por outro lado, convém apontar que, nos termos da Súmula CARF 86, após o prazo previsto para entrega da Declaração de Ajuste Anual fica proibida retificação que tenha por objeto a troca de forma de tributação dos rendimentos, conforme se depreende do trecho a seguir:

> **Súmula CARF nº 86:**
>
> É vedada a retificação da Declaração de Ajuste Anual do Imposto sobre a Renda da Pessoa Física que tenha por objeto a troca de forma de tributação dos rendimentos após o prazo previsto para a sua entrega. (***Vinculante***, conforme Portaria MF nº 277, de 07/06/2018, DOU de 08/06/2018).

369. Disponível em: https://goo.gl/7hpstg Acesso em: 24 fev. 2019.

Acórdãos Precedentes:

Acórdão nº 2202-01.042, de 15/03/2011 Acórdão nº 102-48.858, de 06/12/2007 Acórdão nº 104-22.779, de 18/10/2007 Acórdão nº 102-47.301, de 09/12/2005 Acórdão nº 102-47.140, de 19/10/2005 Acórdão nº 102-46.872, de 16/06/2005.

4.2.7 Alíquota

A base de cálculo apurada nos moldes descritos no item anterior sofrerá a incidência de uma alíquota progressiva, prevista em tabela aplicável em cada ano-calendário. **Enquanto revisava este livro, tive notícias da intenção do governo de atualizar a tabela. Assim, recomendo que se busquem eventuais alterações legislativas que não puderam ser colhidas a tempo.**

As tabelas são providas de uma parcela a deduzir do imposto, garantindo que cada faixa de renda seja onerada com uma alíquota distinta. Note-se que a "parcela a deduzir" não é um elemento quantificador da base de cálculo do gravame, mas um instrumento para garantir a progressividade das alíquotas. Assim, o procedimento para apuração do imposto consiste em (I) aplicar a alíquota sobre o valor da base de cálculo apurado e (II) sobre o resultado anterior, subtrair a parcela a ser deduzida nos termos da legislação.

Atualmente, a legislação (art. 1º, inciso IX da Lei 11.482/07) prevê tabelas de alíquotas mensais que na prática deverão ser multiplicadas por doze para fins de cálculo de tabela anual.

Base de cálculo (R$)	Alíquota (%)	Parcela a deduzir do IRPF (R$)
Até 22.847,76	-	-
De 22.847,77 até 33.919,80	7,5	1.713,58
De 33.919,81 até 45.012,60	15	4.257,57
De 45.012,61 até 55.976,16	22,5	7.633,51
Acima de 55.976,16	27,5	10.432,32

Fonte: Secretaria da Receita Federal do Brasil (www.gov.br/receita-federal/pt-br/assuntos/orientacao-tributaria/tributos/irpf-imposto-de--renda-pessoa-fisica#c-lculo-anual-do-irpf)

Vejamos as tabelas mensais tais como dispostas na legislação (art. 1º da Lei n. 11.482/2007):

Tabela Progressiva Mensal a partir do ano-calendário de 2015[370]

Base de Cálculo (R$)	Alíquota (%)	Parcela a Deduzir do IR (R$)
Até 1.903,98	-	-
De 1.903,99 até 2.826,65	7,5	142,80
De 2.826,66 até 3.751,05	15	354,80
De 3.751,06 até 4.664,68	22,5	636,13
Acima de 4.664,68	27,5	869,36

Tabela Progressiva Mensal para o ano-calendário de 2014

Base de cálculo anual em R$	Alíquota %	Parcela a deduzir do imposto em R$
Até 1.787,77	-	-
De 1.787,78 até 2.679,29	7,5	134,08
De 2.679,30 até 3.572,43	15,0	335,03
De 3.572,44 até 4.463,81	22,5	602,96
Acima de 4.463,81	27,5	826,15

Tabela Progressiva Mensal para o ano-calendário de 2013

Base de cálculo anual em R$	Alíquota %	Parcela a deduzir do imposto em R$
Até 1.710,78	-	-
De 1.710,79 até 2.563,91	7,5	128,31
De 2.563,92 até 3.418,59	15,0	320,60
De 3.418,60 até 4.271,59	22,5	577,00
Acima de 4.271,59	27,5	790,58

370. Veicula-se na imprensa que essa tabela será atualizada em breve, com limite de isenção de R$ 3.000,00. Sugiro ao leitor atualizar-se com base na legislação vigente.

Tabela Progressiva Mensal para o ano-calendário de 2012

Base de cálculo anual em R$	Alíquota %	Parcela a deduzir do imposto em R$
Até 1.673,11	-	-
De 1.673,12 até 2.453,50	7,5	122,78
De 2.453,51 até 3.271,38	15,0	306,80
De 3.271,39 até 4.087,65	22,5	552,15
Acima de 4.087,65	27,5	756,53

Tabela Progressiva Mensal ano-calendário de 2011

Base de cálculo anual em R$	Alíquota %	Parcela a deduzir do imposto em R$
Até 1.566,61	-	-
De 1.566,62 até 2.347,85	7,5	117,49
De 2.347,86 até 3.130,51	15,0	293,58
De 3.130,52até 3.911,63	22,5	528,37
Acima de 3.911,63	27,5	723,95

A título de exemplo, suponhamos que um contribuinte, no ano-calendário de 2021, tenha apurado base de cálculo no valor de R$ 100.000,00 (cem mil reais). Nesse caso, o cálculo do imposto seria efetivado da seguinte maneira:

R$ 100.000,00 X 27,5% = R$ 27.500,00

R$ 27.500,00 – 10.432,32 = R$ 17.067,68

Assim, no caso acima, o imposto apurado seria no valor de R$ 17.067,68 (dezessete mil e sessenta e sete reais e sessenta e oito centavos).

4.2.8 Deduções do imposto devido

Não se confundem, (I) as isenções ou não incidência do IRPF sobre certos valores percebidos pelo contribuinte, as (II) deduções da base de cálculo do IRPF e (III) as deduções do IRPF devidos no ano-calendário.

As isenções de rendimentos equivalem à possibilidade outorgada ao contribuinte, pelo legislador ordinário, de não incluir certos valores recebidos no âmbito de apuração da base de cálculo do IRPF. Representam a mutilação parcial do critério quantitativo da regra-matriz de incidência tributária, para ficarmos com a expressão de Paulo de Barros Carvalho.[371]

As deduções para fins de apuração da base de cálculo, por sua vez, referem-se aos elementos necessários para que o sujeito passivo seja tributado apenas no que tange à renda e proventos por ele auferidos, ou seja, apenas no que tange à parcela de rendimentos brutos que ultrapassem o valor das despesas incorridas pelo contribuinte em determinado ano-calendário.

Uma vez apurado o IRPF, nos moldes do item anterior, o contribuinte já terá calculado a tributação incidente sobre sua renda. Porém, a legislação outorga certos créditos – o termo empregado pelo legislador não é esse – que permitem que o contribuinte deduza do valor a pagar a título do IRPF, as quantias identificadas como tais.

Conquanto a legislação não o exprima, esses valores a serem deduzidos pelo contribuinte do IRPF devido representam um crédito do contribuinte em face da União, ou seja, um direito do contribuinte de ser ressarcido pela União, em razão de certos gastos por ele incorridos.

A legislação, nesse sentido, embora utilize o "deduzir", na realidade, prevê uma espécie de compensação entre os referidos créditos e o valor devido pela pessoa física a título do IRPF. Essa compensação extingue a obrigação tributária até o ponto em que o saldo de créditos (valores a serem deduzidos do IRPF) permitir e, pode, até mesmo, importar a extinção completa da obrigação tributária e extinção parcial do crédito favorável ao contribuinte, hipótese em que tal pessoa física terá o direito de receber a chamada "restituição de imposto de renda."

Por outro lado, se o valor do crédito do contribuinte for equivalente ao valor do crédito do fisco, as respectivas obrigações irão se extinguir, nos termos do art. 170 do CTN.

371. Curso de direito tributário. São Paulo: Saraiva, 2010, p. 560.

Passaremos a examinar, os valores a serem deduzidos do IRPF devido, com a viva lembrança do mecanismo jurídico em que isso se opera que buscamos descrever acima.

Assim, adiantamos que os valores a serem deduzidos do imposto devido são os seguintes:

I - as contribuições efetivamente realizadas em favor de projetos culturais, aprovados na forma da regulamentação do Programa Nacional de Apoio à Cultura – Pronac, de que tratam o art. 84 ao art. 92 do RIR/2018;

II - os investimentos feitos a título de incentivo às atividades audiovisuais de que tratam o art. 93 ao art. 97 do RIR/2018;

III - as contribuições feitas aos Fundos dos Direitos da Criança e do Adolescente nacional, distrital, estaduais e municipais, de que tratam o art. 98 ao art. 101 do RIR/2018;

IV - as contribuições feitas aos Fundos do Idoso nacional, distrital, estaduais e municipais, de que tratam os art. 102 e art. 103 do RIR/2018;

V - os valores despendidos a título de patrocínio ou de doação, no apoio direto a projetos desportivos e paradesportivos previamente aprovados pelo Ministério do Esporte, de que tratam o art. 104 ao art. 110 do RIR/2018;

VI - a contribuição patronal paga à previdência social pelo empregador doméstico incidente sobre o valor da remuneração do empregado, de que tratam o art. 111 ao art. 113 do RIR/2018, válida até o ano-calendário de 2.018;

VII - o imposto sobre a renda retido na fonte ou o pago, inclusive a título de recolhimento complementar, correspondente aos rendimentos incluídos na base de cálculo; e

VIII - o imposto sobre a renda pago no exterior.

IX - as doações e os patrocínios diretamente efetuados em prol de ações e serviços desenvolvidos no âmbito do Programa Nacional de Apoio à Atenção Oncológica – Pronon e do Programa Nacional de Apoio à Atenção da Saúde da Pessoa com Deficiência – Pronas/PCD, de que trata o art. 114 (até o ano-calendário 2020).

Os itens I a VI, acima, serão explicados de forma mais detida nos itens subsequentes. Trata-se de incentivos fiscais que geram, ao contribuinte, o direito à dedução, além da chamada contribuição patronal do empregador doméstico, que também examinaremos oportunamente.

Já o imposto sobre a renda retido na fonte ou pago pelo próprio contribuinte (item VII) refere-se ao adiantamento mensal ao qual todos estamos submetidos, conforme sofremos retenção na fonte ou paguemos o chamado carnê-leão. Dada a especificidade de tal sistemática, iremos analisar em capítulo à parte.

Por sua vez, para compreender a dedução do imposto pago no exterior devemos nos lembrar de que o IRPF, na sistemática da apuração anual, tem como critério de conexão a residência do contribuinte. Assim, em sendo o contribuinte residente no país, a tributação de sua renda será universal.

Nessa hipótese, é possível que haja bitributação, na medida em que a renda e proventos sejam tributados no exterior. Ao contrário do que se possa pensar, inexiste qualquer princípio internacional que proíba, a priori, a bitributação internacional.

Assim, os países estabelecem convenções internacionais com o país de origem de rendimentos ou reciprocidade de tratamento em relação aos rendimentos produzidos no país.

A título de exemplo, o Ato Declaratório SRF 28/2000 reconhece a reciprocidade de tratamento entre Brasil e Estados Unidos da América, quando se tratar de imposto federal; já o

Ato Declaratório Interpretativo 16/2005 reconhece a reciprocidade com a República Federal da Alemanha; ao passo que o Ato Declaratório Interpretativo 48/2000 reconhece a reciprocidade com o Reino Unido.

Por sua vez, há inúmeros países com os quais o Brasil firmou Tratado para evitar a bitributação de IRPF. A lista é a seguinte:

África do Sul – Vide Decreto 5.922/2006
Alemanha – sem efeito de 2006, mas há reciprocidade. Vide a revogação pelo Decreto 5.654/2005
Argentina – Vide Decretos 87.976/1982 e Decreto 9.482/2018
Áustria – Vide Decreto 78.107/76.
Bélgica – Vide Decreto 6.332/2007
Canadá – Vide Decreto 92.138/86
Chile – Vide Decreto 4852/2003
China – Vide Decreto 762/1993
Coreia do Sul – Vide Decreto 354/1991
Dinamarca – Vide Decreto 75.106/1974
Equador – Vide Decreto 95.717/88
Eslováquia e República Tcheca – Vide Decreto 43/1991
Espanha – Vide Decreto 76.975/1976
Filipinas – Vide Decreto 241/1991
Finlândia – Vide Decreto 2.465/1998
França – Vide Decreto 70.506/72
Hungria – Vide Decreto 53/1991
Índia – Vide Decreto 510/1992
Israel – Vide Decreto 5.576/2005
Itália – Vide Decreto 85.985/1981
Japão – Vide Decreto 61.899/1967
Luxemburgo – Vide Decreto 85.051/1980
México – Vide Decreto 6.000/2006

Noruega – Vide Decreto 86.710/81
Países Baixos – Vide Decreto 355/1991
Peru – Vide Decreto 7.020/2009
Portugal – Vide Decreto 4.012/2001
Rússia – Vide Decreto 9.115/2017
Suécia – Vide Decreto 77.053/1976
Trinidad e Tobago – Vide Decreto 8.335/2014
Turquia – Vide Decreto 8.140/2013
Ucrânia – Vide Decreto n. 5.799/2006
Venezuela – Vide Decreto 559/2010

Nesse sentido, o imposto será deduzido tal como previsto pelo Tratado ou em razão da reciprocidade.

A dedução não poderá exceder a diferença entre o imposto sobre a renda calculado com a inclusão daqueles rendimentos e o imposto sobre a renda devido sem a inclusão dos mesmos rendimentos.

Por fim, cumpre assinalar que o imposto pago no exterior será convertido em reais por meio da utilização do valor do dólar dos Estados Unidos da América estabelecido para compra pelo Banco Central do Brasil para o último dia útil da primeira quinzena do mês anterior ao do recebimento do rendimento.

Muito bem. Vistos tais pontos, passemos a examinar, nos próximos itens os incentivos previstos pela legislação do IRPF e preveem valores a serem deduzidos. Tais incentivos, em nossa interpretação, não podem ser aplicados para quem optar pelo desconto simplificado ao qual nos referimos anteriormente, conforme orientação de perguntas e respostas nº 430, do Perguntas e Respostas IRPF 2018.[372]

372. Disponível em: https://bit.ly/2TJDHmM Acesso em: 13 mar. 2019.

4.2.8.1 Incentivos às atividades culturais e artísticas

Em 1991, foi editada a Lei 8.313 de 23 de dezembro de 1991 ("Lei Rouanet") que instituiu o Programa Nacional de Apoio à Cultura ("Pronac"), que tem a finalidade de captar e canalizar recursos para, entre outros objetivos, contribuir para facilitar a todos, os meios para o livre acesso às fontes de cultura e o pleno exercício de direitos culturais, promover e estimular a regionalização da produção cultural e artística brasileira, entre outros previstos na legislação.

Para implementação do Pronac, a legislação instituiu a criação do Fundo Nacional da Cultura ("FNC"),[373] os Fundos de Investimento Cultural Artístico ("Ficart") e previu, ainda, os Incentivos a Projetos Culturais.

O FNC é um fundo de natureza contábil, administrado pelo Ministério da Cidadania, constituído por diversos recursos previstos pela legislação, tais como os do Tesouro Nacional, as doações, parte da arrecadação de concursos prognósticos e loterias federais, entre outros.

Uma vez aprovado o projeto pelo Ministério, o FNC alocará recursos para subsidiar até 80% (oitenta por cento) do projeto aprovado, sendo que os demais 20% (vinte por cento) terão de ser arcados pelo próprio autor do projeto.

Já o Ficart é constituído sob a forma de condomínio, sem personalidade jurídica, caracterizando comunhão de recursos destinados à aplicação em projetos culturais e artísticos.

A legislação também permite a aplicação de recursos diretos nos projetos culturais aprovados pelo Ministério ou pela Agência Nacional do Cinema ("Ancine"), conforme o caso, por pessoas físicas ou jurídicas, a título de doação ou patrocínio.

Nesse contexto, será considerada doação, a transferência definitiva de numerário ou bens em favor de proponente, pessoa física ou jurídica sem fins lucrativos, cujo programa,

---

373. Registre-se que o FNC é originado da ratificação do Fundo de Promoção Cultural que, a partir da Lei Rouanet, teve seu nome alterado.

projeto ou ação cultural tenha sido aprovado pelo Ministério ou pela Ancine, ao passo que o patrocínio será a transferência definitiva de numerários ou serviços, com a finalidade promocional, bem como a cobertura de gastos ou a utilização de bens móveis ou imóveis do patrocinador, sem a transferência e domínio, para a realização de programa, projetos ou ações culturais ao Ministério ou Ancine.

Dessa forma, as quantias despendidas, pelo contribuinte, no ano-calendário em que incidiu o IRPF– observado o prazo de captação instituído em portarias do Ministério – em favor do FNC,[374] ou relativas a patrocínio ou doação diretamente a projetos, programas ou ações aprovadas por ele aprovadas ou pela Ancine, conforme o caso, que cumpram os objetivos do Pronac, poderão ser deduzidos do IRPF relativo a tal ano-calendário.

Nos termos do art. 34 da Instrução Normativa RFB 1.131/2011, as quantias a serem deduzidas são os recursos financeiros, correspondentes:

I - os recursos financeiros, correspondentes a doações ou patrocínios depositados em conta corrente mantida especialmente para este fim, de movimentação exclusiva do responsável pelo projeto cultural, em estabelecimento bancário oficial;

II - as doações ou patrocínios realizados sob a forma de prestação de serviços ou de fornecimento de material de consumo, previstos como itens de despesas nos respectivos projetos culturais, observados os preços praticados no mercado;

374. Convém apontar que as contribuições em favor do FNC podem ter destinação livre ou direcionada a programas, projetos e ações culturais específicos, sob a forma de doação, ou, com destinação especificada pelo patrocinador, sob a forma de patrocínio. As doações em espécie feitas em favor do FNC gozarão dos incentivos fiscais previstos no art. 27, desde que comprovadas mediante recibo de depósito bancário e declaração de recebimento firmada pelo beneficiário, sendo que, somente são consideradas, para fins de comprovação do incentivo em espécie, as contribuições que tenham sido depositadas em conta bancária específica, em nome do beneficiário, nos termos estabelecidos pelo MinC ou pela Ancine.

III - o valor correspondente aos bens móveis ou imóveis doados;

IV - as despesas realizadas pelo proprietário ou titular da posse legítima de bens tombados pelo Governo Federal, objetivando sua conservação, preservação ou restauração; e

V - o custo de cessão de uso de bens móveis e imóveis de propriedade do patrocinador, cedidos ao responsável pela execução do projeto cultural.

Os projetos programas e ações contempladas pelos benefícios são os seguintes, nos termos do §3º do art. 18 c/c art. 25, ambos da Lei 8.383/91 (vide compilação no art. 84 do RIR/2018):

I – Os apresentados por pessoas físicas ou pessoas jurídicas, de natureza cultural para fins de incentivo, que tenham por objetivo desenvolver as formas de expressão, os modos de criar e fazer, os processos de preservação e proteção do patrimônio cultural brasileiro e os estudos e métodos de interpretação da realidade cultural, bem como que contribuam para propiciar meios à população em geral e que permitam o conhecimento dos bens de valores artísticos e culturais, compreendendo, entre outros, os seguintes segmentos:

a) teatro, dança, circo, ópera, mímica e congêneres;

b) produção cinematográfica, videográfica, fotográfica, discográfica e congêneres, desde que beneficiem, exclusivamente as produções independentes, bem como as produções culturais-educativas de caráter não comercial, realizadas por empresas de rádio e televisão;

c) literatura, inclusive obras de referência e música;

d) artes plásticas, artes gráficas, gravuras, cartazes, filatelia e outras congêneres;

e) folclore e artesanato;

f) patrimônio cultural, inclusive histórico, arquitetônico, arqueológico, bibliotecas, museus, arquivos e demais acervos;

g) humanidades; e

h) rádio e televisão, educativas e culturais, de caráter não comercial.

II – As doações e os patrocínios na produção cultural, exclusivos dos segmentos de:

a) artes cênicas;

b) livros de valor artístico, literário ou humanístico;

c) música erudita ou instrumental;

d) exposições de artes visuais;

e) doações de acervos para bibliotecas públicas, museus, arquivos públicos e cinematecas, bem como treinamento de pessoal e aquisição de equipamentos para a manutenção desses acervos;

f) produção de obras cinematográficas e videofonográficas de curta e média metragem e preservação e difusão do acervo audiovisual;

g) preservação do patrimônio cultural material e imaterial; e

h) construção e manutenção de salas de cinema e teatro, que poderão funcionar também como centros culturais comunitários, em municípios com menos de 100.000 (cem mil) habitantes.

III – Apresentados por entidades juvenis legalmente constituídas há, pelo menos, 1 (um) ano;

Os projetos serão considerados aprovados somente após a publicação de ato oficial, contendo o título do projeto e a instituição por ele responsável, o valor autorizado para obtenção de doação ou patrocínio e o prazo de validade de autorização.

Nesse sentido, poderão ser deduzidos do IRPF apurado:

(I) 80% (oitenta por cento) do somatório das doações e 60% (sessenta por cento) do somatório dos patrocínios, na hipótese do item I, acima transcrito; e

(II) o valor efetivo das doações e patrocínios, na hipótese do item II, acima.

Além dos limites acima, há um teto de caráter global, que abrange esse benefício. Tal limitação global é de 6% (seis por cento) por cento do IRPF, considerando-se diversos casos de deduções que iremos expor a seguir.

Vale apontar que o valor que ultrapassar os limites acima indicados não poderá ser deduzido nas declarações posteriores, inclusive no caso de projetos culturais de execuções plurianuais.

Convém anotar, ainda, que visando a evitar fraudes e vantagens indevidas, é vedada a dedução relativa à doação ou patrocínio efetivadas por meio de intermediação[375] ou em favor de pessoa ou instituição vinculada ao agente, sendo considerados vinculados (art. 89 do RIR/2018):

I – a pessoa jurídica da qual o doador ou patrocinador seja titular, administrador, gerente, acionista ou sócio, na data da operação, ou nos 12 (doze) meses anteriores;

375. A contratação de serviços necessários à elaboração de projetos para obtenção de doação, patrocínio ou investimento, bem como a captação de recursos ou a sua execução por pessoa jurídica de natureza cultural, não configura intermediação (vide art. 89, §7º, do RIR/2018).

II – o cônjuge, os parentes até o 3º (terceiro) grau, inclusive os afins, e os dependentes do doador ou patrocinador ou dos titulares, administradores, acionistas ou sócios de pessoa jurídica vinculada ao doador ou patrocinador, nos termos do inciso I;

III – outra pessoa jurídica da qual o doador ou patrocinador seja sócio.

Por outro lado, não são consideradas vinculadas as instituições culturais sem fins lucrativos, criadas pelo doador ou patrocinador, desde que devidamente constituídas e em funcionamento, na forma da legislação em vigor.

É preciso considerar que os incentivos de que trata a Lei 8.313/91 somente serão concedidos a projetos culturais cuja exibição, utilização e circulação dos bens culturais deles resultantes sejam abertas, sem distinção, a qualquer pessoa, se gratuitas, e a público pagante, se cobrado ingresso.

Ademais, restou vedada a concessão de incentivo a obras, produtos, eventos ou outros decorrentes, destinados ou circunscritos a coleções particulares ou circuitos privados que estabeleçam limitações de acesso (Lei 8.313/91, art. 2º, §2º).

Outro ponto a ser levado em consideração é que os incentivos de que trata a Lei 8.313/91 somente serão concedidos a projetos culturais que forem disponibilizados, sempre que tecnicamente possível, também em formato acessível à pessoa com deficiência, observado o disposto em regulamento.

Agora, nenhuma aplicação dos recursos contemplados com esse incentivo poderá ser efetivada por meio de intermediação, sendo que a contratação de serviços, necessários à elaboração de projetos para obtenção de doação, patrocínio ou investimento e a captação de recursos ou a sua execução por pessoa jurídica de natureza cultural não configuram intermediação.

Interessante notar, por fim, que o §5º do art. 4º da Lei 8.685/93 prevê que os os fundos arrecadados com base na Lei 8.313/91 também poderão ser destinados aos projetos de atividades audiovisuais que serão explicados no próximo item, desde que enquadrados nos objetivos da Lei Rouanet. Nesse caso, o total dos incentivos é limitado a 95% (noventa e cinco por cento) do total do orçamento previsto pela ANCINE.

Assim, visando a regulamentar o dispositivo legal acima mencionado, o art. 85 do RIR/2018 prevê que poderão ser deduzidos do imposto sobre a renda, nos moldes previstos acima, as quantias despendidas em obras audiovisuais beneficiadas com os incentivos da Lei 8.685/93.

4.2.9 Incentivos às atividades audiovisuais

Outra despesa passível de ser dedutível do IRPF devido vincula-se aos incentivos voltados às atividades audiovisuais, salvo as de natureza publicitária, relativas a projetos previamente aprovadas pela Ancine.

O recurso deve ser depositado em conta de aplicação financeira especial, em instituição financeira pública, cuja movimentação sujeitar-se-á à prévia comprovação pela Ancine, de que se destina a investimentos em projetos de produção de obras audiovisuais cinematográficas e videofonográficas brasileiras de produção independente.

Para fins de comprovação, o incentivo em espécie deve ser evidenciado mediante recibo de depósito bancário e declaração de recebimento firmada pelo beneficiário, nos termos estabelecidos pela Ancine.

Assim, a pessoa física poderá deduzir, do IRPF relativo a certo ano-calendário, quantias aplicadas em: (arts. 93 e 94 do RIR/2018)

a - investimentos feitos na produção de obras audiovisuais cinematográficas brasileiras de produção independente, até o exercício fiscal de 2018, ano-calendário de 2017, mediante a aquisição de quotas representativas de direitos de comercialização sobre as referidas obras;

b - patrocínio feito à produção de obras cinematográficas brasileiras de produção independente, até o exercício de 2018, ano-calendário de 2017;

c - aquisição de cotas dos Fundos de Financiamento da Indústria Cinematográfica Nacional (Funcines), até o exercício de 2018, ano-calendário de 2017.

Vale apontar que os referidos incentivos poderão ser aproveitados de forma alternativa ou conjunta.

Agora, a dedução prevista nos itens I e III do art. 93, está condicionada a que os investimentos sejam realizados no mercado de capitais, em ativos previstos em lei, e autorizados pela Comissão de Valores Mobiliários (CVM), observado o seguinte:

I - os ganhos auferidos na alienação das quotas representativas de direitos de comercialização ficam sujeitos à tributação definitiva, na forma da legislação aplicável ao ganho de capital ou ao ganho líquido em renda variável; e

II - na hipótese de resgate de quotas de Funcines, em decorrência do término do prazo de duração ou da liquidação do fundo, sobre o rendimento do quotista, constituído pela diferença positiva entre o valor de resgate e o custo de aquisição das quotas, incidirá imposto sobre a renda na fonte à alíquota de vinte por cento.

Além disso, as deduções previstas têm como requisito que os projetos tenham sido previamente aprovados pela Agência Nacional do Cinema (Ancine).

Com relação ao item I, o investimento deve ser efetivado mediante a aquisição de quotas representativas dos respectivos direitos de comercialização, caracterizados por Certificados de Investimento, cabendo usufruir do incentivo, o investidor que estiver identificado como primeiro adquirente do referido certificado.

Ademais, vale acrescentar que os projetos específicos, credenciados pela Ancine, poderão fruir do incentivo de que trata:

I – da letra "a", anteriormente citada, se forem da área audiovisual, cinematográfica de exibição, distribuição e infraestrutura técnica apresentados por empresa brasileira de capital nacional;

II – da letra "b", anteriormente citada, se forem da área audiovisual, cinematográfica de difusão, preservação, exibição, distribuição e infraestrutura técnica apresentados por empresa brasileira;

III – também da letra "b", anteriormente citada, se forem de fomento ao desenvolvimento da atividade audiovisual brasileira destinada a viabilizar projetos de distribuição, exibição, difusão e produção independente de obras audiovisuais brasileiras, instituídos pela Ancine, escolhidos por meio de seleção pública.

Vale anotar, por fim, que, conforme antecipamos, o limite global de 6% (seis por cento), também é aplicável a este benefício.

4.2.9.1 Doações a Fundos Controlados pelos Conselhos de Direitos da Criança e do Adolescente

Também poderão ser deduzidos do IRPF apurado na Declaração de Ajuste Anual, as doações feitas, em espécie ou bens, aos Fundos Nacional, Estaduais e Municipais dos Direitos da Criança e do Adolescente, até o limite global de 6% (seis por cento) do IRPF devido no ano-calendário. Essa possibilidade é prevista no art. 260 da Lei 8.069 de 13 de julho de 1990 – ECA, com a redação que lhe foi dada pela Lei 12.594 de 18 de janeiro de 2012.

A dedutibilidade fica condicionada à comprovação das importâncias doadas, por meio de recibos emitidos pelos conselhos gestores dos respectivos fundos sendo que, em caso de doação em espécie, o depósito deve ser efetivado em conta específica, aberta em instituição financeira pública, vinculada ao respectivo fundo.[376]

Convém assinalar que a doação pode ser efetivada no ano-calendário de incidência do IRPF, ou no exercício em que a Declaração Ajuste Anual é apresentada, desde que realizada até a data de vencimento da primeira quota ou quota única devida a título do IRPF. Nesse caso, a entrega da declaração deve ser efetivada no prazo previsto pela legislação, sob pena de não aproveitamento do benefício.

Interessante sublinhar que na hipótese acima especificada, é o próprio programa referente à Declaração de Ajuste Anual que emite o Documento de Arrecadação Federal ("DARF"), cujo pagamento, possibilitará a doação aos Fundos Controlados pelos Conselhos de Direitos da Criança e do Adolescente.

Agora, caso o contribuinte opte por efetivar a doação no próprio exercício da data de entrega da Declaração de Ajuste Anual, o limite individual a ser aceito para fins de dedutibilidade é de 3% (três por cento) do imposto devido, sem prejuízo do limite global de 6% (seis por cento), anteriormente mencionado.

Importante mencionar que tal dedução não se aplica à pessoa física que:

a) utilizar o desconto simplificado;

b) apresentar declaração em formulário; ou

c) entregar a declaração fora do prazo;

Ademais, a dedução somente se aplica às doações em espécie.

Por fim, vale apontar que tal dedução não exclui ou reduz outros benefícios ou deduções em vigor.

---

376. Deve-se levar em consideração que, no caso de doação de bens, o comprovante deve conter a identificação dos bens, mediante descrição em campo próprio ou em relação anexa ao comprovante, informando também, se houve avaliação, o nome, número de inscrição no CPF ou no CNPJ e endereço dos avaliadores. Os bens deverão ser baixados da declaração de ajuste anual.

4.2.9.2 Doações a Fundos de Idosos

Os Fundos Nacionais de Idosos foram instituídos pela Lei 12.213 de 20 de janeiro de 2010, sendo destinados a financiar os programas e as ações relativas ao idoso, com vistas em assegurar os seus direitos sociais e criar condições para promover sua autonomia, integração e participação efetiva na sociedade.

O referido ato legal, além de criar os referidos fundos, também previu que as doações em favor deles poderão ser aproveitadas pelo contribuinte para fins de dedução do IRPF devido no ano-calendário. A dedução deverá respeitar o limite global de 6% (seis por cento) a que vimos nos referindo.

As mesmas regras que disciplinam aspectos formais atinentes às doações a Fundos Controlados pelos Conselhos de Direitos da Criança e do Adolescente também são aplicáveis às doações que examinamos no presente tópico.

Assim, o contribuinte deverá apresentar recibo de doação, a partir de recibo emitido pelos conselhos gestores de fundo, para fins de comprovação da doação efetivada. Ainda, em caso de depósito em espécie, deve ser efetivado em instituição financeira pública vinculada ao respectivo fundo.

Também são possíveis as doações em bens, devendo, nesse caso, o comprovante conter a identificação dos bens, mediante descrição em campo próprio ou em relação anexa ao comprovante, informando também, se houve avaliação, o nome, número de inscrição no Cadastro de Pessoas Físicas do Ministério da Fazenda e endereço dos avaliadores. A doação de bens não poderá ultrapassar valor de mercado.

4.2.9.3 Projetos Desportivos e Paradesportivos

Até o ano-calendário de 2022, as pessoas físicas poderão deduzir do IRPF apurado na Declaração de Ajuste Anual, as quantias despendidas a título de patrocínio ou doação, no apoio direto a projetos desportivos e paradesportivos, previamente aprovados pelo Ministério da Cidadania.[377]

Os referidos projetos desportivos deverão atender a pelo menos uma das seguintes manifestações: (I) desporto educacional; (II) desporto de participação; (III) desporto de rendimento todas definidas pelo art. 3º da Lei 9.615 de 24 de março de 1998, tal como previsto pelo art. 2º da Lei 11.438/2006.

Assim, baseando-se na dicção do referido veículo normativo, tenhamos por *desporto educacional* aquele praticado por meio do sistema de ensino e formas assistemáticas de educação, evitando-se a seletividade e a hipercompetitividade de seus praticantes, com a finalidade de alcançar o desenvolvimento integral e a formação para a cidadania e o lazer.

Já o *desporto de participação*, por sua vez, é o realizado de modo voluntário, compreendendo as atividades desportivas praticadas com a finalidade de contribuir para a integração social dos praticantes e na promoção da saúde e da educação.

Ademais, ainda nos termos do referido dispositivo legal, consideremos que o *desporto de rendimento* é o praticado segundo as normas nacionais e internacionais, com objetivo de obter resultados e integrar pessoas e comunidades do país e estas com outras comunidades.

Poderão, ainda, receber os recursos, oriundos do incentivo, ora examinado, os projetos esportivos destinados a promover a inclusão social por meio do esporte, preferencialmente em comunidades de vulnerabilidade social.

A exemplo das deduções anteriormente mencionadas, o limite global de 6% (seis por cento) do total do IRPF devido, previsto no §1º do art. 80 do RIR/2018, aplicado a todos os benefícios a que vimos nos referindo, também deve ser

377. Deve-se levar em consideração que o ato de aprovação dos projetos somente terá eficácia após a publicação de ato oficial, contendo: o título do projeto aprovado, a instituição responsável, o valor autorizado para captação e o prazo de validade da autorização.

observado pelo contribuinte para fins de aproveitamento do benefício tratado no presente item.

A doação ou patrocínio poderá ser efetivado em bens ou numerários, sendo que, no segundo caso, os recursos deverão ser depositados e movimentados em conta bancária específica, no Banco do Brasil S.A. ou na Caixa Econômica Federal, que tenha como titular o proponente do projeto aprovado pelo Ministério do Esporte.

Para fins do benefício, patrocínio será a transferência gratuita, em caráter definitivo, ao proponente de numerário para a realização de projetos desportivos e paradesportivos, com finalidade promocional e institucional de publicidade, cobertura de gastos ou a utilização de bens, móveis ou imóveis, do patrocinador, sem transferência de domínio, para a realização de projetos desportivos e paradesportivos pelo proponente.

Já a doação é a transferência gratuita, em caráter definitivo, ao proponente de numerário, bens ou serviços para a realização de projetos desportivos e paradesportivos, desde que não empregados em publicidade, ainda que para divulgação das atividades objeto do respectivo projeto.

Não será possível a dedução dos valores destinados a patrocínio ou doação em favor de projetos que beneficiem pessoa vinculada ao doador ou patrocinador, considerando-se pessoa vinculada (art. 108, parágrafo único, do RIR/2018):

I - a pessoa jurídica da qual o patrocinador ou o doador seja titular, administrador, gerente, acionista ou sócio, na data da operação ou nos 12 (doze) meses anteriores;

II - o cônjuge, os parentes até o 3º (terceiro) grau, inclusive os afins, e os dependentes do patrocinador, do doador ou dos titulares, administradores, acionistas ou sócios de pessoa jurídica vinculada ao patrocinador ou ao doador; e

III - a pessoa jurídica coligada, controladora ou controlada, ou que tenha como titulares, administradores, acionistas ou sócios.

Não gera dedutibilidade, ainda, o pagamento de remuneração de atletas profissionais, nem tampouco, o pagamento de quaisquer despesas relativas à manutenção e organização de equipes desportivas ou paradesportivas profissionais de alto rendimento, ou de competições profissionais.

4.2.9.4 Do Pronon e do Pronas PCD

O Programa Nacional de Apoio à Atenção Oncológica – PRONON foi instituído com a finalidade de captar e canalizar recursos para a prevenção e o combate ao câncer, ao passo que o Pronas PCD é o Programa Nacional de Apoio à Atenção da Saúde da Pessoa com Deficiência.

Nesse sentido, nos termos do §3º do art. 4º da Lei 12.715, de 17 de setembro de 2012, a pessoa física poderá deduzir do imposto devido apurado na Declaração de Ajuste Anual, a partir do ano-calendário de 2012 até o ano-calendário de 2020, na qualidade de incentivadora, o valor total das doações e patrocínios despendidos no ano-calendário anterior, a que se refere a Declaração de Ajuste Anual, diretamente efetuados em prol de ações e serviços previamente aprovados pelo Ministério da Saúde, desenvolvidos por instituições no âmbito dos referidos programas. A dedução é apenas aplicável para quem opta pelo modelo de Declaração de Ajuste Anual com as deduções legais – e não pelo regime simplificado.

As deduções se limitam a 1% (um por cento) do imposto devido para o PRONON e 1% (um por cento) para o Pronas/PCD, não se submetendo ao limite global de 6% (seis por cento).

Ademais, há previsão de que o Ministério da Fazenda preveja um valor global máximo das referidas deduções, com base em percentual da renda tributável das pessoas físicas.

Para fins do abatimento, a legislação define patrocínio como "a prestação do incentivo com finalidade promocional", nos termos do §2º do art. 4º da lei anteriormente citada. Já doação, a partir de uma análise sistemática, pode ser definida como a entrega de recursos sem contraprestação ou caráter promocional, envolvendo: I – transferência de quantias em dinheiro; II – transferência de bens móveis ou imóveis; III – comodato ou cessão de uso de bens imóveis ou equipamentos; IV – realização de despesas em conservação, manutenção ou reparos nos bens móveis, imóveis e equipamentos, inclusive os referidos no item III; e V – fornecimento de material de consumo, hospitalar ou clínico, de medicamentos ou de produtos de alimentação.

A Instrução Normativa 1.311, de 28 de dezembro de 2012, previu, em seu art. 49-D, que a instituição apoiada com os recursos captados por meio do Pronon ou do Pronas/PCD deve emitir recibo em favor do doador ou patrocinador, assinado por pessoa competente, especificando: I – o número de ordem; II – o nome, o número de inscrição no CNPJ e o endereço do emitente; III – o nome e o número de inscrição no CPF do doador; IV – a data da doação e o valor recebido; V – o ano-calendário a que se refere a doação; VI – o ato do Ministério da Saúde que autorizou a captação de recursos. O referido recibo poderá ser emitido anualmente, desde que discrimine os valores doados mês a mês.

No caso de doação em bens, o comprovante deve conter a identificação dos bens, mediante descrição em campo próprio ou em relação anexa ao comprovante, informando também, se houve avaliação, o nome, o número de inscrição no CPF ou no CNPJ e o endereço dos avaliadores.

É preciso considerar que, no caso da doação de bens, o doador considerará como valor dos bens doados o constante da última declaração do imposto sobre a renda, sendo certo que a dedução não poderá ultrapassar o valor de mercado dos bens, tal como se depreende do §3º do art. 114 do RIR/2018.

4.2.9.5 Da contribuição patronal paga à Previdência Social pelo empregador do lar – até 2018

A pessoa física, até o exercício de 2019, ano-calendário de 2018, se empregador doméstico, pode deduzir do imposto apurado na Declaração de Ajuste Anual, a contribuição patronal paga à Previdência Social incidente sobre o valor da remuneração do empregado, ficando condicionada à comprovação da regularidade do empregador doméstico perante o Regime Geral de Previdência Social.

A dedução está limitada a 1 (um) empregado que trabalha no lar por declaração. Poderá ser deduzido o valor recolhido no ano-calendário a que se referir a declaração ou ao valor recolhido, na hipótese de pagamentos feitos proporcionalmente em relação ao período de duração do contrato de trabalho.

Não poderá exceder ao valor da contribuição patronal calculada sobre 1 (um) salário-mínimo mensal, sobre o décimo terceiro salário e sobre a remuneração adicional de férias, referidos também a 1 (um) salário-mínimo.

Em caso de recolhimento das contribuições em atraso, se os pagamentos forem efetivados no exercício das respectivas competências, as contribuições pagas podem ser aproveitadas para fins de incentivo do imposto sobre a renda, sendo que as multas e os juros não podem ser aproveitados para fins de dedução.

Por sua vez, se os pagamentos ocorrerem em exercícios seguintes às das respectivas competências, as contribuições pagas não poderão ser aproveitadas para fins de dedutibilidade.

Já no caso de contribuinte falecido (espólio), em havendo bens a inventariar, é permitida a dedução de contribuição paga até a data do trânsito em julgado da decisão judicial da partilha, sobrepartilha ou adjudicação dos bens inventariados, ao passo que na hipótese de não existirem bens a inventariar, somente é permitida a dedução de contribuição paga até a data do falecimento.

No Programa de Ajuste Anual, deverá ser informado pelo contribuinte: (I) – Número de Inscrição do Trabalhador (NIT) ou o Número do Programa de Integração Social (PIS) ou o Número do Programa de Formação do Patrimônio do Servidor Público (Pasep); (II) nome completo e o número de inscrição no CPF do empregado doméstico; (III) valor pago, relativo à contribuição patronal recolhida pelo empregador doméstico; o valor não dedutível da contribuição patronal recolhida.

Convém assinalar que a comprovação do recolhimento da Contribuição à Previdência Social será feita por meio de Guias da Previdência Social (GPS), bem como do vínculo empregatício registrado em Carteira de Trabalho e Previdência Social (CTPS), sendo que todos os comprovantes deverão ser guardados no prazo decadencial.

Nunca é demais lembrar que tal dedução não é possível caso o contribuinte tenha optado pelo chamado desconto simplificado.

4.2.9.6 Tabela de limites aplicáveis

Conforme verificamos em itens anteriores, alguns benefícios estão enquadrados em um limite global de 6% (seis por cento) do IRPF devido e outros se submetem a limites individuais.

O limite global importa que o valor total dos diversos tipos de benefícios submetidos a essa restrição não pode ultrapassar 6% do IRPF devido. A título de exemplo, suponhamos que o contribuinte efetive doação de 1% (um por cento) do IRPF devido aos Fundos de Crianças e Adolescentes e 6% (seis por cento) para incentivos às atividades culturais e artísticas. Ora, nessa hipótese, o valor global será de 7% (sete por cento), ultrapassando o limite estipulado pela legislação de sorte que o contribuinte ficará inviabilizado de se aproveitar dessa quantia excedente.

Abaixo, há um quadro discriminativo dos limites aplicáveis a cada benefício:

Benefício	**Limite global**	**Limite específico**
Fundos de Criança e Adolescentes	6% do IRPF devido;	3% do IRPF devido caso a doação seja no exercício da entrega da declaração

Incentivos às atividades culturais e artísticas	6% do IRPF devido;	80% das doações e 60% dos patrocínios nos seguintes projetos: I –os apresentados por pessoas físicas ou pessoas jurídicas, de natureza cultural para fins de incentivo, que tenham por objetivo desenvolver as formas de expressão, os modos de criar e fazer, os processos de preservação e proteção do patrimônio cultural brasileiro e os estudos e métodos de interpretação da realidade cultural, bem como que contribuam para propiciar meios à população em geral e que permitam o conhecimento dos bens de valores artísticos e culturais, compreendendo, entre outros, os seguintes segmentos: a) teatro, dança, circo, ópera, mímica e congêneres; b) produção cinematográfica, videográfica, fotográfica, discográfica e congêneres, desde que beneficiem, exclusivamente, às produções independentes; c) literatura, inclusive obras de referência– e música; d) artes plásticas, artes gráficas, gravuras, cartazes, filatelia e outras congêneres; e) folclore e artesanato; f) patrimônio cultural, inclusive histórico, arquitetônico, arqueológico, bibliotecas, museus, arquivos e demais acervos; g) humanidades; e h) rádio e televisão, educativas e culturais, de caráter não comercial. II –100% das doações e os patrocínios na produção cultural, exclusivos dos segmentos de: a) artes cênicas; b) livros de valor artístico, literário ou humanístico; c) música erudita ou instrumental; d) exposições de artes visuais; e) doações de acervos para bibliotecas públicas, museus, arquivos públicos e cinematecas, bem como treinamento de pessoal e aquisição de equipamentos para a manutenção desses acervos; f) produção de obras cinematográficas e videofonográficas de curta e média metragem e preservação e difusão do acervo audiovisual; g) preservação do patrimônio cultural material e imaterial; h) construção e manutenção de salas de cinema e teatro, que poderão funcionar também como centros culturais comunitários, em municípios com menos de 100.000 (cem mil) habitantes.

Incentivos às atividades audiovisuais	6% do IRPF devido	-
Doações a Fundos de Idosos	6% do IRPF devido	-
Projetos Desportivos e Paradesportivos	6% do IRPF devido	-
Do Pronon e do Pronas PCD	-	1% do IRPF devido para cada um, podendo ser estabelecido limite global pelo Ministério da Fazenda
Da Contribuição Patronal paga à Previdência Social pelo empregador doméstico (até ano-calendário 2.018)	Valor do IRPF devido e do valor total apurado na Declaração de Ajuste Anual, já deduzido o valor dos demais benefícios sujeitos ao limite global de 6% (seis por cento) do IRPF devido.	a) Limite de 1 (um) empregado doméstico por declaração, inclusive no caso da declaração em conjunto; b) Limitado ao valor recolhido no ano-calendário a que se referir a declaração; c) Limitado aovalor recolhido, na hipótese de pagamentos feitos proporcionalmente em relação ao período de duração do contrato de trabalho; d) Não poderá exceder ao valor da contribuição patronal calculada sobre 1 (um) salário-mínimo mensal, sobre o décimo-terceiro salário e sobre a remuneração adicional de férias, relativa a um salário mínimo.

4.2.10 Outros valores dedutíveis do imposto devido e da data de pagamento

Além dos valores acima mencionados, o contribuinte poderá deduzir valores que, por determinação de legislação já foram antecipados ao longo do período de apuração.

Aliás, é justamente por isso que se trata de IRPF-Ajuste Anual: faz-se um ajuste para se identificar o valor devido e apurar-se o que já foi pago, a fim de se identificar se há saldo a pagar ou a restituir.

Assim, valores retidos na fonte a título de antecipação do imposto devido, ou pagos pelo próprio contribuinte a título de carnê-leão devem ser deduzidos do *quantum* a ser pago para a União, sob pena de se incorrer em bitributação.

Examinaremos nos próximos capítulos de maneira mais detida essas hipóteses de dedução do imposto devido.

De qualquer sorte, vale apontar que uma vez apurado o IRPF, ou bem o contribuinte não tem nada a pagar e nada a receber por conta dos adiantamentos e deduções do imposto devido; ou bem tem saldo a receber, por conta dos adiantamentos; ou bem tem saldo a pagar, por não ter antecipado valor suficiente.

Caso haja saldo a pagar, o pagamento deve ser efetivado até o último dia útil do mês fixado para a entrega de declaração de ajuste anual.

4.2.11 Síntese da regra-matriz do IRPF – Ajuste conforme legislação federal

HIPÓTESE DE INCIDÊNCIA E CONSEQUENTE

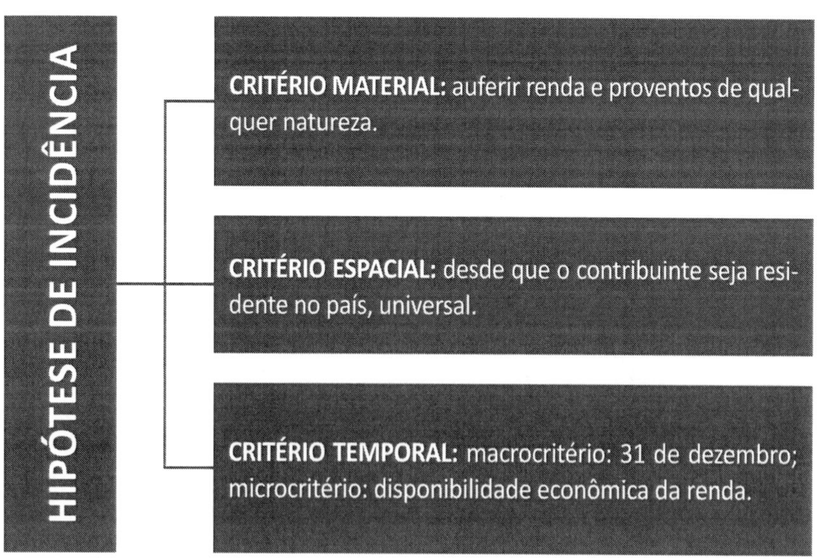

CONSEQUENTE

CRITÉRIO QUANTITATIVO:

BASE DE CÁLCULO: valor recebido substraído dos abatimentos previstos na legislação.

ALÍQUOTA: vide tabela infra.

SUJEITO ATIVO: não

SUJEITO PASSIVO: titular da renda e proventos de qualquer natureza.

Base de cálculo anual em R$	Alíquota %	Parcela a deduzir do imposto em R$
Até 22.847,76	-	-
De 22.847,77 até 33.919,80	7,5	1.713,58
De 33.919,81 até 45.012,60	15	4.257,57
De 45.012,61 até 55.976,16	22,5	7.633,51
Acima de 55.976,16	27,5	10.432,32

5. DO IMPOSTO RETIDO NA FONTE OU PAGO PELO CONTRIBUINTE: ANTECIPAÇÃO DO DEVIDO

5.1 Considerações iniciais

Conforme discorrido, o Imposto Sobre a Renda Pessoa Física incide em 31 de dezembro de cada ano. Contudo, a legislação prevê um pagamento antecipado, antes mesmo da concretização do macrocritério temporal da regra-matriz de incidência tributária.

O pagamento antecipado será, posteriormente, deduzido do imposto devido no final do período de apuração.

Interessante notar que, uma vez efetivada a retenção na fonte, nasce o direito subjetivo do contribuinte de efetivar a redução acima indicada, ainda que a fonte pagadora não tenha pagado o imposto. É o que se depreende do Parecer Normativo COSIT n. 01 de 24 de setembro de 2002, conforme trecho a seguir indicado:

> IRRF RETIDO E NÃO RECOLHIDO. RESPONSABILIDADE E PENALIDADE.
>
> Ocorrendo a retenção e o não recolhimento do imposto, serão exigidos da fonte pagadora o imposto, a multa de ofício e os juros

> de mora, devendo o contribuinte oferecer o rendimento à tributação e compensar o imposto retido

Apesar disso, por vezes, no campo pragmático, o contribuinte tem seu direito à dedução tolhido por falta de pagamento de IRRF pela fonte pagadora. No meu ponto de vista, trata-se de uma violação ao devido processo legal, porque caberia à União exigir o tributo da fonte pagadora, por meio do procedimento apropriado que é a execução fiscal.

Em recente julgado, a 2ª Turma da Câmara Superior de Recursos Fiscais confirmou o entendimento de que uma vez sofrida a retenção na fonte, cabe ao contribuinte deduzir tal quantia retida do IRPF devido no final do período de apuração, ainda que o imposto não tenha sido pago pela fonte pagadora. Veja-se:

> Processo nº 13807.008785/2009-71 Recurso Especial do Procurador Acórdão nº 9202-010.072 – CSRF / 2ª Turma Sessão de 29 de outubro de 2021 Recorrente FAZENDA NACIONAL ASSUNTO: IMPOSTO SOBRE A RENDA DE PESSOA FÍSICA (IRPF) Exercício: 2005 IRRF. RENDIMENTOS RECEBIDOS EM DECORRÊNCIA DE AÇÃO TRABALHISTA. LIBERAÇÃO DE DEPÓSITO JUDICIAL AO RECLAMADO COM DESCONTO DO IMPOSTO. RESPONSABILIDADE DA FONTE PAGADORA. Tendo o contribuinte recebido, mediante liberação de depósito judicial, rendimentos decorrentes de ganho de causa em ação trabalhista, com desconto do valor correspondente ao IRRF, o qual deveria ser recolhido pela fonte pagadora, faz jus à compensação do respectivo valor da DAA e, sendo o caso, à sua restituição

Em seu voto, o Ilustre Conselheiro Relator Pedro Paulo Pereira Barbosa apontou, à fl. 88, com muita precisão:

> Fica claro, portanto, que a contribuinte sofreu a retenção do imposto e que o Juiz determinou ao reclamado o seu recolhimento aos cofres da União. Se tal recolhimento não foi feito, o crédito deveria ter sido exigido da fonte pagadora, no caso, o reclamante. Ante o exposto, conheço do Recurso Especial da Procuradoria e, no mérito, nego-lhe provimento.

Agora, no regime jurídico de antecipação, tal pagamento antecipado pode se efetivar pela chamada retenção na fonte pagadora do rendimento ou mediante pagamento do próprio contribuinte, conforme o caso.

Nesse ínterim, passaremos a examinar o regime jurídico que regula a retenção na fonte para em seguida tratarmos do recolhimento efetivado pelo próprio contribuinte.

5.2 Retenção na fonte

5.2.1 Critério material

O critério material do Imposto Sobre a Renda Retido na Fonte ("IRRF"), na modalidade de antecipação do IRPF devido, será (i) a pessoa jurídica pagar rendimentos à pessoa física, nos casos em que não há previsão de retenção exclusiva na fonte, nos termos do art. 7º, inciso II, da Lei 7.713/88 ou (ii) a pessoa física ou jurídica pagar rendimentos provenientes do trabalho assalariado a outra pessoa física, nos termos do art. 7º, inciso I, da mesma Lei.[378]

Observando tal regra geral, a legislação exemplifica certas classes de rendimentos que estarão sujeitas a essa sistemática de recolhimento, que poderão ser encontradas pelo

378. Seria possível cogitar que o critério material da norma, na realidade, seria o contribuinte "perceber rendimentos oriundos de pagamentos ou créditos de pessoas jurídicas, não sujeitos à retenção exclusiva na fonte ou oriundos de pagamentos de pessoas físicas ou jurídicas provenientes do trabalho assalariado". Como bem dito pela Professora Marina Figueiredo, em banca de qualificação de Mestrado da Pontifícia Universidade Católica de São Paulo ocorrida em 09/02/2022, tem-se que o contribuinte é o autor do "verbo" inserido no critério material da norma, de modo que seria defensável, do ponto de vista científico, que o critério material descrevesse um comportamento atribuível ao contribuinte. Apesar desse argumento, o art. 7º, inciso I e II da Lei 7.713/88 utiliza os termos "pagamento" e "crédito", o que nos parece destacar mais a conduta da fonte pagadora (de pagar ou creditar) do que a do contribuinte (de receber). Assim, vamos manter, neste momento, o critério material composto pelo verbo "pagar", mas deixamos a advertência, acima mencionada, para suscitar meditações sobre o tema. Outro alerta é que deixamos de incluir o termo "creditar" no critério material por conta da previsão do parágrafo único do art. 3º da Lei 9.250/95, conforme será explanado, de modo mais detido, no item 5.2.3.

leitor nos arts. 677 e seguintes do RIR/2018, que consolidam diversos artigos da legislação federal.

Assim, o art. 678 do RIR/2018 trata da remuneração indireta dos administradores, indicando diversas vantagens que devem integrar a base imponível da retenção. Verificamos de modo mais detido a remuneração indireta quando tratarmos da base de cálculo da retenção.

Já o art. 680 do RIR/2018 prescreve que os rendimentos isentos não ficam sujeitos ao IRRF, conferindo racionalidade à sistemática. Efetivamente, não haveria sentido adiantar o pagamento de um imposto sobre valores que não integrarão a base de cálculo do IRPF Ajuste Anual.

O art. 681 do RIR/2018, por sua vez, determina que os rendimentos do trabalho assalariado pagos ou creditados pela pessoa física ou jurídica ficam sujeitos à retenção pela tabela progressiva na fonte, ao passo que o art. 682 determina que os rendimentos relativos às férias ficarão sujeitos a uma retenção em separado dos demais rendimentos, como veremos melhor no item atinente à base de cálculo do IRRF.

Ademais, o art. 683 do mesmo Regulamento rege a retenção incidente na participação dos trabalhadores nos lucros das pessoas jurídicas. Esses valores sofrem retenção exclusiva na fonte que será examinada, oportunamente, no presente livro.

Avancemos. O art. 684 do RIR/2018 prescreve, expressamente, que haverá incidência do IRRF no caso das pessoas físicas residentes no país que recebam rendimentos de trabalho assalariado, em moeda estrangeira, de autarquias ou repartições do governo brasileiro, situadas no exterior.

Já os arts. 685 a 687 tratam da remuneração não assalariada, que também fica sujeita ao IRRF pela tabela progressiva, a título de adiantamento do IRPF. Enquanto o art. 685 trata, genericamente, da remuneração não assalariada, o art. 686 determina a incidência da retenção para serviços de transporte, ao passo que o art. 687 prescreve que os rendimentos da atividade de garimpo também se submetem à sistemática da retenção na fonte, ora examinada. A descrição das atividades de transporte e garimpo submetidas ao IRRF serão mais bem descritas na lista exemplificativa ao término do presente item.

Ademais, também há previsão de incidência do IRRF para o pagamento de *royalties* e aluguéis às pessoas físicas por pessoas jurídicas, como preveem os arts. 688 e 689 do RIR/2018

Estarão, ainda, sujeitos à incidência da retenção na fonte, ora examinada, os pagamentos de rendimentos realizados por entidades de previdência privada, inclusive o resgate de contribuições, bem como resgates de fundos de Fundo de Aposentadoria Programada Individual – FAPI, sem prejuízo da opção do contribuinte de que tais rendimentos sejam pagos mediante retenção exclusiva na fonte, como veremos no próximo capítulo.

Além disso, submetem-se à incidência do IRRF cobrado como antecipação:

(i) interesses e demais rendimentos de partes beneficiárias;

(ii) rendimentos pagos aos sócios ou ao titular da microempresa e empresa de pequeno porte, correspondente a *pró-labore*, aluguéis ou serviços;

(iii) remunerações, gratificações e participações no resultado de administradores, sócios, conselheiros e dirigentes de pessoas jurídicas;

(iv) rendimentos pagos por pessoas jurídicas a pessoas físicas pela prestação de serviços de transporte, em veículo próprio, locado ou adquirido com reserva de domínio ou alienação fiduciária;

(v) rendimentos percebidos por garimpeiros na venda, a empresas legalmente habilitadas, de metais preciosos, pedras preciosas e semipreciosas, por eles extraídos;

(vi) valores recebidos em decorrência de cobertura por sobrevivência em apólices de seguros de vida e rendimentos auferidos no resgate de valores acumulados em provisões técnicas referentes a coberturas por sobrevivência de seguros de vida;

(vii) por opção do contribuinte, os chamados rendimentos recebidos acumuladamente, decorrentes de ações judiciais, sofrerão retenção que se qualifica ou como rentenção exclusiva na fonte ou como retenção considerada antecipação do IRPF Ajuste Anual; e

(viii) demais rendimentos pagos por pessoa jurídica a pessoa física, para os quais não haja incidência específica e não estejam incluídos entre aqueles tributados exclusivamente.

5.2.2 Critério espacial

Quando examinamos o critério espacial do IRPF, vimos que ele se bifurca em duas situações alternativas, de sorte que se a pessoa física for residente no país, o critério espacial abrangerá alcance universal, e se a pessoa física for residente no exterior, incidirá o IR sobre o valor dos rendimentos percebidos no país. Neste último caso, contudo, a tributação é submetida a regime jurídico distinto, como veremos no próximo capítulo.

No caso do IRRF incidente a título de antecipação do IRPF devido, o critério espacial se vincula à localização da fonte e o local da residência do beneficiário.

Tenhamos por fonte, nesse caso, a (i) pessoa que se beneficia do trabalho do contribuinte, ou (ii) que lhe deve rendimento oriundo do capital, ou proventos.

Muito bem, o critério espacial, no tocante à localização da fonte, exigirá que esteja situada no território nacional, salvo o caso de contribuintes residentes que recebem de autarquias ou de repartições do governo brasileiro situadas no exterior.

Mas, além da fonte, é preciso que o beneficiário do rendimento também seja residente no Brasil, para que a retenção, ora incidente, seja aplicável. Caso contrário, e desde que o rendimento seja oriundo do país, incidirá IRRF, mas não a título de antecipação do imposto devido e sim a título de tributação definitiva, como veremos oportunamente.

5.2.3 Critério temporal

Nos termos do art. 3º, parágrafo único, da Lei 9.250/95, o IRRF incidirá no momento do pagamento. Entendemos que dessa regra seja possível inferir (a) o direito de a fonte efetivar a retenção do valor a ser recolhido e (b) o dever de efetivar o pagamento do IRPF, no prazo legal.

Interessante notar, porém, que o art. 7º, inciso I, da Lei 7.713/88 prevê que os rendimentos pagos ou creditados por pessoas físicas ou pessoas jurídicas e demais rendimentos pagos ou creditados por pessoas físicas ou jurídicas que não estejam submetidos à incidência do IRRF – Tributação Exclusiva na Fonte ficam sujeitos ao IRRF como antecipação do imposto devido.

O § 1º de tal dispositivo prevê que o imposto a que se refere o referido artigo será retido por ocasião de cada pagamento ou crédito e, se houver mais de um pagamento ou crédito, pela mesma fonte pagadora, aplicar-se-á a alíquota correspondente à soma dos rendimentos pagos ou creditados à pessoa física no mês, a qualquer título.

Quando a legislação utiliza o termo "crédito", entendo que se trata do lançamento contábil da obrigação de pagar a remuneração na contabilidade da pessoa jurídica.

Lembrando-se que na contabilidade, a pessoa jurídica registra direitos e bens no ativo e obrigações no passivo. Há uma técnica denominada "partidas dobradas" que parte da ideia de equilíbrio no balanço, pois, em termos contábeis, o conjunto de bens e direitos de uma pessoa jurídica – ativo – deve corresponder à soma das obrigações incorridas pela pessoa jurídica tem de obrigações – passivos – com o patrimônio líquido – que representa a diferença entre ativo e passivo.

Contrariando o senso comum, o lançamento de novos direitos e bens no ativo é efetivado por meio de um "débito", ao passo que o lançamento de novas obrigações no passivo é computado por um "crédito"; já as receitas são registradas por créditos e as despesas por débitos. A técnica das partidas dobradas vai no sentido de que cada crédito deve corresponder a um débito, de mesmo valor.

Nesse sentido, havendo a obrigação de pagar a remuneração, deve haver o registro de um crédito em contas do passivo e um débito para registrar uma despesa.

É isso o que entendo quando os incisos I e II, do art. 7º, Lei 7.713/88 determinam que o IRRF deve ser efetivado mediante o pagamento ou "crédito", isto é, o crédito no passivo registrado na contabilidade da pessoa jurídica. Note-se que, em termos cronológicos, é razoável supor que o "crédito" ocorre em momento distinto do "pagamento", eis que não se confunde o surgimento de uma obrigação com o momento de seu adimplemento.

Noto uma antinomia, assim, entre a dicção do art. 3º, parágrafo único, da Lei 9.250/95, que prescreve que o imposto é calculado sobre os rendimentos efetivamente recebidos em cada mês com o art. 7º da Lei n. 7.713/88 que prescreve que o mero crédito já fica sujeito ao IRRF.

Essa antinomia legislativa foi transferida para o RIR/2018, pois enquanto o § 1º do art. 677 prescreve que o IRRF é calculado sobre os rendimentos efetivamente recebidos em cada mês, o art. 681 do RIR/2018 fala que o IRRF incide sobre "rendimentos pagos ou creditados".

Em termos acadêmicos, penso que se há antinomia entre o art. 7º da Lei 7.713/88 e o parágrafo único do art. 3º da Lei n. 9.250/95 tal incompatibilidade deve ser superada pelos critérios clássicos de solução de antinomias. Em sendo os dispositivos de mesma hierarquia – lei ordinária – e mesmo grau de especialidade, prevalece a disposição mais recente, como determina o § 1º do art. 2º do Decreto-lei 4.657 de 04 de setembro de 1942 – Lei de Introdução às Normas do Direito Brasileiro – LINDB.

Em consulta ao Manual do Imposto Sobre a Renda Retido na Fonte – MAFON 2019,[379] noto que ao tratar do código de recolhimento 0561 – rendimento do trabalho assalariado – indica-se que o fato gerador é o "pagamento"; o mesmo se efetiva quando o referido Manual trata do código 0588 – Rendimentos do Trabalho Sem Vínculo Empregatício.

Portanto, entendo que, em que pese a previsão do art. 681 do RIR/2018 e do art. 7º da Lei 7.713/88, há boas razões para se sustentar que o critério temporal do IRRF como antecipação do devido do IRPF é o momento do pagamento dos rendimentos.

Agora, no caso de adiantamentos, a retenção incidirá no momento em que for pago o valor integral devido ao beneficiário. Porém, na hipótese de o valor devido não ser pago integralmente no próprio mês, o IRRF incidirá imediatamente sobre o adiantamento.

Vale apontar que o art. 678, §2º, do RIR/2018 considera adiantamento, qualquer valor fornecido ao beneficiário, pessoa física, mesmo a título de empréstimo, quando não haja previsão, cumulativa, de cobrança de encargos financeiros, forma e prazo de pagamento.

5.2.4 Base de cálculo

5.2.4.1 Aspectos genéricos

A base de cálculo do IRRF é a diferença ente o valor dos rendimentos brutos pagos ao beneficiário e os valores dedutíveis, previstos pela legislação, nos termos do art. 4º da Lei 9.250/95.

Neste item trataremos sobre os recebimentos, bem como sobre algumas disposições específicas de apuração, ao passo que, no próximo item, examinaremos as hipóteses de abatimentos.

Como regra geral, estão sujeitos à tributação na fonte, pela tabela progressiva a título de antecipação do imposto

379. http://receita.economia.gov.br/acesso-rapido/tributos/arquivos-tributos/mafon-2019-v1-2.pdf. Consulta: 22/02/2020.

devido, todos os rendimentos pagos por pessoa jurídica à pessoa física, a que não haja incidência específica e não estejam incluídos entre aqueles tributados exclusivamente na fonte.

A legislação expressamente prevê que ficam sujeitos à incidência do imposto na fonte, com aplicação de tabela progressiva, os rendimentos do trabalho assalariado pago por pessoas físicas ou jurídicas.

No caso das férias, a apuração do imposto mensal será efetivada separadamente dos demais rendimentos, com base na tabela progressiva, admitidas as deduções previstas na legislação vigente. Contudo, note-se que, na tributação anual, os rendimentos oriundos de férias compõem a base de cálculo em conjunto com os demais rendimentos.

Disposição semelhante vigorava para a Participação nos Lucros e Resultados que, recentemente, passou a ser tributada como tributação exclusiva na fonte, como veremos adiante.

Ademais, cabe notar que são considerados rendimentos pagos ao beneficiário, a título de remuneração indireta:

I - a contraprestação de arrendamento mercantil ou o aluguel ou, quando for o caso, os respectivos encargos de depreciação:

a) de veículo utilizado no transporte de administradores, diretores, gerentes e seus assessores ou de terceiros em relação à pessoa jurídica;

b) de imóvel cedido para uso de qualquer pessoa dentre as referidas na alínea precedente;

II - as despesas com benefícios e vantagens concedidos pela empresa a administradores, diretores, gerentes e seus assessores, pagos diretamente ou através da contratação de terceiros, tais como:

a) a aquisição de alimentos ou quaisquer outros bens para utilização pelo beneficiário fora do estabelecimento da empresa;

b) os pagamentos relativos a clubes e assemelhados;

c) o salário e respectivos encargos sociais de empregados postos à disposição ou cedidos, pela empresa, a administradores, diretores, gerentes e seus assessores ou de terceiros.

d) a conservação, o custeio e a manutenção dos bens referidos no inciso I.

Para fins de apuração da base de cálculo, há previsão, em algumas situações, de que sobre os rendimentos brutos sejam aplicados certos percentuais, de tal sorte que apenas parcela dos valores percebidos pelos contribuintes é oferecida à tributação.

Assim, no caso de serviços de transporte, seja em veículo próprio, locado ou adquirido com reserva de domínio ou alienação fiduciária, o IRRF incidirá 10% (dez por cento) do rendimento bruto, decorrente do transporte de carga e serviços trator, máquina de terraplenagem, colheitadeira, assemelhados e 60% (sessenta por cento) do rendimento bruto decorrente do transporte de pessoas.

Já no caso de rendimentos recebidos por garimpeiros, são tributados 10% (dez por cento) dos rendimentos percebidos.

Além disso, para os ausentes no exterior a serviço do país, os rendimentos pagos em moeda estrangeira são convertidos ao real, por meio da utilização do valor do dólar dos Estados Unidos da América, estabelecido para compra pelo Banco Central do Brasil para o último dia da primeira quinzena do mês anterior ao pagamento do rendimento.

Interessante notar que apesar de permitir as deduções típicas previstas para retenção na fonte, que discutiremos no próximo item, o §3° do art. 5° da Lei 9.250/95, prevê que as pessoas físicas computarão, na determinação da base de cálculo, 25% (vinte e cinco) por cento do total de rendimentos do trabalho assalariado. A mesma regra vale para o IRPF Anual, que estudamos anteriormente.

Convém acrescentar, por fim, que, no caso dos aluguéis, os seguintes descontos serão permitidos para fins de apuração da base de cálculo da retenção na fonte:

I - o valor dos impostos, taxas e emolumentos incidentes sobre o bem que produzir o rendimento;

II - o aluguel pago pela locação do imóvel sublocado;

III - as despesas para cobrança ou recebimento do rendimento; e

IV - as despesas de condomínio.

5.2.4.2 *Valores dedutíveis*

Para fins de apuração da base de cálculo do IRRF, os seguintes valores poderão ser deduzidos:

I - importâncias pagas a título de pensão alimentícia em face das normas do Direito de Família, quando em cumprimento de decisão ou acordo judicial ou por escritura pública, inclusive a prestação de alimentos provisionais, referente à separação consensual e o divórcio consensual, por escritura pública;[380]

---

380. Registre-se que:
(i) as importâncias pagas relativas ao suprimento de alimentos, em face do Direito de Família, serão aquelas em dinheiro e somente a título de prestação de alimentos provisionais ou a título de pensão alimentícia;
(ii) tratando-se de sociedade conjugal, a dedução somente se aplica quando o provimento de alimentos for decorrente da dissolução daquela sociedade;
(iii) não alcança o provimento de alimentos decorrente de sentença arbitral, de que trata a Lei nº 9.307, de 23 de setembro de 1996.
(iv) a partir do momento em que realizada, o mesmo beneficiário não pode ser deduzido como dependente.
(v) O valor da pensão não deduzido no mês do pagamento, poderá sê-lo no mês subsequente.
(vi) caberá ao prestador da pensão fornecer o comprovante do pagamento à fonte pagadora, quando esta não for responsável pelo desconto.
(vii) Não se caracterizam como pensão alimentícia nem são dedutíveis da base de cálculo mensal as importâncias pagas a título de despesas médicas e de educação dos alimentandos, ainda que realizadas pelo alimentante em decorrência de cumprimento de decisão judicial ou de acordo homologado judicialmente, ou de

II - a quantia de R$ 189,59 (cento e oitenta e nove reais e cinquenta e nove centavos) por dependente, a partir do ano-calendário 2015;

III - as contribuições para a Previdência Social da União, dos Estados, do Distrito Federal e dos Municípios;

IV - as contribuições para as entidades de previdência privada domiciliadas no Brasil, cujo ônus tenha sido do contribuinte, destinadas a custear benefícios complementares assemelhados aos da Previdência Social;[381]

V - as contribuições para as entidades fechadas de previdência complementar de natureza pública de que trata o § 15 do art. 40 da Constituição Federal, cujo ônus tenha sido do contribuinte, destinadas a custear benefícios complementares assemelhados aos da Previdência Social, limitadas à alíquota de contribuição do ente público patrocinador, sendo o valor excedente sujeito ao limite conjunto previsto pelo art. 11 da Lei 9.532/97).

---

escritura pública a que se refere o art. 733 da Lei nº 13.105, de 2015 - Código de Processo Civil (Lei nº 9.250, de 1995, art. 4º e art. 8º, § 3º). Tais despesas, porém, poderão ser deduzidas pelo alimentante na determinação da base de cálculo do imposto sobre a renda na declaração de ajuste anual, a título de despesa médica ou de despesa com educação, de acordo com o disposto nos art. 73 e art. 74 do RIR/2018 , desde que realizadas pelo alimentante em decorrência de cumprimento de decisão judicial ou de acordo homologado judicialmente, ou de escritura pública a que se refere o art. 733 da Lei nº 13.105, de 2015 - Código de Processo Civil (Lei nº 9.250, de 1995, art. 8º, § 3º).

381. Nos termos do parágrafo único do artigo 67 do RIR/2018, dedução permitida pelo inciso II do *caput* (item III acima) aplica-se exclusivamente à base de cálculo relativa aos seguintes rendimentos, assegurada, nas demais hipóteses, a dedução dos valores pagos a esse título, por ocasião da apuração da base de cálculo do imposto devido no ano-calendário, conforme disposto na alínea "e" do inciso II do *caput* do art. 8º da Lei nº 9.250, de 1995 (Lei nº 9.250, de 1995, art. 4º, parágrafo único; Lei nº 9.532, de 1997, art. 11):
I - do trabalho com vínculo empregatício ou de administradores; e
II - proventos de aposentados e pensionistas, quando a fonte pagadora for responsável pelo desconto e pelo pagamento das contribuições previdenciárias.

VI - quantia correspondente à parcela isenta dos rendimentos provenientes de aposentadoria e pensão, de transferência para a reserva remunerada ou de reforma, pagos pela previdência social da União, dos Estados, do Distrito Federal e dos Municípios, por qualquer pessoa jurídica de direito público interno ou por entidade de previdência privada, a partir do mês em que o contribuinte completar sessenta e cinco anos de idade, de (Lei 9.250/95, art. 4º, *caput* e inciso VI):

a) R$ 1.499,15 (um mil, quatrocentos e noventa e nove reais e quinze centavos), por mês, para o ano-calendário de 2010 e para os meses de janeiro a março do ano-calendário de 2011 (Lei 9.250/95, art. 4º, *caput,* inciso VI, alínea "d");

b) R$ 1.566,61 (um mil, quinhentos e sessenta e seis reais e sessenta e um centavos), por mês, para os meses de abril a dezembro do ano-calendário de 2011 (Lei 9.250/95, art. 4º, *caput,* inciso VI, alínea "e");

c) R$ 1.637,11 (um mil, seiscentos e trinta e sete reais e onze centavos), por mês, para o ano-calendário de 2012 (Lei 9.250/95, art. 4º, *caput,* inciso VI, alínea "f");

d) R$ 1.710,78 (um mil, setecentos e dez reais e setenta e oito centavos), por mês, para o ano-calendário de 2013 (Lei 9.250/95, art. 4º, *caput,* inciso VI, alínea "g");

e) R$ 1.787,77 (um mil, setecentos e oitenta e sete reais e setenta e sete centavos), por mês, para o ano-calendário de 2014 e para os meses de janeiro a março do ano-calendário de 2015 (Lei 9.250/95, art. 4º, *caput,* inciso VI, alínea "h"); e

f) R$ 1.903,98 (um mil, novecentos e três reais e noventa e oito centavos), por mês, a partir do mês de abril do ano-calendário de 2015 (Lei 9.250/95, art. 4º, *caput,* inciso VI, alínea "i").

5.2.5 Alíquota

Uma vez apurada a base de cálculo do IRRF, o resultado deverá ser tributado mediante a aplicação da tabela progressiva do imposto.

A tabela aplicável a partir do ano-calendário de 2015 é a seguinte:

Base de cálculo mensal em R$	Alíquota %	Parcela a deduzir do imposto em R$
Até 1.903,98	-	-
De 1.903,99 até 2.826,65	7,5	142,80
De 2.826,66 até 3.751,05	15,0	354,80
De 3.751,06 até 4.664,68	22,5	636,13
Acima de 4.664,68	27,5	869,36

5.2.6 Critério pessoal

A sujeição ativa da norma atinente à retenção na fonte é a União.

Já o sujeito passivo da norma de antecipação do imposto devido na retenção na fonte é a fonte pagadora. Isso não significa que a fonte pagadora arque com o ônus econômico desse imposto, que ficará a cargo do contribuinte. Porém, a fonte pagadora paga o imposto em seu próprio nome e poderá responder em caso de não recolhimento.

Sobre esse tema, vale indicar que o Parecer Normativo 01/2002 que prevê, com muita propriedade, as hipóteses de responsabilidade da fonte pagadora.

Assim, nos termos do referido Parecer Normativo, a fonte pagadora é responsável pela retenção do imposto, podendo ser cobrada pelo imposto que deveria ser por ela retido e recolhido, até o prazo de apresentação da Declaração de Ajuste Anual, pelo contribuinte.

Se a retenção na fonte não for efetivada, e o imposto não for recolhido até 30 de abril do exercício seguinte, não se poderá cobrar o imposto da fonte pagadora, conforme prescreve o artigo do referido Parecer Normativo. A previsão é consistente com o regime jurídico do imposto porque o IRRF não passa de uma antecipação do IRPF incidente em 31 de dezembro de cada ano. Uma vez incidente o IRPF, não há mais sentido se falar em antecipação do tributo devido.

Sem a retenção na fonte, a pessoa física não fará jus a crédito a ser compensado com o IRPF por ela devido. Nesses termos, caberá a ela pagar o imposto devido, sem a dedução do valor que deixou de ser adiantado.

Isso não significa que a fonte pagadora esteja de isenta de sanções. De fato, poderá arcar com multa de ofício caso deixe de informar e recolher o valor adequado à Secretaria Especial da Receita Federal do Brasil, ao passo que na hipótese da retenção e não pagamento estará sujeita, em tese, ao possível crime de apropriação indébita.

Sobre o tema da multa atribuível à fonte pagadora, porém, há divergência digna nota. Para se compreendê-la, interessante notar que o art. 9º da Lei 10.426/2002, com a redação dada pela Lei 11.488/2007 prescreve o seguinte:

> Art. 9º. Sujeita-se à multa de que trata o inciso I do *caput* do art. 44 da Lei nº 9.430, de 27 de dezembro de 1996, duplicada na forma de seu § 1º, quando for o caso, a fonte pagadora obrigada a reter imposto ou contribuição no caso de falta de retenção ou recolhimento, independentemente de outras penalidades administrativas ou criminais cabíveis.
>
> Parágrafo único. As multas de que trata este artigo serão calculadas sobre a totalidade ou diferença de tributo ou contribuição que deixar de ser retida ou recolhida, ou que for recolhida após o prazo fixado.

O dispositivo, porém, gera controvérsias, especialmente, por questões comparativas entre a redação anterior e atual do enunciado prescritivo acima citado. Explico.

Como já esclarecido, a atual redação do artigo de lei, retrotranscrito, é dada pela Lei 11.488/2007. Ocorre que a referida lei alterou tanto a redação do art. 9º da Lei 10.426/2002, acima citada, como a redação do art. 44 da Lei 9.430/96, acarretando disputas sobre a aplicabilidade da penalidade.

De fato, a redação anterior do art. 44 da Lei 9.430/96 previa, em seus incisos I e II, multa de ofício de 75% (codenta e cinco) por cento e multa qualificada, de 150% (cento e cinquenta por cento), nas hipóteses legais, que poderiam ser aplicadas, inclusive, de modo isolado, caso o tributo tivesse sido pago com atraso sem multa, ou na falta de adiantamentos mensais de IR, IRPJ e CSLL, eventualmente previstos na legislação. A redação era a seguinte:

> Art. 44. Nos casos de lançamento de ofício, serão aplicadas as seguintes multas, calculadas sobre a totalidade oudiferença de tributo ou contribuição:
>
> I – de setenta e cinco por cento, nos casos de falta de pagamento ou recolhimento, pagamento ou recolhimento após o vencimento do prazo, sem o acréscimo de multa moratória, de falta de declaração e nos de declaração inexata, excetuada a hipótese do inciso seguinte;
>
> II – cento e cinquenta por cento, nos casos de evidente intuito de fraude, definido nos arts. 71, 72 e 73 da Lei nº 4.502, de 30 de novembro de 1964, independentemente de outras penalidades administrativas ou criminais cabíveis.
>
> § 1º As multas de que trata este artigo serão exigidas:
>
> I - juntamente com o tributo ou a contribuição, quando não houverem sido anteriormente pagos;
>
> II - isoladamente, quando o tributo ou a contribuição houver sido pago após o vencimento do prazo previsto, mas sem o acréscimo de multa de mora;
>
> III – isoladamente, no caso de pessoa física sujeita ao pagamento mensal do imposto (carnê¬leão) na forma do art. 8º da Lei nº 7.713, de 22 de dezembro de 1988, que deixar de fazê-lo, ainda que não tenha apurado imposto a pagar na declaração de ajuste;

> IV – isoladamente, no caso de pessoa jurídica sujeita ao pagamento do imposto de renda e da contribuição social sobre o lucro líquido, na forma do art. 2º, que deixar de fazê-lo, ainda que tenha apurado prejuízo fiscal ou base de cálculo negativa para a contribuição social sobre o lucro líquido, no ano-calendário correspondente;

A Lei 11.488/2007, porém, alterou sensivelmente a redação do dispositivo acima. Houve a separação entre a multa de ofício, prevista no inciso I e multa isolada, que passou a ser prevista no inciso II, com o percentual estipulado em 50% (cinquenta por cento) e não mais exigida em casos de tributo pago em atraso sem multa. Veja-se:

> Art. 44. Nos casos de lançamento de ofício, serão aplicadas as seguintes multas: (Vide Lei nº 10.892, de 2004)
>
> I – de 75% (setenta e cinco por cento) sobre a totalidade ou diferença de imposto ou contribuição nos casos de falta de pagamento ou recolhimento, de falta de declaração e nos de declaração inexata;
>
> II – de 50% (cinquenta por cento), exigida isoladamente, sobre o valor do pagamento mensal:
>
> a) na forma do art. 8º da Lei nº 7.713, de 22 de dezembro de 1988, que deixar de ser efetuado, ainda que não tenha sido apurado imposto a pagar na declaração de ajuste, no caso de pessoa física;
>
> b) na forma do art. 2º desta Lei, que deixar de ser efetuado, ainda que tenha sido apurado prejuízo fiscal ou base de cálculo negativa para a contribuição social sobre o lucro líquido, no ano-calendário correspondente, no caso de pessoa jurídica.
>
> [...]

Note-se que o inciso I, do artigo acima citado, pressupõe a incidência do tributo, ao término do período de apuração, para fins de imposição de multa. Já o inciso II ostenta, como hipótese de incidência, a ausência de um pagamento adiantado – nos casos de pagamento antecipado previstos pela legislação – ainda que o tributo não incida no término do período de apuração.

Nessa ordem, se pensarmos que o princípio da consunção impede que a multa isolada seja aplicada de modo concomitante à multa de ofício,[382] então, nas hipóteses em que o contribuinte deixa de antecipar o tributo ao longo do ano calendário – por exemplo, deixa de pagar o carnê-leão – e há renda tributável ao término do ano calendário, incidiria apenas a multa de ofício prevista no inciso I; porém, na hipótese em que o contribuinte, embora tenha deixado de antecipar valores de IR ao longo do ano calendário, não apresente renda tributável no término do ano-calendário, não poderia incidir a multa de ofício, do inciso I – já que não há tributo devido – mas, sim, apenas a multa prevista pelo inciso II.

Por isso, a multa prevista no inciso II é designada de "multa isolada" já que é devida mesmo sem o tributo incidir ao término do ano-calendário, ao passo que a penalidade mencionada pelo inciso I pode ser designada de "multa proporcional", eis que incide de modo proporcional ao tributo devido.

Esclarecido tal ponto, observe-se que a Lei 11.488/2007 também alterou a redação do art. 9º da Lei 10.426/2002.

De fato, antes, a redação do art. 9º fazia referência à multa de ofício (inciso I) e qualificada (inciso II), sendo certo que a penalidade do inciso I, poderia, ela, mesma, ser exigida de modo isolado por conta do que previa o §1º da Lei 9.430/96, conforme já explanado.

Agora, a nova redação do art. 9º faz referência apenas ao inciso I (multa proporcional) e não faz qualquer alusão ao

382. Sobre o princípio da consunção em matéria de penalidades tributárias, vide: TELES, Galderise Fernandes e VELOSO, Jades Thomas. Formas de aplicação da consução na aplicação no processo administrativo fiscal: entre a permeabilidade e limites de comunicabilidade. Disponível em: www.ibet.com.br/wp-content/uploads/2021/07/Artigo.pdf Acesso em: 22 jan. 2022. Seguem, ainda, alguns acórdãos proferidos pela 1ª Turma da Câmara Superior de Recursos Fiscais que aplicam a proibição de concomitância entre multa isolada e multa proporcional: 9101-001.782, 9101-005.695 e 9101-005.695. Contudo, tal posição não é unânime, sendo possível assinalar acórdãos, inclusive proferidos pela 2ª Turma da Câmara Superior de Recursos Fiscais, que não adotam o princípio da consunção, como, por exemplo: 9202-009.936, 9202006.905 e 9202-009.795.

inciso II (multa isolada do art. 44 da Lei 9.430/96). Veja-se a redação anterior a e nova, no quadro comparativo:

Redação anterior do art. 9º da Lei 10.426/2002	**Nova redação do art. 9º da Lei 10.426/2002**
"Art. 9º. Sujeita-se *às multas de que tratam os incisos I e II do art. 44 da Lei nº 9.430, de 27 de dezembro de 1996, a* fonte pagadora obrigada a reter tributo ou contribuição, no caso de falta de retenção ou recolhimento, ou recolhimento após o prazo fixado, sem o acréscimo de multa moratória, independentemente de outras penalidades administrativas ou criminais cabíveis."	Art. 9º. Sujeita-se à multa de que trata **o** *inciso I do caput do art. 44 da Lei nº 9.430, de 27 de dezembro de 1996, duplicada* na forma de seu § 1º, quando for o caso, a fonte pagadora obrigada a reter imposto ou contribuição no caso de falta de retenção ou recolhimento, independentemente de outras penalidades administrativas ou criminais cabíveis.

Note-se que ao efetivar alusão ao inciso I do art. 44 da Lei 9.430/96, que é uma multa aplicada conjuntamente com o tributo devido, e não se referir ao inciso II, que é a multa isolada aplicada sem o imposto, a conjugação do art. 9º da Lei 10.426/2002 com o art. 44, inciso I, da Lei 9.430/96 leva a interpretação de que a fonte pagadora só pode ser penalizada mediante aplicação de multa proporcional e não de multa isolada.

Como a multa proporcional pressupõe o imposto devido, surge a conclusão de que a fonte pagadora apenas poderia ser compelida a pagar a multa prevista no art. 9º da Lei 10.426/2002, nas hipóteses em que o imposto pode ser dela exigido.

E quais hipóteses são essas? Nos termos do Parecer Normativo COSIT 01/2002, no caso do imposto ser exigido antes do prazo da entrega da declaração pelo contribuinte. Veja-se:

> IRRF. ANTECIPAÇÃO DO IMPOSTO APURADO PELO CONTRIBUINTE. RESPONSABILIDADE.
>
> Quando a incidência na fonte tiver a natureza de antecipação do imposto a ser apurado pelo contribuinte, a responsabilidade da fonte pagadora pela retenção e recolhimento do imposto extingue-se, no caso de pessoa física, no prazo fixado para a entrega da declaração de ajuste anual, e, no caso de pessoa jurídica, na data prevista

para o encerramento do período de apuração em que o rendimento for tributado, seja trimestral, mensal estimado ou anual.

Por conta de coordenação normativa entre o art. 9º da Lei 10.426/2002 e art. 44, inciso I, da Lei 9.430/96, parece-nos bem defensável a interpretação de que após o término do ano-calendário, ou, melhor dizendo, após o prazo do contribuinte entregar sua declaração em abril do ano subsequente, a fonte pagadora não pode ser exigida pela multa prevista nos referidos dispositivos.

Tal viés interpretativo, inclusive, já foi acatado em algumas decisões do Conselho Administrativo de Recursos Fiscais, como se depreende, por exemplo, do Acórdão n. 2401004.065, proferido pela 1ª Turma Ordinária da Quarta Câmara, com a seguinte ementa:

> Processo nº 10580.729581/201104 Recurso nº Voluntário Acórdão nº 401004.065 - 4ª Câmara / 1ª Turma Ordinária Sessão de 28 de janeiro de 2016 Matéria IMPOSTO SOBRE A RENDA DE PESSOA FÍSICA - IRRF Recorrente: COMPANHIA DE ELETRICIDADE DO ESTADO DA BAHIA - COELBA Recorrida FAZENDA NACIONAL ASSUNTO: IMPOSTO SOBRE A RENDA DE PESSOA FÍSICA IRPF Exercício: 2006, 2007, 2008, 2009, 2010 AUSÊNCIA DE RETENÇÃO E/OU RECOLHIMENTO DE IRRF PELA FONTE PAGADORA. EXCLUSÃO DA MULTA PREVISTA PELO ART. 9º DA LEI Nº. 10.426/2002. ALTERAÇÃO PROMOVIDA PELA LEI Nº. 11.488/2007.
>
> A multa isolada prevista no art. 9º da Lei nº. 10.426/2002, com redação dada pela Lei nº. 11.488/2007, deixou de aplicar a multa isolada do inciso II do art. 44 da Lei nº 9.430/96 aos casos de ausência de retenção de IRRF com posterior pagamento do tributo, por fazer menção expressa ao inciso I deste artigo, que trata somente da multa aplicada ao lançamento de ofício realizado nos casos de ausência de pagamento ou recolhimento, falta de declaração e declaração inexata.
>
> AUSÊNCIA DE RETENÇÃO E/OU RECOLHIMENTO DE IRRF PELA FONTE PAGADORA. EXCLUSÃO DA MULTA PREVISTA PELO ART. 9º DA LEI Nº. 10.426/2002. FATOS GERADORES ANTERIORES À ALTERAÇÃO PROMOVIDA PELA LEI Nº. 11.488/2007. RETROATIVIDADE BENIGNA.

Para os fatos geradores ocorridos anteriormente a alteração da redação do art. 9º da Lei nº. 10.426/2002, promovida pela Lei nº. 11.488/2007, aplica-se a retroatividade benigna prevista no art. 106, II, a, do Código Tributário Nacional, ante o fato de a referida alteração ter deixado de prever a aplicação da multa isolada do inciso II do art. 44 da Lei 9.430/96.

INCONSTITUCIONALIDADE DE LEI. COMPETÊNCIA.

Conforme Súmula CARF n. 02, este Conselho não é competente para se pronunciar sobre inconstitucionalidade de lei. Recurso Voluntário Provido.

A referida interpretação, contudo, não é unânime. Há acórdãos proferidos pelo CARF, inclusive da 2ª Turma da Câmara Superior de Recursos Fiscais, que entendem que a penalidade também pode ser exigida mesmo após a responsabilidade do imposto ter sido transferida ao contribuinte. Veja-se:

Numero do processo: 19515.720642/2013-80

Turma: 2ª TURMA/CÂMARA SUPERIOR REC. FISCAIS

Câmara: 2ª SEÇÃO

Seção: Câmara Superior de Recursos Fiscais

Data da sessão: Wed Jul 28 00:00:00 UTC 2021

Data da publicação: Mon Nov 29 00:00:00 UTC 2021

Ementa: ASSUNTO: IMPOSTO SOBRE A RENDA RETIDO NA FONTE (IRRF) Ano-calendário: 2008, 2009, 2010 PROCESSO ADMINISTRATIVO FISCAL. RECURSO ESPECIAL. AUSÊNCIA DE SIMILITUDE FÁTICA. NÃO CONHECIMENTO. Não se conhece de Recurso Especial de Divergência quando não resta demonstrado o alegado dissídio jurisprudencial, tendo em vista a ausência de similitude fática entre os acórdãos recorrido e paradigmas. IRRF – FALTA DE RETENÇÃO E DE RECOLHIMENTO. MULTA. OBRIGAÇÃO DA FONTE PAGADORA. Após o encerramento do período de apuração, a responsabilidade pelo pagamento do respectivo imposto passa a ser do beneficiário dos rendimentos, cabível a aplicação, à fonte pagadora, da multa pela falta de retenção ou de recolhimento, prevista no art. 9º, da Lei 10.426, de 2002, mantida pela Lei 11.488, de 2007, ainda que os rendimentos tenham sido submetidos à tributação no ajuste. IRRF. FALTA DE RETENÇÃO E RECOLHIMENTO. INCIDÊNCIA DE JUROS, EXIGIDOS ISOLADAMENTE. Nos casos de

> falta de retenção e recolhimento do imposto pela fonte pagadora, após o encerramento do período de apuração, são devidos juros de mora, os quais podem ser exigidos isoladamente, mediante lançamento de ofício. INCIDÊNCIA DE JUROS SOBRE A MULTA DE OFÍCIO. POSSIBILIDADE. SÚMULA CARF Nº 108. Incidem juros moratórios, calculados à taxa referencial do Sistema Especial de Liquidação e Custódia – SELIC, sobre o valor correspondente à multa de ofício.
>
> **Numero da decisão:** 9202-009.645

Posta tal discussão, avancemos.

Como já dito, se a fonte pagadora retiver o valor cabível, mas deixar de pagar o imposto, a pessoa física deverá informar esse rendimento percebido na Declaração de Ajuste Anual. Conquanto o rendimento integre a base imponível do imposto, a pessoa física fará jus ao crédito, gerado em razão da retenção, que lhe permitirá abater o valor retido a título de IRRF do IRPF por ela apurado.

Tivemos notícias de casos em que as autoridades fiscais negaram a restituição do IR ao contribuinte, alegando ausência de pagamento do IRRF, pela fonte pagadora. Essa negativa é indevida porque a hipótese de incidência do direito a crédito é a retenção na fonte e não o recolhimento do imposto.

De qualquer sorte, no caso do IRRF retido e não pago, caberá a cobrança do imposto que deixou de ser antecipado da fonte pagadora. Com efeito, é a fonte pagadora a figura responsável pelo recolhimento desse adiantamento e não se pode imputá-lo à pessoa física, que já sofreu o ônus da retenção do imposto.

Efetivamente, todos esses fatos que geram direitos a deduzir do "imposto devido", sejam incentivos fiscais, seja a retenção na fonte, outorga ao contribuinte o direito de compensar – muito embora não seja a terminologia da legislação – o crédito que adquire com o débito inerente à obrigação tributária de IRPF-Anual.

No caso do IRRF, o fato jurídico que faz nascer tal crédito ao contribuinte é o próprio desconto do empregador e não o pagamento que este faz ao Fisco a título da antecipação do tributo devido.

Nesse sentido, uma vez ocorrida a dedução no rendimento do contribuinte e uma vez incidindo o critério temporal do IRPF (31 de dezembro) exsurgem três relações jurídicas:

(a) Relação jurídica entre a fonte pagadora e o Fisco, cujo fato jurídico é o pagamento de rendimentos. Esta relação jurídica se extingue (a) ou pelo pagamento da obrigação tributária antecipada pela Fonte Pagadora caso tenha efetivado a retenção (ou ainda qualquer outra hipótese de extinção do crédito tributário prevista pelo art. 156 do CTN) ou (b) caso não tenha efetivado a retenção, após o último dia do prazo de entrega de declaração de ajuste anual pelo contribuinte, ou após a referida entrega, caso efetivada antes do término do prazo, diante da proibição de *bis in idem* que faz desaparecer essa relação principal entre Fisco e fonte pagadora;

(b) Relação jurídica de débito do contribuinte perante o Fisco cujo fato jurídico é o acréscimo patrimonial auferido em 31 de dezembro e o consequente é a obrigação de pagar o IRPF à União, mediante os cálculos determinados pela legislação:

(c) Relação jurídica de crédito do contribuinte perante o Fisco cujo fato jurídico é a dedução no rendimento operado pela Fonte. Tal relação jurídica envolve o direito de o contribuinte (a) receber a restituição até o valor que superar o objeto da prestação da relação jurídica acima e/ou (b) compensar tal crédito com o imposto devido a título de IRPF Anual.

Se a fonte pagadora efetiva a dedução no rendimento do contribuinte mas não paga o IRRF, sobrevive sua relação jurídica. A relação entre contribuinte e Fisco, a título de IRPF, se extingue mediante o instituto da compensação até o montante em que a retenção foi sofrida.

Apesar desse aspecto, vimos algumas decisões do Conselho Administrativo de Recursos Fiscais que permitiram que o ônus da tributação caísse sobre a pessoa física, apesar de ter sofrido retenção na fonte, quando a fonte pagadora deixou de pagar o IRRF. Esses casos referem-se a hipóteses em que o contribuinte era administrador, gerente ou sócio controlador da fonte pagadora inadimplente.

O fundamento jurídico de tal exigência é o art. 8º do Decreto-lei 1.736 de 20 de dezembro de 1979, que prevê o seguinte:

> Art 8º - São solidariamente responsáveis com o sujeito passivo os acionistas controladores, os diretores, gerentes ou representantes de pessoas jurídicas de direito privado, pelos créditos decorrentes do não recolhimento do imposto sobre produtos industrializados e do imposto sobre a renda descontado na fonte.
>
> Parágrafo único. A responsabilidade das pessoas referidas neste artigo restringe-se ao período da respectiva administração, gestão ou representação.

Note-se que o dispositivo prevê que serão solidariamente responsáveis com o sujeito passivo os acionistas controladores, diretores, gerentes, ou representantes de pessoas jurídicas de direito privado pelos créditos decorrentes do não recolhimento do imposto sobre a renda descontado na fonte.

Por isso, o Fisco aplica o entendimento de que, na hipótese em que a fonte pagadora não paga o IRRF atinente a contribuinte que lhe seja acionista controlador, gerente ou representante da pessoa jurídica, o contribuinte fica tolhido do seu direito de compensar o valor retido a título de IRRF.[383]

No meu ponto de vista, tal procedimento não é o mais adequado, pelas razões que passo a indicar.

383. Veja-se, a título de exemplo, o caso julgado no Acórdao 2002-001.220.

O art. 55 da Lei 7.450/85 prevê que o imposto de renda retido na fonte de quaisquer rendimentos somente poderá ser compensado na declaração da pessoa física se o contribuinte possuir comprovante de retenção emitido em seu nome pela fonte pagadora dos rendimentos.

Uma vez sofrida a retenção na fonte, nasce o direito subjetivo à compensação do imposto retido com o IRPF Ajuste Anual, independentemente de a fonte pagadora ter efetivado o pagamento do IRRF. O item 17 do Parecer Normativo COSIT 01, de 24 de setembro de 2002 ratifica essa interpretação. Peço licença para citá-lo novamente:

> 17. Ocorrendo a retenção do imposto sem o recolhimento aos cofres públicos, a fonte pagadora, responsável pelo imposto, enquadra-se no crime de apropriação indébita previsto no art. 11 da Lei nº 4.357, de 16 de julho de 1964, e caracteriza-se como depositária infiel de valor pertencente à Fazenda Pública, conforme a Lei nº 8.866, de 11 de abril de 1994. Ressalte-se que a obrigação do contribuinte de oferecer o rendimento à tributação permanece, **podendo, nesse caso, compensar o imposto retido**. (grifos nossos)

Nesse sentido, em termos acadêmicos, entendo que há, em tese, ilegalidade quando se exige do contribuinte outros requisitos não exigidos pela legislação.

Quanto à responsabilidade solidária do contribuinte, se o IRRF foi declarado pela fonte pagadora, caberia ao Fisco proceder ao devido processo legal e exigir, mediante execução fiscal, o imposto da fonte pagadora e dos responsáveis tributários. Se a fonte pagadora efetiva a retenção do imposto do contribuinte, sua obrigação perante o Fisco não se exingue quando da entrega da declaração pela pessoa física.

Nesse sentido, a glosa do crédito do IRRF sofrido pelo acionista solidário é um "atalho", contornando-se o devido processo legal, em que o Estado, em vez de acionar a justiça, simplesmente, volta-se contra o contribuinte.

Com muita boa vontade, o uso desse "atalho" até poderia ser tolerado, em nome da eficiência, caso o contribuinte não tivesse um prejuízo em razão do procedimento. Ocorre que juntamente com a glosa do crédito da compensação do IRRF retido com o IRPF declarado no ajuste anual, geralmente aplica-se a penalidade de 75% (setenta e cinco por cento).

Se o percurso juridicamente correto, que seria o Fisco exercer seu direito de ação de cobrança do IRRF declarado e não pago pela fonte pagadora pela via judicial, fosse seguido, apenas haveria a cobrança da multa de mora e, possivelmente, honorários advocatícios. Ao adotar o "atalho" a que já nos referimos, há a imposição de penalidade de ofício.

Discordo, portanto do procedimento de se glosar o crédito do contribuinte relativo ao valor dele retido a título de IRRF não pago pela fonte pegadora, por quatro aspectos diferentes:

(a) com tal procedimento, tolhe-se um direito de compensação do IRRF retido na fonte, sem previsão legal, para tanto, pois o fato que faz nascer o direito ao crédito do contribuinte perante o Fisco é a retenção na fonte e não o pagamento do IRRF pela fonte pagadora, tal como disposto pelo artigo 55 da Lei 7.450/85 e item 17 do Parecer Normativo COSIT de 24 de setembro de 1982;

(b) quando se opta pela glosa e não pela cobrança do IRRF em via judicial, adota-se um "atalho" para cobrança do IRRF que é a glosa de um crédito em vez de se ajuizar a execução fiscal, com violação, ao princípio do devido processo legal; (c)não se pode misturar a relação jurídica atinente ao IRPF com a relação vinculada ao IRRF;

(d) com a opção de glosa em vez do exercício do devido processo legal de se exigir o IRRF via judicial, aplica-se uma penalidade de 75% (setenta e cinco por cento) ao contribuinte, quando ele se aproveita de um crédito que lhe é permitido por lei, ao passo que se existisse a cobrança do IRRF devido pela fonte pagadora penalidade seria de 20% (vinte por cento), havendo, portanto, um enriquecimento sem causa da União; e

(e) por fim, apena-se o contribuinte com um *bis in idem* que surgiria com a glosa do crédito do contribuinte e aventual execução fiscal, em face da fonte pagadora.

Mais uma vez, vem a ressalva de que o direito é um objeto cultural e discordâncias interpretativas são inevitáveis. Não pude, porém, pedindo a devida licença, deixar de expor meu ponto de vista sobre essa questão.

5.2.7 Síntese da regra-matriz do IRRF – Antecipação do imposto devido

HIPÓTESE DE INCIDÊNCIA

CRITÉRIO MATERIAL: (i) a pessoa física ou jurídica pagar rendimentos à pessoa física, nos casos em que não há previsão de retenção exclusiva na fonte, nos termos do art. 7º, inciso II, da Lei nº 7.713/88 ou (ii) a pessoa física pagar rendimentos provenientes do trabalho assalariado a outra pessoa física, nos termos do art. 7º, inciso I, da mesma Lei.

CRITÉRIO ESPACIAL: Fonte pagadora e contribuintes devem ser residentes no Brasil. A exceção fica por conta de fontes tidas como autarquias ou de repartições do governo brasileiro situadas no exterior.

CRITÉRIO TEMPORAL: MOMENTO DO PAGAMENTO. No caso de adiantamentos, a retenção incidirá no momento em que for pago o valor integral devido ao beneficiário. Porém, na hipótese de o valor devido não ser pago integralmente no próprio mês, o IRRF incidirá imediatamente sobre o adiantamento.

CONSEQUENTE

SUJEITO ATIVO: União.

SUJEITO PASSIVO: Fonte pagadora, sendo responsáveis solidários os acionistas controladores, os diretores, gerentes ou representantes de pessoas jurídicas de direito privado, referente ao período de administração, gestão ou representação.

BASE DE CÁLCULO: Valores recebidos, observadas as regras de apuração da legislação vigente (vide observações do 5.2.4.1) subtraída dos abatimentos previstos na legislação (vide observações do 5.2.4.2).

Alíquota

Conforme tabela a seguir (válida a partir de 2015)

Base de cálculo mensal em R$	Alíquota %	Parcela a deduzir do imposto em R$
Até 1.903,98	-	-
De 1.903,99 até 2.826,65	7,5	142,80
De 2.826,66 até 3.751,05	15,0	354,80
De 3.751,06 até 4.664,68	22,5	636,13
Acima de 4.664,68	27,5	869,36

5.3 Casos especiais de retenção na fonte

Há alguns casos específicos de retenção na fonte que, embora recebam tratamento de "antecipação do IRPF devido" não se submetem às alíquotas acima específicas.

Inicialmente, a título de curiosidade, fugindo do tema do presente livro, vale apontar que o art. 60, inciso I, da Lei 8.981/95, prescreve que o pagamento efetivado a pessoa jurídica, a título de lucros cessantes (decorrentes de sentença judicial) fica sujeito à retenção na fonte a alíquota de 5% (cinco por cento). Tal retenção, posteriormente, será descontada do valor devido ao final do período de apuração.

Outra previsão de retenção na fonte específica é sobre os rendimentos pagos, em cumprimento a decisão da Justiça Federal, por meio de precatório ou de requisição de pequeno valor, tal como determinada pelo art. 27 da Lei 10.833/2003.

A retenção incidirá sob a alíquota de 3% (três por cento sobre o montante pago, sem deduções, no momento do pagamento ao beneficiário ou ao seu representante legal e será efetivada pela instituição financeira responsável pelo pagamento *(Lei 10.833, de 2003, art. 27, caput).*

Tal retenção será dispensada quando o beneficiário declarar à instituição financeira responsável pelo pagamento que os rendimentos recebidos são isentos ou não tributáveis, ou que, na hipótese de pessoa jurídica, esta seja optante pelo Simples Nacional.

O valor retido será considerado antecipação do imposto apurado na declaração de ajuste anual das pessoas.

A retenção de 3% (três por cento), contudo, não se aplica aos depósitos efetuados pelos Tribunais Regionais Federais anteriormente a 1º de fevereiro de 2004 e aos rendimentos recebidos acumuladamente e submetidos à incidência do imposto sobre a renda com base na tabela progressiva, quando correspondentes a anos-calendário anteriores ao do recebimento, que se submetam à incidência na fonte na forma prevista no *art. 12-A da Lei 7.713/88.*

Por fim, é possível aludir o caso da multa ou qualquer outra vantagem paga ou creditada por pessoa jurídica, à beneficiária pessoa física ou jurídica, inclusive isenta, em virtude de rescisão de contrato. Nesta hipótese, a retenção é de 15% (quinze por cento).

O responsável pela retenção na fonte e recolhimento do imposto de renda é da pessoa jurídica que efetivar o pagamento ou crédito da multa ou vantagem, sendo que o valor da multa será computado na apuração da base de cálculo do imposto devido na declaração de ajuste anual da pessoa física.

Agora bem, as indenizações pagas ou creditadas em conformidade com a legislação trabalhista e àquelas destinadas a reparar danos patrimoniais não se incluem em tal hipótese de retenção. Essa previsão está no §5° do art. 70 da Lei 9.430/96, embora já fosse implícita da própria materialidade do IRPF que incide sobre o acréscimo patrimonial e não sobre a reparação patrimonial.

5.4 Do imposto antecipado pago pelo próprio contribuinte

No item passado, vimos que quando o contribuinte recebe rendimentos ou proventos de fontes pagadoras, incide a retenção na fonte a título de antecipação do imposto devido.

Pode ser o caso, porém, de certas situações não ensejarem incidência de retenção na fonte. Nessa hipótese, há pagamento pelo próprio contribuinte, que se torna sujeito passivo da antecipação. Trata-se do que se designa, vulgarmente, de "carnê-leão".

5.4.1 Do critério material

O critério material do IR pago mensalmente, a título de antecipação do IRPF devido anual consiste no recebimento por pessoa física de rendimentos de outras pessoas físicas ou de fontes situadas no exterior, que não tenham sido tributados na fonte. O art. 118 do RIR/2018 enumera os seguintes rendimentos que são sujeitos à antecipação do IRPF devido:

I - os emolumentos e as custas dos serventuários da Justiça, como tabeliães, notários, oficiais públicos, entre outros, quando não forem remunerados exclusivamente pelo erário;

II - os rendimentos recebidos em dinheiro, a título de alimentos ou de pensões inclusive alimentos provisionais;

III - os rendimentos recebidos por residentes no País que prestem serviços a embaixadas, repartições consulares, missões diplomáticas ou técnicas, ou a organismos internacionais de que o País faça parte;

IV - os rendimentos de aluguéis recebidos de pessoas físicas;

V - os juros determinados de acordo com o disposto no *art. 22 da Lei nº 9.430, de 1996*, na forma estabelecida no art. 249;

VI - os rendimentos de prestação a pessoas físicas de serviços de transporte de carga ou de passageiros, observado o disposto no art. 39; e

VII - os rendimentos de prestação a pessoas físicas de serviços com trator, máquina de terraplenagem, colheitadeira e assemelhados, observado o disposto no § 1º do art. 39.

5.4.2 Do critério espacial

Se a retenção na fonte, a título de IRPF devido em 31 de dezembro, exige, como regra geral, que fonte pagadora e beneficiário estejam situados no território nacional para que possa incidir, no caso do imposto antecipado mensalmente pelo próprio contribuinte, o ponto nuclear para fins de configuração do critério de conexão é que o contribuinte seja residente no Brasil e a fonte pagadora, caso pessoa jurídica, esteja estabelecida no exterior.

Já na hipótese de o contribuinte receber rendimentos de fonte pagadora pessoa física, salvo nos casos de salário assalariado – em que há retenção na fonte – o IR mensal deverá ser pago independentemente do local de residência da fonte pagadora.

5.4.3 Critério temporal

Já vimos que o regime jurídico do IR pessoa física é definido pelo chamado regime caixa, de tal sorte que os rendimentos são tributados à medida que forem recebidos. O mesmo modelo se aplica ao IR devido mensalmente.

Por esse prisma, o critério temporal é o momento em que o rendimento é percebido pelo contribuinte.

5.4.4 Base de cálculo

A base de cálculo do IRPF devido mensalmente é a diferença entre os rendimentos percebidos e dos valores a serem deduzidos.

Em termos de dedutibilidade, as seguintes parcelas poderão ser excluídas da base de cálculo do imposto:

I - as importâncias pagas em dinheiro a título de pensão alimentícia em face das normas do Direito de Família, quando em cumprimento de decisão judicial, inclusive a prestação de alimentos provisionais, de acordo homologado judicialmente, ou de escritura pública a que se refere o art. 1.124-A da Lei 5.869, de 1973 – Código de Processo Civil;

II - a quantia, por dependente, de: (art. 71 do RIR/2018)

a) para o ano-calendário de 2011:

1. R$ 150,69 (cento e cinquenta reais e sessenta e nove centavos), nos meses de janeiro a março; e

2. R$ 157,47 (cento e cinquenta e sete reais e quarenta e sete centavos), nos meses de abril a dezembro;

3. R$ 164,56 (cento e sessenta e quatro reais e cinquenta e seis centavos), para o ano-calendário de 2012;

4. R$ 171,97 (cento e setenta e um reais e noventa e sete centavos), para o ano-calendário de 2013; e

5. R$ 179,71 (cento e setenta e nove reais e setenta e um centavos), a partir do ano-calendário de 2014;

6. R$ 189,59 (cento e oitenta e nove reais e cinquenta e nove centavos), a partir do mês de abril do ano-calendário de 2015;

III - as contribuições para a Previdência Social da União, dos estados, do Distrito Federal e dos municípios; (67, I, do RIR/2018)

IV - as despesas escrituradas no livro-caixa; (art. 68 do RIR/2018)

Convém apontar que as despesas dos itens I a III apenas poderão ser deduzidas caso não aproveitadas em outros rendimentos sujeito à retenção na fonte, ao passo que as despesas escrituradas no livro-caixa apenas podem ser aproveitadas para rendimentos do trabalho não assalariado.

Com relação às despesas escrituradas no livro-caixa, aponte-se que, nos termos do art. 6º da Lei 8.134/90, o contribuinte que perceber rendimento de trabalho não assalariado, inclusive os titulares de serviços notariais e de registro e os leiloeiros, poderá deduzir da receita decorrente do exercício da atividade:

I - a remuneração paga a terceiros, desde que com vínculo empregatício, e os encargos trabalhistas e previdenciários;

II - os emolumentos pagos a terceiros; e

III - as despesas de custeio pagas, necessárias à percepção da receita e à manutenção da fonte produtora.

O disposto acima citado, porém, não se aplica:

a) a quotas de depreciação de instalações, máquinas e equipamentos, bem como a despesas de arrendamento;

b) a despesas de locomoção e transporte, salvo no caso de representante comercial autônomo.

c) em relação aos rendimentos referentes a serviços de transporte previsto no art. 9º da Lei 7.713/88 e de garimpeiros, previsto no art. 10 da mesma lei.

É preciso considerar que cabe ao contribuinte comprovar a veracidade das receitas e das despesas, mediante documentação idônea, escrituradas em livro-caixa, que serão mantidos em seu poder, à disposição da fiscalização, enquanto não ocorrer a prescrição ou decadência.

Ademais, segundo o §3º do art. 6º da Lei 8.134/90, as deduções acima mencionadas não poderão exceder à receita mensal da respectiva atividade, permitido o cômputo do excesso de deduções nos meses seguintes, até dezembro, mas o excedente de deduções, porventura existente no final do ano-base, não será transposto para o ano seguinte.

Deve-se levar em consideração, ainda, que o §4° do mesmo dispositivo prevê que, sem prejuízo do disposto no art. 11 da Lei 7.713 de 1988 – que trata de serviços notariais e de registro –, e na Lei 7.975, de 26 de dezembro de 1989 – que trata de odontólogos – as deduções anteriormente mencionadas somente serão admitidas em relação aos pagamentos efetuados a partir de 1° de janeiro de 1991.

5.4.5 Alíquota

Com relação à alíquota, para fins de apuração do IR mensal devido, será aplicada a mesma tabela progressiva que citamos quando nos referimos à retenção na fonte.

5.4.6 Critério pessoal

O critério pessoal do IR mensal, no tocante à sujeição ativa é a União. De fato, é a União que é incumbida do direito de exigir o recolhimento do imposto.

Já o sujeito passivo é o próprio contribuinte, que deverá efetivar o recolhimento antecipado nas situações previstas na legislação.

Síntese da regra-matriz de incidência

HIPÓTESE DE INCIDÊNCIA

- **CRITÉRIO MATERIAL:** Receber rendimentos de fontes do exterior, de pessoas físicas e outros previstos na legislação
- **CRITÉRIO TEMPORAL:** momento do recebimento
- **CRITÉRIO ESPECIAL:** desde que o contribuinte seja residente no país, universal

CONSEQUENTE – CRITÉRIOS PESSOAL E QUANTITATIVO

- **SUJEITO ATIVO:** União.
- **SUJEITO PASSIVO:** contribuinte.
- **CRITÉRIO QUANTITATIVO:**
  BASE DE CÁLCULO: valor rendimento abatido das deduções legais

Alíquota atualmente vigente

Base de cálculo mensal em R$	Alíquota %	Parcela a deduzir do imposto em R$
Até 1.903,98	-	-
De 1.903,99 até 2.826,65	7,5	142,80
De 2.826,66 até 3.751,05	15,0	354,80
De 3.751,06 até 4.664,68	22,5	636,13
Acima de 4.664,68	27,5	869,36

5.5 Do recolhimento complementar

Conforme vimos, o IRPF é apurado anualmente, havendo pagamento adiantado, seja por retenção na fonte, ou pagamento pelo próprio contribuinte, ao longo do mês. Nesse sentido, quando da apuração em abril do exercício seguinte, o contribuinte apura um saldo a restituir ou a pagar, conforme o caso, comparando o IRPF devido com o IR antecipado ao longo do ano-calendário.

Muito bem, paralelamente, a Lei 8.383/91, em seu art. 7º, permite que o contribuinte complemente o imposto que for devido, caso constate que os valores antecipados, até determinado momento, são inferiores ao valor que será devido na Declaração de Ajuste Anual.

Para isso, o contribuinte deverá (i) identificar todos os pagamentos que foram adiantados e (ii) efetivar a apuração do IRPF calculado na data em questão. O recolhimento complementar consistirá na diferença entre os dois valores, deduzidos os incentivos previstos pela legislação.

Para fins de cálculo do IRPF, a base cálculo será a diferença entre a soma I - de todos os rendimentos recebidos no curso do ano-calendário, sujeitos à tributação na declaração de rendimentos, inclusive o resultado positivo da atividade rural; II – das deduções previstas para o IRPF-Anual.

Já a alíquota também será apurada mediante a tabela progressiva anual.

O imposto corresponderá à diferença entre o valor do imposto sobre a renda calculado nos termos acima e a soma dos valores do imposto sobre a renda retido na fonte ou pago a título de recolhimento mensal do recolhimento complementar efetuado anteriormente e do imposto pago no exterior, incidentes sobre os rendimentos computados na base de cálculo, deduzidos os incentivos de que tratam os art. 84, art. 93, art. 98, art. 102 e art. 104 , e observado o disposto nos § 1º e § 2º do art. 80 do RIR/2018 (incentivo às atividades culturais e artísticas; incentivo às atividades audiovisuais; contribuições aos Fundos dos Direitos da Criança e do Adolescente; Contribuições aos Fundos dos Idosos; Incentivos a Projetos Desportivos e Paradesportivos).

Em síntese, a regra-matriz de incidência será praticamente a mesma, portanto, do IRPF-Anual, já que o intuito da norma é a possibilidade à complementação do que ainda não foi pago ao longo do ano calendário. Fazemos, portanto, a remissão da RMIT anteriormente esquematizada, para evitar repetições. Mas há um único diferencial importante: a hipótese de incidência, neste caso, implica uma vontade do contribuinte de complementar o que ainda não adiantou. No IRPF-Anual, a compulsoriedade do art. 3º do CTN irradia toda sua eficácia.

5.6 Palavras finais sobre o IRPF Anual e suas antecipações

A partir de todos os elementos discorridos, vimos que o IRPF Anual tem como hipótese de incidência a circunstância de o contribuinte, residente no Brasil, perceber renda ou proventos de qualquer natureza, verificada em 31 de dezembro de cada ano, em bases universais. A base de cálculo será apurada mediante a diferença dos rendimentos brutos percebidos e as despesas a serem dedutíveis e a alíquota será definida mediante a aplicação da tabela progressiva vigente sobre a base de cálculo apurada. O sujeito ativo é a União e o sujeito passivo, o contribuinte.

Vimos, também, que, uma vez apurado o IRPF, o contribuinte pode se aproveitar de certos créditos, tanto decorrentes do imposto já antecipado ao longo do ano-calendário, como decorrentes de benefícios fiscais, previstos pela legislação.

Após o cálculo do IRPF, já considerados todos os valores dedutíveis, o imposto poderá ser compensado, com a extinção da obrigação tributária, caso o IRPF apurado tenha valor idêntico aos créditos que o contribuinte faz jus; se os créditos forem superiores ao IRPF devido, o contribuinte gozará de saldo a restituir do imposto; por sua vez, caso o saldo de IRPF seja superior ao saldo dos créditos, o contribuinte deverá recolher o imposto, em até oito quotas, mensais e sucessivas.

Nessa última hipótese, cada quota deve ser necessariamente, superior a R$ 50,00 (cinquenta reais), sendo que o IRPF devido inferior a R$ 100,00 (cem reais) deverá ser pago de uma só vez.

A primeira quota será paga no mês fixado para a entrega da declaração de rendimentos e as demais serão pagas no último dia útil de cada mês. Essas parcelas deverão ser acrescidas de SELIC para títulos federais, acumulada mensalmente ao previsto para a entrega tempestiva da declaração até o mês anterior ao pagamento e de 1% (um por cento) no mês do pagamento. Assim, na prática, as quotas são pagas mediante o seguinte cálculo:[384]

> 1ª quota ou quota única: o valor apurado na declaração;
>
> 2ª quota: valor apurado, mais 1%;
>
> 3ª quota: valor apurado, mais juros à taxa Selic de maio, mais 1%;

---

384. Perguntas e Resposta 61 do "Perguntas e Resposta Imposto Sobre a Renda da Pessoa Física – 2.018". Retirado do sítio eletrônico: file:///C:/Users/Ultrabook%20HP/Downloads/Perguntas%20e%20Respostas%20IRPF%202018%20-%20v%201.1%20(1).pdf, consultado em 14 de novembro de 2019.

> 4ª quota: valor apurado, mais juros à taxa Selic acumulada (maio e junho), mais 1%;
>
> 5ª quota: valor apurado, mais juros à taxa Selic acumulada (maio, junho e julho), mais 1%;
>
> 6ª quota: valor apurado, mais juros à taxa Selic acumulada (maio, junho, julho e agosto), mais 1%;
>
> 7ª quota: valor apurado, mais juros à taxa Selic acumulada (maio, junho, julho, agosto e setembro), mais 1%; e
>
> 8ª quota: valor apurado, mais juros à taxa Selic acumulada (maio, junho, julho, agosto, setembro e outubro), mais 1%.
>
> Caso o pagamento de alguma quota venha a ser efetuado posteriormente ao prazo legal, incide multa de mora de 0,33%, por dia de atraso, limitada a 20%, mais juros à taxa Selic acumulada até o mês anterior ao do pagamento, mais 1% no mês do pagamento.

É atribuída, ainda, ao contribuinte, a possibilidade de antecipar, total ou parcialmente, o pagamento do imposto ou quotas.

Pois bem, neste breve item, buscamos sintetizar o regime jurídico do IRPF Anual. Na próximo Parte, passaremos a tratar do IRPF Tributação Definitiva, imposto que é dotado de critério material, temporal, espacial, base de cálculo e alíquota totalmente distintos do IRPF Anual, ora examinado.

PARTE IV

DA TRIBUTAÇÃO DEFINITIVA, DA RETENÇÃO EXCLUSIVA NA FONTE E DA EQUIPARAÇÃO À PESSOA JURÍDICA

1. CONSIDERAÇÕES INICIAIS

Por previsão expressa da legislação, algumas espécies de rendimentos não são incluídas na base de cálculo do IRPF Anual. A tributação desses rendimentos se efetiva de forma definitiva, quando de sua percepção pelo contribuinte.

Dessas modalidades, podemos citar a tributação definitiva apurada e paga pelo próprio contribuinte, que se opera no caso de ganho de capital na alienação de bens e direitos e a tributação exclusiva na fonte, em que o contribuinte sofre retenção do rendimento percebido, sendo o recolhimento efetivado pela fonte pagadora.

Em ambas as hipóteses, há nítida violação à progressividade do IRPF, na medida em que as alíquotas aplicadas não são progressivas em razão do valor dos rendimentos obtidos pelo contribuinte.

Além disso, essa tributação segmentada, em conformidade com o tipo de rendimento percebido, viola o princípio da generalidade, na medida em que diferentes espécies de rendimentos recebem tratamentos distintos, indo de encontro à necessidade de tributação genérica, preconizada pela Constituição da República.

Progressividade e generalidade são valores adotados pela Constituição da República Federativa do Brasil em prol da justiça social, como vimos oportunamente, como vimos na

Parte I. Nesse sentido, a tributação separada do capital viola o primado da generalidade e vai contra essa noção de justiça social – própria do IR – especialmente, quando se nota que os rendimentos e ganhos oriundos do capital – que não poderiam escapar da ideia de generalidade – são, normalmente, sujeitos a alíquota máxima mais baixa (22,5%) do que a alíquota máxima aplicável sobre rendimentos do trabalho (27,5%).

Contudo, um fator pragmático explica – mas não justifica – a tributação do capital mais reduzida. O Professor da Universidade de Colônia da Alemanha, Joachim Lang, esclarece:

> *There may be a worldwide consensus of opinion that income is the best indicator of the ability to pay and that a global income tax with its equal treatment of all kinds of income is the fairest tax. In contrats to this there is a worldwide tendency towards scheduler income taxes. Tendency has been increased by the tax competition. In a globalized world income from capital seems to be taxed lower than labor-income.*[385]

Portanto, nota-se que a competição global para atrair capital gera uma tendência global de se tributar capital em alíquotas inferiores ao trabalho, em que pese não ter sido a diretriz estampada pelo Texto Constitucional que impõe o princípio da generalidade.

Apesar dessas violações à ordem constitucional, a tributação definitiva e a retenção exclusiva na fonte persistem vigentes no ordenamento jurídico, razão pela qual não poderíamos nos furtar de examiná-las.

---

385. LANG, Joachim. "The Influence of Tax Principles on the Taxa ion of Income from Capital", in ESSERS, Peter e RIJKERS, Arie (orgs.) The Notion of Income from Capital. Amsterdam: IBFD. 2005. p.3

2. GANHO DE CAPITAL NA ALIENAÇÃO DE BENS E DIREITOS

2.1 Critério material

A hipótese de incidência da tributação, ora examinada, é a obtenção de ganho de capital na alienação de bens ou direitos de qualquer natureza, entendido como ganho de capital a diferença entre o valor de alienação de um bem ou direito e seu custo de aquisição.

Serão consideradas, para fins de imposição do imposto, as operações que importem alienação, a qualquer título, de bens ou direitos ou cessão ou promessa de cessão de direitos à sua aquisição, tais como as realizadas por compra e venda, permuta, adjudicação, desapropriação, dação em pagamento, doação, procuração em causa própria, promessa de compra e venda, cessão de direitos ou promessa de cessão de direitos e contratos afins, nos termos do §3º do art. 3º da Lei 7.713/88.

Parece-nos que o legislador, na veiculação acima, claramente extrapola os limites da competência tributária que lhe foi destinada para a instituição do IRPF.

Tomemos o caso da doação, por exemplo. Pretende o legislador que se o valor conferido ao bem doado for superior ao atribuído na Declaração de Rendimentos do contribuinte, a diferença seja tributada a título de ganho de capital ao doador.

Ora, a doação é o negócio jurídico em um que uma parte A, denominada doador, entrega a propriedade de certo bem, gratuitamente, a uma parte B, designada de donatário.

Essa gratuidade revela ausência de riqueza obtida pelo doador no ato da doação. Não há que se falar, assim, em incidência do IRPF, ainda que o donatário informe, em sua Declaração de Ajuste Anual, um valor superior ao bem recebido.

Não pode a legislação, ainda que sob pretexto de evitar a elisão fiscal, evasão ou qualquer ato semelhante, extravasar os limites de competência rigidamente impostos pela Constituição da República.

Prescreve, por sua vez, o art. 23 da Lei 9.532/97, que a transferência a herdeiros e legatários na sucessão *causa mortis*, a donatários na doação, inclusive em adiantamento da legítima, ou atribuição a ex-cônjuge ou ex-convivente, na dissolução da sociedade conjugal ou união estável, de direito de propriedade de bens e direitos adquiridos por valor superior àquele pelo qual constavam da Declaração de Ajuste Anual do *de cujus*, do doador, do ex-cônjuge ou ex-convivente que os tenha transferido, acarreta a incidência do IRPF Sobre Ganho de Capital.

A exemplo do que já tratamos sobre a doação, a transferência a herdeiros e legatários na sucessão *causa mortis* não importa riqueza alguma ao *de cujus* ou ao espólio. A tributação, aqui, portanto, está dissociada da hipótese de incidência do IRPF, delineada pela Constituição da República e pelo Código Tributário Nacional.

Outro caso interessante, regido pela legislação que trata do IRPF Sobre Ganho de Capital, é a permuta de bens e direitos. Sobre esse ponto, muito se discute se é tributável a chamada permuta sem torna.

Para examinarmos esse ponto, devemos assinalar que permuta nada mais é senão a troca de bens, entre duas partes. Ela pode ser efetivada com torna, ou seja, com a transferência de quantia pecuniária, de uma parte a outra, complementando a operação, ou sem torna, isto é, com a mera troca de bens.

No caso da permuta com torna, parece-nos claro que se o valor da torna recebido por certo contribuinte *A* representar uma quantia superior ao custo de aquisição do bem permutado por *A*, haverá incidência de IRPF sobre o ganho de capital obtido por tal contribuinte.

O §3º do art. 134 do RIR/2018, nesse sentido, prescreve que em tal hipótese, o valor da alienação é o da torna recebida ou a receber.

A polêmica surge no caso de permuta sem torna, especialmente quando o objeto da permuta não sejam unidades imobiliárias. Sucede que o art. 132, inciso II, do RIR/2018, prevê que, no caso de permuta de unidades imobiliárias, apenas será tributada, a título de IRPF Sobre Ganho de Capital, o valor recebido a título de torna. Essa prescrição, diga-se de passagem, foi introduzida sem fundamento expresso em lei. Mas, e para as outras espécies de bens?

No meu ponto de vista, pedindo vênia aos que enxergam de modo diferente, não há justificativa em se admitir que inexiste ganho de capital na permuta sem torna de bens imóveis e se negar, concomitantemente, que a não incidência seria inaplicável para bens móveis. A regra-matriz do IRPF é a mesma para ambos os casos. Daí por que a Procuradoria Geral da Fazenda Nacional já emitiu Pareceres no sentido de que apenas a permuta com torna é tributável a título de IRPF. Vejamos:

> Parecer do Procurador-Geral da Fazenda Nacional - PGFN nº 970, de 23/09/1991 - DOU: 24/09/1991:
>
> [...]
>
> 8. Por outro lado, o imposto de renda tem como fato gerador a disponibilidade econômica ou jurídica de uma renda ou de proventos de qualquer natureza, segundo preceitua o art. 43 do Código Tributário Nacional (Lei nº 5.172, de 25/10/1966). Como o conceito de renda é um conceito econômico e até hoje sem nítidos contornos, temos que o referido imposto incide sobre a percepção de uma renda, segundo critério jurídico. Isto significa que só são considerados renda ou proventos os que a lei define como tais coincidam ou não com o conceito econômico.
>
> [...]

> 15. Ainda que se quisesse, *ad argumentandum*, ver um ganho de capital entre a aquisição do título por 40 e o valor 100 conferido na troca, creio que haveria obstáculos jurídicos, relativamente ao aspecto temporal do fato gerador e a própria base de cálculo. Ruy Barbosa Nogueira, Direito Financeiro, Curso de Direito Tributário (1º Tomo, segunda edição, 1969, pp. 115), ensina: 'O momento da ocorrência do fato gerador é da maior importância porque é neste momento que nasce a obrigação tributária e, portanto, se aplica a lei vigente à data da sua realização.
>
> 16. É evidente que o momento não seria aquele da troca, mas sim quando o particular vendesse a participação acionária trocada. E, ainda, não existiria base de cálculo, pois o valor referencial em cruzeiros no leilão, existe somente como estímulo à troca dos bens (papéis públicos).
>
> 17. Esta tributação, ainda, seria iníqua, pois como não foram recebidos cruzeiros, não haveria disponibilidade líquida do contribuinte, e, em consequência, naquele momento nenhuma base de cálculo para o fato gerador, pois a renda fica sujeita à tributação quando realizada e quantificada; evidentemente não é a hipótese sob exame."
>
> Parecer do Procurador-Geral da Fazenda Nacional, - PGFN nº 454, de 06/05/1992:
>
> [...]
>
> VII - Ressalta notar que na permuta pura e simples os contratantes não são movidos pelo valor monetário ou, em outras palavras, preço dos bens envolvidos, mas sim pelo caráter hedonístico, ou seja, o valor intrínseco de utilidade que os bens permutados terão para cada uma das partes individualmente. É por isso que a doutrina afirma que em cada um dos patrimônios, o que ocorre é mera substituição de um bem de uma natureza por outro de natureza diferente, independente de qualquer referência a preço de mercado, seja este amplo e aberto ou restrito e dirigido como ocorre no leilão. (g.n.)

Contudo, em Parecer/ PGFN/ CAT/ N. 1722/2013, a Procuradoria Geral da Fazenda Nacional externou posição diversa, conforme se depreende dos trechos a seguir citados:

> 39.1. o entendimento consubstanciado no Parecer PGFN/PGA/ Nº 970/91 restringe-se ao âmbito do PND, não podendo ser estendido a situações outras que não aquelas especificamente tratadas no referido opinativo:
>
> 39.1.1 é possível tributar pelo imposto sobre a renda a diferença positiva, via ganho de capital, existente entre o custo de aquisição

> e o valor dos bens mobiliários permutados no momento em que é feita tal operação, independentemente da existência de torna;
>
> 39.1.2. é correto o entendimento de que a permuta, por encontrar-se no conceito de alienação, previsto no art. 3º da Lei nº 7.713, de 1988, via de regra é tributada, não tendo as desonerações previstas na legislação, como a tratada no art. 121, II do RIR/99 (permuta de imóveis), o condão de serem aplicadas para situações diversas daquelas especificamente ali disciplinadas;
>
> 39.1.3 a determinação de que a apuração do ganho de capital recairá apenas sobre a torna, nos termos do § 2º do art. 121, do § 3º do art. 123 e do inciso III do parágrafo único do art. 138, todos os RIR/99, aplica-se exclusivamente às permutas de ativos imobiliários.

Nossa perspectiva é distinta, justamente, porque no caso de permuta sem torna não há que se falar em aumento de liquidez e se as partes decidiram trocar bens, sem torna, é porque entenderam que possuíam o mesmo valor. Trata-se de uma característica ontológica do negócio de permuta, isto é, inerente ao seu conceito.

Por isso, o procedimento adequado, na minha visão, seria o contribuinte declarar o bem recebido pelo valor do bem entregue. Se assim não o faz, tal aspecto deveria ser tratado como uma inconsistência própria dos deveres instrumentais.

De qualquer forma, vale apontar que este não é mais o entendimento da Procuradoria Geral da Fazenda Nacional e certamente não será das autoridades administrativas.

Por fim, vale apontar que o tributo também incide sobre a venda de ouro não considerado ativo financeiro, tal como disposto no parágrafo único do art. 13 da Lei 7.766/89.

2.2 Critério espacial

O critério espacial do IRPF incidente sobre ganho de capital tem sua composição dependente do local de residência ou domicílio do alienante.

Para os residentes ou domiciliados no exterior, o art. 18 da Lei 9.249/1995 prescreve que o ganho de capital auferido será apurado e tributado de acordo com as regras aplicáveis aos residentes no Brasil. O artigo não previa, embora fosse implícito, que a tributação seria incidente no caso de venda de bens ou direitos localizados no Brasil.

Agora, o art. 26 da Lei 10.833/2003, com o pretexto de instituir a responsabilidade do adquirente nos casos de alienação efetivada por contribuinte residente ou domiciliado no exterior, acabou por explicitar que tal responsabilidade é aplicável *para a alienação de bens localizados no Brasil*. Nesse sentido, se havia implicitude de que a tributação de não residentes alcançaria, apenas, a alienação de bens localizados no país, agora, tal previsão é explícita na legislação vigente.

Assim, podemos concluir que incide IRPF sobre o ganho de capital apurado na alienação de bens localizados no país, independentemente do local de residência do contribuinte.

Por outro lado, se o contribuinte for residente, a tributação incidirá no ganho de capital apurado na alienação de quaisquer bens ou direitos, independentemente de sua localização, nos termos do art. 128, §5º, do RIR/2018. Assim, nesse caso, incide legítima tributação universal do rendimento.

2.3 Critério temporal

O art. 18, §1º, da Lei 8.134/1990 prescreve que o IRPF sobre Ganho de Capital incide no momento em que o ganho for auferido. O termo "auferir" significa obter, colher, lucrar.

Nesse sentido, o critério temporal do IRPF sobre o Ganho de Capital se verifica no momento em que o ganho é colhido pelo contribuinte, ou seja, no instante em que o contribuinte percebe o rendimento decorrente da alienação do bem.

É preciso considerar que o critério temporal não se confunde com o momento do vencimento do imposto. Não. O momento da incidência revela o marco temporal que indicará a irradiação da relação jurídica atinente ao IRPF, desde que vertida em linguagem competente, independente do momento de vencimento do tributo.

Se levarmos em consideração que a incidência se dá no momento da percepção do rendimento, haveremos de assumir uma série de efeitos, tais como: (i) será aplicável a legislação vigente no momento da percepção do ganho; (ii) antes de auferido o ganho, eventuais cobranças se configuram como mera antecipação do IRPF ainda não incidente.

Em uma primeira vista, pode parecer que a incidência do imposto, no momento da conclusão do negócio jurídico, é a que acarreta a maior segurança jurídica para os contratantes. Com efeito, o custo tributário da operação ostentará maior previsibilidade.

Porém, antes que o contribuinte colha o ganho decorrente de tal negócio jurídico, não há que se falar em ganho patrimonial que autorize a incidência do imposto. Suponhamos, por exemplo, que o contribuinte aliene certo bem, avençando o pagamento em duas parcelas, de igual valor, apurando um ganho de capital equivalente a duas vezes o custo de aquisição de certo bem. Assim, com a primeira parcela, o contribuinte recebe um valor idêntico a seu custo de aquisição e, na segunda parcela, perceberá efetivamente o ganho de capital.

Ora, no exemplo acima, o alienante aufere o ganho de capital na segunda parcela, de tal sorte que o IRPF deveria incidir nessa parcela, muito embora a legislação determine método de apuração distinto, como verificaremos adiante.

Suponhamos, nesse sentido, que o comprador pague a primeira parcela e se torne inadimplente no tocante à segunda, de sorte que o contribuinte jamais consiga perceber o que lhe seria devido. Ora, nessa hipótese, não haveria que se falar em ganho, mas mera mutação patrimonial, mediante a substituição de um bem por dinheiro.

Em tal caso, se o contribuinte recolhe o IRPF sobre ganho de capital incidente sobre o que entendia ser a primeira parcela – e na verdade corresponde ao preço inteiro – haveria tributação incidente sobre seu patrimônio, e não sobre a riqueza nova por ele colhida.

Parece-nos que esse exemplo indica que o IRPF sobre ganho de capital deveria incidir no momento em que o ganho é obtido, ou seja, no momento do recebimento do pagamento total pelo contribuinte, sob pena de se possibilitar uma tributação que se dissocie do valor da renda efetivamente percebida pela pessoa física.

Não estamos, aqui, assinalando que a legislação não possa antecipar o recolhimento do IRPF para o momento do recebimento das parcelas, ainda que o ganho não tenha sido integralmente recebido. O que estamos pretendendo exprimir é que tal mecanismo é uma verdadeira antecipação e não um diferimento – como tratado pela legislação – já que o critério temporal da norma é o momento em que o ganho de capital é percebido, consubstanciado com o pagamento da última parcela.

Para que fique claro o que pretendemos exprimir, lembremos que o art. 21 da Lei 7.713/88, prescrevendo que, no caso de recebimento em parcelas, deverá ser apurada a proporção do ganho de capital em relação ao preço total da venda, para que tal valor seja multiplicado em cada parcela, para fins de apuração da base de cálculo a ser levada à tributação.

A título de exemplo, se o contribuinte aliena certo bem com custo de aquisição de R$ 100.000,00 e preço de alienação de R$ 200.000,00, há um ganho de capital de R$ 100.00,00. Ora, tal ganho de capital corresponde a 50% (cinquenta por cento) do valor total da venda.

Assim, se há 10 (dez) parcelas iguais, no valor de R$ 20.000,00 a serem recebidas, a base de cálculo de cada uma será R$ 10.000,00 (50% x R$ 20.000,00) e a tributação em cada parcela será de R$ 1.500,00.

Essa prescrição do art. 21 da Lei 7.713/88 é pertinente por operacionalizar a tributação antecipada, quando há recebimentos em parcelas, de tal sorte que o sujeito passivo possa prever o valor que será devido e pagar o imposto à medida que receba cada parcela.

Agora, suponhamos que, no caso acima, haja insolvência do comprador e o alienante receba apenas a primeira parcela no valor de R$ 10.000,00. Nessa hipótese, o eventual imposto incidente sobre tal parcela seria claramente confiscatório, pois incidiria sobre o prejuízo do sujeito passivo. Daí por que entendemos que deveria ser possível uma restituição do imposto recolhido.

Nesse ponto, é preciso que não se confunda "incidência" com "vencimento" do imposto. Ainda que a legislação permita um vencimento antecipado no caso de recebimento parcelado, não podem as autoridades fiscais obstarem eventual ressarcimento caso, por motivo superveniente ao recebimento da parcela, o ganho previsto deixe de ser auferido pelo contribuinte.

Não é esse, contudo, o entendimento de parte de nossa comunidade jurídica que entende haver um "diferimento" do imposto no caso de pagamentos em parcelas. Pelo raciocínio, o IRPF incidiria no momento da celebração do contrato e seria "diferido" para o momento de recebimento das parcelas.

Em que pese tal interpretação, devemos lembrar que a legislação é clara que a incidência do imposto se dá no momento em que o rendimento é auferido pelo contribuinte. Portanto, não entendemos que haja um "diferimento" do IRPF quando a legislação permite a tributação seja exigida à medida que cada parcela seja recebida pelo contribuinte, e sim verdadeiro adiantamento do imposto que incidiria, apenas, com a percepção integral do ganho pelo contribuinte.

Interessante notar, nesse sentido, que o art. 24 da Instrução Normativa SRF 84/2001, quando trata, especificamente, da desapropriação, prevê que se considera realizada a alienação do bem na data em que se completar o pagamento integral da indenização, fixada em acordo ou sentença judicial.

2.4 Base de cálculo

2.4.1 Regime geral

Como regra geral, a base de cálculo do IRPF Sobre Ganho de Capital é a diferença positiva entre o valor de alienação e o custo de aquisição do bem ou direito alienado. Tanto o conceito de "valor de alienação" e "custo de aquisição" são delimitados por diversos dispositivos que, não apenas, traçam os contornos genéricos de tais conceitos, como também tecem prescrições específicas para determinadas situações.

2.4.2 Valor da alienação

Já vimos que o ganho de capital, que é base de cálculo da exação ora estudada, é calculado pela subtração entre o "valor da alienação" ou "valor da transmissão" e o "custo de aquisição" do bem ou direito. Neste item, vamos observar o que a legislação chama de "valor da alienação" ou da "transmissão".

Para fins de determinação do valor da alienação, a regra geral é estabelecida art. 19 da Lei 7.713/88. Nos termos do *caput* tal dispositivo, por "valor da transmissão" deve-se considerar o preço efetivo da venda ou transmissão de direitos.

Ora, não poderia ser diferente, afinal, apenas assim poderá ser apurada a renda efetivamente auferida pelo contribuinte. De fato, se a base de cálculo do tributo não tivesse por referência o preço efetivamente praticado pelas partes, haveria uma ficção jurídica inadmissível.

Registre-se, porém, que os juros e demais reajustes do preço de compra recebidos não compõem o valor de alienação para fins de apuração do ganho de capital, estando, tais rendimentos, sujeitos à incidência do IRPF Anual e ao IRRF como antecipação do imposto devido, caso pagos por pessoa jurídica.

Vale apontar, ainda, que a corretagem arcada pelo alienante será deduzida do valor da alienação e, quando se tratar de venda a prazo, a dedução será efetivada sobre o valor da parcela do preço recebida no mês do pagamento da referida corretagem.

Agora, no caso de operações em que não for atribuído um valor monetário ao bem alienado, o valor da transmissão será arbitrado segundo o preço praticado pelo mercado, conforme parágrafo único do art. 19 da Lei 7.713/88. Assim, a legislação estabelece um critério a ser observado quando as partes não especificam o valor a ser conferido aos bens por elas transacionados.

Ademais, em sendo as operações realizadas com pessoa física ou jurídica residente ou domiciliada em país com tributação favorecida ou operações com regime fiscal privilegiado, incidirão normas de preço de transferência que comentaremos oportunamente.

Outra prescrição prevista no art. 134, §1°, do RIR/2018 regula a alienação de bem detido em condomínio. Nesse caso, será considerado valor da operação a parcela que couber a cada condômino o que, convenhamos, é decorrência necessária do regime jurídico do IRPF.

O referido dispositivo regula, ainda, em seu §2°, a hipótese de alienação de imóvel rural com benfeitorias. Prevê o dispositivo que, em tal evento, será considerado apenas o valor correspondente à terra nua como valor de alienação. Assim, o valor das benfeitorias não será considerado para fins de apuração desse componente do ganho de capital que é o valor de alienação, na medida em que seria considerada como receita da atividade rural.

Em que pese a tal prescrição, o inciso VI, do art. 19 da Instrução Normativa SRF 84/2001 complementa com a previsão de que no caso de imóvel rural com benfeitorias, considera-se valor de alienação o valor correspondente exclusivamente à terra nua, desde que o valor das benfeitorias houver sido deduzido como custo ou despesa da atividade rural.

Por outro lado, quando as benfeitorias não houverem sido deduzidas como custo ou despesa da atividade rural, a receita referente à alienação de tais benfeitorias será computada como valor da alienação.

Para fins de identificação do valor da terra nua, o § 1º do art. 19 da referida Instrução Normativa prevê que em se tratando de imóvel rural adquirido a partir de 1997, considera-se valor de alienação da terra nua o valor declarado no Documento de Informação e Apuração do ITR ("Diat") do ano da alienação, quando houverem sido entregues os Diat relativos aos anos de aquisição e alienação e o valor efetivamente recebido, nos demais casos.

Dada a antinomia das duas normas, uma análise preliminar poderia fazer crer que a vedação de aproveitamento das benfeitorias, que parece irrestrita no RIR/2018, teria suprimido a autorização do art. 19, VI, da IN SRF 84/2001, anteriormente apontada.

Contudo, se o contribuinte gasta pela benfeitoria e não lhe aproveita fiscalmente, parece-nos que haveria tributação não da renda, mas de valor gasto para formação do capital. Assim, segundo pensamos, a interpretação sistemática recomenda que o art. 19, inciso VI, da IN SRF 84/2001 continue sendo aplicável, ao menos em nossa visão.

Ainda sobre a questão da alienação da propriedade rural, deve-se apontar que tanto a jurisprudência administrativa como judicial vêm afastando a possibilidade de cobrança de ganho de capital em caso de desapropriação de imóvel. Assim, chamamos atenção à Súmula 42 do CARF,[386] enunciando que não incide imposto sobre a renda das pessoas físicas os valores recebidos a título de indenização por desapropriação.

386. Súmula CARF nº 12. Constatada a omissão de rendimentos sujeitos à incidência do imposto de renda na declaração de ajuste anual, é legítima a constituição do crédito tributário na pessoa física do beneficiário, ainda que a fonte pagadora não tenha procedido à respectiva retenção. (Vinculante, conforme Portaria MF nº 277, de 07/06/2018, DOU de 08/06/2018). Acórdãos Precedentes: Acórdão nº 102-45558, de 19/06/2002 Acórdão nº 102-45717, de 19/09/2002 Acórdão nº 104-19081, de 05/11/2002 Acórdão nº 104-17093, de 09/06/1999 Acórdão nº 106-14387, de 26/01/2005.

Já o Egrégio Superior Tribunal de Justiça, no seio de recurso repetitivo, julgou o que segue:

> TRIBUTÁRIO. RECURSO ESPECIAL REPRESENTATIVO DE CONTROVÉRSIA. ART. 543-C, DO CPC. IMPOSTO DE RENDA. INDENIZAÇÃO DECORRENTE DE DESAPROPRIAÇÃO. VERBA INDENIZATÓRIA. NÃO INCIDÊNCIA. VIOLAÇÃO DO ART. 535 DO CPC NÃO CONFIGURADA.
>
> 1. A incidência do imposto de renda tem como fato gerador o acréscimo patrimonial (art. 43, do CTN), sendo, por isso, imperioso perscrutar a natureza jurídica da verba percebida, a fim de verificar se há efetivamente a criação de riqueza nova: a) se indenizatória, que, via de regra, não retrata hipótese de incidência da exação; ou b) se remuneratória, ensejando a tributação. Isto porque a tributação ocorre sobre signos presuntivos de capacidade econômica, sendo a obtenção de renda e proventos de qualquer natureza um deles.
>
> 2. Com efeito, a Constituição Federal, em seu art. 5º, assim disciplina o instituto da desapropriação: – XXIV - a lei estabelecerá o procedimento para desapropriação por necessidade ou utilidade pública, ou por interesse social, mediante justa e prévia indenização em dinheiro, ressalvados os casos previstos nesta Constituição;"
>
> 3. Destarte, a interpretação mais consentânea com o comando emanado da Carta Maior é no sentido de que a indenização decorrente de desapropriação não encerra ganho de capital, porquanto a propriedade é transferida ao poder público por valor justo e determinado pela justiça a título de indenização, não ensejando lucro, mas mera reposição do valor do bem expropriado.
>
> 4. "Representação. Arguição de Inconstitucionalidade parcial do inciso ii, do parágrafo 2., do art. 1., do Decreto-lei Federal n.1641, de 7.12.1978, que inclui a desapropriação entre as modalidades de alienação de imóveis, suscetíveis de gerar lucro a pessoa física e, assim, rendimento tributável pelo imposto de renda. Não há, na desapropriação, transferência da propriedade, por qualquer negócio jurídico de direito privado. Não sucede, aí, venda do bem ao poder expropriante. Não se configura, outrossim, a noção de preço, como contraprestação pretendida pelo proprietário, 'modo privato'. O 'quantum' auferido pelo titular da propriedade expropriada é, tão só, forma de reposição, em seu patrimônio, do justo valor do bem, que perdeu, por necessidade ou utilidade pública ou por interesse social. Tal o sentido da 'justa indenização' prevista na Constituição (art. 153, parágrafo 22). Não pode, assim, ser reduzida a justa indenização pela incidência do imposto de renda.

> Representação procedente, para declarar a inconstitucionalidade da expressão 'desapropriação', contida no art. 1º., parágrafo 2., inciso II, do decreto-lei n. 1641/78. (Rp 1260, Relator(a): Min. NÉRI DA SILVEIRA, TRIBUNAL PLENO, julgado em 13/08/1987, DJ 18-11-1988) 4. *In casu*, a ora recorrida percebeu verba decorrente de indenização oriunda de ato expropriatório, o que, manifestamente, consubstancia verba indenizatória, razão pela qual é infensa à incidência do imposto sobre a renda.
>
> 5. Deveras, a jurisprudência do Superior Tribunal de Justiça firmou-se no sentido da não incidência da exação sobre as verbas auferidas a título de indenização advinda de desapropriação, seja por necessidade ou utilidade pública ou por interesse social, porquanto não representam acréscimo patrimonial.
>
> 6. Precedentes: AgRg no Ag 934.006/SP, Rel. Ministro CARLOS FERNANDO MATHIAS, DJ 06.03.2008; REsp 799.434/CE, Rel. Ministra DENISE ARRUDA, DJ 31.05.2007; REsp 674.959/PR, Rel. Ministro CASTRO MEIRA, DJ 20/03/2006; REsp 673273/AL, Rel. Ministro LUIZ FUX, DJ 02.05.2005; REsp 156.772/RJ, Rel. Min. Garcia Vieira, DJ 04/05/98; REsp 118.534/RS, Rel. Min. Milton Luiz Pereira, DJ 19/12/1997.
>
> 7. Recurso especial desprovido. Acórdão submetido ao regime do art. 543-C do CPC e da Resolução STJ 08/2008.[387]

Com base em tal decisão, a Procuradoria Geral da Fazenda Nacional, com fulcro na Portaria Conjunta PGFN/RFB nº 01/2014, indicou que tal discussão se encontrava na lista de temas pacificados pela jurisprudência com fulcro nos arts. 543-B e 543-C do Código de Processo Civil de 1973. Nesse sentido, a decisão acima enunciada vincula a Secretaria da Receita Federal, como se depreende do §5º do art. 19 da Lei nº 10.522/2002.

Registre-se, nesse ponto, que a não incidência de IRPF sobre indenização de desapropriação foi reconhecida na Solução de Consulta COSIT 105/2014.

> Solução de Consulta n– 105 - Cosit
>
> Data 7 de abril de 2014 Assunto: IMPOSTO SOBRE A RENDA DE PESSOA FÍSICA - IRPF

---

387. REsp 1116460/SP, Rel. Ministro Luiz Fux, Primeira Seção, julgado em 09.12.2009, DJe 01.02.2010).

DESAPROPRIAÇÃO. INTERESSE PÚBLICO. GANHO DE CAPITAL. NÃO INCIDÊNCIA. RECURSO ESPECIAL Nº 1.116.460/SP. REFORMA A SOLUÇÃO DE CONSULTA Nº 54 - COSIT, DE 30 DE DEZEMBRO DE 2013. O Superior Tribunal de Justiça (STJ), ao julgar o Recurso Especial nº 1.116.460/SP, no âmbito da sistemática do art. 543-C do Código de Processo Civil (CPC), entendeu que a indenização decorrente de desapropriação não encerra ganho de capital, tendo-se em vista que a propriedade é transferida ao Poder Público por valor justo e determinado pela Justiça a título de indenização, não ensejando lucro, mas mera reposição do valor do bem expropriados obre as verbas auferidas a título de indenização advinda de desapropriação, seja por utilidade pública ou por interesse social. Em razão do disposto no art. 19 da Lei nº 10.522, de 2002, na Portaria Conjunta PGFN/RFB nº 1, de 2014, e na Nota PGFN/CRJ nº 1.114, de 2012, a Secretaria da Receita Federal do Brasil (RFB) encontra-se vinculada ao referido entendimento. Dispositivos Legais: Lei nº 10.522, 19 de julho de 2002 de 2002, art. 19; Portaria Conjunta PGFN/RFB nº 1, de 12 de fevereiro de 2014; Nota PGFN/CRJ nº 1.114, de 2012.

Note-se, portanto, que o entendimento de que não incide IRPF sobre indenização decorrente de desapropriação é atualmente vinculante à Secretaria Especial da Receita Federal do Brasil, em razão de decisão emitida pelo Superior Tribunal de Justiça.

Como vimos quando tratamos das isenções, o art. 35, inciso III, alínea "e", do RIR/2018 expressamente prevê que a indenização para fins de reforma agrária não integra a base de cálculo do IRPF. Mas, nem por isso demais hipóteses de desapropriação deveriam ser tributadas, haja vista as explicações que nos detivemos sobre o efeito do legislador no caso da não incidência: é simplesmente irrelevante.

Assim, andou bem, em nossa visão, a jurisprudência.

Por fim, deve-se apontar que a autoridade lançadora, por meio de processo regular, arbitrará o valor ou preço, sempre que não mereça fé, por ser notoriamente diferente do de mercado, o valor ou preço informado pelo contribuinte, ressalvada, na hipótese de contestação, a avaliação contraditória administrativa ou judicial.

De fato, se houver suspeitas de o contribuinte alienar bem por valor distinto ao declarado, o arbitramento é plenamente possível, diante do art. 148 do CTN.

Agora, caberá ao contribuinte demonstrar que o preço por ele declarado foi o efetivamente recebido. Essa prova, em nossa visão, pode ser por meio de disponibilização ao Fisco de comprovantes bancários, de circunstâncias que demonstrem que o sujeito passivo necessitava de recursos financeiros com urgência ou até mesmo uma relação de afeto com o comprador que justificasse a alienação.

Por sua vez, se a legislação pretende que o simples valor inferior ao mercado é motivo suficiente para a tributação, mesmo o contribuinte tendo provado que alienou por valor inferior a tal quantia, haverá patente inconstitucionalidade. Nesse sentido, a "avaliação contraditória" deve ser entendida como a avalição do preço da venda e não a avaliação do valor de mercado do bem que é apenas o fundamento legal da presunção, mas jamais da tributação.

Qualquer interpretação distinta importará absurdos, pois haverá a tributação da renda de contribuinte que, por qualquer razão, não efetivou um bom negócio. Ora, jamais se pode autorizar situação de tal quilate em matéria de Imposto Sobre a Renda.

Pois bem, essas eram as prescrições para fins de apuração do valor de alienação, que gostaríamos de exprimir nesse momento. Passaremos no próximo item a entender como se apura o custo de aquisição do bem ou direito.

2.4.2.1 Custo de aquisição

2.4.2.1.1 Considerações iniciais

Como vimos explicando, o ganho de capital corresponde à diferença entre o valor de alienação e o custo de aquisição do bem alienado. Assim, o esforço do presente item será compreender as prescrições voltadas ao custo de aquisição do bem alienado.

O art. 16 da Lei 7.713/88 define, legalmente, como se apura o custo de aquisição. O *caput* do dispositivo prescreve que o custo de aquisição de bens e direitos será o preço ou o valor pago, sendo que, na ausência deste, deve ser:

I - o valor atribuído para efeito de pagamento do imposto de transmissão;

II - o valor que tenha servido de base para o cálculo do Imposto de Importação acrescido do valor dos tributos e das despesas de desembaraço aduaneiro;

III - o valor da avaliação do inventário ou arrolamento;

IV - o valor de transmissão, utilizado na aquisição, para cálculo do ganho de capital do alienante;

V - seu valor corrente, na data da aquisição.

Os parágrafos do dispositivo inserem algumas prescrições que devem ser observadas.

Assim, o §1° prevê que o valor da contribuição de melhoria integra o custo do imóvel.

Já o §2° dispõe que o custo de aquisição de títulos e valores mobiliários, de quotas de capital e dos bens fungíveis será a média ponderada dos custos unitários, por espécie, desses bens. Verificaremos melhor sobre esse mecanismo quando tratarmos de alienação de quotas e valores mobiliários.

O §3°, por sua vez, prescreve que, no caso de participação societária resultante de aumento de capital por incorporação de lucros e reservas, que tenham sido tributados, o custo de aquisição é igual à parcela do lucro ou reserva capitalizado, que corresponder ao sócio ou acionista beneficiário.

Por outro lado, o §4° do mesmo dispositivo prescreve que o custo é considerado igual a zero no caso das participações societárias resultantes de aumento de capital por incorporação de lucros e reservas, no caso de partes beneficiárias adquiridas gratuitamente, assim como de qualquer bem cujo valor não possa ser determinado nos termos previstos do referido artigo.

O art. 17 da mesma lei trata sobre a correção monetária de bens adquiridos nos meses de janeiro a maio de 1989, prescrevendo que que o valor de aquisição de cada bem ou direito, expresso em cruzados novos, apurado de acordo com o artigo anterior, deverá ser corrigido monetariamente, a partir da data do pagamento, da seguinte forma:

I - até janeiro de 1989, pela variação da OTN;

II - nos meses de fevereiro a abril de 1989, pelas seguintes variações: em fevereiro, 31,2025%; em março, 30,5774%; e em abril, 9,2415%;

III - a partir de maio de 1989, pela variação do BTN.

O §1°, de tal dispositivo, acrescenta que, na falta de documento que comprove a data do pagamento, no caso de bens e direitos adquiridos até 31 de dezembro de 1988, a conversão poderá ser feita pelo valor da OTN no mês de dezembro do ano em que este tiver constado pela primeira vez na declaração de bens.

Já §2° prevê que os bens ou direitos da mesma espécie, pagos em datas diferentes, mas que constem agrupadamente na declaração de bens, poderão ser convertidos na forma do parágrafo anterior, desde que tomados isoladamente em relação ao ano da aquisição.

O §3°, por sua vez, determina que, no caso anterior, não sendo possível identificar o ano dos pagamentos, a conversão será efetuada tomando-se por base o ano da aquisição mais recente.

Já o §4° enuncia que, no caso de aquisição com pagamento parcelado, a correção monetária será efetivada em relação a cada parcela.

Avançando, o art. 18 da mesma lei institui um percentual de redução sobre o ganho de capital na alienação de bens imóveis. Contudo, examinaremos tal redutor no item 2.5.6 do presente capítulo.

Vamos agora observar prescrições de normas infralegais que regulamentam, as prescrições acima dispostas, especialmente, as veiculadas no IN SRF 84/2001.

Nos termos do art. 5º da Instrução Normativa SRF 84/2001, considera-se custo dos bens ou direitos o valor de aquisição expresso em reais. No caso de bens ou direitos adquiridos em partes, o custo de aquisição será a soma dos valores correspondentes a cada parte adquirida.

O art. 17 da Instrução Normativa SRF 84/2001, por sua vez, permite que seja computado no custo de aquisição os seguintes valores:

I – no caso de bens imóveis:

a) os dispêndios com a construção, ampliação e reforma, desde que os projetos tenham sido aprovados pelos órgãos municipais competentes, e com pequenas obras, tais como pintura, reparos em azulejos, encanamentos, pisos, paredes;

b) os dispêndios com a demolição de prédio construído no terreno, desde que seja condição para se efetivar a alienação;

c) as despesas de corretagem referentes à aquisição do imóvel vendido, desde que tenha suportado o ônus;

d) os dispêndios pagos pelo proprietário do imóvel com a realização de obras públicas, tais como colocação de meio-fio, sarjetas, pavimentação de vias, instalação de redes de esgoto e de eletricidade que tenham beneficiado o imóvel;

e) o valor do imposto de transmissão pago pelo alienante na aquisição do imóvel;

f) o valor da contribuição de melhoria;

g) os juros e demais acréscimos pagos para a aquisição do imóvel;

h) o valor do laudêmio pago, e outros gastos análogos;

II – no caso de outros bens ou direitos: os dispêndios realizados com a conservação e reparos, a comissão ou a corretagem quando não transferido o ônus ao adquirente, os juros e demais acréscimos pagos, entre outros gastos análogos.

Ao mesmo tempo, o art. 18 da Instrução Normativa SRF 84/2001 também buscou prever o custo de aquisição na ausência de valor pago. Nessa hipótese, determinou-se que tal custo poderia ser mensurado nos seguintes moldes:

I - o valor que tenha servido de base para o cálculo do imposto de importação, acrescido do valor dos tributos e das despesas de desembaraço aduaneiro;

II - o valor de transmissão utilizado, na aquisição, para cálculo do ganho de capital do alienante anterior;

III - o valor corrente na data da aquisição; e

IV – o preço de aquisição será igual a zero, quando não possa ser determinado nos termos dos itens I, II e III.

Como já dissemos, na aquisição de bens em partes, considera-se o custo de aquisição o somatório dos valores correspondentes a cada parte adquirida.

Já na aquisição mediante parcelamento, inclusive por financiamento, considera-se custo de aquisição o valor efetivamente pago.

Nas hipóteses dos bens recebidos por doação, herança, legado ou meação, os bens e os direitos poderão ser avaliados a valor de mercado ou pelo valor apresentado na declaração de bens do *de cujus* ou do doado, nos termos do art. 23 da Lei 9.532/97, art. 23, *caput*.

Se a transferência for efetuada a valor de mercado, a diferença a maior entre o referido valor e o valor pelo qual constavam da declaração de bens do *de cujus* ou do doador ficará sujeita à apuração do ganho de capital e à incidência de imposto sobre a renda.

Nesse sentido, o herdeiro, o legatário ou o donatário deverá incluir os bens ou os direitos na sua declaração de bens correspondente à declaração de ajuste anual do ano-calendário da homologação da partilha ou do recebimento da doação pelo valor pelo qual houver sido efetuada a transferência.

Assim, para fins de apuração de ganho de capital na alienação dos bens e dos direitos de que trata o referido artigo, será considerado pelo herdeiro, pelo legatário ou pelo donatário como custo de aquisição, o valor pelo qual houverem sido transferidos (como se depreende da Lei 9.532/97, art. 23, § 4º).

Ademais, as disposições acima indicadas aplicam-se, também, aos bens ou aos direitos atribuídos a cada cônjuge, na hipótese de dissolução da sociedade conjugal ou da unidade familiar.

2.4.2.1.2 Atualização monetária

Com relação à atualização monetária, há previsão de que os valores pagos a título de custo de aquisição dos bens adquiridos a partir de 1º de janeiro de 1996 ou relativo a parcelas pagas após essa data não estão sujeitos à atualização monetária.

O art. 7º da IN SRF 84/2001 prescreve que no caso de bens ou direitos adquiridos ou de parcelas pagas até 31 de dezembro de 1991, não avaliados a valor de mercado, e dos bens e direitos adquiridos ou das parcelas pagas entre 1º de janeiro de 1992 e 31 de dezembro de 1995, o custo corresponde ao valor de aquisição ou das parcelas pagas até 31 de dezembro de 1995, atualizado mediante a utilização da Tabela de Atualização do Custo de Bens e Direitos, constante no Anexo Único da referida Instrução Normativa.[388]

388. Essa tabela pode ser encontrada no sítio eletrônico www.receita.fazenda.gov.br/legislacao/ins/2001/in842001.htm.

Por sua vez, nos termos do art. 6º da Instrução Normativa SRF 84/2001, o custo de aquisição dos bens e direitos adquiridos ou as parcelas pagas até 31 de dezembro de 1991, avaliados pelo valor de mercado para essa data e informados na Declaração de Ajuste Anual do exercício de 1992, ano-calendário de 1991, de acordo com o art. 96 da Lei 8.383, de 1991, deve tomar por base o valor informado, que será atualizado até 1º de janeiro de 1996.

2.4.3 Imóveis rurais

Já vimos, um pouco, sobre a apuração do ganho de capital da alienação de imóveis rurais. Vejamos com mais detalhes.

Pois bem. A legislação buscou regular como se efetiva a determinação do custo de aquisição dos imóveis rurais, discriminando quando os custos seriam imputados ao resultado da atividade rural ou ao ganho de capital.

Assim, há previsão de que se considera custo de aquisição do imóvel rural, o valor relativo à terra nua, que é definida como o valor do imóvel rural, nele incluído a respectiva mata nativa, não computados os custos: (I) das benfeitorias (construções, instalações e melhoramentos); (II) das culturas permanentes e temporárias; (III) das árvores e florestas plantadas e (IV) das pastagens cultivadas ou melhoradas.

Ao mesmo tempo, coerentemente ao regramento aplicável para fins de apuração do valor de alienação, caso os custos acima indicados não tiverem sido deduzidos como despesa de custeio na apuração da atividade rural, poderão ser computados para efeito de apuração do ganho de capital.

Prevê o art. 19 da Lei 9.393/96 que, em se tratando de imóvel rural adquirido a partir de 1997, considera-se custo de aquisição e valor de alienação, o valor da terra nua declarado pelo alienante, no Documento de Informação e Apuração do Imposto sobre a Propriedade Territorial Rura (Diat) do ano da aquisição.

Note-se que o art. 19, acima mencionado, é uma exceção à regra geral do ganho de capital, prevista no art. 3º da Lei

7.713/88, que pressupõe como base de cálculo do ganho a diferença entre o valor de alienação e o custo de aquisição.[389]

Na prática, portanto, o contribuinte deve identificar o valor de terra nua indicado no Diat entregue no ano da alienação e no ano de aquisição, de sorte que a base tributável será a diferença entre as duas quantias. Aponto que o Diat é entregue, normalmente, entre agosto e setembro de cada ano.

Por sua vez, para a apuração de ganho de capital correspondente a imóvel rural adquirido anteriormente à data acima mencionada, será considerado custo de aquisição o valor constante da escritura pública, observado o disposto no *art. 17 da Lei nº 9.249, de 26 de dezembro de 1995,* que determina o seguinte:

> I - tratando-se de bens e direitos cuja aquisição tenha ocorrido até o final de 1995, o custo de aquisição poderá ser corrigido monetariamente até 31 de dezembro desse ano, tomando-se por base o valor da UFIR vigente em 1º de janeiro de 1996, não se lhe aplicando qualquer correção monetária a partir dessa data;
>
> II - tratando-se de bens e direitos adquiridos após 31 de dezembro de 1995, ao custo de aquisição dos bens e direitos não será atribuída qualquer correção monetária.

O art. 10 da IN SRF 84/2001 regulamenta o disposto no art. 19 da Lei 9.393/96. Sua redação é a seguinte:

> Art. 10. Tratando-se de imóvel rural adquirido a partir de 1997, considera-se custo de aquisição o valor da terra nua declarado pelo alienante, no Documento de Informação e Apuração do Imposto sobre a Propriedade Territorial Rural (Diat) do ano da aquisição, observado o disposto nos arts. 8º e 14 da Lei n. 9.393, de 1996.
>
> § 1º No caso de o contribuinte adquirir:
>
> I - e vender o imóvel rural antes da entrega do Diat, o ganho de capital é igual à diferença entre o valor de alienação e o custo de aquisição;

389. Nesse sentido, vide: ZANELLA, Gabriella Bittencourt. ANDERLE, Ricado. A Tributação sobre o ganho de capital na venda de imóvel rural. Publicado no CONJUR em 27 de Janeiro de 2022. Disponível em: www.conjur.com.br/2022-jan-27/opiniao-tributacao-ganho-capital-venda-imovel-rural

> II - o imóvel rural antes da entrega do Diat e aliená-lo, no mesmo ano, após sua entrega, não ocorre ganho de capital, por se tratar de VTN de aquisição e de alienação de mesmo valor.
>
> § 2º Caso não tenha sido apresentado o Diat relativamente ao ano de aquisição ou de alienação, ou a ambos, considera-se como custo e como valor de alienação o valor constante nos respectivos documentos de aquisição e de alienação.
>
> § 3º O disposto no § 2º aplica-se também no caso de contribuinte sujeito à apresentação apenas do Documento de Informação e Atualização Cadastral (Diac).

Note-se que o §1º do art. 10 da IN SRF 84/2001 prescreve que no caso de o contribuinte (I) adquirir e vender o imóvel rural antes da entrega do Diat, o ganho de capital é igual à diferença entre o valor de alienação e o custo de aquisição e (II) se adquirir o imóvel rural antes da entrega do Diat e aliená-lo, no mesmo ano, após sua entrega, não ocorre ganho de capital, por se tratar de VTN de aquisição e de alienação de mesmo valor.

Já o § 2º do art. 10 da IN SRF 84/2001 tem redação semelhante, prevendo que caso não tenha sido apresentado o Diat relativamente ao ano de aquisição ou de alienação, ou a ambos, considera-se como custo e como valor de alienação o valor constante nos respectivos documentos de aquisição e de alienação, sendo o mesmo procedimento aplicado no caso de contribuinte sujeito à apresentação apenas do Documento de Informação e Atualização Cadastral (Diac), como se infere da redação do §3º do mesmo artigo.

Observe-se que o inciso I do §1º do art. 10 da IN SRF 84/2001, na prática, não permite que o contribuinte se aproveite do artigo 19 da Lei 9.393/96 se a compra e venda do imóvel ocorrer antes da entrega do Diat. O raciocínio é que o dispositivo seria inaplicável, em razão da ausência de informações de valor da terra-nua no Diat.

Nesse contexto, vale dizer que a Solução de Consulta COSIT 118 de 2019 ratifica tal posição, dispondo o seguinte:

> Solução de Consulta nº 118 - Cosit Data 26 de março de 2019 Processo Interessado CNPJ/CPF ASSUNTO: IMPOSTO SOBRE A RENDA DE PESSOA JURÍDICA - IRPJ GANHO DE CAPITAL. IMÓVEL RURAL. VALOR DE ALIENAÇÃO. Para fins de apuração de ganho de capital em relação à alienação de imóvel rural, deverão ser computados os valores constantes em DIAT, conforme a regra específica da Lei 9.373, de 1996. Caso a alienação ocorra em momento anterior ao período de apresentação do DIAT, deverá ser adotado como valor de venda o efetivo da respectiva operação. Dispositivos Legais: Lei 8.981, de 1995, art. 32, § 2º; Lei nº 9.430, de 1996, art. 25, § 1º; Lei 9.393, de 1996, arts. 8º, 19 e 14; IN SRF84, de 11 de outubro de 2001; IN RFB 1.715, de 2017, arts. 1º, 3º, 4º e 7º

José Carlos da Matta Rivitti apresenta pertinentes críticas à dicção do §1º de tal dispositivo. Lembra o ilustre ex-Conselheiro do Conselho de Contribuintes do Ministério da Fazenda que o §1º do art. 10 da referida Instrução Normativa SRF 84/2001 prevê que o contribuinte que adquire e aliena o imóvel antes de informar o valor da Terra-Nua no Diat, fica obrigado a apurar o ganho de capital, considerando o valor efetivo da transação da compra e venda. E arremata:

> A Receita Federal assenta entendimento de que o VTN somente pode ser tomado como declarado quando expresso no DIAT de cada ano (que usualmente é entregue no mês de setembro), de modo que altera o regime de tributação previsto na lei precisamente em função do cumprimento/possibilidade de cumprimento da obrigação acessória correspondente, cuja prerrogativa de instituição, segundo critério de conveniência, é da própria administração tributária.[390]

O argumento nos parece forte. Se o contribuinte adquire e aliena o imóvel antes da entrega do Diat, estaria supostamente vedado, pela legislação infralegal, de apurar o ganho de capital nos moldes do art. 19.

---

390. RIVITTI, José Carlos da Matta. Imposto de Renda Pessoas Físicas: transferência de imóveis rurais a título de integralização de pessoas jurídicas. In: Imposto de Rendas Pessoas Físicas à a luz da jurisprudência do Conselho Administrativo de Recursos Fiscais. Coord. ANAN Jr, Pedro Anan. PEIXOTO, Marcelo Magalhães. São Paulo: MP Editora, 2014, p. 163.

Ocorre que, como o prazo de entrega do Diat é estipulado pela próprio Fisco, a previsão do envio da declaração no segundo semestre acaba interferindo na apuração da base de cálculo de inúmeras operações que, supostamente, deixariam de ser alcançadas pelo art. 19. Nesse sentido, a legislação infralegal restringiria o direito do contribuinte de apurar o imposto nos moldes determinados pelo referido dispositivo.

Mas, como superar a impossibilidade de se indicar o valor da terra nua, sem a entrega do Diat? Parece-me que o próprio artigo 19 da referida lei apresentou uma solução para tal aparente barreira. Para se compreender tal ponto, peço licença para citar os arts. 8º, 14 e 19 da Lei 9.393/96 apresentam seguinte redação:

> Art. 8º O contribuinte do ITR entregará, obrigatoriamente, em cada ano, o Documento de Informação e Apuração d– ITR - DIAT, correspondente a cada imóvel, observadas data e condições fixadas pela Secretaria da Receita Federal.
>
> § 1º. O contribuinte declarará, no DIAT, o Valor da Terr– Nua - VTN correspondente ao imóvel.
>
> § 2º. O VTN refletirá o preço de mercado de terras, apurado em 1º de janeiro do ano a que se referir o DIAT, e será considerado auto-avaliação da terra nua a preço de mercado.
>
> § 3º. O contribuinte cujo imóvel se enquadre nas hipóteses estabelecidas nos arts. 2º e 3º fica dispensado da apresentação do DIAT (Incluído pela Lei nº 13.043, de 2014) (Vigência)
>
> [...]
>
> Art. 14. No caso de falta de entrega do DIAC ou do DIAT, bem como de subavaliação ou prestação de informações inexatas, incorretas ou fraudulentas, a Secretaria da Receita Federal procederá à determinação e ao lançamento de ofício do imposto, considerando informações sobre preços de terras, constantes de sistema a ser por ela instituído, e os dados de área total, área tributável e grau de utilização do imóvel, apurados em procedimentos de fiscalização.
>
> § 1º. As informações sobre preços de terra observarão os critérios estabelecidos no art. 12, § 1º, inciso II da Lei nº 8.629, de 25 de fevereiro de 1993, e considerarão levantamentos realizados pelas Secretarias de Agricultura das Unidades Federadas ou dos Municípios.

> § 2º. As multas cobradas em virtude do disposto neste artigo serão aquelas aplicáveis aos demais tributos federais.
>
> [..]
>
> Art. 19. A partir do dia 1º de janeiro de 1997, para fins de apuração de ganho de capital, nos termos da legislação do imposto de renda, considera-se custo de aquisição e valor da venda do imóvel rural o VTN declarado, na forma do art. 8º, observado o disposto no art. 14, respectivamente, nos anos da ocorrência de sua aquisição e de sua alienação.
>
> Parágrafo único. Na apuração de ganho de capital correspondente a imóvel rural adquirido anteriormente à data a que se refere este artigo, será considerado custo de aquisição o valor constante da escritura pública, observado o disposto no art. 17 da Lei nº 9.249, de 26 de dezembro de 1995.

Destacamos, da leitura acima, que o art. 19 da Lei 9.393/96, efetivamente faz remissão ao art. 8º da mesma lei – que trata da Declaração de Informação e Apuração do ITR – Diat para fins de determinação da Terra-Nua. Assim, da leitura conjugada dos dois dispositivos é possível concluir que o valor da terra nua declarada há de ser extraído na referida declaração.

Contudo, o mesmo artigo também faz referência ao art. 14 da mesma lei. E, em tal dispositivo, é enunciado que, na ausência da Diat, ou em caso de subavaliação, a autoridade administrativa poderia considerar informações sobre preços de terras, constantes de sistema a ser por ela instituído.

Portanto, se o contribuinte não entrega a Diat, até mesmo por impossibilidade em razão do imóvel ter sido adquirido e alienado antes do prazo para entrega da referida declaração, em tese, deveria a autoridade administrativa se basear no sistema de informações sobre preços de terras, para identificar o valor da terra-nua e não no valor efetivo da transação. Nesse sentido, vide abaixo a decisão emitida pela Colenda Segunda Turma do Egrégio Tribunal Regional Federal da Quarta Região:

> TRIBUTÁRIO. GANHO DE CAPITAL. IMÓVEL RURAL. LEI N.º 9.393/96. CUSTO DE AQUISIÇÃO E ALIENAÇÃO. SISTEMÁTICA DE APURAÇÃO. ART. 10, § 2.º, DA IN SRF N.º 84/01.

> ILEGALIDADE. HONORÁRIOS ADVOCATÍCIOS. MINORAÇÃO. 1. O parágrafo segundo, do art. 10 da Instrução Normativa n.º 84/2001, segundo a qual, na falta do DIAT, os custos de aquisição e alienação do imóvel rural devem ser equiparados ao valor constante dos respectivos instrumentos negociais, está em nítido descompasso com a legislação que lhe serve de sustentáculo. 2. Os custos de aquisição e de alienação de imóvel rural, estimados para fins de apuração de ganho de capital, deverão se pautar por aqueles valores da terra nua declarados pelo contribuinte, no DIAT apresentado nos respectivos anos. 3. No caso de não terem sido entregues tais documentos informativos, o art. 14 da Lei n.º 9.393/96 especifica os critérios que deverão ser levados em conta pela Receita Federal para apurar o imposto, entre eles o sistema de preço de terras. No caso dos autos, o antigo proprietário que efetivou a entrega da Declaração, não obstando a apuração do ganho de capital. 4. O valor da escritura pública considerado como custo de aquisição, conforme previsto na lei anterior, somente persiste quanto aos imóveis adquiridos antes de 1997, o que não é a hipótese dos autos. 5. Honorários advocatícios fixados no valor de R$ 1.000,00, nos termos do art. 20, §§ 3º e 4º, do CPC.[391]

Nesse meio sentido, aliás, Gabriella Bittencourt Zanella e Ricardo Anderle sustentam a antinomia entre regime legal do imposto – especialmente, o art. 19 da Lei 9.393/96 – com as dicções infralegais. Veja-se:[392]

> Contudo, diante do artigo 19 da Lei nº 9.393/96, não parece coerente que a regra especial seja definitivamente afastada quando da ausência da Dirf ou quando a Dirf não tenha sido entregue pelo beneficiário do ganho de capital.
>
> Isso porque, ao contrário do que entende a Receita Federal, na linha desse dispositivo, o ganho de capital na alienação de imóvel rural deve, sempre que possível, ser apurado com base no VTN do ano de alienação e do ano de aquisição (ou com base na Dirf ou a partir dos preços de terra constantes no Sipt), sendo, assim, ilegal o artigo 10 da IN nº 84/2011 por introduzir critério

391. 2007.71.16.000514-0, 200771160005140, 2ª Turma, Relatora Vânia Hack de Almeida, Data de Publicação, 20/01/10.

392. ZANELLA, Gabriella Bittencourt. ANDERLE, Ricado. A tributação sobre o ganho de capital na venda de imóvel rural. Publicado no CONJUR em 27 de Janeiro de2022.Disponívelem:www.conjur.com.br/2022-jan-27/opiniao-tributacao-ganho-capital-venda-imovel-rural

> relevante de base de cálculo, ausente na Lei 9.393/96, em violação ao princípio da legalidade tributária.

Feitas tais observações, resta acrescentar que quando o imóvel for desmembrado do todo, o custo de aquisição deve ser apurado na proporção que a área alienada representar em relação à área total do imóvel.

2.4.4 Quotas e ações

Bens que mereceram disposições minuciosas da legislação que rege o IRPF Sobre Ganho de Capital são as quotas e ações, conforme regramento que será exposto a seguir.

Inicialmente, vale apontar que na hipótese de integralização de capital mediante a entrega de bens ou direitos, o custo de aquisição da participação adquirida será o valor dos bens ou direitos transferidos, constante da declaração anual ou seu valor de mercado.

O art. 23 da Lei 9.249/95 regulamenta a tributação em tais hipóteses:

> Art. 23. As pessoas físicas poderão transferir a pessoas jurídicas, a título de integralização de capital, bens e direitos pelo valor constante da respectiva declaração de bens ou pelo valor de mercado.
>
> § 1º. Se a entrega for feita pelo valor constante da declaração de bens, as pessoas físicas deverão lançar nesta declaração as ações ou quotas subscritas pelo mesmo valor dos bens ou direitos transferidos, não se aplicando o disposto no *art. 60 do Decreto-Lei nº 1.598, de 26 de dezembro de 1977*, e no *art. 20, II, do Decreto-Lei nº 2.065, de 26 de outubro de 1983.*
>
> § 2º. Se a transferência não se fizer pelo valor constante da declaração de bens, a diferença a maior será tributável como ganho de capital.

Como se nota no artigo acima citado, se a transferência não se fizer pelo valor constante da declaração de bens, a diferença a maior será tributável como ganho de capital. Exemplificando, se o contribuinte adquire certa participação societária por valor X e integraliza no capital social da pessoa jurídica recebendo participação no valor de X+Y, essa quantia Y é um ganho que o sujeito obteve na operação, podendo ser submetida à tributação do Imposto Sobre a Renda.

Vale apontar, porém, que, no caso acima apontado, não se efetiva aquilo que designei, na Parte II, de "aumento de liquidez" que importe disponibilidade de renda. Em outras palavras, se o contribuinte aporta determinado bem e recebe outro bem como contrapartida, operação de tal calibre não representaria um aumento de liquidez apto a permitir a tributação do IR.

Em um exemplo concreto, se a pessoa jurídica em questão tiver sucessivos prejuízos, dificilmente a pessoa física que aporta na sociedade o bem irá recuperar a quantia integralizada. Portanto, não há, em tal hipótese, realização do ganho. Por isso entendo que a constitucionalidade de tal dispositivo poderia ser passível de contestação, embora seja uma norma vigente e eficaz, enquanto não reconhecida sua inconstitucionalidade pelo Poder Judiciário.

Avancemos.

Uma situação que guarda certa semelhança com a discussão explicada, acima, é a que se opera na chamada incorporação de ações ou quotas. O art. 252 da Lei 6.404/76 prevê o seguinte:

> Art. 252. A incorporação de todas as ações do capital social ao patrimônio de outra companhia brasileira, para convertê-la em subsidiária integral, será submetida à deliberação da assembléia-geral das duas companhias mediante protocolo e justificação, nos termos dos artigos 224 e 225.
>
> § 1°. A assembleia-geral da companhia incorporadora, se aprovar a operação, deverá autorizar o aumento do capital, a ser realizado com as ações a serem incorporadas e nomear os peritos que as avaliarão; os acionistas não terão direito de preferência para subscrever o aumento de capital, mas os dissidentes poderão retirar-se da companhia, observado o disposto no art. 137, II, mediante o reembolso do valor de suas ações, nos termos do art. 230. (Redação dada pela Lei n° 9.457, de 1997)

> § 2º. A assembleia-geral da companhia cujas ações houverem de ser incorporadas somente poderá aprovar a operação pelo voto de metade, no mínimo, das ações com direito a voto, e se a aprovar, autorizará a diretoria a subscrever o aumento do capital da incorporadora, por conta dos seus acionistas; os dissidentes da deliberação terão direito de retirar-se da companhia, observado o disposto no art. 137, II, mediante o reembolso do valor de suas ações, nos termos do art. 230. (Redação dada pela Lei nº 9.457, de 1997)
>
> § 3º. Aprovado o laudo de avaliação pela assembleia-geral da incorporadora, efetivar-se-á a incorporação e os titulares das ações incorporadas receberão diretamente da incorporadora as ações que lhes couberem.
>
> § 4º. A Comissão de Valores Mobiliários estabelecerá normas especiais de avaliação e contabilização aplicáveis às operações de incorporação de ações que envolvam companhia aberta. (Redação dada pela Lei nº 11.941, de 2009).

Como se depreende do enunciado prescritivo acima citado, a incorporação de ações é operação semelhante à incorporação da sociedade, sem a extinção da personalidade da pessoa jurídica. Há três figuras: (1) a Sociedade incorporadora, que, aumentando seu capital social, recebe a totalidade de ações de (2) uma sociedade incorporada e (3) os acionistas da incorporada que passam ser acionistas da incorporadora.

Em tal operação, portanto, uma sociedade S incorpora suas ações em uma sociedade S´ e os acionistas de S recebem ações de S´. Assim, S passa a ser subsidiária de S' e os antigos acionistas de S passam a deter participação societária em S´.

O potencial ganho de capital poderia surgir caso o valor das ações referentes à sociedade S´ recebida pelos acionistas supere o valor declarado por tais pessoas físicas referentes à aquisição das ações referentes à sociedade S.

Em nossa visão, tal transação não revelaria disponibilidade jurídica ou econômica de ganho de capital, haja vista que, a exemplo do caso anterior, não importaria aumento de liquidez. Ora, como visto na parte II do presente livro, a troca de bens por outros não acarreta aumento de liquidez e, portanto, não pode ensejar incidência do IR.

Note-se que se a Sociedade S´ declarar falência, ou tiver múltiplos prejuízos, dificilmente, os acionistas receberão qualquer valor.

Além desse aspecto estrutural atinente ao regime jurídico do IR, há uma peculiaridade de ordem legal: o ganho de capital pressupõe uma operação de alienação por parte da pessoa física e, no caso da incorporação de ações, tal ato não se concretiza.

Ocorre que, muito embora os acionistas da sociedade incorporada passem a deter participação societária da sociedade incorporadora, tal situação jurídica é decorrente de um negócio jurídico celebrado entre a sociedade incorporadora e a incorporada. A participação de acionistas de ambas sociedades, na operação, é apenas mediata, votando na assembleia geral que delibera o tema.

Deve-se levar em conta que o *caput* art. 21 da Lei 8.981/95 prevê o seguinte:

> Art. 21. O ganho de capital percebido por pessoa física em decorrência da alienação de bens e direitos de qualquer natureza sujeita-se à incidência do imposto sobre a renda, com as seguintes alíquotas, [...]:

Como se nota do artigo acima citado, a tributação sobre o ganho de capital pressupõe uma alienação de bens e direitos, de sorte que a ausência de um negócio jurídico praticado pelo contribuinte que importe alienação não permite a incidência da norma. Bem verdade, que o § 3º, art. 3º, da Lei 7.713/88 confere ampla acepção ao termo "alienação". Veja-se:

> Art. 3º. [...]
>
> § 3º Na apuração do ganho de capital serão consideradas as operações que importem alienação, a qualquer título, de bens ou direitos ou cessão ou promessa de cessão de direitos à sua aquisição, tais como as realizadas por compra e venda, permuta, adjudicação, desapropriação, dação em pagamento, doação, procuração em causa própria, promessa de compra e venda, cessão de direitos ou promessa de cessão de direitos e contratos afins.

Agora, mesmo o termo "alienação a qualquer título" pressupõe um negócio jurídico realizado pelo próprio contribuinte que configure a transferência dos bens. Reitero que, no caso, como não é o contribuinte quem efetiva, diretamente, o ato de incorporação de ações, não haveria que se falar em incidência das referidas normas.[393]

Em que pese a tais argumentos, decisões recentes do Conselho Administrativo de Recursos Fiscais admitiram a tributação de IRPF sobre ganho de capital no caso da incorporação de ações. Veja-se:

> Ementa(s)
>
> Assunto: Imposto sobre a Renda de Pessoa Fí–sica - IRPF
>
> Ano-calendário: 2012
>
> PRINCÍPIO DA VERDADE MATERIAL. JUNTADA DE DOCUMENTOS. FASE RECURSAL. APRECIAÇÃO. POSSIBILIDADE. OBRIGATORIEDADE DE ACATAR ARGUMENTOS. NÃO HÁ.
>
> O Princípio da Verdade Material permite ao julgador conhecer documentos apresentados após o prazo para impugnação, como prova complementar que pode permitir e contribuir para o convencimento do julgador, mas o fato de apreciar tais documentos não implica obrigatoriedade para acatar os seus argumentos.
>
> DECISÕES ADMINISTRATIVAS. REITERADAS. SEM AMPARO LEGAL. NÃO VINCULAM JULGAMENTO.
>
> As decisões administrativas trazidas aos autos que não estão amparadas por lei para se tornar normas complementares, mesmo que reiteradas, não têm efeito vinculante.
>
> JURISPRUDÊNCIAS. SEM TRÂNSITO EM JULGADO. SEM DECISÕES DEFINITIVAS DE MÉRITO. NÃO VINCULAM O JULGAMENTO.
>
> A jurisprudência decorrente de decisões judiciais, referente a processos ainda não transitados em julgado e sem decisões definitivas proferidas pelo STF ou STJ, não vincula o julgamento na esfera administrativa.

393. Sobre a diferença entre incorporação de ações e alienação vide: MINATEL. José Antônio. Incorporação de Ações e Regime Tributário. IN: ANAN Jr., Pedro. Planeamento Tributário. Análise de casos. São Paulo: Quartier Latin, 2013, v. III, p. 645.

VIOLAÇÃO A PRINCÍPIOS. INCONSTITUCIONALIDADE. ILEGALIDADE. ANÁLISE ADMINISTRATIVA. NÃO CABIMENTO. SÚMULA CARF Nº 2.

Não cabe à esfera administrativa analisar inconstitucionalidade ou ilegalidade de legislação tributária, matéria de competência exclusiva do Poder Judiciário.

"O CARF não é competente para se pronunciar sobre a inconstitucionalidade de lei tributária."

INCORPORAÇÃO DE AÇÕES. ALIENAÇÃO DE PARTICIPAÇÕES SOCIETÁRIAS. VALOR DAS AÇÕES RECEBIDAS SUPERIOR AO VALOR DAS AÇÕES ENTREGUES. GANHO DE CAPITAL. TRIBUTÁVEL.

A alienação de participações societárias decorrente de incorporação de ações dá ensejo à apuração de ganho de capital tributável se o valor das ações recebidas for superior ao valor das ações entregues.

ALIENAÇÃO DE AÇÕES. GANHO DE CAPITAL. BASE DE CÁLCULO. DESPESA COM PRESTAÇÃO DE SERVIÇOS DE ASSESSORIA. INDEDUTÍVEIS.

A prestação de serviços de assessoria, consultoria e assemelhadas não se configura corretagem, portanto, as despesas decorrentes de tal prestação de serviço não podem ser deduzidas do valor da alienação para efeito de apurar o ganho de capital.

INCORPORAÇÃO DE AÇÕES. GANHO DE CAPITAL. RESTRIÇÃO DE NEGOCIAÇÃO. CLÁUSULA DE "LOCK UP". CONTRATO DE PENHOR. NÃO IMPEDE A OCORRÊNCIA DO FATO GERADOR

A existência de cláusula contratual com o fim de limitar a faculdade de disposição do direito de propriedade do acionista, obrigando-o a não alienar sua participação societária (ações) por um determinado período (lock up) ou restrição de negociação mediante contrato de penhor não modifica a definição e o momento de ocorrência do fato gerador da obrigação tributária, reputando-se perfeito e acabado por ocasião da incorporação das ações.[394]

"Ementa(s)

ASSUNTO: IMPOSTO SOBRE A RENDA DE PESSOA FÍSICA (IRPF)

Ano-calendário: 2012

---

394. Número do Processo 10280.720109/2017-78, Tipo do Recurso RECURSO VOLUNTARIO, Data da Sessão, 07/08/2019, Relator(a) RORILDO BARBOSA CORREIA, Nº Acórdão, 2202-005.384.

INCORPORAÇÃO DE AÇÕES. ALIENAÇÃO. GANHO DE CAPITAL. INCIDÊNCIA. FATO GERADOR. MOMENTO.

Na operação de incorporação de ações, a transferência das participações societárias para o capital social da companhia incorporadora caracteriza alienação em sentido amplo. A diferença positiva entre o preço efetivo da operação e o respectivo custo de aquisição das ações constitui ganho de capital passível de tributação pelo imposto sobre a renda. Há realização de renda no momento em que a pessoa física recebe as novas participações emitidas pela companhia incorporadora, tornando-se proprietária das ações.

INCORPORAÇÃO DE AÇÕES. GANHO DE CAPITAL. CLÁUSULA DE "LOCK UP". PENHOR. MOMENTO DO ACRÉSCIMO PATRIMONIAL.

A existência de cláusula contratual de restrição temporária à faculdade de disposição do direito de propriedade sobre as novas participações societárias, consistente na obrigação de não alienar os ativos por determinado lapso temporal, não tem a eficácia de desconstituir a transferência de domínio por ocasião da incorporação das ações. A celebração do contrato de penhor revela a aquisição da titularidade e a disponibilidade jurídica das novas ações, pois apenas o proprietário pode dar bens em garantia e para tanto, além do domínio, deve ter a livre disposição da coisa. A situação jurídica que representa a disponibilidade econômica pela realização de renda passível de tributação foi definitivamente constituída no momento da transferência da propriedade das ações, quando restou configurado o acréscimo patrimonial da pessoa física.

GANHO DE CAPITAL. DEDUÇÃO DE VALORES COM ASSESSORIA

Deve ser considerado para o cálculo do ganho de capital o valor relativo à alienação das ações, excluindo o montante gasto pelo contribuinte quanto à empresa de assessoria, haja vista que a finalidade da norma é excluir a parcela não integrante do valor do bem (valor da corretagem), quando suportado pelo alienante, do valor da alienação levado a efeito para o cálculo do ganho de capital.

RESPONSABILIDADE SOLIDÁRIA. INTERESSE COMUM NO FATO GERADOR. REGIME DE BENS.

Uma vez adquirida a titularidade das participações societárias após a celebração do casamento em comunhão parcial de bens, os cônjuges são coproprietários em razão do regime de bens, havendo inegável interesse comum na situação jurídica constitutiva do imposto de renda sobre ganho de capital."[395]

395. Número do Processo 10280.720108/2017-23, Tipo do Recurso RECURSO

Já houve, no entanto, decisões do CARF em sentido contrário, inclusive pela 2ª Turma do Conselho de Recursos Fiscais:

> Ementa(s)
>
> IMPOSTO SOBRE A RENDA DE PESSOA FÍ-SICA - IRPF
>
> Exercício: 2008 – IRPF - OPERAÇÃO DE INCORPORAÇÃO DE AÇÕES - INEXISTÊNCIA DE OMISSÃO DE GANHO DE CAPITAL.
>
> A figura da incorporação de ações, prevista no artigo 252 da Lei n° 6.404/76, difere da incorporação de sociedades e da subscrição de capital em bens. Com a incorporação de ações, ocorre a transmissão da totalidade das ações (e não do patrimônio) e a incorporada passa a ser subsidiária integral da incorporadora, sem ser extinta, ou seja, permanecendo com direitos e obrigações. Neste caso, se dá a substituição no patrimônio do sócio, por idêntico valor, das ações da empresa incorporada pelas ações da empresa incorporadora, sem sua participação, pois quem delibera são as pessoas jurídicas envolvidas na operação.
>
> Os sócios, pessoas físicas, independentemente de terem ou não aprovado a operação na assembleia de acionistas que a aprovou, devem, apenas, promover tal alteração em suas declarações de ajuste anual.
>
> Ademais, nos termos do artigo 38, § único, do RIR/99, a tributação do imposto sobre a renda para as pessoas físicas está sujeita ao regime de caixa, sendo que, no caso, o contribuinte não recebeu nenhum numerário em razão da operação autuada.
>
> Não se aplicam à incorporação de ações o artigo 3°, § 3°, da Lei n° 7.713/88, nem tampouco o artigo 23 da Lei n° 9.249/95. Inexistência de fundamento legal que autorize a exigência de imposto de renda pessoa física por ganho de capital na incorporação de ações em apreço. Recurso especial negado.[396]

VOLUNTARIO, Data da Sessão 05/06/2019, Relator(a) ANDREA VIANA ARRAIS EGYPTO, N° Acórdão 2401-006.662.

396. Número do Processo 10680.726772/2011-88, Tipo do Recurso RECURSO ESPECIAL DO PROCURADOR, Data da Sessão 03/03/2015, N° Acórdão 9202-003.579.

Ademais, em 24 de setembro de 2021, foi proferido acórdão pela Segunda Turma da Câmara Superior de Recursos Fiscais – publicado em 17/01/2022 – reconhecendo a não incidência do IRPF na incorporaão de ações, sob o argumento de que o imposto apenas incide quando existe a disponibilidade financeira do rendimento. Veja-se:

> Processo nº 10437.720962/2015-05 Recurso Especial do Contribuinte Acórdão nº 9202-009.948 – CSRF / 2ª Turma Sessão de 24 de setembro de 2021 Recorrente MARCOS EDUARDO DO AMARAL GUIMARAES Interessado FAZENDA NACIONAL ASSUNTO: IMPOSTO SOBRE A RENDA DE PESSOA FÍSICA (IRPF) Exercício: 2011 PROCESSO ADMINISTRATIVO FISCAL. RECURSO ESPECIAL DE DIVERGÊNCIA. PRESSUPOSTOS. CONHECIMENTO.
>
> Incabível o exame de provas, em caráter originário, pela Instância Especial, ao argumento de que teria havido inovação por parte do acórdão recorrido, sem a demonstração de divergência jurisprudencial sobre a questão da suposta inovação, e ausente a oposição de Embargos com o fito de esclarecer eventual obscuridade por parte do julgado guerreado.
>
> IRPF. ISENÇÃO. ALIENAÇÃO DE PARTICIPAÇÃO SOCIETÁRIA. DECRETO-LEI 1.510/76. ATO DECLARATÓRIO PGFN Nº 12/2018. EFEITO VINCULANTE. ART. 62, §1º, II, 'C' DO RICARF. AÇÕES BONIFICADAS.
>
> O contribuinte detentor de quotas sociais há cinco anos ou mais antes da entrada em vigor da Lei 7.713/88 possui direito adquirido à isenção do imposto de renda, quando da alienação de sua participação societária. O direito à isenção se estende às ações bonificadas desde que, cumulativamente, tenham sido emitidas até 31/12/1988 e que as ações originárias também cumpram os requisitos para aplicação do Decreto-lei nº 1.510/76. GANHO DE CAPITAL. INCORPORAÇÃO DE AÇÕES. NATUREZA JURÍDICA. REGIME DE CAIXA.
>
> A operação de incorporação de ações pode representar um ganho patrimonial ao contribuinte, entretanto, observadas as normas que regem a matéria o fato gerador do IRPF somente será apurado a partir do momento em que ocorrer a disponibilidade financeira do rendimento, sob pena de se tributar mera presunção de ganho, violando o princípio da capacidade contributiva.

Além disso, o Tribunal Regional Federal da Quarta Região assim já decidiu sobre o tema:[397]

> 505279342.2011.4.04.7000, que de forma elucidativa entendeu que não há a alienação de ações ou mesmo uma incorporação ficta, mas sim a sub-rogação legal dos acionistas cujas ações houveram de ser incorporadas, nas ações da incorporadora, senão vejamos: Não há a alienação de ações ou mesmo uma incorporação ficta, mas sim a sub-rogação legal dos acionistas cujas ações houveram de ser incorporadas, nas ações da incorporadora. (...) A alienação importa na renúncia de um direito e é, portanto, voluntária. Tendo em vista que na sub-rogação real derivada de lei há a substituição de uma coisa por outras em razão de expressa previsão legal, não há que se confundir alienação com sub-rogação real. (...) Mesmo que se considerasse a incorporação de ações como ato de alienação, não estaria a situação dos autos enquadrada no âmbito da regra matriz de incidência do IRPF. Pela simples e óbvia razão de que nem toda alienação implica em ganho de capital. Em outras palavras, a realização de uma alienação. Por si só, não gera ganho de capital cujo exemplo típico é a permuta sem torna, ainda que não coincidentes os valores dos bens permutados. (2ª Turma, ReI. Des. Otávio Roberto Pamplona, J: 11/10/2015).

Avancemos. No evento de recebimento de ações ou quotas em bonificação, em razão de incorporação de lucros ou reservas ao capital de pessoa jurídica, considera-se custo de aquisição da participação o valor do lucro ou reserva capitalizado que corresponder ao acionista ou sócio. Nessa hipótese, deve-se levar em conta que o quotista ou acionista recebe tais ações ou quotas abrindo mão de receber distribuição de lucro, da sociedade. Há um preço a ser pago por tal aquisição que deve ser levado em conta, quando da apuração do ganho de capital.

Prosseguindo, pode-se questionar: como se calcula o custo de aquisição no caso de quotas ou ações? Tal custo é apurado pela média ponderada dos custos unitários, por espécie, desses títulos.

397. Tive notícia dessa decisão por citação no excelente voto vencido da Ilustríssima Conselheira Andrea Viana Arrais Egypto no Acórdão 2401-006.662. Os dados do processo judicial ação são os seguintes: 2ª Turma, ReI. Des. Otávio Roberto Pamplona, J: 11/10/2015.

Para tal fim, o custo médio ponderado de cada ação ou quota é igual ao resultado da divisão do valor total da aquisição das ações ou quotas em estoque pela quantidade total de ações ou quotas em estoque, inclusive bonificadas. Uma vez multiplicado tal valor pela quantidade de ações ou quotas alienadas, teremos o valor do custo de aquisição das quotas.

A diferença entre a média ponderada e a média aritmética simples é que a primeira considera o peso de certo número em uma amostra, ao passo que a primeira, não.

A média aritmética simples é a soma de valores dividida pela quantidade de valores. A título de exemplo, se uma pessoa física adquire uma ação a um real, uma ação a dois reais e outra, ainda, a três reais, a média aritmética simples será calculada pela soma dos preços dividida pelo número valores. Ou seja, seria: (1,00 + 2,00 + 3,00)/3 = 2,00.

Agora, se a pessoa adquire um número diferente de ações a R$ 1,00, R$ 2,00 e R$ 3,00, é possível que se pretenda ponderar o peso, isto é, o número de vezes em que cada um desses preços se manifesta. Vamos imaginar que tenham sido obtido 100 ações a R$ 1,00, 200 ações a R$ 2,00 e 300 ações a R$ 3,00.

Cálculo do valor total da aquisição de estoques:

100 ações X R$ 1,00 = R$ 100,00

200 ações X R$ 2,00 = R$ 400,00

300 ações X R$ 3,00 = R$ 900,00

Valor total = R$ 1.400,00

Quantidade Total das Ações = 600 ações

No caso acima, o custo médio ponderado seria obtido da divisão de R$ 1.400,00 pela quantidade de 600 ações, chegando-se à quantia de R$ 2,33.

Assim, se o contribuinte alienasse 100 quotas, teria um valor de aquisição de R$ 233,00 (preço do custo ponderado unitário multiplicado pela quantidade alienada).

Ainda, para se apurar o custo de ações ou quotas remanescentes, deve-se identificar o resultado da divisão do valor total de aquisição das ações ou quotas em estoque pela quantidade total de ações ou quotas em estoque, inclusive bonificadas, e multiplicar tal resultado pelo número de ações ou quotas remanescentes.

No exemplo acima, restariam quinhentas quotas de sorte que o custo de quotas remanescente seria de R$ 1.165,00.

Ademais, a cada aquisição ou baixa devem ser ajustadas as quantidades em estoque e os custos total e médio ponderado, por espécie, das ações ou quotas.

Assim, o ganho de capital será a diferença entre o valor de alienação e o custo de aquisição, conforme o método acima explicado.

Avancemos. Muitas vezes me deparei com a questão de alienante que vende quotas ou ações por uma parcela do preço determinada e outra contingente, isto é, dependente de condição suspensiva.

Geralmente, são hipóteses em que certos pagamentos ficam na contingência da *performance* – faturamento, lucro EBITDA etc. – da pessoa jurídica cuja participação foi alienada, ou até mesmo, em casos em que os valores estavam depositados em conta-garantia, à espera da concretização de passivos da mesma pessoa jurídica.

Assim, por exemplo, certo contribuinte aliena ações na PJ X, com preço certo de cem reais, pago na data da alienação, e mais duzentos reais pagos após cinco anos, caso certo passivo identificado em tal pessoa jurídica (exemplo, IRPJ não declarado) seja fulminado pela decadência.

Em tais casos, costumo interpretar que a parcela contingente nada mais é do que parte do preço alienação que se implementa após vencida a condição suspensiva. Assim, entendo que deverá ser tributada como em ganho de capital, à medida que recebida.

De fato, antes de receber a parcela, não há disponibilidade jurídica ou econômica de renda. Portanto, não poderia haver qualquer pagamento a título de IRPF de um valor não recebido pelo contribuinte e ainda incerto.

Contudo, uma vez paga, tal quantia corresponderá a indiscutível preço de alienação, devendo, em tal momento, ser tributado.

A Solução n. 282-COSIT de 2014 vai nesse sentido:

> ASSUNTO: IMPOSTO SOBRE A RENDA DE PESSOA FÍSICA - IRPF
>
> EMENTA: GANHO DE CAPITAL. ALIENAÇÃO DE PARTICIPAÇÃO SOCIETÁRIA. PARCELA DO PREÇO SEM VALOR DETERMINADO.
>
> A parcela do valor da operação de alienação de participação societária auferida a título de valor suplementar integra o preço de venda da participação societária e deverá ser tributada como ganho de capital quando do seu auferimento, independentemente de tal valor suplementar ter sido fixado mediante sentença arbitral ou acordo entre as partes solucionando conflito instaurado em razão da rescisão de contrato de gestão.
>
> DISPOSITIVOS LEGAIS: CTN, arts. 116 e 117; Decreto n° 3.000, de 1999, arts. 117, 138 e 140.
>
> RESCISÃO CONTRATUAL. MULTAS E DEMAIS VANTAGENS RESCISÓRIAS. DECLARAÇÃO DE AJUSTE ANUAL. CÔMPUTO NA BASE DE CÁLCULO.
>
> Os valores das multas e de quaisquer outras vantagens pagas ou creditadas por pessoa jurídica em virtude de rescisão de contrato de gestão, ainda que reconhecida por sentença arbitral como imotivada, devem ser computados na apuração da base de cálculo do imposto devido na declaração de ajuste anual da pessoa física.
>
> DISPOSITIVOS LEGAIS: Lei n° 5.172, de 1966, art. 43; Lei n°9.430, de 1996, art. 70; Decreto n° 3.000, de 1999, art. 681; IN SRF n° 15, de 2001, art. 9°, inciso XI, e art. 24.
>
> ASSUNTO: IMPOSTO SOBRE A RENDA RETIDO NA -ONTE - IRRF
>
> EMENTA: RESCISÃO CONTRATUAL. MULTAS E DEMAIS VANTAGENS RESCISÓRIAS. INCIDÊNCIA.

> Os valores das multas e de quaisquer outras vantagens pagas ou creditadas por pessoa jurídica em virtude de rescisão de contrato de gestão, ainda que reconhecida por sentença arbitral como imotivada, sujeitam-se à incidência do imposto sobre a renda na fonte calculado de acordo com a tabela progressiva do imposto sobre a renda mensal a título de antecipação do devido na declaração de ajuste anual da pessoa física.
>
> DISPOSITIVOS LEGAIS: Lei nº 5.172, de 1966, art. 43; Lei nº 9.430, de 1996, art. 70; Decreto nº 3.000, de 1999, art. 681; IN SRF nº 15, de 2001, art. 9º, inciso XI, e art. 24.
>
> ASSUNTO: NORMAS DE ADMINISTRAÇÃO TRIBUTÁRIA
>
> EMENTA: É ineficaz a consulta que invoque questionamento acerca da forma ou prazo para pagamento de tributos, uma vez que, não tendo sido apontado dispositivo da legislação tributária sobre cuja aplicação exista dúvida, mostra-se voltado para a prestação de assessoria jurídica ou contábil-fiscal pela RFB.
>
> DISPOSITIVOS LEGAIS: IN RFB n.º 1.396, de 2013, art. 18, incisos VII, IX e XIV.

Ademais, nas perguntas e respostas da Secretaria da Receita Federal do Brasil, na pergunta 555, a seguinte resposta foi disponibilizada:

> PARTICIPAÇÕES SOCIETÁRIAS — ALIENAÇÃO SEM PREÇO PREDETERMINADO 555 — Como devem ser tributados os resultados obtidos em alienações de participações societárias quando o preço não pode ser predeterminado? Quando não houver valor determinado, por impossibilidade absoluta de quando identificá-lo de imediato (ex.: a determinação do valor das prestações e do preço depende do faturamento futuro da empresa adquirida, no curso do período do pagamento das parcelas contratadas), o ganho de capital deve ser tributado na medida em que o preço for determinado e as parcelas forem pagas. Não obstante ser indeterminado o preço de alienação, toma-se como data de alienação a da concretização da operação ou a data em que foi cumprida a cláusula preestabelecida nos atos contratados sob condição suspensiva. Contudo, alerte-se que o tratamento descrito deve ser comprovado pelas partes contratantes sempre que a autoridade lançadora assim o determinar.

Tal orientação reforça, segundo pensamos, o entendimento anteriormente exposto.

Agora, muitas vezes, pode surgir a dúvida se os valores pagos aos vendedores de quotas e ações decorrentes de resultados futuros da companhia que dependam do trabalho de tais alienantes como executivos da pessoa jurídica cuja participação societária é alienada configuram-se como preço de venda da participação societária ou remuneração pelo trabalho do executivo.

Entendo que, em tais casos, é preciso identificar se a causa do pagamento é uma avaliação do ativo alienado ou uma retribuição pelo trabalho do executivo. Como diz José Arnaldo Godoy Costa de Paula,

> identificando-se elementos que demonstrem que a real vontade das partes formalizadas seria a de vincular o pagamento à atividade que seria desempenhada pelo acionista em determinado período de tempo e que o *earn-out* não seria preço pelas suas próprias vontades, o pagamento guardará características de remuneração.[398]

O art. 113 do Código Civil, com a redação dada pela Lei 13.874/2019, pode nos fornecer alguns parâmetros para tal avaliação. Veja-se sua redação:

> Art. 113. Os negócios jurídicos devem ser interpretados conforme a boa-fé e os usos do lugar de sua celebração.
>
> § 1º. A interpretação do negócio jurídico deve lhe atribuir o sentido que: (Incluído pela Lei nº 13.874, de 2019)
>
> I - for confirmado pelo comportamento das partes posterior à celebração do negócio; (Incluído pela Lei nº 13.874, de 2019)
>
> II - corresponder aos usos, costumes e práticas do mercado relativas ao tipo de negócio; (Incluído pela Lei nº 13.874, de 2019)
>
> III - corresponder à boa-fé; (Incluído pela Lei nº 13.874, de 2019)
>
> IV - for mais benéfico à parte que não redigiu o dispositivo, se identificável; e (Incluído pela Lei nº 13.874, de 2019)

---

398. PAULA, José Arnaldo Godoy Costa da. O Earn Out na Compra de Participações Societárias e seus Efeitos Tributários Sobre o Custo de Aquisição de Investimentos. In Revista de Direito Tributário Atual n. 43, São Paulo: IBDT, 2019, p. 245.

> V - corresponder a qual seria a razoável negociação das partes sobre a questão discutida, inferida das demais disposições do negócio e da racionalidade econômica das partes, consideradas as informações disponíveis no momento de sua celebração. (Incluído pela Lei nº 13.874, de 2019)
>
> § 2º. As partes poderão livremente pactuar regras de interpretação, de preenchimento de lacunas e de integração dos negócios jurídicos diversas daquelas previstas em lei. (Incluído pela Lei nº 13.874, de 2019)

Embora os parâmetros acima, carreguem acentuada subjetividade, acredito que alguns elementos como "usos, costumes e práticas do mercado relativas ao tipo de negócio" e "racionalidade econômica das partes" possam legitimar a aplicação de um importante aliado: as normas internacionais contábeis – International Financial Report Standards – IFRS, que passaram a ser adotadas pelo Brasil com a Lei 11.638/2007.

Quando invoco a aplicação de tais disposições, não me amparo no caráter prescritivo de tais normas – pois, seu escopo, fundamental, é a apuração dos resultados de pessoas jurídicas para fins de atender a necessidades de credores e investidores, e não para vincular o entendimento de autoridades fiscais em matéria de Imposto Sobre a Renda Pessoa Física. Eu me apego ao aspecto de que as normas contábeis, ao prescreverem disposições que visam a retratar a situação econômica de uma entidade, fornecem importantes parâmetros de como age o mercado e da racionalidade econômica das operações, tal como invocado pelo art. 113 do Código Civil, para fins de interpretação dos negócios jurídicos.

Nesse sentido, vale apontar que as normas internacionais são adotadas no Brasil, inicialmente, por meio de sua inserção pelo Comitê de Pronunciamentos Contábeis que editam regras que, posteriormente, são adotadas por órgãos reguladores, passando a ostentar efeitos vinculantes para fins de contabilidade.

O Comitê de Pronunciamentos Contábeis é composto por diversos órgãos como a- ABRASCA – Associação Brasileira das Companhias Abertas; b- APIMEC NACIONAL – Associação dos Analistas e Profissionais de Investimento do Mercado de Capitais; c- BM&FBOVESPA S.A. Bolsa de Valores, Mercadorias e Futuros; d- CFC – Conselho Federal de Contabilidade; e- IBRACON – Instituto dos Auditores Independentes do Brasil; f- FIPECAFI – Fundação Instituto de Pesquisas Contábeis, Atuarias e Financeiras.

Nesse contexto, é razoável supor que normas que passam pelo escrutínio de órgãos tão gabaritados transmitam parâmetros que retratem "racionalidade econômica" e "práticas de mercado".

Pois bem, um dos princípios adotados pelas normas da IFRS e também das prescrições adotadas pelo CPC é o da "essência sobre a forma".

Para pensar sobre a noção da "essência sobre a forma", para fins contábeis, vale considerar a ideia de que não existe o chamado "fato puro". Todo fato, todo acontecimento pode ser visto a partir de uma perspectiva jurídica, econômica, sociológica etc.

Nesse sentido, a ideia de essência sobre a forma é que se a contabilidade tem como usuários primários os credores e investidores da pessoa jurídica, é mais útil que tais usuários recebam informações atinentes a tal entidade, sob uma perspectiva econômica, do que sob uma perspectiva jurídica.

Dessa maneira, a "lente contábil" acaba servindo de parâmetro para indicar como o negócio jurídico pode ser interpretado levando-se em consideração racionalidade econômica e a prática do mercado.

Daí por que as normas editadas pelo CPC – e posteriormente adotadas por órgãos reguladores – podem fornecer importantes parâmetros para interpretação de negócios jurídicos, nos moldes exigidos pelo art. 113 do Código Civil, servindo como norte para se identificar a "racionalidade econômica das partes" e os "usos, costumes e práticas do mercado relativas ao tipo de negócio".

Feito tal esclarecimento, vale apontar que o item B.55 do Pronunciamento Técnico CPC n. 15 (R1), que trata das normas contábeis sobre "as combinações de negócios" indica elementos que podem nortear as diferenças de pagamentos qualificados como remuneração de executivos ou empregados que alienaram participação societária ou como preço de venda de ações ou quotas.

A título de explicação, o referido Pronunciamento Técnico 15 (R1) tem como escopo aprimorar a relevância, a confiabilidade e a comparabilidade das informações que a entidade fornece em suas demonstrações contábeis acerca de combinação de negócios e sobre seus efeitos, entendendo-se combinação de negócios como uma operação ou outro evento por meio do qual um adquirente obtém o controle de um ou mais negócios, independentemente da forma jurídica da operação.

Pois bem, uma das preocupações do referido pronunciamento técnico é determinar se certo pagamento ajustado entre as partes que celebram a combinação de negócios é inerente a tal operação – e portanto, reflete o custo de aquisição do negócio adquirido de uma das partes – ou se reflete uma operação jurídica conexa avençada pelas partes – que a norma técnica designa de "operação separada".

Nesse ponto, o item B55 de tal Pronunciamento Técnico prescreve o seguinte:

> B55. Quando não estiver claro se os pagamentos previstos no acordo para empregados ou sócios vendedores fazem parte da operação de troca para obtenção do controle da adquirida ou se constituem operações separadas da combinação, o adquirente deve considerar as seguintes indicações:
>
> (a) **Condição para permanência como empregado:** as condições para a permanência, como empregado, dos sócios vendedores que se tornam empregados-chave na entidade combinada podem constituir um indicador da essência de acordo de contraprestação contingente. As condições pertinentes à permanência de empregado podem estar incluídas em acordo trabalhista, em contrato de aquisição ou ainda em algum outro documento. A contraprestação contingente em que os pagamentos são

automaticamente extintos quando os empregados são desligados constitui remuneração para serviços pós-combinação. Os acordos em que os pagamentos contingentes não são afetados pelo desligamento do empregado podem indicar que o pagamento contingente constitui contraprestação adicional da operação de troca para obtenção do controle da adquirida, ao invés de remuneração por serviços prestados.

(b) **Prazo de permanência como empregado:** quando o período exigido de permanência, como empregado, coincidir com (ou exceder a) o período do pagamento contingente, esse fato pode indicar que o pagamento contingente, em essência, é uma remuneração por serviços prestados.

(c) **Nível de remuneração:** nos casos em que a remuneração dos empregados, exceto pelos pagamentos contingentes, estiver estabelecida em nível razoável, comparativamente à de outros empregados da entidade combinada, pode indicar que os pagamentos contingentes são contraprestações adicionais em vez de remuneração por serviços prestados.

(d) **Pagamento incremental a empregados:** o fato de o valor por ação dos pagamentos contingentes dos sócios vendedores, que não permanecerão como empregados da entidade combinada, ser menor que o dos sócios vendedores, que permanecerão como empregados da entidade combinada, pode indicar que o valor incremental dos pagamentos contingentes dos sócios vendedores que permanecerão como empregados constitui remuneração por serviços prestados.

(e) **Número de ações possuídas:** o número relativo de ações em poder dos sócios vendedores que permanecerão como empregados-chave na entidade combinada pode ser um indicador da essência de acordo de contraprestação contingente. Por exemplo, o fato de os sócios vendedores que possuíam substancialmente todas as ações ou quotas da adquirida permanecerem como empregados-chave na entidade combinada pode indicar que o acordo é, em essência, um acordo de participação nos lucros firmado para remunerar esses sócios por serviços pós-combinação (e, portanto, uma operação separada). Alternativamente, se os sócios vendedores que permanecerão como empregados-chave possuíam somente pequeno número de ações da adquirida, mas o valor por ação da contraprestação contingente de todos os sócios for o mesmo, tal fato pode indicar que os pagamentos contingentes são contraprestações adicionais. A participação de propriedade pré-aquisição mantida por partes relacionadas aos sócios vendedores que permanecerão como empregados-chave na entidade combinada, tais como membros da família, também deve ser considerada.

> **(f) Conexão com a avaliação:** o fato de a contraprestação inicialmente transferida na data da aquisição estar baseada no mais baixo valor da faixa de valores estabelecida na avaliação da adquirida e da fórmula do pagamento contingente estar relacionada a essa abordagem de avaliação sugere que os pagamentos contingentes são compensações adicionais. Alternativamente, o fato de a fórmula do pagamento contingente ser consistente com acordos anteriores de participação nos lucros sugere que a essência do acordo é produzir remuneração por serviços prestados.
>
> **(g) Fórmula para determinação da contraprestação:** a fórmula de cálculo utilizada para determinar o pagamento contingente pode ser útil na avaliação da essência do acordo. Por exemplo, o fato de o pagamento contingente ser determinado com base em múltiplos de algum indicador de lucro (ou de geração de caixa), pode sugerir que a obrigação é uma contraprestação contingente na combinação de negócios e a fórmula constitui um meio de estabelecer ou verificar o valor justo da adquirida. De forma contrária, um pagamento contingente que é um percentual específico de lucros pode sugerir que a obrigação com empregados é um acordo de participação nos lucros para remunerar os empregados por serviços prestados.
>
> **(h) Outros acordos e questões:** as condições de outros acordos com os sócios vendedores (tais como acordos de não competição, contratos a executar, contratos consultivos e acordos de arrendamento de propriedade), bem como o tratamento dos tributos sobre o lucro desses pagamentos contingentes podem indicar que tais pagamentos contingentes não se constituem em contraprestações para obtenção do controle da adquirida. Por exemplo, em conexão com a aquisição, o adquirente pode firmar acordo de arrendamento de propriedade com importante sócio vendedor. Se os pagamentos do arrendamento especificados no contrato forem significativamente abaixo do mercado, parte ou todos os pagamentos contingentes ao arrendador (ou seja, o sócio vendedor) exigidos por acordo separado para pagamentos contingentes podem ser, em essência, pagamentos pelo uso da propriedade arrendada que o adquirente deve reconhecer separadamente em suas demonstrações contábeis pós-combinação. De forma contrária, se o contrato de arrendamento especificar contraprestações que são consistentes com as condições de mercado para a propriedade arrendada, o acordo para pagamentos contingentes com o sócio vendedor pode ser uma contraprestação contingente da combinação de negócios.

Nesse sentido, entendo que as disposições acima indicadas revelam significativos parâmetros que podem ser aplicados para determinar a "racionalidade econômica da operação" ou como "usos, costumes e práticas do mercado relativas ao tipo de negócio" e "racionalidade econômica das partes", a que refere o art. 113, §1º, incisos II e V do Código Civil.

Avancemos. Tratamos, acima, de casos de valores contingentes do preço de compra pagos ao alienante de participação societária. Vamos, agora, examinar como ficam os ajustes no preço, como, por exemplo, juros, índices de correção etc. que também podem estar presentes em um contrato envolvendo a alienação de participação societária.

O § 3º do art. 19 da IN SRF 84/2001 prescreve que os valores recebidos a título de reajuste, no caso de pagamento parcelado, qualquer que seja sua designação, a exemplo de juros e reajuste de parcelas, não compõem o valor de alienação, devendo ser tributados à medida de seu recebimento, na fonte ou mediante o recolhimento mensal obrigatório (Carnê-Leão), quando a alienação for para pessoa jurídica ou para pessoa física, respectivamente, e na Declaração de Ajuste Anual.

Embora haja tal prescrição, é possível argumentar pela sua ilegalidade, como lembra Roberta de Azeveredo Ferreira Pagetti,[399] em razão da noção estampada em decisões do Egrégio Superior Tribunal de Justiça de que os juros seguem o principal. Veja-se:

> TRIBUTÁRIO. IMPOSTO DE RENDA. DESAPROPRIAÇÃO. JUROS MORATÓRIOS E COMPENSATÓRIOS.
>
> 1. O imposto sobre a renda tem como fato gerador a aquisição da disponibilidade econômica ou jurídica da renda (produto do capital, do trabalho ou da combinação de ambos) e de proventos de qualquer natureza (art. 43, do CTN).
>
> 2. As verbas de caráter indenizatório não estão sujeitas à incidência do imposto, porquanto a indenização não traduz a ideia de "acréscimo patrimonial" exigida pelo art. 43, do CTN.

399. PAGETTI, Roberta de Azeredo Ferreira. Questões relativas à tributação do ganho de capital na alienação de bens pela pessoa física. In: Imposto de Renda Pessoas Físicas à luz do Conselho Administrativo de Recursos Fiscais – Volume 2. Coor.. ANAN JR., Pedro. PEIXOTO, Marcelo Magalhães. São Paulo: MP Editora, 2.014, pp. 326 e 327.

3. O imposto de renda não incide sobre as verbas auferidas a título de indenização por desapropriação, porquanto não representam acréscimo patrimonial.

4. Os juros compensatórios e moratórios integram a indenização por desapropriação, e, conseqüentemente, não estão sujeitos à incidência do referido imposto.

5. Precedentes da Corte: REsp 156.772/RJ, Rel. Min. Garcia Vieira, DJ 04/05/98; REsp 118.534/RS, Rel. Min. Milton Luiz Pereira, DJ 19/12/1997; ROMS 11.392/RJ, Rel. Min. Paulo Medina, DJ 13/10/2003;

REsp 208.477/RS, Rel. Min. Francisco Peçanha Martins, DJ 25/06/2001.

6. Estabelece o parágrafo 4º do artigo 39 da Lei nº 9.250/95 que: "A partir de 1º de janeiro de 1996, a compensação ou restituição será acrescida de juros equivalentes à taxa referencial do Sistema Especial de Liquidação e de Custódia ? SELIC para títulos federais, acumulada mensalmente, calculados a partir do pagamento indevido ou a maior até o mês anterior ao da compensação ou restituição e de 1% relativamente ao mês em que estiver sendo efetuada."

7. A taxa SELIC representa a taxa de juros reais e a taxa de inflação no período considerado e não pode ser aplicada, cumulativamente, com outros índices de reajustamento.

8. Recurso especial a que se nega provimento.[400]

PROCESSUAL CIVIL. TRIBUTÁRIO. IMPOSTO DE RENDA DA PESSOA FÍSICA - IRPF. REGRA GERAL DE INCIDÊNCIA SOBRE JUROS DE MORA. PRECATÓRIO.

BENEFÍCIO PREVIDENCIÁRIO. APOSENTADORIA POR TEMPO DE SERVIÇO.

PARCELAS EM ATRASO. *ACCESSORIUM SEQUITUR SUUM PRINCIPALE.*

1. Em regra, incide imposto de renda sobre os juros de mora, inclusive quando recebidos em virtude de reclamatória trabalhista, ressalvadas duas exceções: a) Deve ser observada a natureza da verba principal, visto os juros de mora seguirem a mesma sorte - *accessorium sequitur suum principale*; b) Não incide o tributo sobre os juros mora percebidos na situação de rescisão do contrato de trabalho decorrente da perda do emprego, indiferente a natureza da verba principal. Precedente.

---

400. REsp 673.273/AL, Rel. Ministro LUIZ FUX, PRIMEIRA TURMA, julgado em 07/04/2005, DJ 02/05/2005, p. 207.

> 2. As instâncias ordinárias, concretamente, decidiram que, no tocante ao valor principal (prestações de aposentadoria por tempo de serviço em atraso), o cálculo do imposto de renda será feito pelo regime da competência, mês a mês em relação a cada parcela, não sobre o acumulado.
>
> 3. Aplicando-se a jurisprudência desta Corte e observando-se o que foi decidido nas instâncias ordinárias a respeito da importância principal, deverá incidir imposto de renda sobre os juros de mora, a serem calculados individualmente em relação a cada parcela mensal atrasada, apenas quando essa tributação ocorrer sobre respectiva prestação. Relativamente às parcelas mensais não tributadas, igualmente não se poderá incidir imposto de renda sobre os respectivos juros de mora.
>
> 3. Agravo regimental provido em parte.[401]

Aplicando-se o raciocínio de os juros seguem o principal, se o regime jurídico do ganho de capital é a tributação definitiva e separada, os juros deveriam seguir a mesma sorte.

Contudo, não é essa a posição do Ministério da Fazenda, conforme visto do ato normativo anteriormente citado.

Outra questão interessante é que no caso de alienação de ações – assim como no caso de qualquer alienação – é possível descontar o preço da corretagem, arcado pelo alienante. No próprio § 4º do art. 19 da IN SRF 84/2001 é previsto que o valor da corretagem, quando suportado pelo alienante, é deduzido do valor da alienação e, quando se tratar de venda a prazo, com diferimento da tributação, a dedução far-se-á sobre o valor da parcela do preço recebida no mês do pagamento da referida corretagem.

Uma discussão significativa, revelada pelo acórdão nº 2401-006.662, anteriormente citado, refere-se a caso em que a corretagem é paga a parte relacionada do contribuinte. Nessa hipótese, a dedução da corretagem foi mantida por ausência de comprovação de fraude.

---

401. AgRg no AgRg no REsp 1315416/RS, Rel. Ministro CASTRO MEIRA, SEGUNDA TURMA, julgado em 18/12/2012, DJe 08/02/2013.

2.4.5 Custo de aquisição em casos variados

Além das previsões acima indicadas, a legislação buscou regular a identificação do custo de aquisição em situações específicas, que passaremos a indicar nas linhas que seguem.

A primeira delas volta-se aos imóveis adquiridos em permuta. Nessa hipótese, considera-se custo de aquisição de imóvel adquirido por permuta com outro imóvel, o valor do imóvel dado em permuta acrescido da torna paga, caso tenha sido paga, como se depreende do art. 12 da Instrução Normativa SRF 84/2001. Reitero, aqui, de qualquer modo, minha visão contrária à tributação no caso de permuta.

Já na hipótese de permuta com recebimento de torna pelo contribuinte, tal quantia deve ser diminuída do custo de aquisição, no exato valor correspondente à diferença entre a torna recebida e o ganho de capital relativo a essa torna, tal como previsto no inciso II do art. 12 da IN SRF 84/2001.

No caso de bens recebidos por meio de concursos ou sorteios de qualquer espécie, constitui custo de aquisição o valor de mercado do prêmio, utilizado como base de cálculo do IR incidente na fonte, acrescido do valor do imposto de renda, como se depreende do art. 14 da IN SRF 84/2001. Porém, no caso de bens e direitos adquiridos até 31 de dezembro de 1994, o custo de aquisição será igual a zero, como se depreende do parágrafo único do mesmo dispositivo.

Por fim, vale apontar a determinação prevista para os bens adquiridos mediante arrendamento mercantil. Nesse caso, considera-se custo de aquisição a soma dos valores pagos a título de arrendamento, acrescida do valor residual do bem, como se infere da prescrição do art.15 da IN SRF 84/2001.

2.5 Casos específicos de apuração de ganho de capital

2.5.1 Sucessão, doação e dissolução de sociedade conjugal ou união estável

No item anterior, vimos a sistemática de apuração do ganho de capital, verificando as regras cabíveis no tocante à identificação do valor de alienação e custo de aquisição do bem ou direito a ser alienado. No presente item, verificaremos que, para algumas espécies de bens e direitos, a legislação outorga regras específicas que teremos a oportunidade de examinar.

A primeira delas trata da hipótese de transferência de bens por sucessão, doação e dissolução da sociedade conjugal ou união estável.

Verificamos, quando tratamos da hipótese de incidência do IRPF Sobre Ganho de Capital, que apenas no caso de atribuição de bens e direitos a cada ex-cônjuge ou ex-convivente, no evento de dissolução da sociedade conjugal ou união estável, há sentido na imposição do referido tributo. Nos demais casos acima citados, a inconstitucionalidade da tributação é patente, por ausência de aumento de riqueza nova auferida pelo contribuinte que transfere o bem. Apesar disso, a cobrança está aí, vigente, à espera da provocação por parte dos operadores de direito ao Poder Judiciário.

Expostas tais circunstâncias, cumpre assinalar que, nas transferências acima indicadas, os bens e direitos poderão ser avaliados a valor de mercado ou considerados pelo valor do custo de aquisição.

Se a transferência for efetuada por valor superior ao custo de aquisição, a diferença a maior constitui ganho de capital tributável. Nessa hipótese, o inventariante, no caso de espólio, o doador ou o ex-cônjuge ou ex-convivente a quem for atribuído o bem ou direito deve preencher o Demonstrativo de Apuração do Ganho de Capital e anexá-lo à Declaração Final de Espólio ou à Declaração de Ajuste Anual do ano-calendário da doação ou da dissolução da sociedade conjugal ou união estável, conforme o caso.

Por outro lado, se a transferência for efetivada por valor idêntico ou inferior ao custo de aquisição, não haverá que se falar em tributação nesse momento. Contudo, note-se que o valor de tal transferência será equivalente ao custo de aquisição do bem ou direito arcado pelo donatário, herdeiro, cônjuge ou conivente. Ora, como a base de cálculo desse tributo é a diferença entre o valor de alienação e o custo de aquisição, a redução do custo de aquisição de um bem em favor de certo contribuinte, poderá importar maior tributação desse imposto em uma alienação futura.

Prossigamos com o exame da legislação. Vimos que o ganho de capital é a diferença entre o valor de alienação e o custo de aquisição. Pois bem, o custo de aquisição é identificado mediante o valor indicado na Declaração de Ajuste Anual. Agora, se o *de cujus*, doador, ex-cônjuge ou ex-convivente não houver apresentado Declaração de Ajuste Anual, por não se enquadrar nas condições de obrigatoriedade estabelecidas pela legislação tributária, a avaliação deve ser realizada em função do custo de aquisição do bem expresso em reais, observadas as regras de atualização monetária que já explicamos anteriormente.

Assim, de qualquer sorte, será opção do contribuinte a alternativa de informar a transmissão pelo valor do custo de aquisição ou pelo valor de mercado. Tal escolha deverá ser informada na: (I) declaração final de espólio e na declaração do herdeiro ou legatário, correspondente ao ano-calendário da transmissão; (II) declaração do doador e donatário, correspondente ao ano-calendário correspondente ao ano-calendário da transmissão e; (III) do ex-cônjuge ou ex-convivente a quem foi atribuído o bem, correspondente ao ano-calendário da dissolução da sociedade conjugal ou união estável.

Por fim, para encerrar o presente item, vale apontar que, para efeitos de determinação da data de aquisição, considera-se:

I - a da abertura da sucessão, na transferência *causa mortis*, inclusive na hipótese de cessão de direitos hereditários;

II - a data da transferência do bem, na doação;

III - na meação por morte, na dissolução da sociedade conjugal ou união estável:

a) a do instrumento original, se se tratar de bens ou direitos preexistentes à sociedade conjugal ou união estável, se pertencentes ao alienante;

b) a do casamento, se pertencentes ao outro cônjuge e o regime for de comunhão de bens;

c) a da aquisição, se adquiridos na constância da sociedade conjugal ou união estável; e

IV - a da sentença, na partilha ou sobrepartilha decorrente da dissolução da sociedade conjugal ou união estável, para os bens e direitos havidos fora da meação ou da divisão do condomínio.

2.5.2 Bens comuns

Outra previsão inserida na Instrução Normativa SRF 84/2001, dessa vez no art. 22, refere-se às alienações de bens comuns, decorrentes do regime de casamento. Segundo esse dispositivo, nas alienações de bens comuns, decorrentes de regime de casamento, o ganho de capital é apurado em relação ao bem como um todo.

Não nos olvidemos que os regimes de casamento são: (I) de comunhão parcial; (II) de comunhão universal; (III) de participação final nos aquestos e (IV) separação total de bens.

No regime de comunhão parcial, comunicam-se os bens que sobrevierem ao casal, na constância do casamento, inclusive:

I - os bens adquiridos na constância do casamento por título oneroso, ainda que só em nome de um dos cônjuges;

II - os bens adquiridos por fato eventual, com ou sem o concurso de trabalho ou despesa anterior;

III - os bens adquiridos por doação, herança ou legado, em favor de ambos os cônjuges;

IV - as benfeitorias em bens particulares de cada cônjuge;

V - os frutos dos bens comuns, ou dos particulares de cada cônjuge, percebidos na constância do casamento, ou pendentes ao tempo de cessar a comunhão.

A legislação, por sua vez, prescreve que os seguintes bens não se comunicam:

I - os bens que cada cônjuge possuir ao casar, e os que lhe sobrevierem, na constância do casamento, por doação ou sucessão, e os sub-rogados em seu lugar;

II - os bens adquiridos com valores exclusivamente pertencentes a um dos cônjuges em sub-rogação dos bens particulares;

III - as obrigações anteriores ao casamento;

IV - as obrigações provenientes de atos ilícitos, salvo reversão em proveito do casal;

V - os bens de uso pessoal, os livros e instrumentos de profissão;

VI - os proventos do trabalho pessoal de cada cônjuge; e

VII - as pensões, meios-soldos, montepios e outras rendas semelhantes.

Com relação ao regime de comunhão universal, há a comunicação de todos os bens presentes e futuros dos cônjuges e suas dívidas passivas, com exceção dos seguintes bens, salvo com relação aos frutos que se percebam ou vençam durante o casamento:

I - os bens doados ou herdados com a cláusula de incomunicabilidade e os sub-rogados em seu lugar;

II - os bens gravados de fideicomisso e o direito do herdeiro fideicomissário, antes de realizada a condição suspensiva;

III - as dívidas anteriores ao casamento, salvo se provierem de despesas com seus aprestos, ou reverterem em proveito comum;

IV - as doações antenupciais feitas por um dos cônjuges ao outro com a cláusula de incomunicabilidade;

V - os bens de uso pessoal, os livros e instrumentos de profissão;

VI - os proventos do trabalho pessoal de cada cônjuge; e

VII - as pensões, meios-soldos, montepios e outras rendas semelhantes.

Já no regime de participação final nos aquestos, considerado um regime com características mistas de comunhão e separação total de bens, cada cônjuge possui patrimônio próprio e lhe cabe, à época da dissolução da sociedade conjugal, direito à metade dos bens adquiridos pelo casal, a título oneroso, na constância do casamento. Esses bens são denominados de aquestos.

Por fim, no regime de separação total de bens, o patrimônio de cada cônjuge lhe pertence, permanecendo sob a administração exclusiva de cada um deles.

Portanto, podemos concluir que, nos casos de comunhão universal ou parcial, em havendo alienação de bem que pertença ao casal, o ganho de capital é apurado em relação ao bem como um todo, não havendo que se falar em qualquer espécie de fração ou divisão.

Porém, embora o cálculo do ganho de capital seja realizado levando-se em consideração o bem como um todo, o pagamento do imposto pode ser feito na razão de 50% (cinquenta por cento) para cada cônjuge, ou opcionalmente, 100% (cem por cento) por um dos cônjuges.[402]

No caso do regime de separação total, o artigo é inaplicável, haja vista a inexistência de bens comuns decorrentes do regime de casamento. Também, entendemos ser inaplicável, salvo melhor juízo, ao regime de participação final dos

402. Vide pergunta 589 do "Perguntas e respostas". Disponível em: https://www.gov.br/receitafederal/pt-br/acesso-a-informacao/perguntas-frequentes/declaracoes/dirpf/pr-irpf-2021-v-1-0-2021-02-25. Acesso em: 09 jan. 2022.

aquestos já que, durante a constância do casamento, cada cônjuge possui seu patrimônio próprio.

2.5.3 Permuta

Já verificamos que, nos termos do RIR/2018, e da Instrução Normativa SRF 84/2001, a permuta de unidades imobiliárias é tributável quando houver recebimento de torna em dinheiro.

Essa posição legal é explicável se considerarmos nossas posições já expostas: disse que no caso de relações jurídicas contrapostas em negócios de eficácia bilateral, a tributação deve ocorrer quando houver, pelo menos, uma das relações conferindo maior liquidez do que a outra, de modo que o tributo deve incidir sobre a primeira (mais líquida).

Asseverei, ainda, que na hipótese de relações contrapostas com igual liquidez não há tributação até o montante em que forem equânimes, havendo tributação em eventual diferença. Parece-me que ao determinar a tributação de permuta imobiliária apenas nos casos com "torna", segue-se lógica semelhante.

De fato, se "a" e "b" efetivam permuta é porque os bens são do mesmo valor. Eventual ganho viria sobre a parcela excedente, isto é, a mais-valia paga pela outra parte.

Nesse sentido, se os bens "a" e "b" são permutados, certo sujeito permutante recebe bem de igual valor ao que possuía no seu patrimônio. A quantia em dinheiro seria um "plus" passível de incidência, desde que ao novo bem recebido seja atribuído valor igual ao do bem entregue.

Por outro lado, entendo que se o contribuinte demostrar que o outro bem é dotado de valor inferior ao por ele permutado, de modo que o recurso financeiro é mera complementação que repõe o bem original, neste caso, não haveria que se falar em qualquer possibilidade de acréscimo patrimonial, porque prevalece a comutatividade integral no contexto da operação.

Para explicar como a Secretaria Especial da Receita Federal enxerga tal ponto, vejamos um exemplo concreto, oferecido em seu "Perguntas e Respostas" – Pergunta 582.[403]

Em tal exemplo, o contribuinte permuta um imóvel, cujo custo de aquisição é de R$ 60.000,00 (sessenta mil reais), recebendo, para tanto, um imóvel no valor de R$ 50.000,00 (cinquenta mil reais) e uma torna no valor de R$ 10.000,00 (dez mil reais).

Ocorre que o exemplo acima, no meu ponto de vista, a riqueza nova obtida pelo contribuinte é igual a zero. De fato, se o contribuinte recebe bens no valor idêntico ao por ele permutado, não há acréscimo patrimonial que permita a incidência do IRPF. A tributação deveria existir se os dois imóveis tivessem como valor a quantia de R$ 60.000,00 e os R$ 10.000,00 excedentes fossem um "plus".

Essa lógica do IRPF, decorrente da aplicação dos preceitos insertos na Constituição da República e no Código Tributário Nacional, não foi observada, ao menos em minha visão. De fato, nos termos do art. 23 da Instrução Normativa 84/2001, o cálculo da base de cálculo do IRPF sobre a permuta recebida com torna se dá da seguinte maneira:

I – o valor da torna deve ser adicionado ao custo do imóvel dado em permuta;

II – deve ser efetivada a divisão do valor da torna pelo valor apontado no item I e multiplicar o resultado por cem;

III – deve-se aplicar o percentual do resultado indicado no item II sobre o valor da torna.

Aplicando tal regra, ao caso que citamos anteriormente, na Pergunta anteriormente mencionada do Perguntas e Respostas, é fornecido um demonstrativo de cálculo de apuração

403. Vide pergunta Pergunta 594 do Perguntas e Respostas 2021 da Secretaria Especial da Receita Federal do Brasil. Disponível em: www.gov.br/receitafederal/pt-br/acesso-a-informacao/perguntas-frequentes/declaracoes/dirpf/pr-irpf-2021-v-1-0-2021-02-25.pdf, p. 235 e seguintes.

de ganho de capital que seria incidente. Registre-se que em tal quadro é considerado um fator de redução no ganho de capital apurado em imóveis que iremos explicar em item oportuno.

Abstraiamos tal circunstância, por ora, para nos determos no aspecto de que o exemplo demonstra que a Instrução Normativa SRF 84/2001, em seu art. 23, determina a tributação, sem previsão legal, de valor recebido pelo contribuinte que não importa uma riqueza nova.

Lembremos que, no caso, o contribuinte permutou um imóvel de R$ 60.000,00 por outro de R$ 50.000,00, recebendo uma torna de R$ 10.000,00.

Vejamos o quadro disponibilizado na Pergunta 594 do "Perguntas e Respostas":[404]

2) permuta com torna:

Mesma operação, com recebimento de torna de R$ 10.000,00 por "A".

Ganho de capital de "A":	
Item	Cálculos – valores em R$
Proporção	10.000,00 x 100 / 70.000,00 = 14,2857%
Ganho de capital (antes da redução)	14,2857% x 10.000,00 = 1.428,57
Ganho de Capital (após a redução da Lei nº 11.196/2006) Consulte a pergunta **608**	1.428,57/($1{,}006^{119}$x $1{,}0035^{17444}$) = 381,6966
Custo da torna	10.000,00 - 1.428,57 = 8.571,43
Imposto sobre a renda	381,6966 x 15% = 57,25
Rendimento Tributação exclusiva	381,6966 – 57,25 = 324,45
Rendimento Isento e Não Tributável	1.428,57 - 381,6966 = 1.046,87
Custo do apto para "A"	60.000,00 - 8.571,43 = 51.428,57

Dados para a declaração (Declaração de Bens e Direitos):

Fonte: Secretaria Especial da Receita Federal doBrasil – RFB.

404. *Pergu*nta 594 do Perguntas e Respostas 2021 da Secretaria Especial da Receita Federal do Brasil. Disponível em: www.gov.br/receitafederal/pt-br/acesso-a-informacao/perguntas-frequentes/declaracoes/dirpf/pr-irpf-2021-v-1-0-2021-02-25.pdf p. 236.

No quadro acima, o contribuinte deveria pagar a quantia de R$ 57,25 (cinquenta e sete reais e vinte e cinco centavos) a título de IRPF sobre Ganho de Capital. No entanto, como o exemplo bem mostra, o valor do imóvel entregue e recebido indica ganho igual a zero, já que o valor do imóvel de R$ 60.000,00 é idêntico ao valor do imóvel recebido adicionado da torna.

Essa tributação, em meu ponto de vista, ofende a regra-matriz de incidência do IRPF, regida pela Constituição da República e pelo Código Tributário Nacional. Contudo, trata-se do pronunciamento do órgão fazendário e é importante que o leitor tenha ciência de sua existência.

2.5.4 Usufruto

Tenhamos, por usufruto, o direito real de gozo ou desfrute de coisa alheia, detida pelo nu proprietário. Esse direito pode ser alienado, como outro qualquer, estando sujeito ao IRPF Sobre Ganho de Capital.

Assim, para fins de apuração do ganho de capital na alienação de usufruto para o nu-proprietário, deve-se considerar o custo de aquisição o valor pelo qual o usufruto foi instituído e valor de alienação o constante no instrumento de alienação, tal como disposto pelo art. 25 da Instrução Normativa SRF 84/2001.

Trata-se de disposição consoante com a regra geral do imposto e com o regime jurídico a ele destinado.

2.5.5 Redução do ganho de capital para imóveis

Para o caso de alienação de bens imóveis, o art. 18 da Lei 7.713/88 prevê percentuais de redução aplicáveis sobre o ganho de capital na alienação de imóveis, variáveis em razão do ano de aquisição ou incorporação do imóvel.

Assim, a legislação prevê que o saldo do ganho de capital sujeito à tributação é igual à diferença entre o ganho total e a soma das parcelas a deduzir, resultantes da aplicação do respectivo percentual de redução.

Explicados esses fatores, registre-se que a tabela de percentuais de redução, para imóveis adquiridos até 31 de dezembro de 1988, é a seguinte:

PERCENTUAIS DE REDUÇÃO DO GANHO DE CAPITAL NA ALIENAÇÃO DE BEM IMÓVEL							
ANO DE AQUISIÇÃO	% DE REDUÇÃO	ANO DE AQUISIÇÃO	% DE REDUÇÃO	ANO DE AQUISIÇÃO	% DE REDUÇÃO	ANO DE AQUISIÇÃO	% DE REDUÇÃO
Até 1969	100%	1974	75%	1979	50%	1984	25%
1970	95%	1975	70%	1980	45%	1985	20%
1971	90%	1976	65%	1981	40%	1986	15%
1972	85%	1977	60%	1982	35%	1987	10%
1973	80%	1978	55%	1983	30%	1988	5%

Se existir alienação de imóvel constituído por terreno adquirido até 31 de dezembro de 1988 e de edificação, ampliação ou reforma iniciada até essa data, ainda que concluída em ano posterior, informada na Declaração de Ajuste Anual, o percentual de redução é determinado em função do ano de aquisição do terreno e aplicado sobre todo o ganho de capital.

Porém, em havendo construção, ampliação ou reforma iniciada após essa data, o percentual de redução aplica-se à parcela do ganho de capital que corresponder ao terreno e às edificações existentes em 31 de dezembro de 1988.

Além disso, na alienação em conjunto, de imóvel constituído de partes adquiridas em datas diferentes, a redução aplica-se à parcela do ganho de capital que corresponder a cada parte adquirida até 31 de dezembro de 1988.

Para fins de aplicação do disposto acima, o percentual de redução correspondente a cada parte é determinado em função do ano de sua aquisição e aplicado sobre a parcela do ganho de capital a ela correspondente. Assim, a parcela do ganho de capital correspondente a cada parte será determinada aplicando-se sobre valor total do ganho de capital o percentual resultante da relação entre o custo da parte objeto da redução e o custo total do imóvel, ou entre a área da parte objeto da redução e a área total do imóvel.

Imaginemos, assim, que seja adquirido parte de imóvel, a valor que hoje seria equivalente a R$ 100.000,00 (cem mil reais), em 1º de janeiro 1973 e valor equivalente a R$ 400.000,00 (quatrocentos mil reais) em 1º de janeiro de 1974. Imaginemos, agora, que a alienação se dê em janeiro de 2013, por um valor de R$ 1.000.000,00 (um milhão de reais), perfazendo um ganho de capital de R$ 500.000,00 (quinhentos mil reais).

No caso, nota-se que o custo de aquisição de 1973 corresponde a um quinto do valor total do custo, ao passo que o custo de aquisição pago em 1974 corresponde a quatro quintos do valor total.

Assim, desse ganho de capital, um quinto do valor, ou seja, R$ 100.000,00 (cem mil reais) estará sujeito ao percentual de redução do ano de 1973 que é de 80% (oitenta por cento). Dessa forma, essa parcela do ganho será reduzida para R$ 20.000,00 (vinte mil reais).

Já no que se refere aos outros quatro quintos, será aplicado o percentual relativo a 1974 que é de 75% (setenta e cinco por cento). Assim, o ganho relativo à parte de R$ 400.000,00 (quatrocentos mil reais) será reduzido para R$ 100.000,00 (cem mil reais).

Portanto, em tal hipótese, o ganho de capital final seria de R$ 120.000,00 (cento e vinte mil reais).

Opcionalmente, o contribuinte pode optar por considerar o percentual da metragem adquirida do imóvel em cada ano. Se, no exemplo, acima, o contribuinte tivesse adquirido cinquenta por cento da metragem do imóvel em 1973 e cinquenta por cento em 1974, a conta seria a seguinte:

a) Valor total do ganho antes do percentual de redução = R$ 500.000,00

b) Valor total do ganho x 50% relativo ao ano de 1973 = R$ 250.000,00.

c) R$ 250.000,00 X 20% (redução de 80%) = R$ 50.000,00

d) Valor do ganho relativo ao ano de 1974 = R$ 250.000,00

e) R$ 250.000 X 25% (redução de 75%) = R$ 62.500,00

f) Valor total do ganho de capital após percentual de redução = R$ 112.500,00

Registre-se, ainda, que para os bens imóveis havidos por herança ou legado, cuja abertura da sucessão (falecimento) tenha ocorrido até 31 de dezembro de 1988, o percentual de redução é determinado tomando-se por base o ano da abertura da sucessão, mesmo que a partilha tenha ocorrido em ano posterior.

Cabe acrescentar, ainda, que, em 15 de junho 2005, foi instituída a Medida Provisória 252,[405] cujo art. 37 instituiu novo fator de redução ("FR"), determinado pela seguinte forma: FR = 1/1,0035m, onde "m" corresponde ao número de meses-calendários, ou fração decorridos entre o mês de janeiro de 1996 ou a data de aquisição do imóvel, se posterior e o mês de alienação.

Nos termos do Ato Declaratório do Presidente da Mesa do Congresso Nacional 38 de 14 de outubro de 2005, tal fator de redução é aplicado para alienações ocorridas entre 16.06.2005 a 13.10.2005.

Ato contínuo, a Lei 11.196, de 21 de novembro de 2005, em art. 40prevê aplicação de dois fatores de redução (FR1) e (FR2). Nos termos do art. 3º da IN SRF 599 de 28 de Dezembro de 2.005, a aplicação dos fatores se dá nos seguintes moldes:

a) nas alienações ocorridas entre 16 de junho de 2005 e 13 de outubro de 2005, FR = 1/1,003"m" onde "m" corresponde ao número de meses-calendário, ou fração, decorridos entre o mês de janeiro de 1996 ou a

405. Esta MP não foi votada, tendo perdido sua eficácia em 13.10.2005.

data de aquisição do imóvel, se posterior, e o mês de sua alienação.

b) nas alienações ocorridas entre 14 de outubro de 2005 a 30 de novembro de 2005, o percentual de redu–ão será - FR1 = 1/1,0060m1, onde "m1" corresponde ao número de meses-calendário, ou fração, decorridos entre o mês de janeiro de 1996 ou a data de aquisição do imóvel, se posterior, e o mês de sua alienação.

b) Nas alienações a partir de 1º de dezembro de 2005:

I - FR1 = 1/1,0060m1, onde "m1" corresponde ao número de meses-calendário ou fração decorridos entre a data de aquisição do imóvel e novembro de 2005, inclusive na hipótese de a alienação ocorrer no referido mês;[406]

II - FR2 = 1/1,0035m2, onde "m2" corresponde ao número de meses-calendário ou fração decorridos entre o dezembro de 2005 ou o mês da aquisição do imóvel, se posterior, e o de sua alienação.

Na hipótese de imóveis adquiridos até 31 de dezembro de 1988, os fatores de redução FR1 e FR2 serão aplicados, sem prejuízo do aproveitamento dos fatores de redução previstos pelo art. 18 da Lei 7.713/88.

No quadro de Perguntas e Respostas da Secretaria da Receita Federal do Brasil, o método de aplicação dessas fórmulas é explanado de forma bem clara, razão pela julgamos útil sua citação na íntegra:

> II - Forma de utilização da redução
>
> As reduções aplicam-se sucessivamente e quando cabíveis. A aplicação de cada uma das reduções referidas dá-se sobre o ganho de capital diminuído das reduções anteriores. A seguir

406. Se o imóvel for adquirido até dezembro de 1995, o primeiro mês a ser considerado para cálculo do FR1 será janeiro de 1996.

mostra-se a sequência das reduções do ganho de capital para se chegar ao valor do imposto sobre a renda devido:

BC1 = Valor Alienação – Custo Aquisição

1 - Alienações ocorridas entre 16/06/2005 e 13/10/2005:

Redução 1: BC1 – redução da Lei nº 7.713, de 1988 = BC2

Redução 2: BC2 x FR = BC3

IR = BC3 x– 15%

2 - Alienações ocorridas entre 14/10/2005 e 30/11/2005:

Redução 1: BC1 – redução da Lei nº 7.713, de 1988 = BC2;

Redução 2: BC2 x FR1 = BC3

IR = BC3 x– 15%

3 - Alienações ocorridas a partir de 1º/12/2005:

Redução 1: BC1 – redução da Lei nº 7.713, de 1988 = BC2;

Redução 2: BC2 x FR1 = BC3;

Redução 3: BC3 x FR2 = BC4;

IR = BC4 x 15%.[407]

Para exemplificar, consideremos que um imóvel foi adquirido em 1º de janeiro de 1973, por valor que hoje corresponda a R$ 500.000,00 e alienado em 1º de janeiro de 2022 por R$ 1.000.000,00. Nesse caso, o ganho de capital inicial é de R$ 500.000,00. Assim: Valor passível de Redução 1 = R$ 500.000,00

Percentual de Redução = 80%

Valor da Redução = R$ 400.000,00

Base de Cálculo 1 = R$ 100.000,00

Percentual de Redução FR1 = 50,927262%

Valor a reduzir = R$ 50.927,26

Base de Cálculo 2 = R$ 49.072,74

407. Resposta à pergunta 595 – 2013. Disponível em: https://goo.gl/MuLNgr Acesso em: 24 fev. 2019.

Percentual de Redução FR2 = 49,227459%

Valor da Redução = R$ 24.157,26

Ganho de Capital = R$ 24.915,48

Imposto a Pagar = R$ 3.737,32

É útil dizer, porém, que, para efeitos práticos, o contribuinte pode utilizar o Programa Ganhos de Capital, que efetiva o cálculo automaticamente.

Antes de encerrar este item devo dizer que para o leitor interessado no cálculo de ganho de capital para imóveis, vale consultar o item 2.8.1 que trata das isenções sobre ganho de capital. Em tal parte do livro, é discorrido sobre a isenção para alienação de único imóvel até R$ 440.000,00 (quatro centos e quarenta mil reais) e a isenção por aplicação do produto de alienação, em 180 (cento e oitenta) dias para aquisição de imóvel residencial.

2.5.6 Ganhos de capital em situações referentes à integralização de bens ou devolução de capital social em bens ou direitos

Para ser sócio ou acionista de uma pessoa jurídica, ou bem a pessoa física adquire participação societária de alienante que se retira da sociedade ou bem transfere bens para integralização em capital social, aumentando tal capital da referida pessoa jurídica. É desta última que passaremos a tratar.

Nesse sentido, o art. 23 da Lei 9.249/95 autoriza que as pessoas físicas transfiram a pessoas jurídicas, a título de integralização de capital, bens e direitos, pelo valor constante da declaração de bens ou pelo valor de mercado.

Caso a transferência se dê pelo valor constante da declaração de bens ou direitos, não será presumida a denominada distribuição disfarçada de lucros, inexistindo efeitos fiscais a título de IRPF.

Por outro lado, se a transferência não se fizer pelo valor constante da declaração de bens, a diferença a maior será tributável como ganho de capital.

Se contribuinte reporta certo imóvel pelo valor de R$ 100,00 (cem reais) em sua declaração de ajuste anual e certa pessoa jurídica aceita pagar R$ 200,00 (duzentos reais) a ele, mediante disponibilização de quotas ou ações, houve na operação um ganho de R$ 100,00 (cem reais). Entendo que se trata de espécie de permuta que não passa no teste da liquidez que mencionei anteriormente, mas o fato é que a tributação é prevista por dispositivo legal. Abstraiamos, portanto, uma possível inconstitucionalidade que teria de ser acatada pelo Poder Judiciário.

Agora cogitemos a hipótese inversa. E quando houver o recebimento da devolução de capital social em bens ou direitos?

Nesta hipótese, a exemplo do caso anterior, os bens devolvidos poderão ser avaliados pelo valor contábil ou pelo valor de mercado. Mas, na hipótese de serem avaliados pelo valor de mercado, inexiste tributação da pessoa física.

Uma terceira hipótese, que poderíamos cogitar, seriam ações distribuídas em decorrência de aumento de capital ou incorporação de lucros a partir de janeiro de 1996 ou de reservas constituídas com estes lucros. Neste caso, o custo de aquisição será igual à parcela de lucro ou da reserva de lucro capitalizado que corresponder ao sócio ou acionista.

2.5.7 Bens adquiridos por meio de arrendamento mercantil

No arrendamento mercantil, o arrendador adquire bem escolhido pelo arrendatário para seu uso, nos termos da Lei 6.099/74. Assim, o primeiro mantém a propriedade ao passo que à segunda é atribuída a posse e usufruto.

Em tal modalidade de arrendamento, é possível que se estipule um preço para opção de compra do bem pelo arrendatário.

Nesse sentido, a legislação determina que na apuração do ganho de capital de bens adquiridos por meio de arrendamento mercantil, será considerado custo de aquisição o valor residual do bem acrescido dos valores pagos a título de arrendamento (Lei 9.250/95, art. 24). Nesse sentido, o contribuinte poderá aproveitar como custo, não apenas o preço de opção de compra, mas os valores pagos pelo arrendamento.

O parágrafo único do art. 144 do RIR/2018 prevê que ao arrendamento residencial com opção de compra, efetuado na forma estabelecida na Lei 10.188/2001, aplica-se, no que couber, a legislação pertinente ao arrendamento mercantil.

2.5.8 Do Programa Nacional de Desestatização

Nos termos do art. 65 da Lei 8.383/1991, receberá o tratamento de permuta a entrega, pelo licitante vencedor, de títulos da dívida pública federal ou de outros créditos contra a União, como contrapartida à aquisição das ações ou das quotas leiloadas no âmbito do Programa Nacional de Desest–tização - PND (Lei 8.383/91, art. 65, *caput*).

Nesse sentido, será considerado como custo de aquisição das ações ou das quotas da empresa privatizável o custo de aquisição dos direitos contra a União, atualizado monetariamente até 31 de dezembro de 1995 (Lei 8.383/91, art. 65, § 1º; e Lei 9.249/95, art. 17, *caput,* inciso I).

O mesmo tratamento aplica-se, também, em relação à entrega, pelo licitante vencedor, de títulos da dívida pública do Estado, do Distrito Federal ou do Município, como contrapartida à aquisição de ações ou quotas de empresa sob controle direto ou indireto das referidas pessoas jurídicas de direito público, nas hipóteses de desestatização por elas promovidas (Medida Provisória 2.159-70/2001, art. 2º).

2.5.9 Da devolução de patrimônio de entidade isenta

Para fins de devolução de patrimônio de entidade isenta, o ganho de capital é apurado pela diferença entre o valor em dinheiro ou o valor dos bens e dos direitos recebidos de instituição isenta, por pessoa física, a título de devolução de patrimônio, e o valor em dinheiro ou o valor dos bens e dos direitos que houver entregado para a formação do referido patrimônio.

Nesta hipótese, como veremos oportunamente, a alíquota é de 15% (quinze por cento).

Aos valores entregues até o final do ano de 1995 será permitida a sua atualização monetária até 31 de dezembro de 1995 (Lei 9.532/97, art. 17, § 1º).

2.5.10 Da incidência sobre o valor dos bens repatriados

O art. 10 da Lei 8.021/90 prevê a tributação de bens repatriados no Brasil, inclusive financeiros e títulos mobiliários, em decorrência de convênio celebrado entre a República Federativa do Brasil e o país onde se encontravam tais bens.

O imposto incidirá sobre o valor dos bens e ficará sujeito à alíquota de 25% (vinte e cinco por cento).

Convém apontar que recentemente foi instituído o Regime Especial de Regularização Cambial e Tributária (RERCT), que previu a possibilidade de repatriação de bens e direitos no exterior não declarados à Secretaria da Receita Federal do Brasil e ao Banco Central do Brasil.

A legislação, isto é, Lei 13.254, de 13 de janeirode 2016 – previu que o montante dos ativos objeto de regularização seriam considerados acréscimo patrimonial adquirido em 31 de dezembro de 2014, ainda que nessa data não exista saldo ou título de propriedade, sujeitando-se a pessoa, física ou jurídica, ao pagamento do imposto de renda sobre ele, a título de ganho de capital, à alíquota de 15% (quinze por cento), vigente em 31 de dezembro de 2014.

Ademais, o contribuinte deveria pagar multa de 100% (cem por cento), perfazendo um ônus, total, de 30% sobre o valor do bem.

Posteriormente, a Lei 13.428/2017, estendeu a possibilidade para ativos não declarados até junho de 2016. A multa foi majorada para 135% (cento e trinta e cinco por cento) do valor dos bens.

Tais normas foram tomadas como medidas preparatórias à vigência de tratados internacionais que previram a troca de informações, em especial referentes ao chamado *Common Reporting Standard* – CRS, desenvolvido no âmbito da Organização para Cooperação e Desenvolvimento Econômico (OCDE). Nesse sentido, contribuintes que não haviam cumprido com seus deveres instrumentais de declarar ativos no exterior teriam uma última oportunidade de assim o fazer, antes da vigência dos referidos tratados, obtendo, para tanto, anistia de diversos crimes previstos pela legislação.

Há inúmeras questões envolvendo a RERCT que mereceriam destaque à parte, em um estudo específico sobre o tema.

2.5.11 Operações com pessoa residente ou domiciliada em país que não tribute a renda com alíquota máxima inferior a 20%

Preocupação apresentada por variadas jurisdições, no combate ao denominado "planejamento tributário abusivo", refere-se à tentativa de contribuintes de se transferir o local de percepção da renda para jurisdições de baixa tributação.

Essa transferência é efetivada mediante operações realizadas entre partes relacionadas em condições destoantes do mercado. O ganho fiscal é obtido em transações desfavoráveis à parte residente em jurisdição com tributação mais elevada, que arcará com preços arbitrados em valores superiores aos praticados no mercado, em operações de compra de bens, mercadorias ou serviços, ou cobrará quantias inferiores às praticadas usualmente, em transações de exportação de bens, mercadorias ou serviços.

Para coibir tal mecanismo, foram instituídas as regras de preço de transferência que visam, em última análise, a tornar indedutíveis despesas incorridas em valores destoantes da prática de mercado ou obrigar o reconhecimento de receitas ou rendimentos que deixaram de ser percebidos pelo contribuinte nessas operações envolvendo "preços de transferência".

As normas de preço de transferência no Brasil foram delineadas, em sua configuração, tendo como alvo a pessoa jurídica. Apesar disso, percebeu-se que a pessoa física poderia se aproveitar, fiscalmente, de tal prática.

No caso do ganho de capital, a vantagem fiscal "abusiva" poderia ser obtida, caso não existissem normas antielisivas, com operações entre partes relacionadas residentes em países com tributação favorecida. Assim, bastaria a aquisição de um bem ou direito, detido por tal parte, por um valor relativamente alto, reduzindo-se a base de cálculo do ganho de capital em potencial venda futura. Outro artifício seria efetivar alienação a valor baixo, com tributação, no Brasil, reduzida.

Coibindo tais condutas, a legislação determinou que as regras de preço de transferência, delineadas para pessoas jurídicas, sejam aplicadas às pessoas físicas. Daí por que, a pessoa física, residente ou domiciliada no Brasil, que realizar operações com qualquer pessoa física ou jurídica, ainda que não vinculada, residente ou domiciliada em país que não tribute a renda ou que a tribute a alíquota máxima inferior a vinte por cento, sujeita-se às regras de apuração de preços inseridas pelas normas de preço de transferência, nos termos do art. 24, §§1º e 2º da Lei 9.430/96.

Por força do art. 24-A, da mesma lei, é possível concluir que também se submete a esse regime, a pessoa física que realizar operação em regime fiscal privilegiado.[408]

---

408. Parágrafo único. [...] considera-se regime fiscal privilegiado aquele que apresentar uma ou mais das seguintes características:
I – não tribute a renda ou a tribute à alíquota máxima inferior a 20% (vinte por cento);
II – conceda vantagem de natureza fiscal a pessoa física ou jurídica não residente:
a) sem exigência de realização de atividade econômica substantiva no país ou dependência;

É preciso considerar que as regras que regem o preço de transferência são normas de difícil aplicabilidade, envolvendo questionamentos até mesmo para pessoas jurídicas de grande porte. Para as pessoas físicas, muitas vezes desprovidas de adequada assessoria, a aplicação pode se tornar de dificuldade colossal.

Não bastasse isso, a legislação é lacônica no tocante à aplicabilidade das regras de preço de transferência para as pessoas físicas, tornando ainda mais árdua à empresa do contribuinte. De fato, essas regras são delineadas para regular a base de cálculo do IRPJ e CSLL, de sorte que a aplicação para a pessoa física depende de boa dose de criatividade por parte do intérprete.

Feitas tais considerações, buscaremos interpretar tal dispositivo à luz das normas aplicáveis para ao preço de transferência.

Expostas tais matizes, vale apontar que, nos termos do §2º, inciso I, do art. 24 da Lei 9.430/96, o valor da operação envolvendo pessoa física residente ou domiciliada no Brasil com pessoa residente ou domiciliada em país com tributação favorecida, será apurado segundo os métodos previstos no art. 18 da mesma lei.

Tal dispositivo trata dos métodos aplicáveis para a apuração de preços, supostamente, praticados pelo mercado, para a aquisição de bens, serviços e mercadorias do exterior. Em razão disso, entendemos que a aplicação dos métodos do referido artigo deve ser efetivada em operações em que bens ou direitos forem adquiridos de residentes ou domiciliados em país com tributação favorecida.[409]

---

b) condicionada ao não exercício de atividade econômica substantiva no país ou dependência;
III – não tribute, ou o faça em alíquota máxima inferior a 20% (vinte por cento), os rendimentos auferidos fora de seu território;
IV – não permita o acesso a informações relativas à composição societária, titularidade de bens ou direitos ou às operações econômicas realizadas.

409. Vide art. 254 do RIR/2018.

Em outras palavras, se contribuinte adquire bem ou direito com custo de aquisição em valor muito superior ao praticado pelo mercado, de parte residente em país com tributação favorecida, há um ajuste efetivado pela legislação, de tal sorte que apenas será aplicável a parcela do custo de aquisição que não ultrapassar o valor apurado pelos métodos previstos pelo dispositivo anteriormente mencionado. Por outro lado, se alienar bens com valores abaixo dos parâmetros estabelecidos pela legislação, também estará sujeito à tributação.

Muito bem, os custos, despesas e encargos relativos a bens, serviços e direitos, constantes dos documentos de importação, ou de aquisição, com pessoa vinculada, devem ser valorados pelos seguintes métodos, nos termos do art. 18 da Lei 9.430/96:

> I - Método dos Preços Independentes Comparados - PIC: definido como a média aritmética ponderada dos preços de bens, serviços ou direitos, idênticos ou similares, apurados no mercado brasileiro ou de outros países, em operações de compra e venda empreendidas pela própria interessada ou por terceiros, em condições de pagamento semelhantes;
>
> II - Método do Preço de Revenda menos Lucro - PRL: definido como a média aritmética ponderada dos preços de venda, no País, dos bens, direitos ou serviços importados, em condições de pagamento semelhantes e calculados conforme a metodologia a seguir:
>
> a) preço líquido de venda: a média aritmética ponderada dos preços de venda do bem, direito ou serviço produzido, diminuídos dos descontos incondicionais concedidos, dos impostos e contribuições sobre as vendas e das comissões e corretagens pagas;
>
> b) percentual de participação dos bens, direitos ou serviços importados no custo total do bem, direito ou serviço vendido: a relação percentual entre o custo médio ponderado do bem, direito ou serviço importado e o custo total médio ponderado do bem, direito ou serviço vendido, calculado em conformidade com a planilha de custos da empresa;[410]
>
> c) participação dos bens, direitos ou serviços importados no preço de venda do bem, direito ou serviço vendido: aplicação do

410. A redação original do artigo é "planilha de custos da empresa".

percentual de participação do bem, direito ou serviço importado no custo total, apurada conforme a alínea *b*, sobre o preço líquido de venda calculado de acordo com a alínea *a*;

d) margem de lucro: a aplicação dos percentuais previstos no § 12 do art. 18 da Lei nº 9.430/96, conforme setor econômico da pessoa jurídica sujeita ao controle de preços de transferência, sobre a participação do bem, direito ou serviço importado no preço de venda do bem, direito ou serviço vendido, calculado de acordo com a alínea *c*; e

[...]

e) preço parâmetro: a diferença entre o valor da participação do bem, direito ou serviço importado no preço de venda do bem, direito ou serviço vendido, calculado conforme a alínea *c*; e a "margem de lucro", calculada de acordo com a alínea *d* e

III - Método do Custo de Produção mais Lucro - CPL: definido como o custo médio ponderado de produção de bens, serviços ou direitos, idênticos ou similares, acrescido dos impostos e taxas cobrados na exportação no país onde tiverem sido originariamente produzidos, e de margem de lucro de 20% (vinte por cento), calculada sobre o custo apurado.

Registre-se que as médias aritméticas ponderadas dos preços de que tratam os itens I e II acima citados e o custo médio ponderado de produção de que trata o item III serão calculados considerando-se os preços praticados e os custos incorridos durante todo o período de apuração da base de cálculo do IR a que se referirem os custos, despesas ou encargos. Quando se trata de pessoa jurídica, a aplicação dessa regra não gera maiores transtornos, pois o período de apuração é trimestral ou anual, conforme o caso.

No caso do ganho de capital da pessoa física, ao menos para fins de preenchimento de guias de arrecadação federal, o período de apuração é o último dia de cada mês em que se dá o vencimento do imposto.

Ora, não faria sentido aplicar um período de apuração tão curto para fins de identificação das médias acima expostas. Surge, assim, a primeira dúvida, entre diversas, de como se aplicar o regramento de preço de transferência para as pessoas físicas.

Em nossa visão, uma interpretação sistemática indicaria que o período de apuração, para fins de interpretação do referido dispositivo, seria o ano-calendário em que se efetiva a alienação que provoca a incidência do IRPF Sobre Ganho de Capital, seguindo-se o período de apuração do IRPF Anual. O silêncio da lei, contudo, conduz sérias dúvidas no tocante a tal aplicabilidade.

Outro ponto a ser levado em consideração é a previsão do §3º do art. 18 da Lei 9.430/96. Nos termos de tal dispositivo, somente serão consideradas, para fins de aplicação PRL, as operações de compra e venda praticadas entre compradores e vendedores não vinculados.

A finalidade desse dispositivo é evitar que o cálculo de métodos de preço de transferência seja efetivado em operações artificiais, elidindo o intuito de se efetivar uma determinada comparação com os preços praticados pelos mercados.

O conceito de ser vinculado, contudo, previsto no art. 23 da Lei 9.430/96, aplica-se às pessoas jurídicas – e não físicas. Apenas por uma interpretação analógica seria possível aplicar o conceito para as pessoas físicas. Ora, a analogia é vedada, em matéria tributária, em razão do princípio da estrita legalidade. Portanto, tal dispositivo seria inaplicável, salvo melhor juízo, para as pessoas físicas, o que, por outro lado, reduz a eficácia dos métodos de preço de transferência.

Vale apontar, ainda, que o §4º do art. 18 da Lei 9.430/96 prevê que, na hipótese de utilização de mais de um método, será considerado dedutível, o maior valor apurado. Como em matéria de ganho de capital da pessoa física não há, propriamente, "dedutibilidade", fica a dúvida se tal dispositivo seria aplicado analogicamente, para a pessoa física, de tal sorte que o custo de aquisição do bem ou direito seria o apurado conforme o maior valor apurado, caso utilizado mais de um método. Porém, se tais valores forem superiores ao indicado nos documentos firmados pelas partes, prevaleceria o último.

Nesse caso, aqui, parece-nos que a aplicação de tais normas às pessoas físicas não iria *gerar* situação proibitiva de tributação analógica, tal como proíbe o art. 108, inciso I, do CTN, nem muito menos importar a aplicação de isenção ou suspensão de forma não literal, em arrepio ao art. 111 do CTN.

Assim, entendemos que poderá a pessoa física escolher o método que lhe consagre o maior custo de aquisição, salvo se o valor apurado for superior ao valor indicado a título de aquisição, nos documentos que envolvam a operação, nos termos do §5º do art. 18 da mesma lei.

Por sua vez, do § 6º do art. 18 da Lei 9.430/96, tem-se que não integram o custo – para fins de cálculo do elemento descrito no item II "b" do PRL – os valores de frete e do seguro, cujo ônus tenha sido do importador, desde que tenham sido contratados com pessoas jurídicas não vinculadas e que não sejam residentes ou domiciliadas em países ou dependências de tributação favorecida, ou que não estejam amparados por regimes fiscais privilegiados. Não integram, tampouco, o custo, os tributos incidentes na importação e os gastos no desembaraço aduaneiro.

Já o §6º-A prescreve que não integra o custo para fins do mesmo cálculo acima mencionado os tributos e gastos com desembaraço aduaneiro.

Vale apontar, ainda, que o §7º, do mesmo artigo, prescreve que a parcela dos custos que excederem ao valor determinado em conformidade com os métodos previstos pelo art. 18 da referida lei, deverá ser adicionada ao lucro líquido, para determinação do lucro real da pessoa jurídica. Aplicando-se tal artigo à pessoa física, com boa dose de boa vontade para não se invocar uma analogia incabível no âmbito tributário, poderíamos assumir que a parcela apurada a título de custo de aquisição do bem e direito que ultrapasse os valores apurados em conformidade com os métodos acima não será considerada, para fins de definição do ganho de capital.

Sem essa conclusão, a aplicação dos métodos de preço de transferência às pessoas físicas, perderia sua razão de ser. Mais uma vez, contudo, isso importaria aplicação analógica da norma, fazendo-se pouco caso da estrita legalidade, que norteia o regime jurídico tributário.

O §10, do mesmo artigo, dispõe, ainda, que com relação ao PIC, as operações utilizadas para fins de cálculo devem (i) representar, ao menos, 5% (cinco por cento) do valor das operações de importação sujeitas ao controle de preços de transferência, empreendidas pela pessoa jurídica, no período de apuração, quanto ao tipo de bem, direito ou serviço importado, na hipótese em que os dados utilizados para fins de cálculo digam respeito às suas próprias operações; e (ii) corresponder a preços independentes realizados no mesmo ano-calendário das respectivas operações de importações sujeitas ao controle de preços de transferência.[411]

O §12 do art. 18 da mesma lei, por sua vez, com a redação dada pela Incluído pela Lei 12.715/2012, estabelece as margens a que se referem o item II, "b", referente ao PRL,[412] conforme o setor da pessoa jurídica. Fica a dúvida, mais uma vez, acerca da aplicabilidade de tal comando para as pessoas físicas. De qualquer sorte, os percentuais seriam os seguintes:

I - 40% (quarenta por cento), para os setores de:

a) produtos farmoquímicos e farmacêuticos;

b) produtos do fumo;

c) equipamentos e instrumentos ópticos, fotográficos e cinematográficos;

d) máquinas, aparelhos e equipamentos para uso odontomédico-hospitalar;

e) extração de petróleo e gás natural; e

---

411. Não havendo preço independente no ano-calendário da importação, poderá ser utilizado preço independente relativo à operação efetuada no ano-calendário imediatamente anterior ao da importação, ajustado pela variação cambial do período.

412. "O item II b está citado na página que tratamos do PRL. Sua redação é a seguinte; "b) percentual de participação dos bens, direitos ou serviços importados no custo total do bem, direito ou serviço vendido: a relação percentual entre o custo médio ponderado do bem, direito ou serviço importado e o custo total médio ponderado do bem, direito ou serviço vendido, calculado em conformidade com a planilha de custos da empresa."

f) produtos derivados do petróleo;

II - 30% (trinta por cento) para os setores de:

a) produtos químicos;

b) vidros e de produtos do vidro;

c) celulose, papel e produtos de papel; e

d) metalurgia; e

III - 20% (vinte por cento) para os demais setores

Na hipótese em que o contribuinte desenvolva atividades enquadradas em mais de um item acima citado, deverá ser adotada, para fins de cálculo do PRL, a margem correspondente ao setor da atividade para o qual o bem importado tenha sido destinado.

Ainda, prevê a legislação que, no caso de um mesmo bem importado ser revendido e aplicado na produção de um ou mais produtos, ou na hipótese de o bem importado ser submetido a diferentes processos produtivos no Brasil, o preço parâmetro final será a média ponderada dos valores encontrados mediante a aplicação do método PRL, de acordo com suas respectivas destinações.

Em outra disposição de difícil aplicabilidade para as pessoas físicas, o §15 do art. 18 prevê que, no caso de ser utilizado o método PRL, o preço parâmetro deverá ser apurado considerando-se os preços de venda no período em que os produtos forem baixados dos estoques para resultado - ou se quisermos, com um bom esforço, adaptar essa norma para a tributação das pessoas físicas, diríamos no "período em que os produtos forem baixados dos estoques em razão de venda".

Prevê, ainda, o §16, do referido dispositivo, que, na hipótese de importação de *commodities* sujeitas à cotação em bolsas de mercadorias e futuros internacionalmente reconhecidas, deverá ser utilizado o Método do Preço sob Cotação na

Importação – PCI ("PCI") definido no art. 18-A da Lei 9.430/96, que indicaremos adiante.

Assim, vale apontar que o PCI, instituído em 2012, é definido como os valores médios diários da cotação de *bens* ou direitos sujeitos a preços públicos em bolsas de mercadorias e futuros internacionalmente reconhecidas.

Nesse sentido, os preços dos bens importados e declarados por *pessoas físicas ou jurídicas residentes ou domiciliadas no País serão comparados com os preços de cotação desses bens, constantes em bolsas de mercadorias e futuros internacionalmente reconhecidas, ajustados para mais ou para menos do prêmio médio de mercado, na data da transação, nos casos de importação de:*

I – pessoas físicas ou jurídicas vinculadas;

II – residentes ou domiciliadas em países ou dependências com tributação favorecida; ou

III – pessoas físicas ou jurídicas beneficiadas por regimes fiscais privilegiados.

Vale apontar que, não havendo cotação disponível para o dia da transação, deverá ser utilizada a última cotação conhecida. Se não existir cotação em bolsas de mercadorias e futuros internacionalmente reconhecidas, os preços poderão ser comparados com os obtidos a partir de fontes de dados independentes fornecidas por instituições de pesquisa setoriais internacionalmente reconhecidas.

Ademais, na hipótese de ausência de identificação da data da transação, a conversão será efetuada considerando-se a data do registro da declaração de importação de mercadoria.

Pois bem. Esses são os métodos aplicáveis para preços de transferência no caso de importação de bens, serviços ou mercadorias. Como já assinalamos, entendemos que tais métodos são aplicáveis às pessoas físicas para determinar a aquisição de bens e direitos de partes residentes ou domiciliadas em país com tributação favorecida ou regime fiscal privilegiado.

Agora, passaremos a tratar dos métodos de preço de transferência aplicáveis para a exportação. Esses métodos seriam aplicáveis para definir o preço de operações de alienação de bens ou direitos a partes residentes em jurisdições de tributação favorecida ou regime fiscal privilegiado.

Assim, vale apontar que o art. 19 da Lei 9.430/96 dispõe que as receitas auferidas nas operações efetuadas com pessoa vinculada ficam sujeitas a arbitramento quando o preço médio de venda dos bens, serviços ou direitos, nas exportações efetuadas durante o respectivo período de apuração da base de cálculo do imposto de renda, for inferior a noventa por cento do preço médio praticado na venda dos mesmos bens, serviços ou direitos, no mercado brasileiro, durante o mesmo período, em condições de pagamento semelhantes.

Já o §1º pressupõe que na hipótese de o contribuinte não efetivar operações no mercado interno, a determinação dos preços médios será efetuada com dados de outras empresas que pratiquem a venda de bens, serviços ou direitos, idênticos ou similares, no mercado brasileiro.

Essa aplicação envolverá subjetividade se aplicada à pessoa física, e será difícil de obter dados de outros contribuintes que realizem operações semelhantes. Como colher essas informações? A legislação é silente sobre esse aspecto.

Passando, agora, para os métodos, podemos citar os seguintes:

I - Método do Preço de Venda nas Exportações - PVEx: definido como a média aritmética dos preços de venda nas exportações efetuadas pela própria empresa, para outros clientes, ou por outra exportadora nacional de bens, serviços ou direitos, idênticos ou similares, durante o mesmo período de apuração da base de cálculo do imposto de renda e em condições de pagamento semelhantes;

II - Método do Preço de Venda por Atacado no País de Destino, Diminuído do Lucro – PVA: definido como a média aritmética dos preços de venda de bens, idênticos ou similares, praticados no mercado atacadista do país de destino, em condições de pagamento semelhantes, diminuídos dos tributos incluídos no preço, cobrados no referido país, e de margem de lucro de quinze por cento sobre o preço de venda no atacado;

III - Método do Preço de Venda a Varejo no País de Destino, Diminuído do Lucro – PVV: definido como a média aritmética dos preços de venda de bens, idênticos ou similares, praticados no mercado varejista do país de destino, em condições de pagamento semelhantes, diminuídos dos tributos incluídos no preço, cobrados no referido país, e de margem de lucro de trinta por cento sobre o preço de venda no varejo;

IV - Método do Custo de Aquisição ou de Produção mais Tributos e Lucro - CAP: definido como a média aritmética dos custos de aquisição ou de produção dos bens, serviços ou direitos, exportados, acrescidos dos impostos e contribuições cobrados no Brasil e de margem de lucro de quinze por cento sobre a soma dos custos mais impostos e contribuições.

Convém assinalar que as médias aritméticas anteriormente citadas serão calculadas em relação ao período de apuração da respectiva base de cálculo do imposto de renda. As mesmas dúvidas que formulamos quando tratamos do método no art. 18, anteriormente citado, são estendíveis a essa prescrição.

Deve-se apontar ainda que, na hipótese de utilização de mais de um método, será considerado o menor dos valores apurados.[413]

---

413. § 6º Se o valor apurado segundo os métodos mencionados no § 3º for inferior aos preços de venda constantes dos documentos de exportação, prevalecerá o montante da receita reconhecida conforme os referidos documentos.

Ademais, se o valor apurado segundo os métodos mencionados acima, aos preços de venda constantes dos documentos de exportação, prevalecerá o montante da receita reconhecida conforme os referidos documentos.

Registre-se que a legislação prevê que a parcela das receitas, apurada segundo o disposto em tal artigo, que exceder ao valor já apropriado na escrituração da empresa, deverá ser adicionada ao lucro líquido, para determinação do lucro real, bem como ser computada na determinação do lucro presumido e do lucro arbitrado. Em interpretação analógica bem duvidosa, diríamos que o contribuinte deverá tributar a diferença entre o preço do bem ou direito apurado em conformidade com um dos métodos acima e o preço do bem por ele alienado.

Deve-se acrescentar que o método de exportação, previsto no art. 19 da Lei 9.430/96 também é aplicável na prestação de serviços praticada pela pessoa física a qualquer pessoa residente ou domiciliada em país que não tribute a renda com alíquota máxima inferior a 20% (vinte por cento).

Acrescentemos, ainda, a existência do Método do Preço sob Cotação na Exportação – PECEX, definido como os valores médios diários da cotação de bens ou direitos sujeitos a preços públicos em bolsas de mercadorias e futuros internacionalmente reconhecidas, previsto pelo art. 19-A da Lei 9.430/96, com a redação dada pela Lei 12.715/2012.

Prevê o §1º de tal artigo que os preços dos bens exportados e declarados por pessoas físicas ou jurídicas residentes ou domiciliadas no País serão comparados com os preços de cotação dos bens, constantes em bolsas de mercadorias e futuros internacionalmente reconhecidas, ajustados para mais ou para menos do prêmio médio de mercado, na data da transação, nos casos de exportação para:

I - pessoas físicas ou jurídicas vinculadas;

II - residentes ou domiciliadas em países ou dependências com tributação favorecida; ou

III - pessoas físicas ou jurídicas beneficiadas por regimes fiscais privilegiados.

Em não havendo cotação disponível para o dia da transação, deverá ser utilizada a última cotação conhecida.

Vale apontar que na hipótese de ausência de identificação da data da transação, a conversão será efetuada considerando-se a data de embarque dos bens exportados.

Registre-se que o §4º do art. 19-A da Lei 9.430/96 prevê que as receitas auferidas nas operações de que trata o *caput* do art. 19-A da Lei 9.430/96 ficam sujeitas ao arbitramento de preços de transferência, não se aplicando o percentual de 90% (noventa por cento) previsto no *caput* do art. 19-A.

O *caput* do artigo 19-A define Método do Preço sob Cotação na Exportação - PECEX como valores médios diários da cotação de bens ou direitos sujeitos a preços públicos em bolsas de mercadorias e futuros internacionalmente reconhecidas. Assim, entendo que as operações mencionadas no § 4º seriam aquelas envolvendo bens ou direitos com preços públicos em bolsa de mercadorias e futuros internacionalmente reconhecidas.

Ademais, na hipótese de não haver cotação dos bens em bolsas de mercadorias e futuros internacionalmente reconhecidasem caso de exportação para I– pessoas físicas ou jurídicas vinculadas; II – residentes ou domiciliadas em países ou dependências com tributação favorecida ou III – pessoas físicas ou jurídicas beneficiadas por regimes fiscais privilegiados, os preços exportados serão comparados:

I – com os obtidos a partir de fontes de dados independentes fornecidas por instituições de pesquisa setoriais internacionalmente reconhecidas; ou

II – com os preços definidos por agências ou órgãos reguladores e publicados no Diário Oficial da União.

Avancemos.

Tratando agora do preço da regra de preços de transferência envolvendo mútuos, vale apontar que a pessoa física deve reconhecer, em caso de mútuo com pessoa física ou jurídica residente em país que tribute a renda com alíquota máxima inferior a 20% (vinte por cento), o valor a título juros as seguintes taxas acrescidas de margem percentual a título de "spread":[414]

I – de mercado dos títulos soberanos da República Federativa do Brasil emitidos no mercado externo em dólares dos Estados Unidos da América, na hipótese de operações em dólares dos Estados Unidos da América com taxa prefixada;

II – de mercado dos títulos soberanos da República Federativa do Brasil emitidos no mercado externo em reais, na hipótese de operações em reais no exterior com taxa prefixada; e

III – London *Interbank Offered Rate* - LIBOR pelo prazo de 6 (seis) meses, nos demais casos, sendo que, pera operações efetuadas em outras moedas nas quais não seja divulgada taxa Libor própria, deverá ser utilizado o valor da taxa Libor para depósitos em dólares dos Estados Unidos da América.

Ademais, poderá o Ministério da Fazenda fixar a taxa em hipóteses de operações em reais no exterior com taxa flutuante.

Conforme vimos, a aplicação das regras de preço de transferência às pessoas físicas não se faz sem grande precariedade e ausência de segurança jurídica. A tendência é que se torne muito difícil a incidência de tais normas em consonância com o princípio da estrita legalidade, haja vista que foram concebidas para a tributação da pessoa jurídica, existindo lacônica previsão de aplicabilidade para as pessoas físicas.

414. O art. 22 da Lei 9.430/96 não dá parâmetros para a fixação do spread, de modo que a legalidade e certeza do direito fica em xeque, especialmente, quando se trata de pessoa física.

2.5.12 Resgate de aplicações financeiras em moeda estrangeira e moeda estrangeira mantida em espécie

O art. 24 da Medida Provisória 2.158/35-2001 trata das regras de apuração do ganho de capital decorrente da alienação de bens ou direitos e da liquidação ou resgate de aplicações financeiras, de propriedade de pessoa física, adquiridos, a qualquer título, em moeda estrangeira, inclusive a mantida em espécie. Essa tributação é regulada, também, pela Instrução Normativa SRF 118/2000 e no art. 154 do RIR/2018.

Inicialmente, vale apontar que a legislação diferencia: (I) bens e direitos adquiridos e aplicações financeiras realizadas com rendimentos auferidos originariamente em reais dos (II) bens e direitos adquiridos e aplicações financeiras realizadas com rendimentos auferidos originariamente em moeda estrangeira. Vejamos.

Na tributação de bens, direitos e aplicações financeiras realizadas com rendimentos auferidos originariamente em reais, o ganho de capital é a diferença em reais entre o valor da alienação, liquidação ou resgate e o custo de aquisição do bem ou direito ou o valor original da aplicação financeira.

Nesse interim, o valor da alienação, liquidação ou resgate, quando expresso em moeda estrangeira, será convertido em dólares dos Estados Unidos da América e, em seguida, em reais, pela cotação do dólar fixada, para compra, pelo Banco Central do Brasil, para a data do recebimento.

Já o valor do custo de aquisição de bens ou direitos ou o valor original de aplicações financeiras, quando expresso em moeda estrangeira, será convertido em dólares dos Estados Unidos da América e, em seguida, em reais, pela cotação do dólar fixada, para venda, pelo Banco Central do Brasil, para a data do pagamento.

Se a operação for a prestação, o ganho de capital será apurado, em reais, para cada parcela, na data de seu recebimento, adotando-se o seguinte procedimento:

(I) O valor de alienação, relativo a cada parcela recebida, quando expresso em moeda estrangeira, será convertido em dólares dos Estados Unidos da América e, em seguida, em reais, pela cotação do dólar fixada, para compra, pelo Banco Central do Brasil, para a data de cada recebimento.

(II) O custo de aquisição ou o valor original da aplicação, para cada parcela, será o resultado da multiplicação do custo de aquisição total, em reais, pelo quociente do valor recebido pelo valor total de alienação.

(III) No recebimento da última parcela, o ganho de capital total será apurado pela diferença, em reais, entre a soma de todas as parcelas e o custo de aquisição total.

(IV) Do imposto apurado sobre o ganho de capital calculado na forma do item anterior, será diminuído o imposto pago relativo às parcelas anteriores, obtendo-se o saldo de imposto a pagar referente à última parcela, ou, caso o saldo seja negativo, o imposto pago a maior poderá ser compensado ou restituído nos termos da legislação vigente.

O art. 15 da IN SRF 118/2000 também prevê que na hipótese de liquidação ou resgate parcial de aplicações financeiras, o valor original da parcela liquidada ou resgatada será o resultado da multiplicação da soma dos valores originais aplicados pelo quociente do valor liquidado ou resgatado pelo saldo total da aplicação, na data da liquidação ou resgate. Acrescenta seu parágrafo único que, a cada aplicação, liquidação ou resgate, serão ajustados a soma dos valores originais aplicados e o saldo total da aplicação, para efeito de cálculos posteriores do valor original.

Em nossa avaliação, essa modalidade de tributação, relativa a bens e direitos adquiridos e aplicações financeiras realizadas com rendimentos auferidos originariamente em reais, cria uma espécie de Imposto Sobre Variação Cambial incidindo sobre um acréscimo patrimonial que ainda não está disponível economicamente. Compreendamos.

Suponhamos que o contribuinte aufira certos rendimentos em reais e os utilize para adquirir certo investimento em moeda estrangeira. Nos termos da legislação, assim que efetivar o resgate do investimento em moeda estrangeira – ainda que não converta em reais – haverá a apuração do imposto.

Nessa hipótese, é possível que o contribuinte apresente perda do investimento em moeda estrangeira, mas por ser o valor do câmbio na data do resgate mais benéfico a ele do que na data em que realizou investimento, haveria o ganho de capital.

O grande problema é que a tributação incidiria ainda que os recursos estejam no exterior e não sejam convertidos em reais, bastando a liquidação do investimento. Assim, o contribuinte, ao menos nos moldes que interpretamos a norma, tributa a mera movimentação de investimentos – exemplo: resgate de renda fixa para a conta-corrente, mesmo em situações com prejuízos em moeda estrangeira e mesmo sem a benesse de converter a moeda estrangeira em reais, pode sofrer a tributação, se o ganho de capital for verificado em reais. Trata-se de tributação sem respeito à materialidade do imposto, podendo ser qualificada como verdadeiro confisco.

Avancemos.

Já no caso de aquisição ou aplicação, por residente no País, com rendimentos auferidos originariamente em moeda estrangeira, a base de cálculo do imposto será a diferença positiva, em dólares dos Estados Unidos, entre o valor de alienação, liquidação ou resgate e o custo de aquisição do bem ou do direito, convertida para Reais mediante a utilização do valor do dólar para compra, divulgado pelo Banco Central do Brasil para a data da alienação, liquidação ou resgate, ou, no caso de operação a prazo ou a prestação, na data do recebimento de cada parcela.

Note-se que, neste caso, a diferença entre valor de alienação e custo de aquisição é apurada em dólar. Apenas após calculada a diferença, haverá a conversão por real. Portanto, a variação cambial não terá efeito, ao contrário do que se sucede no caso anterior. Aqui, o que irá contar será o efetivo ganho no investimento efetivado.

Convém acrescentar que os rendimentos de aplicações financeiras são considerados como auferidos originariamente em moeda estrangeira, ainda que provenientes de rendimentos originados em reais. Nesse ponto vale advertir que o art. 1º do Ato Declaratório Interpretativo nº 08/2003 prevê que o crédito de rendimentos relativos à aplicação financeira, inclusive depósito remunerado, realizada em moeda estrangeira por pessoa física residente no Brasil, implica a apuração de ganho de capital tributável, desde que o valor creditado seja passível de saque pelo beneficiário.

Surge, assim, uma intricada apuração de complexa consecução. Suponha que o contribuinte utilize reais para adquirir um investimento em dólar e que ao longo de tal investimento sejam creditados juros.

Em tal hipótese, haverá diferença na apuração do imposto sobre a renda: os valores considerados como rendimentos originariamente em reais – referente ao valor originalmente investido – e os juros que terão tratamento de valores de bens e direitos adquiridos e aplicações financeiras realizadas com rendimentos auferidos originariamente em moeda estrangeira.

Além da dificuldade de apuração, além da tributação de valores que correspondem à mera variação cambial não realizada – no caso dos investimentos realizados com rendimentos originariamente em reais – há também tributação de frutos pagos em contas bancárias, ainda que não realizados pelo contribuinte.

Embora a previsão do referido Ato Declaratório Interpretativo seja coerente com o microcritério temporal do IRPF previsto no CTN – pois há disponibilidade jurídica de renda – temos, *em nossa visão,* que acaba por viol*ar* o §3º do art. 24 da Medida Provisória 2.158-35/2001. Vejamos a redação desse dispositivo:

> Art. 24. O ganho de capital decorrente da alienação de bens ou direitos e da liquidação ou resgate de aplicações financeiras, de

propriedade de pessoa física, adquiridos, a qualquer título, em moeda estrangeira, será apurado de conformidade com o disposto neste artigo, mantidas as demais normas da legislação em vigor.

§ 1º O disposto neste artigo alcança, inclusive, a moeda estrangeira mantida em espécie.

§ 2º Na hipótese de alienação de moeda estrangeira mantida em espécie, o imposto será apurado na declaração de ajuste.

§ 3º A base de cálculo do imposto será a diferença positiva, em Reais, entre o valor de alienação, liquidação ou resgate e o custo de aquisição do bem ou direito, da moeda estrangeira mantida em espécie ou valor original da aplicação financeira.

§ 4º Para os fins do disposto neste artigo, o valor de alienação, liquidação ou resgate, quando expresso em moeda estrangeira, corresponderá à sua quantidade convertida em dólar dos Estados Unidos e, em seguida, para Reais, mediante a utilização do valor do dólar para compra, divulgado pelo Banco Central do Brasil para a data da alienação, liquidação ou resgate ou, no caso de operação a prazo ou a prestação, na data do recebimento de cada parcela.

§ 5º Na hipótese de aquisição ou aplicação, por residente no País, com rendimentos auferidos originariamente em moeda estrangeira, a base de cálculo do imposto será a diferença positiva, em dólares dos Estados Unidos, entre o valor de alienação, liquidação ou resgate e o custo de aquisição do bem ou do direito, convertida para Reais mediante a utilização do valor do dólar para compra, divulgado pelo Banco Central do Brasil para a data da alienação, liquidação ou resgate, ou, no caso de operação a prazo ou a prestação, na data do recebimento de cada parcela.

§ 6º Não incide o imposto de renda sobre o ganho auferido na alienação, liquidação ou resgate:

I - de bens localizados no exterior ou representativos de direitos no exterior, bem assim de aplicações financeiras, adquiridos, a qualquer título, na condição de não residente;

II - de moeda estrangeira mantida em espécie, cujo total de alienações, no ano-calendário, seja igual ou inferior ao equivalente a cinco mil dólares norte-americanos.

§ 7º Para efeito de apuração do ganho de capital de que trata este artigo, poderão ser utilizadas cotações médias do dólar, na forma estabelecida pela Secretaria da Receita Federal.

Como se nota do §3º, acima citado, a base de cálculo do imposto é a diferença positiva entre o resgate do investimento e o custo de aquisição. Ora, desse dispositivo logo se vê que o critério temporal dessa tributação é o resgate do investimento.

Nesse sentido, ao determinar a tributação dos juros antes do resgate do investimento, o referido Ato Declaratório Interpretativo confere tratamento tributário distinto daquele que, em nossa visão, deveria ser aplicado. De toda sorte, o Ato Declaratório Interpretativo, acima mencionado, é vinculante, irradiando seus efeitos enquanto não reconhecida sua ilegalidade pela autoridade competente.

Avancemos. Caso o contribuinte possua rendimentos que são parcialmente originários em reais e parcialmente originários em moeda estrangeira, os valores de alienação, de liquidação ou de resgate e os custos de aquisição do bem ou direito (ou os valores originais da aplicação financeira) serão determinados de forma proporcional à origem do rendimento utilizado na aquisição ou realização.

Para fins de caracterização de origem de rendimento na hipótese de bem, direito ou aplicação financeira for transmitido por pessoa física residente no Brasil, em caso de sucessão, doação ou dissolução de sociedade conjugal ou união estável, será considerado o tipo de rendimento auferido originariamente pelo *de cujus*, doador ou ex-cônjuge e utilizado na aquisição do bem ou direito ou na realização da aplicação financeira.

Prosseguindo, além dos investimentos no exterior, a legislação também regula o tratamento do ganho de capital para moedas estrangeiras em espécie mantidas no Brasil.

Nesse caso, o ganho de capital correspondente a cada alienação será a diferença positiva, em reais, entre o valor de alienação e o respectivo custo de aquisição, sendo que a apuração será anual, informada na Declaração de Ajuste Anual.

Cabe apontar que o valor de alienação, quando expresso em moeda estrangeira, será convertido em dólares dos Estados Unidos da América, na data da alienação, e, em seguida, em reais, pela cotação média mensal do dólar, para compra, divulgada pela Secretaria Especial da Receita Federal do Brasil.

Quanto ao custo de aquisição, o tratamento varia se a moeda foi adquirida até 31 de dezembro de 1999 ou posteriormente essa data. O custo de aquisição de moeda estrangeira em poder do contribuinte em 31 de dezembro de 1999 será o resultado da multiplicação da quantidade em estoque pela cotação fixada, para venda, pelo Banco Central do Brasil, para esta data.

Já para moeda estrangeira adquirida a partir de 1º de janeiro de 2000, a cada aquisição, o custo em reais será o resultado da multiplicação da quantidade de moeda estrangeira, convertida em dólares dos Estados Unidos da América, na data da aquisição, pela cotação média mensal do dólar, para venda, divulgada pela Secretaria da Receita Federal do Brasil.

Muito bem. Quando da alienação, o custo de aquisição da quantidade de moeda estrangeira alienada será o resultado da multiplicação do custo médio ponderado do estoque existente na data de cada alienação pela quantidade alienada, sendo que o custo médio ponderado do estoque será o resultado da divisão do valor total das aquisições em reais pela quantidade de moeda estrangeira existente.

A cada aquisição ou alienação, serão ajustados os saldos em reais e a quantidade de moeda estrangeira remanescente, para efeito de cálculos posteriores do custo médio ponderado, sendo que o ganho de capital total será a soma dos ganhos apurados em cada alienação.

Apesar de a apuração, nesse caso, ser feita anualmente, esses rendimentos não são incluídos na tabela progressiva anual.

Pois bem. Vencidos esses casos de tributação, registre-se, ainda, que, para efeito de apuração do ganho de capital, poderão ser utilizadas cotações médias do dólar, na forma estabelecida pela Secretaria da Receita Federal do Brasil.

Finalmente, explicada a tributação, vale adicionar que não incide o imposto de renda sobre o ganho auferido na alienação, liquidação ou resgate, nos seguintes casos, considerados isentos pela legislação (art. 14 da Instrução Normativa SRF 118/2000):

I - de bens localizados no exterior ou representativos de direitos no exterior, bem assim de aplicações financeiras, adquiridos, a qualquer título, na condição de não residente;

II - de moeda estrangeira mantida em espécie, cujo total de alienações, no ano-calendário, seja igual ou inferior ao equivalente a cinco mil dólares norte-americanos.

III- a variação cambial decorrente das alienações referidas nos arts. 4º e 5 da IN SRF 84/2001 (bens e direitos adquiridos e aplicações financeiras realizadas com rendimentos auferidos originariamente em moeda estrangeira).

2.5.13 Operações em Bolsa de Valores, de mercadorias de futuros e assemelhados

Nas operações em bolsas de valores, de mercadorias, de futuros e assemelhados, nas operações de liquidação futura fora de bolsa, inclusive com opções flexíveis, nas alienações de *Brazilian Depositary Receipts* (BDR) em bolsa, na alienações de ouro, ativo financeiro - desde que não equiparado à renda fixa – nas operações de *day trade* realizadas em bolsa e nas alienações de quotas de fundos imobiliários, observados certos requisitos que serão explicados oportunamente, a base de cálculo do ganho de capital será o ganho líquido obtido pelo investidor e a tributação incidirá – salvo exceções adiante anotadas – com alíquota de 15% (quinze por cento).

Considera-se ganho líquido, o resultado positivo auferido nas operações realizadas em cada mês admitida a dedução de custos e despesas incorridos, necessários à realização das operações. Caso as operações sejam realizadas no mesmo dia, os custos e despesas poderão ser rateados entre as operações executadas, proporcionalmente, ao valor financeiro.

Convém apontar que no caso das operações de Fundos Imobiliários, a alíquota é de 20%.

Ademais, para fins de apuração do imposto mensal incidente sobre alienação de quota de Fundos de Investimento em Índice de Mercado - Fundos de Índice de Ações, operações no mercado à vista, mercado de opção, mercado futuro e mercado a termo, as perdas incorridas em operações poderão ser compensadas com os ganhos líquidos auferidos no próprio mês ou nos meses subsequentes, inclusive nos anos-calendários seguintes, em qualquer das modalidades operacionais previstas naqueles mercados, exceto em operações *day trade* que são compensadas com operações da mesma espécie.

O imposto será apurado por períodos mensais e pago pelo contribuinte até o último dia útil do mês subsequente ao da apuração e os ganhos líquidos serão tributados.

Além disso, nas operações de mercado à vista, mercado de opções, mercado futuro e mercado a termo, bem como na alienação de quota de Fundos de Investimento em Índice de Mercado - Fundos de Índice de Ações e de Fundos de Investimento Imobiliário, incide um imposto sobre a renda na fonte, à alíquota de 0,005% (cinco milésimos por cento), sobre os seguintes valores:

I – nos mercados futuros, a soma algébrica dos ajustes diários, se positiva, apurada por ocasião do encerramento da posição, antecipadamente, ou no seu vencimento. Esse valor será apurado por contrato negociado e por data de vencimento;

II – nos mercados de opções, o resultado, se positivo, da soma algébrica dos prêmios pagos e recebidos no mesmo dia. Esse valor será apurado mediante a consolidação, em cada bolsa ou entidade de registro, dos prêmios referentes a todas as séries de opções negociadas ou registradas nas referidas entidades.[415]

415. Os valores de que tratam os itens I e II serão apurados:
I - por contrato negociado e por data de vencimento, no caso dos mercados futuros; e

III – nos mercados a termo: (a) se houver previsão de entrega do ativo na data de seu vencimento, a diferença positiva entre o preço a termo e o preço à vista na data de liquidação;[416] (b) se houver liquidação exclusivamente financeira, o valor da liquidação financeira previsto no contrato.

IV – nos mercados à vista, o valor da alienação, nas operações com ações, ouro, ativo financeiro e outros valores mobiliários neles negociados.

Deve-se apontar que a retenção, ora tratada, também se aplica às operações realizadas:

a) no mercado de balcão, com intermediação, tendo por objeto os valores mobiliários e ativos referidos no inciso IV do *caput*, bem como às operações realizadas em mercados de liquidação futura fora de bolsa; e

b) por investidor estrangeiro oriundo de país com tributação favorecida a que se refere o art. 24 da Lei nº 9.430, de 27 de dezembro de 1996.

Por outro lado, a retenção não é aplicável às operações:

> "a) de exercício de opção;
>
> b) das carteiras de instituição financeira, sociedade de seguro, de capitalização, entidade aberta ou fechada de previdência complementar, sociedade corretora de títulos, valores mobiliários e câmbio, sociedade distribuidora de títulos e valores mobiliários, sociedade de arrendamento mercantil e Fapi;
>
> c) dos investidores estrangeiros que realizam operações em bolsa de acordo com as normas e condições estabelecidas pelo CMN, salvo se oriundos de país com tributação favorecida;

II - pela consolidação, em cada bolsa ou entidade de registro, dos prêmios referentes a todas as séries de opções negociadas ou registradas nas referidas entidades, no caso de mercados de opções.

416. Se não houver negociação na data de liquidação, será considerado o preço médio à vista na data de liquidação do contrato ou o ultimo preço de fechamento disponível, quando não houver liquidação em tal data.

> d) dos fundos e clubes de investimento; e
>
> e) conjugadas que permitam a obtenção de rendimentos predeterminados."

Ademais, fica dispensada a retenção do imposto de que trata este artigo cujo valor seja igual ou inferior a R$ 1,00 (um real).

Agora, se ocorrer mais de uma operação no mesmo mês, realizada por uma mesma pessoa, física ou jurídica, deverá ser efetuada a soma dos valores de imposto incidente sobre todas as operações realizadas no mês, para efeito de cálculo do limite acima, desprezados valores iguais ou inferiores a R$ 1,00 (um real).

Muito bem. O responsável pela retenção do imposto é a instituição intermediadora que receber diretamente a ordem do cliente.

Deve-se ainda acrescentar que o imposto retido na fonte poderá ser:

(I) deduzido do imposto sobre ganhos líquidos apurados no mês;

(II) compensado com o imposto incidente sobre ganhos líquidos apurados nos meses subsequentes.

(III) compensado na declaração de ajuste anual se, após a dedução de que tratam os itens I e II, houver saldo de imposto retido.

(IV) compensado com o imposto devido sobre o ganho de capital na alienação de ações.

Feitos tais esclarecimentos, vejamos, agora, os aspectos específicos atinentes aos diferentes tipos de operações que se submetem a esse regime.

2.5.13.1 Mercado à vista

No chamado "mercado à vista", há a compra e venda de ações mediante o pagamento do preço estabelecido em pregão.

Assim, cabe apontar que o ganho líquido, em operações no mercado à vista, será constituído pela diferença positiva entre o valor da alienação do ativo e seu custo de aquisição, calculado pela média ponderada dos custos unitários.

No caso de ações recebidas em bonificação, em virtude de incorporação ao capital social da pessoa jurídica de lucros e reservas, considera-se custo de aquisição da participação o valor do lucro ou da reserva capitalizado que corresponder ao acionista ou sócio.[417]

Na hipótese de inexistência de valor pago para aquisição das ações, o custo de aquisição será (I) no inventário ou arrolamento, o valor da avaliação; (II) na aquisição, o valor da transmissão utilizado para o cálculo do ganho líquido do alienante; (III) na conversão de debênture, o valor da ação, fixado pela companhia, emissora; (IV) o valor corrente, na data da aquisição.

Acrescentemos que na hipótese de ação adquirida por conversão de debênture, poderá ser computado como custo o preço efetivamente pago pela debênture ou a média ponderada dos custos unitários da debênture, caso adquiridas em datas diversas.

Se existir substituição total ou parcial de ações ou de alterações de qualidade, em decorrência de incorporação, fusão ou cisão de empresas, o custo de aquisição das ações originalmente detidas pelo contribuinte será atribuído às novas ações recebidas com base na mesma proporção fixada pela assembleia que aprovou o evento.

Por sua vez, o custo de aquisição será zero nos casos de (I) partes beneficiárias adquiridas gratuitamente, (II) acréscimos de quantidade de ações por desdobramento e (III) cujo ativo não possa ser determinado por qualquer outro critério.

Finalmente, esclarecemos que, em existindo redução de ganho de capital social da pessoa jurídica mediante restituição

417. Salvo na hipótese de lucros apurados nos anos de 1994 e 1995, em que o custo de ações bonificadas será zero.

de capital em dinheiro, o valor recebido será considerado redução do custo de aquisição das ações.

2.5.13.2 Mercado de opções

Tenhamos por opções, valores mobiliários que têm por objeto a faculdade de se comprar ou vender outros valores mobiliários, até certa data, por um valor previamente determinado.

Nessa operação, o investidor poderá exercer sua opção – adquirindo ou vendendo o valor mobiliário, conforme o caso. Poderá, ainda, aliená-la.

O preço pago por quem adquire a opção àquele que lança a opção é designado pela legislação de "prêmio". Aquele que vende a opção é designado de lançador e o que compra, de titular ou comprador.

Pois bem. No caso da operação que tenha por objeto a negociação da opção (prêmio), o ganho líquido será o resultado apurado no encerramento de opções da mesma série.

Tanto o custo de aquisição como os valores recebidos pelo lançador da opção são calculados pela média ponderada dos valores unitários pagos ou recebidos.

Em Perguntas e Respostas da Secretaria da Receita Federal do Brasil, essa tributação é explicada de maneira didática, de modo que achamos útil a reprodução:

> Operações tendo por objeto a negociação das opções de compra ou de venda (sem exercício):
>
> 1 - Posição titular (direito de compra ou de venda)
>
> O custo de aquisição das opções de mesma série é calculado pela média ponderada dos prêmios unitários pagos.
>
> O ganho líquido é obtido pela diferença positiva entre o valor da operação de encerramento das opções de mesma série (valor recebido pela venda de opções) e o seu custo médio de aquisição.
>
> Exemplo:

O investidor adquiriu opção de compra de 10.000 ações K, pagando o prêmio unitário de R$ 1,00, totalizando o prêmio de R$ 10.000,00, com vencimento para 60 dias e preço de exercício de R$ 10,00 por ação K.

Antes do vencimento, em face da tendência favorável do mercado, o investidor decidiu encerrar (zerar) sua posição compradora, e vendeu opção de compra de 10.000 ações K, da mesma série, recebendo o prêmio total de R$ 12.000,00.

Desconsiderando a corretagem e outras despesas, temos:

Valor do prêmio recebido R$ 12.000,00

Valor do prêmio pago pela compra (R$ 10.000,00)

Ganho líquido R$ 2.000,00

- Posição lançadora (obrigação de venda ou de compra)

Para apurar o ganho líquido, adote os seguintes procedimentos:

a) some os valores dos prêmios referentes às opções lançadas, recebidos até a data da operação de encerramento, em opções de mesma série;

b) por ocasião do encerramento, divida o valor encontrado em "a" pela quantidade de opções de mesma série lançadas até aquela data, apurando o valor médio do prêmio recebido em cada opção;

c) na hipótese de encerramento parcial, o valor das opções remanescentes é ajustado, subtraindo-se do valor encontrado em "a", o valor calculado em "b", multiplicado pela quantidade de opções objeto da operação de encerramento.

O ganho líquido é obtido pela diferença positiva entre o valor médio do prêmio recebido em cada opção multiplicado pela quantidade de opções de mesma série objeto da operação de encerramento e o valor desta operação.

Exemplo:

O investidor vendeu opção de compra de 10.000 ações K, recebendo o prêmio unitário de R$ 1,00, totalizando o prêmio de R$ 10.000,00, e, dias depois, vendeu novamente opção de compra de 5.000 ações K, da mesma série, recebendo o prêmio unitário de R$ 1,10, totalizando o prêmio de R$ 5.500,00. Ambas as operações com vencimento para 60 dias e preço de exercício de R$ 10,00 por ação K.

Antes do vencimento, em face da tendência indefinida do mercado, o investidor decidiu encerrar parcialmente sua posição vendedora, e adquiriu opção de compra de 12.000 ações K, da mesma série, pagando o prêmio unitário de R$ 1,00, totalizando o prêmio de R$ 12.000,00.

Desconsiderando a corretagem e outras despesas, temos:

Item Cálculo

Prêmio total recebido R$ 15.500,00

Valor médio do prêmio recebido R$ 15.500,00 ÷ 15.000 = R$ 1,03

Valor prêmio rec. P/ metade encerrada R$ 12.000,00 X R$ 1,03 = R$ 12.360,00

Valor prêmio pago pela quantidade encerrada R$ 12.000,00

Ganho líquido R$ 360,00

Valor do saldo de opções vendidas R$ 1–.500,00 - R$ 12.360,00 = R$ 3.140,00.[418]

Na hipótese de exercício da opção, a posterior venda do ativo pode representar um ganho tributado nos moldes a seguir explicados:

a) No caso do titular (comprador) da opção de compra, pela diferença positiva entre o valor de venda à vista do ativo na data do exercício da opção e o preço de exercício da opção, acrescido do valor do prêmio. Na Pergunta 680 do "Perguntas e Respostas do IRPF 2019", é fornecida a seguinte explicação e o seguinte *exemplo:*[419]

   1 - **Titular** de opção de compra (comprador). O custo de aquisição é o preço de exercício do ativo acrescido do valor do prêmio pago. Considera-se preço de exercício o valor de compra do ativo acordado para liquidação da operação. O ganho líquido é a diferença

418. Perguntas e respostas IRPF 2019. Pergunta 678. Disponível em: http://receita.economia.gov.br/interface/cidadao/irpf/2019/perguntao/perguntas-e-respostas-irpf-2019.pdf Acesso em: 23 fev. 2020.

419. Perguntas e Respostas IRPF 2019. Disponível em: http://receita.economia.gov.br/interface/cidadao/irpf/2019/perguntao/perguntas-e-respostas-irpf-2019.pdf. Acesso em: 23 fev. 2020.

positiva entre o valor de venda à vista do ativo, na data do exercício, e o seu custo de aquisição. Ocorrendo a venda posteriormente à data do exercício, o ganho líquido será a diferença positiva entre o valor recebido pela venda do ativo e o custo médio de aquisição, apurado conforme estabelecido para o mercado à vista.

Exemplo: O investidor adquiriu opção de compra de 10.000 ações K, pagando o prêmio total de R$ 10.000,00, com vencimento para 60 dias e ao preço de exercício de R$ 10,00 por ação K. No vencimento, estando o preço de mercado da ação K acima do preço de exercício, o investidor decidiu exercer a opção, mediante manifestação a sua sociedade corretora com simultânea ordem de venda à vista das 10.000 ações K. A venda à vista totalizou R$ 130.000,00, enquanto o preço de exercício totalizou R$ 100.000,00.

Desconsiderando a corretagem e outras despesas, temos:

Valor de venda à vista do ativo....... R$ 130.000,00

Custo de aquisição da operação:

Valor prêmio pago .... R$ 10.000,00

Preço exercício pago .... R$ 100.000,00

Custo total .. .. R$ 110.000,00

Ganho líquido .... R$ 20.000,00

b) No caso do lançador (vendedor) de opção de compra, pela diferença positiva entre o preço do exercício da opção, acrescido do valor do prêmio e o custo de aquisição do ativo objeto do exercício da opção.[420]

420. Lembremos que o lançador, quando lança a opção de compra no mercado, poderá estar coberto – isto é, já possui os ativos que serão objeto da compra por quem adquirir a opção, ou descoberto, isto é, lança opção de compra de determinados ativos

Exemplo: investidor adquire 1 (uma) ação da Petrobrás por R$ 1,00 (um real). Em seguida, lança opção para um terceiro comprar tal ação a R$ 2,00 (dois reais), cobrando um prêmio de R$ 1,00 (um real). Nessa hipótese, em sendo exercida a opção pelo titular, o ganho líquido do lançador será = (R$ 2,00 + R$ 1,00) – R$ 1,00; Portanto, o ganho líquido será de R$ 2,00 (dois reais).

c) No caso de titular (comprador) de opção de venda, pela diferença positiva entre o preço de exercício da opção e o valor de compra à vista do ativo, acrescido do valor do prêmio. Na Pergunta 681 do Perguntas e Resposas do IRPF 2019, é dada a seguinte explicação e o seguinte exemplo:[421]

Titular de opção de venda. (Vendedor)

O custo de aquisição é o custo médio de aquisição do ativo acrescido do valor do prêmio pago.

O ganho líquido é a diferença positiva entre o preço de exercício do ativo e o seu custo de aquisição.

Exemplo:

O investidor adquiriu opção de venda de 20.000 ações K, pagando o prêmio total de R$ 20.000,00, com vencimento para 60 dias e preço de R$ 10,00 por ação K. No vencimento, estando o preço de mercado da ação

---

sem ter a propriedade dos ativos que depois ficará obrigado a vender. A Secretaria Especial da Receita Federal do Brasil esclarece que no caso do lançador da opção de compra coberto o custo de aquisição é o custo médio de aquisição do ativo conforme estabelecido para o mercado à vista. Já no caso do lançador descoberto, o custo de aquisição será o preço de aquisição do ativo objeto do exercício. Vide: Perguntas e Respostas IRPF 2019. Disponível em: http://receita.economia.gov.br/interface/cidadao/irpf/2019/perguntao/perguntas-e-respostas-irpf-2019.pdf. Acesso em: 23 fev. 2020.

421. Perguntas e Respostas IRPF 2019. Disponível em: http://receita.economia.gov.br/interface/cidadao/irpf/2019/perguntao/perguntas-e-respostas-irpf-2019.pdf. Acesso em: 23 fev. 2020

K abaixo do preço de exercício, o investidor decidiu exercer a opção, mediante manifestação a sua sociedade corretora com simultânea ordem de compra no mercado à vista das 20.000 ações K. A compra à vista totalizou R$ 160.000,00, enquanto o preço de exercício totalizou R$ 200.000,00. Assim, sem considerar a corretagem e outras despesas, temos:

Valor contratual recebido (exercício da opção) R$ 200.000,00

Custo de aquisição da operação:

Valor prêmio pago.................................R$ 20.000,00

Compra à vista do ativo.......................R$ 160.000,00

Custo total..R$ 180.000,00

Ganho líquido.....................................R$ 20.000,00

d) No caso de lançador de opção de venda (vendedor), pela diferença positiva entre o preço de venda à vista do ativo na data do exercício da opção, acrescido do valor do prêmio e o preço do exercício da opção. Exemplo: lançador negocia opção de venda (fica obrigado a comprar) de uma ação da Petrobrás, por R$ 5,00 (cinco reais) em fevereiro de 2015. O prêmio é fixado por R$ 1,00 (um real). Em fevereiro de 2015, a opção é exercida pelo comprador. Imaginemos que nessa mesma data, o lançador venda a ação adquirida por R$ 7,00 (sete reais). O ganho líquido será = R$ (7,00 +1,00) – R$ 5,00. Portanto, o ganho líquido será de R$ 3,00.

Gostaria de dividir com o leitor uma reflexão. O texto do art. 60, inciso II, "a", da Instrução Normativa 1.585 de 31 de agosto de 2015, é mais uma hipótese em que o ordenamento confirma a ideia de que para haver disponibilidade jurídica ou econômica de rendimentos não pode haver uma operação em que se perca liquidez.

Isso porque a legislação enuncia que para haver ganho líquido no caso de opção de compra é preciso que haja venda do valor alienado objeto da opção. De fato, o texto enuncia que o ganho líquido se perfaz por uma subtração que envolve o "valor da venda à vista do ativo na data do exercício da opção", de sorte que, ao menos em minha interpretação, não haverá ganho líquido sem que tal venda seja efetivada.

Se o legislador não tivesse encampado, ainda que implicitamente, a ideia de necessidade de aumento de liquidez, em tal operação, poderia muito bem ter, definido, por exemplo, o "ganho líquido" como a diferença da "cotação do ativo na bolsa" e o preço exercido pelo titular já que, em termos aritméticos, o titular da opção teria experimentado um aumento patrimonial ao adquirir um ativo por um valor inferior do que ele vale.

Note-se, portanto, a diferença de tratamento normalmente aplicável às opções de compra e o dispensado ao caso de *stock-options*: enquanto no primeiro observa-se que não há ganho sem aumento de liquidez, no segundo, tributa-se o exercício de opção, em claro tratamento desigual.

Agora, suponhamos que o titular de opção de compra exerça sua opção, mas não venda o ativo adquirido no mesmo dia. Nesse caso, o custo de aquisição para eventual apuração de ganho de capital futura será o preço de exercício da opção, acrescido do valor do prêmio.

Também pode ser o caso de o lançador de opção de venda adquirir o ativo objeto da opção, em razão do exercício de opção pelo comprador, e não vender tal ativo no mesmo dia. Nesse caso, o custo de aquisição desse ativo, para fins de apuração de eventual ganho de capital futuro, será o preço do exercício da opção, deduzido do valor do prêmio.

Para efeitos de apuração do ganho líquido, o custo de aquisição e os valores recebidos pelo lançador serão calculados pela média dos valores unitários pagos ou recebidos.

E se a opção não for exercida no prazo estipulado? Isso poderá ocorrer caso o preço de exercício esteja em condições desfavoráveis se comparado com o preço do ativo praticado no mercado. Nessa hipótese, o valor pago pelo prêmio é uma perda para o titular da opção e um ganho para o lançador.

2.5.13.3 Mercados futuros

O mercado futuro é uma modalidade de mercado a prazo onde são negociados contratos de lotes padronizados, de determinado ativo, com data de liquidação futura previamente acordada.

Quem aliena o ativo é denominado de "parte vendida" e o comprador designado de "parte comprada".

Quando a "parte comprada" celebra o contrato, fica obrigada a depositar um valor a título de garantia. Portanto, não há pagamento do preço quando do fechamento do contrato, mas sim o depósito de uma garantia, cuja margem é definida pela Companhia Brasileira de Liquidação e Custódia – CBLC.

Diariamente, há o que se chama de "ajuste diário de perdas e ganhos", de modo que as posições em aberto são comparadas com o preço de referência do ativo.

Por essa sistemática, se o preço determinado pelo ativo, em contrato, é inferior ao preço que está sendo negociado no mercado, significa que a parte comprada obteve um ganho, pois adquiriu um ativo a preço futuro em valor inferior ao negociado no mercado. Nesse caso, tal ganho é creditado em sua conta e debitado da conta do vendedor.

Por outro lado, se o preço do ativo, em contrato, é superior ao negociado no mercado, o vendedor apresenta um ganho, pois alienou um ativo por preço superior ao praticado pelo mercado. Nessa hipótese, tal valor será creditado em sua conta e debitado da conta do comprador.

Nos dias subsequentes, são feitos novos ajustes diários, comparando-se o preço do ajuste do dia e o preço do dia do ajuste imediatamente anterior.

Note-se que, em tais mercados, não se exige a efetiva entrega do ativo, nem tampouco o pagamento total do preço. Geralmente, há mero ajuste financeiro, de tal sorte que se o preço do ativo na data da liquidação da operação é superior ao preço determinado no contrato, o comprador obtém um ganho financeiro na operação e o vendedor uma perda. Por outro lado, se o preço do ativo determinado no contrato é superior ao preço de cotação do ativo na data da liquidação, o vendedor apresenta um ganho financeiro.

Explicado o funcionamento de tais mercados, fica fácil compreender que o ganho líquido, para fins tributários, será o resultado positivo da soma algébrica dos ajustes diários por ocasião da liquidação dos contratos ou da cessão ou encerramento da posição, em cada mês.

No regime de tal tributação, os resultados positivos ou negativos, apurados em cada contrato, corresponderão à soma algébrica dos ajustes diários incorridos entre as datas de abertura e de encerramento ou de liquidação do contrato.

O ganho líquido, apurado acima, será a base de cálculo do imposto.

2.5.13.4 Mercados a termo

Nos mercados a termo, negocia-se compra ou venda de ativos por preços e prazo preestabelecidos em contrato. Ao contrário do mercado de futuro, normalmente, no mercado a termo, não há ajuste diário.

Além disso, o mercado a termo não se confunde com a operação de opção. No caso de opções, o comprador adquire a faculdade de adquirir o ativo que é objeto do valor mobiliário. No mercado a termo, o investidor já se obriga, desde o momento da transação, a adquiri-lo.

Em tal operação, o vendedor poderá estar "coberto" ou "descoberto". Vendedor coberto é o detentor dos ativos a serem alienados quando da celebração do contrato, ao passo que o vendedor descoberto é aquele que fica na contingência de adquirir os ativos para cumprir sua obrigação de vendê-los posteriormente.

Note-se que o vendedor descoberto conta que o preço do ativo sofra queda para que possa adquiri-lo por um preço inferior e aliená-lo pelo valor previamente definido na operação a termo. Evidentemente, se o valor do ativo oscilar positivamente, entre a data da celebração do contrato e data em que o vendedor adquirir os ativos, o prejuízo poderá ser considerável.

Estabelecidos tais conceitos, vejamos como se dá o ganho líquido em tais operações.

No caso do comprador, o ganho líquido será constituído pela diferença entre o valor da venda à vista do ativo na data da liquidação do contrato a termo e o preço nele estabelecido.

Já no caso do vendedor a descoberto, pela diferença positiva entre o preço estabelecido no contrato a termo e o preço da compra à vista do ativo para liquidação daquele contrato.

Para o vendedor coberto, pela diferença positiva entre o preço estabelecido no contrato a termo e o custo médio de aquisição do ativo, salvo na hipótese de operação conjugada que permita a obtenção de rendimentos predeterminados.

Se o comprador não efetivar a venda à vista na data da liquidação do contrato a termo, o custo de aquisição do ativo será igual ao preço de aquisição da compra a termo.

No caso de venda de ouro, ativo financeiro, por prazo certo, não caracterizada como operação de financiamento, o imposto incidirá sobre a diferença positiva entre o valor da venda e o custo médio de aquisição do ouro apurada quando do vencimento da operação.

Já os ganhos líquidos auferidos nos contratos a termo de taxas de juros ou de câmbio, negociadas em bolsa de mercadorias e de futuros serão apurados (I) pelo valor de liquidação, no caso de contratos celebrados sem ajuste periódico de posições e (II) pelo valor do ajuste periódico de posições, no caso de contratos celebrados com essa especificação.

2.5.13.5 Operações de Day-Trade

Define-se como operação *day-trade* a operação ou conjugação de operações iniciadas e encerradas em um mesmo dia, com o mesmo ativo, em uma mesma instituição intermediadora, em que a quantidade negociada tenha sido liquidada total ou parcialmente (art. 851, §1º, I, "a", do RIR/2028).

Por sua vez, não são consideradas operações *day-trade*, para fins tributários, o exercício da opção e a venda ou compra do ativo no mercado à vista, no mesmo dia e o exercício da opção e a venda ou compra de contrato futuro objeto, no mesmo dia. Além disso, não será tributada como operação de *day-trade* a liquidação física mediante movimentação de títulos ou valores mobiliários em custódia, nem a operação realizada por investidor estrangeiro de que trata o art. 88 da IN RFB 1.585/20.[422]

Muito bem. As operações de *day-trade* ficam sujeitas ao imposto sobre a renda na fonte pela alíquota de 1% (um por cento), sendo certo que a responsável pela retenção e pelo recolhimento do imposto é a instituição intermediadora da operação de *day-trade* que receber, diretamente, a ordem do cliente. Note-se que o imposto deverá ser recolhido ao Tesouro Nacional até o 3º (terceiro) dia útil subsequente ao decêndio da data da retenção, utilizando-se o código de receita 8468.

O rendimento tributado é o resultado positivo apurado no encerramento das operações *day-trade*. Para fins de apuração de resultados serão considerados, pela ordem, o 1º (primeiro) negócio de compra com o primeiro negócio de venda, ou o 1º

422. Art. 88. Esta Seção dispõe sobre a tributação dos rendimentos auferidos por investidor residente ou domiciliado no exterior, individual ou coletivo, que realizar operações financeiras no País de acordo com as normas e condições estabelecidas pelo CMN não residentes ou domiciliados em país com tributação favorecida nos termos do art. 24 da Lei nº 9.430, de 1996, excetuado os fundos soberanos a que se refere o § 15 do art. 92.

(primeiro) negócio de venda com o 1º (primeiro) negócio de compra e, assim, sucessivamente.

Ademais, não será considerado o valor ou a quantidade de estoque do ativo existente em data anterior à da operação de *day-trade*.

Por sua vez, será admitida a compensação de perdas incorridas em operações de *day-trade* realizadas no mesmo dia.

O valor retido poderá ser deduzido do imposto incidente sobre ganhos líquidos apurados no mês ou poderá ser compensado com o incidente sobre ganhos líquidos apurados nos meses subsequentes, se após a dedução anteriormente mencionada, houver saldo do imposto retido. Se, ao final do ano-calendário, houver saldo de imposto a compensar, poderá ser pedida restituição.[423]

Explicados tais pontos, acrescentamos que o contribuinte poderá compensar as perdas incorridas em operações de *day-trade* com rendimentos auferidos, no mês, em operações da mesma espécie.

O resultado de tal compensação, se positivo, deve ser tributado com alíquota de 20% (vinte por cento). Se negativo, poderá ser compensado com os resultados positivos de operações de *day-trade* apurados nos meses subsequentes (art. 851, §7º, do RIR/2018).

Note-se ainda que a retenção de 1% (um por cento) não se aplica às ações das pequenas e médias empresas de que trata o art. 66 da Instrução Normativa RFB 1.585/2015.

2.5.13.6 Operações de empréstimo de títulos e valores mobiliários

As operações de empréstimos de títulos e valores mobiliários submetem-se tanto ao regime de retenção exclusiva na

423. Apesar disso, lembramos que essa tributação é do tipo definitiva, ou seja, os rendimentos não compõem o cálculo de ajuste anual.

fonte, como veremos no próximo capítulo, como de ganho de capital. Por razões didáticas, vamos explicar, neste item, o regime jurídico-tributário destinado a essas operações.

Tenhamos por operação de empréstimo de títulos e valores mobiliários aquela em que o emprestador transfere os valores mobiliários a terceiros, por um período determinado, ficando o segundo obrigado a devolvê-lo de acordo com o avençado pelas partes.

A disciplina da tributação de tal operação se dá pelo art. 6º e seguintes da Lei 13.043/2014, que se aplica a operações em ações de companhia aberta realizada em entidades autorizadas a prestar serviços de compensação e liquidação de operações com valores mobiliários.[424]

Enquanto dura o empréstimo, o tomador é livre para alienar o valor mobiliário, desde que o devolva, posteriormente, ao emprestador, nos termos acordados.

Além disso, durante o período de vigência, é possível que o tomador receba pagamentos oriundos da posse do valor mobiliário. Esses valores deverão ser, posteriormente, restituídos ao emprestador.

Muito bem. Para fins tributários, a remuneração auferida pelo emprestador, conforme previsto pelo art. 6º da Lei 13.043/2014, é tributada como de renda fixa, sujeita à retenção exclusiva na fonte, pelas alíquotas que veremos no próximo capítulo, previstas no art. 1º da Lei 11.033/2004.

---

424. O art. 10 da mesma lei prevê que se aplica, no que couber, o tratamento tributário aos empréstimos de títulos e outros valores mobiliários.
Prevê o § 1º do mesmo artigo que, no caso do tomador, a diferença positiva entre o valor de alienação e o valor de aquisição será considerada:
I - ganho líquido ou perda, em relação a valores mobiliários de renda variável negociados em bolsa de valores, sendo esse resultado apurado por ocasião da recompra dos valores mobiliários a serem devolvidos; e
II - rendimento, nos demais casos, sendo esse rendimento apurado por ocasião da recompra dos títulos ou valores mobiliários a serem devolvidos.
Ademais, na apuração de tal imposto poderão ser computados como custos da operação as corretagens e demais emolumentos efetivamente pagos pelo tomador.

Se a remuneração for fixada em percentual sobre o valor das ações objeto de empréstimo, as receitas ou despesas terão base de cálculo o preço médio da ação verificado no mercado à vista da bolsa de valores em que as ações estiverem,admitidas à negociação no dia anterior à data de concessão do empréstimo ou no dia útil anterior à data do vencimento da operação, conforme previsto em contrato.

O responsável pela retenção é a entidade autorizada a prestar serviços de compensação e liquidação de operações com valores mobiliários.

Como dissemos, durante o curso do contrato, é possível que o tomador receba pagamentos originados da posse do valor mobiliário que serão reembolsados ao emprestador. A opção do legislador é que haverá isenção de retenção na fonte quando do reembolso ao emprestador.

De fato, o *caput* do art. 7º da Lei 13.043/2014 prevê que o valor, integral ou parcial, reembolsado ao emprestador pelo tomador, decorrente dos proventos distribuídos pela companhia emissora das ações durante o decurso do contrato de empréstimo, é isento do imposto sobre a renda retido na fonte para o emprestador, pessoa física ou jurídica, domiciliado no País ou no exterior, ao passo que o art. 11, da mesma lei, prevê que o valor reembolsado ao emprestador pelo tomador, decorrente dos rendimentos distribuídos durante o decurso do contrato de empréstimo de títulos e outros valores mobiliários, é isento do imposto sobre a renda retido na fonte para o emprestador, pessoa física ou jurídica, domiciliado no País ou no exterior

Contudo, o § 1º do art. 7º da mesma Lei prevê que o tomador poderá descontar, do valor do reembolso, certas quantias, conforme a seguir explicado.

Se o valor reembolsado for a título de dividendos, o reembolso será integral. Ora, pagamento de dividendos não gera tributação a título de IR. Logo, o emprestador não teria sido tributado se tivesse recebido os rendimentos diretamente. Assim, não há que se falar em desconto de qualquer tipo.

Por outro lado, se o valor reembolsado for a título de juros sobre capital próprio, o valor do imposto retido na fonte que seria aplicável caso não existisse a operação de empréstimo é deduzido da quantia a ser reembolsada ao emprestador. De fato, caso não tivesse sido operada a operação de empréstimo e emprestador tivesse recebido pagamento a título de juros sobre capital próprio, teria sofrido retenção na fonte. Portanto, agora, no reembolso dos recursos, quantia equivalente ao imposto é deduzida do emprestador.[425]

É preciso considerar, ainda, que o art. 5º da Lei 11.053/2004 prevê que, a partir de 1º de janeiro de 2005, passaram a ser dispensados a retenção na fonte e o pagamento em separado do imposto de renda sobre os rendimentos e ganhos auferidos nas aplicações de recursos das provisões, reservas técnicas e fundos de planos de benefícios de entidade de previdência complementar, sociedade seguradora e FAPI, bem como de seguro de vida com cláusula de cobertura por sobrevivência.

A disposição também se aplica aos fundos administrativos constituídos pelas entidades fechadas de previdência complementar e às provisões, reservas técnicas e fundos dos planos assistenciais de que trata o *art. 76 da Lei Complementar nº 109, de 29 de maio de 2001.*

Ocorre que, no caso do empréstimo, o beneficiário final de tais rendimentos seria o emprestador, haja vista que os valores seriam a ele reembolsados. Portanto, se as entidades acima mencionadas se tornam tomadoras de ações em que há pagamento de juros sobre capital prório ("JCP"), a legislação prevê tributação.

Assim, o art. 8º da Lei 13.043/2014 expressamente prevê que será devido pelo tomador o imposto sobre a renda à alíquota de 15% (quinze por cento) incidente sobre o valor correspondente ao JCP distribuído pela companhia emissora do papel objeto do empréstimo em ambientes de que trata o art.

425. A exceção seria por JCP isentos, o que, em regra, não se verifica para a pessoa física.

6º,[426] na hipótese de operação de empréstimo de ações que tenha como parte emprestadora pessoa física ou jurídica sujeita ao imposto sobre a renda, e como parte tomadora:

I – fundo ou clube de investimento; ou

II – no caso de aplicações dos recursos de que trata o *art. 5º da Lei nº 11.053, de 29 de dezembro de 2004:*

a) entidade de previdência complementar;

b) sociedade seguradora; ou

c) Fapi.

A base de cálculo do imposto a ser recolhido é o valor correspondente ao montante originalmente distribuído pela companhia, a título de JCP, em relação ao saldo das ações emprestadas ao tomador mantidas em custódia em sua titularidade acrescido do saldo de ações emprestadas a terceiros.

Em tal hipótese, cabe ao administrador do fundo ou clube de investimento ou entidade responsável pela aplicação dos recursos de que trata o *art. 5º da Lei 11.053, de 29 de dezembro de 2004,* efetuar o recolhimento do imposto sobre a renda à alíquota de 15% (quinze por cento), prevista no *caput.*

Agora, imaginemos que as entidades anteriormente mencionadas tenham detenham (a) ações próprias da companhia X, (b) ações emprestadas a terceiros da companhia X e (c) ações que tenham emprestadas de terceiro, também de X? Como seria o cálculo do JCP a ser pago em tal hipótese?

O § 3º, do art. 8º da Lei 13.043/2014, em redação que julgamos de dificilíssima compreensão, regula tal situação. Segundo

426. Art. 6º. A remuneração auferida pelo emprestador nas operações de empréstimo de ações de emissão de companhias abertas realizadas em entidades autorizadas a prestar serviços de compensação e liquidação de operações com valores mobiliários será tributada pelo imposto sobre a renda de acordo com as regras estabelecidas para aplicação de renda fixa às alíquotas previstas no art. 1º da Lei nº 11.033, de 21 de dezembro de 2004.

a previsão, em tal hipótese, a base de cálculo para o imposto sobre a renda será o valor bruto do JCP pago por ação, multiplicado pelo somatório do saldo de ações de sua titularidade e do saldo de ações que o tomador tenha emprestado a terceiros, observando-se para o somatório o limite máximo do número de ações tomadas em empréstimo pelo tomador.

Tentando interpretar a norma, imaginando uma companhia que pague R$ 2,00 (dois reais) por ação a título de JCP, se a entidade possuir 5 (cinco) ações de sua titularidade, (5) ações emprestadas a terceiros e 8 (oito) ações emprestadas por terceiros, salvo melhor juízo, seria necessário multiplicar os R$ 2,00 (dois reais) pelo (a) número de ações próprias mais (b) o número de ações emprestadas a terceiros, perfazendo a quantia de R$ 20,00 (vinte reais). Contudo, como possuía apenas 8 (oito) ações emprestadas de terceiros, deveria observar tal limite, de modo que a base de cálculo chegaria a R$ 16,00 (dezesseis reais).

Ademais, o § 4º do art. 8º, da Lei 13.043/2014, prevê que o imposto sobre a renda de que trata o referido artigo será I – definitivo, sem direito a qualquer restituição ou compensação por parte do tomador das ações em empréstimo; e II – recolhido até o terceiro dia útil subsequente ao decêndio de ocorrência dos fatos geradores.

Agora, se a hipótese de incidência veiculada pelo enunciado inserto pelo art. 8º da Lei 13.043/2014 é o pagamento de JCP, o art. 12, da mesma lei, vem disciplinar situação semelhante, de modo mais genérico, alcançando a hipótese de pagamentos de "rendimentos"

Assim, a redação do artigo prevê que o imposto de que trata o art. 8º também incidirá sobre os rendimentos pagos durante o decurso do contrato de empréstimo de títulos e valores mobiliários sujeitos à tributação pelo imposto sobre a renda de acordo com o disposto no *art. 1º da Lei nº 11.033, de 21 de dezembro de 2004,* quando tenham como parte emprestadora pessoa física ou jurídica sujeita ao imposto sobre a renda, e como parte tomadora:

I – fundo ou clube de investimento; ou

II – no caso de aplicações dos recursos de que trata o *art. 5º da Lei nº 11.053, de 29 de dezembro de 2004:*

a) entidade de previdência complementar;

b) sociedade seguradora; ou

c) Fapi.

Nesse caso, o tomador será responsável pelo pagamento do imposto de renda à alíquota de 15% (quinze por cento), incidente sobre os rendimentos distribuídos pelo título ou valor mobiliário. Interessante notar, contudo, que, nos termos do art. 11, inciso II, da mesma Lei, o valor reembolsado ao emprestador poderá ser deduzido do imposto.

Por sua vez, o emprestador dos ativos, pessoa física ou jurídica, será responsável pelo pagamento da diferença entre o valor do imposto que seria devido na hipótese em que o rendimento fosse pago diretamente ao emprestador e o valor devido pelo tomador, aplicando-se, no que couber, os procedimentos previstos nos §§ 1º a 4º do art. 8º da Lei 13.043/2014, anteriormente explicados.

Avancemos. Para o emprestador, a liquidação do empréstimo, efetivada pela devolução de ações da mesma espécie, classe e companhia não constitui rendimento líquido. De fato, trata-se de mera devolução da posse, de patrimônio por ele detido, de modo que não teria cabimento se falar em tributação.

Agora, se o emprestador recebe em valores numerários – e não em ações – haverá ganho líquido representado pela diferença entre o valor da liquidação do empréstimo e o custo médio de aquisição das ações.

Nesse sentido, se certo emprestador tem custo médio de aquisições de ações de R$ 10,00 (dez reais) e recebe, a título, de devolução de empréstimo, um valor de R$ 12,00, haverá um ganho líquido de R$ 2,00 (dois reais) passível de tributação.

Ademais, mencionamos, anteriormente, que o tomador poderia alienar as ações objeto do empréstimo. Nesse caso, evidentemente, terá de recomprá-las para devolver ao tomador.

Suponhamos que o tomador aliene os valores mobiliários, negociados em bolsa de valores, que são objeto da operação do empréstimo. Em tal situação, em razão do contrato de empréstimo, o tomador estará obrigado a recomprá-las para devolver ao emprestador.

Ora, quando se der a recompra, poderá se concretizar um ganho líquido[427] do tomador decorrente da alienação das ações, que será, justamente, a diferença entre o valor da alienação e o custo médio de aquisição dessas ações, de modo que passa a incidir o IR sobre ganho de capital. Para fins de apuração do custo, poderão ser descontados o custo da operação, taxas de corretagem e outros emolumentos.

Ademais, no caso do tomador de títulos ou valores mobiliários sujeitos à tributação pelo imposto sobre a renda de acordo com o disposto no art. 1º da Lei 11.033, de 21 de dezembro de 2004,[428] a diferença positiva entre o valor da alienação, líquido do IOF, eventualmente incidente, e o valor da aplicação financeira é considerada rendimento, sendo apurada por ocasião da recompra dos referidos títulos e valores mobiliários, cabendo, ao próprio tomador, o pagamento do imposto.

Outra hipótese de tributação do tomador se dá quando realiza operações de empréstimo não mencionadas no art. 6º da Lei 13.043/2014.

---

427. Interessante notar que o art. 10, inciso II, da Lei nº 13.043/2014, prevê que em caso de alienação de valores mobiliários não negociados em bolsa de valores, a diferença positiva entre o valor de alienação e o valor de aquisição será considerada um "rendimento".

428. Trata-se de operações sujeitas à tributação exclusiva na fonte que verificaremos, com mais detalhes, adiante.

Em tais casos, para o tomador, a diferença positiva entre o valor de alienação e o valor de aquisição será considerada:

I - ganho líquido ou perda, em relação a valores mobiliários de renda variável negociados em bolsa de valores, sendo esse resultado apurado por ocasião da recompra dos valores mobiliários a serem devolvidos, podendo ser computados como custos da operação as corretagens e demais emolumentos efetivamente pagos pelo tomador;

e

II - rendimento, nos demais casos, sendo esse rendimento apurado por ocasião da recompra dos títulos ou valores mobiliários a serem devolvidos.

Muito bem. Nos termos do art. 15 da Lei 13.043/2014, o responsável pela retenção é:

I – a entidade autorizada a prestar serviços de compensação e liquidação, para fins da retenção efetivada nos moldes de renda fixa sobre a remuneração auferida pelo empretador prevista no art. 6º da Lei 13.043/2014; e

II – a instituição que efetuar a recompra dos títulos e dos valores mobiliários, pelo tomador, relativo ao IRRF incidente sobre o rendimento correspondente a diferença entre o valor da alienação e o valor da aquisição, nos casos em que os valores mobiliários não forem negociados em bolsa de valores (art. 15, inciso II c/c art. 10, §1º, inciso II, da Lei 13.043/2014).

Na última hipótese, será aplicada sobre o rendimento:

a) uma das alíquotas de que trata o art. 1º da Lei nº 11.033, de 21 de dezembro de 2004,[429] em função do

429. Trata-se das alíquotas de tributação exclusiva na fonte que examinaremos no próximo capítulo.

prazo decorrido entre as datas de alienação e de recompra dos títulos e dos valores mobiliários;

b) a alíquota de 15% (quinze por cento), no caso de investidor residente ou domiciliado no exterior, individual ou coletivo, que realizar operações financeiras no País de acordo com as normas e condições estabelecidas pelo Conselho Monetário Nacional; ou

c) as alíquotas previstas na legislação em vigor para o investidor residente ou domiciliado em país com tributação favorecida, nos termos do art. 24 da Lei nº 9.430, de 27 de dezembro de 1996.

2.5.14.7 Operações com bens móveis incórporeos com função de meios de trocas virtuais (moedas virtuais/criptomoedas)

Tenhamos moeda como um meio de pagamento, de emissão exclusiva da União, por meio do Banco Central, com curso legal atribuído pela legislação, isto é, não pode ser recusada para o cumprimento de qualquer obrigação de índole pecuniária, e com curso forçado, isto é, não é conversível em algum bem que represente o valor nela declarado.

Sobre o atributo da moeda de se manifestar como curso legal e curso forçado, no RE 478.410, em que se julgou a natureza salarial do Vale-Transporte, o Ministro Relator Eros Graus assim se deteve:[430]

> 28. O primeiro – o curso legal – expressa a qualidade de valor líquido da moeda, em razão do que ela não pode ser recusada. O

---

430. **RE 478410 / SP - SÃO PAULO,**
RECURSO EXTRAORDINÁRIO
Relator(a): Min. EROS GRAU
Julgamento: 10/03/2010
Publicação: 14/05/2010
Órgão julgador: Tribunal Pleno
Publicação
DJe-086 DIVULG 13-05-2010 PUBLIC 14-05-2010 EMENT VOL-02401-04 PP-00822
RDECTRAB v. 17, n. 192, 2010, p. 145-166

> *curso legal* assegura a ampla circulação e imposição de aceitação da moeda: daí sua caracterização como meio de pagamento.
>
> 29. Já o curso forçado é qualidade de moeda inconversível, vale dizer de instrumento monetário que não pode ser convertido em algum bem que representa o valor nela declarado.

O curso legal e curso forçado da moeda são previstos no Decreto-lei 857 de 11 de setembro de 1969. O art. 1º de tal ato normativo prescreve o seguinte:

> Art 1º. São nulos de pleno direito os contratos, títulos e quaisquer documentos, bem como as obrigações que exeqüíveis no Brasil, estipulem pagamento em ouro, em moeda estrangeira, ou, por alguma forma, restrinjam ou recusem, nos seus efeitos, o curso legal do cruzeiro.

Atualmente, o curso legal da moeda "real" tem previsão no art. 1º da Lei 9.069 de 29 de junho de 1995, a seguir transcrito:

> Art. 1º. A partir de 1º de julho de 1994, a unidade do Sistema Monetário Nacional passa a ser o REAL (art. 2º da Lei nº 8.880, de 27 de maio de 1994), que terá curso legal em todo o território nacional.

Por sua vez, o monopópio da emissão da moeda pela União está prevista no art. 164 da Constituição, a seguir transcrita:

> *Art. 164. A competência da União para emitir moeda será exercida exclusivamente pelo banco central.*

Nesse sentido, fica claro que a única moeda existente no país é o real, possuindo, com exclusividade, os atributos de curso legal, curso forçado e monopólio de emissão pelo Estado.

Apesar de tal aspecto, não se pode ignorar que existem bens incorpóreos que, apesar de não serem moedas, sob o ponto de vista legal – por não serem emitidas pela União, não possuírem curso legal, nem curso forçado – são aceitos como meios de trocas, ainda que de modo mais ou menos restrito. Assim, como lembra Daniel Paiva Gomes, há o exemplo das milhas, fornecidas por companhias aéreas, que poderiam ser trocadas por passagens áreas, há o exemplo dos créditos no "facebook", entre outras hipóteses.[431]

Esses bens incorpóreos são designados, muitas vezes, de "moedas digitais". O Comunicado BACEN n. 31.379, de 16 de novembro de 2017, por exemplo, empresta tal expressão para tratar de criptomoedas. Veja-se um trecho do conteúdo de tal comunicado:

> COMUNICADO N° 31.379, DE 16 DE NOVEMBRO DE 2017
>
> *Alerta sobre os riscos decorrentes de operações de guarda e negociação das denominadas moedas virtuais.*
>
> Considerando o crescente interesse dos agentes econômicos (sociedade e instituições) nas denominadas moedas virtuais, o Banco Central do Brasil alerta que estas não são emitidas nem garantidas por qualquer autoridade monetária, por isso não têm garantia de conversão para moedas soberanas, e tampouco são lastreadas em ativo real de qualquer espécie, ficando todo o risco com os detentores. Seu valor decorre exclusivamente da confiança conferida pelos indivíduos ao seu emissor.
>
> 2. A compra e a guarda das denominadas moedas virtuais com finalidade especulativa estão sujeitas a riscos imponderáveis, incluindo, nesse caso, a possibilidade de perda de todo o capital investido, além da típica variação de seu preço. O armazenamento das moedas virtuais também apresenta o risco de o detentor desses ativos sofrer perdas patrimoniais."
>
> [...]
>
> 4. As empresas que negociam ou guardam as chamadas moedas virtuais em nome dos usuários, pessoas naturais ou jurídicas, não são reguladas, autorizadas ou supervisionadas pelo Banco Central do Brasil. Não há, no arcabouço legal e regulatório relacionado com o Sistema Financeiro Nacional, dispositivo específico sobre moedas virtuais. O Banco Central do Brasil, particularmente, não regula nem supervisiona operações com moedas virtuais.
>
> 5. A denominada moeda virtual não se confunde com a definição de moeda eletrônica de que trata a Lei nº 12.865, de 9 de outubro de 2013, e sua regulamentação por meio de atos normativos

431. GOMES, Daniel Paiva. *Bitcoin.* A tributação das criptomoedas. Da taxamonia calameônica à tributação de criptoativos sem emissor identificado. São Paulo: Ed. RT, 2021, p. 42.

editados pelo Banco Central do Brasil, conforme diretrizes do Conselho Monetário Nacional. Nos termos da definição constante nesse arcabouço regulatório consideram-se moeda eletrônica "os recursos em reais armazenados em dispositivo ou sistema eletrônico que permitem ao usuário final efetuar transação de pagamento". Moeda eletrônica, portanto, é um modo de expressão de créditos denominados em reais. Por sua vez, as chamadas moedas virtuais não são referenciadas em reais ou em outras moedas estabelecidas por governos soberanos.

Otávio Ribeiro Damaso

Diretor de Regulação

Reinaldo Le Grazie

Diretor de Política Monetária

Entre as características das "moedas virtuais", Daniel Paiva Gomes indica que:[432]

> "são bens jurídicos móveis incorpóreos, nos termos do artigo 83, inciso III, do Código Civil que, ao lado de moedas eletrônicas, configuram espécie de moeda digital, podendo ser definidas como representações de valor em formato digital que: (i) são armazenadas e transacionadas eletronicamente, (ii) possuem denominação, forma, unidade, de medida e valores próprios, (iii) não possuem lastro em moeda fiduciária nem em *commodities* de valor; (iv) não possuem curso legal ou curso forçado; (v) não são emitidas por bancos centrais, instituições de créditos ou instituições que lidam com moedas eletrônicas mas sim por entes privados ou protocolos descentralizados de funcionamento; (vi) podem ser emitidas como meios de troca; e (vii) dentro de ambientes e comunidades específicas, odem funcionar como meio de troca, reserva de valor e unidade de medida."

Outra característica que eu gostaria de agregar é que as criptomoedas, segundo enxergamos são bens fungíveis. De

---

432. GOMES, Daniel Paiva. *Bitcoin.* A tributação das criptomoedas. Da taxamonia calameônica à tributação de criptoativos sem emissor identificado. São Paulo: Ed. RT, 2021, p. 41.

fato, o art. 85 do Código Civil prescreve que são fungíveis os móveis que podem substituir-se por outros da mesma espécie, quantidade e qualidade. Francisco Cavalcanti Pontes de Miranda exprime que a fungibilidade "é a substituibilidade qualitativa e quantitativa. Em vez de se levar em conta a individualidade da coisa, atinge-se ao gênero que é classe."[433]

Enquanto moeda virtual, a criptomoeda é fungível porque seu valor, de unidade de medida, é atribuído pelo gênero (classe de criptomoeda) e não pela individualidade. Assim, por exemplo, diferentemente de uma obra de arte avaliada por seu valor artístico individual, a criptomoeda é avalida pela quantidade e espécie. Nesse sentido, embora sob um ponto de vista econômico, Julio Cesar Stella anota:[434]

> Anota-se, ainda, que as criptomoedas são coisas fungíveis, porque são determinadas por seu gênero, ou seja, em geral nenhuma unidade vale mais ou menos que outra por ter alguma característica específica. Também se observa que as criptomoedas são divisíveis, ou são emitidas de modo que uma unidade possua um valor pequeno o bastante para não precisar ser dividido. O bitcoin, por exemplo, é divisível até a centésima milionésima parte. Essas características – transmissão escritural, fungibilidade e divisibilidade – são, não por acaso, muito convenientes para uma coisa que se deseja utilizar como meio de pagamento eletrônico. A emissão descentralizada, entretanto, adiciona uma camada de abstração inexistente nos meios de pagamento até então: os valores de criptomoeda não representam nenhum direito nem bem externo ao seu sistema.

Portanto, as moedas virtuais são bens móveis, incorpóreos e fungíveis. Tal qualificacação será importante para definir certos aspectos da incidência tributária do IRPF sobre tais bes. Avancemos.

---

433. PONTES DE MIRANDA, Francisco Cavalcanti. *Tratado de direito privado*. 1ª ed. Tomo 2. Campinas: Bookseller, 2000, atualizado por Vilson Rodrigues Alves, p. 55.

434. STELLA, Julio Cesar. Moedas digitais no Brasil: como enquadrar as criptomoedas. Disponível em: file:///C:/Users/charl/Downloads/26-49-PB%20(1).pd Acesso em: 08 jan. 2022, p. 161.

Convém apontar, ainda, que entre os meios de trocas virtuais – ou como se costuma designar, moedas virtuais – há aqueles que são criptografados e os não criptografados.[435] O termo criptografia – do grego Kryptós: escondido e gráphein: escrita – alude a um conjuto de técnicas para proteger a comunicação, codificando a mensagem. Nesse contexto, tenhamos por "criptomoedas" meios de trocas virtuais criptografados.

Para se compreender a disseminação das criptomoedas, recordemos que, em 2008, como lembra Emilia Malgueiro Campos, é decretada a falência do Lehman Brothers e há o início da grande crise financeira[436] que abalou os alicerces do capitalismo até então vigente.

Ora, característica marcante do sistema financeiro convencional é a centralização – já que a moeda é emitida por um órgão – e a intermediação, que é efetivada por instituições financeiras que intermediam tomadores e poupadores de recursos financeiros. Mas, essa parte intermediária, que é a instituição financeira, que deveria dar "confiança" ao sistema, foi justamente a responsável pelas emissões das chamadas "subprimes", classificadas como títulos podres, com responsabilidade direta, portanto, na grande crise de confiança que possibilitou o surgimento de mudanças no modo como nos relacionamos financeiramente.

Nesse contexto, justamente no ano de 2008, foi publicado o "paper" atribuído a Satoshi Nakomato designado "Bitcoin – A peer to peer eletronic cash system"[437] em que se propôs um sistema descentralizado de meios de pagamentos.

---

435. GOMES, Daniel Paiva. *Bitcoin.* A tributação das criptomoedas. Da Taxamonia calameônica à tributação de criptoativos sem emissor identificado. São Paulo: Ed. RT, 2021, p. 56.

436. CAMPOS, Emilia Malgueiro. *Criptomoedas e blockchain.* O direito no mundo ditial. 2ª ed. São Paulo: Editora Lumen Juris, 2020, p. 276.

437. NAKOMATO, Satoshi. *Bitcoin – A peer to peer eletronic cash system.* Disponível em: https://bitcoin.org/bitcoin.pdf Acesso em: 09 jan. 2022.

Satoshi Nakamoto sugere que em vez de "confiança", cravada em razão da presença de uma parte intermediária, fosse instituído um sistema criptografado de provas, de modo que duas pessoas pudessem transacionar sem um intermediário. Assim, é idealizado um sistema eletrônico de pagamentos baseado na prova criptográfica, dando origem à "Bitcoin" que é a primeira criptomoeda.[438]

O sistema descrito por Satoshi Nakamoto pressupõe que cada moeda digital seria dotada de uma série de assinaturas digitais. Assim, em cada transação, indica-se o código algorítimo matemático da transação anterior – designado de "hash" – e a chave pública do próximo proprietário, de modo que se identificassem os destinatários.

Todas as transações seriam publicadas em uma espécie de livro contábil público – no que depois se convencionou chamar de "blockchain" – de modo que se poderia evitar, sem a verificação de uma parte intermediária, a venda em duplicidade do mesmo ativo.[439] Nesse sentido, o "Blockchain" é o "banco de dados onde são realizadas e registradas as transações realizadas."[440]

O "Bitcoin", nesse sentido, envolve um sistema composto por uma (a) uma rede descentralizada ponto a ponto, (b) um livro de transações públicas (desginado de Blockchain),[441] (c)

---

438. NAKOMATO, Satoshi. *Bitcoin – A peer to peer eletronic cash system*. Disponível em: https://bitcoin.org/bitcoin.pdf Acesso em: 09 jan. 2022, p. 1.

439. NAKOMATO, Satoshi. *Bitcoin – A peer to peer eletronic cash system*. Disponível em: https://bitcoin.org/bitcoin.pdf Acesso em: 09 jan. 2022, p. 2.

440. CAMPOS, Emilia Malgueiro. *Criptmoedas e blockchain*. O direito no mundo ditial. 2ª ed. São Paulo: Editora Lumen Juris, 2020, p. 329.

441. O Blockchain é o livro razão público dos Bitcoins. O termo Distributed Ledger Technology (DLT) seria o termo genérico para esse livro razão público dos criptoativos. Nesse sentido: STELLA, Julio Cesar. *Moedas digitais no Brasil: como enquadrar as criptomoedas*. Disponível em: file:///C:/Users/charl/Downloads/26-49-PB%20 (1).pdf Acesso em: 08 jan. 2022, p. 152.

um mecanismo descentralizado e matemático de emissão de "moedas" (designado de mineração).[442]

Aprofundemos, um pouco, sobre a atividade de mineração. Os mineradores são usuários da rede com equipamentos apropriados que validam as informações e transações e garantem a segurança do compartilhamento de dados.[443] Por conta disso, são remunerados, recebendo criptomoedas originárias.

Muito bem. A partir de tal tecnologia, surgiram diversas criptomoedas e inclusive outros criptoativos. Se criptomoedas servem como meios de troca, criptoativos são bens virtuais assegurados por criptografias.[444] Nesse sentido, poderíamos pensar que as criptomoedas são a classe de ativos caracterizada por ser a intersecção do conjuto "criptoativos" e do conjunto "moedas digitais" (ou meios virituais de trocas), assim representado:

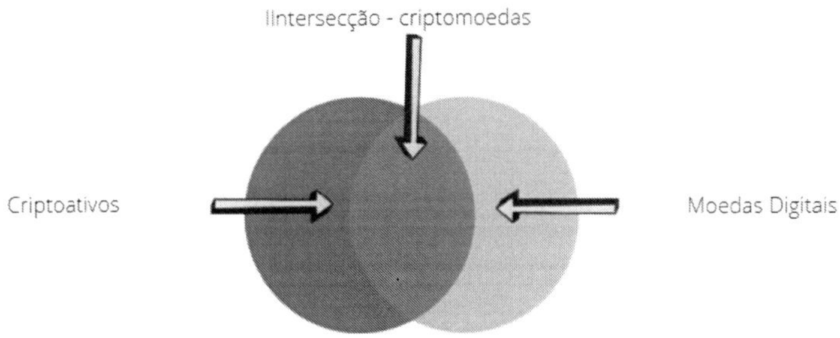

Dados tais esclarecimentos, podemos pensar que a tributação incidente sobre operações com bens incorpóreos a título de IRPF dependerá de algumas variáveis. Para refletir sobre elas, pensemos que as criptomoedas ou outras moedas digitais são elementos que podem ser contextualizados no seio

442. CAMPOS, Emilia Malgueiro. Criptomoedas e Blockchain. O direito no mundo ditial. 2ª ed. São Paulo: Editora Lumen Juris, 2020, p. 313.

443. CAMPOS, Emilia Malgueiro. *Criptomoedas e blockchain.* O direito no mundo ditial. 2ª ed. São Paulo: Editora Lumen Juris, p. 345.

444. GOMES, Daniel Paiva. *Bitcoin.* A tributação das criptomoedas. Da taxamonia calameônica à tributação de criptoativos sem emissor identificado. São Paulo: Ed. RT, 2021, p. 59.

de uma relação jurídica entre dois sujeitos e o modo que essa relação se manifesta, bem como o fato jurídico que a imputa pode muito nos dizer sobre a possível incidência do IR.

Por esse prisma, o primeiro ponto a se pensar é que tais bens serão sempre o objeto de uma "prestação" jurídica atribuída a um sujeito de direito em uma relação jurídica sinalagmática. A determinação do regime jurídico de IRPF, nesse sentido, dependerá da natureza jurídica das prestações a serem desempenhadas. Vamos refletir sobre algumas dessas hipóteses.

Em uma primeira situação, podemos cogitar que o bem incóporeo pode ser utilizado como remuneração de um trabalho, assalariado, ou não.

Em tal caso, por ser a moeda digital ou criptoativo, em questão, dotada de maior liquidez do que o trabalho, diríamos que a operação "passa pelo teste da liquidez" a que vimos nos referindo, no presente Livro. Ora, em tal hipótese, incidirá IRPF Ajuste Anual, bem como a incidência IR adiantado (podendo ser retenção na fonte ou pagamento pelo próprio prestador, conforme o caso).

Assim, a situação acima abrangeria qualquer caso em que o trabalho fosse remunerado pelos bens incorpóreos a que vimos nos referimos. Aliás, em nossa interpretação, tal incidência alcançaria, inclusive, a atividade de mineração.

Ora, mineração envolve um trabalho em que o minerador presta à rede, que é a de verificação da autenticidade das operações. É justamente em função dessa atividade que o minerador é remunerado, mediante o recebimento de criptomoedas originárias.

Não vejo, portanto, a mineração como um autotrabalho –por exemplo, um artista que realiza um quadro para depois vendê-lo – já que a atividade do minerador gera benefícios aos demais usuários do sistema, de modo imediato, justamente, ao certificar a autenticidade de dados inseridos em cada bloco do "blockchain".

Nesse contexto, havendo um acréscimo patrimonial decorrente do recebimento do criptoativo, que tal pessoa física faz jus, e sendo tal acréscimo oriundo de uma atividade desempenhada pelo minerador, entendemos pela incidência do gravame.

Para apoiar nossa intepretação, não nos olvidemos que, nos termos do art. 43, inciso I, do CTN, a incidência do IR também se dá em razão da renda que é produto do trabalho. O que não seria a criptomoeda recebida pelo minerador senão um rendimento fruto de seu trabalho? Não conseguimos enxergar de modo distinto.

Essa posição não é unânime, contudo. No excelente artigo "Incertezas na tributação de mineração de criptomoedas pelo imposto de renda", a Professora Maria Ângela Lopes Paulino Padilho e o Doutor Henrique Nimes Chamas, argumentam o seguinte:[445]

> Na hipótese de *emissão de novos ativos virtuais* **e sua atribuição aos mineradores, não se mostra adequado falar em prestação de serviços. O benefício decorrente do processo de mineração, qual seja assegurar a higidez do sistema em que se opera o ativo virtual, é destinado a todos os usuários da tecnologia, inexistindo um** "tomador determinado". Além disso, por envolver criptomoedas *geradas*, desprovidas de qualquer proprietário anterior, a operação pode ser compreendida como *forma originária de aquisição de propriedade*.

Achei importante registrar a visão acima, para que se possa meditar sobre diferentes posições passíveis de serem adotadas, até que se atinja a maturidade pragmática que inevitavelmente surgirá à medida que os tribunais e as autoridades administrativas se depararem com a discussão ora exposta.

Superado tal ponto, vamos, agora, refletir sobre operações em que não envolvem um trabalho, especialmente, (a) a compra e venda dos ativos e (b) a permuta.

---

445. PADILHO, Maria Ângela Lopes Paulino. CHAMAS, Henrique Nimer. Fonte: JOTA-24/12/2018. "Incertezas na tributação de mineração de criptomoedas pelo imposto de renda", Disponível em: https://www.jota.info/opiniao-e-analise/artigos/incertezas-na-tributacao-de-mineracao-de-criptomoedas-pelo-imposto-sobre-a--renda-24122018).

Com relação à alienação de bens incorpóreos, como criptoativos, mediante retribuição em dinheiro, a tributação se daria sobre eventual ganho de capital. De fato, o art. 21, *caput*, da Lei 8.981/95 prevê o seguinte:

> Art. 21. O ganho de capital percebido por pessoa física em decorrência da alienação de bens e direitos de qualquer natureza sujeita-se à incidência do imposto sobre a renda, com as seguintes alíquotas:
>
> [...].

Nesse contexto, se o detentor da criptomoeda ou criptoativo aliena um bem, percebendo ganho de capital, não vislumbro como afastar a tributação.

Assim, a base de cálculo seria a diferença do valor da alienação e o valor da aquisição e sobre tal quantia seria aplicável à alíquota prevista no art. 21 da Lei 8.981/95, que veremos adiante.

Interessante notar que o valor da aquição, nos termos do *caput* do art. 16 da Lei 7.713/88, seria o preço pago pela aquisição dos bens. Agora, partindo da premissa de que a criptomoeda é um bem fungível, incidiria o §2º do referido dispositivo, de modo que o custo de aquisição é apurado a partir da média ponderada dos custos unitários, por espécies, desses bens.[446]

Agora, no caso de "permuta", aplicando-se o conceito de "teste de liquidez" a que vimos utilizando no presente livro, entendemos, para fins acadêmicos, que a incidência dependerá do aumento de liquidez por parte do permutante. Explicamos.

---

446. Sobre o custo da aquisição das criptomoedas, a Professora Tathiane Piscitelli anota: "A melhor alternativa, parece-me, seria considerar o valor médio das aquisições vis-à-vis a cotação média da criptomoeda "adquirida". Considerando a alta flutuação do mercado e a possibilidade de cotações diferentes a depender da *exchange*, a reunião de documentos e provas quanto à veracidade de tais valores é fundamental. Independentemente disso, a nova criptomoeda deverá constar na Declaração de Ajuste Anual, por seu custo de aquisição – que seria exatamente a referência para apurar o ganho de capital." (PISCITELLI, Tathiane. Criptomoedas e os possíveis encaminhamentos tributários à luz da legislação nacional. In: *RDT* Atual – 40/18. Disponível em: https://bit.ly/3B3xGnC Acesso em: 08 fev. 2022.

A regra geral da permuta, como vimos, é pela inexistência de aumento da liquidez, porque se troca um bem por outro. Contudo, no caso dos criptoativos que eventualmente se qualificarem como moedas virtuais, é preciso pensar que a operação envolveria, não um bem qualquer, mas uma espécie de bem incorpóreo utilizada como meio de pagamento, isto é, uma moeda digital. Portanto, entendemos que uma criptomoeda é detentora de maior liquidez do que outras espécies de bens.

Assim, se alguém permuta um bem qualquer, que não seja uma moeda virtual – por exemplo, um automóvel – e recebe como meio de pagamento uma "bitcoin", por exemplo, ficamos convencidos de que tal transação importa um aumento de liquidez que permite a tributação sobre eventual ganho de capital experimentado pelo alienante do bem.

Não pensamos que, nessa hipótese, porém, aquele que permuta a criptomoeda pelo outro bem, de menor liquidez, deveria apurar tribtução sobre ganho de capital, justamente, por perder a liquidez, o que afastaria a tributação, conforme uma das teses centrais que sustentamos no presente livro.

Em nossa avaliação, ainda, se existisse a permuta de criptomoedas por outras, não haveria que se falar em tributação, justamente, por conta da mesma natureza jurídica entre os ativos envolvidos na operação e mesmo status de liquidez. Haveria uma simples permuta, não sujeita à tributação.

Essa visão, contudo, não é compartilhada pelas autoridades administrativas, para quem, em casos de permuta, envolvendo criptoativos, a tributação deve ocorrer. De fato, na recente Solução de Consulta COSIT 214, de 20 de dezembro de 2.021, assim restou decidido:[447]

> ASSUNTO: IMPOSTO SOBRE A RENDA DA PESSOA FÍSICA IRPF. INCIDÊNCIA. ALIENAÇÃO DE CRIPTOMOEDAS. ISENÇÃO – OPERAÇÕES DE PEQUENO VALOR. R$ 35.000,00. O ganho de capital apurado na alienação de

447. Solução de Consulta nº 214 - Cosit Data 20 de dezembro de 2021.

> criptomoedas, quando uma é diretamente utilizada na aquisição de outra, ainda que a criptomoeda de aquisição não seja convertida previamente em real ou outra moeda fiduciária, é tributado pelo imposto sobre a renda da pessoa física, sujeito a alíquotas progressivas, em conformidade com o disposto no art. 21 da Lei 8.981, de 20 de janeiro de 1995. É isento do imposto sobre a renda o ganho de capital auferido na alienação de criptomoedas cujo valor total das alienações em um mês, de todas as espécies de criptoativos ou moedas virtuais, independentemente de seu nome, seja igual ou inferior a R$ 35.000,00 (trinta e cinco mil reais). Dispositivos Legais: Lei nº 8.981, de 20 de janeiro de 1995, art. 21; Regulamento do Imposto sobre a Renda e Proventos de Qualquer Natureza (RIR), aprovado pelo Decreto nº 9.580, de 22 de novembro de 2018, arts. 2º e 35, inciso VI, alínea "a", item 2; Instrução Normativa RFB nº 1.500, de 29 de outubro de 2014, art. 10, inciso I, alínea "b"; Instrução Normativa SRF nº 118, de 28 de dezembro de 2000.

Embora a Solução de Consulta acima se refira a permutas de criptomoedas, parece-nos que seria estendível para qualquer caso de permuta.

Um debate muito bem exposto por Daniel Paiva Gomes pertinente às criptomoedas refere-se à aplicabilidade dos §§ 3º e 4º do art. 21 da Lei 8.981/95 para essa modalidade de bens.[448] Como se trata de um problema relacionado à alíquota vamos enfrentá-lo no próximo item.

Fica, portanto, consignada nossa interpretação sobre a tributação de IRPF e IR sobre Ganho de Capital incidente sobre operações com criptmoedas, ficando a ressalva de que há entendimentos distintos, nos termos acima expostos.

Antes de encerrar o presente item, gostaria de tratar de dois aspectos sobre deveres instrumentais relacionados a criptoativos.

O primeiro deles é que a Secretaria Especial da Receita Federal do Brasil indicou os códigos em que tais ativos devem

448. GOMES, Daniel Paiva. *Bitcoin*. A tributação das criptomoedas. Da taxamonia calameônica à tributação de criptoativos sem emissor identificado. São Paulo: Ed. RT, 2021, pp. 218 e seguintes.

ser declarados na Declaração de Ajuste Anual, bem como as informações que devem constar.[449] Veja-se:

CRIPTOATIVOS E MOEDAS VIRTUAIS - COMO DECLARAR

445 — Como os criptoativos, tais como as moedas virtuais, devem ser declarados?

Os criptoativos, tais como as moedas virtuais (Bitcoin – BTC, Ether – ETH, Litecoin – LTC, Teher – USDT, entre outras), não são considerados como ativos mobiliários nem como moeda de curso legal nos termos do marco regulatório atual. Entretanto, podem ser equiparados a ativos financeiros sujeitos a ganho de capital e devem ser declarados pelo **valor de aquisição** na Ficha Bens e Direitos de acordo com os códigos específicos a seguir:

Código do bem	Descrição	Obrigatoriedade de declarar	Conteúdo do campo "Discriminação"
81	Criptoativo Bitcoin - BTC	Se o valor de aquisição for igual ou superior a R$ 1.000,00	Quantidade, nome da empresa onde está custodiado, com CNPJ, ou, em caso de custódia própria, o modelo de carteira digital usado (Ledger nano, Ledger X, Trezor, ...).
82	Outros criptoativos, do tipo moeda digital, conhecidos como altcoins.	Se o valor de aquisição for igual ou superior a R$ 1.000,00	Tipo e quantidade, nome da empresa onde está custodiado, com CNPJ, ou, em caso de custódia própria, o modelo de carteira digital usado (Ledger nano, Ledger X, Trezor, ...). Tipos de criptoativos diferentes devem constituir itens separados na declaração. Por exemplo, Ether (ETH), XRP (Ripple), Bitcoin Cash (BCH), Tether (USDT), Litecoin (LTC), Brazilian Digital Token (BRZ), USD Coin (USDC), TUSD, Cardano (ADA), Binance USD (BUSD), entre outros.
89	Demais criptoativos não considerados criptomoedas (payment tokens).	Se o valor de aquisição for igual ou superior a R$ 1.000,00	Tipo e quantidade, nome da empresa onde está custodiado, com CNPJ, ou, em caso de custódia própria, o modelo de carteira digital usado (Ledger nano, Ledger X, Trezor, ...). Exemplos: Chiliz (CHZ), Binance Coin (BNB), Chainlink (LINK), Tokens de Precatório (MBPRK03), Tokens de Consórcio (MBCONS02), WiBZ (WBZ), PAX Gold (PAXG), entre outros.

Atenção:

O código 82 – Outros criptoativos, do tipo moeda digital, conhecidos como altcoins:

Refere-se aos vários outros tipos de criptoativos que podem sr considerados como criptomoedas, tendo utilização semelhante ao Bitcoin.

O código 89 – Demais criptoativos não considerados criptomoedas (payment tokens):

Diz respeito a criptoativos que prioritariamente não sejam utilizados como criptomoedas, tais como os diversos tokens de utilidade (utility tokens), usados para acesso a serviços específicos, como games e para fãs de clubes de futebol, assim como tokens vinculados a ativos reais ou direitos sobre recebíveis, tais como imóveis, ações, precatórios, consórcios contemplados, passes de jogadores de futebol, entre outros.

A Instrução Normativa RFB nº 1.888, de 3 de maio de 2019, instituiu a obrigatoriedade de prestação de informações relativas às operações realizadas com criptoativos.

184

449. Perguntas e Respostas 2021. Pergunta 445, p. 184. Disponível em: www.ibet.com.br/wp-content/uploads/2021/04/IRPF-RFB.pdf Acesso em: 15 jan. 2022.

Além disso, foi divulgado pela imprensa que, como novidade da declaração de ajuste anual do ano-calendário de 2.021, exercício 2022, as chamadas "stablecoins" – que são criptomoedas pareadas em índices como moedas fiduciárias, ouro, prata, petróleo etc. – passariam a ser declaradas no código 83, ao passo que as chamadas Non Fungible Tokens NFTs (criptoativos não fungíveis por serem únicos) devem ser declarados no Código 88.[450]

O segundo aspecto a ser destacado é que aquele que faz operações com criptoativos no exterior ou que não seja por meio das chamadas "exchanges" domiciliadas no país,[451] deverá fornecer à Secretaria da Receita Federal do Brasil informações relativas às operações com criptoativos.

Tais informações deverão ser fornecidas com a utilização do Sistema de Coleta Nacional, disponibilizado por meio do Centro Virtual de Atendimento (e-CAC), conforme prescrito pelos arts. 6º, inciso II, c/c 1º e 2º da Instrução Normativa RFB 1.888/2019, que disciplina obrigações acessórias referente a criptoativos.

2.6 Alíquota

A alíquota aplicável sobre o ganho de capital apurado era tradicionalmente de 15% (quinze por cento). Posteriormente, a Lei 13.259/2016 criou uma progressividade nos seguintes moldes, ao alterar o art. 21 da Lei 8.981/95:

> Art. 21. O ganho de capital percebido por pessoa física em decorrência da alienação de bens e direitos de qualquer natureza sujeita-se à incidência do imposto sobre a renda, com as seguintes alíquotas:

---

450. Imposto de Renda: NFTs ganham código próprio e devem ser declarados. In Cointelegraph Brasil. Revista Exame. Disponível em: https://exame.com/future-of--money/nfts-precisam-ser-declarados-no-imposto-de-renda-anuncia-receita-federal/. Consultado em: 01 mar. 2022.

451. Segundo a Pergunta 445 acima citada, por Exchange se entende "a pessoa jurídica, ainda que não financeira, que oferece serviços referentes a operações realizadas com criptoativos, inclusive intermediação, negociação ou custódia, e que pode aceitar quaisquer meios de pagamento, inclusive outros criptoativos."

> I - 15% (quinze por cento) sobre a parcela dos ganhos que não ultrapassar R$ 5.000.000,00 (cinco milhões de reais);
>
> II - 17,5% (dezessete inteiros e cinco décimos por cento) sobre a parcela dos ganhos que exceder R$ 5.000.000,00 (cinco milhões de reais) e não ultrapassar R$ 10.000.000,00 (dez milhões de reais);
>
> III - 20% (vinte por cento) sobre a parcela dos ganhos que exceder R$ 10.000.000,00 (dez milhões de reais) e não ultrapassar R$ 30.000.000,00 (trinta milhões de reais; e
>
> IV - 22,5% (vinte e dois inteiros e cinco décimos por cento) sobre a parcela dos ganhos que ultrapassar R$ 30.000.000,00 (trinta milhões de reais).
>
> § 1º. O imposto de que trata este artigo deverá ser pago até o último dia útil do mês subsequente ao da percepção dos ganhos.
>
> § 2º. Os ganhos a que se refere este artigo serão apurados e tributados em separado e não integrarão a base de cálculo do Imposto de Renda na declaração de ajuste anual, e o imposto pago não poderá ser deduzido do devido na declaração.
>
> § 3º. Na hipótese de alienação em partes do mesmo bem ou direito, a partir da segunda operação, desde que realizada até o final do ano-calendário seguinte ao da primeira operação, o ganho de capital deve ser somado aos ganhos auferidos nas operações anteriores, para fins da apuração do imposto na forma do *caput*, deduzindo-se o montante do imposto pago nas operações anteriores.
>
> § 4º. Para fins do disposto neste artigo, considera-se integrante do mesmo bem ou direito o conjunto de ações ou quotas de uma mesma pessoa jurídica.

Relevante apontar a dicção do §§3º e 4º do artigo: na hipótese de alienação em partes do mesmo bem ou direito, a partir da segunda operação, desde que realizada até o final do ano-calendário seguinte ao da primeira operação, o ganho de capital deve ser somado aos ganhos auferidos nas operações anteriores, para fins da apuração do imposto, considerando integrante do mesmo bem ou direito o conjunto de ações ou quotas de uma mesma pessoa jurídica.

Como interpretar tal dispositivo?

Vamos rememorar o conceito de relação jurídica, para resgatarmos a noção de "bem" e de "direito". Para isso, peço vênia para reproduzir, novamente, o esquema estrutural da relação jurídica de Francisco Calvancanti Pontes de Miranda, a seguir indicado:[452]

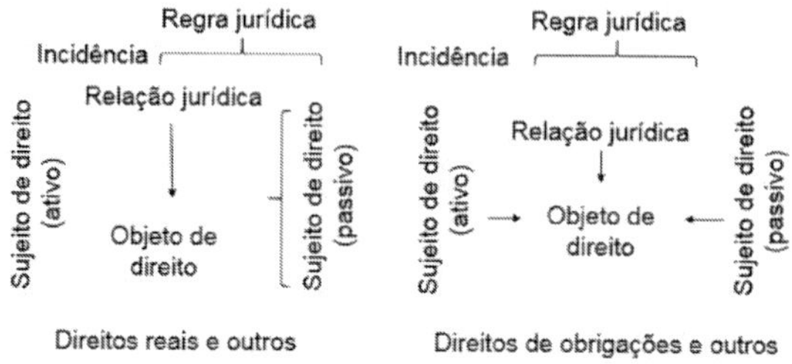

No esquema, acima, tenhamos direito como "vantagem que veio a alguém, com a incidência da regra jurídica"[453] ao passo que bem é o "objeto de direito".[454] Nesse contexto, um direito é a vantagem no seio de uma relação jurídica, ao passo que cada bem é o objeto de tal relação.

Como é possível vender um bem ou direito em partes? Vamos meditar em algumas diferentes espécies de bens para fins de exame.

Primeiro, podemos pensar que os bens podem ser divisíveis ou indivisíveis. Divisíveis, segundo o art. 87 do Código Civil "são os que se podem fracionar sem alteração na sua substância, diminuição considerável de valor, ou prejuízo do uso a que se destinam", podendo, ainda, haver bens indivisíveis por lei.

O magistrado Rafael Antunes Medeiros Ferreira[455] esclarece que a perda de valor, mencionada pelo artigo acima

452. PONTES DE MIRANDA, Francisco Cavalcanti. *Tratado de direito privado.* 1ª ed. Tomo 5. Campinas: Bookseller, 2000, atualizado por Vilson Rodrigues Alves, p. 33.

453. PONTES DE MIRANDA, Francisco Cavalcanti. *Tratado de direito privado.* 1ª ed. Tomo 5. Campinas: Bookseller, 2000, atualizado por Vilson Rodrigues Alves, p. 265.

454. PONTES DE MIRANDA, Francisco Cavalcanti. *Tratado de direito privado.* 1ª ed. Tomo 5. Campinas: Bookseller, 2000, atualizado por Vilson Rodrigues Alves, p. 53.

455. MEDEIROS FERREIRA, Rafael Antunes. *Os bens jurídicos e suas principais classes.* Disponível em: https://semanaacademica.org.br/system/files/artigos/artigo_-_os_bens_juridicos_e_suas_principais_classes.pdf Acesso em: 08 jan. 2022.

indicado, se dá quando o valor da parte é inferior à proporção que tal parte representa do todo. Assim, por exemplo, se uma pedra preciosa é dividida em cinco partes, possivelmente, o valor das 05 (cinco), somadas, será inferior ao da original.

Nesse sentido, parece fácil pensar que bens divisíveis podem ser vendidos em partes, atraindo a incidência do §3º do dispositivo acima mencionado. Assim, por exemplo, Tício adquire uma tonelada de farinha, alienando o produto adquirido em três meses, um terço cada mês. Segundo vejo, tal operação atrairia o mecanismo, ora examinado.

Um exemplo vivo é a chamada venda, em datas diferentes, daquilo que designa de frações (Satoshis) de uma mesma *bitcoin*. Neste caso, estaria sendo alienada partes de um mesmo bem, atraindo, segundo pensamos, a regra do §3º do mesmo dispositivo. Isso porque a criptomoeda está atuando como um bem divisível, de modo que sua alienação parcial faria incidir o dispositivo em questão.

Agora, os bens indivisíveis, em nossa avaliação, também poderiam ser vendidos em partes, apesar do prejuízo que tal circuntância pode acarretar, seja por alterar a substância, o valor ou gerar perda significativa a seu proprietário. Essa hipótese pode ser difícil de se conceber, mas, não poderia o contribuinte, em minha avaliação, argumentar que o bem, por ele alienado, em partes, é indivisível, para buscar esquivar-se da incidência do parágrafo, em questão.

Outro modo de se conceber a alienação, em partes, do bem indivisível, seria aquela que tem por objeto a parte ideal do bem, instituindo um condomínio ou copropriedade. Assim, por exemplo, o art. 1.314 do Código Civil prevê o condomínio, dispondo que cada cada condômino pode usar da coisa conforme sua destinação, sobre ela exercer todos os direitos compatíveis, reivindicá-la de terceiro, defender a sua posse e alhear a respectiva parte ideal, ou gravá-la.

Nesse sentido, a alienação de partes ideais de bens, em diferentes meses, até o fim do ano-calendário seguinte à primeira operação, atrairia a incidência do §3º do art. 21 da Lei 8.981/95.

Muito bem. Acima, vimos o caso da alienação em partes de um mesmo bem. Outro ponto que podemos examinar são os bens que compõem uma "universalidade de fato." O art. 90 do Código Civil prescreve que é uma universalidade de fato a pluralidade de bens singulares que, pertinentes à mesma pessoa, tenham destinação unitária. Assim, por exemplo, o contribuinte pode adquirir um estabelecimento comercial, composto por uma série de bens e direitos que, em conjunto, formam uma universalidade; podemos pensar na aquisição de uma floresta, de uma biblioteca ou de um rebanho.

A universalidade de fato, nesse contexto, está relacionada com a destinação conferida a uma pluralidade de bens, que lhe dá uma unidade econômica. Como interpretar tal dispositivo frente ao §3º do art. 21 da Lei 8.981/95?

Importante notar que parágrafo único do art. 90 prescreve que os bens que formam universalidade podem ser objeto de relações jurídicas próprias. Entendo que esse aspecto é decisivo para se interpretar, adequadamente, a questão.

Em meu ponto de vista, se o alienante vende, em partes, a própria universalidade – por exemplo, vende um terço do estabelecimento em janeiro, um terço em maio e um terço em dezembro, todos para o mesmo adquirente, ou adquirentes que serão coproprietários do estabelecimento – a operação deveria ser vista como tendo por objeto um único bem, atraindo a incidência do §3º do art. 21 da Lei 8.981/95.

Agora, se o alienante decide vender partes isoladas do bem e não a universalidade – por exemplo, aliena 10 (dez) cadeiras em março e 20 (vinte) mesas em setembro – então o bem alienado não seria visto como parte da universalidade, desmembrando-se do todo. Nessas hipóteses, em meu ponto de vista, não deveria incidir o §3º da Lei 8.981/95 por se tratarem de operações com bens distintos.

A dificuldade, nesse caso, seria valorar o custo de aquisição dos bens isolados, já que a universalidade adquirida, possivelmente, tenha um valor unitário que não se confunde a soma de suas unidades. Em tal contexto, solução que vislumbro seria a aplicação do inciso V do art. 16 da Lei 7.713/88, atribuindo-se, ao bem alienado, seu valor corrente, caso não seja possível identificar quanto foi pago, individualmente, por ele.

Podemos pensar, agora, na questão da fungibilidade dos bens e meditar sobre a eventual aplicação do dispositivo para bens fungíveis de mesma natureza.

O Código Civil prescreve, no seu art. 85 que existem bens fungíveis que podem substituir-se da mesma espécie, quantidade e qualidade, sendo, portanto, infungíveis os que não se podem ser substituídos.

Esses bens, como se nota, não costumam ser pensados em sua individualidade, mas em sua quantidade e qualidade. Assim, não se diz que "eu tenho uma farinha", mas, sim, por exemplo, "uma tonelada de farinha"

Por isso mesmo, como já vimos, esses bens têm seu custo de aquisição avaliado a partir da média ponderada de seu custo unitário. Por conta disso, normalmente são declarados de modo unificado na declaração de bens e direitos.

Assim, no meu ponto de vista, bens fungíveis de mesma espécie deveriam ser entendidos como um único bem, para fins de aplicação do §3º do art. 21 da Lei 8.981/95.

Interessante notar que a legislação dispôs, no §4º, do mesmo dispositivo, que, para quotas ou ações de pessoas jurídicas, a dicção do §3 º seria aplicável. Ora, quotas e ações são justamente espécies de bens fungíveis, declarados de modo unificado, quando da mesma espécie.

Seria o §4º um acréscimo ao §3º, agregando-lhe um caso novo? Penso, mais, que se trata de um esclarecimento, de uma norma interpretativa, indicando que o caso das ações e quotas da mesma pessoa jurídica é submetido ao tratamento do §3º.

E, em razão de tal motivo, não haveria porque não se dar o mesmo tratamento para outras espécies de bens fungíveis

Nesse contexto, se houvesse, por exemplo, alienações de "criptomoedas" da mesma espécie em meses diferentes, parece-me que a operação atrairia a incidência do §3º do art. 21 acima citado.

Essa interpretação, contudo, não é unânime. Para que se conheça uma avaliação distinta, muito bem construída, recomendo a obra de Daniel Paiva Gomes que arremata o seguinte:

> Sob essa perspectiva (da fungibilidade), a aplicação do §3º do artigo 21 da Lei n. 8.981/95 somente seria possível caso interpretássemos a expressão "mesmo bem ou direito" como equivalente à "mesma espécie de unidade de bem ou direito" ou no caso das criptomoedas, como correspondentes à expressão "mesma espéciede unidade de criptmoeda (v.g unidadades de *bitcoins*).
>
> Não acreditamos que essa seja a interpretação mais correta do §3º do artigo 21 da Lei 8.981/95, ao menos em relação à alienação de criptomoedas descrita no cenário 1. Por possuírem cada uma delas identificação e custo de aquisição próprios, as unidades individualizáveis de "bitcoins" não seriam consideráveis mesmo bem e direitos. (...)[456]

De qualquer sorte, ficam registradas as duas posições, dialeticamente postas, para fins de metidação de quem lê.

Muito bem. Avancemos.

Um ponto importante mencionar é que ainda considerada a alíquota de 22,5% (vinte e dois e meio por cento), a tributação de ganho de capital na pessoa física é potencialmente inferior à da pessoa jurídica que pode chegar próxima 34% (trinta e quatro por cento) - (15% de IRPJ + 10% de adicional + 9% de CSLL).

---

456. GOMES, Daniel Paiva. *Bitcoin*. A tributação das criptomoedas. Da taxamonia calameônica à tributação de criptoativos sem emissor identificado. São Paulo: Ed. RT, 2021, pp. 218 e seguintes.

Algo que se costuma questionar é o que ocorre quando o contribuinte se esquiva de alienar um bem na pessoa jurídica, reduzindo capital social a valor contábil, tal como autorizado pelo art. 22 da Lei 9.249/95, para efetivar a transação na pessoa física e potencial redução de carga.

Alguns dirão que se tal redução for efetivada sem propósito negocial, meramente para redução de carga tributária, a tributação deve recair com a carga tributária da pessoa jurídica.

Em meu livro "Elisão e Norma Antilelisiva – Completabilidade e Sistema Tributário", sustentei que não existe qualquer norma tributária que proíba atos praticados com fim precípuo de redução da carga tributária. Eventual propósito negocial, contudo, seria exigível para determinado ato, quando o regime jurídico de direito privado assim o exija, especialmente, para atos designados de "causal", dotados da chamada "causa finalística".

No caso da redução de capital social voluntária, a finalidade é (a) ou adequar contabilmente para ajustá-lo ao valor patrimonial ou (b) retirar da sociedade excesso de capital. A Lei 6.404/76 assim prevê em seu art. 173:

> Art. 173. A assembleia-geral poderá deliberar a redução do capital social se houver perda, até o montante dos prejuízos acumulados, ou se julgá-lo excessivo.

O que significa retirar excesso de capital? Nelson Eizirik assim explica:

> A outra modalidade de redução, prevista no dispositivo, é a real, quando o capital é considerado excessivo para o desenvolvimento das atividades da companhia, mediante o qual se devolve aos acionistas parte do valor de suas ações, se já integralizadas. [...][457]

Nesse sentido, se há redução de capital social e entrega de bens aos sócios, e se a ausência de tal bem ou de tal recurso

457. EIZIRIK, Nelson. A Lei das S/A Comentada. Vol. 2. São Paulo: Quartier Latin, p. 529.

oriundo da venda não prejudicou a sociedade em suas operações, é porque havia capital social excessivo, de modo que a redução de capital social respeitou a sua causa finalística própria. Pouco importa a razão de foro íntimo que levou o contribuinte a efetivar a operação.

Desse modo, a desconsideração da operação de redução de capital social revelaria, em nosso entender, patente arbitrariedade por parte do Fisco.

Recentemente, decisão exarada pelo Conselho Administrativo de Recursos Fiscais concluiu algo semelhante, conforme se depreende da ementa a seguir indicada:

> REDUÇÃO DE CAPITAL. ENTREGA DE BENS E DIREITOS DO ATIVO AOS SÓCIOS E ACIONISTAS PELO VALOR CONTÁBIL. SITUAÇÃO AUTORIZADA PELO ART. 22 DA LEI Nº 9.249 DE 1995. PROCEDIMENTO LÍCITO. Os arts. 22 e 23 da Lei nº 9.249, de 1995, adotam o mesmo critério tanto para integralização de capital social, quanto para devolução deste aos sócios ou acionistas, conferindo coerência ao sistema jurídico.
>
> O art. 23 prevê a possibilidade das pessoas físicas transferir a pessoas jurídicas, a título de integralização de capital social, bens e direitos pelo valor constante da respectiva declaração ou pelo valor de mercado.
>
> O art. 22, por sua vez, prevê que os bens e direitos do ativo da pessoa jurídica, que forem entregues ao titular ou a sócio ou acionista, a título de devolução de sua participação no capital social, poderão ser avaliados pelo valor contábil ou de mercado. Quando os bens, tanto na integralização quanto na devolução de participação no capital social, forem entregues/avaliados por montante superior ao que consta da declaração da pessoa física ou valor contábil da pessoa jurídica, a diferença a maior será tributada como ganho de capital (Inteligência dos arts. 22, § 4º e 23, § 2º, da Lei nº 9.249, de 1995).
>
> Não seria lógico exigir ganho de capital quando os bens e direitos fossem entregues pelo valor de mercado na integralização de capital social e não se admitir a devolução destes, aos acionistas, pelo valor contábil.
>
> *INTERESSE PROTEGIDO E NORMA INDUTORA DE COMPORTAMENTO.*

> É juridicamente protegido o procedimento levado a efeito pelas Companhias e seus acionistas por meio do qual se devolve a estes, pelo valor contábil, bens e direitos do ativo da pessoa jurídica (art. 22, *caput*, da Lei nº 9.249, de 1995).
>
> Diante do fato de que o acesso a recursos junto ao mercado financeiro, de que necessitam as empresas, está ligado, em parte, ao capital social das Companhias, a regra que permite a devolução da participação acionária pelo valor contábil, sem que isto implique em custo tributário ao titular dos recursos, se constitui em norma indutora de comportamento que tem por finalidade aumentar o capital social das empresas, garantindo a devolução destes aos sócios acionistas, pelo valor contábil, sem exigência de tributação neste ato.
>
> Ademais, o fato de os acionistas planejarem a redução do capital social, celebrando contratos preliminares de que tratam os arts. 462 e 463 do Código Civil, com cláusulas suspensivas, visando a subsequente alienação de suas ações a terceiros, tributando o ganho de capital na pessoa física, se constitui em procedimento expressamente previsto no direito brasileiro.
>
> No caso concreto, não se pode confundir os contratos preliminares feitos entre os titulares das ações e o contrato definitivo que foi o instrumento que materializou e conferiu validade e eficácia na transação feita entre os titulares das ações e a empresa adquirente.[458]

Contudo, a 1ª Câmara Superior de Recursos Fiscais já emitiu decisão em sentido distinto do precedente, como se infere da ementa a seguir citada:

> Ementa(s)
>
> Assunto: Imposto sobre a Renda de Pessoa –urídica - IRPJ
>
> Ano-calendário: 2010
>
> GANHO DE CAPITAL. CESSÃO DE PARTICIPAÇÃO SOCIETÁRIA A PESSOA JURÍDICA DOMICILIADA NO EXTERIOR. REDUÇÃO DE CAPITAL PROMOVIDA DEPOIS DO RECEBIMENTO DE OFERTA VINCULANTE DE COMPRA DAS AÇÕES.

458. Acórdão nº 1401-002.307 – Data da Sessão 15.03.2018. 4ª Câmara/1ª Turma Ordinária. Rel. Abel Nunes de Oliveira Neto. No mesmo sentido, vide acórdão Nº Acórdão n. 1302-003.229, Rel. Paulo Henrique Silva Figueiredo, Número do Processo 10120.723067/2016-89, Sessão de 22/11/2018.

> Não produzem efeitos perante o Fisco as operações realizadas sem propósito negocial, com o único intuito de reduzir a tributação incidente sobre o ganho de capital materializado a partir da estipulação do preço a ser pago pelas ações detidas pelo sujeito passivo.
>
> IRRF SOBRE GANHO DE CAPITAL. DEDUÇÃO DO IRPJ DEVIDO NO PERÍODO.
>
> Deve ser deduzido do imposto devido no período de apuração o imposto pago ou retido na fonte sobre as receitas que integraram a base de cálculo do tributo.[459]

No voto vencedor, a ilustre Conselheira Edeli Pereira Bessa considerou o seguinte:

> Todavia, não se pode admitir que, acordada a venda de ativo da pessoa jurídica, a redução de capital social se preste, apenas, a alterar a incidência tributária sobre o ganho de capital daí decorrente.
>
> Infere-se que a Contribuinte entende ser seu direito alterar a incidência do ganho de capital quando argumenta somente ter procedido à redução de capital após a última autorização para a transferência do investimento da SPVIAS. Contudo, esta postergação da transferência das ações da SPVIAS para a ITERBAN apenas evidencia que tal operação societária não teve outra razão dis tinta da busca da menor incidência tributária sobre o ganho de capital que já se evidenciava desde a oferta vinculante de compra em dezembro/2009.

Por outro lado, em outro julgado recente, na sessão de 17 de janeiro de 2020, a 1ª Câmara Superior de Recursos Fiscais reconheceu a validade de operação em que, entre outras operações societárias, houve redução de capital social com posterior alienação. A ementa foi a seguinte:

> Ementa(s)
>
> ASSUNTO: IMPOSTO SOBRE A RENDA DE PESSOA JURÍDICA (IRPJ)
>
> Ano-calendário: 2011

459. Número do Processo 16561.720127/2015-18, Data da Sessão 07/08/2019, Nº Acórdão 9101-004.335

> REDUÇÃO DE CAPITAL. ENTREGA DE BENS E DIREITOS DO ATIVO AOS ACIONISTAS. VALOR CONTÁBIL. FACULDADE. LEI 9.249/1995, ART. 22. LEGALIDADE.
>
> Os artigos 22 e 23 da Lei nº 9.249, de 1995, adotam o mesmo critério, tanto para integralização de capital social, quanto para devolução deste aos sócios ou acionistas, conferindo coerência ao sistema jurídico.
>
> O artigo 22 prevê que os bens e direitos do ativo da pessoa jurídica, que forem entregues ao titular ou a sócio ou acionista, a título de devolução de sua participação no capital social, poderão ser avaliados pelo valor contábil ou de mercado. É lícita, portanto, a devolução de bens e direitos aos acionistas pelo valor contábil.[460]

No voto vencedor da ilustre Conselheira Cristiane Silva Costa, foi consignado o seguinte:

> Percebe-se que a redução de capital, a priori, não pode ser tida como ilegítima, seja a valor contábil, seja a valor de mercado. A redução de capital, com a negociação dos ativos pelo acionista – em momento posterior - não tem qualquer impedimento legal. Pelo contrário, a norma legal induziu o comportamento de redução de capital a valor contábil, indução que é determinante para se vislumbrar a legalidade da conduta do contribuinte no caso destes autos.

De minha parte, concordo com a assertiva de que a redução de capital com a posterior negociação de ativos pelo acionista não encontra qualquer impedimento legal, tal como exposto, brilhantemente, acima.

De qualquer sorte, fica indicado o fato de que a redução de capital social posterior alienação pelo sócio ou acionista já foi alvo de decisões contrárias.

Avancemos. Na hipótese de contribuintes residentes em países com tributação favorecida, o ganho de capital decorrente de operação, em que o beneficiário seja residente ou

460. Número do Processo 16561.720079/2015-68, Tipo do Recurso RECURSO ESPECIAL DO PROCURADOR, Relator(a) ANDRE MENDES DE MOURA, Nº Acórdão 9101-004.709.

domiciliado em país ou dependência com tributação favorecida, a alíquota aplicada será de 25% (vinte e cinco por cento).

Por outro lado, vimos ao longo dos itens, diversas exceções à imposição de alíquotas anteriormente mencionadas.

De fato, os ganhos líquidos auferidos por qualquer beneficiário em operações realizadas na bolsa, de mercadorias, de futuros e assemelhados são tributados à alíquota de 15% (quinze por cento) e as operações *day trade* a 20% (vinte por cento), como visto anteriormente. Essa especificidade se explica em razão de disposição legal especial, a saber o art. 2º, incisos I e II da Lei 11.033/2004. Lembrando que, para o emprestador de valores mobiliários, a remuneração auferida pelo emprestador é tributada como de renda fixa, com alíquotas que verificaremos adiante quando tratarmos da tributação exclusiva na fonte.

Também vimos que valores repatriados por convenção assinada pela República Federativa do Brasil ficam sujeitos à alíquota de 25% (vinte e cinco por cento).

Quanto a ganhos de capital na alienação de bens, direitos e resgates de aplicações financeiras em moeda estrangeira, a situação, na minha visão, não é clara. Vejamos.

O art. 24 da Medida Provisória 2.158-35/2001 determina a base de cálculo de tais operações, mas não a alíquota. Assim, em tendo sido majorada a alíquota para ganhos de capital, em geral, pelo art. 21 da Lei 8.981/95, com a redação dada pela Lei 13.259/2016, não identificamos razão jurídica pela qual os novos percentuais não seriam aplicáveis para tais operações.

Contudo, até o presente momento, a IN SRF 118/2000 indica, em seu art. 8º, inciso II, a aplicação da alíquota de 15% (quinze por cento), inexistindo qualquer revogação.

Ademais, no RIR/2018, a tributação, em tela, está disposta topograficamente em item que não estaria englobado nas alíquotas progressivas de ganho de capital, não havendo qualquer indicação de alíquotas aplicáveis para este caso.

De fato, as alíquotas progressivas a título de ganho de capital estão dispostas na Seção VI do Capítulo I (Dos Ganhos de Capital na Alienação de Bens e Direitos) do título X (Da Tributação Definitiva), art. 153 do RIR/2018, ao passo que "Os ganhos de capital na alienação de bens, direitos e resgates de aplicações financeiras em moeda estrangeira" estão situados dispostos no Capítulo I da mesma Seção, no art. 159 do RIR/2018.

De toda sorte, as normas infralegais não têm o condão de modificar a legislação. Assim, salvo melhor juízo, isto é, salvo disposição legal específica que não pude identificar, as novas alíquotas previstas pela Lei 13.259/2016 se aplicam para ganhos de capital na alienação de bens, direitos e resgates de aplicações financeiras em moeda estrangeira.

Aliás, em recente Solução de Consulta 115-COSIT, de 29 de junho de 2021, restou consignado o seguinte:

> Solução de Consulta nº 115 - Cosit Data 29 de junho de 2021 Processo Interessado CNPJ/CPF ASSUNTO: IMPOSTO SOBRE A RENDA DE PESSOA – FÍSICA - IRPF DEPÓSITO NÃO REMUNERADO MANTIDO EM INSTITUIÇÃO FINANCEIRA NO EXTERIOR. TRANSFERÊNCIA DO EXTERIOR PARA O BRASIL. GANHO DE CAPITAL. ISENÇÃO DO IMPOSTO SOBRE A RENDA RELATIVO AO ACRÉSCIMO PATRIMONIAL DECORRENTE DA VARIAÇÃO CAMBIAL. É tributável pelo imposto sobre a renda, sob a forma de ganho de capital, o acréscimo patrimonial decorrente da variação cambial de depósito não remunerado auferido por ocasião da transferência do valor depositado para o Brasil, à alíquota de 15% (quinze por cento) para fatos geradores ocorridos até o ano-calendário de 2016 ou às alíquotas progressivas estabelecidas pelo art. 21 da Lei nº 8.981, de 20 de janeiro de 1995, para os fatos geradores ocorridos a partir do ano-calendário de 2017. Na hipótese de direitos adquiridos em moeda estrangeira com rendimentos auferidos originariamente em reais, o ganho de capital tributável corresponde à diferença positiva em reais entre o valor de alienação da moeda depositada em conta não remunerada e o seu custo de aquisição - o valor originalmente depositado, sendo isenta a variação cambial apurada até 31 de dezembro do ano calendário anterior ao da transferência. Dispositivos Legais: Lei nº 5.172, de 25 de outubro de 1966 - Código Tributário Nacional (CTN), arts. 43 e 111; Lei nº 7.713, de 22 de dezembro de 1988, art. 3º; Lei nº 8.981, de 20 de janeiro de 1995, art. 21; Lei nº 9.250,

de 26 de dezembro de 1995, arts. 22 e 25; Medida Provisória nº 2.158-35, de 24 de agosto de 2001, art. 24; Regulamento do Imposto sobre a Renda (RIR/2018), art. 35, inciso V, alínea "i", aprovado pelo art. 1º do Decreto nº 9.580, de 22 de novembro de 2018; Instrução Normativa SRF nº 118, de 28 de dezembro de 2000, arts. 2º e 11, § 1º; Instrução Normativa RFB nº 599, de 28 de dezembro de 2005, art. 1º; e Instrução Normativa RFB nº 1.500, de 298 de outubro de 2014, art. 9º, inciso IX.

Como se nota, a Secretaria Especial da Receita Federal do Brasil adota a posição, com a qual eu compactuo, que para rendimentos obtidos a partir de 1º de janeiro de 2017, aplica-se a tabela progressiva prevista no art. 21 da Lei 8.981/95.

2.7 Critério pessoal

O sujeito ativo do IRPF sobre ganho de capital é a União. Já o sujeito passivo é o próprio contribuinte.

No caso de contribuinte residente ou domiciliado no exterior, há responsabilidade do adquirente, pessoa física ou jurídica residente ou domiciliada no Brasil, ou o procurador, prevista no art. 26 da Lei 10.833/2003, a seguir transcrito:

> Art. 26. O adquirente, pessoa física ou jurídica residente ou domiciliada no Brasil, ou o procurador, quando o adquirente for residente ou domiciliado no exterior, fica responsável pela retenção e recolhimento do imposto de renda incidente sobre o ganho de capital a que se refere o art. 18 da Lei nº 9.249, de 26 de dezembro de 1995, auferido por pessoa física ou jurídica residente ou domiciliada no exterior que alienar bens localizados no Brasil.

Outro caso de responsabilidade é o instituído pela Lei 13.043/2014, atinente ao imposto incidente sobre ganho de capital na integralização de cotas de fundos ou clubes de investimento por meio da entrega de ativos financeiros. Nessa hipótese, o responsável pela cobrança e recolhimento será o administrador que receber os ativos a serem integralizados.

No caso acima mencionado, deverá o investidor comprovar o custo de aquisição bem como o valor de mercado do bem integralizado. Para fins de comprovação, deverá fornecer nota de corretagem, boletim de subscrição, instrumento de compra, venda ou doação, declaração de imposto de renda, ou declaração de custo médio de aquisição, conforme instrução da Secretaria da Receita Federal do Brasil.

Caberá, ainda, ao investidor, fornecer os recursos necessários para pagamento do imposto.

O §7º do art. 1º da Lei 13.043/2014 prevê, ainda, que é vedada a integralização de cotas de fundos ou de clubes de investimentos por meio da entrega de ativos financeiros que não estejam registrados em sistema de registro ou depositados em depositário central autorizados pelo Banco Central do Brasil ou pela Comissão de Valores Mobiliários.

Por fim, vale apontar que a regra de responsabilidade, acima mencionada, não se aplica para a integralização de cotas de fundos ou clubes de investimentos por meio da entrega de imóveis, hipótese em que cabe ao cotista o recolhimento do imposto sobre a renda.

2.8 Isenções

2.8.1 Isenções genéricas

Após a compreensão da regra-matriz de incidência do imposto sobre rendimentos oriundos de ganho de capitais, é chegado o momento de se apontar quais são os casos de isenções.

Para esse propósito, passamos a citar a lista a seguir indicada:[461]

1 - Indenização da terra nua por desapropriação para fins de reforma agrária, conforme o disposto no § 5º do art. 184 da Constituição Federal de 1988,

461. Resposta à pergunta 546 do IRPF 2019. Disponível em: http://receita.economia.gov.br/interface/cidadao/irpf/2019/perguntao/perguntas-e-respostas-irpf-2019.pdfT Acesso em: 31 dez. 2019. O item 17 foi por nós acrescentado em razão da Lei n. 13.043/2014.

devendo-se recordar que a parcela da indenização, correspondente às benfeitorias, é computada como receita da atividade rural quando esta tiver sido deduzida como despesa de custeio ou investimento e, quando não deduzida como despesa de custeio ou investimento, tributável como ganho de capital;

2 - Indenização por liquidação de sinistro, furto ou roubo, relativo ao objeto segurado;

3 - Alienação, por valor igual ou inferior a R$ 440.000,00, do único bem imóvel que o titular possua, individualmente, em condomínio ou em comunhão, independentemente de se tratar de terreno, terra nua, casa ou apartamento, ser residencial, comercial, industrial ou de lazer, e estar localizado em zona urbana ou rural, desde que não tenha efetuado, nos últimos cinco anos, outra alienação de imóvel a qualquer título, tributada ou não, sendo o limite considerado em relação: (a) *à parte de cada condômino ou coproprietário, no caso de bens possuídos em condomínio; (b) ao imóvel possuído em comunhão, no caso de sociedade conjugal ou união estável (salvo contrato escrito entre os companheiros).*

4 - Ganho apurado na alienação de imóveis adquiridos até 1969.

5 - O valor da redução do ganho de capital para imóveis adquiridos entre 1969 e 1988.

6 - O ganho auferido por pessoa física residente no Brasil na venda de imóveis residenciais, desde que o alienante, no prazo de 180 dias contado da celebração do contrato, aplique o produto da venda na aquisição de imóveis residenciais localizados no País.

7 - Alienação de bens de pequeno valor, considerado R$ 20.000,00 (vinte mil reais) no caso de ações negociadas

no mercado de balcões e R$ 35.000,00 (trinta e cinco mil reais) nos demais casos.[462]

8 - Restituição de participação no capital social mediante a entrega à pessoa física, pela pessoa jurídica, de bens e direitos de seu ativo avaliados por valor de mercado.

9 - Transferência a pessoas jurídicas, a título de integralização de capital, de bens ou direitos pelo valor constante na declaração de rendimentos.

10 - Permuta de unidades imobiliárias, sem recebimento de torna.

11 - Permuta, caracterizada com a entrega, por valor não superior ao de face, pelo licitante vencedor, de títulos da dívida pública federal, estadual, do Distrito Federal ou municipal, ou de outros créditos contra a União, o Estado, o Distrito Federal ou o Município, como contrapartida à aquisição das ações ou quotas leiloadas, no âmbito dos respectivos programas de desestatização.

12 - Alienação de bens localizados no exterior ou representativos de direitos no exterior, bem como a liquidação ou o resgate de aplicações financeiras, adquiridos a qualquer título, na condição de não residente.

13 - A variação cambial decorrente das alienações de bens ou direitos adquiridos e das liquidações ou resgates de aplicações financeiras realizadas com rendimentos auferidos originariamente em moeda estrangeira, sendo tributado, contudo, o ganho obtido em moeda estrangeira.

14 - A variação cambial dos saldos dos depósitos mantidos em instituições financeiras no exterior.

---

462. Nos termos da Solução de Consulta nº 320 – COSIT, de 20 de junho de 2017, o limite de R$ 35.000,00 aplica-se à alienação de ações em bolsa no exterior, por residente no Brasil, sujeita a apuração de Ganho de Capital em Moeda Estrangeira.

15 - Alienação de moeda estrangeira mantida em espécie, cujo total de alienações, no ano-calendário, seja igual ou inferior ao equivalente a cinco mil dólares dos Estados Unidos da América.

16 - Doação de livros, objetos fonográficos ou iconográficos, obras audiovisuais e obras de arte, para os quais seja atribuído valor de mercado, efetuada por pessoa física a órgãos públicos, autarquias, fundações públicas ou entidades civis sem fins lucrativos, desde que os bens doados sejam incorporados ao acervo de museus, bibliotecas ou centros de pesquisa ou ensino, no Brasil, com acesso franqueado ao público em geral:

I - o doador deve considerar como valor de alienação o constante em sua declaração de bens;

II - o donatário registra os bens recebidos pelo valor atribuído no documento de doação.

17 - Ganho de capital, auferido até 31 de dezembro de 2023, na alienação realizada no mercado à vista de bolsa de valores, de ações que tenham sido emitidas por companhias que cumulativamente:

I - tenham as suas ações admitidas à negociação em segmento especial, instituído por bolsa de valores, que assegure, por meio de vínculo contratual entre a bolsa e o emissor, práticas diferenciadas de governança corporativa, contemplando, no mínimo, a obrigatoriedade de cumprimento das seguintes regras:

a) realização de oferta pública de aquisição de ações – OPA, quando exigida pela bolsa de valores, a valor econômico estabelecido em laudo de avaliação, em caso de saída da companhia do segmento especial;

b) resolução de conflitos societários por meio de arbitragem;

c) realização de oferta pública de aquisição para todas as ações em caso de alienação do controle da companhia, pelo mesmo valor e nas mesmas condições ofertadas ao acionista controlador (*tag along*); e

d) previsão expressa no estatuto social da companhia de que seu capital social seja dividido exclusivamente em ações ordinárias;

II - tenham valor de mercado inferior a R$ 700.000.000,00 (setecentos milhões de reais):

a) na data da oferta pública inicial de ações da companhia;

b) em 10 de julho de 2014, para as ações das companhias que já tinham efetuado oferta pública inicial de ações antes dessa data; ou

c) na data das ofertas públicas subsequentes de ações, para as companhias já enquadradas nos casos a que se referem as alíneas *a* e *b*;

III - tenham receita bruta anual inferior a R$ 500.000.000,00 (quinhentos milhões de reais), apurada no balanço consolidado do exercício social:

a) imediatamente anterior ao da data da oferta pública inicial de ações da companhia;

b) de 2013, para as ações das companhias que já tinham efetuado oferta pública inicial de ações antes de 10 de julho de 2014;

c) imediatamente anterior ao da data das ofertas públicas subsequentes de ações, para as companhias já enquadradas nos casos a que se referem as alíneas *a* e *b*; e

IV - em que se verifique distribuição primária correspondente a, no mínimo, 67% (sessenta e sete por cento) do volume total de ações de emissão pela companhia:

a) na oferta pública inicial de ações da companhia;

b) em 10 de julho de 2014, para as ações das companhias que já tinham efetuado oferta pública inicial de ações antes dessa data; ou

c) caso exista, na data da oferta pública de ações subsequente, para as companhias já enquadradas nos casos a que se referem as alíneas *a* e *b*.

Dos casos acima citados, um dos mais recorrentes é a isenção atinente ao ganho auferido por pessoa física residente no Brasil na venda de imóveis residenciais, desde que o alienante, no prazo de 180 (cento e oitenta) dias contado da celebração do contrato, aplique o produto da venda na aquisição de imóveis residenciais localizados no País. Aprofundemos um pouco.

Inicialmente, vale apontar que a opção pela isenção de que trata este item é irretratável e o contribuinte deve informá-la no respectivo Demonstrativo da Apuração dos Ganhos de Capital da Declaração de Ajuste Anual.

Prevê o art. §1º do art. 39 da Lei 11.196/2005 que no caso de venda de mais de 1 (um) imóvel, o prazo de 180 (cento e oitenta) dias é contado a partir da data da celebração do contrato relativo à primeira operação. O §6º do art. 2º da Instrução Normativa SRF 599/2005 acrescenta que, em tal hipótese, apenas estará isento o ganho de capital relativo às vendas anteriores à aquisição do primeiro imóvel.

Já §2º, do art. 39, anteriormente mencionado, prevê que a aplicação parcial do produto da venda implica tributação do ganho proporcionalmente ao valor da parcela não aplicada.

Por sua vez, prescreve o §3º, também do art. 39, que, no caso de aquisição de mais de 1 (um) imóvel, a isenção de que se trata aplica-se ao ganho de capital correspondente apenas à parcela empregada na aquisição de imóveis residenciais.

Agora, o contribuinte somente pode usufruir do benefício 1 (uma) vez a cada 5 (cinco) anos, como prevê o §5º do art. 39 da Lei 11.196/2005. Esse prazo é contado da celebração do contrato de compra e venda do imóvel vendido, ou em caso de venda de vários imóveis, conta-se a partir da primeira operação.

Já o §7º do art. 2º da Instrução Normativa SRF 599/2005 prevê que, em caso de operações a prestações, a isenção é aplicável:

I - nas vendas a prestação e nas aquisições à vista, à soma dos valores recebidos dentro do prazo de 180 (cento e oitenta) dias, contado da data da celebração do primeiro contrato de venda e até a(s) data(s) da(s) aquisição(ões) do(s) imóvel(is) residencial(is);

II - nas vendas à vista e nas aquisições a prestação, aos valores recebidos à vista e utilizados nos pagamentos dentro do prazo de 180 (cento e oitenta) dias, contado da data da celebração do primeiro contrato de venda;

III - nas vendas e aquisições a prestação, à soma dos valores recebidos e utilizados para o pagamento das prestações, ambos dentro do prazo de 180 (cento e oitenta) dias, contado da data da celebração do primeiro contrato de venda.

Poder-se-ia questionar se o limite indicando no item III, acima, seria ilegal, sob o argumento de que a lei não exigiria o efetivo pagamento (regime de caixa) do imóvel adquirido no prazo de 180 (cento e oitenta) dias, de modo que deveria ser, exigida, apenas, a assinatura do contrato de aquisição do imóvel no referido prazo (regime de competência).

No meu ponto de vista, quando leio a expressão "desde que o alienante, no prazo de 180 (cento e oitenta) dias contado da celebração do contrato, aplique o produto da venda na aquisição de imóveis residenciais localizados no País", inserta no artigo 39 da Lei 11.196/2005, não consigo deixar de entender que a legislação pressupõe (I) o recebimento de valores no prazo de 180 (cento e oitenta) dias e (II) o uso de tais recursos, para aquisição de imóvel, no mesmo prazo. Assim, entendo que a norma fazendária é uma regulamentação adequada da lei.

Contudo, há entendimentos diversos. O Dr. Igor Mauler Santiago entende que o dispositivo acima citado é ilegal por ter imposto prazo temporal não previsto na lei. Sua argumentação é a seguinte:[463]

> Ocorre que a imposição, por simples instrução normativa, do regime de caixa no cálculo da parcela isenta do ganho de capital viola abertamente a lei (que não fixa este critério), a razoabilidade, a isonomia e a capacidade contributiva.
>
> Deveras, o fato gerador do IRPF no ganho de capital sobre imóveis é a assinatura da respectiva promessa de compra e venda (Lei 7.713/88, artigo 3º, parágrafo 3º; IN/SRF 84/2001, artigo 3º, inciso I). No caso de venda a prazo, o imposto é calculado como se a venda fosse à vista, mas o seu recolhimento fica diferido para as datas de recebimento de cada parcela (Lei 7.713/88, artigo 21; IN/SRF 84/2001, artigo 31). Em suma:
>
> **a)** aplica-se o *regime de competência* para a *apuração* do imposto devido, por força do princípio da irretroatividade (Constituição Federal, artigo 150, inciso III, alínea "a"; CTN, artigo 144); e
>
> **b)** aplica-se o *regime de caixa* para a definição das *datas de pagamento* do imposto devido, por força do princípio da capacidade contributiva (Constituição Federal, artigo 145, parágrafo 1º).
>
> O cálculo da parcela isenta liga-se, está claro, à *apuração* do imposto devido, devendo por isso atender ao *regime de competência*. Com efeito, não faz sentido adotar-se este critério para a obtenção ganho de capital — calculado na(s) data(s) da(s) promessa(s) de compra e venda — e mesmo do primeiro limite da isenção (o único juridicamente válido: o produto do ganho de capital pelo porcentual do preço de venda aplicado na nova compra, se inferior a 1; limite aferido na data da última promessa de compra firmada em até 180 dias da primeira promessa de venda), mas aplicar o *regime de caixa* para a determinação de

463. SANTIAGO, Igor Mauler. Receita desnatura isenção de ganhos nas negociações a prazo com imóveis. In Consultor Jurídico. Disponível em: https://www.conjur.com.br/2020-fev-12/consultor-tributario-receita-desnatura-ganho-negociacoes-prazo-imoveis. Acesso em: 23 fev. 2020.

um pretenso segundo teto para a isenção: o menor valor entre a soma das parcelas recebidas pela(s) venda(s) e pagas pela(s) compra(s) no prazo de 180 dias da assinatura do contrato de venda (ou do primeiro deles, caso tenha havido mais de um).

A coerência — uma das acepções do postulado da razoabilidade — exige a manutenção de um só critério ao longo de toda a operação. Se o que vale é a *data do contrato* (de venda) para a apuração do ganho, o que deve valer é a *data do contrato* (de compra) para o cálculo da porção dele a ser exonerada. Esse é o sentido jurídico de "aplicação do produto da venda", para os fins do artigo 39, *caput*, da Lei 11.196/2005, sentido que é desvirtuado pelo artigo 2º, parágrafo 7º, inciso III, da IN/SRF 599/2005.

Embora exprima ponto de vista diferente do que eu adoto, entendi que os argumentos que sustentam a ilegalidade, acima citados, são muito bem construídos, gerando valioso debate sobre a tributação do ganho de capital em tais casos.

Avancemos. Voltemos nossa atenção, agora, para o §8º do mesmo dispositivo infralegal. Tal dispositivo prevê que não integram o produto da venda, para efeito do valor a ser utilizado na aquisição de outro imóvel residencial, as despesas de corretagem pagas pelo alienante.

Por sua vez, o §9º, também do art. 2º da Instrução Normativa SRF 599/2005, prevê que se considera imóvel residencial a unidade construída em zona urbana ou rural para fins residenciais, segundo as normas disciplinadoras das edificações da localidade em que se situar.

Agora, prescreve o §10 que a isenção se aplica: I – aos contratos de permuta de imóveis residenciais; e II – à venda ou aquisição de imóvel residencial em construção ou na planta; III – à hipótese de venda de imóvel residencial com o objetivo de quitar, total ou parcialmente, débito remanescente da aquisição a prazo ou à prestação de imóvel residencial já possuído pelo alienante.

Por sua vez, o § 11 determinava que não se aplica: I – à hipótese de venda de imóvel residencial com o objetivo de quitar, total ou parcialmente, débito remanescente de aquisição a prazo ou à prestação de imóvel residencial já possuído pelo alienante; II – à venda ou aquisição de terreno; e III – à aquisição somente de vaga de garagem ou de boxe de estacionamento.

Com relação à vedação de isenção no caso de aplicação do produto da alienação para quitação de débito remanescente de aquisição a prazo ou à prestação de imóvel já possuído pelo alienante, recentemente revogada, como visto acima – as 1ª e 2ª Turma do Egrégio Superior Tribunal de Justiça se manifestaram pela ilegalidade de tal restrição, conforme se verificam das ementas a seguir:

> TRIBUTÁRIO. AGRAVO INTERNO NO RECURSO ESPECIAL. IMPOSTO DE RENDA.
>
> ISENÇÃO. GANHO DE CAPITAL. VENDA DE IMÓVEL RESIDENCIAL. ART. 39 DA LEI 11.196/2005. ACÓRDÃO RECORRIDO EM CONSONÂNCIA COM JURISPRUDÊNCIA DO STJ. AGRAVO INTERNO DA FAZENDA NACIONAL A QUE SE NEGA PROVIMENTO.
>
> 1. É entendimento desta Corte Superior que a isenção do Imposto de Renda sobre o ganho de capital nas operações de alienação de imóvel prevista no art. 39 da Lei 11.196/2005 se aplica à hipótese de venda de imóvel residencial com o objetivo de quitar, total ou parcialmente, o débito remanescente de aquisição de imóvel residencial já possuído pelo alienante, sendo ilegal a restrição estabelecida no art. 2º., § 11 da IN-SRF 599/2005. Precedentes: REsp. 1.668.268/SP, Rel. Min. REGINA HELENA COSTA, DJe 13.3.2018;
>
> REsp. 1.726.884/PR, Rel. Min. HERMAN BEnJAMIN, DJe 21.11.2018.
>
> 2. Agravo Interno da FAZENDA NACIONAL a que se nega provimento.[464]
>
> TRIBUTÁRIO. IMPOSTO DE RENDA. GANHO DE CAPITAL NA ALIENAÇÃO DE BEM IMÓVEL RESIDENCIAL. IN/SRF Nº 599/2005 E ART. 39 DA LEI Nº 11.196/2005.
>
> 1. A isenção do Imposto de Renda sobre o ganho de capital nas operações de alienação de imóvel prevista no art. 39, da Lei

464. (AgInt no REsp 1612183/RS, Rel. Ministro NAPOLEÃO NUNES MAIA FILHO, PRIMEIRA TURMA, julgado em 29/04/2019, DJe 10/05/2019).

> 11.196/2005 se aplica à hipótese de venda de imóvel residencial com o objetivo de quitar, total ou parcialmente, débito remanescente de aquisição a prazo ou à prestação de imóvel residencial já possuído pelo alienante.
>
> 2. É ilegal a restrição estabelecida no art. 2º, §11, I, da Instrução Normativa-SRF n. 599/2005.
>
> 3. NEGO PROVIMENTO ao recurso especial.[465]

Interessante notar que em seu "Perguntas e Respostas 2021", a Secretaria da Receita Federal do Brasil já reconhecia a possibilidade de se aplicar o produto da alienação para quitação de débito remanescente de aquisição a prazo ou à prestação de imóvel já possuído pelo alienante, mesmo na hipótese de construção em planta, em razão da Nota SEI nº 48/2018/CRJ/PGACET/PGFN-MF) E NOTA COSIT 3, DE 09.01.2019. Veja-se:

> A isenção aplica-se, inclusive:
>
> I - aos contratos de permuta de imóveis residenciais, com to–na;
>
> II - à venda ou aquisição de imóvel residencial em construção ou na planta;
>
> III – à hipótese de venda de imóvel residencial cujo produto seja utilizado para quitar, total ou parcialmente, débito remanescente de aquisição a prazo ou prestação de imóvel residencial já possuído pelo alienante, mesmo na hipótese de imóvel em construção ou na planta.[466]

Por outro lado, a Secretaria da Receita Federal do Brasil atesta que a isenção, em questão, não se aplica:[467]

I - à hipótese de venda de imóvel residencial com o objetivo de utilizar os recursos da alienação na

---

465. (REsp 1469478/SC, Rel. Ministro HERMAN BENJAMIN, Rel. p/ Acórdão Ministro MAURO CAMPBELL MARQUES, SEGUNDA TURMA, julgado em 25/10/2016, DJe 19/12/2016).

466. Em "Perguntas e Respostas 2021, p 545, p. 218. Dispnível em: www.ibet.com.br/wp-content/uploads/2021/04/IRPF-RFB.pdf Acesso em: 15 jan. 2022".

467. Em "Perguntas e Respostas 2021, p 545, p. 218. Dispnível em: www.ibet.com.br/wp-content/uploads/2021/04/IRPF-RFB.pdf Acesso em: 15 jan. 2022".

construção de outro imóvel residencial ou ainda em gastos com benfeitorias ou reformas em imóveis de propriedade do contribuinte;

II - à venda ou aquisição de terreno;

III - à aquisição somente de vaga de garagem ou de boxe de estacionamento.

Mas, o que ocorre caso o contribuinte deixe de pagar o imposto, mas não aplique o produto da alienação em imóvel isento? A legislação expressamente prevê que, nessa hipótese, o imposto deve ser pago com juros e multa de mora. Os juros são contados a partir do segundo mês subsequente a que o contribuinte receber os valores, ao passo que a multa de mora, ou de ofício, caso haja lançamento de ofício, é aplicável se o imposto não é pago trinta dias após os 180 dias contados da data da venda do imóvel.

Passemos, agora, a tratar de alguns aspectos sobre a isenção de bens de pequenos valores, a que nos referimos. Dissemos que essa isenção se aplica para bens de até R$ 35.000,00 (trinta e cinco mil reais) e para ações vendidas no mercado de balcão no valor de até R$ 20.000,00 (vinte mil reais). Vejamos alguns aspectos adicionais.

No caso do limite para os outros bens que não ações negociadas em mercado de balcão, o limite é aplicável para bens de mesma natureza, alienados no mês. Caso os bens sejam possuídos em condomínio, aplica-se a isenção à parte de cada condomínio ou coproprietário, mas, na hipótese da sociedade conjugal, é aplicável a cada um dos bens possuídos em comunhão e ao valor de bens de mesma natureza, alienados em um mês.

Mas, o que são bens de mesma natureza? O §2º do art. 1º da Instrução Normativa SRF 599/2005 tentou esclarecer essa difícil acepção. Enuncia que são bens que guardam as mesmas características entre si, tais como automóveis e motocicletas, imóvel urbano e terra nua, quadros e esculturas. Apesar dessa tentativa, havemos de reconhecer que a vaguidade persiste.

Com relação à isenção que descrevemos no item 17, atinente à venda de ações de companhias com receita bruta anual inferior a R$ 500.000.000, (quinhentos milhões de reais), cabem alguns acréscimos importantes.

Inicialmente, vale apontar que, na hipótese do subitem II, do item 17, se entende por valor de mercado da companhia:

I – para a hipótese descrita no item II "a", do item 17, o valor apurado ao fim do processo de formação de preço (*bookbuilding* ou leilão em bolsa de valores) na oferta pública inicial de ações;

II - para a hipótese descrita no item II "b", do item 17, o valor apurado pela média do preço de fechamento das ações, ponderada pelo volume negociado, nos 30 (trinta) pregões imediatamente anteriores a 10 de julho de 2014; ou

III - para a hipótese descrita no item, II "c", do item 17, o valor apurado pela média do preço de fechamento das ações, ponderada pelo volume negociado, nos 30 (trinta) pregões imediatamente anteriores à data de pedido de registro de oferta pública subsequente.

Ademais, para efeitos da isenção, as companhias estarão obrigadas à apuração do imposto sobre a renda com base no lucro real. Elas estarão obrigadas, também, a informar à Secretaria Especial da Receita Federal do Brasil, a sua base acionária do dia anterior à entrada em vigor do benefício e do último dia de vigência do benefício.

Cabe à Comissão de Valores Mobiliários disponibilizar, em seu sítio da internet, a relação das ofertas cujo objeto sejam ações beneficiadas do benefício instituído pelo art. 16 da Lei 13.043/2014. Por sua vez, cabe à companhia que atenda aos requisitos da isenção indicar tal fato na primeira página de seu prospecto ou documento equivalente e do Anúncio de Início de Distribuição.

Devemos apontar que para gozo da isenção, as ações deverão ser adquiridas a partir de 10 de julho de 2014 (I) por ocasião de oferta pública inicial e oferta pública subsequente, (II) em bolsa de valores, inclusive para ações que já tenham feito oferta pública antes de 10 de julho de 2014, (III) no exercício de direito de preferência ou (IV) por meio de bonificação de ações.

Outro ponto a ser destacado é que a manutenção da isenção depende da permanência das ações em depositários centrais de ações.

Ainda, cumpre indicar que até 31 de dezembro de 2023, é vedada a compensação de perdas ou prejuízos incorridos na alienação das ações, objeto da operação isenta. Por outro lado, a alienação de tais ações não será computada para fins do limite de R$ 20.000,00 (vinte mil reais), aplicável para isenção de imposto sobre ganho de capital na alienação de ações negociada na bolsa.

O legislador também teceu inúmeras prescrições referentes ao custo de aquisição dessas ações a que vimos nos referindo. Vamos a elas.

Em relação ao investidor que já tenha adquirido as ações em bolsa de valores até 10 de julho de 2014, o custo de aquisição dessas ações será ajustado, para fins de apuração da base de cálculo do imposto sobre a renda, ao maior valor entre o custo de aquisição efetivamente pago e a média do preço de fechamento, ponderada, pelo volume negociado, nos últimos 30 (trinta) pregões anteriores a 10 de julho de 2014.

Ainda, prevê a legislação que para as ações adquiridas e não alienadas até 31 de dezembro de 2023, os custos serão ajustados, para fins de apuração da base de cálculo do imposto sobre a renda, ao maior valor entre o custo de aquisição efetivamente pago e a média dos preços de fechamento, ponderada pelo volume negociado nos últimos 30 (trinta) pregões anteriores a 31 de dezembro de 2023.

Caberá às entidades responsáveis pelo depósito centralizado disponibilizar à Secretaria da Receita Federal do Brasil, em relação às companhias indicadas no item 17, o valor correspondente à média do preço de fechamento das ações e de sua emissão, ponderada pelo volume negociado, nos últimos 30 (trinta) pregões anteriores a 10 de julho de 2014 e 31 de dezembro de 2023.

Vale apontar, ainda, que o empréstimo das ações beneficiadas por essa isenção não afasta a manutenção do direito à isenção pelo emprestador, pessoa física.

Ademais, convém indicar que as ações de emissão das companhias que atendam aos requisitos para gozo da isenção, a que vimos nos referindo, não se submetem à retenção de 0,005% (cinco milésimos por cento), que já explicamos, nem à retenção de 1%(um por cento) aplicável às operações de *day-trade*.

Avancemos. Outro ponto interessante a se notar é que com relação ao item "14", acima citado, a Solução de Consulta n. 115/2021, que citamos no item anterior, deixa claro que a isenção se volta para a variação cambial experimentada em 31.12.2021, mas não alcança eventual variação cambial que gere ganho capital quando do resgate dos depósitos e transferência dos numerários ao país. Compreendamos.

A isenção mencionada no item 14 é prevista no art. 25, §4º da Lei 9.250/95 que prescreve o seguinte:

> Art. 25. Como parte integrante da declaração de rendimentos, a pessoa física apresentará relação pormenorizada dos bens imóveis e móveis e direitos que, no Brasil ou no exterior, constituam o seu patrimônio e o de seus dependentes, em 31 de dezembro do ano-calendário, bem como os bens e direitos adquiridos e alienados no mesmo ano.
>
> § 1º Devem ser declarados: [...]
>
> § 2º Os bens serão declarados discriminadamente pelos valores de aquisição em Reais, constantes dos respectivos instrumentos de transferência de propriedade ou da nota fiscal.
>
> § 3º Os bens existentes no exterior devem ser declarados pelos valores de aquisição constantes dos respectivos instrumentos de transferência de propriedade, segundo a moeda do Brasil em

> que estiverem situados, convertidos em Reais pela cotação cambial de venda do dia da transmissão da propriedade.
>
> § 4º Os depósitos mantidos em instituições financeiras no exterior devem ser relacionados na declaração de bens, a partir do ano-calendário de 1999, pelo valor do saldo desses depósitos em moeda estrangeira convertido em reais pela cotação cambial de compra em 31 de dezembro, sendo isento o acréscimo patrimonial decorrente da variação cambial.
>
> [...] (grifou-se)

Note-se que o §4º, acima, indica que depósitos mantidos em instituições financeiras no exterior devem ser relacionados na declaração de bens, pelo valor do saldo desses depósitos em moeda estrangeira convertido em reais pela cotação cambial de compra de 31 de dezembro, sendo isento o acréscimo patrimonial decorrente da variação cambial.

Destaco que a legislação, no caso acima, cria uma exceção à regra de declaração dos bens e direitos que devem ser informados pelo seu custo original de aquisição. Assim, o contribuinte deve atualizar, todo ano, os depósitos mantidos em instituição financeira, apontando saldo desses depósitos em moeda estrangeira, devidamente convertido em reais pela cotação cambial de compra em 31 de dezembro.

Ao isentar o acréscimo patriminial decorrente da variação cambial, a legislação veda – em nosso ponto de vista até de modo redundante, pois não haveria percepção de rendimento antes do resgate e conversão dos valores –em reais – que essa atualização anual, registrada na Declaração de Ajuste Anual, acarrete incidência do IR. Mas, ela implica também – e daí há verdadeira isenção – que o ganho de variação cambial auferido durante o ano-calendário não se sujeita ao imposto, como se infere do art. 11 da IN SRF 118/2000 a seguir citado:

> Art. 11. Os saldos dos depósitos em moeda estrangeira, mantidos em instituições financeiras no exterior, serão informados na declaração de bens e direitos, convertidos em reais pela cotação fixada, para compra, pelo Banco Central do Brasil, para 31 de dezembro de cada ano-calendário.

> § 1º É isento o acréscimo patrimonial decorrente da variação cambial ocorrida durante o ano-calendário.
>
> § 2º O disposto neste artigo aplica-se, também, aos anos-calendário anteriores a 2000.

Agora, se o contribuinte utiliza rendimentos auferidos originariamente em reais para efetivar depósitos em moeda estrangeira no Brasil e resgata tais depósitos, eventual percepção decorrente do ganho de variacação cambial não se encontra protegida pela norma acima indicada, de modo que o contribuinte deve oferecer à tributação o ganho de capital experimentado pela diferença entre a data de resgate e o custo de aquisição, ficando isenta, porém, a variação cambial experimentada até 31/12 do ano-calendário anterior.

É isso o que a Solução de Consulta COSIT n. 115/21 prevê. Veja-se novamente sua ementa:

> Solução de Consulta – nº 115 – Cosit Data 29 de junho de 2021 Processo Interessado CNPJ/CPF ASSUNTO: IMPOSTO SOBRE A RENDA DE PESSOA – FÍSICA - IRPF DEPÓSITO NÃO REMUNERADO MANTIDO EM INSTITUIÇÃO FINANCEIRA NO EXTERIOR. TRANSFERÊNCIA DO EXTERIOR PARA O BRASIL. GANHO DE CAPITAL. ISENÇÃO DO IMPOSTO SOBRE A RENDA RELATIVO AO ACRÉSCIMO PATRIMONIAL DECORRENTE DA VARIAÇÃO CAMBIAL. É tributável pelo imposto sobre a renda, sob a forma de ganho de capital, o acréscimo patrimonial decorrente da variação cambial de depósito não remunerado auferido por ocasião da transferência do valor depositado para o Brasil, à alíquota de 15% (quinze por cento) para fatos geradores ocorridos até o ano-calendário de 2016 ou às alíquotas progressivas estabelecidas pelo art. 21 da Lei nº 8.981, de 20 de janeiro de 1995, para os fatos geradores ocorridos a partir do ano-calendário de 2017. ***Na hipótese de direitos adquiridos em moeda estrangeira com rendimentos auferidos originariamente em reais, o ganho de capital tributável corresponde à diferença positiva em reais entre o valor de alienação da moeda depositada em conta não remunerada e o seu custo de aquisição – o valor originalmente depositado, sendo isenta a variação cambial apurada até 31 de dezembro do ano calendário anterior ao da transferência.*** Dispositivos Legais: Lei nº 5.172, de 25 de outubro de 1966 - Código Tributário Nacional (CTN), arts. 43 e 111; Lei nº 7.713, de 22 de dezembro de

> 1988, art. 3º; Lei nº 8.981, de 20 de janeiro de 1995, art. 21; Lei nº 9.250, de 26 de dezembro de 1995, arts. 22 e 25; Medida Provisória nº 2.158-35, de 24 de agosto de 2001, art. 24; Regulamento do Imposto sobre a Renda (RIR/2018), art. 35, inciso V, alínea "i", aprovado pelo art. 1º do Decreto nº 9.580, de 22 de novembro de 2018; Instrução Normativa SRF nº 118, de 28 de dezembro de 2000, arts. 2º e 11, § 1º; Instrução Normativa RFB nº 599, de 28 de dezembro de 2005, art. 1º; e Instrução Normativa RFB nº 1.500, de 298 de outubro de 2014, art. 9º, inciso IX."

Nesse sentido, o item 27.1 da Solução de Consulta é bem claro:

> 27.1. É tributável pelo imposto sobre a renda, sob a forma de ganho de capital, o acréscimo patrimonial decorrente da variação cambial de depósito não remunerado auferido por ocasião da transferência do valor depositado para o Brasil.
>
> 27.2. Na hipótese de direitos adquiridos em moeda estrangeira com rendimentos auferidos originariamente em reais, o ganho de capital tributável corresponde à diferença positiva em reais entre o valor de alienação da moeda depositada em conta não remunerada e o seu custo de aquisição – o valor originalmente depositado, sendo isenta a variação cambial apurada até 31 de dezembro do ano calendário anterior ao da transferência.

Diante do contexto já explanado, concordamos com a orientação fazendária, acima apontada.

2.8.2 Alíquotas zeros e outras isenções de operações do mercado financeiro

Não distinguimos alíquota zero de isenção. Ambos são casos em que o legislador indica circunstâncias que, embora situadas na classe de comportamentos que se enquadram na esfera material designada constitucionalmente para o tributo, não ensejarão a obrigação tributária.

Já vimos que a técnica da isenção pressupõe que um enunciado "p" indique certa classe K de situações que devem imputar o nascimento da obrigação tributária e que outro enunciado "q" acrescente que a classe L, subclasse própria de K, seja composta de situações que não devem imputar o nascimento da obrigação tributária. É pela leitura dos enunciados "p" e "q" que o intérprete constrói a proposição "r", que exprimirá que a hipótese de incidência legal do tributo é a classe M, composta por todos os elementos da classe K que não pertençam à classe L.

O legislador pode assim agir designando que a situação tal ou qual está isenta, que fulano ou beltrano estão isentos, ou que determinada operação está submetida à alíquota zero. Pouco importa, porque, em termos proposicionais, nada mais faz senão determinar que eventos que pertençam à determinada classe não devem implicar o nascimento da obrigação tributária. Portanto, isenção ou alíquota zero podem ser tidas como sinônimos.

De qualquer sorte, estamos listando, aqui, alguns casos específicos ou de "isenção", ou às vezes, de alíquota zero – para ficarmos nas expressões do legislador – não indicados no item anterior. Esses casos de isenção ou alíquota zero, apesar de serem mencionados no presente item, não se restringem a operações que geram ganho de capital, mas podem alcançar desonerações voltadas a casos que seriam tributação por retenção exclusiva na fonte, ou por IRPF Ajuste Anual – neste último caso, já mencionada no artigo anterior. O que têm, em comum, é serem relacionadas à atuação do contribuinte no mercado financeiro.

Feita essa observação, avancemos.

O art. 1º da Lei 12.431/2011, com a redação dada pela Lei 12.844/2013, prevê alíquota zero para o Imposto Sobre a Renda incidente sobre os sobre os rendimentos definidos nos termos da alínea "a" do §2º do art. 81 da Lei 8.981/95,[468] produzidos por certos títulos ou valores mobiliários adquiridos a partir de 1º de janeiro de 2011, ou por certos fundos de investimentos,

468. a) rendimentos: quaisquer valores que constituam remuneração de capital aplicado, inclusive aquela produzida por títulos de renda variável, tais como juros, prêmios, comissões, ágio, deságio e participações nos lucros, bem como os resultados positivos auferidos em aplicações nos fundos e clubes de investimento de que trata o art. 73;

quando pagos ou creditados a residente ou domiciliado no exterior, exceto se em país que tribute a renda com alíquota não superior a 20% (vinte por cento).

Os títulos e valores mobiliários abrangidos pelo dispositivo são os que forem objeto de distribuição pública,[469] de emissão de pessoas jurídicas de direito privado não classificadas como instituições financeiras. Já os fundos de investimento abrangidos são os fundos de investimentos em direitos creditórios constituídos sob a forma de condomínio fechado, regulamentados pela Comissão de Valores Mobiliários – CVM, cujo originador ou cedente da carteira de direitos creditórios não seja instituição financeira.

Cabe apontar que os títulos ou valores mobiliários deverão ser remunerados por taxa de juros prefixada, vinculada a índice de preço ou à taxa referencial – TR, vedada a pactuação total ou parcial de taxa de juros pós-fixada, e ainda, cumulativamente, apresentar:

> Lei 12.431/2011
>
> Art. 1º. [...]
>
> § 1º. [...]
>
> I - prazo médio ponderado superior a 4 (quatro) a–os;
>
> II - vedação à recompra do título ou valor mobiliário pelo emissor ou parte a ele relacionada nos 2 (dois) primeiros anos após a sua emissão e à liquidação antecipada por meio de resgate ou pré-pagamento, salvo na forma a ser regulamentada pelo Conselho Monetário Nacional;
>
> III - inexistência de compromisso de revenda assumido pelo comprador;
>
> IV - prazo de pagamento periódico de rendimentos, se existente, com intervalos de, no mínimo, 180 (cento e oitenta) dias;
>
> V - comprovação de que o título ou valor mobiliário esteja registrado em sistema de registro devidamente autorizado pelo

469. Vide art. 92 da Instrução Normativa RFB 1.585/2015 que trata da alíquota zero para rendimentos produzidos por títulos públicos.

> Banco Central do Brasil ou pela CVM, nas suas respectivas áreas de competência; e
>
> VI - procedimento simplificado que demonstre o compromisso de alocar os recursos captados no pagamento futuro ou no reembolso de gastos, despesas ou dívidas relacionados aos projetos de investimento, inclusive os voltados à pesquisa, desenvolvimento e inovação.

Para fins do disposto no item II, acima, a rentabilidade esperada das cotas de emissão dos fundos de investimento em direitos creditórios deverá ser referenciada em taxa de juros prefixada, vinculada a índice de preço ou à TR, observados, cumulativamente, os seguintes requisitos:

> Lei 12.431/2011
>
> Art. 1º. [...]
>
> § 1º A. [...]
>
> I - o fundo deve possuir prazo de duração mínimo de seis anos;
>
> II - vedação ao pagamento total ou parcial do principal das cotas nos dois primeiros anos a partir da data de encerramento da oferta pública de distribuição de cotas constitutivas do patrimônio inicial do fundo, exceto nas hipóteses de liquidação antecipada do fundo, previstas em seu regulamento;
>
> III - vedação à aquisição de cotas pelo originador ou cedente ou por partes a eles relacionadas, exceto quando se tratar de cotas cuja classe se subordine às demais para efeito de amortização e resgate;
>
> IV - prazo de amortização parcial de cotas, inclusive as provenientes de rendimentos incorporados, caso existente, com intervalos de, no mínimo, cento e oitenta dias;
>
> V - comprovação de que as cotas estejam admitidas a negociação em mercado organizado de valores mobiliários, ou registrados em sistema de registro devidamente autorizado pelo Banco Central do Brasil ou pela CVM, nas suas respectivas áreas de competência;
>
> VI - procedimento simplificado que demonstre o objetivo de alocar os recursos obtidos com a operação em projetos de investimento, inclusive os voltados à pesquisa, desenvolvimento e inovação; e
>
> VII - presença obrigatória no contrato de cessão, no regulamento e no prospecto, se houver, na forma a ser regulamentada pela CVM:

a) do objetivo do projeto ou projetos beneficiados;

b) do prazo estimado para início e encerramento ou, para os projetos em andamento, a descrição da fase em que se encontram e a estimativa do seu encerramento;

c) do volume estimado dos recursos financeiros necessários para a realização do projeto ou projetos não iniciados ou para a conclusão dos já iniciados; e

d) do percentual que se estima captar com a venda dos direitos creditórios, frente às necessidades de recursos financeiros dos projetos beneficiados.

VIII - percentual mínimo de oitenta e cinco por cento de patrimônio líquido representado por direitos creditórios, e a parcela restante por títulos públicos federais, operações compromissadas lastreadas em títulos públicos federais ou cotas de fundos de investimento que invistam em títulos públicos federais.

Registre-se, ainda, que para aplicação da alíquota zero para rendimentos produzidos por certificados de recebíveis imobiliários, exige-se que tais certificados sejam remunerados por taxa de juros prefixada, vinculada a índice de preço ou à TR, vedada a pactuação total ou parcial de taxa de juros pós-fixada, e ainda, cumulativamente, apresentar os seguintes requisitos:

Lei 12.431/2011

Art. 1º. [...]

§1º-B. Para fins do disposto no inciso I do *caput* ,os certificados de recebíveis imobiliários deverão ser remunerados por taxa de juros pré-fixada, vinculada a índice de preço ou à TR, vedada a pactuação total ou parcial de taxa de juros pós-fixada, e ainda, cumulativamente, apresentar os seguintes requisitos:

I - prazo médio ponderado superior a quatro anos, na data de sua emissão;

II - vedação à recompra dos certificados de recebíveis imobiliários pelo emissor ou parte a ele relacionada e o cedente ou originador nos dois primeiros anos após a sua emissão e à liquidação antecipada por meio de resgate ou pré-pagamento, salvo na forma a ser regulamentada pelo Conselho Monetário Nacional;

III - inexistência de compromisso de revenda assumido pelo comprador;

IV - prazo de pagamento periódico de rendimentos, se existente, com intervalos de, no mínimo, cento e oitenta dias;

V - comprovação de que os certificados de recebíveis imobiliários estejam registrados em sistema de registro, devidamente autorizado pelo Banco Central do Brasil ou pela CVM, nas respectivas áreas de competência; e

VI - procedimento simplificado que demonstre o compromisso de alocar os recursos captados no pagamento futuro ou no reembolso de gastos, despesas ou dívidas relacionados a projetos de investimento, inclusive os voltados à pesquisa, desenvolvimento e inovação.

Para adoção do procedimento simplificado anteriormente mencionado, deve ser demonstrado que os gastos, despesas ou dívidas passíveis de reembolso ocorreram em prazo igual ou inferior a vinte e quatro meses da data de encerramento da oferta pública.

Para fins da aplicação da alíquota zero, ora tratada, os fundos de investimento em direitos creditórios e os certificados de recebíveis imobiliários podem ser constituídos para adquirir recebíveis de um único cedente ou devedor ou de empresas pertencentes ao mesmo grupo econômico.

Ademais, registre-se que caberá ao Conselho Monetário Nacional definir a fórmula de cômputo do prazo médio de quatro anos, bem como o procedimento simplificado anteriormente mencionados.

Deve-se, ainda, acrescentar que tal alíquota zero aplica-se:

I - exclusivamente a beneficiário residente ou domiciliado no exterior que realizar operações financeiras no País de acordo com as normas e condições estabelecidas pelo Conselho Monetário Nacional;

II - às cotas de fundos de investimento exclusivos para investidores não residentes que possuam no mínimo oitenta e cinco por cento do valor do patrimônio líquido do fundo aplicado em títulos anteriormente mencionados.[470]

Convém assinalar, ainda, que, até 30 de junho de 2011, relativamente aos investimentos em títulos ou valores mobiliários possuídos em 1º de janeiro de 2011 e que obedeciam ao disposto na legislação, ficava facultado ao investidor estrangeiro antecipar o pagamento do imposto sobre a renda que seria devido por ocasião do pagamento, crédito, entrega ou remessa a beneficiário residente ou domiciliado no exterior, ficando os rendimentos auferidos a partir da data do pagamento do imposto sujeitos ao benefício da alíquota 0 (zero), ora mencionado.

Vale acrescentar, ainda, que foi prevista multa equivalente a 20% (vinte por cento) do valor captado não alocado no projeto de investimento, a ser aplicada pela Secretaria Especial da Receita Federal tendo como destinatário: (I) – o emissor dos títulos e valores mobiliários; ou (II) – o cedente, no caso de certificados de recebíveis imobiliários e de cotas de fundo de investimento em direitos creditórios. Porém, a imposição da multa prevista não é hipótese de perda da alíquota zero acima mencionada.

O §10 do art. 1º da Lei 12.431/2011 prevê que o regime também se aplica aos fundos soberanos que realizarem operações financeiras no País de acordo com as normas e condições estabelecidas pelo Conselho Monetário Nacional, ainda que domiciliados ou residentes em países com tributação favorecida nos termos do art. 24 da Lei 9.430, de 27 de dezembro de 1996.

Ademais, a lista abaixo cita uma série de casos em que há isenção ou alíquota zero referente à retenção exclusiva na fonte de investimentos financeiros. Não apontamos, na lista abaixo, de modo exausitivo todos os aspectos relativos ao

470. O §4º-A, do mesmo dispositivo, prevê que o percentual mínimo previsto no item II, acima citado, poderá ser de 67% (sessenta e sete por cento) do valor do patrimônio líquido do fundo aplicado em títulos de que trata o inciso I do *caput* de tal artigo, no prazo de 2 (dois) anos, contado da data da primeira integralização de cotas.

regime jurídico de cada benefício, mas indicaremos o fundamento legal aplicável, para fins de consulta:

I - os rendimentos e os ganhos líquidos auferidos pelas carteiras dos fundos de investimento e dos clubes de investimento, ressalvado o disposto no art. 826 do RIR/2018[471] (Lei 8.981, de 1995, art. 68, *caput*, inciso I, e art. 73, § 2º);

II - os rendimentos auferidos nos resgates de quotas de fundos de investimento, de titularidade de fundos cujos recursos sejam aplicados na aquisição de quotas de outros fundos de investimento, ressalvado o disposto no art. 829 do RIR/2018[472](Lei 8.981, de 1995, art. 68, *caput*, inciso II; e Medida Provisória nº 2.189-49, de 2001, art. 6º, § 4º);

III - os rendimentos auferidos por pessoa física em contas de depósitos de poupança (Lei 8.981, art. 68, *caput*, inciso III);

IV - os ganhos líquidos auferidos por pessoa física em operações no mercado à vista de ações nas bolsas de valores e em operações com ouro, ativo financeiro, cujo valor das alienações realizadas em cada mês seja igual ou inferior a R$ 20.000,00 (vinte mil reais) para o conjunto de ações e para o ouro, ativo financeiro, respectivamente (Lei 11.033, de 2004, art. 3º, *caput*, inciso I);

V - os juros e as comissões devidos a sindicatos profissionais, cooperativas e outras entidades sem fins lucrativos, quando os empréstimos tiverem sido contraídos pelo extinto Banco Nacional da

471. Lei 8.981/95 – Vide http://www.planalto.gov.br/ccivil_03/LEIS/L8981.htm e art. 826 do RIR/2018 Vide - http://www.planalto.gov.br/ccivil_03/_Ato2015-2018/2018/Decreto/D9580.htm

472. RIR/2018 – Vide art. 829 em http://www.planalto.gov.br/ccivil_03/_Ato2015-2018/2018/Decreto/D9580.htm

Habitação, ou por seu sucessor, ou por ele aprovados em favor de entidades que integrem o SFH e se destinem ao financiamento de construção residencial (Lei 4.862, de 1965, art. 26; e Decreto-Lei 2.291, de 21 de novembro de 1986, art. 1º) ;

VI - os juros abonados pelo Fundo Especial do Banco Central do Brasil, instituído peloDecreto-Lei nº 283, de 28 de fevereiro de 1967, na conta de depósito em moeda estrangeira, e os por ele cobrados nos empréstimos concedidos em moeda corrente nacional destinados à construção e à venda de habitação (Decreto-Lei nº 283, de 1967, art. 5º, parágrafo único);

VII - os rendimentos decorrentes de Títulos da Dívida Agrária, emitidos para os fins previstos no art. 184 da Constituição, auferidos pelo expropriado;

VIII - os rendimentos e os ganhos de capital decorrentes de operações realizadas em nome e com recursos do Fundo de Participação PIS-Pasep, observadas as instruções expedidas pelo Ministro de Estado da Fazenda, e ao montante dos depósitos, dos juros e das quotas-partes creditado em contas individuais pelo Fundo PIS/Pasep (Decreto-Lei nº 2.303, de 1986, art. 34 ; e Lei nº 7.713, de 1988, art. 6º, *caput*, inciso VI);

IX - os rendimentos e os ganhos de capital, auferidos pelo FND, de ações de sua propriedade, de debêntures e operações de crédito, inclusive repasses, e aqueles decorrentes de aplicações financeiras quando realizadas diretamente ou à sua conta (Decreto-Lei nº 2.383, de 1987, art. 5º, *caput*, inciso I);

X - o dividendo anual mínimo de vinte e cinco por cento do resultado líquido positivo apurado em cada exercício atribuído às quotas do FND (Decreto-Lei nº 2.288, de 1986, art. 5º);

XI - os resultados, os rendimentos e as operações de financiamento auferidos pelos Fundos Constitucionais de Financiamento do Norte, do Nordeste e do Centro-Oeste (Lei nº 7.827, de 27 de setembro de 1989, art. 8º);

XII - os rendimentos produzidos por depósitos judiciais, inclusive aqueles realizados para garantia de instância, quando o seu levantamento não ocorrer em favor do depositante, observado o disposto no art. 776 do RIR/2018;

XIII - os rendimentos e os ganhos líquidos auferidos pelo Fundo Garantidor de Crédito (Lei nº 9.710, de 1998, art. 4º);

XIV - na fonte e na declaração de ajuste anual das pessoas físicas, a remuneração produzida por letras hipotecárias, certificados de recebíveis imobiliários e letras de crédito imobiliário (Lei nº 11.033, de 2004, art. 3º, *caput*, inciso II);

XV - na fonte e na declaração de ajuste anual das pessoas físicas, a remuneração produzida por CDA, WA, CDCA, LCA e CRA, instituídos pelos art. 1º e art. 23 da Lei nº 11.076, de 2004 (Lei nº 11.033, de 2004, art. 3º, *caput*, inciso IV);

XVI - na fonte e na declaração de ajuste anual das pessoas físicas, a remuneração produzida pela CPR, com liquidação financeira, instituída pela Lei nº 8.929, de 1994, desde que negociada no mercado financeiro (Lei nº 11.033, de 2004, art. 3º, *caput*, inciso V);

XVII - os ganhos do Fundo de Investimento do FGTS - FI-FGTS e do Fundo de Investimento em Quotas

- FIC, auferidos pelos participantes do FGTS (Lei nº 8.036, de 1990, art. 20, § 14);

XVIII - os rendimentos e os ganhos de capital produzidos pela Letra Imobiliária Garantida - LIG emitida nos termos estabelecidos no art. 63 da Lei nº 13.097, de 19 de janeiro de 2015, quando o beneficiário for pessoa física residente no País. (Lei nº 13.097, de 2015, art. 90);

XIX - rendimentos de Fundos de Investimento do Fundo de Garantia do Tempo de Serviço – FI – FGTS, de Fundo de Investimento em Cotas – FIC auferidos participantes de FGTS, de Fundos de Investimento em Participações em Infraestrutura (FIP-IE), de Fundos de Investimento em Participação na Produção Econômica Intensiva em Pesquisa Desenvolvimento e Inovação (FIP-PD&I), de Fundos de Investimento Imobiliário e de FIA – Mercado de Acesso, conforme explicações a serem disponibilizadas oportunamente;

XX - rendimentos oriundos de (a) debêntures emitidas por sociedade de propósito específico, constituída sob a forma de sociedade por ações, (b) certificados de recebíveis imobiliários e de (c) cotas de emissão de fundo de investimento em direitos creditórios, constituídos sob a forma de condomínio fechado, relacionados à captação de recursos com vistas em implementar projetos de investimento na área de infraestrutura, ou de produção econômica intensiva em pesquisa, desenvolvimento e inovação, considerados como prioritários na forma regulamentada pelo Poder Executivo federal, desde que observadas as condições impostas pelo art. 2º da Lei 12.431/2011;

XXI - rendimentos oriundos de fundos de investimento, que disponham em seu regulamento que a aplicação de seus recursos nos ativos de que trata o item XX, acima, não poderá ser inferior a 85% (oitenta e cinco por cento) do valor do patrimônio líquido do fundo, observadas as condições previstas no art. 3º da lei 12.431/2011;

XXII – rendimentos oriundos de fundos de investimentos que detenham, no mínimo, 95% (noventa e cinco por cento) dos seus recursos alocados em cotas dos fundos de investimento de que trata o item XXI, acima citado;

XXIII - rendimentos definidos nos termos estabelecidos na alínea "a" do § 2º do art. 81 da Lei nº 8.981, de 1995, produzidos por títulos públicos adquiridos a partir de 16 de fevereiro de 2006, quando pagos, creditados, entregues ou remetidos a beneficiário residente ou domiciliado no exterior, exceto em país que não tribute a renda ou que a tribute à alíquota máxima inferior a vinte por cento, sendo certo que a previsão (art. 1º da Lei 11.312/2006):

I – aplica-se exclusivamente às operações realizadas de acordo com as normas e as condições estabelecidas pelo Conselho Monetário Nacional;

II – aplica-se às quotas de fundos de investimentos exclusivos para investidores não residentes que possuam, no mínimo, noventa e oito por cento de títulos públicos; e

III - não se aplica a títulos adquiridos com compromisso de revenda assumido pelo comprador.

XXIV – Alíquota zero incidente sobre os rendimentos auferidos nas aplicações em fundos de investimento bem participações, fundos de investimento em quotas de fundos de investimento em participações e fundos de investimento em empresas emergentes, de que trata o art. 832 do RIR/2018, quando pagos, creditados, entregues ou remetidos a beneficiário residente ou domiciliado no exterior, individual ou coletivo, que realizar operações financeiras no País de acordo com as normas e as condições estabelecidas pelo Conselho Monetário Nacional (artigo 3º da Lei 11.312/2006), sendo certo que o benefício:

a - não será concedido ao cotista titular de quotas que, isoladamente ou em conjunto com pessoas a ele ligadas, represente quarenta por cento ou mais da totalidade das quotas emitidas pelos fundos de que trata o art. 832 do RIR/2018[473] ou cujas quotas, isoladamente ou em conjunto com pessoas a ele ligadas, lhe derem direito ao recebimento de rendimento superior a quarenta por cento do total de rendimentos auferidos pelos fundos;[474]

b - não se aplica aos fundos a que se refere o art. 832 do RIR/18 que detiverem, em suas carteiras, a qualquer tempo, títulos de dívida em percentual superior a cinco por cento de seu patrimônio líquido, ressalvados desse limite os títulos de dívida mencionados no § 4º do art. 832 do RIR/2018 e os títulos públicos; e

c - não se aplica aos residentes ou aos domiciliados em país que não tribute a renda ou que a tribute à alíquota máxima inferior a vinte por cento."

---

473. Fundos de investimento em participações, dos fundos de investimento em quotas de fundos de investimento em participações e dos fundos de investimento em empresas emergentes

474. Para fins do conceito de pessoa ligada para o benefício, em questão, vide previsão do §2º do art. 3º da Lei 11.312/2006;

XXV – isenção de do imposto sobre a renda sobre os rendimentos, inclusive os ganhos de capital, pagos, creditados, entregues ou remetidos a beneficiário residente ou domiciliado no exterior, exceto em país com tributação favorecida, produzidos por quotas de fundo de índice de renda fixa, de que trata o art. 804 do RIR/2018,[475] cujo regulamento determine que a sua carteira de ativos financeiros apresente prazo de repactuação superior a setecentos e vinte dias (§6º do art. 2º da Lei 13.043/2014);

XXVI – isenção do imposto sobre a renda os rendimentos, inclusive os ganhos de capital, pagos, creditados, entregues ou remetidos a beneficiário residente ou domiciliado no exterior, exceto em país com tributação favorecida, produzidos por fundos de investimentos cujos cotistas sejam exclusivamente investidores estrangeiro (art. 97 da Lei 12.973/2014); e

XXVII – isenção do imposto sobre a renda os rendimentos e os ganhos de capital produzidos pela Letra Imobiliária Garantida - LIG emitida nos termos estabelecidos no art. 90 da Lei nº 13.097, de 2015 , quando o beneficiário for residente ou domiciliado no exterior, exceto em país com tributação favorecida a que se refere o art. 254, que realizar operações financeiras no País de acordo com as normas e as condições estabelecidas pelo Conselho Monetário Nacional (Lei nº 13.097, de 2015, art. 90, *caput*, inciso II, e parágrafo único). Caso o beneficiário seja residente em país com tributação favorecida, a alíquota será de 15% (quinze por cento).

475. O art. 804 do RIR/2018 regula o Fundos de Índice de Renda Fixa.

2.9 Regras específicas relativas a fundos de investimentos

2.9.1 Introdução

Como verificaremos a seguir, a tributação relativa de pessoas físicas quotistas de fundos de investimentos se insere na chamada retenção exclusiva na fonte.

Embora a tributação exclusiva na fonte esteja tratada, de modo genérico, no próximo capítulo, optamos por tratar da tributação incidente sobre de fundos de investimentos em um item específico, neste Capítulo 2, seja em razão do nível de detalhamento inerente a esse regramento, que mereceria um estudo à parte, seja por sua afinidade com o tema anterior.

Iniciaremos pelo regime geral e, em seguida, examinaremos os regimes específicos aplicáveis a certas modalidades de fundo.

Apesar de o foco ser a tributação de rendimentos e ganhos relacionados a fundos de investimento, é interessante notar que, por força do art. 33 da Lei 9.532/97, os clubes de investimento, as carteiras administradas e qualquer outra forma de investimento associativo ou coletivo, sujeitam-se às mesmas normas do imposto de renda aplicáveis aos fundos de investimento.

2.9.2 Regime geral

Inicialmente, define-se fundos de investimento como uma comunhão de recursos, constituída sob a forma de condomínio, destinada à aplicação em ativos financeiros. O conjunto de ativos que o fundo aplica é designada de "carteira do fundo".

Os fundos de investimentos são divididos em cotas que são frações ideais de seu patrimônio, conferindo direitos e obrigações a cotistas proporcionais à participação no patrimônio do fundo. A cota tem seu valor inicialmente arbitrado pelo administrador, sendo que tal valor deve variar diariamente em conformidade com a oscilação dos papéis (ativos) que compõem a carteira.

Em outras palavras, diariamente é feita uma avaliação do ativo, do passivo e, consequentemente, do patrimônio líquido do fundo. O valor do patrimônio líquido será dividido pelo número de quotas, atingindo-se o valor da cota daquele dia. Assim, de modo genérico, o investidor aufere rendimentos se, no momento do resgate, o valor da cota for superior à quantia investida.

Como veremos, a legislação tributária teceu inúmeras regras atinentes à tributação desses fundos. No presente item, verificaremos a sistemática genericamente prevista.

Assim, cumpre assinar que, no regime geral aplicável à tributação sobre fundos de investimentos, o imposto incide sobre os "rendimentos auferidos pelo contribuinte", nos últimos dias dos meses de maio e novembro de cada ano, ou no resgate da aplicação, se ocorrido em momento anterior, conforme previsão do art. 3º da Lei 10.892/2004 c/c § 2º, inciso I, do art. 1º da Lei 11.033/2004 Aqui, há um contrassenso, porque se o contribuinte não resgata a cota, salvo no caso de pagamentos de rendimentos específicos, não há quer se falar em "rendimento auferido". Há, na verdade, uma "expectativa de rendimento", em razão da valorização das quotas, que será confirmada, ou não, quando do resgate das cotas. Como a legislação permite uma compensação entre ganhos com perdas, essa inconstitucionalidade é um pouco amenizada.[476]

Já no caso de fundos com prazo de carência de até 90 (noventa) dias, a tributação incide no momento em que se completar cada período de carência, nos termos do inciso II do §2º do art. 1º da Lei 11.033/2004.

A incidência do imposto será com alíquota de 20% (vinte por cento) no caso de fundos de investimentos de curto prazo – tal como previsto pelo § 3º do art. 6º da Lei 11.053/2004 e

476. O art. 6º da Lei 10.426 de 24 abril de 2.002 prevê que as perdas apuradas no resgate de quotas de fundo de investimento poderão ser compensadas com rendimentos auferidos em resgates ou incidências posteriores, no mesmo ou em outro fundo de investimento administrado pela mesma pessoa jurídica, desde que sujeitos à mesma alíquota do imposto de renda, observados os procedimentos definidos pela Secretaria da Receita Federal.

de 15% (quinze por cento) no caso de investimentos de longo prazo, tal como prescreve o inciso I do § 2º do art. 1º da Lei 11.033/2004.[477] A distinção entre fundos de curso e longo prazo merece um cuidado especial. Mas antes de avançarmos nesse importante ponto há aspectos da carga tributária que precisam ser esclarecidos.

Além desse imposto previsto nos últimos dias de maio de novembro de cada ano – ou no momento em que se completar a carência – há uma espécie de adicional (a legislação chama de "alíquota complementar") que incide no momento do resgate da aplicação, nos termos do inciso III do §2º do art. 1º da Lei 11.033/2004 c/c § 3º do art. 6º da Lei 11.053/2004 . Essa cobrança adicional fará com que a alíquota final seja:

a) no caso de fundos de investimento de longo prazo:

1) de 22,5% (vinte e dois e cinco décimos por cento) em aplicações com prazo em até 180 (cento e oitenta) dias;

2) 20% (vinte por cento) em aplicações com prazo de 181 (cento e oitenta e um) dias até 360 (trezentos e sessenta dias) dias;

3) 17,5% (dezessete inteiros e cinco décimos por cento), em aplicações com prazo de 361 (trezentos e sessenta e um) até 720 (setecentos e vinte) dias;

4) 15% (quinze por cento), em aplicações com prazo acima de 720 (setecentos e vinte) dias.

b) no caso de fundos de investimento de curto prazo:

1) 22,5% (vinte e dois e meio por cento), em aplicações com prazo de até 180 (cento e oitenta) dias;

477. A tributação incide sobre os rendimentos. Além disso, segundo o §3º do art. 9 da Instrução Normativa RFB 1.585/2015 prevê que o IOF deduzido do rendimento apurado no último dia útil dos meses de maio e novembro de cada ano e não retido, por não haver resgate de quotas, será adicionado à base de cálculo do imposto sobre a renda.

2) 20% (vinte por cento), em aplicações com prazo acima de 180 (cento e oitenta) dias.

Interessante observar que a retenção na fonte semestral de maio e novembro incide antes de o contribuinte efetivamente receber, em moeda, seus rendimentos, como já adiantamos. Daí por que o art. 10 da Instrução Normativa RFB 1.585/2015 prevê que o administrador do fundo deverá reduzir a quantidade de quotas de cada contribuinte em valor correspondente ao imposto sobre a renda devido. Por isso, vulgarmente, essa incidência é comumente conhecida como "come-cotas".

Já vimos que o imposto, no caso, incide sobre a valorização das cotas do fundo que o contribuinte detém dos fundos. Assim, para fins de apuração do imposto, o administrador do fundo deverá identificar o custo de aquisição das quotas.

Para esse fim, a instituição administradora do fundo de investimento poderá adotar o critério do custo médio ou do custo específico de cada certificado ou cota. Tal opção deve ser exercida para todos os cotistas do fundo, somente alterada no 1º dia de útil de janeiro de cada ano calendário. Em caso de alteração do sistema de avaliação, se for abandonado o critério do custo médio para utilização do critério de custo específico, o valor de cada cota ou certificado, existente em 31 de dezembro do ano anterior, será igual a seu custo médio nessa mesma data.

Outro ponto importante é que as perdas apuradas no resgate de cotas de fundos de investimento poderão ser compensadas com rendimentos auferidos em resgates ou incidências posteriores, no mesmo ou em outro fundo de investimento administrado pela mesma pessoa jurídica, desde que sujeitos à mesma classificação, devendo a instituição administradora manter o sistema de controle e registro em meio magnético que permita a identificação, em relação a cada cotista, dos valores compensáveis.

Considera-se perda, a diferença negativa entre o valor do resgate e o valor da aplicação acrescido dos rendimentos tributados anteriormente. Na hipótese de existir resgate total de cotas em todos os fundos de investimentos administrados pela mesma instituição, o valor das perdas deverá permanecer nos sistemas de controle e registro da referida instituição, até o final do ano-calendário seguinte aos do resgate.[478]

Registre-se, ainda, que em havendo substituição do administrador do fundo, tal fato não afasta o direito da compensação, em relação às perdas havidas pelo cotista em resgates anteriores.

Além disso, se um fundo de investimentos for intermediado ou administrado por outra instituição, as compensações poderão ser efetivadas entre rendimentos auferidos e perdas ocorridas no mesmo ou em outro fundo intermediado ou administrado pela mesma pessoa jurídica.

Outra incidência prevista na legislação se efetiva na transformação de fundo de investimento com prazo de carência para fundo sem prazo de carência. O critério temporal se dará na data da transformação, se esse evento abranger todos os cotistas, independentemente da data da aplicação de cada um, ou na data do vencimento da aplicação, se a transformação ocorrer em função de cada certificado ou quota.

Cabe acrescentar, ainda, que o responsável pela retenção será o administrador do fundo de investimento ou a instituição que intermediar recursos, junto a clientes, para aplicações em fundos de investimento administrados por outra instituição, na forma prevista pelo Conselho Monetário Nacional.

Explicada essa sistemática, passamos a esclarecer a distinção entre fundos de investimento de longo ou curto prazo que, como vimos, é nuclear para identificação da alíquota aplicável.

O fundo de investimento de longo prazo é aquele cuja carteira de títulos tenha prazo médio superior a 365 (trezentos e sessenta e cinco) dias. Já o fundo de investimento de curto prazo é aquele cuja carteira de títulos tenha prazo médio igual ou inferior a 365 (trezentos e sessenta e cinco) dias. A título de curiosidade, embora irrelevante do ponto de vista

---

478. No caso de fundos que adotam o critério de custo médio das cotas, o valor da perda será adicionado ao custo das cotas restantes, se o resgate houver sido parcial, ou ao valor das aplicações posteriores.

tributário, os fundos de investimento de carteira de longo prazo costumam aplicar recursos em investimentos mais arrojados, ao passo que o fundo de investimento de curto prazo foca em aplicações mais conservadoras e de retorno mais rápido.

Estabelece o §2º do art. 3º da Instrução Normativa RFB 1.585/2015 que uma carteira de título é composta por títulos privados ou públicos federais, prefixados ou indexados a taxa de juros, a índices de preço ou à variação cambial, ou por operações compromissadas lastreadas nos referidos títulos públicos federais e por outros títulos ou operações de renda fixa com características semelhantes.

Mas, como é apurado o prazo médio da carteira? O art. 4º da mesma Instrução Normativa prevê a metodologia aplicável.

Em síntese, o prazo médio da carteira será a média, ponderada pelos respectivos valores financeiros, dos prazos médios dos títulos da carteira, que é calculado com periodicidade diária. Agora, para destrinchar tal definição, é preciso compreender o que são "valores financeiros" e "prazos médios dos títulos".

Pois bem. Por "valor financeiro" entende-se o valor contábil, diariamente avaliado, para o cálculo da cota do fundo.

Já o "prazo médio do título" é a média dos prazos de cada vencimento de principal e de juros ponderados pelos respectivos valores nominais na data para a qual se calcula o valor de cota do fundo, sem considerar qualquer projeção de índice.

Ademais, tenhamos por "prazo de vencimento de principal e juros", o prazo remanescente de cada evento financeiro, entendido como sendo o número de dias contínuos entre a data para a qual se calcula o valor da cota do fundo e a data de cada vencimento, excluindo-se na sua contagem o dia do início e incluindo-se o do vencimento.

Nos termos da legislação em vigor, os prazos médios dos depósitos à vista e das cotas dos fundos de investimento de curto prazo serão sempre considerados como de 1 (um) dia. Já os prazos médios das cotas de fundos de investimento de longo prazo serão sempre considerados como de 366 (trezentos e sessenta e seis) dias (art. 4º, §4º, da Instrução Normativa 1.585/2015).

Para cálculo do prazo médio da carteira do fundo, devem ser considerados apenas os seguintes títulos ou valores mobiliários e operações assemelhadas: (I) depósito à vista; (II) operações compromissadas, lastreadas em títulos, públicos ou privados; (III) títulos públicos federais; (IV) títulos privados: (a) certificado de depósitos bancários; b) debêntures; c) outros títulos privados de renda fixa autorizados pela Comissão de Valores Mobiliários a compor carteira de fundos de investimento; (V) operações conjugadas que permitam a obtenção de rendimentos predeterminados, realizadas nos mercados de opções de compra e de venda em bolsas de valores, de mercadorias e futuros (box), no mercado e termo nas bolsas de valores, de mercadorias e de futuros, em operações de venda coberta e sem ajustes diários, e no mercado de balcão; (VI) cotas de outros fundos de investimentos.

Por outro lado, são excluídos os seguintes títulos, valores mobiliários ou operações: (I) títulos ou operações com data de vencimento ou liquidação indeterminada, com exceção das cotas dos Fundos de Índices de Renda Fixa, que obedecerão ao disposto no § 4º-A; (II) operações com renda variável; (III) operações com CDB de emissão do administrador, do gesto e de empresas dos respectivos conglomerados financeiros; (IV) cotas de fundos e clubes de investimento em ações, cotas de FIP, cotas de FIF FIP, cotas de FIP-IE, cotas de FIP-PD&I e cotas de FIEE; (V) operações com direitos creditórios, conforme definição dada pela Comissão de Valores Mobiliários, integrante das carteiras de fundos de investimentos de direitos creditórios; (VI) operações com Cédulas de Crédito Bancário (CCB); (VII) títulos públicos ou privados emitidos no exterior; (VIII) cotas de fundos de investimentos imobiliários e (IX) Certificados de Operações Estruturadas (COE).

Já as operações de empréstimo poderão ser consideradas quando o fundo ou clube for o emprestador, mas não serão consideradas quando os fundos e clubes forem o tomador.

Para o chamado Fundo de Investimento em Cotas de Outros Fundos de Investimento (FIC), o enquadramento em como fundo de investimento de longo prazo apenas será possível se for mantida, no mínimo, o percentual médio de 90% (noventa por cento) de seu patrimônio investido em cotas de fundos de investimentos em longo prazo. Para isso, terão de ser observadas as regras do art. 5º da Instrução Normativa RFB 1.585/2015.

Expostas tais diretrizes, explica-se que esse regime genérico não se aplica para as seguintes modalidades de fundos de investimentos (art. 2º da Instrução Normativa RFB 1.585/2015):

I - Fundos de Investimento em Ações;

II - Fundos de Investimento em Ações - Mercado de Acesso;

III - Fundos Mútuos de Privatização - FGTS, inclusive carteira livre;

IV - Fundos de Investimento em Índice de Mercado - Fundos de Índice de Ações;

V - Fundos de Índice de Renda Fixa;

VI - Fundos de Investimento do Fundo de Garantia do Tempo de Serviço (FI-FGTS);

VII - Fundos de Investimento em Participações (FIP), Fundos de Investimento em Cotas de Fundos de Investimento em Participações (FIF FIP) e Fundos de Investimento em Empresas Emergentes (FIEE);

VIII - Fundos de Investimento em Participações em Infraestrutura (FIP-IE) e Fundos de Investimento em Participação na Produção Econômica Intensiva em Pesquisa, Desenvolvimento e Inovação (FIP-PD&I);

IX - Fundos de Investimento com Carteira em Debêntures;

X - Fundos de Investimento Imobiliário.

Também, o art. 16, da mesma instrução normativa, explicita que os ganhos auferidos na alienação de cotas de fundos de investimento constituídos sob a forma de condomínio fechado submetem-se à tributação prevista no art. 56 de tal ato infralegal (tributação em operações da bolsa e assemelhados), quando negociada em bolsa, ou quando detido por pessoa jurídica, ou de acordo com as regras de ganho de capital na alienação de bens e direitos de qualquer natureza, quando auferidos por pessoa física, em operações realizadas fora da bolsa.

Outro ponto a ser acrescentado e que entendo que tenha validade para todos os fundos é a previsão de ganho de capital na integralização de ativo no fundo.

O art. 1º da Lei 13.043/2014 prevê que na integralização de cotas de fundos ou clubes de investimento por meio da entrega de ativos financeiros, fica o administrador que receber os ativos a serem integralizados responsável pela cobrança e recolhimento do imposto sobre a renda devido sobre o ganho de capital, observado o disposto no item 1 da alínea *b,* do inciso I, do *caput* do art. 70 da Lei 11.196, de 21 de novembro de 2005.

Neste caso, responsabilidade pelo recolhimento do imposto será da instituição ou entidade que faça o pagamento ao beneficiário final, ainda que não seja a fonte pagadora inicial.

Cabe ao investidor que integralizar cotas de fundos e clubes de investimento com ativos financeiros a responsabilidade de comprovar o custo de aquisição dos ativos, bem como o valor de mercado pelo qual será realizada a integralização. Além disso, deverá disponibilizar previamente ao responsável tributário os recursos necessários para o recolhimento do imposto sobre a renda devido nos termos deste artigo e do Imposto sobre Operações de Crédito, Câmbio e Seguro, ou relativas a Títulos ou Valores Mobiliários - IOF, quando aplicável.

Para fins de comprovação do custo de aquisição, deve ser disponibilizada ao responsável a nota de corretagem de aquisição, de boletim de subscrição, de instrumento de compra, venda ou doação, de declaração do imposto sobre a renda do investidor, ou de declaração do custo médio de aquisição, conforme instrução da Secretaria Especial da Receita Federal do Brasil, sendo que o investidor é responsável pela veracidade, integridade e completude das informações prestadas e constantes dos documentos.

Caso o custo de aquisição ou o valor da aplicação financeira não for comprovado pelo investidor, será considerado igual a 0 (zero), para fins de cômputo da base de cálculo do imposto sobre a renda devido sobre o ganho de capital.

Convém acrescentar, ainda, que o § 7º do referido dispositivo vedou a integralização de cotas de fundos ou de clubes de investimento por meio da entrega de ativos financeiros que não estejam registrados em sistema de registro ou depositados em depositário central autorizado pelo Banco Central do Brasil ou pela Comissão de Valores Mobiliários.

Ademais, as disposições acima não se aplicam à integralização de cotas de fundos ou clubes de investimento por meio da entrega de imóveis, hipótese em que cabe ao cotista o recolhimento do imposto sobre a renda.

Entendemos que, nesta hipótese prevista pela lei, não há propriamente disponibilidade jurídica ou econômica de renda, haja vista que se opera a permuta de ativos por outros. De qualquer sorte, trata-se de previsão inserta na legislação.

Antes de encerrarmos este item, falta acrescentar que são isentos de imposto sobre a renda, os rendimentos e ganhos líquidos e ganhos de capital auferidos pelas carteiras dos fundos de investimento e os juros sobre o capital próprio.

2.9.3 Regimes específicos

2.9.3.1 Fundos de investimento em ações

Tenhamos por fundos de investimentos em ações os fundos cujo patrimônio líquido sejam constituídos, no mínimo, por 67% (sessenta e sete por cento) das ações negociadas no mercado à vista de bolsa de valores ou entidade assemelhada, no país ou no exterior, na forma regulamentada pela Comissão de Valores Mobiliários – CVM.

O § 6º do art. 28 da Lei 9.532/97 c/c art. 2º da Medida Provisória 2.189-49/2001 prevê que os rendimentos auferidos por beneficiários de tais fundos poderão ser tributados quando do resgate das quotas.

Para fins tributários, são equiparados a ações: (art. 18, § 3º, da Instrução Normativa RFB 1.585/2015)

> I - no Brasil:
>
> a) os recibos de subscrição;
>
> b) os certificados de depósito de ações;
>
> c) os Certificados de Depósito de Valores Mobiliários (*Brazilian Depositary Receipts* - BDR);
>
> d) as cotas dos fundos de ações; e
>
> e) as cotas dos fundos de índice de ações negociadas em bolsa de valores ou mercado de balcão organizado;
>
> II - no exterior:
>
> a) os *American Depositary Receipts* (ADR);
>
> b) os *Global Depositary Receipts* (GDR); e
>
> c) as cotas dos fundos de índice de ações negociadas em bolsas de valores ou mercado de balcão organizado;
>
> d) as cotas de fundos de investimento em ações.

Registre-se que para efeito de determinação do limite mínimo de 67% (sessenta e sete por cento), a legislação estipula uma série de regras, previstas nos §§4º a 17 do art. 18 da Instrução Normativa RFB 1.585/2015 que não explicitaremos, neste livro, em razão da especificidade da matéria.

Acrescentamos, ainda, que o regramento deste item é aplicável para fundos de investimentos em cotas que mantenham, no mínimo 95% (noventa e cinco por cento) de seu patrimônio líquido em cotas de fundos de investimentos de ações.

Muito bem. A tributação, no caso de fundos de investimentos de ações, como dissemos, será apenas no resgate das cotas, com alíquota, atualmente, de 15%, incidente sobre a diferença positiva entre o valor de resgate e o custo de aquisição da cota, considerados pelo seu valor patrimonial. Tal alíquota é definida pelo inciso I do § 3º do art. 1º da Lei 11.033/2004.

Antes de tal previsão, era vigente o art. 1º Medida Provisória 2.189-49/2.001, que havia reduzido a alíquota do IRRF para 10% (dez por cento).

Ademais, o art. 3º da Lei 10.426/2002 previu o seguinte:

> Art. 3º. As aplicações existentes em 31 de dezembro de 2001 nos fundos de investimento de que trata o § 6º do art. 28 da Lei no 9.532, de 10 de dezembro de 1997, com as alterações introduzidas pelos arts. 1º e 2º da Medida Provisória nº 2.189-49, de 23 de agosto de 2001, terão os respectivos rendimentos apropriados *pro rata tempore* até aquela data.
>
> § 1º No resgate de quotas referentes às aplicações de que trata este artigo serão observados os seguintes procedimentos:
>
> I - se o valor de aquisição, acrescido dos rendimentos apropriados até 31 de dezembro de 2001, for inferior ao valor de resgate, o imposto de renda devido será o resultado da soma das parcelas correspondentes a dez por cento dos rendimentos apropriados até aquela data e a vinte por cento dos rendimentos apropriados entre 1º de janeiro de 2002 e a data do resgate;
>
> II - se o valor de aquisição, acrescido dos rendimentos apropriados até 31 de dezembro de 2001, for superior ao valor de resgate, a base de cálculo do imposto será a diferença positiva entre o valor de resgate e o valor de aquisição, sendo aplicada alíquota de dez por cento.
>
> § 2º O disposto neste artigo aplica-se também aos clubes de investimento que mantenham em suas carteiras percentual mínimo de sessenta e sete por cento de ações negociadas no mercado à vista de bolsa de valores ou de entidade referida no art. 2º.

Note-se que o inciso I, do artigo, anteriormente mencionado, prevê que se o valor de aquisição, acrescido dos rendimentos apropriados até 31 de dezembro de 2001, for inferior ao valor de resgate, o imposto de renda devido será o resultado da soma das parcelas correspondentes a dez por cento dos rendimentos apropriados até aquela data e a vinte por cento dos rendimentos apropriados entre 1º de janeiro de 2002 e a data do resgate.

Já o inciso II do mesmo artigo prevê que o valor de aquisição, acrescido dos rendimentos apropriados até 31 de dezembro de 2001, for superior ao valor de resgate, a base de cálculo do imposto será a diferença positiva entre o valor de resgate e o valor de aquisição, sendo aplicada alíquota de 10% (dez por cento).

Ocorre que, como vimos, a Lei 11.033/2004 instituiu a alíquota para 15% (quinze por cento). Como ficaria, então, a tributação para resgates efetivados após a vigência de tal lei?

O art. 19 da Instrução Normativa RFB 1.585/2015 trata de regras de direito intertemporal, disciplinando as alíquotas aplicáveis em diferentes períodos.

Prescreve o dispositivo que para as aplicações existentes em 31 de dezembro de 2001 nos fundos ou clubes de investimento em ações, resgatadas a partir de 1º de janeiro de 2005, terão os respectivos rendimentos apropriados *pro rata tempore* até aquela data, sendo certo que no resgate de cotas referentes às aplicações de que trata este artigo, serão observados os seguintes procedimentos:

I - se o valor de aquisição, acrescido dos rendimentos apropriados até 31 de dezembro de 2001, for inferior ao valor de resgate, o imposto sobre a renda devido será o resultado da soma das parcelas correspondentes a 10% (dez por cento) dos rendimentos apropriados até aquela data e a 15% (quinze por cento) dos rendimentos apropriados entre 1º de janeiro de 2002 e a data do resgate;

II - se o valor de aquisição, acrescido dos rendimentos apropriados até 31 de dezembro de 2001, for superior ao valor de resgate, a base de cálculo do imposto será a diferença positiva entre o valor de resgate e o valor de aquisição, sendo aplicada a alíquota de 10% (dez por cento); e

III - quando não houver rendimento apropriado até 31 de dezembro de 2001, a base de cálculo do imposto será a diferença positiva entre o valor de resgate e o valor de aquisição, sendo aplicada a alíquota de 15% (quinze por cento).

Por sua vez, as aplicações nos fundos e clubes acima mencionados, existentes em 31 de dezembro de 1994, terão os respectivos rendimentos tributados de acordo com o disposto nos §§ 4º a 6º do art. 73 da Lei nº 8.981, de 20 de janeiro de 1995.[479]

Se o fundo ou clube de investimento em ações deixar de observar o percentual de 67% (sessenta e sete por cento) de

---

479. Art. 73. O rendimento auferido no resgate de quota de fundo de ações, de commodities, de investimento no exterior, clube de investimento e outros fundos da espécie, por qualquer beneficiário, inclusive pessoa jurídica isenta, sujeita-se à incidência do Imposto de Renda na fonte à alíquota de dez por cento.
§ 1º A base de cálculo do imposto é constituída pela diferença positiva entre o valor de resgate, líquido de IOF, e o valor de aquisição da quota.
§ 2º Os ganhos líquidos previstos nos arts. 72 e 74 e os rendimentos produzidos por aplicações financeiras de renda fixa auferidos pelas carteiras dos fundos e clubes de que trata este artigo são isentos de Imposto de Renda.
§ 3º O imposto de que trata este artigo será retido pelo administrador do fundo ou clube na data do resgate.
§ 4º As aplicações nos fundos e clubes de que trata este artigo, existentes em 31 de dezembro de 1994, terão os respectivos rendimentos apropriados pro-rata tempore até aquela data.
§ 5º No resgate de quotas, existentes em 31 de dezembro de 1994, deverão ser observados os seguintes procedimentos:
a) se o valor de aquisição da aplicação, calculado segundo o disposto no § 2º do art. 67, for inferior ao valor de resgate, o imposto devido será acrescido do imposto apurado nos termos daquele artigo;
b) em qualquer outro caso, a base de cálculo do imposto no resgate das quotas será a diferença positiva entre o valor de resgate, líquido do IOF, e o valor original de aquisição, aplicando-se a alíquota vigente em 31 de dezembro de 1994.
§ 6º Para efeito da apuração prevista na alínea b do § 5º, o valor original de aquisição em 31 de dezembro de 1994, expresso em quantidade de Ufir, será convertido em Real pelo valor de R$ 0,6767.
§ 7º Os rendimentos produzidos a partir de 1º de janeiro de 1995, referentes a aplicações existentes em 31 de dezembro de 1994 nos fundos e clubes de que trata este artigo, poderão ser excluídos do lucro real para efeito de incidência do adicional do Imposto de Renda de que trata o art. 39.
Art. 67, § 2º. Para efeitos de apuração da base de cálculo do imposto quando da alienação ou resgate, o valor dos rendimentos, apropriado nos termos deste artigo, será acrescido ao valor de aquisição da aplicação financeira. (Lei n. 8.981/95)

investimentos de ações negociadas à vista na bolsa de valores, o regime genérico de fundos de investimentos, que vislumbramos no item anterior, passará ser aplicável.

O desenquadramento poderá ser evitado caso: (I) a proporção permaneça em 50% (cinquenta por cento) do total do patrimônio líquido; (II) a situação seja regularizada em 30 (trinta) dias e (III) o fundo não incorrer em nova hipótese de desenquadramento no período de 12 (doze) meses subsequentes, conforme previsto pelo § 4º do art. 1º da Lei 11.033/2004.

Na hipótese de desenquadramento, os rendimentos produzidos até a data da alteração serão tributados nessa data e o imposto será recolhido até o terceiro dia útil subsequente ao decênio de sua incidência.

Vale apontar, ainda, que o art. 21 da IN RFB 1.585/2015 prevê que o administrador de fundo ou clube de investimento que destinar diretamente aos cotistas as quantias que lhes forem atribuídas a título de dividendos, juros sobre capital próprio, reembolso de proventos decorrentes do empréstimo de valores mobiliários, ou outros rendimentos advindos de ativos financeiros que integrem sua carteira, fica responsável pela retenção e pelo recolhimento do imposto sobre a renda:

I - como resgate de cotas, no caso de fundo constituído sob a forma de condomínio aberto; ou

II - como amortização de cotas, no caso de fundo constituído sob a forma de condomínio fechado.

O disposto, acima, aplica-se, também, a qualquer fundo de investimento que tenha ações em sua carteira.

Interessante notar, por fim, que o § 7º do art.1º da Lei 11.033/2004 prescreve que o percentual de 67% (sessenta e sete por cento) a que nos referimos anteriormente poderá ser alterado por ato do Ministério da Fazenda. Essa previsão nos parece inconstitucional pois permitirá, na prática, que o Poder Executivo, por ato infralegal, interfira na regra-matriz de incidência de fundos de investimentos em ações. Atualmente, o § 2º do art. 18 da IN RFB 1.585/2015 mantém o percentual de 67% (sessenta e sete por cento).

2.9.3.2 Fundos de investimento em índice de mercado – Fundos Índices de Ações

Tenhamos como "índice de mercado" uma medida que avalia a *performance* de um conjunto de ações selecionadas a partir de certo critério economicamente relevante. O índice revela a direção que o mercado caminha para certo segmento. A título de exemplo, o IBOVESPA é um índice que retrata as ações negociadas na bolsa brasileira.

Nesse sentido, os Fundos de Investimento em Índice de Mercado com cotas negociados em bolsa ou mercado de balcão organizado investem em um conjunto de ações que reproduzem um determinado índice. Visa-se, assim, a acompanhar a oscilação do índice.

A ideia dos Fundos de Investimento em Índice de Mercado é diversificar o investimento, diminuindo a probabilidade do risco. Vejamos o regime tributário destinado a essa modalidade.

Inicialmente, destacamos o art. 25 da Instrução Normativa RFB 1.585/2015 que prevê que caso as cotas sejam integralizadas por meio de entrega de ações, deverá ser apurado eventual ganho de capital e recolhido pelo investidor até o último dia do mês subsequente ao evento, à alíquota de 15% (quinze por cento). O ganho de capital será a diferença positiva entre o preço de fechamento do mercado das referidas ações utilizadas para integralização das quotas e seus respectivos custos de aquisição, sendo aplicado o limite de isenção de vinte mil reais. O limite de R$ 20.000,00 (vinte mil reais) para fins de isenção é aplicável, neste caso.

Parece-nos que essa tributação incide sobre, na prática, a permuta de bens, tornando sua constitucionalidade discutível.

Na integralização das quotas por pessoas jurídicas tributadas pelo lucro real, presumido ou arbitrado, também incide um imposto de 0,005% (cinco milésimos por cento) que depois poderá ser compensado na forma do §8º do art. 63 da Instrução Normativa RFB 1.585/2015.

Já no resgate das cotas em ações, o imposto sobre a renda incide sobre a diferença positiva entre o valor patrimonial da cota no fechamento do dia do resgate e o valor de integralização ou de aquisição da quota no mercado secundário, conforme o caso, devendo ser retido ou recolhido pelo administrador do fundo, enquanto no resgate das cotas em moeda a tributação será de 15% (quinze por cento) sobre a diferença do valor resgate e custo de aquisição.

No caso do resgate das quotas em moeda, incide imposto também de 15% (quinze por cento).

Registre-se que, na hipótese de aquisição de cotas no mercado secundário, o administrador do fundo exigirá do beneficiário a apresentação da nota de aquisição da cota ou declaração do custo médio de aquisição, sendo que, na falta da apresentação da documentação, o custo de aquisição será igual a zero.

No caso das alienações das cotas, a base de cálculo será a diferença positiva entre o valor da alienação e o valor da integralização ou da aquisição no mercado secundário.

Caso as operações sejam realizadas em bolsa, a tributação será efetivada nos termos do art. 56 da Instrução Normativa RFB 1.585/2015.[480] Caso as operações sejam realizadas fora

---

480. "Art. 56. Esta Seção dispõe sobre a incidência do imposto sobre a renda sobre os ganhos líquidos auferidos por qualquer beneficiário, inclusive pessoa jurídica isenta, em operações realizadas nas bolsas de valores, de mercadorias, de futuros e assemelhadas, existentes no País.

§ 1º O disposto nesta Seção aplica-se, também, aos ganhos líquidos auferidos:

I - por qualquer beneficiário:

a) na alienação de Brazilian Depositary Receipts (BDR), em bolsa;

b) na alienação de ouro, ativo financeiro;

c) em operação realizada em mercado de liquidação futura, fora de bolsa, inclusive com opções flexíveis; e

d) em operações de day-trade realizadas em bolsa;

e) na alienação de cotas de fundo de investimento imobiliário, sem prejuízo das disposições contidas no art. 37;

da bolsa, a tributação será de acordo com as regras aplicáveis ao ganho de capital na alienação de bens e direitos de qualquer natureza.

2.9.3.3 Fundo Mútuo de Privatização – FGTS, inclusive carteira livre

O Fundo Mútuo de Privatização – FGTS é uma modalidade de fundo que visa a aplicar recursos em ações de pessoas jurídicas que estão sendo privatizadas pelo Poder Público ou que sejam alvo de operações de venda pela União, Estados ou Municípios.

A carteira desse fundo normalmente é composta em valores mobiliários adquiridos no âmbito do Programa Nacional de Desestatização ou dos Programas Estaduais de Desestatização. Porém, poderá haver aplicação de até 10% (dez por cento) de seu patrimônio líquido em título de renda fixa, privados ou públicos federais.

Registre-se que tais fundos são constituídos por recursos transferidos de saldos das contas vinculadas do FGTS, por opção do trabalhador. O inciso XII do art. 20 da Lei 8.036/1990 prevê que é permitida a aplicação de 50% (cinquenta por cento) do saldo existente e disponível em conta vinculada do Fundo de Garantia do Tempo de Serviço, na data em que a pessoa física exercer a opção em quotas de Fundos Mútuos de Privatização, regidos pela Lei 6.385, de 7 de dezembro de 1976.

II - pelas pessoas jurídicas, na alienação de participações societárias, fora de bolsa.
§ 2º São consideradas assemelhadas às bolsas de que trata este artigo, as entidades cujo objeto social seja análogo ao das referidas bolsas e que funcionem sob a supervisão e fiscalização da CVM.
§ 3º Considera-se ganho líquido o resultado positivo auferido nas operações de que tratam os arts. 58 a 62 realizadas em cada mês, admitida a dedução dos custos e despesas incorridos, necessários à realização das operações.
§ 4º No caso de realização de mais de uma operação no mesmo dia, para efeitos de apuração do ganho líquido de que trata o § 3º, os custos e despesas totais incorridos poderão ser rateados entre as operações executadas, proporcionalmente ao valor financeiro de cada operação.
§ 5º O imposto de que trata este artigo será apurado por períodos mensais e pago pelo contribuinte até o último dia útil do mês subsequente ao da apuração."

Em termos fiscais, o § 1º do art. 23 da IN RFB 1.585/2015 prescreve que os rendimentos auferidos serão tributados pela alíquota de 15% (quinze por cento) sobre a diferença positiva entre o valor do resgate e o valor da aplicação acrescido do rendimento equivalente ao da remuneração das contas vinculadas do FGTS.

O imposto incidirá por ocasião do resgate das quotas, nas hipóteses de movimentação de contas do FGTS, ou no retorno dos valores aplicados no Fundo Mútuo para o FGTS e recolhido até o 3º (terceiro) dia útil subsequente ao decêndio de ocorrência dos fatos geradores.

Na transferência de cotas de um Fundo Mútuo de Privatização – FGTS para outro fundo da mesma espécie, não incide imposto sobre a renda, desde que não haja disponibilidade para o cotista e nem mude a titularidade do investimento.

Por outro lado, vale apontar que o inciso I do §14 do art. 20 da Lei 8.036/90 prevê que ficam isentos do imposto de renda a parcela dos ganhos nos Fundos Mútuos de Privatização até o limite da remuneração das contas vinculadas, o que foi consolidado pelo art. 812 do RIR/2018.

2.9.3.4 Fundos de Investimento do Fundo de Garantia do Tempo de Serviço – FI – FGTS e do Fundo de Investimento em Cotas - FIC

O Fundo de Investimento do Fundo de Garantia do Tempo de Serviço – FI-FGTS visa a aplicar recursos na construção, reforma ou implantação de empreendimentos de infraestrutura e é constituído de recursos do FGTS.

Já o Fundo de Investimento Cotas FIC, constituído pela Caixa Econômica Federal, investe seus ativos em outros fundos de investimento, normalmente em fundos que apliquem em carteira diversificada de ativos financeiros, investindo, no mínimo, 51% (cinquenta e um por cento) de seu patrimônio líquido em ativos e/ou modalidades operacionais que resultem em taxas prefixadas.

Muito bem. Os ganhos do Fundo de Investimento do Fundo de Garantia do Tempo de Serviço - FI-FGTS, criado pela Lei 11.491, de 20 de junho de 2007, e do Fundo de Investimento em Cotas – FIC são isentos do imposto sobre a renda, tal como previsto pelo artigo 20, § 14, inciso II, da Lei 8.036/90.

2.9.3.5 Fundo de Investimento em Participações, Fundo de Investimento em Cotas de Fundo de Investimento em Participações e Fundo de Investimento em Empresas Emergentes

O Fundo de Investimento em Participações (FIP) é a modalidade de fundo constituído sob a forma de condomínio fechado, caracterizando-se por ser constituído por uma comunhão de recursos destinados à aquisição de ações, debêntures, bônus de subscrição, ou outros títulos e valores mobiliários conversíveis ou permutáveis em ações de emissão de companhias, abertas ou fechadas, participando do processo decisório da companhia investida, com efetiva influência na definição de sua política estratégica e na sua gestão, notadamente através da indicação de membros do Conselho de Administração. É comumente designado como “Private Equity”.

Já o Fundo de Investimento em Cotas de Fundo de Investimento em Participações (FIF-FIP) caracteriza-se por investir em cotas de FIP.

Por fim, Fundo de Investimento em Empresas Emergentes, também designado de “Venture Capital”, é uma comunhão de recursos destinados à aplicação em carteira diversificada de valores mobiliários de emissão de empresas emergentes. Registre-se que o conceito de “empresa emergente” é definido em razão do valor do faturamento líquido anual da companhia, conforme instrução veiculada pela CVM.

Muito bem. O ganho líquido obtido na alienação de quotas é tributado com alíquota de 15%, mediante retenção na fonte, quando realizada em bolsa. Se realizada fora da bolsa, incide o regime jurídico normalmente destinado ao ganho de capital.

Ademais, no caso de amortização de cotas, o imposto sobre a renda na fonte incidirá sobre o valor que exceder o respectivo custo de aquisição, à alíquota de 15% (quinze por cento).

Para aplicação desse regime jurídico, os fundos deverão ter a carteira composta de, no mínimo, 67% (sessenta e sete por cento) de ações de sociedades anônimas, debêntures conversíveis em ações e bônus de subscrição. Além disso, as regras de diversificação da Comissão de Valores Mobiliários deverão ser seguidas.

Caso descumprida a regra, as alíquotas aplicáveis serão as de 22,5% (vinte e dois inteiros e cinco décimos por cento) em aplicações com prazo até 180 (cento e oitenta) dias, 20% (vinte por cento) em aplicação com prazo de até 181 (cento e oitenta e um) dias, 17,5% (dezessete inteiros e cinco décimos por cento) em aplicações com prazo de 361 (trezentos e sessenta e um) dias e 15% (quinze por cento) em aplicações com prazo acima de 720 (setecentos e vinte) dias.

Interessante observar que o FIP, muitas vezes, é utilizado para servir de veículo para aquisição de participações societárias e alienação.

Na medida em que os rendimentos auferidos por fundos são isentos, na prática, há espécie de diferimento na tributação quando o fundo aliena um investimento com ganho de capital.

Note-se que se a mesma operação fosse realizada por uma "holding", haveria tributação que poderia chegar próxima a 34% (trinta e quatro por cento).

Recentemente, o Conselho Administrativo de Recursos Fiscais desconsiderou o uso de um FIP em uma operação, como se depreende da ementa a seguir citada:

> Processo nº 10380.725189/201720 Recurso nº Voluntário Acórdão nº 2301005.933 – 3ª Câmara / 1ª Turma Ordinária Sessão de 14 de março de 2019 Matéria OMISSÃO DE RENDIMENTOS DE PESSOA FÍSICA IRPF Recorrente MARIA ELISA TELLES FIGUEIREDO Recorrida FAZENDA NACIONAL ASSUNTO: IMPOSTO SOBRE A RENDA DE PESSOA FÍSICA IRPF Data do

fato gerador: 09/08/2012, 21/02/2013, 09/11/2015, 07/10/2016 IRPF GANHO DE CAPITAL ALIENAÇÃO DE AÇÕES A PRAZO. FATO GERADOR APURAÇÃO DA DECADÊNCIA

Nas vendas a prazo o fato gerador do Imposto de Renda se realiza com o efetivo pagamento da parcela acordada pelas partes, devendo este ser o momento para contagem do prazo decadencial. Não constatada a decadência. Súmula CARF nº 112 É nulo, por erro na identificação do sujeito passivo, o lançamento formalizado contra pessoa jurídica extinta por liquidação voluntária ocorrida e comunicada ao Fisco Federalantes da lavratura do auto de infração. Súmula CARF nº 12 Constatada a omissão de rendimentos sujeitos à incidência do imposto de renda na declaração de ajuste anual, é legítima a constituição do crédito tributário na pessoa física do beneficiário, ainda que a fonte pagadora não tenha procedido à respectiva retenção. MERO ERRO/ IMPRECISÃO TÉCNICA NA IDENTIFICAÇÃO SUJEITO PASSIVO. NULIDADE. INEXISTENTE. Somente são nulos os Autos quando constatada a ocorrência do Art. 59 do Decreto n. 70.235/1972. Não se vislumbra a ocorrência de quaisquer dessas hipóteses. O mero erro ou imprecisão técnica na identificação do sujeito passivo, desde que não macule o seu direito de defesa nem o normal andamento do processo administrativo fiscal, não gerará nulidade por vício formal ou material do lançamento. Não há nulidade sem prejuízo. ALIENAÇÃO OU CESSÃO DE DIREITOS DE USUFRUTO IRPF ALIENAÇÃO OU CESSÃO DE DIREITOS DE USUFRUTO. O ganho de capital apurado na cessão de direitos, por alienação, do usufruto está sujeito à tributação na pessoa física do usufrutuário. Ocorrendo a transmissão do usufruto e da nuapropriedade concomitantemente, isto é, em uma mesma operação, tendo como adquirente um terceiro, o usufrutuário e o nuproprietário estão sujeitos à apuração do ganho de capital. FIP. AUSÊNCIA DE FINALIDADE NEGOCIAL. Desprovido de finalidade negocial o Fundo de Investimento em Participação FIP, constituído por uma única investidora, com um único investimento ao qual não foi aportado qualquer investimento adicional ou ato de gestão visando seu crescimento/desenvolvimento ou saneamento e cuja permanência no FIP durou alguns dias. FIP. DESCONSIDERAÇÃO. LEGALIDADE. É desprovida de base a acusação de que a desconsideração do FIP afronta ao princípio da legalidade, dado que foi devidamente avaliado que a interposição do FIP no lugar da autuada tratou-se de manobra para evadir tributação de ganho de capital. MULTA QUALIFICADA. SONEGAÇÃO. SIMULAÇÃO. DOLO. Estando comprovada a prática deliberada de simulação, portanto, estando caracterizados o dolo e sonegação, cabe a qualificação da multa de ofício.

Como se nota da ementa acima citada, o fato de o FIP ter sido constituído por uma única investidora, não ter aportado investimento adicional ou ato de gestão visando seu crescimento foi decisivo para que fosse desconsiderado.

Segundo o voto do ilustre Conselheiro relator

> Entre os critérios definidores de um planejamento tributário legítimo, oponível às autoridades fiscais, temse que: (i) os atos que impliquem a redução na carga tributária devem ocorrer cronologicamente antes do fato gerador; (ii) os atos praticados pelo contribuinte que resultaram na redução da carga tributária devem ser lícitos; e (iii) a manifestação/declaração de vontade (causa típica) deve corresponder à sua realização fática (causa objetiva), ou melhor, à sua finalidade econômico social.
>
> (...)
>
> Portanto, necessário verificar, entre outras coisas, se a finalidade da reorganização societária não foi exclusiva e predominantemente tributária e, paralelamente, DF CARF MF Fl. 1873 26 analisar a existência ou não de um propósito negocial, compreendido como a vontade objetiva final do negócio jurídico.

Como se percebe, na prática, o Fisco vem considerando atos praticados com a finalidade de gerar economia tributária e tal tendência vem sendo aceita, de maneira majoritária, pela jurisprudência administrativa.

No meu ponto de vista, não vislumbro fundamento legal ou constitucional que autorize a desconsideração de negócios jurídicos por ter sido praticado com intuito exclusiva e predominantemente tributário, desde que não haja simulação.

A título de exemplo, se é constituído um FIP que cumpre seu objeto social, ainda que de forma efêmera, não deveria o Fisco intervir no direito do contribuinte se auto-organizar, que é inerente à noção de livre-iniciativa.

De qualquer sorte, a ideia de necessidade de propósito negocial é cada vez mais difundida e ampliada, a ponto de internacionalmente já se falar em Teste do Propósito Principal (PPT).

Por essa nova linha, conforme prevê o texto do Multilateral Convention to Implement Tax Relate Measures to Prevent Base Erosion and Profit Shifting – MLI, ainda que os contribuintes tenham outras justificativas para realizar uma operação, o Fisco poderia desconsiderar a aplicação de certos tratados internacionais por observar que a economia tributária foi uma causa relevante para a prática do negócio, conforme o texto a seguir:

> [...] um benefício da presente Convenção não será concedido em relação a um componente de renda ou de capital se for razoável concluir, com base em todos os fatos e circunstâncias relevantes, que obter esse benefício constituiu um dos objetivos principais de um acordo ou operação que tenha resultado, direta ou indiretamente, nesse benefício, a menos que seja demonstrado que a concessão de tal benefício nessas circunstâncias estaria de acordo com o objeto e propósito das disposições pertinentes da presente Convenção.

Embora o Brasil não seja signatário do MLI, a própria noção de propósito negocial foi importada em nosso ordenamento sem um pressuposto legal claro. Nesse sentido, não se pode afastar a hipótese de que essa subjetiva noção do PPT passe a ser aplicada no país, ainda que sem um veículo legislativo que autorize, expressamente, tal aplicação.

2.9.3.6 *Fundos de Investimento em Participações em Infraestrutura (FIP-IE) e os Fundos de Investimento em Participação na Produção Econômica Intensiva em Pesquisa, Desenvolvimento e Inovação (FIP-PD&I)*

Os Fundos de Investimento em Participações em Infraestrutura e os Fundos de Investimento em Participação na Produção Econômica Intensiva em Pesquisa (FIP-IE), Desenvolvimento e Inovação foram criados pela Lei 11.478/2007 e têm por objetivo o investimento no território nacional em novos projetos de infraestrutura e de produção econômica intensiva em pesquisa, desenvolvimento e inovação.

Os ganhos líquidos auferidos na alienação de cotas de tais fundos são tributados à alíquota zero, quando realizada por pessoa física. A ausência de tributação também se verifica no ganho de capital auferido na amortização de quotas, desde que o Fundo cumpra os limites de diversificações e demais regras previstas pela Comissão de Valores Mobiliários.

2.9.3.7 *Fundos de Investimento com Carteira em Debêntures*

Com o objetivo de incentivar o desenvolvimento de infraestrutura no país, a Lei 12.431/2011 instituiu as chamadas debêntures incentivadas, emitidas por sociedade de propósito específico, constituída sob a forma de sociedade por ações, relacionadas à captação na área de infraestrutura ou de produção econômica intensiva em pesquisa, desenvolvimento e inovação, considerados como prioritários nas formas regulamentada pelo Poder Executivo Federal. Já dissemos algo a respeito desses Fundos, mas pedimos licença para reforçar alguns pontos.

O art. 2º, inciso I, da referida Lei, prevê uma alíquota zero de IRRF exclusivo na fonte para rendimentos auferidos por pessoas físicas inerentes a tais debêntures, bem como oriundos de certificados recebíveis imobiliários, cotas de emissão de fundo de investimento em direitos creditórios, constituídos sob a forma de condomínio fechado que se cumpram às finalidades acima mencionadas e desde que cumpra os requisitos da referida lei.

O§ 1º-A do mesmo dispositivo prevê que as debêntures objeto de distribuição pública, emitidas por concessionária, permissionária, autorizatária ou arrendatária, constituídas sob a forma de sociedade por ações, para captar recursos com vistas em implementar projetos de investimento na área de infraestrutura ou de produção econômica intensiva em pesquisa, desenvolvimento e inovação, considerados como prioritários na forma regulamentada pelo Poder Executivo federal, também fazem jus ao referido benefício.

Já o art. 3º, da mesma lei, com a redação dada pela Lei 12.715/2012, prevê que as instituições autorizadas pela

Comissão de Valores Mobiliários ao exercício da administração de carteira de títulos e valores mobiliários poderão constituir fundo de investimento, que disponha em seu regulamento que a aplicação de seus recursos nos ativos, acima mencionados, não poderá ser inferior a 85% (oitenta e cinco por cento) do valor do patrimônio líquido do fundo.

O § 1º de tal dispositivo prevê que os cotistas dos fundos de investimento acima mencionados ou dos fundos de investimentos em cotas de fundo de investimento que detenham, no mínimo, 95% (noventa e cinco por cento) dos seus recursos alocados em cotas dos fundos de investimento de que trata o *caput*, terão sua alíquota do imposto sobre a renda, incidente sobre os rendimentos produzidos pelos fundos acima mencionados, reduzida a 0% (zero por cento), quando pagos, creditados, entregues ou remetidos a beneficiário residente ou domiciliado no exterior, que realizar operações financeiras no País de acordo com as normas e condições estabelecidas pelo Conselho Monetário Nacional, exceto em país que não tribute a renda ou que a tribute à alíquota máxima inferior a 20% (vinte por cento).

O § 2º do mesmo dispositivo insere disposição que pode causar dúvidas: prevê que os cotistas pessoas físicas sujeitam-se à incidência do imposto sobre a renda exclusivamente na fonte. Essa redação poderia ensejar diversas interpretações.

Estaria o § 2º tratando de uma outra hipótese de tributação exclusiva na fonte que a pessoa física deveria arcar, além da tributação com alíquota zero? Ou apenas se criou uma técnica para assinalar que os rendimentos auferidos sem retenção na fonte – ou com renteção de alíquota zero! - também não deveriam ser oferecidos à tributação IRPF – Ajuste Anual, pois seriam seus rendimentos sujeitos à tributação exclusiva na fonte com alíquota zero? Parece-nos que se trata desta segunda alternativa.

Tanto é assim que a Instrução Normativa RFB 1.585/2015 prevê no § 1º do art. 34 que os rendimentos dos cotistas dos fundos de investimento de que trata o *caput* ou dos fundos de investimentos em cotas de fundo de investimento que detenham, no mínimo, 95% (noventa e cinco por cento) dos seus recursos alocados em cotas dos fundos de investimento de que trata o *caput*, **serão tributados exclusivamente na fonte**, à alíquota zero quando auferidos por pessoa física.

Ou seja, interpreto que, ao dizer que o rendimento é "tributado exclusivamente na fonte", criou-se um mecanismo para assinalar que tal rendimento não iria compor a base de cálculo do IRPF – Ajuste Anual, com tributação exclusiva na fonte com alíquota de zero por cento.

Avancemos. Com relação ao patamar de 85% (oitenta e cinco por cento), anteriormente mencionado, há previsão de que no prazo de dois anos contados da data da primeira integralização de quotas o percentual acima mencionado deverá ser no mínimo de 67% (sessenta e sete por cento), sendo que tais fundos detêm o prazo 180 (cento e oitenta) dias da data da primeira integralização para observar o referido patamar.

Se a carteira do fundo de investimento deixar de cumprir as condições acima estabelecidas, em um ano-calendário por mais de 3 (três) vezes ou por mais de 90 (noventa) dias, os rendimentos produzidos a partir do dia imediatamente posterior ao da alteração da condição serão tributados de acordo com as alíquotas regressivas no tempo normalmente aplicadas para o regime de renda fixa para fins de tributação dos rendimentos auferidos pelos quotistas, pessoas físicas. Após cumpridas as condições novamente, será permitido o reenquadramento a partir do 1° dia do exercício seguinte.

2.9.3.8 Fundos de Investimento Imobiliário

Os Fundos de Investimento Imobiliário, sem personalidade jurídica, são caracterizados pela comunhão de recursos captados por meio do Sistema de Distribuição de Valores Mobiliários, destinados à aplicação em empreendimentos imobiliários. Foram instituídos pela Lei 8.668/93.

Segundo o art. 35 da Instrução Normativa RFB 1.585/2015, os fundos de investimento imobiliário deverão distribuir a seus cotistas, no mínimo, 95% (noventa e cinco por cento) dos lucros auferidos, apurados segundo o regime de caixa, com base em seu balanço semestral encerrado em 30 de junho e 31 de dezembro de cada ano.

Tais lucros serão tributados pela alíquota de 20% (vinte por cento) sendo que se se referirem a lucros acumulados até 31 de dezembro de 1998 sujeitam-se à incidência do imposto sobre a renda na fonte à alíquota de 25% (vinte e cinco por cento).

Por sua vez, os ganhos de capital e rendimentos auferidos na alienação ou resgate de cotas dos fundos de investimento imobiliário sujeitam-se à incidência do imposto sobre a renda à alíquota de 20% (vinte por cento). Tais ganhos líquidos serão apurados nos termos do art. 56 da Instrução Normativa RFB 1.585/2015, quando auferidos por pessoa física em operações na bolsa de valores ou de acordo com as regras de ganho de capital na alienação de bens ou direitos de qualquer natureza, quando auferidos por pessoas físicas em operações fora da bolsa.

Por outro lado, ficam isentos do imposto sobre a renda na fonte e na declaração de ajuste anual das pessoas físicas, os rendimentos distribuídos pelos fundos de investimento imobiliário, cujas cotas sejam admitidas à negociação em bolsa de valores ou no mercado de balcão organizado. Tal benefício é concedido apenas se o fundo de investimento imobiliário possuir, no mínimo, 50 (cinquenta) quotistas e não será concedido ao cotista pessoa física, que representar 10% (dez por cento) ou mais da totalidade das cotas emitidas pelo fundo ou cujas cotas deterem direito ao recebimento superior a 10% (dez por cento) do total dos rendimentos auferidos pelo Fundo.

2.9.3.9 Fundos de Índice de Renda Fixa

Previsão instituída pela Lei 13.043/2014 refere-se aos rendimentos e ganhos de capital, auferidos por cotistas de fundos de investimento cujas cotas sejam admitidas à negociação no mercado secundário administrado por bolsa de valores ou entidade do mercado de balcão organizado, cujas carteiras sejam compostas por ativos financeiros que busquem refletir as variações e rentabilidade de renda fixa e cujos regulamentos determinem que suas carteiras sejam compostas, no mínimo, por 75% (setenta e cinco por cento) de ativos financeiros que integrem o índice de renda fixa de referência (art. 2º , *caput*).

O imposto, nesse caso, será cobrado com alíquota de 25% (vinte e cinco por cento) no caso de Fundos de Renda Fixa cuja carteira de ativos financeiros apresente prazo médio de repactuação igual ou inferior a 180 (cento e oitenta) dias, 20% (vinte por cento) caso tal prazo médio seja superior a 180 (cento e oitenta) e inferior a 720 (setecentos e vinte) e 15% (quinze por cento) caso seja superior a 720 (setecentos e vinte) dias. A incidência se dá quando do resgate ou alienação das cotas, ou da distribuição de rendimentos (art. 28, I a III).

Em havendo alteração no prazo médio de repactuação da carteira que implique modificação de enquadramento do fundo para fins de determinação do regime tributário, será aplicada a alíquota correspondente ao prazo médio de repactuação até o dia imediatamente anterior ao da alteração da condição, sujeitando-se os rendimentos auferidos a partir de então à alíquota correspondente ao novo prazo médio de repactuação. Tal dispositivo aplica-se:

> I - da distribuição de qualquer valor pelo Fundo de Índice de Renda Fixa; ou
>
> (Incluído(a) pelo(a) Instrução Normativa RFB nº 1637, de 09 de maio de 2016)
>
> II- do resgate de cotas do Fundo de Índice de Renda Fixa

Ademais, nos casos de alienação de cotas em mercado secundário, deve-se considerar para fins da incidência do imposto sobre a renda a alíquota correspondente ao prazo médio de repactuação em que a carteira do Fundo de Índice de Renda Fixa esteja enquadrada na data em que ocorra a alienação.

Se o Fundo de Renda Fixa descumprir o percentual mínimo de composição definido no *caput* do art. 2º da Lei 13.043/2014 (75% de ativos financeiros que integrem o índice de renda fixa), haverá retenção na fonte com alíquota de 30% (trinta por cento).

Avancemos. Discorrido sobre a alíquota, vale apontar que a base de cálculo do imposto será:

(I) no caso de resgate de cotas, a diferença entre o valor efetivamente utilizado para resgate e o valor da integralização ou de aquisição da cota no mercado secundário, excluídos o IOF e os custos e despesas incorridos, necessários à realização das operações;

(II) na alienação de cotas em mercado secundário, a diferença entre o valor da alienação e o valor da integralização ou de aquisição da cota no mercado secundário, excluídos o valor do IOF e dos custos e despesas incorridos, necessário à realização das operações; e

(III) na distribuição de qualquer valor, o valor distribuído.

A responsabilidade do imposto é da instituição ou da entidade que faça o pagamento dos rendimentos ou ganhos ao beneficiário final – ainda que não seja a fonte original – no caso de alienação de cotas em mercado secundário. No caso de resgate de cotas e na distribuição de qualquer valor, o administrador do fundo.

Na hipótese de alienação de cotas no mercado secundário, caso a instituição responsável pelo imposto não possua informações sobre o custo de aquisição do ativo, para fins de apuração da base de cálculo, poderá obtê-la junto à bolsa ou junto à entidade de balcão organizado na qual as cotas do Fundo de índice de Renda Fixa sejam negociadas. Agora, se a bolsa ou entidade de balcão organizado não for a mesma em que se realizar a alienação do ativo, o investidor deverá autorizar, expressamente, o envio das informações, sob pena do custo de aquisição ser considerado zero.

O custo de aquisição também será considerado zero, se a negociação ocorrer fora de bolsa ou de entidade de balcão organizado, e o investidor não disponibilizar ao responsável tributário a quantidade e o custo dos ativos negociados ou outras informações necessárias à apuração do imposto. A comprovação deverá ser feita por nota de corretagem, boletim de subscrição, instrumento de compra e venda ou doação, declaração de imposto de renda do investidor ou declaração de custo médio de aquisição, conforme modelo disponibilizado pela Secretaria da Receita Federal do Brasil.

2.9.3.10 Isenção destinada ao FIA – Mercado de Acesso

Nos termos do art. 18 da Lei 13.043/2014, ficam isentos do imposto sobre a renda os rendimentos auferidos por pessoas físicas no resgate de cotas de fundos de investimento de ações constituídos sob a forma de condomínio aberto que atendam aos requisitos estipulados pelo referido artigo.

Para fins da isenção, os Fundos de Investimento em ações deverão possuir, no mínimo, 67% (sessenta e sete por cento) de seu patrimônio aplicado em ações cujos ganhos sejam isentos do imposto sobre a renda nos termos do art. 16 da referida lei,[481] ter prazo mínimo de resgate de 180 (cento e oitenta) dias e ter a designação "FIA-Mercado de Acesso".

Os Fundos deverão ter no mínimo 10 (dez) cotistas, sendo cada cotista, individualmente ou em conjunto com pessoas a eles ligadas, não poderá deter mais de 10% (dez por cento) das cotas emitidas. Para tal fim, considera-se pessoa ligada ao cotista:

I – a pessoa física ou parente ou afim até terceiro grau, cônjuge ou companheiro; ou

II – a pessoa física que seja associada, na forma de consórcio ou condomínio.

481. Trata-se das pequenas e médias empresas com ações negociadas em bolsa. Especificamos melhor tais entidades quando tratamos da isenção de ganho de capital sobre alienações efetivadas por tais pessoas jurídicas.

Em deixando de observar os requisitos acima mencionados, os rendimentos passarão a ser tributados na forma do inciso I, §3°, do art. 1° da Lei 11.033/2004, salvo se, cumulativamente:

I – a proporção não se reduzir abaixo de 50% (cinquenta por cento) do total da carteira;

II – a situação for regularizada no prazo de 30 (trinta) dias;

III – não ocorrer nova hipótese de desenquadramento até o último dia do exercício subsequente àquele em que ocorreu o desenquadramento.

Cabe à Comissão de Valores Mobiliários notificar a Secretaria da Receita Federal do Brasil em casos de desenquadramento.

2.9.3.11 Clubes de investimentos, carteiras administradas e outras formas de investimento associativo ou coletivo

Aos clubes de investimento, carteiras administradas e outras formas de investimento associativo ou coletivo são aplicadas as regras dos fundos de investimento de longo ou curto prazo (regime geral) e de fundos de investimento em ações, conforme o caso.

O responsável pela retenção e recolhimento do imposto é a instituição administradora do clube de investimento ou de outra forma de investimento associativo ou coletivo. Se o clube de investimento for transformado em fundo de mesma espécie, não haverá alteração na regra de tributação.

Já as carteiras individuais administradas são tributadas por ocasião do resgate, da alienação, liquidação ou cessão dos títulos ou valores mobiliários que as compõem.

2.9.3.12 Fundos de Aposentadoria Individual – FAPI

Os Fundos de Investimento de Aposentadoria Individual FAPI são tributados como planos de benefícios de caráter previdenciário.

Lembrando-se que a partir de 1º de janeiro de 2005, o contribuinte pode escolher entre tributar os resgates dos planos de benefícios de caráter previdenciário na declaração de ajuste anual, com retenção na fonte a título de antecipação do devido com alíquota de 15% (quinze por cento), ou com tributação definitiva e regressiva, com as seguintes alíquotas (art. 691 do RIR/2018):

I - 35% (trinta e cinco por cento), para recursos com prazo de acumulação inferior ou igual a 2 (dois) anos;

II - 30% (trinta por cento), para recursos com prazo de acumulação superior a 2 (dois) anos e inferior ou igual a 4 (quatro) anos;

III - 25% (vinte e cinco por cento), para recursos com prazo de acumulação superior a 4 (quatro) anos e inferior ou igual a 6 (seis) anos;

IV - 20% (vinte por cento), para recursos com prazo de acumulação superior a 6 (seis) anos e inferior ou igual a 8 (oito) anos;

V - 15% (quinze por cento), para recursos com prazo de acumulação superior a 8 (oito) anos e inferior ou igual a 10 (dez) anos; e

VI - 10% (dez por cento), para recursos com prazo de acumulação superior a 10 (dez) anos.

Na apuração da base de cálculo do imposto, será permitida a dedução do IOF devido na operação.

Os resgates para transferência do investimento a outro fundo da mesma espécie ou para aquisição de renda junto às instituições privadas de previdência e seguradoras que operam com este produto estão isentos do Imposto Sobre a Renda.

2.9.3.13 Ficart

O art. 14 da Lei 9.065/95 prevê que os rendimentos e ganhos de capital distribuídos, a partir de 1º de julho de 1995, pelos

Fundos de Investimento Imobiliário e Fundos de Investimento Cultural e Artístico - FICART, sob qualquer forma e qualquer que seja o beneficiário, sujeitam-se à incidência do imposto de renda na fonte à alíquota de dez por cento. Aponto que na Parte III deste livro, já expliquei um pouco mais sobre o FICART.

O imposto deve ser retido, pelo administrador do fundo, na data da distribuição ou do crédito do rendimento ou do ganho e capital.

Com relação à tributação incidente sobre o ganho de capital, relativo à alienação de quotas de Ficart é de 15% (quinze por cento), sendo a retenção efetivada, também pelo administrador do fundo, na data do resgate das quotas.[482]

Por fim, vale apontar que o os rendimentos e os ganhos de capital auferidos pela carteira do Ficart ficam isentos do imposto sobre a renda, desde que atendidos os requisitos previstos na Lei 8.313, de 1991, e nas normas editadas pela Comissão de Valores Mobiliários.

2.9.13.14 Funcine

Os Fundos de Financiamento da Indústria Cinematográfica Nacional – FUNCINE serão constituídos sob a forma de condomínio fechado, sem personalidade jurídica, e administrados por instituição financeira autorizada a funcionar pelo Banco Central do Brasil ou por agências e bancos de desenvolvimento. Já tratamos desses fundos na Parte III deste livro.

Convém apontar que o patrimônio dos Funcines será representado por quotas emitidas sob a forma escritural, alienadas ao público com a intermediação da instituição administradora do Fundo.

---

482. O art. 818 do RIR/2018 prevê a aplicação 839 e 842 do mesmo regulamento para a tributação de Ficart sob a forma de condomínio aberto e do artigo 808 para o Ficart sob a forma de condomínio aberto. Os arts. 839 e 842 do RIR/2018 tratam das operações da bolsa e fora delas e o artigo 808 trata do Fundo de Investimentos em Ações.

Em matéria de tributação, os rendimentos, os ganhos de capital e os ganhos líquidos decorrentes de aplicação em Funcines ficam sujeitos às normas tributárias aplicáveis aos demais valores mobiliários no mercado de capitais. Assim, faço remissão às explicações que empreendemos no item 2.8 do presente livro.

Por sua vez, os rendimentos, os ganhos de capital e os ganhos líquidos auferidos pela carteira de Funcines ficam isentos do imposto sobre a renda.

Outro ponto a ser considerado é que na hipótese de resgate de quotas de Funcines em decorrência do término do prazo de duração ou da liquidação do fundo, sobre o rendimento do cotista, constituído pela diferença positiva entre o valor de resgate e o custo de aquisição das quotas, incidirá imposto sobre a renda na fonte, à alíquota de vinte por cento, que será retido e recolhido pelo administrador do fundo.

Por fim, registre-se que cabe ao administrador dos Funcines as obrigações de caráter tributário.

SÍNTESE DA REGRA-MATRIZ – REGRA GERAL DO GANHO DE CAPITAL (SALVO EXCEÇÕES)

Hipótese de Incidência e Consequente

HIPÓTESE DE INCIDÊNCIA

- **CRITÉRIO MATERIAL:** alienar bem ou direito por valor superior à aquisição.
- **CRITÉRIO ESPACIAL:** para o residente , universal. Para o não residente, o bem deve estar situado no país.
- **CRITÉRIO TEMPORAL:** momento da percepção do rendimento.

CONSEQUENTE

BASE DE CÁLCULO: diferença entre valor de alienação e custo de aquisição.

ALÍQUOTA (REGRA GERAL): 15%, 17,5%, 20% ou 22,5%, conforme quadro infra.

SUJEITO ATIVO: União.

SUJEITO PASSIVO: de modo geral, aquele aufere o ganho, ou os responsáveis no caso do não residente.

ALÍQUOTAS – REGRA-GERAL

I - 15% (quinze por cento) sobre a parcela dos ganhos que não ultrapassar R$ 5.000.000,00 (cinco milhões de reais);

II - 17,5% (dezessete inteiros e cinco décimos por cento) sobre a parcela dos ganhos que exceder R$ 5.000.000,00 (cinco milhões de reais) e não ultrapassar R$ 10.000.000,00 (dez milhões de reais);

III - 20% (vinte por cento) sobre a parcela dos ganhos que exceder R$ 10.000.000,00 (dez milhões de reais) e não ultrapassar R$ 30.000.000,00 (trinta milhões de reais); e (Redação dada pela Lei 13.259/2016)

IV - 22,5% (vinte e dois inteiros e cinco décimos por cento) sobre a parcela dos ganhos que ultrapassar R$ 30.000.000,00 (trinta milhões de reais). (Redação dada pela Lei 13.259/2016)

3. TRIBUTAÇÃO EXCLUSIVA NA FONTE

Algumas espécies de rendimentos estão sujeitas à tributação exclusivamente na fonte. A distinção entre "tributação exclusivamente na fonte" e "ganho de capital" é a alíquota e o sujeito passivo compelido ao pagamento: no primeiro caso, o próprio contribuinte; no segundo, é a fonte pagadora dos rendimentos.

Conforme o tipo de rendimento, diferentes alíquotas serão aplicáveis para fins de configuração da tributação. Passaremos, a seguir, a indicar a regra-matriz de incidência tributária, aplicável, para essa tributação, com a ressalva de que retenções exclusivas na fonte relativas a fundos de investimentos já foram tratadas no capítulo anterior. Lembrando-se que nosso corte metodológico é a tributação da pessoa física, de modo que nos absteremos de indicar hipóteses de retenções efetivadas para rendimentos de pessoas jurídicas.

3.1 Critério material

Há diversas hipóteses de tributação exclusiva na fonte, mas vamos iniciar tratando dos casos de aplicações financeiras submetidas às alíquotas regressivas no tempo previstas no art. 1º da Lei 11.033/2004.

O critério material da tributação exclusiva na fonte com alíquotas regressivas no tempo, especialmente, no que tange às aplicações financeiras, pode ser inferido a partir de certas disposições da legislação e suas exceções.

Pois bem. O inciso II do art. 76 da Lei 8.981/95 prescreve que o imposto de renda retido na fonte sobre os rendimentos de aplicações financeiras de renda fixa e de renda variável, ou sobre os ganhos líquidos mensais, será definitivo no caso da pessoa física.

Portanto, já há um importante norte sobre o critério material dessa tributação no que tange a operações de mercado financeiro: auferir rendimento sobre aplicações financeiras de renda fixa e variável ou obter ganhos líquidos referentes a tais aplicações.

No presente livro, estamos utilizando a palavra "rendimento" para nos referir a qualquer pequena parcela da renda, isto é, a ganhos individualizados. No entanto, em matéria de mercado financeiro, a legislação, em modo geral, reserva a terminologia de "rendimentos" para valores, normalmente periódicos, recebidos pelas pessoas físicas, pela remuneração do capital, como por exemplo, juros; e ganhos líquidos como o resultado positivo da alienação de ativos, especialmente, no mercado financeiro.[483]

Prosseguindo, o art. 5º Lei 9.779/1999 determina que os rendimentos auferidos em qualquer operação aplicação ou operação financeira de renda fixa ou de renda variável sujeitam-se à incidência do imposto de renda na fonte, mesmo no caso das operações de cobertura (*hedge*), realizadas por meio de operações de swap e outras, nos mercados de derivativos.

Por sua vez, o art. 1º da Lei 11.033/2004 prescreve que os rendimentos de que trata o art. 5º da Lei nº 9.779, de 19 de janeiro de 1999 se submetem ao Imposto de Renda Retido na Fonte, pelas alíquotas regressiva ali estipuladas, que verificaremos, adiante.

---

483. Interessante notar, contudo, que o §2º da do art. 3º da Lei 7.713/88 determina que integrará o rendimento bruto, como ganho de capital, o resultado da soma dos ganhos auferidos no mês, decorrentes de alienação de bens ou direitos de qualquer natureza, considerando-se como ganho a diferença positiva entre o valor de transmissão do bem ou direito e o respectivo custo de aquisição corrigido monetariamente. O legislador, como se nota, varia em suas designações.

Portanto, a regra geral da tributação em aplicações financeiras é que a obtenção de ganhos líquidos e rendimentos no mercado de renda fixa e variável se submeterão às alíquotas regressiva no tempo previstas pelo art. 1º da Lei 11.033/2004.

No entanto, no capítulo anterior, vislumbramos inúmeros casos de tributação das pessoas físicas referentes a operações de renda variável que, embora submetidas à tributação definitiva, não se enquadram no regime de tributação exclusiva na fonte, ou quando enquadradas não se submetem às alíquotas estabelecidas pelo art. 1º da Lei 11.033/2004 . Como se explica tal aspecto?

Ocorre que o art. 2º da Lei 11.033/2004 determina que o disposto no art. 1º de tal Lei não se aplica aos ganhos líquidos auferidos em operações realizadas em bolsas de valores, de mercadorias, de futuros, e assemelhadas, inclusive *day trade*, que permanecem sujeitos à legislação vigente e são tributados às alíquotas que vimos no capítulo anterior.

Portanto, a hipótese de incidência da tributação exclusiva na fonte, com tributação regressiva no tempo, voltada à renda fixa e variável, abrange rendimentos ou ganhos líquidos da renda fixa e variável, com exceção de ganhos líquidos em operações realizadas em bolsas de valores, de mercadorias, de futuros e assemelhadas, inclusive *day trade.*

Para fins de esclarecimento, entendo que o nome "renda fixa" – que na verdade deveria ser designado de "ganho líquido fixo" ou "rendimento fixo" – designa os ganhos líquidos ou rendimentos a serem recebidos pelo aplicador que são pré-determinados ao passo que "renda variável" é decorrente de operações em que o retorno financeiro é incerto e indeterminado.

Recordemos, ainda, que, como regra geral, nas operações envolvendo fundos de investimento também há incidência das alíquotas regressivas previstas pelo art. 1º da Lei 11.033/2004.

Vimos, também, que para certas espécies de fundos de investimentos, listados no capítulo anterior, a tributação aplicável não se enquadra na sistemática de alíquotas regressivas no tempo.

Avancemos. O § 12 do art. 46 da IN RFB 1.585/2015 c/c arts. 47, 50, 51 da mesma Instrução Normativa enumera inúmeras modalidades de aplicações em que o tratamento tributário que estamos analisando incide. Veja-se

I - rendimentos ou ganhos decorrentes da negociação de títulos ou valores mobiliários de renda fixa em bolsas de valores, de mercadorias, de futuros e assemelhadas;[484]

II - operações ativas vinculadas pelas instituições financeiras com base em recursos entregues ou colocados à disposição da instituição por terceiros, de acordo com a regulamentação do CMN, inclusive na hipótese de a instituição financeira liquidar a operação com a entrega do ativo vinculado em razão de inadimplemento dos recursos captados pelo devedor.

III - operações conjugadas que permitam a obtenção de rendimentos predeterminados, tais como as realizadas:

a) nos mercados de opções de compra e de venda em bolsas de valores, de mercadorias e de futuros (box);

b) no mercado a termo nas bolsas de que trata a alínea "a", em operações de venda coberta e sem ajustes diários;

c) no mercado de balcão organizado;

---

484. Quando leio o art. 2º, *caput*, da Lei 11.033/2004, que excepciona a tributação regressiva no tempo, noto que ganhos líquidos obtidos em operações realizadas em bolsa de valores, de mercadorias, de futuros e assemelhadas ficariam fora de tal sistemática, sendo tributados com alíquota de 15% e 20% no caso de day trade. Não consegui compreender, portanto, porque ganhos obtidos em bolsa de valores, mercadorias, de futuros e assemelhados provenientes de renda fixa ficariam sujeitas à tributação regressiva no tempo, tal como indicado pela IN 1.585/2015, se o referido art. 2º não indica tal exceção. Divido essa dúvida com o leitor.

IV - entrega de recursos a pessoa jurídica, sob qualquer forma e a qualquer título, independentemente de a fonte pagadora ser ou não instituição autorizada a funcionar pelo Banco Central do Brasil - Bacen;

V - operações de mútuo de recursos financeiros entre pessoas jurídicas ou entre pessoa jurídica e pessoa física;

VI - reembolso ou na devolução dos valores retidos referentes ao IOF incidente nas operações com títulos ou valores mobiliários;

VII - operações de transferência de dívidas realizadas com instituição financeira e demais instituições autorizadas a funcionar pelo Bacen; e

VIII - Operações de *Swap*;

IX - operações de mútuo e de compra vinculada à revenda, tendo por objeto ouro, ativo financeiro, em que se opera à chamada equiparação do ouro a operações de renda fixa; e

X – rendimentos de certificados de operação estruturada – COE;

Além da tributação exclusiva na fonte prevista no art. 1º da Lei 11.033/2004 e de operações com fundos de investimentos vistas no capítulo anterior, o ordenamento prevê uma série de hipótese distintas e com alíquotas diferentes das definidas no referido dispositivo do IRRF para pessoas físicas. Passa-se a citar tais hipóteses, sendo que as respectivas alíquotas serão indicadas em item específico voltado a essa grandeza:

(I) Rendimentos e ganhos de capital auferidos após a data da saída definitiva do país (§3º do art. 17 da Lei n. 3.470/58) ou auferidos por não residentes (art. 97 do DL 5.844/43);

(II) Rendimentos recebidos acumuladamente nos termos do art. 12-A da Lei 7.713/88;

(III) Remuneração indireta a administradores e terceiros, sem identificação do beneficiário ou adição aos salários (art. 61 *caput* e§ 1º da Lei 8.981 de 1995);

(IV) Importâncias recebidas pelos trabalhadores a título de PLR; (§ 8º do art. 3º da Lei 10.101/2000);[485]

(V) Décimo-terceiro salário (16, III, da Lei 8.134/90);

(VI) Juros Sobre Capital Próprio (§§ 2º e 3º do art. 9º Lei 9.249/95);

(VII) Lucros decorrentes de prêmios em dinheiro obtidos em loterias, inclusive as instantâneas, mesmo as de finalidade assistencial, ainda que exploradas diretamente pelo Estado, concursos desportivos em geral, compreendidos os de turfe e os sorteios de qualquer espécie, exclusive os de antecipação nos títulos de capitalização e os de amortização e resgate das ações das sociedades anônimas; (art. 14 da Lei 4.506/64);

(VIII) Os prêmios em concursos de prognósticos desportivos, independentemente do valor do rateio atribuído a cada ganhador; (art. 10 do DL 1.493/76);

(IX) Os prêmios distribuídos sob a forma de bens e serviços, por meio de concursos e sorteios de qualquer espécie (art. 62 da Lei n. 8.981/95);

(X) Benefícios líquidos resultantes da amortização antecipada, por meio de sorteio, dos títulos de economia

485. Interessante notar que a Solução de Consulta COSIT n. 171/2021 prevê que o IRRF – Tributação Exclusiva na Fonte também incidirá no caso de pagamento de PLR em ações. Nesssa hipótese, a referida Solução de Consulta esclarece que a quantidade de ações deverá ser convertida em reais pela cotação na data do pagamento, constituindo-se o resultado em redimentos sujeitos à tributação do Imposto Sobre a Renda na modalidade de Tributação Exclusiva na Fonte.

denominados capitalização e os benefícios atribuídos aos portadores de títulos de capitalização nos lucros da empresa emitente (art. 32 da Lei 7.713/88);

(XI) Rendimentos auferidos com títulos de capitalização, na hipótese de resgate, sem sorteio (art. 1º, § 3º, inciso II Lei nº 11.033/2004);

(XII) prêmios pagos aos proprietários e aos criadores de cavalos de corrida (art. 32, §1º da Lei 7.713/88);

(XIII) remessa ao exterior ou pagamento ou crédio a residentes no exterior em variados casos (art. 741 e seguintes do RIR/2018); e

(XIV) benefícios pagos a pessoas físicas pelas entidades de previdência privada, inclusive as importâncias correspondentes ao resgate de contribuições, dos participantes e a quotistas do FAPI que ingressarem a partir de 1º de janeiro de 2005 e optarem por tributação na fonte regressiva em razão do tempo (art. 1º da Lei 11.053/2004).

Notamos, acima, a previsão de tributação em diversas hipóteses de recebimentos de prêmios. Agora, não se confundam tais hipóteses com aquelas que importam tributação do IRPF Anual, a saber:

a) prêmios em bens, a título de produtividade, promoção de vendas, eficiência, não ocorrência de acidentes etc.;[486]

b) prêmios recebidos em competições artísticas, científicas, esportistas, literárias, sendo certo que a

486. Vide artigo 36, IV, do RIR/18 e pergunta 180 do Perguntas e Respostas 2.021 da Secretaria da Receita Federal do Brasil (Secretaria Especial da Receita Federal do Brasil. "Perguntas e Respostas 2.021". Pergunta 180, p.93. Disponível em: www.ibet.com.br/wp-content/uploads/2021/04/IRPF-RFB.pdf Acesso em: 15 jan. 2022.

performance do contribuinte em tais competições, devidamente avaliada, é visto como um trabalho;[487]

c) valores pagos a atletas profissionais em competições esportivas, como prêmios e participações em decorrência do resultado obtido.[488]

Antes de encerrar este item, gostaria de expor algumas palavras sobre os pagamentos a beneficiários não identificados, previstos no art. 61 da Lei 8.981/95. Tal dispositivo prevê o seguinte:

> "Art. 61. Fica sujeito à incidência do Imposto de Renda exclusivamente na fonte, à alíquota de trinta e cinco por cento, todo pagamento efetuado pelas pessoas jurídicas a beneficiário não identificado, ressalvado o disposto em normas especiais.
>
> § 1º. A incidência prevista no *caput* aplica-se, também, aos pagamentos efetuados ou aos recursos entregues a terceiros ou sócios, acionistas ou titular, contabilizados ou não, quando não for comprovada a operação ou a sua causa, bem como à hipótese de que trata o § 2º, do art. 74 da Lei nº 8.383, de 1991.
>
> § 2º. Considera-se vencido o Imposto de Renda na fonte no dia do pagamento da referida importância.
>
> § 3º. O rendimento de que trata este artigo será conside rado líquido, cabendo o reajustamento do respectivo rendimento bruto sobre o qual recairá o imposto.

Nos moldes em que interpreto o dispositivo, há duas hipóteses de incidências previstas pela norma:

a) Pagamentos a pessoas jurídicas a beneficiários não identificados;

b) Ausência de prova da operação ou causa em que se deu certo pagamento.

487. Vide art. 36, IV, do RIR/2018 e pergunta 180 do Perguntas e Respostas 2.021 da Secretaria da Receita Federal do Brasil (Secretaria Especial da Receita Federal do Brasil. "Perguntas e Respostas 2021". Pergunta 181, p. 93.

488. Vide art. 36, IV, do RIR/2018 e pergunta 180 do Perguntas e Respostas 2021 da Secretaria da Receita Federal do Brasil (Secretaria Especial da Receita Federal do Brasil. "Perguntas e Respostas 2021". Pergunta 180.

Uma dúvida, porém, que emerge é se a expressão "prova de operação ou causa", que dispensaria a retenção, exigiria uma operação lícita ou se um ato ilícito – por exemplo, o pagamento de propina – estaria, necessariamente, sujeita a essa retenção.

Além disso, questiona-se se o contribuinte deveria comprovar a operação por ele formalizada, de modo que casos envolvendo dissimulação, uma vez comprovada, ensejariam inevitavelmente, a retenção, ora examinada,

No meu ponto de vista, o dispositivo, acima citado, é um mecanismo para se tributar operações quando não se consegue identificar o beneficiáro de certo rendimento ou o regime jurídico em que certo pagamento foi efetivado, ficando inviável a identificação da norma de IR incidente.

Explico-me. O Imposto Sobre a Renda deveria ser pautado pela generalidade, com um regime jurídico único de tributação. Contudo, conforme vimos, a legislação institui diversas alíquotas variadas, como a tabela progressiva destinada ao IRPF, a tabela regressiva da renda fixa, entre outras

Nesse sentido, quando não se sabe o motivo pelo qual certa pessoa física recebeu certo rendimento, ou quem é o beneficiário do rendimento, fica inviável determinar qual o regime jurídico-tributário aplicável.

Por esse contexto, a retenção, em testilha, parece-me justamente um modo de se tributar essas operações, tomando-se alíquota mais onerosa do que a normalmente aplicável, desencorajando-se, assim, possíveis evasões tributárias.

Agora, sabendo-se o motivo do pagamento e seu beneficiário, ainda que envolvendo uma ilicitude, ou um crime, deve ser aplicado o regime jurídico determinável, exigindo-se o imposto do beneficiário, pois a razão finalística da norma em questão, que é evitar a não tributação por falta de informações, deixa de existir.

Ao mesmo tempo, não se pode admitir a tributação concomitante do beneficiário e da fonte pagadora pelo mesmo pagamento. Tratar-se-ia de um "bis in idem", vedado em nosso ordenamento jurídico por conta da dicção do art. 154, inciso I, da Constituição da República Federativa do Brasil.

Ademais, entendo que mesmo que haja simulação, se possível identificar a natureza jurídica da operação – lícita ou ilícita – e o beneficiário for conhecido, a retenção deveria ser afastada. Explico-me.

Além do argumento de que a finalidade da norma em questão é a de viabilizar a tributação quando não há elementos suficientes para se indicar o regime jurídico do IR, aplicável, acima exposto, pondero que a prática de operações com simulação já é apenada com a multa qualificada prevista pelo art. 44, §1º, da Lei 9.430/96 c/c arts. 71, 72 e 73 da Lei 4.502/64. Se a retenção, sob testilha, fosse vista como uma sanção pela falsidade ou pelo ato ilícito, haveria um "bis in idem", em termos punitivos, o que não se pode admitir.[489]

Nesse sentido, o Doutor Luiz Henrique Marotti Toselli exprime com muita propriedade:

> É a ausência de identificação para quem pagou, e não a que título que pagou, a hipótese de incidência da responsabilidade tributária pela retenção do IR-Fonte. Isso porque a ilicitude da causa, por si só, jamais poderia constar no antecedente da norma legal de incidência tributária sobre a renda (lembra-se do *non olet*), até mesmo porque tributo não constitui sanção. É por isso que a aplicação dos artigos 61 e 62 da Lei nº 8.981/1995, segundo nosso ponto de vista, está restrita às hipóteses de pagamentos, ainda que já glosados por falta de comprovação de causa, para beneficiários não identificados. A causa, conforme exaustivamente abordado, é irrelevante para fins de tributação da renda. Ainda que ilícita, não impede a cobrança por parte daquele que dispôs de seus efeitos econômicos. O mesmo, porém, não ocorre com a não identificação do beneficiário. Se a pessoa jurídica (fonte pagadora) não informa para quem concedeu a vantagem ou para

---

489. Segundo Ricardo Mariz de Oliveira: "a licitude ou ilicitude não compõe a descrição das hipóteses de incidência da norma desse artigo, necessárias e suficientes para o nascimento da obrigação correspondente." (OLIVEIRA, Ricardo Mariz de. *Tributação em torno de atos ilícitos*. In: ADAMY, Pedro Augustin, FERREIRA NETO, Arthur M. *Tributação do Ilícito*. São Paulo: Malheiros, 2018, p. 125 e ss.).

> quem entregou recursos, impedindo, com isso, que o verdadeiro titular dos rendimentos seja apontado, legítima a imputação da tributação pelo IR-Fonte.[490]

Essa celeuma sobre pagamento sem causa gerou acalorados debates no Conselho Administrativo de Recursos Fiscais – CARF. Por um período considerável, prevaleceu, fortemente, a noção de que não basta se indicar o motivo e o beneficiário para se evitar a retenção, seria necessária a causa lícita, para tanto. A ementa abaixo evidencia tal fato:

> **Numero do processo:** 15983.720259/2017-88
>
> **Turma:** Primeira Turma Ordinária da Quarta Câmara da Primeira Seção
>
> **Câmara:** Quarta Câmara
>
> **Seção:** Primeira Seção de Julgamento
>
> **Data da sessão:** Wed Jun 12 00:00:00 UTC 2019
>
> **Data da publicação:** Mon Jul 08 00:00:00 UTC 2019
>
> **Ementa:** ASSUNTO: IMPOSTO SOBRE A RENDA DE PESSOA JURÍDICA (IRPJ) Ano-calendário: 2011, 2012, 2013, 2014 IRPJ/CSLL. DESPESAS GLOSADAS. PAGAMENTOS DE SUBORNOS OU PROPINAS. VIOLAÇÃO À ORDEM ECONÔMICA E OFENSA AOS PRINCÍPIOS DA FUNÇÃO SOCIAL DA EMPRESA E DA LIVRE-CONCORRÊNCIA. INDEDUTIBILIDADE. Inadmissível a pretensão da recorrente de equiparar pagamentos com vistas ao cometimento de atos de corrupção a despesas necessárias e decorrentes às atividade normais e usuais da empresa. O pagamento de subornos a agentes públicos ou privados atenta contra a função social da empresa consagrada no direito brasileiro e ofende os princípios constitucionais voltados para assegurar a ordem econômica fundada na valorização do trabalho humano e na livre-iniciativa. Os atos concernentes ao pagamentos de propinas a agentes públicos e privados, atentam diretamente contra a função social da empresa e à liberdade concorrencial e, por óbvio, é inadmissível que

490. TOSELLI, Luis Henrique Marotti. A tributação da "propina", efeitos penais e práticas adotadas pela fiscalização". In: BOSSA, Gisele Barra; RUIVO, Marcelo Almeida (Coordenadores). *Crimes contra ordem tributária:* do direito tributário ao direito penal. São Paulo: Almedina, 2019, p. 121-148.

os efeitos econômicos de tais infrações, por mera liberalidade do administrador da companhia, sejam compreendidos como necessários ao desenvolvimento das atividades normais e usuais da empresa. ASSUNTO: IMPOSTO SOBRE A RENDA RETIDO NA FONTE (IRRF) Ano-calendário: 2011, 2012, 2013, 2014 IRRF. PRESSUPOSTOS DO ART. 61 DA LEI N° 8.981/95 PARA COBRANÇA. Comprovado pelo Fisco o pagamento sem causa, sobre este incide a norma prevista no art. 61, da Lei n° 8.981, de 1995, para cobrança do IRRF. IRRF. PAGAMENTOS SEM CAUSA. RECURSOS DESVIADOS MEDIANTE INTERPOSIÇÃO DE TERCEIROS COM FINALIDADE ILÍCITA DE PAGAMENTO DE VANTAGENS INDEVIDAS. Os pagamentos a diversas empresas por serviços que não foram efetivamente prestados, efetuados como meios preparatórios para o desvio dos recursos que seriam posteriormente empregados nos pagamentos de vantagens indevidas a terceiros (propina), embora identifique sua finalidade não validam sua causa primária. Estes pagamentos não têm causa (no sentido econômico), pois não correspondem a serviços efetivamente prestados. Além disso, os reais beneficiários de tais recursos não são identificados nestas operações, pois estão encobertos por documentos que apontavam outros beneficiários (as emitentes das notas fiscais) dos pagamentos. CSLL. BASE DE CÁLCULO. GLOSA DE DESPESAS. INEXISTÊNCIA DE FATO DA DESPESA. CABIMENTO. A base de cálculo da CSLL tem como ponto de partida o resultado líquido apurado na contabilidade. Assim, as despesas comprovadamente inexistentes não podem compor o resultado líquido do exercício, do qual parte a apuração tanto do IRPJ quanto da CSLL. Os atos ilícitos não podem produzir quaisquer efeitos tributários na apuração do resultado dos exercícios fiscalizados. É remansosa a jurisprudência administrativa no sentido de dar o mesmo efeito à CSLL na glosa de despesas fictícias da base de cálculo do IRPJ . ASSUNTO: NORMAS GERAIS DE DIREITO TRIBUTÁRIO Ano-calendário: 2011, 2012, 2013, 2014 RESPONSABILIDADE SOLIDÁRIA. Os diretores, gerentes ou representantes da pessoa jurídica respondem pessoalmente, de forma solidária com a Contribuinte, pelos créditos tributários correspondentes a obrigações tributárias resultantes de atos praticados com excesso de poderes ou infração de lei, contrato social ou estatutos. MULTA DE OFÍCIO QUALIFICADA. CABIMENTO. Cabível a imposição da multa qualificada de 150%, quando demonstrado que o procedimento adotado pelo sujeito passivo (solidários incluídos) se enquadra nas hipóteses definidas nos arts. 71, 72 e 73 da Lei 4.502, de 1964. Há que se manter a qualificação da multa, uma vez demonstrada a conduta dolosa com o fito de impedir ou retardar o conhecimento do Fisco das circunstâncias materiais

> do fato gerador, pelo uso de notas fiscais e contratos ideologicamente falsos para lastrear saídas de caixa, ocultando do Fisco a verdadeira causa e/ou o real beneficiário de pagamentos. ESTIMATIVAS RECOLHIDAS A MENOR. MULTA ISOLADA. APLICAÇÃO CONCOMITANTE DE MULTA DE OFÍCIO. MESMA MATERIALIDADE. PRINCÍPIO DA CONSUNÇÃO. POSSIBILIDADE. Nos casos de lançamento com aplicação de multa de ofício, cumulado com lançamento de multa isolada por não recolhimento das estimativas, cabível a aplicação do princípio da consunção em razão de, decorrendo da aplicação do princípio, a multa aplicada em razão da infração maior (de ofício) absorver a multa relativa à menor infração (isolada) até o limite do valor da multa de ofício lançada. COMPENSAÇÃO. DÉBITOS LANÇADOS. SALDO NEGATIVO. IRPJ. Constatado que débitos de IRPJ e de CSLL ora lançados de ofício, relativos ao ano calendário de 2014, foram objeto de compensação em outros processos, por meio de saldo negativo de IRPJ e de Base de Cálculo negativa, reconhecidos em Despacho Decisório, de se alocar tais débitos nos pertinentes processos.
>
> **Numero da decisão:** 1401-003.495

Com o chamado fim do voto de qualidade, contudo, tal como previsto no art. 19-E da Lei 10.522/2002, com a redação que foi dada pela Lei 13.988/2020, foram proferidas decisões recentes em sentido oposto, como se depreende da ementa a seguir citada:

> Processo nº 17883.000059/2006-14 Recurso Voluntário Acórdão nº 1201-004.560 – 1ª Seção de Julgamento / 2ª Câmara / 1ª Turma Ordinária Sessão de 19 de janeiro de 2021 Recorrente FAZENDA RIBEIRAO HOTEL DE LAZER LTDA. ME Interessado FAZENDA NACIONAL ASSUNTO: IMPOSTO SOBRE A RENDA RETIDO NA FONTE (IRRF) Ano-calendário: 2001, 2002 IR-FONTE. BENEFICIÁRIO IDENTIFICADO. SUPOSTO PAGAMENTO SEM CAUSA. NÃO INCIDÊNCIA.

Somente estão sujeitos à incidência do imposto de renda exclusivamente na fonte, à alíquota de trinta e cinco por cento, os pagamentos efetuados pelas pessoas jurídicas a beneficiário não identificado, trata-se de pressuposto legal constante do *caput* do art. 61, da Lei nº 8.981/95. Quando identificados os beneficiários, deve ser afastada a incidência do IR-Fonte.

Com a identificação dos beneficiários é possível rastear os pagamentos de forma a permitir que a autoridade fiscal averigue se os receptores declararam corretamente tais pagamentos e se os valores foram oferecidos à tributação, autuando eventual omissão de receitas. O legislador incluiu a hipótese de pagamento sem causa para determinar se os valores recebidos pelo beneficiário estão sujeito à tributação ou se configuram mera transferência patrimonial, sendo irrelevante ser a causa do pagamento lícita ou ilícita.

No julgado acima, a ilustre Conselheira Gisele Bossa exprimiu com muita propriedade:

> 17. A questão centra a ser respondida é: Por que o legislador incluiu a hipótese de pagamento sem causa? Em termos práticos, tal requisito é importante para determinar se os valores recebidos pelo beneficiário estão sujeitos à tributação ou se configuram mera transferência patrimonial, que se encontra fora o âmbito de incidência do IR. O legislador não colocou em pauta a licitude ou ilicitude da causa do pagamento para fins de incidência do IRRF.

Concordamos com a posição acima indicada, embora com a ressalva de que a questão não se encontra pacificada em termos pragmáticos.

3.2 Critério espacial

O critério espacial do IRRF Tributação Exclusiva na Fonte é o território nacional, de tal sorte que o rendimento deva ser produzido nos limites desse território, local onde também deve ser residente o responsável pela retenção e recolhimento do imposto.

O local da residência do benefício pode alterar a configuração da carga tributária, especialmente a alíquota. Assim, por exemplo, se certos rendimentos dos residentes ficam sujeitos ao IRPF Ajuste Anual, caso percebidos por não residentes passam a ser tributados a título de tributação exclusiva na fonte.

3.3 Critério temporal

Vamos tratar do critério temporal do IRRF – Tributação Exclusiva na Fonte, considerando as diferentes operações.

No caso das aplicações financeiras, já vimos que a hipótese de incidência é a percepção de rendimentos ou ganhos líquidos pelo beneficiário.

O art. 65 da Lei 8.981/95 insere significativas disposições que nos permitem determinar o critério temporal do IRRF, para aplicações financeiras relativas à renda fixa.

A alínea "b" do § 7º do referido artigo prescreve que o imposto será devido por ocasião do pagamento dos rendimentos, ou da alienação do título ou da aplicação.

Já o § 2º do mesmo dispositivo define o que vem a ser "alienação". Embora o intuito imediato de tal enunciado seja tratar da base de cálculo em casos de alienação da aplicação, ao definir que, para fins de incidência do Imposto de Renda na Fonte, a alienação compreende qualquer forma de transmissão da propriedade, bem como a liquidação, resgate, cessão ou repactuação do título ou aplicação, nota-se que acaba fornecendo importantes parâmetros para a demarcação do lapso temporal do imposto nos casos de alienação do investimento.

Em outras palavras, no momento em que ocorre o resgate da aplicação, cessão, ou repactuação do título ou aplicação, eventual ganho líquido auferido – isto é, a diferença positiva entre o valor da alienação líquido do imposto sobre operações de crédito, câmbio e seguro, e sobre operações relativas a títulos ou valores mobiliários (IOF) e o valor da aplicação financeira – deve sofrer a retenção do imposto retido na fonte.

Já no caso de rendimentos periódicos produzidos por título ou aplicação, bem como qualquer remuneração adicional aos rendimentos prefixados, o critério temporal do IRRF é o pagamento dos rendimentos.

Aliás, sobre a percepção de rendimentos periódicos, o art. 5º da Lei 12.431/2011 prevê que o IRRF incidirá, *pro-rata tempore*, sobre a parcela do rendimento produzido entre a data de aquisição ou a data do pagamento periódico anterior e a data de sua percepção, podendo ser deduzida da base de cálculo a parcela dos rendimentos correspondente ao período entre a data do pagamento do rendimento periódico anterior e a data de aquisição do título. Com o dispositivo, evita-se o *bis in idem*, impedindo-se que o mesmo rendimento seja alcançado, duas vezes, pela retenção.

Interessante notar que embora o §7º do art. 65 da Lei 8.981/95, trate, especificamente, das aplicações de renda fixa, o art. 795 do RIR/2018, consolidando tal dispositivo, prescreve que os marcos temporais por ele estabelecidos são aplicáveis também à renda variável e às debêntures mencionadas no art. 2º, inciso I e II, da Lei 12.431/2011, que estudamos no capítulo anterior.

A aplicação do § 7º do art. 65 da Lei 8.981/95 para rendimentos ou ganhos de rendas variáveis, a uma primeira vista, parece implicar um extravasamento da disposição legal eis que, como já dito, o tal dispositivo refere-se, apenas, às aplicações de renda fixa.

No entanto, penso que na medida em que um art. 5º da Lei 9.779/99 determina que o IRRF também incide sobre operações com rendas variáveis, implicitamente, já se pode concluir que a incidência se dá com a percepção do rendimento ou ganho líquido mediante alienação. Afinal, que outro momento poderia incidir o tributo?

Ou seja, o § 7º do art. 65 da Lei 8.981/95 prescreve algo implícito no ordenamento jurídico, de modo que não vejo prejuízo quando o RIR/2018 "empresta" suas disposições para tratar de renda variável.

Portanto, definamos que a regra geral do critério temporal para aplicações de renda fixa e variável é o momento da percepção de rendimentos ou a obtenção de ganho líquido decorrente da alienação da aplicação ou investimento.

Já na hipótese de rendimentos oriundos de debêntures conversíveis em ações, os rendimentos produzidos até a data da conversão deverão ser tributados em tal data, como prescreve o § 2º do art. 790 do RIR/2018.

Avancemos.

Para inúmeras operações, o critério temporal será o pagamento do rendimento ou o crédito, o que ocorrer primeiro.

Por crédito, a Secretaria Especial da Receita Federal do Brasil entende ser o registro contábil em conta do passivo da fonte pagadora que registra o dever de se pagar o rendimento ao contribuinte.

De fato, no parecer Normativo CST n. 7 de 02 de abril de 1986, assim discorreu-se:[491]

> MOMENTO DE OCORRÊNCIA
>
> 10. Cada pagamento, entrega ou crédito tipifica um fato gerador autônomo, no instante mesmo de sua verificação.
>
> 11. O pagamento e a entrega de quantias não envolvem maiores dificuldades na apuração de sua ocorrência temporal, visto que ambos só podem ser operacionalizados por meio de tradição. Portanto, a entrada dos recursos na empresa beneficiaria marca o momento da ocorrência do respectivo fato gerador.
>
> 12. Com respeito ao crédito, porém, não ocorre similar facilidade. Enquanto o pagamento e a entrega dizem respeito à aquisição da disponibilidade econômica da renda, o crédito está atrelado à aquisição da disponibilidade jurídica dessa mesma renda, tudo segundo o recorte de fato gerador do imposto de renda perfilhado pelo Código Tributário Nacional.
>
> 13. A propósito, o exame do sistema de tributação em vigor, referente ao Imposto de Renda, revela a coexistência de três regimes diferentes de incidência, quais sejam o de declaração, o de fonte e o de antecipação. Este último, que consiste no recolhimento antecipado do imposto a ser apurado na declaração de rendimentos, carece de tratamento adequado às características peculiares de que se reveste, mui especialmente no que tange à aquisição da disponibilidade jurídica da renda.

491. Publicado(a) no DOU de 08/04/1986, seção 1.

> 14. Com efeito, em relação ao caso vertente (crédito feito em favor da Agência de Propaganda) o lançamento contábil marcará a ocorrência do fato gerador da incidência (antecipação) se comunicado à Agência de Propaganda; em não ocorrendo a comunicação, o fato gerador ter-se-á por consumado à época do vencimento do efeito (fatura, o caso mais comum). Esta última possibilidade é a solução, inclusive, que se impõe no caso em que o devedor esteja desobrigado de manter escrituração contábil.

Já o Ato Declaratório Interpretativo RFB n. 8, de 02 de setembro de 2014 determinou o seguinte:[492]

> ATO DECLARATÓRIO INTERPREATIVO RFB N. 8 de 02 de setembro de 21014
>
> (Publicado(a) no DOU de 03/09/2014, seção 1, página 21)
>
> Dispõe sobre o momento da ocorrência do fato gerador do imposto sobre a renda na fonte, no caso de importâncias creditadas.
>
> O SECRETÁRIO DA RECEITA FEDERAL DO BRASIL, no uso da atribuição que lhe confere o inciso III do art. 280 do Regimento Interno da Secretaria da Receita Federal do Brasil, aprovado pela Portaria MF nº 203, de 14 de maio de 2012, e tendo em vista o disposto nos arts. 43 e 114, nos incisos I e II do art. 116 e nos incisos I e II do art. 117 da Lei nº 5.172, de 25 de outubro de 1966 - Código Tributário Nacional (CTN), no art. 647 do Decreto nº 3.000, de 26 de março de 1999 - Regulamento do Imposto sobre a Renda (RIR/1999), no Parecer Normativo CST nº 07, de 2 de abril de 1986, no Parecer Normativo CST nº 121, de 31 de agosto de 1973, bem como o que consta no eProcesso nº 10104.720002/2011-75, declara:
>
> Art. 1º. Considera-se ocorrido o fato gerador do imposto sobre a renda na fonte, no caso de importâncias creditadas, na data do lançamento contábil efetuado por pessoa jurídica, nominal ao fornecedor do serviço, a débito de despesas em contrapartida com o crédito de conta do passivo, à vista da nota fiscal ou fatura emitida pela contratada e aceita pela contratante.
>
> Art. 2º. A retenção do imposto sobre a renda na fonte, incidente sobre as importâncias creditadas por pessoa jurídica a outra pessoa jurídica pela prestação de serviços caracterizadamente de natureza profissional, será efetuada na data da contabilização do

492. Ato Declaratório Interpretativo RFB n. 08, de 02 de setembro de 2.014. Publicado no Diário Oficial de 03/09/2.014, seção 01, página 21.

valor dos serviços prestados, considerando-se a partir dessa data o prazo para o recolhimento.

CARLOS ALBERTO FREITAS BARRETO"

Esses dois marcos – crédito ou pagamento, o que ocorrer primeiro – são previstos para os rendimentos oriundos das seguintes transações:

(I) Rendimentos oriundos de mútuos (§ 1º, "a", do art. 70 da Lei 8.981/95):

(II) Rendimentos auferidos por não residentes (artigo 100 do Decreto-lei 5.844/43);

(III) Rendimentos recebidos acumuladamente (art. 12-A, Lei 7.713/88);

(IV) Crédito ou pagamento de PLR (§ 5º do art. 3º da Lei 10.101/2000);

(V) Juros Sobre Capital Próprio (§ 2º do art. 9º da Lei 9.249/95);

(VI) Lucros decorrentes de prêmios em dinheiro obtidos em loterias, inclusive as instantâneas, mesmo as de finalidade assistencial, ainda que exploradas diretamente pelo Estado, concursos desportivos em geral, compreendidos os de turfe e os sorteios de qualquer espécie, exclusive os de antecipação nos títulos de capitalização e os de amortização e resgate das ações das sociedades anônimas, bem como o s prêmios em concursos de prognósticos desportivos, independentemente do valor do rateio atribuído a cada ganhador; (§ 2º do art. 732, do RIR/2018);

(VII) a) os benefícios líquidos resultantes da amortização antecipada, por meio de sorteio, dos títulos de economia denominados capitalização; e b) os benefícios atribuídos aos portadores de títulos de capitalização nos lucros da empresa emitente (parágrafo único do art. 736 do RIR/2018); e

(VIII) prêmios pagos aos proprietários e aos criadores de cavalos de corrida (parágrafo único do 737 do RIR/2018);

No caso do décimo terceiro salário, o IRRF é devido, sobre o valor integral, no mês da quitação, nos termos do art. 16, inciso II, da Lei 8.134/90.

Já na hipótese do pagamento a beneficiário não identificado, o imposto é considerado devido – inclusive vencendo em tal data – no dia do pagamento da importância a tal beneficiário, como se prescreve o § 2º do art. 61 da Lei 8.981/95.

No caso de prêmios pagos em bens e serviços, o IRRF incidirá na data da distribuição do prêmio, nos termos do § 1º do art. 63 da Lei 8.981/95.

Já no evento dos participantes planos de benefícios de caráter previdenciário, estruturados nas modalidades de contribuição definida ou contribuição variável, das entidades de previdência complementar e das sociedades seguradoras, em que se optar pela tributação definitiva na fonte, a incidência se dará com o pagamento dos proventos, nos termos do art. 1º da Lei 11.053/2004.

4. BASE DE CÁLCULO

Como regra geral, a base de cálculo do IRRF – Tributação Exclusiva na Fonte é o rendimento ou ganho líquido obtido pelo contribuinte. Vamos examinar as diferentes hipóteses identificadas no item anterior e verificar o tratamento dispensado pela legislação.

Iniciemos pelas aplicações financeiras.

No caso da aplicação de renda fixa, nos termos do § 1º do art. 65 da Lei 8.981/95, a base de cálculo do imposto é constituída pela diferença positiva entre o valor da alienação, líquido do IOF, quando couber, e o valor da aplicação financeira.

A exemplo do que se sucede com o critério temporal, o RIR/2018 consolidou tal dispositivo, no art. 793 como se fosse aplicável tanto à renda fixa como a aplicações de renda variável.

O § 1º do art. 793 do RIR/2018, por sua vez, prescreve que para as operações conjugadas, a base de cálculo será o resultado positivo auferido no encerramento ou na liquidação de tais operações.

Ademais, conforme já comentado quando tratamos do critério temporal, no caso do IRRF incidente sobre rendimentos periódicos da renda fixa, o imposto incidirá, *pro rata tempore,* sobre a parcela do rendimento produzido entre a data de aquisição, ou a data do pagamento periódico anterior, e a data de sua percepção, de modo que a parcela dos rendimentos correspondente ao período entre a data da aquisição do título e a data do pagamento periódico anterior poderá ser deduzida da base de cálculo.

Caso haja alienação do investimento, efetuado o primeiro pagamento periódico de rendimentos depois da aquisição do título sem alienação pelo adquirente, a parcela do rendimento não submetida à incidência do imposto sobre a renda na fonte deverá ser deduzida do custo de aquisição, para fins de apuração da base de cálculo do imposto sobre a renda, quando de sua alienação, como prescreve o §1º do art. 5º da Lei 12.431/2011.

Com relação à tributação sobre os rendimentos e ganhos de capital auferidos após a data da saída definitiva do país (§3º do art. 17 da Lei n. 3.470/58) ou auferidos por não residentes (art. 97 do Decreto-Lei 5.844/43), entendo que a base de cálculo será o valor dos rendimentos percebidos pelo não residente.

Isso porque o art. 97, *caput*, do Decreto-lei n. 5.844/43 prescreve que os rendimentos percebidos sofrem desconto de 15% (quinze por cento) de modo que não vislumbro como a base de cálculo poderia ser diferente.

Na Solução de Consulta n. 255 COSIT, de 26 de maio de 2017, enuncia-se que o imposto incide sobre o "rendimento bruto". Veja-se:

> 5.3. As alíquotas do imposto aplicam-se sobre os rendimentos brutos (art. 713 do RIR/1999), no momento do pagamento, do crédito, da entrega, do emprego ou da remessa dos rendimentos (art. 100 do Decreto-Lei nº 5.844, de 1943). O recolhimento do imposto retido na fonte deverá ser efetuado na própria data da ocorrência do fato gerador (art. 70, inciso I, alínea "a", item 1, da Lei nº 11.196, de 21 de novembro de 2005).

No meu ponto de vista, o termo "rendimento" deveria significar uma riqueza auferida pelo contribuinte que revelasse "acréscimo patrimonial".

Por isso entendo que se fosse possível provar que houve despesas necessárias para a percepção de tal renda, incorridas no país, surge, em tese, ilegalidade quando se obsta o direito de se deduzir tais gastos.

De qualquer forma, a observação fica mais na seara acadêmica ou para nortear eventual discussão judicial haja vista o entendimento fazendário de que a incidência se dá pelo rendimento bruto, como visto acima

Há a exceção, porém, do caso do aluguel, tal como previsto pelo § 3º do art. 97 do Decreto-lei 5.844/43 c/c art. 16, do mesmo diploma legal, que prevê a dedução dos seguintes gastos incorridos pelo locador do imóvel, ainda que situado no exterior:

> a) impostos, taxas e emolumentos federais , estaduais ou municipais que gravem o imóvel ou o seu uso, ezceto multas e adicionais pagos por excesso de prazos legalmente estabelecidos:
>
> b) conservação, quando se tratar de prédios construídos;
>
> c) comissões para arrecadar os rendimentos;
>
> d) prêmios de seguro contra fogo;
>
> e) foro, nos casos de enfiteuse.

Outra exceção, ainda, refere-se aos valores pagos, creditados, entregues, empregados ou remetidos por contratante pessoa jurídica domiciliada no País, autorizada a operar transporte rodoviário internacional de carga, a beneficiário transportador autônomo pessoa física, residente na República do Paraguai, considerado como sociedade unipessoal nesse País, quando decorrentes da prestação de serviços de transporte rodoviário internacional de carga, ficam sujeitos à incidência do imposto sobre a renda na fonte, apurado sobre a dez por cento do rendimento total, decorrente do transporte de carga, como se infere do art. 1º da Lei 11.773/2008.

Prosseguindo, no caso dos rendimentos recebidos acumuladamente, previsto pelo art. 12-A da Lei 7.713/88, sobre os valores recebidos poderão ser excluídas as seguintes quantias:

(I) despesas com a ação judicial, necessárias ao reccebimento do rendimento bruto tributável, inclusive com advogados, se tiverem sido pagos pelo contribuinte, sem indenização;

(II) importâncias pagas em dinheiro a título de pensão alimentícia em face das normas do Direito de Família, quando em cumprimento de decisão judicial, de acordo homologado judicialmente ou de separação ou divórcio consensual realizado por escritura pública; e

(III) contribuições para a Previdência Social da União, dos Estados, do Distrito Federal e dos Municípios.

Já no caso da remuneração indireta a administradores e terceiros, sem identificação do beneficiário ou adição dos trabalhos, a base de cálculo são os pagamentos ou recursos disponibilizados, sendo que os rendimentos devem ser considerados líquidos, de modo que caberá o reajustamento do respectivo rendimento bruto sobre o qual recairá o imposto, aplicando-se, portanto, o mecanismo usualmente conhecido como "gross up".

Com relação aos juros sobre capital próprio, entendo que a base de cálculo é o valor dos juros pagos ou creditados.

Quanto aos lucros decorrentes de prêmios em dinheiro obtidos em loterias, inclusive as instantâneas, mesmo as de finalidade assistencial, ainda que exploradas diretamente pelo Estado, concursos desportivos em geral, compreendidos os de turfe e os sorteios de qualquer espécie, exclusive os de antecipação nos títulos de capitalização e os de amortização e resgate das ações das sociedades anônimas, entendo que a base de cálculo é o valor pago aos beneficiários. O mesmo se aplica para os prêmios em concursos de prognósticos desportivos, independentemente do valor do rateio atribuído a cada ganhador.

Já para os prêmios distribuídos sob a forma de bens e serviços, por meio de concursos e sorteios de qualquer espécie, a base de cálculo é o valor de mercado do prêmio, na data da distribuição.

Com relação aos rendimentos oriundos da amortização antecipada, por meio de sorteio, dos títulos de economia denominados de capitalização, entendo que a tributação incide sobre o valor benefício líquido.

Além disso, incidirá o IRRF sobre o valor dos dos benefícios atribuídos aos portadores de títulos de capitalização nos lucros da empresa emitente.

Quanto aos prêmios pagos aos aos proprietários e criadores de cavalos de corrida, entendo que a base de cálculo é o valor do prêmio.

Já com relação aos benefícios pagos a pessoas físicas pelas entidades de previdência privada, inclusive as importâncias correspondentes ao resgate de contribuições, dos participantes e a quotistas do FAPI que ingressarem a partir de 1º de janeiro de 2005 e optarem por tributação na fonte regressiva em razão do tempo, a base de cálculo é o valor pago aos participantes.

Chamamos atenção, ainda, que, no caso de pagamento de décimo terceiro salário, é possível a dedução dos seguintes valores:

I - as importâncias pagas em dinheiro a título de pensão alimentícia em face das normas do Direito de Família, quando em cumprimento de decisão judicial ou acordo homologado judicialmente, ou ainda por escritura pública, inclusive a prestação de alimentos provisionais, a que se refere o art. 733 da Lei 13.105, de 16 de março de 2015 - Código de Processo Civil;

II - a quantia prevista na legislação para dependentes;

III - as contribuições para a Previdência Social da União, dos Estados, do Distrito Federal e dos Municípios;

IV - as contribuições para as entidades de previdência privada domiciliadas no Brasil, destinadas a custear benefícios complementares assemelhados aos da Previdência Social e para os Fundos de Aposentadoria Programada Individual (Fapi), cujo ônus tenha sido do próprio contribuinte e desde que destinadas a seu próprio benefício, observadas as condições e limite estabelecidos no art. 11 da Lei 9.532, de 10 de dezembro de 1997, com redação dada pela Lei 10.887, de 18 de junho de 2004, art. 13;

V - o valor relativo à parcela isenta de aposentadoria, pensão, transferência para a reserva remunerada ou reforma, paga pela previdência oficial, por pessoa jurídica de direito público interno ou por entidade de previdência privada, a partir do mês em que o contribuinte completar 65 anos de idade.

Na hipótese do PLR, poderão ser deduzidas as importâncias pagas em dinheiro a título de pensão alimentícia em face das normas do Direito de Família, quando em cumprimento de decisão judicial, de acordo homologado judicialmente ou de separação ou divórcio consensual realizado por escritura pública, desde que correspondentes a esse rendimento, não podendo ser utilizada a mesma parcela para a determinação da base de cálculo dos demais rendimentos (art. §10 do art. 3ºda Lei 10.101/2000).

4.1 Alíquota

A alíquota do IRRF é variável conforme a espécie de rendimento paga ao contribuinte, conforme será explanado a seguir.

No caso de investimentos em renda fixa e no caso de mútuo, as alíquotas são regressivas em razão do tempo, sendo aplicáveis da seguinte forma:

a) 22,5% para aplicações com prazo de até 180 dias;

b) 20,0% para aplicações com prazo de 181 até 360 dias;

c) 17,5% para aplicações com prazo de 361 até 720 dias; e

d) 15,0% para aplicações com prazo acima de 720 dias.

Registre-se que a mesma tributação de renda fixa é aplicável para rendimentos de títulos de renda variável, com exceção das operações realizadas em bolsas de valores, de mercadorias de futuros e assemelhados. Além disso, todos os títulos públicos ou privados, operações com ouro, equiparado à renda fixa e operações de *swap* se enquadram nessa sistemática. Também se aplica essa tributação para (arts. 47 e 73 da IN SRF 1.585/2015):

I – operações conjugadas que permitam a obtenção de rendimentos predeterminados, tais como as realizadas nos mercados de opções de compra e venda em bolsas de valores, mercadorias e futuros (Box), no mercado a termo nas bolsas, em operação de venda coberta e sem ajuste diário e no mercado de balcão organizado;

II – pela entrega de recursos a pessoa jurídica, sob qualquer forma e a qualquer título, independentemente de a fonte pagadora ser ou não instituição autorizada a funcionar no Banco Central do Brasil;

III – nas operações de mútuo de recursos financeiros entre pessoas jurídicas ou entre pessoa jurídica e pessoa física;

IV – no reembolso ou na devolução dos valores retidos referentes ao IOF incidente nas operações com títulos ou valores mobiliários;

V – nas operações de transferência de dívidas realizadas com instituição financeira e demais instituições autorizadas a funcionar pelo Banco Central do Brasil;

VI – remuneração auferida pelo emprestador nas operações de empréstimo de ações de companhias abertas realizadas em entidades autorizadas a prestar serviços de compensação e liquidação de operações com valores mobiliários, salvo se residente no exterior.

No caso de mútuo da pessoa física à jurídica em que o prazo de pagamento seja indeterminado, incidirá a alíquota de 22,5% (vinte e dois e meio por cento).

Já com relação às debêntures emitidas por sociedade de propósito específico constituída para implementar projetos de investimento na área de infraestrutura ou de produção econômica intensiva em pesquisa, desenvolvimento e inovação, considerados como prioritários na forma regulamentadas pelo Poder Executivo Federal, os rendimentos auferidos por pessoas físicas ou jurídicas residentes ou domiciliadas no país sujeitam-se à alíquota zero.

Por sua vez, na hipótese de rempessas ao exterior, fazemos o alerta de que se deve verificar a existência de Tratados para evitar a bitributação. Tais Tratados podem contar com normas específicas, alterando a incidência tributária, a seguir descrita.

Como regra geral, a alíquota de IRRF para a remessa no exterior de é 15% (quinze por cento). Abstraindo-se os eventuais casos de alíquota zero, algumas já tratadas quando examinada a tributação no mercado financeiro no item 2.8.2, outras indicadas adiante, é possível destacar as seguintes exeções:

(1) rendimentos decorrentes de qualquer operação, em que o beneficiário seja residente ou domiciliado em país ou dependência com tributação favorecida (art. 8º da Lei 9.779/99): 25 (vinte e cinco por cento);

(2) juros e comissõesobtidos no exterior para financiamento de exportação, correspondentes à parcela dos créditos não aplicada no financiamento de exportações: 25% (vinte e cinco por cento);

(3) Para o investidor residente ou domiciliado no exterior, individual ou coletivo, que realizar operações financeiras nos mercados de renda fixa ou de renda variável no País, de acordo com as normas e as condições estabelecidas pelo Conselho Monetário Naciona (art. 34 da Lei 9.532/97), ou que realizar que operações em mercados de liquidação futura referenciados em produtos agropecuários, nas bolsas de futuros e de mercadorias (art. 29 MP 2.158-35/2001):

I – 10% (dez por cento), na hipótese de aplicações nos fundos e nos clubes de investimento de renda variável, em operações de *swap*, e nas operações realizadas em mercados de liquidação futura, fora de bolsa, com qualquer ativo; e

II – 15% (quinze por cento), nas demais hipóteses, inclusive em aplicações financeiras de renda fixa.[493]

(4) rendimentos do trabalho, da prestação de serviços, os dos provenientes de aposentadoria e os de pensão: 25% (vinte e cinco por cento); (art. 7º Lei 9.779/99);[494]

(5) ganho de capital: b) 17,5% (dezessete inteiros e cinco décimos por cento) sobre a parcela dos ganhos que exceder R$ 5.000.000,00 (cinco milhões de reais) e não ultrapassar R$ 10.000.000,00 (dez milhões de reais); c) 20% (vinte por cento) sobre a parcela dos ganhos que exceder R$ 10.000.000,00 (dez milhões de reais) e não ultrapassar R$ 30.000.000,00 (trinta milhões de reais); ou d) 22,5% (vinte e dois inteiros e cinco décimos por cento) sobre a parcela dos ganhos que ultrapassar R$ 30.000.000,00 (trinta milhões de reais); (art. 18 Lei 9.249/95 c/c art. 21 da Lei 8.981/95);

---

493. O regime de tributação não se aplica a investimento oriundo de país que não tribute a renda ou que a tribute à alíquota inferior a vinte por cento, o qual ficará sujeito às mesmas regras estabelecidas para os residentes e os domiciliados no País. No caso de operações na bolsa, na hipótese de ações adquiridas até 31 de dezembro de 1999, para fins de apuração da base de cálculo do imposto sobre a renda, o custo de aquisição, quando não for conhecido, será determinado pelo preço médio ponderado da ação, apurado nas negociações ocorridas na bolsa de valores com maior volume de operações com a ação, no mês de dezembro de 1999, ou, caso não tenha havido negócios naquele mês, no mês anterior mais próximo.

494. Interessante notar que no ARE 1327491, o Supremo Tribunal Federal deverá julgar se a alíquota de 25% aplicável para remessas para o exterior é constitucional, ou se deveria ser aplicada a tabela progressiva. Mais detalhes sobre a discussão pode ser obtida no sítio eletrônico: portal.stf.jus.br/noticias/verNoticiaDetalhe.asp?idConteudo=474512&ori=1

(6) Transportador autônomo pessoa física, residente na República do Paraguai, considerado como sociedade unipessoal nesse País: tabela progressiva mensal, lembrando-se que a base de cálculo é 10% (dez por cento) do rendimento bruto, decorrente do transporte rodoviário internacional de carga, para fatos geradores ocorridos a partir de 1º de janeiro de 2013 (art. 1º da Lei 11.773/2008;

(7) Importâncias pagas, creditadas, entregues, empregadas ou remetidas à pessoa física residente no exterior a título de benefício de previdência complementar e de Fundo de Aposentadoria Programada Individual (Fapi), ou resgate de contribuições em decorrência de desligamento dos respectivos planos: 25% (vinte e cinco por cento); (vide item 9466 do MAFON 2020);

(8) Os rendimentos auferidos no resgate de cotas de fundos de investimento mantidos com recursos provenientes de conversão de débitos externos brasileiros, e de que participem, exclusivamente, residentes ou domiciliados no exterior, serão tributados de acordo com as normas previstas no Capítulo I da IN 1.585/2015 (regra geral de tributação de Fundos de Investimentos, conforme explicado no item 2.9.2.) (art. 86 da IN RFB 1.585/2015 e item 0490 MAFON 2020);

(9) Juros e comissões pagos, creditados, empregados, entregues ou remetidos em decorrência de prestação de serviço: 25% (vinte e cinco por cento) (item 0481 – MAFON 2020);

Avancemos. No caso do pagamento de juros sobre capital próprio, a alíquota será de 15% (quinze por cento) do valor pago ou creditado ao contribuinte.

Convém apontar, ainda, que as seguintes remessas, referentes a rendimentos auferidos no país por residentes ou domiciliados no exterior ficam sujeitas à alíquota zero, sem prejuízo das isenções e alíquotas zeros de operações mencionadas no item 2.8.2:

I - receitas de fretes, afretamentos, aluguéis ou arrendamentos de embarcações marítimas ou fluviais ou de aeronaves estrangeiras ou motores de aeronaves estrangeiros, feitos por empresas, desde que tenham sido aprovados pelas autoridades competentes, e os pagamentos de aluguel de contêineres, sobrestadia e outros relativos ao uso de serviços de instalações portuárias (Lei 9.481, de 1997, art. 1º, *caput*, inciso I);[495]

II - comissões pagas por exportadores a seus agentes no exterior (Lei 9.481, de 1997, art. 1º, *caput*, inciso II);

III - valores pagos, creditados, entregues, empregados ou remetidos para o exterior (Lei 9.481, de 1997, art. 1º, *caput*, inciso III):[496]

495. Quando ocorrer execução simultânea do contrato de afretamento ou aluguel de embarcações marítimas e do contrato de prestação de serviço, relacionados à prospecção e à exploração de petróleo ou gás natural, celebrados com pessoas jurídicas vinculadas entre si, do valor total dos contratos a parcela relativa ao afretamento ou ao aluguel não poderá ser superior a (Lei nº 9.481, de 1997, art. 1º, § 2º):
I - oitenta e cinco por cento, para as embarcações com sistemas flutuantes de produção e/ou armazenamento e descarga (floating production systems);
II - oitenta por cento, para as embarcações com sistema do tipo sonda para perfuração, completação, manutenção de poços (navios-sonda); e
III - sessenta e cinco por cento, para os demais tipos de embarcações.
O §8º do art. 1º da Lei 9.481/97 prevê que ato do Ministro da Fazenda poderá elevar ou reduzir em até dez pontos percentuais os limites acima, embora entendamos que tal delegação seja passível de ser questionada junto ao Poder Judiciário.
A parcela do contrato de afretamento que exceder os limites acima indicados fica sujeita à incidência do imposto sobre a renda na fonte à alíquota de quinze por cento ou de vinte e cinco por cento, quando a remessa for destinada a país ou dependência com tributação favorecida, ou quando o arrendante ou o locador for beneficiário de regime fiscal privilegiado.
Com relação ao conceito de "vinculada", será considerada a pessoa jurídica proprietária da embarcação marítima sediada no exterior e a pessoa jurídica prestadora do serviço quando forem sócias, direta ou indiretamente, em sociedade proprietária dos ativos arrendados ou locados.

496. O art. 755, inciso III, do RIR/2018 inclui tal hipótese como de alíquota zero. Contudo, aparentemente, a alíquota zero prevista pelo inciso III do art. 1º da Lei 9.481/97 foi majorada para 15% pelo art. 1º da Lei 9.959/2000.

a) em decorrência de despesas com pesquisas de mercado, aluguéis e arrendamentos de estandes e locais para exposições, feiras e conclaves semelhantes, inclusive promoção e propaganda no âmbito desses eventos, para produtos e serviços brasileiros e para promoção de destinos turísticos brasileiros; e

b) por órgãos do Poder Executivo federal, relativos à contratação de serviços destinados à promoção do País no exterior;

IV - valores correspondentes a operações de cobertura de riscos de variações, no mercado internacional, de taxas de juros, de paridade entre moedas e de preços de mercadorias (*hedge*) (Lei 9.481, de 1997, art. 1°, *caput*, inciso IV) ;

V - juros de desconto, no exterior, de cambiais de exportação e comissões de banqueiros inerentes a essas cambiais (Lei 9.481, de 1997, art. 1°, *caput*, inciso X);

VI - juros e comissões relativos a créditos obtidos no exterior e destinados ao financiamento de exportações (Lei 9.481, de 1997, art. 1°, *caput,* inciso XI);[497]

VII - valores pagos, creditados, entregues, empregados ou remetidos para o exterior pelo exportador brasileiro, relativos às despesas de armazenagem, movimentação e transporte de carga e emissão de documentos realizadas no exterior (Lei 9.481, de 1997, art. 1°, *caput*, inciso XII);[498]

VIII - valores correspondentes a pagamento, crédito, entrega, emprego ou remessa, por fonte situada no

497. Os juros e as comissões correspondentes à parcela dos créditos não aplicada no financiamento de exportações ficam sujeitos à incidência do imposto sobre a renda na fonte à alíquota de vinte e cinco por cento

498. Nas hipóteses previstas nos incisos II ao VII do *caput* , deverão ser observadas as condições, as formas e os prazos estabelecidos em ato do Poder Executivo federal (Lei 9.481, de 1997, art. 1°, § 1°).

País, a pessoa jurídica domiciliada no exterior, a título de contraprestação de contrato de arrendamento mercantil de aeronave ou de motores destinados a aeronaves, celebrado até 31 de dezembro de 2019, por empresa de transporte aéreo público regular, de passageiros ou de cargas, em relação aos fatos geradores que ocorrerem até 31 de dezembro de 2022 (Lei 11.371, de 28 de novembro de 2006, art. 16);

IX - importâncias pagas, creditadas, entregues, empregadas ou remetidas ao exterior a título de remuneração de serviços vinculados a processos de avaliação da conformidade, metrologia, normalização, inspeção sanitária e fitossanitária, homologação, registros e outros procedimentos exigidos pelo país importador sob o resguardo dos acordos sobre medidas sanitárias e fitossanitárias - SPS e sobre barreiras técnicas ao comércio - TBT, ambos no âmbito da Organização Mundial do Comércio - OMC (Lei 12.249, de 2010, art. 18);[499] e

X - remessas efetuadas para o exterior destinadas ao registro e à manutenção de marcas, patentes e cultivares, relativamente às atividades de pesquisa tecnológica e desenvolvimento de inovação tecnológica (Lei 11.196, de 2005, art. 17, *caput*, inciso VI).

XI – lucros e dividendos distribuídos a residentes e domiciliados no exterior; (art. 10 da Lei 9.249/95. Vide art. 755 do RIR/2018);

Listados, acima, situações de tributações ou alíquota zero envolvendo residentes no exterior, voltemos nossas atenções a casos de residentes no país.

499. Tal alíquota zero não se aplica à remuneração de serviços prestados por pessoa física ou jurídica residente ou domiciliada em país ou dependência com tributação favorecida ou beneficiada por regime fiscal privilegiado. O mesmo se refere aos itens I, II, III, IV, VII e X, acima citados, de sorte que a incidência de IRRF será pela alíquota de 25% (vinte e cinco por cento).

Os lucros decorrentes de prêmios em dinheiro obtidos em loterias, inclusive as instantâneas, mesmo as de finalidade assistencial, ainda que exploradas diretamente pelo Estado, concursos desportivos em geral, compreendidos os de turfe e sorteios de qualquer espécie, exclusive os de antecipação nos títulos de capitalização e os de amortização e resgate das ações das sociedades anônimas e os prêmios em concursos de prognósticos desportivos, seja qual for o valor do rateio atribuído a cada ganhador são tributados com alíquota de 30% (trinta por cento).

Já os prêmios pagos aos proprietários e aos criadores de cavalos de corridos é tributado sob a alíquota de 15% (quinze por cento).

Por sua vez, os prêmios distribuídos sob a forma de bens e serviços, por meio de concursos e sorteios de qualquer espécie, estão sujeitos à incidência do imposto, à alíquota de vinte por cento, exclusivamente na fonte. Interessante que, nesse caso, não é o contribuinte que está sendo tributado, porque não há efetiva retenção na fonte, ou seja, um valor que deixou de ser pago ao beneficiário do prêmio que usufruiu do bem ou serviço em sua totalidade.

Assim, nesse caso, o ônus econômico é da fonte pagadora em violação, segundo pensamos, ao princípio da capacidade contributiva, haja vista a imposição a um sujeito passivo que não aufere riqueza nova.

Prossigamos. Estão sujeitos à incidência do imposto na fonte, à alíquota de 25% (vinte e cinco por cento), os benefícios líquidos resultantes da amortização antecipada, mediante sorteio, dos títulos de economia denominados capitalização e os benefícios atribuídos aos portadores de títulos de capitalização nos lucros da empresa emitente.

O décimo terceiro salário, por sua vez, é tributado nos moldes da tabela progressiva mensal, já citada anteriormente.

Quanto aos rendimentos do trabalho e os provenientes de aposentadoria, pensão, transferência para a reserva remunerada ou reforma, pagos pela Previdência Social da União, dos

Estados, do Distrito Federal e dos Municípios, quando correspondentes a anos-calendários anteriores ao do recebimento (rendimentos recebidos acumuladamente), será utilizada a tabela progressiva resultante da multiplicação da quantidade de meses a que se refiram os rendimentos pelos valores constantes da tabela progressiva mensal correspondente ao mês do recebimento ou crédito.

Já para o pagamento a beneficiário não identificado ou pagamento sem causa, nos casos tratados em item anterior, assim como no caso da chamada "remuneração indireta" há tributado com alíquota de 35% (trinta e cinco por cento).

No caso ainda dos participantes (e quotistas do FAPI) que ingressarem, a partir de 1º de janeiro de 2005 (ou ingressado antes, caso tenham optado),[500] em planos de benefícios de caráter previdenciário, estruturados nas modalidades de contribuição definida ou contribuição variável, das entidades de previdência complementar e das sociedades seguradoras e aos tenham optado por tributação exclusiva na fonte:

I - trinta e cinco por cento, para recursos com prazo de acumulação inferior ou igual a dois anos;

II - trinta por cento, para recursos com prazo de acumulação superior a dois anos e inferior ou igual a quatro anos;

III - vinte e cinco por cento, para recursos com prazo de acumulação superior a quatro anos e inferior ou igual a seis anos;

IV - vinte por cento, para recursos com prazo de acumulação superior a seis anos e inferior ou igual a oito anos;

V - quinze por cento, para recursos com prazo de acumulação superior a oito anos e inferior ou igual a dez anos; e

500. A opção para os que ingressaram antes também é possível para os segurados que ingressaram, até 1º de janeiro de 2005, em planos de seguro de vida com cláusula de cobertura por sobrevivência em relação aos rendimentos recebidos, a qualquer título, pelo beneficiário.

VI - dez por cento, para recursos com prazo de acumulação superior a dez anos.

Caso não haja a opção pela tributação, acima, a tributação na fonte será de 15 (quinze por cento), considerada antecipação do imposto devido. Portanto, a pessoa física, caso não opte pela sistemática acima descrita será onerada nos moldes da tabela progressiva.

Interessante notar que na resposta à Pergunta 171 do "Perguntas e Respostas IRPF 2021" elaborado pela Secretaria Especial da Receita Federal do Brasil é esclarecido o seguinte, sobre o chamado Plano Gerador de Previdência Livre (PGBL) e Vida Gerador de Benefício Livre (VGBL):[501]

> Tratamento tributário aplicável ao Plano Gerador de Benefício Livre (PGBL), ao Fundo de Aposentadoria Programada Individual (Fapi) e ao Vida Gerador de Benefício Livre – VGBL, na Declaração de Ajuste Anual:
>
> a) no Plano Gerador de Benefício Livre (PGBL) e no Fundo de Aposentadoria Programada Individual (Fapi), planos de caráter previdenciário, o valor das contribuições são dedutíveis na Declaração de Ajuste Anual, limitado a 12% do rendimento tributável incluído na base de cálculo do imposto sobre a renda na declaração. Quando do pagamento/benefício ou crédito, tributa-se a totalidade do rendimento, sendo adotado o regime de tributação, conforme a opção do contribuinte. Informar na ficha "Pagamentos Efetuados", de acordo com a natureza do tipo de previdência complementar, no código 36 – Previdência Complementar, no código 37 – Contribuições para as entidades de previdência complementar fechadas de natureza pública, ou no código 38 – Fapi – Fundo de Aposentadoria Programada Individual, o valor das contribuições pagas no ano-calendário;
>
> b) no Vida Gerador de Benefício Livre (VGBL), plano de seguro de vida com cláusula de cobertura por sobrevivência, o valor das contribuições não é dedutível na Declaração de Ajuste Anual. Quando do recebimento, tributa-se a diferença entre o valor recebido e o valor aplicado, sendo adotado o regime de tributação,

501. Secretaria Especial da Receita Federal do Brasil. "Perguntas e Respostas 2.021". Pergunta 171, p. 89. Disponível em: www.ibet.com.br/wp-content/uploads/2021/04/IRPF-RFB.pdf Acesso em: 15 jan. 2022.

conforme a opção do contribuinte. Informar na ficha "Bens e Direitos" no código 97 – VGBL – Vida Gerador de Benefício Livre, a discriminação do VGBL contratado e os saldos acumulados referentes aos valores históricos dos prêmios de VGBL em 31 de dezembro do ano-calendário anterior e em 31 de dezembro do ano-calendário, independentemente do valor atual (com correção).

Cabe esclarecer que as importâncias pagas pelas entidades fechadas de previdência complementar a título de reversão de valores não se enquadram no conceito de benefício previdenciário ou resgate, sujeitando-se à incidência do Imposto sobre a Renda na Fonte e na Declaração de Ajuste Anual.

Por fim, a tributação exclusiva na fonte da chamada Participação nos Lucros e Resultados, é a seguinte, a partir de abril de 2015:[502]

Valor do PLR anual (em R$)	Alíquota %	Parcela a deduzir do imposto (em R$)
De 0,00 a 6.677,55	0,0%	-
De 6.677,56 a 9.922,28	7,5%	500,82
De 9.922,29 a 13.167,00	15%	1.244,99
De 13.167,01 a 16.380,38	22,5%	2.232,51
Acima de 16.380,38	27,5%	3.051,53

4.2 Critério pessoal

No tocante ao critério pessoal do IRRF Tributação Exclusiva na Fonte, o sujeito ativo é a União e o sujeito passivo é a fonte que paga os rendimentos ao beneficiário.

502. Importante notar que a tabela acima passaram a ser ajustados de acordo com os índices de atualização da tabela do IRPF, conforme previsão do §11 do art. 3º da Lei 11.101/2000.

SÍNTESE DA REGRA-MATRIZ (REGRA GERAL)

Hipótese de incidência e Consequente

HIPÓTESE DE INCIDÊNCIA

CRITÉRIO MATERIAL: auferir rendimentos ou ganhos decorrentes de aplicações de renda fixa e renda variável, ou operações equiparadas, salvo as exceções previstas em lei.

CRITÉRIO ESPACIAL: território nacional.

CRITPÉRIO TEMPORAL: momento do pagamento ou crédito.

CONSEQUENTE

BASE DE CÁLCULO: valor do rendimento ou ganho.

ALÍQUOTA (REGRA GERAL): a) 22,5% para aplicações com prazo de até 180 dias; b) 20% para aplicações com prazo de 181 até 360 dias; c) 17,5% para aplicações com prazo de 361 até 720 dias; d) 15% para aplicações com prazo acima de 720 dias.

SUJEITO ATIVO: União.

SUJEITO PASSIVO: fonte pagadora.

OBS. Faço remissão ao item “base de cálculo”, onde está descrita, de modo pormenorizado, a base de cálculo em cada caso.

OBS 2: O território nacional deve ter conexão com o rendimento e a fonte pagadora, mas não com o beneficiário do rendimento, que pode ser um não residente no Brasil.

OBS. Há outros regimes específicos aplicáveis de IRRF – Tributação Exclusiva na Fonte que foram discutidos no presente capítulo, mas não foram representados na tabela acima.

PARTE V

EQUIPARAÇÃO DA PESSOA FÍSICA À PESSOA JURÍDICA

1. DA HIPÓTESE DE INCIDÊNCIA DA EQUIPARAÇÃO

O último regime jurídico destinado às pessoas físicas que gostaríamos de mencionar são os casos de equiparação às pessoas jurídicas, qualificando-se como "empresas-individuais".

Nessa modalidade, a legislação prevê que os rendimentos auferidos por pessoas físicas são tributados em conformidade com o regime jurídico-tributário destinado às pessoas jurídicas.

Não nos deteremos, no presente estudo, de esmiuçar a composição da regra-matriz de incidência tributária dessa modalidade de tributação, o que demandaria um esforço ainda mais complexo do que o já despendido para traçar a regra-matriz de incidência do IRPF, devendo ser feito em um estudo próprio.

Contudo, indicaremos as hipóteses em que essa tributação deve ser aplicada, nos moldes atualmente previstos pela legislação.

Assim, vale indicar que os empresários, constituídos na forma dos arts. 966 a 969 do Código Civil, as pessoas físicas que, em nome individual, explorem, habitual e profissionalmente, qualquer atividade econômica de natureza civil ou comercial, com o fim especulativo de lucro, mediante venda a terceiros de bens ou serviços e as pessoas físicas que promoverem a incorporação de prédios em condomínio ou loteamento de terrenos, são equiparadas a pessoas jurídicas para fins de IR.

A equiparação não será efetivada nos seguintes casos:

I - médico, engenheiro, advogado, dentista, veterinário, professor, economista, contador, jornalista, pintor, escritor, escultor e de outras que lhes possam ser assemelhadas (Decreto-lei 5.844/43, art. 6º, alínea "a", e Lei 4.480/64, art. 3º);

II - profissões, ocupações e prestação de serviços não comerciais (Decreto-lei 5.844/43, art. 6º, alínea "b");

III - agentes, representantes e outras pessoas sem vínculo empregatício que, tomando parte em atos de comércio, não os pratiquem, todavia, por conta própria (Decreto-lei 5.844/43, art. 6º, alínea "c")[503];

IV - serventuários da justiça, como tabeliães, notários, oficiais públicos e outros (Decreto-lei 5.844/43, art. 6º, alínea "d");

V - corretores, leiloeiros e despachantes, seus prepostos e adjuntos (Decreto-lei 5.844/43, art. 6º, alínea "e");

VI - exploração individual de contratos de empreitada unicamente de lavor, qualquer que seja a natureza,

---

503. O Ato Declaratório Normativo CST 25, de 13 de dezembro de 1989 é provido do seguinte conteúdo:
"IMPOSTO SOBRE A RENDA E PROVENTOS Rendimento Bruto - Pessoa Física Microempresas - Pessoa Jurídica
O COORDENADOR DO SISTEMA DE TRIBUTAÇÃO, no uso das atribuições que lhe confere o item II da Instrução Normativa do SRF 34, de 18 de setembro de 1974, e tendo em vista o disposto no § 2º do artigo 97 e inciso III do artigo 30, ambos do Regulamento do Imposto de Renda aprovado pelo Decreto 85.450, de 04 de dezembro de 1980.
DECLARA, em caráter normativo, às Superintendências Regionais da Receita Federal e demais interessados, que o representante comercial que exerce exclusivamente a mediação para a realização de negócios mercantis, como a define o artigo 10 da Lei 4.886, de 9 de dezembro de 1965, terá seus rendimentos tributados na pessoa física do beneficiário, uma vez não a tenha praticado por conta própria. Irrelevante a existência de registro como firma individual na Junta Comercial e no Cadastro Geral de Contribuintes do Ministério da Fazenda.
2. Consequentemente, o representante comercial nas condições acima não pode apresentar declaração de rendimentos como microempresa.
Sandro Martins Silva

quer se trate de trabalhos arquitetônicos, topográficos, terraplenagem, construções de alvenaria e outras congêneres, quer de serviços de utilidade pública, tanto de estudos como de construções (Decreto-lei 5.844/43, art. 6º, alínea "f");

VII - exploração de obras artísticas, didáticas, científicas, urbanísticas, projetos técnicos de construção, instalações ou equipamentos, salvo quando não explorados diretamente pelo autor ou criador do bem ou da obra (Decreto-lei 5.844/43, art. 6º, alínea "g").

No caso da atividade imobiliária, são equiparadas às pessoas jurídicas, em relação às incorporações imobiliárias ou loteamentos com ou sem construção, cuja documentação seja arquivada no Registro Imobiliário, a partir de 1º de janeiro de 1975):

I - as pessoas físicas que, assumirem a iniciativa e a responsabilidade de incorporação ou loteamento em terrenos urbanos ou rurais;

II - os titulares de terrenos ou glebas de terra que outorgarem mandato a construtor ou corretor de imóveis com poderes para alienação de frações ideais ou lotes de terreno, quando os mandantes se beneficiarem do produto dessas alienações.

Ademais, equipara-se, também, à pessoa jurídica, o proprietário ou titular de terrenos ou glebas de terra que, sem efetuar o registro dos documentos de incorporação ou loteamento, neles promova a construção de prédio com mais de duas unidades imobiliárias ou a execução de loteamento, se iniciar a alienação das unidades imobiliárias ou dos lotes de terreno antes de decorrido o prazo de sessenta meses contados da data da averbação, no Registro Imobiliário, da construção do prédio ou da aceitação das obras do loteamento.

Caracteriza-se como alienação a existência de qualquer ajuste preliminar, ainda que de simples recebimento de importância a título de reserva.

Registre-se, ainda, que a subdivisão ou desmembramento de imóvel rural, havido após 30 de junho de 1977, em mais de dez lotes, ou a alienação de mais de dez quinhões ou frações ideais desse imóvel, será equiparada a loteamento, para os efeitos da equiparação a que vimos mencionando, salvo nas hipóteses em que a subdivisão se efetive por força de partilha amigável ou judicial em decorrência de herança, legado, doação como adiantamento da legítima, ou extinção de condomínio.

São caracterizadas a aquisição e a alienação pelos atos de compra e venda, de permuta, de transferência do domínio útil de imóveis foreiros, de cessão de direitos, de promessa dessas operações, de adjudicação ou arrematação em hasta pública, pela procuração em causa própria, ou por outros contratos afins em que haja transmissão de imóveis ou de direitos sobre imóveis.

Ainda, convém apontar que, nos termos do art. 2º, inciso II, Decreto-lei 1.381/74, a data de aquisição ou de alienação é aquela em que for celebrado o contrato inicial da operação imobiliária correspondente, ainda que por meio de instrumento particular.

Por sua vez, vale apontar que, nos termos do art. 7º do mesmo Decreto-lei, os condomínios na propriedade de imóveis não são considerados sociedades de fato, ainda que deles façam parte também pessoas jurídicas. Assim, a cada condômino, pessoa física, serão aplicados os critérios de caracterização da empresa individual e demais dispositivos legais, como se fosse o único titular da operação imobiliária, nos limites da participação.

Prevê, ainda, a legislação, que a equiparação ocorrerá:

I - na data de arquivamento da documentação do empreendimento, no caso de incorporação imobiliária, ou loteamento cuja documentação seja arquivada no registro mobiliário a partir de janeiro de 1975;

II - na data da primeira alienação, na hipótese do proprietário ou titular de terrenos ou glebas que, sem efetuar o registro dos documentos de incorporação ou loteamento, neles promova a construção de prédio com mais de duas unidades imobiliárias ou a execução de loteamento e inicie a alienação das unidades imobiliárias ou lotes de terreno antes de decorrido o prazo de sessenta meses contados da data da averbação, no Registro Imobiliário, da construção do prédio ou da aceitação das obras do loteamento;

III - na data em que ocorrer a subdivisão ou desmembramento do imóvel em mais de dez lotes ou a alienação de mais de dez quinhões ou frações ideais desse imóvel, equiparada a loteamento.[504]

A aplicação do regime fiscal das pessoas jurídicas às pessoas físicas a elas equiparadas terá início na data em que se completarem as condições determinantes da equiparação.

Ademais, registre-se que a equiparação não será aplicável se o interessado promover, no Registro Imobiliário, a averbação da desistência da incorporação ou o cancelamento da inscrição do loteamento.

Outro ponto interessante a se observar é a prescrição do art. 8º do Decreto-lei 1.381/74 que trata sobre a vigência das normas que regem a equiparação de pessoas jurídicas, no caso de operações imobiliárias. Segundo o dispositivo serão aplicadas as normas legais e regulamentares em vigor na data:

I - do instrumento inicial de alienação do imóvel;

II - do arquivamento dos documentos da incorporação; ou

III - do loteamento.

Prevê o dispositivo, ainda, que a alteração posterior das normas referidas acima mencionadas não atingirá as operações imobiliárias já realizadas, nem os empreendimentos cuja documentação já tenha sido arquivada no Registro Imobiliário.

504. Registre-se que não ocorre a equiparação, quando a subdivisão se efetive por força de partilha amigável ou judicial, em decorrência de herança, legado, doação como adiantamento de legítima ou extinção de condomínio.

2. APURAÇÃO DO LUCRO DA EMPRESA INDIVIDUAL IMOBILIÁRIA

Uma vez ocorrida a empresa individual imobiliária, a base de cálculo do IR será determinada da seguinte forma (Decreto-lei 1.381/74, art. 9º, § 2º):

I - o resultado de incorporações ou loteamentos promovidos pelo titular da empresa individual a partir da data da equiparação, abrangendo o resultado das alienações de todas as unidades imobiliárias ou de todos os lotes de terreno integrantes do empreendimento;

II - as atualizações monetárias do preço das alienações de unidades residenciais ou não residenciais, construídas ou em construção, e de terrenos ou lotes de terrenos, com ou sem construção, integrantes do empreendimento, contratadas a partir da data da equiparação, abrangendo:

a) as incidentes sobre série de prestações e parcelas intermediárias, vinculadas ou não à entrega das chaves, representadas ou não por notas promissórias;

b) as incidentes sobre dívidas correspondentes a notas promissórias, cédulas hipotecárias ou outros títulos equivalentes, recebidos em pagamento do preço de alienação;

c) as calculadas a partir do vencimento dos débitos a que se referem as alíneas anteriores, no caso de atraso no respectivo pagamento, até sua efetiva liquidação;

III - os juros convencionados sobre a parte financiada do preço das alienações contratadas a partir da data da equiparação, bem como as multas e juros de mora recebidos por atrasos de pagamento.

Por sua vez, não serão computados para efeito de apuração do lucro da empresa individual (art. 9º, § 4º):

I - os rendimentos de locação, sublocação ou arrendamento de quaisquer imóveis, percebidos pelo titular da empresa individual, bem como os decorrentes da exploração econômica de imóveis rurais, ainda que sejam imóveis cuja alienação acarrete a inclusão do correspondente resultado no lucro da empresa individual; e

II - outros rendimentos percebidos pelo titular da empresa individual.

Para efeito de determinação do valor de incorporação ao patrimônio da empresa individual, poderá ser atualizado monetariamente, até 31 de dezembro de 1995, o custo do terreno ou das glebas de terra em que sejam promovidos loteamentos ou incorporações, bem como das construções e benfeitorias executadas, incidindo a atualização, desde a época de cada pagamento até a data da equiparação, se ocorrida até aquela data, sobre a quantia efetivamente desembolsada pelo titular da empresa individual.

Os imóveis objetos das operações, ora examinadas, serão considerados como integrantes do ativo da empresa individual:

I - na data do arquivamento da documentação da incorporação ou do loteamento;

II - na data da primeira alienação, nos casos de incorporação e loteamento sem registro;

III - na data em que ocorrer a subdivisão ou desmembramento de imóvel rural em mais de dez lotes;

IV - na data da alienação que determinar a equiparação, nos casos de alienação de mais de dez quinhões ou frações ideais de imóveis rurais.

Agora bem, o lucro apurado pela pessoa física equiparada a empresa individual em razão de operações imobiliárias será considerado, após a provisão para o Imposto Sobre a Renda e Contribuição Social sobre o Lucro Líquido – CSLL, como automaticamente distribuído no período de apuração.

Nessa ordem, os lucros considerados automaticamente distribuídos, apurados a partir de 1º de janeiro de 1996, não ficarão sujeitos à incidência do imposto sobre a renda na fonte, nem integrarão a base de cálculo do imposto sobre a renda do titular da empresa individual, nos termos do art. 10 da Lei 9.249/95.

Convém, ainda, apontar que a pessoa física que, após sua equiparação a pessoa jurídica, não promover nenhum dos empreendimentos nem efetuar nenhuma das alienações durante o prazo de trinta e seis meses consecutivos, deixará de ser considerada equiparada a pessoa jurídica a partir do término deste prazo, salvo quanto aos efeitos tributários das operações então em andamento.

Na hipótese acima mencionada, a legislação determina que permanecerá no ativo da empresa individual:

I - as unidades imobiliárias e os lotes de terrenos integrantes de incorporações ou loteamentos, até sua alienação e, após esta, o saldo a receber, até o recebimento total do preço;

II - o saldo a receber do preço de imóveis então já alienados, até seu recebimento total, hipótese em que a pessoa física poderá encerrar a empresa individual, desde que recolha o imposto que seria devido se: (a) os imóveis referidos no item I fossem alienados, com pagamento à vista, ao preço de mercado e se (b) o saldo referido no item II fosse recebido integralmente.

3. DOS EFEITOS DA EQUIPARAÇÃO PARA DEMAIS EMPRESAS INDIVIDUAIS

O RIR/2018 trata, efetivamente, da apuração de resultado para empresas individuais imobiliárias e não para as demais. Em nossa visão, tratar da tributação de tais entidades seria esmiuçar toda a regra-matriz do IRPJ que, como já vimos, não é nosso objetivo.

De muito extremamente sintético, há quatro modalidades de apuração do IRPJ: (a) o Simples Nacional, (b) o lucro real, (c) o lucro presumido e o (d) lucro arbitrado, cada qual com suas regras procedimentais de cálculo e requisitos legais para serem aplicados.

O Simples Nacional é um sistema unificado de arrecadação de diversos tributos que oneram o faturamento da pessoa jurídica. As alíquotas são progressivas em relação ao faturamento e distintas de acordo com o segmento econômico do sujeito passivo.É preciso considerar que, nos termos do art. 17, inciso XV, da Lei Complementar 123/2006, pessoas jurídicas dedicadas à loteamento e incorporação de imóveis não pode ingressar no SIMPLES NACIONAL.

Já o lucro real é uma sistemática de apuração que a pessoa jurídica apura o lucro líquido e, em seguida, acrescenta adições, exclusões e compensações previstas pela legislação fiscal, para determinação do resultado tributável. Tal regime é obrigatório para determinadas classes de contribuintes e se divide em lucro real anual e lucro real trimestral.

No caso do lucro real anual, a exemplo do que ocorre no IRPF Ajuste Anual, o contribuinte antecipa o imposto devido por meio de pagamentos mensais designados de "estimativas".

O lucro presumido, por sua vez, é facultado para quem não é obrigado a adotar o lucro real. Nessa modalidade, há percentuais que indicam a presunção de lucro em relação ao faturamento da pessoa jurídica, previstos no art. 25 da Lei 9.430/96 c/c 25, § 1º, I, da Lei 9.249/95.

A regra geral de percentual de presunção é 8% (oito por cento), mas há diversas exceções como serviços, em que o percentual de presunção é 32% (trinta e dois por cento), bem como outros percentuais para outras atividades.[505] Sobre o lucro presumido em relação ao faturamento são somadas,

---

505. I - um inteiro e seis décimos por cento, para a atividade de revenda, para consumo, de combustível derivado de petróleo, álcool etílico carburante e gás natural;
II - dezesseis por cento:
a) para a atividade de prestação de serviços de transporte, exceto o de carga, para o qual se aplicará o percentual previsto no *caput* deste artigo;
b) para as pessoas jurídicas a que se refere o inciso III do art. 36 da Lei nº 8.981, de 20 de janeiro de 1995, observado o disposto nos §§ 1º e 2º do art. 29 da referida Lei;
III - trinta e dois por cento, para as atividades de:
a) prestação de serviços em geral, exceto a de serviços hospitalares e de auxílio diagnóstico e terapia, patologia clínica, imagenologia, anatomia patológica e citopatologia, medicina nuclear e análises e patologias clínicas, desde que a prestadora destes serviços seja organizada sob a forma de sociedade empresária e atenda às normas da Agência Nacional de Vigilância Sanitária – Anvisa;(Redação dada pela Lei nº 11.727, de 2008)
b) intermediação de negócios;
c) administração, locação ou cessão de bens imóveis, móveis e direitos de qualquer natureza;
d) prestação cumulativa e contínua de serviços de assessoria creditícia, mercadológica, gestão de crédito, seleção de riscos, administração de contas a pagar e a receber, compra de direitos creditórios resultantes de vendas mercantis a prazo ou de prestação de serviços (factoring).
e) prestação de serviços de construção, recuperação, reforma, ampliação ou melhoramento de infraestrutura vinculados a contrato de concessão de serviço público. (Incluído pela Lei nº 12.973, de 2014)
IV - 38,4% (trinta e oito inteiros e quatro décimos por cento), para as atividades de operação de empréstimo, de financiamento e de desconto de títulos de crédito realizadas por Empresa Simples de Crédito (ESC)

ainda, outras espécies de rendimentos, como as provenientes de ganhos de capital. O período de apuração dessa sistemática é trimestral.

Por fim, o lucro arbitrado é aplicável em certas hipóteses, basicamente, quando haja dificuldade de se apurar outra modalidade de apuração cabível, em razão de força maior, ou até mesmo má-fé do contribuinte. Assim, a renda é arbitrada de acordo com parâmetros estabelecidos pelo legislador. Seu regime de apuração também é trimestral.

Sobre a base de cálculo apurada conforme métodos acima, incide a alíquota de 15% (quinze por cento) e o adicional de 10% (dez por cento), este aplicável sempre que o lucro tributável ultrapasse o valor de R$ 20.000,00 (vinte mil reais) vezes o período de apuração.

Muito bem, sobre os efeitos da equiparação, além da aplicação de normas tributárias atinentes a pessoas jurídicas, surge a necessidade da empresa individual observar os chamados deveres instrumentais. Nessa contingência, o §1º do art. 9º prescreve as seguintes providências a serem tomadas pela empresa individual:

I - inscrever-se no CNPJ, de acordo com as normas emitidas pela Secretaria da Receita Federal do Brasil do Ministério da Fazenda;

II - manter escrituração comercial completa em livros registrados e autenticados por órgão da Secretaria da Receita Federal do Brasil do Ministério da Fazenda;

III - manter sob sua guarda e sua responsabilidade os documentos comprobatórios das operações, pelos prazos previstos na legislação aplicável às pessoas jurídicas; e

IV - efetuar as retenções e os recolhimentos do imposto sobre a renda na fonte, previstos na legislação aplicável às pessoas jurídicas (Decreto-Lei 1.381, de 1974, art. 9º, §1º, alínea "d").

Ademais, quando já estiver equiparada à empresa individual em decorrência da exploração de outra atividade, a pessoa física poderá efetuar somente uma escrituração para ambas as atividades, desde que haja individualização nos registros contábeis, de modo a permitir a verificação dos resultados em separado.

Muito bem. Eram essas as observações que eu tinha para tecer, até o presente momento, sobre o tema do Imposto Sobre a Renda incidente para as pessoas físicas. Certamente, os apontamentos, acima, não esgotam a completude de matéria, nesses 100 (cem) anos de Imposto Sobre a Renda no país. A linguagem descritiva jurídica, contudo, tem a pretensão de reduzir complexidades. Se tivermos, para um ou outro leitor, transmitido informações tidas como úteis, ou estimulado à reflexão sobre o tributo, posso concluir que os propósitos deste livro foram alcançados.

SÍNTESE DA REGRA-MATRIZ (salvo imobiliária)

Hipótese de incidência e Consequente

HIPÓTESE DE INCIDÊNCIA

- **CRITÉRIO MATERIAL:** pessoa física explorar, habitual e profissionalmente, qualquer atividade econômica de natureza civil ou comercial, com o fim especulativo de lucro; pessoa física assumir a iniciativa e a responsabilidade de incorporação ou loteamento em terrenos urbanos ou rurais; o titular de terrenos ou glebas de terra que outorgar mandato a construtor ou corretor de imóveis com poderes para alienação de frações ideais ou lotes de terreno, quando os mandantes se beneficiarem do produto dessas alienações.
- **CRITÉRIO ESPECIAL:** ou ser residente no país ou praticar as atividades descritas no critério material no país.
- **CRITÉRIO TEMPORAL:** momento da equiparação.

CONSEQUENTE

CRITÉRIO PESSOAL:

SUJEITO ATIVO: União.

SUJEITO PASSIVO: pessoa física equiparada.

CRITÉRIO QUANTITATIVO:

BASE DE CÁLCULO: lucro real, presumido ou arbitrado (atenção para base de cálculo no caso de atividades imobiliárias e possibilidade de apuração pelo Simples Nacional, salvo atividades vedadas).

BASE DE CÁLCULO: 15% + adicional de 10% sobre a renda que ultrapassar vinte mil reais multiplicado pelos meses do período de apuração. Possibilidade de apuração pelo Simples Nacional, salvo atividades vedadas.

REFERÊNCIAS

ALMEIDA, Vanessa Miranda M.P.; CASTANHO, Victor Hugo I. de Mello; FERREIRA, Antônio Airton; LIMA, Marcos Vinícius Neder; OLIVEIRA, Fábio Rodrigues de; ONO, Juliana M. O.; TAKATA, Marcos Shigueo; VALERO, Luis Martins. *Regulamento de Imposto de Renda 2012. Anotado e comentado.* Vol. São Paulo: Fiscosoft Editora, 2012.

AMARO, Luciano. Isonomia e alíquotas diferenciadas do Imposto de Renda e Contribuição Social. *Imposto de Renda e ICMS. Problemas Jurídicos. Coord. Valdir Oliveira Rocha.* São Paulo: Dialética, 1995, p. 41 a 46.

_____. Questões sobre a Periodicidade da Apuração do Imposto de Renda. *Imposto de Renda e ICMS. Problemas Jurídicos. Coord. Valdir Oliveira Rocha.* São Paulo: Dialética, 1995, p. 29 a 39.

AMATUCCI, Andrea. Fraude y Evasión Vías. *Revista Latinoamericana de Derecho Tributario.* Comentate e coordinate (1991-1992). Milano: Giuffré, 1993

ANAN JUNIOR, Pedro. *Fusão, cisão e incorporação de sociedades.* 3ª edição. São Paulo: Quartier Latin, 2009.

_____. Imposto de Renda Pessoa Física à Luz da Jurisprudência do Conselho Administrativo de Recursos Fiscais. 2. Coord. com PEIXOTO, Marcelo Magalhães. São Paulo: MP Editora, 2010.

_____. Imposto de Renda Pessoa Física à Luz da Jurisprudência do Conselho Administrativo de Recursos Fiscais. 2. Coord. com PEIXOTO, Marcelo Magalhães. São Paulo: MP Editora, 2014.

APOCALYPSE, Sidney Saraiva. Doação recebida por pessoa jurídica – imposto de renda. *Revista Dialética de Direito Tributário, 48/172,* São Paulo: 1999.

ATALIBA, Geraldo. *Hipótese de incidência tributária.* São Paulo: Malheiros Editores, 2004, 6ª edição, 5ª tiragem.

_____. Lei Complementar em matéria tributária. *Revista de Direito Tributário.* São Paulo: Revista dos Tribunais, nº 48, 1989, p. 86.

_____. Periodicidade do Imposto Sobre a Renda I. *Revista de Direito Tributário, mesa debate.* São Paulo: Malheiros, v. 63, p. 22.

_____. *República e Constituição.* São Paulo: Malheiros Editore, 2001.

_____; GIARDINO, Cleber. Intributabilidade das Correções Monetárias. IN *Princípios Tributários no Direito Comparado – Estudos em Homenagem a Gilberto Ulhôa Canto.* São Paulo: Editora Forense, 1988.

BALEEIRO, Aliomar. *Limitações constitucionais ao poder de tributar.* Rio de Janeiro: Editora Forense, 2006.

_____. *Direito tributário brasileiro.* Rio de Janeiro: Forense, 1981.

_____. *O imposto sobre a renda.* Salvador: Livraria Bahiana de Salvador, 1938.

BECKER, Alfredo Augusto. *Teoria geral do direito tributário.* São Paulo: Noeses, 2009.

BIFANO, Elidie Palma. "Reflexões Sobre Alguns Aspectos da Lei n. 12.973/14". In: *Tributação Atual da Renda.* Coord. RODRIGUES, Daniela Souto e MARTINS, Natanael. São Paulo: Editora Noeses, 2015.

BOBBIO, Norberto. *O positivismo jurídico*. São Paulo: Ícone, 2006.

_____. *Teoria do ordenamento jurídico*. 10. ed. Trad. Maria Celeste Cordeiro Leite dos Santos Brasília: Editora da UNB, 1999.

BORGES, José Souto Maior. *Lei complementar tributária*. 1. ed. São Paulo: Editora Revista dos Tribunais, 1975.

_____. *Lançamento tributário*. São Paulo: Malheiros Editores, 1999.

BOTALLO, Eduardo Domingos. Imposto Sobre a Renda. *Revista de Direito Tributário, v. 48, p. 107-125. São Paulo: Malheiros.*

_____. *Fundamentos do IPI* (Imposto Sobre Produtos Industrializados). São Paulo: Ed. RT, 2002.

BRITTO, Lucas Galvão de. *O Lugar e o Tributo. Ensaio sobre a competência e definição do critério espacial da regra-matriz de incidência tributária*. São Paulo: Editora Noeses, 2014.

BULHÕES PEDREIRA, José Luis. *Imposto de Renda*. Rio de Janeiro: Apec, 1969.

_____. *Imposto Sobre a Renda – Pessoas Jurídicas*. Rio de Janeiro: Justec Editora Ltda. 1979.

CALCINI, Fábio Pallaretti. Imposto Sobre a Renda da Pessoa Física na Atividade Rural e a Jurisprudência do Conselho Administrativo de Recursos Fiscai (CARF). In: Imposto de Renda Pessoa Física à luz da jurisprudência do Conselho Administrativo de Recursos Fiscais -2º Vol. Coord. ANAN Jr. Pedro. PEIXOTO, Marcelo Magalhães. São Paulo: MP Editora, 2014, pp.93 a 112.

CAMPOS, Emilia Malgueiro. *Criptomoedas e blockchain*. O direito no mundo ditial. 2ª ed. São Paulo: Editora Lumen Juris, 2020.

CAMPOS, Giovanni Christian Nunes. Considerações Sobre as Súmulas do CARF no âmbito da tributação do imposto de renda da pessoa física. In: *Imposto de Renda Pessoa Física à luz da jurisprudência do Conselho Administrativo de Recursos*

Fiscais – Volume 2. Coord. PEIXOTO, Marcelo Magalhães; ANAN Jr., Pedro. São Paulo: MP Editora, 2014, p. 113 a 142.

CANTO, Gilberto Ulhoa de. *Estudos e Pareceres de Direito Tributário. (Imposto Sobre a Renda).* São Paulo: Editora Revista dos Tribunais, 1975.

_____. Imposto sobre a renda: incidência no caso de prêmio de seguro e resseguro pagos a empresas estabelecidas fora do Brasil. Territorialidade do tributo. Produção e realização do rendimento, como fatores da fixação de competência impositiva. In *Temas de Direito Tributário* (Pareceres e Estudos). Rio de Janeiro: Edições Financeiras S.A., 07-16, 1955.

_____. *Temas de Direito Tributário. (Pareceres e Estudos).* São Paulo: Edições Financeiras S.A., 1955.

CANOTILHO, José Joaquim Gomes. *Direito constitucional e teoria da constituição.* 7ª edição. Coimbra: Almedina, 2013.

CARRAZZA, Roque Antonio. *Imposto Sobre a Renda.* Perfil Constitucional e Temas Específicos. 3ª edição. São Paulo: Malheiros Editores, 2013.

_____. *Curso de direito constitucional tributário.* 29ª edição. São Paulo: Malheiros Editores, 2013.

CARVALHO, Aurora Tomazini de. *Curso de teoria geral do direito.* O Constructivismo Lógico-Semântico. 4ª edição. São Paulo: Noeses, 2014.

CARVALHO, Paulo de Barros. *Direito tributário, linguagem e método.* São Paulo: Noeses, 6ª edição, 2015.

_____. *Curso de direito tributário.* São Paulo: Saraiva, 21ª edição, 2011.

_____. *Fundamentos jurídicos da incidência.* São Paulo: Saraiva, 21ª edição, 2011.

CASTELLANI, Fernando Ferreira. *O Imposto Sobre a Renda e as deduções previstas de natureza constitucional.* São Paulo: Noeses, 2015.

COSTA, Alcides Jorge. Rendimentos auferidos no exterior por pessoa jurídica. In *Imposto de Renda, alterações fundamentais*. Coord. Valdir Oliveira Rocha. São Paulo: Dialética, 1995. PP-11 a 15.

_____. Conceito de Renda Tributável. In: *Diálogos póstumos com Alcides Jorge Costa*. Coord. OLIVEIRA, Ricardo Mariz de. COSTA, Sérgio de Freitas. São Paulo: Instituto Brasileiro de Estudos Tributários, 2017.

_____. Conceito de renda tributável. In *Imposto de Renda:* conceitos, princípios, comentários. São Paulo: Atlas, 1996.

COSTA, Regina Helena. *Curso de direito tributário*. Constituição e Código Tributário Nacional. São Paulo: 4ª edição, 2013.

DERZI, Misabel. *Direito tributário, direito penal e tipo*. 2ª edição. São Paulo: Editora Revista dos Tribunais, 2007.

_____. Tributação da renda versus tributação do patrimônio. In *Imposto de Renda, Questões Atuais Emergentes*. Coord. Valdir Oliveira Rocha. São Paulo: Dialética, 1995. PP-97 a 115.

DORIA, Antônio Roberto Sampaio. *Discriminação da competência impositiva*: sua evolução na legislação brasileira. São Paulo: 1972.

_____. *Direito constitucional tributário e* Due Process of Law. Rio de Janeiro: Forense, 1986.

Eco, Umberto. *O Signo*. Editorial Presença. 6ª edição. São Paulo: Cultrix, 2004.

EIZIRIK, Nelson. *A Lei das S/A Comentada*. Vol. 2. São Paulo: Quartier Latin, 2016.

FALCÃO, Amílcar de Araújo. *Fato gerador da obrigação tributária*. Rio de Janeiro, 2002, Ed. Forense, 6ª ed.

FANUCCHI, Fabio. *Curso de direito tributário brasileiro*. São Paulo: Editora Resenha Tributária, 1971.

FERRAGUT, Maria Rita. *Presunções no direito tributário*. 2ª edição. São Paulo: Quartier Latin, 2005.

FERRAZ JUNIOR, Tercio Sampaio. Guerra Fiscal, Fomento e Incentivo na Constituição Federal. In *Direito Tributário, Estudos em Homenagem a Brandão Machado. Coord. SCHOUERI, Luís Eduardo. ZILVETI, Fernando Aurélio.* São Paulo: Dialética, 1998, pp. 275 a 285.

FIORIN, José Luiz. *Introdução ao pensamento de Bakhtin.* São Paulo: Contexto, 2016.

FLUSSER, Villém. *Língua e realidade.* 1ª edição. São Paulo: Editora Anne Blume, 2007.

GAMA, Tácio Lacerda. *Competência tributária.* Fundamentos para uma teoria da nulidade. São Paulo: Noeses, 2008.

GAUDÊNCIO, Samuel Carvalho. *Tributação dos Valores Mobiliários.* São Paulo: SAGE-IOB, 2016.

GIANINNI, A. D. *Instituzioni di Dirito Tributario.* Milão: Dotre a Giufre Editore. 1974.

GOMES, Daniel Paiva. *Bitcoin.* A tributação das criptomoedas. Da Taxamonia calameônica à tributação de criptoativos sem emissor identificado. São Paulo: Ed. RT, 2021..

GONÇALVES, José Arthur. *Imposto sobre a renda.* Pressupostos constitucionais. São Paulo: Malheiros Editores, 1ª edição, 2ª tiragem, 2002.

_____. "Atos ilícitos e pagamentos sem causa no universo da realização da renda.". In *Direito tributário:* princípio da realização do imposto sobre a renda. Estudos em Homenagem a Ricardo Mariz de Oliveira. Coord. ZILVETI: Fernando Aurélio; FAJERSTAJEN, Bruno. SILVEIRA, Rodrigo Maito da. IBDT, 2019.

HENSEL, Albert. *Derecho tributario.* Madrid: 2005, Marcial Pons, Ediciones Jurídicas y Sociales S.A.

JARACH. Dino. *O fato imponível.* 2ª ed. São Paulo: Ed. Revista dos Tribunais, 1989.

KANT, Immanuel. *Crítica da Razão Pura*. Trad. Valério Rohden e Udo Moosburger. São Paulo: Nova Cultural, 1996.

KAUFMANN, Arthur. Filosofia do direito. Lisboa: Fundação Calouste Gulbenkian, 2004, Trad. CORTÊS, António Ulisses

KELSEN, Hans. *Teoria geral das normas*. Porto Alegre: Fabris, 1986.

_____. *Teoria geral do direito e do estado*. São Paulo: Martins Fontes, 2000.

_____. *Teoria pura do direito*. 6ª edição, São Paulo: Martins Fontes, 1999, 3ª tiragem.

LANG, Joachim. "The Influence of Tax Principles on the Taxation of Income from Capital", in ESSERS, Peter e RIJKERS, Arie (orgs.) *The Notion of Income from Capital*. Amsterdam: IBFD. 2005. p. 3-31

LAPTZA. José Juan Ferreiro. *Direito tributário, teoria geral do direito*. São Paulo: Manole, 2007.

LEAL, Vitor Nunes. *Leis Complementares da Constituição*. RDA 7.

LEMKE, Gisele. *Imposto de Renda:* os conceitos de renda e de disponibilidade econômica e jurídica. São Paulo: Dialética, 1998.

LIMA GONÇALVES, José Artur. *Imposto Sobre a Renda*. Pressupostos Constitucionais. São Paulo: Malheiros Editores, 2002, 1ª edição, 2ª tiragem.

_____. Princípios Informadores do Critério Pessoal da Regra Matriz de Incidência Tributária. *Revista de Direito Tributário*, vol. 23-24, p. 253

LIMA, Ruy Cerne. *Princípios de direito administrativo*. 3ª edição. Porto Alegre: Globo, 1954.

LOUBET, Leonardo Furtado. "O Novo RIR e os reflexos no IRPF da atividade rural." IN *Novo RIR* – Aspectos Jurídicos

Relevantes do Regulamento do Imposto de Renda 2018. Coord. Jimir Doniak Jr. São Paulo: Quartier Latin, 2019.

MACHADO, Brandão. In *Estudos Sobre a Renda* (em Memória de Henri Tilbery). Coord. MARTINS, Ives Gandra da Silva. São Paulo: Ed. Resenha, 1994, p. 107-124.

MACHADO, Hugo de Brito. *O âmbito constitucional do tributo e alguns dispositivos da lei nº 9.249 de 26.12.95*. In *Imposto de Renda, alterações fundamentais*. Coord. Valdir Oliveira Rocha. São Paulo: Dialética, 1995, pp. 77 a 93.

_____. Indenizações e Imposto de Renda. *Imposto de Renda e ICMS. Problemas Jurídicos. Coord. Valdir Oliveira Rocha.* São Paulo: Dialética, 1995, p. 41 a 46.

_____. A Tributação do Lucro e Compensação dos Prejuízos. In *Imposto de Renda* – Questões Atuais e Emergentes. Coord. Valdir Oliveira Rocha. São Paulo: Dialética, 1995, p. 53.

MACHADO SEGUNDO, Hugo de Brito. Algumas notas sobre a incidência do imposto de renda sobre os rendimentos recebidos acumuladamente (RRA). *Revista da Faculdade de Direito da UFC*, v. 34, p. 203-220, 2013.

_____. Imposto de renda das pessoas físicas e os rendimentos recebidos acumuladamente - RRA. Revista dos Tribunais (São Paulo. Impresso), v. 926, p. 551-570, 2012.

MAINGUENEAU, Dominique. *Frases sem texto.* Trad de Sírio Possent et. al. São Paulo: Parábola Editorial, 2014,

MARIZ DE OLIVEIRA, Ricardo. *Fundamentos do Imposto de Renda.* São Paulo: Quartier Latin, 2008.

_____. Princípios Fundamentais ao Imposto de Renda. In *Direito Tributário, Estudos em Homenagem a Brandão Machado. Coord. SCHOUERI, Luís Eduardo. ZILVETI, Fernando Aurélio.* São Paulo: Editora Dialética, 1998, pp. 197 a 227.

MAXIMILIANO, Carlos. *Hermenêutica e aplicação do direito.* Rio de Janeiro: Editora Forense, 9ª edição, 3ª tiragem, 1984.

McNAUGHTON, Charles William. *Hierarquia e Sistema Tributário.* São Paulo, Quartier Latin, 2011.

_____. Elisão e Norma Antielisiva. Completabilidade e Sistema Tributário. São Paulo: Editora Noeses, 2014.

MELLO, Celso Antônio Bandeira de. *O Conteúdo Jurídico do Princípio da Igualdade.* São Paulo: Malheiros Editores, 3ª, edição 19ª tiragem, 2010.

MELLO, Oswaldo Aranha Bandeira de. *Princípios gerais de direito administrativo.* São Paulo: Malheiros Editores, 2007.

MICHELI, Gian Antonio. *Curso de direito tributário.* São Paulo: Editora Revista dos Tribunais, 1978.

MINATEL. José Antônio. Incorporação de Ações e Regime Tributário. IN: ANAN Jr., Pedro. *Planejamento Tributário. Análise de casos.* São Paulo: Quartier Latin, 2013, v. III.

MIRANDA, Pontes. *Tratado do Direito Privado. Tomo I.* 2ª ed. Atualização: Vilson Rodrigues Alves. Campinas: 2000, Bookseller.

_____. *Tratado do Direito Privado. Tomo 3.* 2ª ed. Atualização: Vilson Rodrigues Alves. Campinas: 2000, Bookseller.

_____. *Tratado do Direito Privado. Tomo 5.* 2ª ed. Atualização: Vilson Rodrigues Alves. Campinas: 2000, Bookseller.

_____. *Comentários* à Constituição de 1967. São Paulo: Editora Revista dos Tribunais, 1970.

_____. *Imposto Sobre a Renda.* Requisitos para sua tributação constitucional. Rio de Janeiro: Forense, 2003.

MONTEIRO, Washington de Barros. *Curso de direito civil.* 4ª edição. São Paulo: Saraiva, 1961.

MOSQUERA, Roberto Quiroga. *Renda e Proventos de Qualquer Natureza:* o imposto e o conceito constitucional. São Paulo: Dialética, 1996.

MURPHY, Celia. *Imposto Sobre a Renda à Luz da Constituição.* São Paulo: Ed. Noses, 2019.

NAKOMATO, Satoshi. *Bitcoin – A peer to peer eletronic cash system*. Disponível em: https://bitcoin.org/bitcoin.pdf Acesso em: 09 jan. 2022.

NOGUEIRA, Julia. *Imposto Sobre a Renda na Fonte*. São Paulo: Quartier Latin, 2007.

NOVOA, César García. *La cláusula antielusiva en la nueva Ley General Tributaria*. Madrid, Barcelona: Marcial Pons, 2004.

OLIVEIRA, Ricardo Mariz. *Fundamentos do Imposto de Renda*. São Paulo: Quartier Latin, 2008.

OLIVEIRA, Ricardo Mariz de. Tributação em torno de atos ilícitos. In: ADAMY, Pedro Augustin, FERREIRA NETO, Arthur M. *Tributação do ilícito*. São Paulo: Malheiros, 2018.

PADILHO, Maria Ângela Lopes Paulino. CHAMAS, Henrique Nimer. Fonte: JOTA-24/12/2018. "Incertezas na tributação de mineração de criptomoedas pelo imposto de renda", Disponível em: https://www.jota.info/opiniao-e-analise/artigos/incertezas-na-tributacao-de-mineracao-de-criptomoedas-pelo-imposto-sobre-a-renda-24122018)/

PAGETTI, Roberta de Azeredo Ferreira. Questões relativas à tributação do ganho de capital na alienação de bens pela pessoa física. In: *Imposto de Renda Pessoas Físicas à luz do Conselho Administrativo de Recursos Fiscais* – Volume 2. Coor.. ANAN JR., Pedro. PEIXOTO, Marcelo Magalhães. São Paulo: MP Editora, 2.014, pp. 326 e 327

PAULA, José Arnaldo Godoy Costa da. O Earn Out na Compra de Participações Societárias e seus Efeitos Tributários Sobre o Custo de Aquisição de Investimentos. In *Revista de Direito Tributário Atual* n. 43, São Paulo: IBDT, 2019.

PEDREIRA, José Luiz Bulhões. *Imposto de Renda*. São Paulo: Apec, 1969.

PEIRCE, Charles Sanders. *Selected Papers*. Nova Iorque: Doven Publications INC, 1966.

_____. *Semiótica.* Trad. José Teixeira Coelho Neto. 4ª edição. São Paulo: Perspectiva, 2008.

_____. *Semiótica e filosofia, textos escolhidos de Charles S. Peirce.* Sel. e Trad. Octanny Silveira da Mota e Leonidas Hegenberg. São Paulo: Cultrix, 1993.

PEIXOTO, Marcelo Magalhães. Coord. Regulamento do Imposto de Renda Anotado e Comentado. 6ª edição. São Paulo: MP Editora, 2011.

PINTO, Alexandre Evaristo. O IRPF e a Cláusula da Não Concorrência. In *Conjur.* Disponível no sítio eletrônico: /www.conjur.com.br/2021-set-29/direto-carf-irpf-clausula-nao-concorrencia. Acesso em: 07 jan. 2022.

PIRES, Cristiane. *O tempo e o tributo:* Estudo semiótico da regra-matriz de incidência tributária. São Paulo: Noeses, 2018.

PISCITELLI, Tathiane. Criptomoedas e os possíveis encaminhamentos tributários à luz da legislação nacional. In: *RDT* Atual – 40/18. Disponível em: https://bit.ly/3B3xGnC Acesso em: 08 fev. 2022.

POLIZELLI, Victor Borges. *O princípio de realização da renda.* Reconhecimento de Receitas e Despesas para fins do IRPJ. *São Paulo:* IBDT e Quartier Latin, série Doutrina Tributária, Vol. VII, 2012.

PONTES DE MIRANDA, Francisco Cavalcanti. *Tratado de direito privado.* Tomo 5. 1ª edição, Campinas: Bookseller, 2000, atualizado por Vilson Rodrigues Alves.

QUEIROZ, Luís Cesar Sousa de. *Imposto Sobre a Renda. Requisitos para uma Tributação Constitucional.* Rio de Janeiro: Editora Forense, 2003.

QUEIROZ, Mary Elbe. *Imposto sobre a Renda e Proventos de Qualquer Natureza.* São Paulo: Manole, 2004.

QUIROGA, Roberto. *Renda e proventos de qualquer natureza:* o Imposto e o Conceito Constitucional. São Paulo: Dialética, 1996.

REALE, Miguel. *Teoria tridimensional do direito.* 5ª edição. São Paulo: Saraiva, 2005, 7ª tiragem.

RODRIGUES, Daniele Souto. MARTINS, Natanael. Coord. *Tributação Atual da Renda.* São Paulo: Editora Noeses, 2015.

RODRIGUES, Silvio. Direito Civil – Parte Geral. 2ª ed. São Paulo: Max Limoand, vol. 1.

RIVITTI, José Carlos da Matta. Imposto de Renda Pessoas Físicas: transferência de imóveis rurais a título de integralização de pessoas jurídicas. In: *Imposto de Rendas Pessoas Físicas à a luz da jurisprudência do Conselho Administrativo de Recursos Fiscais.* Coord. ANAN Jr, Pedro Anan. PEIXOTO, Marcelo Magalhães. São Paulo: MP Editora. 2014, pp. 157 a 170.

SACHA, Calmon Navarro. *Os princípios do sistema tributário de repartição de repartição de competência na Constituição.* In *Revista do Advogado. Temas Atuais de Direito Tributário.* pp. 165-174.

SANTIAGO, Igor Mauler. Receita desnatura isenção de ganhos nas negociações a prazo com imóveis. In Consultor Jurídico. Disponível em: https://www.conjur.com.br/2020-fev-12/consultor-tributario-receita-desnatura-ganho-negociacoes-prazo-imoveis.

SANTOS, Ramon Tomazela. "O princípio da universalidade na tributação da renda: análise acerca da possibilidade de atribuição de tratamento jurídico-tributário distinto a determinados tipos de rendimentos auferidos pelas pessoas físicas". In: *Revista de Direito Tributário Atual - RDTA*, São Paulo: Ed. Dialética, n. 28, p. 264-294, 2012.

SCHOUERI, Luís Eduardo. *Direito tributário.* São Paulo: Saraiva, 3ª edição, 2013.

_____. Direito Tributário. Considerações acerca da Disponibilidade da Renda: Renda Disponível é Renda Líquida. In Direito Tributário: *Princípio da Realização do Imposto Sobre a Renda.* Estudos em Homenagem a Ricardo Mariz de Oliveira.

Coord. ZILVETI: Fernando Aurélio; FAJERSTAJEN, Bruno. SILVEIRA, Rodrigo Maito da. IBDT, 2019

_____. Princípios do Direito Tributário Internacional: Territorialidade, Fonte e Universalidade. In *Princípios e Limites da Tributação*. FERRAZ, Roberto, Coord. Ed. São Paulo: Quartier Latin, 2005.

SILVEIRA, Lauro Barbosa. *Curso geral de semiótica geral.* São Paulo: Quartier Latin, 2007.

SIMÕES, Thiago Taborda. *Stock Options. Os planos de ações e suas tributações.* São Paulo: 2016, Noeses.

SOUSA, Rubens Gomes. *Compêndio de direito tributário.* Rio de Janeiro: Edições Financeiras S.A., 1952.

_____. O fato gerador do imposto de renda. *RDA* 12/32.

_____. Evolução do conceito de rendimento tributável, *Revista de Direito Público, nº 14.*

_____. *Imposto de Renda.* Tratamento tributário dos títulos de renda fixa. In Pareceres 3 – Imposto de Renda. São Paulo: Editora Resenha Tributária, 1976.

_____. *Imposto de Renda. Suplemento à Segunda Edição ao Compêndio de Legislação Tributária para atualização do Decreto n. 36.773 de 13-1-55.* São Paulo: Editora Resenha Tributária, 1975.

_____. *Pareceres -1* – Imposto de Renda. Despesas não dedutíveis pelas pessoas jurídicas. Seu tratamento fiscal como "lucros distribuídos" no que se referee à própria sociedade e a seus sócios ou acionistas:" São Paulo: Resenha Tributária, 1975.

SOUZA, Luiz Cesar Queiroz. *Sujeição passiva tributária.* Rio de Janeiro: Forense, 2002.

STELLA, Julio Cesar. Moedas digitais no Brasil: como enquadrar as criptomoedas. Disponivel em: file:///C:/Users/charl/Downloads/26-49-PB%20(1).pd Acesso em: 08 jan. 2022, p. 161.

TELES, Galderise Fernandes e VELOSO, Jades Thomas. Formas de aplicação da consução na aplicação no processo administrativo fiscal: entre a permeabilidade e limites de comunicabilidade. Disponível em: www.ibet.com.br/wp-content/uploads/2021/07/Artigo.pdf Acesso em: 22 jan. 2022.

TIBERY, Henry. *Imposto de renda pessoas jurídicas*. Atlas: São Paulo, 1985.

_____. *O Novo Imposto de Renda do Brasil*. São Paulo: IOB, 1989.

TIPKE, Klaus. *Princípio da igualdade e ideia de sistema no direito tributário*. In: Direito Tributário: estudos em homenagem ao Prof. Ruy Barbosa Nogueira. São Paulo: Saraiva.

TOMÉ, Fabiana Del Padre. *A prova no direito tributário*. São Paulo: Noeses, 2005.

TORRES, Heleno Taveira. Princípio da Territorialidade e Tributação de Não Residentes no Brasil. Prestações de serviços no exterior. Fonte de Produção e Fonte de Pagamento. In *Direito Tributário Internacional Aplicado*. TORRES, Heleno Taveira Coord. São Paulo: Quartier Latin, 2003.

TOSELLI, Luis Henrique Marotti. A tributação da "propina", efeitos penais e práticas adotadas pela fiscalização". In: BOSSA, Gisele Barra; RUIVO, Marcelo Almeida (Coordenadores). *Crimes contra ordem tributária*: do direito tributário ao direito penal. São Paulo: Almedina, 2019, p. 121-148.

ULHÔA CANTO, Gilberto. Imposto sobre a renda: incidência no caso de prêmio de seguro e resseguro pagos a empresas estabelecidas fora do Brasil. Territorialidade do tributo. Produção e realização do rendimento, como fatores da fixação de competência impositiva. *Temas de direito tributário. Pareceres e Estudos*. Rio de Janeiro: Editora Financeiras S.A., 1955.

VILANOVA, Lourival. *Causalidade e relação no direito*. São Paulo: Saraiva, 1989.

_____. *Escritos jurídicos e filosóficos*. São Paulo: Axis Mundi e IBET, 2003.

_____. *Estruturas lógicas e o sistema no direito positivo*. São Paulo: Noeses, 2006.

XAVIER, Alberto. *Direito tributário internacional do Brasil*. Rio de Janeiro: Editora Forense, 5ª edição, 2002.

ZANELLA, Gabriella Bittencourt. ANDERLE, Ricado. A Tributação sobre o ganho de capital na venda de imóvel rural. Publicado no CONJUR em 27 de Janeiro de 2022. Disponível em: www.conjur.com.br/2022-jan-27/opiniao-tributacao-ganho-capital-venda-imovel-rural

Impressão e acabamento
psi7 psi7.com.br | book7 book7.com.br